SEMINÁRIO DE PSICANÁLISE DE CRIANÇAS

Françoise Dolto
SEMINÁRIO DE PSICANÁLISE DE CRIANÇAS

Tradução *Márcia Valéria Martinez de Aguiar*

wmf **martinsfontes**

Esta obra foi publicada originalmente em francês com o título
SÉMINAIRE DE PSYCHANALYSE D'ENFANTS. TOME 1
SÉMINAIRE DE PSYCHANALYSE D'ENFANTS. TOME 2
SÉMINAIRE DE PSYCHANALYSE D'ENFANTS. TOME 3
por Éditions du Seuil, Paris

Copyright © Éditions du Seuil, 1982, para o Séminaire de psychanalyse d'enfants. Tome 1
Copyright © Éditions du Seuil, 1985, para o Séminaire de psychanalyse d'enfants. Tome 2
Copyright © Éditions du Seuil, 1988, para o Séminaire de psychanalyse d'enfants. Tome 3
Copyright © 2013, Editora WMF Martins Fontes Ltda.,
São Paulo, para a presente edição.

1ª edição 2013
4ª tiragem 2023

Tradução
Márcia Valéria Martinez de Aguiar
Revisão da tradução
Andréa Stahel M. da Silva
Acompanhamento editorial
Luzia Aparecida dos Santos
Revisões
Solange Martins
Helena Guimarães Bittencourt
Edição de arte
Katia Harumi Terasaka
Produção gráfica
Geraldo Alves
Paginação
Moacir Katsumi Matsusaki
Capa
Erik Plácido
Ilustração
Sofia Terasaka Aniya

Dados Internacionais de Catalogação na Publicação (CIP)
(Câmara Brasileira do Livro, SP, Brasil)

Dolto, Françoise, 1908-1988
    Seminário de psicanálise de crianças / Françoise Dolto ; tradução Márcia Valéria Martinez de Aguiar. – São Paulo : Editora WMF Martins Fontes, 2013.

    Título original: Séminaire de psychanalyse d'enfants.
    ISBN 978-85-7827-636-2

    1. Psicanálise infantil – Congressos I. Título.

12-12044   CDD-150.19508306

Índices para catálogo sistemático:
1. Psicanálise infantil : Psicologia : Congressos   150.19508306

Todos os direitos desta edição reservados à
Editora WMF Martins Fontes Ltda.
Rua Prof. Laerte Ramos de Carvalho, 133 01325-030 São Paulo SP Brasil
Tel. (11) 3293-8150 e-mail: info@wmfmartinsfontes.com.br
http://www.wmfmartinsfontes.com.br

Sumário

LIVRO I

Apresentação 9

1. Uma criança pode suportar todas as verdades............................. 15
2. A criança, sintoma dos pais.. 27
3. As diferentes castrações I.. 36
4. As diferentes castrações II... 46
5. O ser humano é um ser de adoção 52
6. As transferências inimagináveis dos psicóticos 58
7. A denegação do sexo feminino... 65
8. O Édipo das crianças bilíngues.. 72
9. Um exemplo de encontro mortífero 78
10. "Mas onde, afinal, eu estava antes de nascer?"........................... 90
11. A incubadora, um autismo experimental..................................... 100
12. A sociedade imaginária dos autistas... 109
13. Curtir o dia inteiro não é o princípio do prazer......................... 115
14. A enurese: um sintoma relativo ao estilo de libido.................... 124
15. Dificuldades específicas às terapias antes do Édipo 135
16. Identificação das crianças com animais....................................... 145
17. Como se constitui o duplo, esse outro em nós mesmos 152

LIVRO II

Apresentação 173

1. Entrevistas preliminares 177
2. Fobias... 184
3. Enquadrar uma psicoterapia 208
4. Psicoterapia de uma deficiente.. 217
5. Crianças caladas 225
6. Crianças abandonadas. Falsa deficiente mental 236
7. Pagamento simbólico.. 245
8. O Nome do Pai... 258

9 Psicoses 270
10 Sobre o tratamento dos psicóticos 276
11 Da forclusão 285
12 Sobre a gênese da perversão 294
13 Psicanálise-relâmpago 299
14 Os sinais do fim de uma análise de criança 307
15 Sobre a anorexia 313

LIVRO III

Diálogo liminar 339

1 Sintomas obsessivos. Uma explanação sobre o narcisismo 345
2 Traumas 371
3 Levar um tratamento até o fim 393
4 Regressão 400
5 Gagueira. Dislexia 409
6 Objeto transicional e fetiche 417
7 A falta de um nome no Outro 426
8 A respeito do inaudível 440
9 Psicoses 450

Lista geral dos casos e exemplos clínicos 489

Índice remissivo 493

LIVRO I

Edição realizada com a colaboração de Louis Caldaguès

LIVRO I

Este livro é uma obra única na história da psicanálise.

Sua originalidade deve-se à originalidade da situação que propiciou seu nascimento: durante quase quinze anos, em seu seminário – realizado inicialmente na Escola Freudiana de Paris e, depois, em outro lugar[1]*, após a dissolução desta última por Lacan em janeiro de 1980 –, durante uma hora e meia seguidas, Françoise Dolto responde a todas as perguntas de terapeutas – 90% de mulheres – com dificuldades em seus tratamentos de crianças.*

Esse seminário, que acontece duas vezes por mês, é aberto unicamente aos psicoterapeutas e psicanalistas em formação, já analisados ou ainda em análise, a maioria trabalhando em instituições.

As pessoas presentes comparecem seja pontualmente, no caso de uma dificuldade particular no decorrer de um tratamento, seja pelo gosto da pesquisa psicanalítica. A vocação desse seminário é, de fato, responder na urgência. Mas, pouco a pouco, surge uma outra orientação, natural, poderíamos dizer, que consiste em determinar, através de casos particulares, o que há de específico na análise de crianças.

O livro I *do* Seminário de psicanálise de crianças *é uma seleção, efetuada pela autora, dos seminários mais aptos a nos fazer apreender,* in loco, *em que consiste o processo de elaboração psicanalítica. São registros feitos, no calor da hora, de um trabalho envolvendo três personagens: o analista, a criança, fisicamente ausente, e Françoise Dolto. O psicanalista, em sua incompreensão diante de um caso difícil, transmite a dor psíquica e os problemas da criança a Françoise Dolto, que reage.*

O analista, nesse momento, é o mediador da criança. Mas um mediador que se viu na impossibilidade de exercer um movimento reflexivo sobre sua prática. É, então, fascinante, para os psicoterapeutas presentes, cujo problema é às vezes o mesmo, descobrir como um outro analista já não consegue tomar, com relação à própria angústia, a distância que lhe permitiria encontrar a atitude interior e a palavra justas. Efetivamente, muitas vezes constatamos que o terapeuta, com o nariz enfiado em seu caso, não percebe que está paralisado por certos

---

[1] No Instituto de jovens surdos, rua Saint-Jacques, 254, Paris, 75005, em encontros realizados na segunda e na quarta quintas-feiras de cada mês.

problemas da criança, que interferem com um episódio de seu próprio passado, ainda não esclarecido. Ele é falado, possuído pelo sofrimento de seu pequeno paciente, paciente que Françoise Dolto, fora do campo da transferência e da contratransferência particulares a esse tratamento, pode devolver à sua história através do psicoterapeuta, o qual é, ao mesmo tempo, devolvido à sua própria.

As respostas de Françoise Dolto são instantâneos que colocam nos devidos lugares, graças ao "fio de prumo" de sua "percepção", todos os elementos que lhe parecem disparatados no relato do caso. A leitura desses diálogos permite, desse modo, assistir diretamente à revelação, às vezes brutal, de uma verdade simples, a respeito de um caso muitas vezes apresentado de modo complexo e lacunar.

Françoise Dolto possui, de fato, a arte e o saber de colocar as questões certas: as que provocam o afluxo de dados inéditos, que fazem aparecer situações escondidas, ou revelam a importância de certos personagens até então considerados secundários e, contudo, essenciais na vida da criança. Como, por exemplo, um pai, um avô, uma avó ou um irmão, que nunca eram citados.

Se Françoise Dolto pode antecipar a lógica dos casos com tanta rapidez e pertinência, isso se deve à sua considerável experiência com milhares de crianças. Ela atendeu todas as semanas, durante quarenta anos, no hospital Trousseau, entre nove horas da manhã e duas da tarde, de dez a doze crianças. Se considerarmos que trabalhou em média trinta e oito semanas por ano, veremos a população que isso representa.

Foi assim que conquistou o que forma sua dupla originalidade. Por um lado, para ela, a clínica não é um saber conceitual, mas, antes de tudo, os nomes, os rostos e os corpos daqueles que sofrem e que ela atende. Para Françoise Dolto, o conhecimento é antes de tudo experimentado e sempre ligado ao concreto.

Por outro, ela deixou-se ensinar pelos próprios interessados a falar a linguagem da criança e do bebê. *Trata-se de uma bebê-sábia, daí a eficácia única e muito particular de suas palavras. Algumas, afiadas como bisturis, cortam o cordão umbilical. Outras, pontiagudas como agulhas, remendam a identidade. Outras ainda, retesadas como molas, impulsionam para o desejo.*

Há, em Françoise Dolto, como em todos os que exploram realidades desconhecidas, uma necessária criação de expressões e palavras novas. Algumas, destinadas aos analistas, servem para traduzir para eles, do modo mais preciso possível, a dinâmica pulsional, subjacente aos comportamentos e aos dizeres das crianças. Assim, palavras como "descoesar-se", "recoesar-se", "o indo-tornando-se da criança", "mamãezar" e muitas outras.

Algumas, próximas das utilizadas pelas crianças, quando não são as próprias palavras delas, traduzem para essas crianças o significado de seus movimentos gráficos no desenho, de seus movimentos manuais na massa de modelar, ou dos movimentos de seus corpos durante a sessão. Assim, por exemplo, quando uma criança não diz nada, mas apenas balança o pé, Françoise Dolto interpreta para ela: "Seu pé quer dizer bom dia para minha perna." Ou, em outro caso: "Sua boca está dizendo não, mas seus olhos estão dizendo sim." É assim que ela consegue fazer com que seus jovens pacientes, desprovidos de vocabulário, percebam que ela os entendeu na linguagem deles.

Todas essas expressões são repletas de pedaços de corpos adequados, com os quais se compõe a grande "língua de fundo" do inconsciente. Transmitem um pedaço da experiência vivida, reanimam a língua da infância escondida em cada um de nós, mesmo que ela pareça ter caído em desuso.

Essa linguagem se apoia na ética do desenvolvimento humano, que uma criança com boa saúde psíquica torna naturalmente sua. Em que consiste essa ética na qual se apoia a prática analítica de Françoise Dolto? Trata-se de um conformismo? De uma busca de adaptação a qualquer preço da criança a seu meio? De uma espécie de vontade normalizadora? Foi o que muitos disseram.

Na realidade, essa ética também vem da observação clínica: o desenvolvimento desejado pela criança é chegar ao adulto que traz em si. E, portanto, crescer passando pelas etapas próprias ao mesmo tempo à nossa espécie e ao meio linguageiro e educativo. Pode-se, então, acusar Françoise Dolto de ser moralizante quando ela estima, por exemplo, que a posição ereta é específica ao desenvolvimento do ser humano, entre dez e quatorze meses? A metáfora da verticalidade não deixa contudo de ser a ética humana do autocontrole no espaço!

Françoise Dolto dedica-se, durante todo o seu seminário, a pôr no prumo tudo o que possa entravar, parasitar ou distorcer o "indo-tornando-se" da criança em direção a seu estado adulto. Com lápis, massa de modelar e palavras, ela trabalha como se nenhum caso fosse irreparável, nenhuma situação irrecuperável. Por isso, a leve euforia do leitor, em oposição ao pesado acabrunhamento que dele se apodera diante de certas obras de psicanálise. Também para ele os limites do recuperável e do incompreensível parecem recuar. Que não se pense, contudo, que se trata de ortopedia e de readaptação. A expressão justa do recalcado, tal como aparece na relação terapêutica, engendra efeitos ordenadores na história da criança, e liberta sua libido da repetição que entravava sua liberdade.

O que me foi mais útil, quando comecei a acompanhar esse seminário e a ver Françoise Dolto em ação, foi ouvi-la repetir incansavelmente aos terapeutas que em psicanálise não existe nenhuma grade de interpretação a priori e que é necessário aprender os elementos do "léxico básico" de cada criança. Que significam para a criança as palavras que ela utiliza? As crianças emprestam palavras do vocabulário adulto, mas as saturam de um sentido diretamente ligado à sua própria experiência, que lhes é totalmente pessoal e constitui por vezes um código impenetrável. Para o analista, trata-se, antes de tudo, de decifrá-lo palavra por palavra, fazendo com que a criança represente por meio de desenhos ou de modelagem, por exemplo, o que ela está dizendo, ou seja, fazendo-a associar às palavras sua representação delas. Assim, no caso da criança que repete à psicoterapeuta: "Meus pais são maus"[2], Françoise Dolto responde: "Pergunte a essa criança o que é mau para ela. Diga-lhe: O que quer dizer mau para você? E, principalmente, faça-a desenhar o que significa essa palavra, pedindo-lhe:

---

2 P. 17.

Desenhe um malvado." *O que será que ela vai desenhar? Um passarinho? Uma boca? Um garrancho? No início, não sabemos nada. É somente a partir do que ela vai nos dizer que entenderemos o sentido que a palavra "malvado" assume na sua vivência particular.*

Até mesmo um psicanalista deve constantemente evitar impingir significações de adulto ao que dizem e fazem as crianças. Em particular, quando as crianças não conseguem exprimir em palavras o que têm a dizer, mas traduzem isso em gestos, movimentos, mímicas, comportamentos, às vezes em silêncio e em imobilidade. Françoise Dolto nos ensina, também nesse caso, que se trata de decodificar essas atitudes como uma linguagem singular[3].

Françoise Dolto repete que uma criança que é levada a uma consulta é, com muita frequência, o sintoma dos pais. Com isso, quer dizer que muitas mães e às vezes muitos pais usam inconscientemente os distúrbios do filho para se decidirem a ir eles próprios procurar um psicanalista. De fato, eles vêm e trabalham, sem se dar conta, com o terapeuta, o que ficou bloqueado em seu próprio desenvolvimento e nas suas relações com os próprios pais. Torna-se perceptível que a chegada e o crescimento de uma criança puderam reatualizar conflitos ocultos, não resolvidos, que eles conheceram na mesma idade com os próprios pais. Revivem então, através do filho, uma relação puramente imaginária que não concerne absolutamente a ele[4]. *Sua relação interpessoal de casal transformou-se em relação de rivalidade menino/menina em torno de objetos insatisfatórios e imaginários de sua infância. O pai e a mãe, criticando mutuamente o comportamento um do outro na frente do filho, desencadeiam sua culpabilidade recíproca. Essa provoca, por sua vez, em certas etapas do desenvolvimento da criança, a culpabilidade desta com relação a seu crescimento e a seu sexo, induzida pelo comportamento tornado aberrante de seus modelos adultos e essenciais.*

Com muita frequência, os distúrbios da criança desaparecem ao longo das entrevistas, que deveriam ser preliminares a seu tratamento, entre o terapeuta, os pais e a criança. Mesmo antes de qualquer contrato de psicoterapia ter sido firmado, a criança recupera seu equilíbrio, pois se sente repentinamente livre da carga da "vivência mal resolvida" arcaica de seus pais com os próprios pais. Fardo que eles a faziam carregar e que transferem, agora, não mais sobre ela, mas sobre o ou a psicanalista.

Acontece também de a criança ter sido tão perturbada, bem antes do surgimento dos últimos sintomas alarmantes, que haja necessidade de um tratamento

---

3 Boris Dolto, marido de Françoise Dolto, muito contribuiu para sua compreensão da linguagem corporal. Médico cinesioterapeuta, de origem russa, Boris Dolto fundou a Escola Francesa de Ortopedia e de Massagem. Aberto, por seu humanismo à russa, a todas as formas de saber, adquirira uma compreensão groddeckiana do inconsciente "carnalizado", exprimindo-se sob a forma do funcionamento, harmonioso ou não, do corpo em sua totalidade ou em parte.

4 É por essa razão que Françoise Dolto considera que se deve ser psicanalista de adultos antes de se começar a atender crianças. Pois, por um lado, trata-se muitas vezes de fazer terapia com o pai ou com a mãe e, por outro, porque a análise de crianças é mais difícil. Entender seus modos de expressão requer uma maior experiência da articulação dos inconscientes em um grupo familiar.

especial para ela. Mesmo que o terapeuta passe a ocupar, então, um lugar essencial na vida da criança, Françoise Dolto estima que ele não deve jamais substituir os pais quanto ao papel de educadores que têm no cotidiano. O psicoterapeuta só está ali para servir à transferência das pulsões do passado, quer dizer, para fazer ressurgir o que permaneceu oculto e que até hoje causa problemas, e para fazer acontecer o que nunca ocorreu ao longo do desenvolvimento, por não ter sido falado e posto em palavras. Seu trabalho diz respeito ao imaginário, às fantasias, e não à realidade. Ele não tem papel reparador nem tutelar.

É por isso que Françoise Dolto diz aos pais culpabilizados por terem recorrido a uma terapeuta porque se sentiam impotentes diante dos distúrbios do filho: "Ninguém poderá educar seu filho melhor que vocês." E são de fato os pais que formam o núcleo do meio social real em que a criança vive e cresce. É, pois, com eles, dois seres tais como são, com seus elos carnais de desejo, claros ou confusos, com suas dificuldades, impotências, vitórias e derrotas, que a criança deverá livrar, no momento da chamada fase edipiana, sua sexualidade das armadilhas do incesto. O que ela não poderia fazer de modo completo com educadores ou um psicanalista, exceto se já tiver passado da idade do incesto e tiver ficado enredada nela. Poderá então dirigir suas pulsões genitais – marcadas pela renúncia edipiana – para as pessoas de sua faixa etária, em relações abertas ao mundo cultural e social, conservando ao mesmo tempo os pais como interlocutores.

Tanto com as crianças como com os pais, Françoise Dolto insiste na noção de trabalho em psicanálise. Fazer uma análise não tem nada de misterioso, de inacessível ou de vergonhoso. Trata-se simplesmente de fazer um trabalho específico sobre os problemas da história própria a cada um. É um ato responsável, que exige coragem moral, contrariamente à ideia de muitas pessoas, ou seja, de que se trata de um recurso passivo e complacente, reservado àqueles que ficam olhando para o próprio umbigo, que carecem de vontade, ou ainda que têm tempo ou dinheiro a perder.

Inversamente ao que constatei muitas vezes em outros casos, o eixo do procedimento de Françoise Dolto é nunca deixar que o sofrimento da criança seja esquecido. Para ela, seu trabalho consiste antes de tudo em encontrar o mais rápido possível os meios e as palavras que aliviem a criança e a recoloquem na dinâmica de seu desenvolvimento.

Esse talento de antecipar o ser humano em seu devir, já a partir de seu nascimento, permitiu-lhe um avanço teórico sem precedentes, na continuidade direta da elaboração de Freud. A sua teoria é sem dúvida, hoje, uma das mais importantes da psicanálise na França, já que toca nas origens daquilo que constitui nosso psiquismo. Os que ainda duvidam, verão despertar em si o que há de mais vivo em seu apetite de pesquisa, depois de lerem a decodificação magistral, feita por Françoise Dolto, das compulsões, até então incompreensíveis, de Gérard, uma criança autista[5].

---

5 Ver pp. 110 ss.

Ao contrário de muitos psicanalistas, alguns dos quais a acusam de ser uma "avó simplificadora", ou até uma "curandeira de crianças", Françoise Dolto sempre teve o desejo de comunicar o que sabia em palavras comuns.

Para os que pensam que basta aplicar algumas receitas de bom-senso para "brincar de Dolto", a leitura deste seminário mostra que seu ensino, longe de ser um simples savoir-faire, é uma verdadeira formação teórica e prática, cuja eficácia já foi comprovada até entre o grande público. Pois quem foi a analista que soube tirar do autismo, ou de outras patologias gravíssimas, muitas crianças pequenas, graças a uma série de programas de rádio?[6]

"A criança é o pai do homem", disse Freud. Françoise Dolto logo fez sua essa descoberta, mas levou mais longe suas consequências: seu saber lhe vem das crianças, e, através dela, são as próprias crianças que tratam de crianças.

Louis Caldaguès

---

[6] Ver pp. 103 ss.

1

Uma criança pode suportar todas as verdades - Alain, uma criança negada em suas origens - Toda criança traz em si os pais biológicos - Como fazer uma criança se exprimir na terapia - Saber brincar com as crianças sem erotismo - Os bebês comunicam-se muito mais entre si do que com a mãe.

PARTICIPANTE: Que significa o fato de uma mãe se recusar a revelar ao filho algo a respeito de sua origem?

FRANÇOISE DOLTO: É simplesmente porque essa mãe acredita que isso prejudicará o filho, ou que se trata de um fato contrário à sua própria ética.

É nosso trabalho tornar possível que ela confie na força que o filho tem de suportar essa verdade. No caso de a mãe nos revelar tudo, na frente do filho, devemos tomá-lo como testemunha e dizer-lhe, por exemplo: "Você está vendo, sua mãe está dizendo que não quer que você saiba o que, entretanto, está dizendo na sua frente, que sua avó era puta. Mas você sabe o que é uma puta? É uma pessoa que ganha dinheiro emprestando o corpo, fingindo desejar quem lhe pede isso, não é nada engraçado. Sua pobre mãe acreditava que isso não era certo, porque as pessoas acham que isso não é certo. É uma profissão difícil, sofrida e velha como o mundo. A mãe de sua mãe ganhava a vida assim. Era triste para sua mãe, mesmo que o que diziam de sua avó não fosse verdade. Bom, não estamos aqui para cuidar de sua avó, sua mãe veio por você. Mas, você está vendo, sua mãe teve apesar de tudo uma boa mãe, uma mãe legal, que ganhou a vida como pôde, para criá-la. Sem sua avó, sua mãe não estaria aqui, e não teria tido o lindo filho que você é."

Como vocês veem, nosso trabalho é conseguir que a mãe se renarcise, quaisquer que tenham sido suas relações com a própria mãe, já que ela é, por sua vez, mãe.

Estamos diante de um caso em que o ser é viável, a mãe está ali e, contudo, detesta em si sua relação com a própria mãe, e é precisamente isso que a criança vai ter como falta ou como dívida enquanto a pendência não tiver sido desarmada por palavras reabilitantes.

P.: Mas, justamente, algumas mães ou alguns pais não dizem nada na frente da criança, só quando ela não está. Então ficamos encurraladas.

F. D.: Encurraladas! Mas de jeito nenhum... Se vocês disserem a esses pais: "Não vale a pena colocar seu filho em psicoterapia enquanto vocês não entenderem que ele deve saber a verdade no dia em que a questão se colocar." Aliás, é muito raro que os pais não admitam isso. Ao contrário, se entrarmos no jogo deles e comprarmos suas fantasias culpadas e desnarcisantes, deixaremos de ser analistas. E, se aceitarmos não dizer essa verdade à criança, isso significará que nós também pensamos que será prejudicial para ela e que, portanto, nós mesmos não podemos aceitá-la.

Ter tal atitude significaria projetar que uma parte daquilo que constitui esse ser na sua verdade é uma autêntica bomba de efeito retardado. Ora, para o analista, toda provação é um trampolim, toda castração é estruturante.

P.: Mas muitas vezes não me sinto no direito de dizer à criança uma coisa que os pais não querem revelar-lhe.

F. D.: Tudo bem, mas então não a aceite em psicoterapia! Você não pode aceitar atendê-la quando, no contrato inicial, você já tem a certeza de que irá ludibriá-la. Lembro-me, contudo, de um caso em que a mãe, após seis sessões dramáticas para ela, acabou me dando autorização para dizer a verdade sobre suas origens à criança, para ajudá-la a sair de um estado que parecia psicótico e que se revelou, em seguida, apenas uma neurose histérica gravíssima.

Pois bem, nesse caso, a criança, uma menina, jamais colocara a questão de sua origem. Era filha legítima da mãe, mãe solteira na época de seu nascimento. Esta a deixara na Assistência Pública, mas "não abandonada", quer dizer, não adotável até os treze anos.

A mãe, que nesse meio-tempo casou e teve dois filhos – que tinham, na época, nove e seis anos –, a pedido do marido, encontrara a filha, e o casal a adotara. Essa mulher queria que a criança nunca soubesse que era sua filha legítima. Pois bem, a menina não perguntou sobre suas origens uma única vez. Esses dois seres se pareciam como duas gotas d'água, todos faziam essa constatação, e a menina ficava encantada: "É uma sorte eu parecer tanto com minha mãe adotiva!", dizia ela. "Aliás, foi por isso que eles me escolheram, porque eu parecia com minha mãe."

Eles só a haviam adotado quando ela tinha treze anos, idade em que se tornaria adotável, pois foi nesse momento que a mãe revelou a existência dessa filha abandonada ao marido.

P.: Alain, onze anos e meio, me foi trazido para uma consulta de admissão em uma clínica que atende crianças hemofílicas. Sofre de uma doença do sangue, com frequentes sangramentos de nariz, mas apresenta também toda uma série de fracassos escolares. Sua doença foi descoberta quando tinha sete anos. A mãe conta que Alain é filho de um homem que conheceu no passado, mas que não viu mais depois do nascimento da criança. Quando ele tinha três meses e meio, ela conheceu aquele que se tornaria em seguida seu marido. Ficou grávida de outro menino quando Alain tinha quinze meses e meio, depois de uma menina que hoje tem seis anos.

Alain nunca soube quem era seu verdadeiro pai. Pergunto-me se não seriam necessárias entrevistas terapêuticas com os pais antes de admitir Alain, porque um dos riscos da internação seria manter o segredo familiar que pesa sobre todos. O que você acha?

F. D.: Mas há uma coisa que está faltando absolutamente. A história da concepção e a história dos nove primeiros meses de Alain. Esse período é tão importante que podemos dizer que, aos nove meses, as bases da estrutura de uma criança estão constituídas, já que ela está prestes a andar e a ser desmamada.

E depois Alain sabe, evidentemente, que o padrasto casou-se com ele ao mesmo tempo que se casou com sua mãe, pois, antes, Alain não tinha uma mãe: existia apenas uma mulher que era fusional com ele. Em seguida, houve uma mulher que foi fusional com um homem, depois, a partir do nascimento do segundo filho, Alain foi desfusionado. Somente a partir daí sua mãe deixou de ser sua irmãzinha.

Além disso, não vejo nenhuma dificuldade, na realidade, em contar a esse menino sua história. Ele a conhece. Então, diga-lhe simplesmente: "Você sabe, seu pai chegou na sua vida quando você tinha nove meses, e sua mãe mudou de nome naquele momento. Você ainda não ia à escola, mas entendeu muito bem que chamavam sua mãe por um nome diferente daquele que ela usava até então." Porque, para uma criança de nove meses, as palavras com que a mãe é qualificada têm uma importância considerável.

O fato de ser negativado em sua origem pela mãe fragiliza enormemente um ser humano, já que é consertando isso que se pode devolver toda sua potência a uma criança abandonada, por exemplo.

Uma criança pode morrer porque não lhe deram sua cena primitiva e, portanto, seu orgulho de estar no mundo. Não é desvalorizante o fato de ter pais que não puderam ir mais longe do que assumir uma criança até seu nascimento e, depois, abandoná-la. Mas a criança é objeto das projeções desvalorizantes das outras pessoas. Poderíamos quase dizer que elas invejam uma criança poder viver sem o pai e a mãe. As pessoas que nos criam são pais e mães afetivos que têm a maior importância nas trocas verbais, mas não pertencem à ordem vital como os genitores. A ordem vital do narcisismo primário está determinada já na origem e nos genes. A questão particular que toca a nós, psicanalistas, é a comunicação da verdade dessa cena primitiva, que devolve a força de viver e de comunicar.

Alain está bloqueado em tudo, porque sua mãe não quer vê-lo como um autêntico grão completo daquele que ela amou e que a traiu. Ela vê esse menino como aquele que continua a traição do pai.

P.: Uma criança abandonada a quem eu falava dos pais, de seu abandono e das razões pelas quais ela tinha sido colocada em uma instituição me disse: "Meus pais são maus." Eu respondi que não, "pois eles colocaram você no mundo, o que não deixa de ser uma prova de amor. Foi só depois que eles não foram capazes de cuidar de você". Não sei muito bem o que mais lhe dizer.

F. D.: Antes de qualquer coisa, era preciso que ela conseguisse lhe dizer: "Meus pais são maus." Antes de você fazer qualquer reflexão. Eu teria dito imediatamente: "Mas desenhe seus pais maus, e seu pai biológico! Você acha que é ruim viver? E se não é ruim viver, e já que eles deram a vida a você, então eles não são maus." É preciso absolutamente que ela represente em desenho o que significa "mau" para ela. Muitas vezes, mau é um cachorro bravo representando, por exemplo, uma mãe que devora o filho de beijos e o morde o tempo todo. Só a criança pode dizer o que é.

Em todo caso, essa criança é a representação de seu pai e de sua mãe biológicos. É a representação de um viver ainda mais autêntico do que o das crianças que, para sobreviver, precisam dos verdadeiros pais. Isso prova que ela recebeu uma vitalidade tal que foi capaz de continuar a viver sem os pais, enquanto muitas crianças morrem do abandono.

P.: Eu acabei me enrolando, dizendo-me que talvez houvesse algo de mau em seus pais, mas não sabia muito bem como dizer isso a ela.

F. D.: Quando se é analista, só há uma coisa a ser feita: fazer com que a criança represente o que está dizendo por um meio que não seja a palavra. No caso de Alain, depois de ter dito: "desenhe seus pais biológicos", você poderia ter acrescentado: "De qualquer jeito, os únicos pais importantes são os que temos em nós, e esses não são maus, já que estão em você."

P.: Por que você diz "representar por um meio que não seja a palavra"?

F. D.: Por um meio que não seja a palavra pode ser por desenho, modelagem, música.

Atendi em terapia uma criança incapaz de desenhar e falar. Naquela época, eu tinha um piano, e disse a ela: "Será que você poderia dizer em música?", sabendo que ela dedilhava no piano de sua casa. O pai e a mãe estudavam música, mas ela se recusava a aprender de verdade para não obedecer aos pais. Na verdade, ela era bem mais dotada para a música do que eles. Pois bem, ela fez sua análise tocando no piano todas as imagens que lhe passavam pela cabeça. De vez em quando, eu lhe dizia o que estava sentindo. Então, ela acrescentava imediatamente: "É isso aí", quando era verdade para ela, ou, quando não era, continuava a tocar imperturbável, e eu lhe dizia: "Você está vendo, eu não entendi, mas, então, o que sua imagem queria exprimir?" E ela dizia ao mesmo tempo que tocava: "Amarelo – vermelho – quadrado – pontudo." Era totalmente abstrato. Era uma criança muito inteligente, mas pervertida em todos os níveis.

Há outros meios de expressão humana, e não exclusivamente a palavra. Esta última muitas vezes já foi manchada com tantas falsidades, que as crianças não podem servir-se dela para dizer a verdade, já que, para elas, a palavra é mentira.

Uma criança exprime por gestos, posturas, desenho, modelagem ou música a imagem interior de sua fantasia. Todo ser humano simboliza por fantasias auditivas, gustativas, olfativas, táteis e visuais. Mas pode exprimi-las por meios que não sejam a palavra. É o que, aliás, fazem os bebês.

No caso de que você falava, você deveria ter-se perguntado: "Que fantasia se esconde atrás do qualificativo mau?" Nosso trabalho psicanalítico sempre consiste em fazer com que o sujeito se exprima de um modo diferente. Acho que certas crianças, cuja língua materna sempre foi carregada de engodos, de falsidades, não podem continuar a utilizá-la sem se ver enredados, através dessa linguagem, nas projeções que foram feitas nelas.

"Mau" talvez seja o que essa criança sempre ouviu falar dela.

P.: Então, eu devo ter associado com alguma coisa que está em mim, e que diz respeito à "mãe má".

F. D.: Ah, esse qualificativo de "mãe má"! Ele já fez muito mal à sociedade dos psicanalistas. A mãe má não existe. É no nível social que as boas mães projetam que existem as más. Mas uma mãe é uma mãe, e é em primeiro lugar seu filho que a fez mãe.

Ele a fez boa ou má? Questão absurda. Se o mal representa o que rejeitamos, toda mãe é rejeitada, logo, má. Porque o leite, nós o tomamos, mas devemos também rejeitá-lo. Então, quando o tomamos, é bom, nham-nham, e, quando não é bom, nós o rejeitamos, é mau, caca. Então, mamãe é alternativamente nham-nham e caca. É a vida! Ela é mediadora da vida e é, pois, atravessada por sua corrente.

Então, se receber é bom, e rejeitar ou expelir é mau, ninguém escapa à clivagem entre o bem e o mal. Já que se trata para todo o mundo de receber e de expelir, sempre. E, nesse meio-tempo, de ir acumulando alguma gordura.

Essa gordura é má ou não? Mas, porque se deu a tudo isso muita ênfase, acaba-se por chegar a uma situação paradoxal: mamãe não tem bastante caca de seu filho para comer, então ela se angustia. É então uma boa mãe, que se angustia porque o filho não lhe dá caca, logo, algo mau. E ninguém entende mais nada.

Em outros termos, mais teóricos: a relação com a mãe se faz através da satisfação das necessidades, acompanhadas de uma linguagem dos desejos, emocionais, gestuais e mímicos, que a criança bebe na fonte da mãe, ao mesmo tempo que seu corpo próprio se mantém por seu funcionamento digestivo.

P.: No caso de que estou falando, foi a criança que disse "mau".

F. D.: Ela disse, mas de quem recebeu isso? Você deveria ter perguntado: "Quem disse?" ou "Como assim? Desenhe bons e desenhe maus para eu ver".

P.: Os pais do narcisismo primário são representáveis pelo desenho?

F. D.: Sim, são representáveis por um turbilhão. O turbilhão é o pai ou a mãe vivendo em si mesmo. Para que haja um turbilhão, é preciso que haja um eixo imaginário. O turbilhão é uma dinâmica, e esse eixo é a vida.

P.: Nas psicoterapias infantis, você insiste muito no fato de que você trabalha a partir da representação, em desenhos, daquilo que atravessa a criança. Atualmente, tenho a sensação de que, quando peço um desenho para uma criança, ela o faz para me agradar, ou para que eu a deixe em paz. Você sente a mesma coisa?

F. D.: Mas por que você lhe pede necessariamente um desenho? Não há nenhuma razão para isso. A criança, que está com você, faz o que tem que fazer.

P.: Mas, mesmo assim, dizemos à criança: "Faça um desenho, essa é a regra." A criança não está ali para fazer qualquer coisa. Nem tudo é permitido.

F. D.: Mas, enfim, não estou entendendo. Em nenhum momento você tem que indicar à criança o que ela deve fazer! É permitido dizer tudo, mas não fazer tudo. E dizer significa se exprimir. Uma criança entende muito bem quando lhe dizemos: "Você pode dizer com palavras, modelagens ou desenhos." Mas isso é apenas um meio de exprimir as próprias fantasias de um modo diferente. Ela está ali para se comunicar com você a respeito do problema dela.

P.: Certo, mas o que eu dizia relacionava-se à utilização do desenho como um sistema defensivo.

F. D.: Bom, nesse sentido, tudo pode ser um sistema defensivo. A palavra, por exemplo, tudo depende da intenção que se tem no início. Se essa criança deseja ou não se comunicar com você. Muitas vezes, efetivamente, a situação é difícil quando os adultos impõem a uma criança que se comunique com eles.

P.: Em certos momentos, a criança está angustiada demais, e se contenta com mímicas sem fazer desenhos.

F. D.: Mas as mímicas já são o resultado de representações internas. Já são alguma coisa! Algumas crianças levam seus brinquedos nas sessões, por que não? Já não estão mais sozinhas, brincam com seus brinquedos, e pronto. Nesse dia, elas não perguntam nada, e você também não. Isso deve ser considerado um signo, que talvez faça sentido mais adiante. Aliás, é um pouco o que fazem as mães quando elas mesmas estão angustiadas: elas nos trazem seu brinquedo-bebê, deixam-no conosco e vão embora. Quando, na verdade, são elas que deveriam falar. Não, francamente, não acho que o desenho ou a modelagem sejam elementos impostos, como você está dizendo. A psicanálise é a comunicação por todos os meios. Uma criança que fica rolando no chão é uma comunicação, por exemplo.

P.: Mas, nesse caso, realmente não sabemos muito bem o que fazer!

F. D.: Que fazer, isso não quer dizer nada. O que importa é sentir em você o que produz o comportamento da criança e lhe dizer: "Eu sinto isto assim, mas não sei se é isso que você quer me dizer. O que você acha?"

P.: Fala-se o tempo todo da formulação da interpretação, mas acho que, na psicoterapia infantil, há todo um conjunto de elementos informais difícil de ser incluído em uma interpretação: as massas de modelar, as pinturas a dedo, engatinhar no chão, virar o cesto de lixo, brincar com o abajur da escrivaninha, sair, voltar... Como você se sente nesses casos, para dar uma interpretação?

F. D.: Bem, em primeiro lugar, não sei se eu interpretaria nesse momento. É preciso analisar o contexto. Mas é realmente muito difícil e ainda mais delicado ser psicanalista de crianças do que psicanalista de adultos.

P.: Realmente, fala-se muito pouco sobre isso, particularmente aqui.

F. D.: Neste exato momento, do que você está falando? Bom... No início de um tratamento, o importante consiste em deixar bem claro por que você está pronta a escutar a criança que está ali, e em dizer para a mãe: "Se isso não interessar seu filho, você é que virá falar por ele." Em seguida, observe cuidadosamente a criança. Se, por exemplo, ela se precipita na sala e derruba alguma coisa, está traduzindo uma desordem interior de derrubar. Não é inócuo, com efeito, derrubar um conteúdo. Pois bem, é isso que você traduzirá para ela. Seu trabalho consiste em colocar em palavras o que ela fez: "Você entrou correndo, derrubou um conteúdo, é o cesto que contém coisas, as coisas estão no chão..." Você associa livremente com a criança e, quando ela faz alguma coisa que te faz pensar, você diz: "Através daquilo que você acaba de fazer, acho que você quer me comunicar alguma coisa... É você que sabe o que quer me dizer... Estou vendo o que você fez e sei que é para me dizer alguma coisa."

P.: Com crianças muito perturbadas, as sessões vão ficando realmente cada vez mais duras. Isso acontece com você também?

F. D.: Claro. Quanto mais a análise avança, mais elas vão ficando, de fato, largadas, mais ficam jogadas no chão, mais exprimem emoções arcaicas; renascem até mesmo entre pés de cadeiras, por exemplo, entre os quais se metem.

Ao mesmo tempo, no exterior, na sociedade, na escola, vão ficando cada vez mais adaptadas.

A análise progride assim, graças ao retorno do recalcado da criança, cujos modos de expressão não são tolerados em sociedade, e que ela precisa exprimir com você. Isso ajuda a viver e a conservar a autenticidade interior, que consiste talvez em conservar nela coisas que, precisamente, a perturbaram. Não sabemos de nada e estamos ali para observar, sentir e suportar a transferência. É por isso que o pagamento simbólico é indispensável. Ele permite que percebamos se uma criança quer realmente vir, se ela vem para se oferecer uma boa erotização, ou se vem para trabalhar alguma coisa.

Quando uma criança recusa, por exemplo, trazer o pagamento, mas deseja fazer a sessão, você pode dizer: "Da próxima vez, você me pagará com duas pedrinhas em vez de uma." Ela faz uma dívida em pedrinhas. Ou, por exemplo: "Hoje, você tem uma dívida de duas pedrinhas, desenhe-a para mim." Como você faria um adulto reconhecer sua dívida por escrito.

Se ela recusar, diga-lhe: "Você está vendo, você tem que me trazer duas pedrinhas, sem isso, não posso mais continuar ouvindo seus problemas. Se você realmente quiser voltar para contar seus problemas, pode voltar. Mas, hoje, não posso escutar você, porque, para exercer minha profissão, quero ganhar pedrinhas; sem isso, não trabalho."

É realmente a prova de que ela é livre para não falar com você e que você também é livre para não fazer seu trabalho de escutá-la.

É um momento crucial no tratamento, se ela não quiser voltar, não voltará, e você continuará o trabalho com a pessoa ansiosa com relação a seu desenvolvimento. A criança tem sempre razão.

P.: Deve-se pôr a produção de uma sessão à disposição da criança na sessão seguinte? Por exemplo, um desenho que não está acabado?

F. D.: O que você sente a esse respeito?

P.: Eu estava ali, a criança pegou uma folha e disse: "Eu não acabei meu desenho", e fez exatamente o mesmo. Então, eu me coloquei essa questão. Em princípio, o que se deve fazer?

F. D.: Não tenho a menor ideia. Isso depende de cada criança. Não sabemos se uma produção é um fazer-caca, ou se é uma fantasia que ela quis representar.

P. (homem): E quem disse que o desenho não está acabado?

F. D.: A própria criança diz que ele não está acabado, mas ela acabou, enquanto estava com você, de traduzir o que tinha a traduzir, e de ir até onde podia ir. De qualquer modo, nunca está acabado. Mas, repito, o importante não é de modo algum o desenho, é o que a criança vai dizer. Algumas vezes acontece, evidentemente, de uma criança retomar seus desenhos. Mas, oito dias depois, isso realmente não traz nada de novo, é uma repetição de si mesmo.

Então, o que eu sugiro que vocês lhe digam, seria algo como: "Já que você está vivo, você tem sempre um desenho novo dentro de você. E, como você nunca consegue acabá-lo, o que, além de seu desenho, nunca está acabado quando você está com alguém?"

Talvez ela queira retardar o momento de se exprimir com você? O que é preciso analisar, é o que ela repete. Que ela foi desmamada cedo demais? Parida cedo demais? Não sei. Mas a análise consiste em procurar o que se repete, e não em lhe dizer: "Você vai poder fazer de conta, você vai poder continuar, você vai poder continuar o desenho a próxima vez etc." Não é porque uma criança foi desmamada cedo demais que lhe daremos, aos dez anos, a mamadeira que não teve, o que a tornou raquítica.

P.: Quando uma criança me pede para brincar com ela, qual deve ser minha posição?

F. D.: Se é ela que está brincando, do que pede para brincar?

P.: Na maioria das vezes, daquele jogo com duas letras e traços.

F. D.: Uma letra é você, uma letra é ela, e ela estabelece um traço entre as duas.

P.: Ou então ela propõe adivinhas: "O que é verde? E se agarra nas árvores?" Devo responder?

F. D.: Diga-lhe: "O que eu deveria responder? Não estou aqui para brincar."

P.: Ela diz: "Você não quer me responder."

F. D.: "Não quero mesmo responder, você não me paga para eu responder, e eu não pago você para me responder. Eu sou paga para escutar o que não está bem com você. Então, você não consegue brincar com ninguém?" Muito frequentemente, as crianças pegam uma boneca e brincam fazendo as duas personagens, a mãe e o filho.

P.: É verdade, elas acabam brincando sozinhas, mas é muito estressante.

F. D.: O que estressa é resistir à erotização. Contudo, brincar de loja é muito importante, pois é um jogo do oral e do anal. Se, por exemplo, uma menina lhe diz: "Eu serei o açougueiro [*boucher*]*..." – é justamente por isso que ela está vindo, já que ela é isso, um bocado [*bouchée*]... – e você será, então, a cliente.

---

* A palavra *boucher*, em francês, significa açougueiro, mas pode ser associada, tanto pela grafia como pelo som, à palavra *bouche* [boca], de onde deriva também *bouchée* [bocado]. [N. da T.]

"Então, senhora, o que deseja?", ela pergunta. Eu, como uma personagem de Molière, bem baixinho: "O que devo responder?" Ela: "Você deve dizer que quer duas fatias disso." Então, você repete em um tom monocórdio: "Quero duas fatias disso." Exatamente o que ela está dizendo a você, mas sem acrescentar nada de seu próprio afeto, e depois você se dirige bem baixinho, de novo e à parte, à criança: "O que devo dizer, o que a cliente deve dizer?" Mesmo que a criança proteste, dizendo, por exemplo: "Mas é você que está fazendo a cliente, é você que sabe!" Você lhe explicará: "Mas eu sou uma cliente boba, então você me diz o que eu tenho que fazer." Pouco a pouco, a situação evolui. No final, foi ela que jogou o jogo, utilizando você, a analista, para exprimir o que significa esse jogo com ela mesma. É sempre um jogo oral e anal. Muitas vezes, fica faltando o pagamento. A comerciante fica contente em vender seus produtos, mas a cliente vai embora sem pagar.

Muitas crianças não dizem que é preciso pagar. Então, cabe a você dizer depois de algum tempo: "Você acha que é assim com comerciantes de verdade?" Introduzindo o pagamento e o valor do dinheiro, você ensina à criança que não se consegue nada sem nada. É um jogo que abre para outra coisa. Lembro-me de um caso de uma menina que me dizia: "A cliente sempre comprava tantas partes." E eu lhe perguntava: "Mas por que ela compra tantas partes? Para quem?" Então, ela me respondia: "Para o marido dela!" E eu replicava: "Quantos filhos ela tem?" E sempre faltava uma parte para um filho.

Na verdade, ela fazia a cliente representar o papel da sua mãe. Eram quatro filhos na realidade, e ela sempre comprava só para três. Era à cliente, transferida sobre mim, que ela dava a responsabilidade de não querer fazer viver o irmão pequeno.

É o ponto de partida de uma associação subjacente que é preciso decodificar, ou então é uma negação da realidade. É sempre esse mesmo trabalho, quando a realidade obriga um sujeito a bloquear sua vida imaginária. Ele não pode ir mais longe e torna-se um ser submisso à vontade dos educadores, sem poder continuar a ser realmente vivo.

Em contrapartida, se uma inflação de seu imaginário nega a realidade, ele tampouco pode adaptar-se à vida cotidiana, a qual exige, ao mesmo tempo, o senso de realidade e a preservação de uma vida imaginária que se trama em torno dela.

Nosso trabalho sempre consiste em pôr à disposição da criança expressões simbólicas fáceis de entender, para permitir-lhe encontrar outros seres humanos com os quais trocar e comunicar, o que não é o caso com aqueles que a rodeiam.

Um bebê, por exemplo, não pode comunicar à mãe tudo o que gostaria.

Temos a prova disso na Maison Verte*, que é um lugar de socialização das crianças.

---

* A Maison Verte foi fundada por Françoise Dolto em 1979. É um lugar que acolhe as crianças pequenas e seus pais (ou o adulto responsável por elas). A equipe que os recebe não está ali para fazer psicoterapia, educar ou dar conselhos, apesar de ter formação para isso. É um local de convivência entre pais e crianças, e não

Os bebês comunicam-se muito mais entre si do que com as mães, e com que prazer! Eles precisam dessa comunicação, que lhes é específica, pois estão ligados nas mesmas frequências auditivas e sem dúvida às mesmas fantasias. Pudemos muitas vezes observar mães com ciúme dos filhos de três meses que, uns ao lado dos outros, no chão como rãs, arrulhavam uns para os outros.

É impressionante: assim que uma mãe tenta entrar no circuito, os bebês imediatamente se calam. No seu nível de evolução humana, isso é a prova de que, entre si, os bebês têm meios de comunicar as fantasias que suas mães já proíbem, sem saber. Porque elas lhes pedem a realidade, enquanto eles têm necessidade de comunicar fantasias. Ou porque elas lhes impõem suas próprias fantasias, que não são fantasias de crianças com outras crianças.

Nessa brincadeira de loja, nesse jogo de cumplicidade, o que a criança está buscando? Busca alguém de seu nível. Cabe a nós colocarmo-nos nesse lugar, mas sem, acima de tudo, trazer nossas próprias fantasias. Devemos permanecer o analista que procura onde a criança nega a realidade ou, ao contrário, onde ela está demais na realidade, o que lhe impõe ser sádica, como o mundo em volta dela.

P.: É por isso que você diz que devemos começar a aprender nossa profissão com adultos e não com crianças! Infelizmente, geralmente acontece o inverso.

F. D.: Infelizmente é assim. Mas trata-se de um efeito social, que se deve ao fato de as crianças serem as detectores dos pais. Evidentemente, algumas crianças têm problemas que lhes são próprios, mas que são muito ampliados pelos dos pais.

P.: No fundo, como você definiria nosso papel de psicoterapeutas infantis?

F. D.: Nosso papel consiste em justificar o desejo que se exprime e em buscar o que a criança repete desse desejo, que ela não pôde exprimir em seu cotidiano com as pessoas que a rodeiam. Devemos igualmente recuperar os afetos que envolvem os desejos que foram recalcados em torno de um Supereu imposto pelo ambiente educativo. As pulsões de desejo cujos afetos não puderem se exprimir, seja diretamente, seja indiretamente, perturbam o funcionamento somático e ideatório da criança e provocam angústia. É exatamente o esquema de Freud em seu livro *Inibições, sintoma e angústia*. A inibição em uma criança pode chegar a deter seus funcionamentos vitais e seu crescimento. Nosso papel consiste em restabelecer a circulação entre tudo isso. Mas não certamente em normalizar, o que não quer dizer nada.

_{é necessário marcar hora para ser recebido. É essa convivência que, na concepção de Françoise Dolto, pode ser terapêutica. A Maison Verte também prepara a criança para separar-se dos pais, antes de ela entrar na escola. Ali, outras pessoas cuidam dela, na presença da mãe, e contam-lhe o que está acontecendo e o que acontecerá quando ela estiver na escola, o que torna a separação menos dolorosa para ela. A Maison Verte funciona hoje na rua Meilhac, nº 13, Paris, 75010. [N. da T.]}

Consiste sobretudo em permitir que se exprimam, e também que coexistam em boa inteligência, o imaginário e a realidade, que são uma contradição que nós todos temos que assumir e que assumimos justamente pela via simbólica, que não é apenas verbalizada.

Tudo é linguagem.

2

A criança, sintoma dos pais – Os erros dos jovens psicanalistas – As crianças adotadas fazem tudo para se parecerem carnalmente com os pais – A criança, terapeuta familiar – Como conduzir uma primeira entrevista.

P.: Quando uma criança é o sintoma dos pais, devemos aceitá-la em terapia e mandar os pais para outros psicanalistas? Ou iniciar um tratamento com cada um deles?

F. D.: Os pais devem procurar outros terapeutas, senão, no inconsciente do psicanalista da criança, os pais estariam sempre juntos, como se fossem gêmeos do filho. Seria muito ruim.

Se os pais têm necessidade de ser tratados por si mesmos, é porque, ao pôr esse filho no mundo, eles o perturbaram totalmente, transferindo sobre ele suas próprias vivências arcaicas. É uma relação de transferência, em lugar de uma relação verdadeira. Nesse caso, como os pais da realidade encenam uma relação de objeto falseada pela repetição do passado deles sobre o filho, é preciso que o psicanalista os ouça no interesse da criança, para saber que projeções essa criança deve enfrentar, no dia a dia, em sua educação.

Mas o psicanalista nunca deve se ocupar com a educação de hoje, ele está sempre lidando com as pulsões do passado, com as imagens do corpo de antigamente. O terapeuta está ali unicamente para servir à transferência do passado e para "catarsizar" o recalque de hoje.

Trata-se, evidentemente, de fazer com que o recalcado reviva no paciente, eventualmente de "catarsizá-lo" e, assim, de permitir que se diga em palavras a agressividade não sublimável, o que suspende a inibição das outras pulsões naquilo que elas têm de sublimável, fora do âmbito do tratamento, na vida real.

É por isso que, já que os pais constituem o meio real da criança, eles podem ter necessidade de ajuda para enfrentar a volta da saúde do filho. De fato, uma vez que os pais passaram anos, sem se dar conta disso, voltados para o problema que eles próprios criaram no filho, o desaparecimento dos problemas deste último coloca-os em um estranho estado de sofrimento reencontrado, em seus corpos ou relações.

Evidentemente, não é na primeira sessão que nós, do alto de nossa posição, podemos dizer aos pais que o filho é o sintoma deles. Eles vêm de boa-fé trazer uma criança que eles e a sociedade que a rodeia julgam perturbada, porque ela perturba na escola ou porque sofre, em seu corpo, de distúrbios funcionais: de linguagem, de motricidade, anorexia, encoprese, enurese, gagueira etc. O papel do psicanalista é, pois, atender primeiro os pais. Bem longamente, principalmente a primeira vez. Depois, os pais e a criança, deixando todos se exprimirem. Finalmente, a criança com, alternativamente, cada um dos pais[7].

Se se tratar realmente de uma criança-sintoma, o fato se esclarecerá por si próprio. Ou a criança não se interessará por essas entrevistas, sairá da sala, permitindo aos pais tomar consciência das próprias dificuldades, ou colocará os pais para fora e esses, em desespero, precisarão ser ajudados a suportar esse repentino desmame e a independência que o filho manifesta com relação a eles.

É por isso que digo que é preciso ser primeiro psicanalista de adultos antes de ser psicanalista de crianças.

Se não for assim, não poderemos entender que o sofrimento projetado sobre uma criança desde seu nascimento, e que faz dela o sintoma dos pais, implica o tratamento dos pais e que, aliás, é isso o que de fato eles vêm pedir através do filho. É espantoso ouvir dizer, da parte de muitos psicoterapeutas infantis, que não são psicanalistas de adultos: "Coitada dessa criança, com uma mãe e um pai assim!" Ou ainda: "É preciso livrar essa criança dessa mãe." Ou: "Este homem não é um pai" etc.

Eles exprimem uma transferência negativa maciça sobre os pais, o que traduz sua própria angústia de terapeuta e, portanto, sua impossibilidade de trabalhar com essa família.

O poder público, as pessoas que o representam, não são psicanalistas, e, por isso, criaram consultas para crianças. Pensando que uma criança pode ser tratada de suas impotências em se adaptar à sociedade, sem os pais.

Daí os impasses em que desembocam as consultas nas quais não se pode, de fato, tratar as crianças, apesar de terem sido feitas para elas.

Isso é ainda mais curioso pelo fato de a lei tornar os pais responsáveis pelos filhos até ainda mais tarde que antigamente, já que se considera que os jovens não devem trabalhar até os dezesseis anos de idade, no mínimo, e que não existe, para eles, nenhum meio de escapar a um eventual clima patológico familiar, sem se tornarem delinquentes.

Quanto a separar a criança dos pais por uma autoridade superior, ou seja, pela internação em uma instituição ou por destituição do pátrio poder, os efeitos secundários em sua vida e na de seus descendentes são sempre gravíssimos.

São os pais e as crianças, auxiliados em conjunto e separadamente, cada um por si, que podem entender a necessidade de se separar, beneficiando-se do auxílio social ao qual podem recorrer de livre e espontânea vontade, apoiados por terapeutas. Mas isso não deve jamais ocorrer pela decisão de uma pessoa estranha ao grupo familiar.

Eu gostaria de voltar àquilo que estava lhes dizendo, a respeito da transferência negativa de muitos terapeutas infantis sobre o que eles chamam de maus pais.

---

[7] Refiro-me principalmente a crianças de menos de 7 anos.

Vou pegar um exemplo para ilustrar melhor. Quando uma criança vem para a sessão com o seu carrinho, dizendo que está quebrado, ou com sua boneca, dizendo: "Ela não para de me aporrinhar, faz xixi na cama, morde todo o mundo, nunca quer dormir, nunca quer comer", vocês por acaso vão cuidar do carrinho ou da boneca e dizer aos pais da criança: "Comprem outro carrinho ou outra boneca para ela, e, já que essa criança é incapaz de cuidar deles, vamos confiar esses brinquedos a outra criança!"

É mais ou menos a isso, traduzida ao absurdo, que se resume a atitude cheia de boas intenções desses terapeutas. Isso é verdade para crianças até seis ou sete anos, doentes em razão das projeções de pais neuróticos, psicóticos ou que voltaram a ser solteiros, inimigos um do outro através do filho.

Após os sete ou oito anos, depois de algumas entrevistas com os pais e com a criança, pode-se perceber se esta última deseja ser ajudada por ela mesma, independentemente dos pais. Esses, por ocasião de suas entrevistas com o psicanalista, que deve ser tão positivo com eles como com a criança, com frequência tornam-se conscientes de sua necessidade de serem ajudados por si mesmos. O psicanalista deve então fazê-los entender que ele só pode aceitar em terapia um dos membros da família, pois lhe é impossível cuidar ao mesmo tempo de várias pessoas da mesma família.

É possível, se apenas a criança deseja se tratar, estabelecer um contrato de terapia com ela, enquanto os pais ainda não se decidiram a fazer uma psicanálise por eles mesmos: nessas condições, a criança pode fazer sozinha um trabalho pessoal. As repercussões desse trabalho, se a criança encontrar seu lugar na sociedade, terão um efeito libertador sobre os pais. Mas com efeitos posteriores de angústia.

É nesse momento que o psicanalista deve ser humano e não se aferrar a uma atitude de exclusão radical dos pais. As dificuldades secundárias, psicológicas ou emocionais produzidas nos pais pelo tratamento incitarão, aliás, a própria criança a pedir ao terapeuta para atender à solicitação de entrevista dos pais.

Isso equivale às sínteses pedidas pelas instituições para as crianças sob sua guarda que estão em terapia.

Nesse caso, não se deve de modo algum receber os pais sem a presença da criança, mas nada impede de recebê-los na presença dela, e de ouvir o que têm a dizer. É nessas reuniões familiares que os pais tomam consciência das transformações positivas do filho, mas elas os fazem sofrer. Ou eles percebem a ajuda que a criança espera deles e que eles não podem lhe dar.

O psicanalista repercute o que eles se dizem uns aos outros e abre assim uma comunicação que pode continuar na família fora de sua presença. Esse ponto é importante, pois, quando um contrato terapêutico é concluído, com a anuência dos pais, entre uma criança e um terapeuta[8], muitas crianças e muitos pais acabam não conversando mais.

---

[8] Esse contrato implica o segredo profissional daquilo que a criança diz ao psicanalista, e a reserva dos pais quanto àquilo que acontece nas sessões.

Como se o psicanalista tivesse expulsado os pais de seu lugar de educadores.
É durante essas sínteses que a realidade atual é inteiramente recolocada nas mãos dos pais pelo terapeuta. (No momento do estabelecimento do contrato com a criança, os pais não estariam em condições de perceber essa realidade.)

É repetido aos pais que são eles os educadores e que eles permanecem totalmente livres quanto às suas atitudes e seus dizeres com relação à criança.

De fato, a multiplicação das consultas de orientação infantil faz os pais acreditarem que uma terapia substitui a educação. Cabe a nós, psicanalistas, restabelecer as coisas e não desempenhar, no caso de uma terapia infantil, o papel de conselheiro pedagógico ou de educador com os pais. Esclareço que estou falando aqui de crianças que têm mais de sete ou oito anos e que assumiram pessoalmente seu contrato de tratamento psicanalítico.

Às vezes, um incidente na transferência faz com que algumas crianças esqueçam as condições do contrato, contudo claramente enunciadas diante delas e dos pais no início do tratamento.

As reações negativas dos pais e a angústia deles, que tornam essas sínteses necessárias, provêm do fato de a criança jogar sobre eles a parte negativa da transferência que não traz para a sessão.

Quantos pais não vemos, por ocasião dessas reuniões de síntese, nos dizer que o filho não para de bradar, sempre que acontece algo desagradável para ele em casa: "Vou contar para meu psicanalista!"? Ficamos sabendo disso naquele momento, e assim entendemos que os pais tenham se sentido inibidos nas suas reações com relação à criança, por causa dessa fala ameaçadora e fantasística.

Devemos desconfiar, com relação às crianças, das transferências de sedução que nos incitariam a tomar o lugar fantasístico dos pais. Porém será que isso é tão diferente assim das transferências de homens e mulheres casados, que se servem da fantasia de sua relação conosco, terapeutas, para deixar de ter relações com o cônjuge na realidade, ou até para romper seu casamento em nome do amor pelo psicanalista?

Tanto com as crianças quanto com os adultos, e ainda mais, talvez, devido à ausência da realização sexual genital necessária ao corpo, devemos estar atentos para que, em nome da transferência, a perversão das relações familiares não se instale. Nem, tampouco, a perversão da relação com o psicanalista.

Outro problema que não devemos deixar passar na nossa escuta analítica dos pais: a possível semelhança entre a criança e pessoas de quem os pais não gostam na realidade. É muito importante verbalizar isso para a criança: "Você se parece com a tia Fulana, que sua mãe não pode ver nem pintada de ouro. Você vai ter que arcar com isso. Você tem os olhos, o redemoinho dos cabelos ou o rosto iguais aos dela." Uma vez tudo isso colocado em palavras, isso se torna realidade, e as crianças aceitam-na muito bem e aprendem a lidar com ela. Ao passo que, se esse fato permanece um não dito, as crianças não se sentem elas mesmas, pois todo um pedaço delas desaparece porque se parece com algo do corpo de um outro que, por razões afetivas, a mãe não pode suportar.

Para as crianças adotadas, isso acontece de modo inconsciente: elas têm que arcar com o fato de não serem os filhos biológicos dos pais. Desse modo, fazem tudo para se parecerem com eles, principalmente quando são pequenos.

Um menino que atendi recentemente me disse: "Sabe, como minha mãe não me carregou na barriga, ela quer que eu me pareça ainda mais com o meu pai, já que ela o ama." Estava em pleno Édipo e com muito ciúme, mas mesmo assim entrava nessa. Parecia-se com o pai para rivalizar com ele e possuir a mãe. Todas as imitações por objetos parciais eram válidas. Tudo o que ele podia, os tiques, as manias etc. Até o dia em que o psicanalista lhe disse que ele parecia acreditar que seu pai adotivo era seu pai biológico. O menino respondeu apenas: "Bom, se isso é verdade, não preciso ter tiques como ele."

Quando se deu conta de que não valia a pena rivalizar desse modo, tudo mudou.

A resolução do Édipo, para cada criança, seja ela filho biológico ou não, consiste em assumir a própria identidade, renunciando à identificação com o objeto de prazer e de desejo com relação a um ou outro dos pais tutelares.

O amor dos pais adotivos pelos filhos, que não é "garantido" pelo saber de que são carne de sua carne, pode enredar ainda mais a criança. Os sentimentos filiais arcaicos dos pais com relação aos próprios genitores são vividos durante a primeira infância do filho adotado, exatamente como eles os teriam vivido com um filho gerado por eles. Tudo isso é fantasístico.

A exigência inconsciente do filho adotivo, de ser ainda mais carnalmente, mais visivelmente, filho deles do que seria com relação aos pais biológicos, encontra seu correspondente nos pais adotivos, que colocam todas as suas esperanças nessa criança, destinada a perenizar seu nome e a fazer frutificar o amor e os esforços feitos por ela.

A idade ingrata, como se diz, parece ainda mais ingrata quando se trata de uma criança adotada, e esta pode ser ainda mais culpabilizada.

Uma criança carnal é filha das necessidades dos pais, mas não, às vezes, dos desejos deles, pelo menos conscientes. Pode ser um filho do cio do pai e da submissão da mãe, mas, no caso de um filho adotivo, os pais não podem negar a si mesmos que se trata de um filho escolhido e desejado durante muito tempo por eles, antes que a sociedade os tenha satisfeito.

No momento de sua entrada na família, o filho adotivo ocupou um lugar tão grande que, no momento de se desligar da família adotiva, ele é de novo culpabilizado, mais ainda que um filho carnal.

Um dos dez mandamentos, "Honrarás pai e mãe", é bem difícil de admitir, pois está totalmente em contradição com o amor pelos pais, amor que cria dependência. Honrar os pais significa alcançar nossa plena estatura e conseguir forjar a própria vida sob o nome deles, de um modo ainda melhor do que eles. Esse preceito ético está no coração de cada um de nós, quer o tenhamos aprendido ou não, e está muitas vezes em contradição com o que cada um de nós acredita dever aos próprios pais, por causa de nosso amor infantil de dependência que não conseguimos superar.

A assistência aos pais idosos, quando a velhice os torna incapazes de assumir a si mesmos, é também, no coração de cada um de nós, uma resposta à assistência que nos deram ao longo de nossa infância. Também nesse caso, trata-se de ver que muitas vezes confundimos isso com o amor de dependência, tão próximo do ódio, quando esse amor bloqueou o acesso à nossa identidade.

Em suma, sempre a armadilha do pré-genital que se reproduz no pós-genital, ou seja, na velhice.

Último problema que merece ser assinalado: pode também acontecer durante um tratamento que uma criança diga: "Você seria minha mãe." Nesse caso, responda-lhe simplesmente: "Sua mãe de quando?" Ela pode, de fato, transferir a mãe de quando tinha dois ou três anos, e não a mãe de hoje, já que todos os dias ela tem que fazer morrer a mãe, para depois ressuscitá-la no dia seguinte, assim como faz consigo mesma, aliás. A mãe do passado está morta. A criança pode assim transferi-la sobre outra pessoa. Mas a de hoje está viva e é com ela que a criança deve se virar.

P.: Gostaria de voltar às coisas com as quais a criança deve arcar, às quais você fazia alusão há pouco. Elas nem sempre se resumem, infelizmente, a um redemoinho no cabelo. Estou pensando em uma menina de oito anos, Sophie, que faz terapia comigo há dezoito meses e que é esmagada pelas duas avós. Sophie, até os dezoito meses de idade, ou seja, até o nascimento de um segundo filho, foi confiada durante a semana à avó materna pelo jovem casal. Essa avó é descrita pela jovem mãe como uma pessoa esquisita e um pouco louca. O caso se complica porque os pais de Sophie acham que ela se parece também com a avó paterna, mas naquilo que ela tem de pior. Como ela, Sophie seria pouco afetuosa, se viraria sozinha e não criaria vínculos com ninguém. Vejo essa criança vergar sob o duplo fardo das avós. Então, insisto com os pais, dizendo-lhes: "Escutem, afinal de contas, são vocês o pai e a mãe dela!" Que posso fazer de eficaz por Sophie?

F. D.: Se a criança foi confiada à avó materna, a mãe que Sophie introjetou para se tornar quem é no dia a dia foi essa avó materna. E isso não é por acaso. Mas em razão da fixação não liquidada de sua mãe, menina, e de seu pai, menino, nas respectivas mães, avós de Sophie.

De fato, para poder se livrar dessa fixação, ambos os pais utilizaram a técnica do lagarto que, encurralado, deixa a cauda para poder ir embora. Muitas vezes, o casal deixa as crianças com a mãe, para poder viver sua vida de recém-casados. Sem o que a mãe poderia ficar com um ciúme exacerbado e começar a se meter em tudo o que o jovem casal faz. Então, para ficarem mais tranquilos, oferecem-lhe um chicletinho para enganar a fome, e, assim, eles próprios podem se livrar dela.

P.: Mas, se estou entendendo bem, quando sofremos com nossa própria mãe, entregamos-lhe nosso filho, sabendo por experiência própria que ela o fará sofrer também?

F. D.: De fato, nem tudo é tão claro assim, mas sentimos pena dela. As crianças são os psicoterapeutas dos pais: para que ela nos permita viver, é preciso dar-lhe algo como caução! Então, entregamos-lhe o primogênito. Ela já está com tanto ciúme que sua filha tenha um bebê...

Quantas mães que acabaram de entrar na menopausa tornam-se as harpias da filha grávida! Então, a jovem mãe faz o seguinte raciocínio: por um lado, minha mãe vai me servir de babá gratuita e, além disso, vai cuidar da criança, o que vai acalmá-la, enquanto eu poderei ficar tranquila com meu amado.

Não podemos dizer que seja ruim. Se tudo for colocado em palavras, pode dar certo. A criança desfruta todos os dias dessa avó; o único senão é que essa relação é erótica. É hetero ou homossexual, conforme a criança seja uma menina confiada à avó ou ao avô. Nesse último caso, é uma relação incendiária, erótica, e é por isso que é ruim para a criança.

No caso de Sophie, a avó não é tão louca assim, mas viveu algo de erótico com Sophie, e acho que cabe ao jovem casal refletir sobre a situação e falar com a filha. E com você também, naturalmente. Você poderia dizer a Sophie, por exemplo: "Você está vendo, sua mãe acha que você se parece com a mãe dela. Mas, no final das contas, sua mãe também se parece com ela, já que é filha dela e se tornou uma pessoa muito legal! Então, você se parece principalmente com você mesma; e também com o seu pai e com a família do seu pai." Acho que devemos libertar, pelas palavras, as crianças daquilo que elas ouvem. Dessa forma, o fardo é apenas simbólico, e é com palavras que retiramos o peso que carregam.

As palavras são o que existe de mais libertador, mas também de mais mortífero. Também com palavras poderíamos aumentar o peso do fardo simbólico.

Mas a situação, no caso de Sophie, é a possessividade das avós. Os pais de Sophie criticam-nas por isso, contudo foi exatamente esse fato que permitiu que eles amadurecessem, pois foram pais cedo demais. Não poderiam ter assumido completamente suas responsabilidades, nem suportado a agressividade de suas mães, se tivessem confiado a criança a outra pessoa, contra pagamento. Era preciso que a avó materna pagasse a si mesma com o prazer de se identificar com uma jovem mulher, sua filha, sequestrando-lhe parcialmente Sophie, ou seja, a criança que ela podia fantasiar ter do genro.

No fundo, ela se pagava com a dívida que todos os pais inculcam no filho: a dos sacrifícios de liberdade que a educação dele lhes impôs.

P.: Eu gostaria que você nos falasse mais dessas primeiras sessões, determinantes para explicitar bem nosso papel.

F. D.: De fato, é muito importante fazer com que os pacientes e os pais das crianças entendam o que não podem esperar de nós. Ao consultar um psicoterapeuta, os pais têm sempre tendência a considerá-lo um professor e, consequentemente, a pensar que ele vai lhes dar uma lição de psicoterapia, ou simplesmente uma lição. Ou, então, consideram-no um tipo particular de médico, que visa corrigir um sintoma que os angustia de modo imaginário ou real, porque ele é um empecilho na integração de seu filho em sociedade. É evidente que nosso papel consiste em fazê-los entender que se trata de algo que vai muito além do corpo da criança e da relação do outro com esse corpo.

Não estamos à escuta do comportamento do corpo, nem de seus distúrbios, mesmo que esses últimos tenham sido reconhecidos como distúrbios físicos e tratados como tais por um médico. Esse não é nosso campo de escuta, nosso comprimento de onda.

Vemos, às vezes, psicanalistas, sobretudo os jovens, quererem que os pais tirem os remédios de uma criança, entorpecida por toda uma farmacopeia. Talvez seja uma pena para a criança não poder entrar em contato com as outras pessoas por causa desse amortecedor medicamentoso, mas nosso papel não consiste em falar disso.

Nossa atitude diz respeito unicamente ao ser simbólico. É nossa castração de analistas.

Além disso, algumas crianças têm realmente necessidade de medicamentos, seus corpos têm uma necessidade veterinária de serem ajudados para sobreviver.

Lembro-me de ter atendido em análise uma pediatra, especialista no tratamento de crianças epiléticas verdadeiras, cuja atitude com relação às crianças foi mudando ao longo das sessões.

Agora, ela as responsabiliza totalmente pelo tratamento, a partir de cinco ou seis anos. Ela diz na frente dos pais: "Vocês não têm que interferir no tratamento de seu filho. Se ele quiser ser tratado, vou acertar com ele o problema dos medicamentos." Ela só pede aos pais que aceitem que a criança possa vir vê-la sempre que desejar, ou então que possa telefonar para ela. "Se você tiver vontade de diminuir uma dose", diz ela, "pode me avisar por telefone. Eu direi se é o momento ou não. Se você diminuir de fato a dose e ficar preocupado(a), pode vir me ver. A única coisa que peço, é que você nunca aumente a dose sozinho."

Evidentemente, ela não cobra, a cada vez, o preço de uma consulta, e é conveniada à seguridade social.

Obteve resultados extraordinários. "Consigo dar o mínimo necessário", contou-me, "porque a criança é totalmente capaz de dizer o que está sentindo, se as doses estão lhe fazendo mal em vez de ajudá-la." Essa técnica ensinou-lhe muito sobre os efeitos aleatórios dos medicamentos conforme os sujeitos.

É um enorme passo, justamente, estabelecer nos pais uma castração entre as necessidades – os medicamentos correspondem a uma necessidade veterinária – e os desejos.

Essa mulher entendeu que o problema era dar a um ser humano a responsabilidade sobre o próprio corpo; tinha a técnica de alguém que conhece os distúrbios e os medicamentos. Ela não se permite fazer psicoterapia no sentido clássico, e, contudo, seu modo de agir, que permite à criança ficar à escuta de si mesma e de suas angústias, é uma outra forma de terapia.

A impotência de muitos médicos diante de casos que não são orgânicos se traduz muitas vezes de um modo espantoso. Penso, por exemplo, em muitas crianças autistas, entupidas de medicamentos entorpecedores pelos médicos, quando seus exames não haviam revelado nada de orgânico.

Constatei a mesma coisa com crianças que não são surdas, mas às quais os médicos impõem mesmo assim o uso de aparelhos, porque elas se recusam a ouvir. A partir do momento em que uma verdadeira comunicação se estabelece com o terapeuta, as crianças arrancam os aparelhos.

P.: Você poderia nos dar alguns conselhos relativos à especificidade de nosso trabalho de psicanalistas em uma instituição?

F. D.: É realmente um problema ser psicanalista em uma instituição. Temos que lembrar constantemente que nosso trabalho consiste em fazer advir o sujeito a ele mesmo e em ajudá-lo a se encontrar em suas contradições. A partir disso, ele pode fabricar para si uma unidade interior que lhe permitirá falar em seu próprio nome, em todo lugar em que se encontrar, mesmo que aja de um modo que não agrade aos vizinhos, por exemplo.

Muitas vezes quando enviamos uma criança a um CMPP[9], porque seu modo de agir incomoda as instituições ou a família, ela própria não é, contudo, um ser em desordem. Tem, principalmente, necessidade de ser apoiada para aprender a não sofrer as projeções do outro e a se construir, enraizada na cena primitiva de sua concepção, protegendo seu narcisismo primário ameaçado de dissociação, caso ceda diante das injunções daqueles que lhe pedem para agir como uma marionete.

Essas injunções vêm tingidas de valores afetivos dos quais devemos ajudar a criança a se libertar. Não existem, com efeito, outros valores além dos da vida. E, já que essa criança encontrou força suficiente para viver até encontrar algum de nós, não há razões para não continuar a fazê-lo com o nosso apoio.

---

[9] Centro Médico-psicopedagógico. [Os CMPPs são ligados à Seguridade Social e atendem crianças e adolescentes de até 18 anos com problemas de adaptação ou com distúrbios neuropsicológicos ou de comportamento. – N. da T.]

3

As diferentes castrações I

Uma castração que é uma frustração deixa de ser simbolígena – Katia, uma menina deficiente, que não recebera nenhuma castração (sessão integral).

P.: Você sempre diz que o tratamento psicanalítico consiste em proporcionar as diferentes castrações: orais, anais e genitais. O que você entende exatamente por "proporcionar as castrações"?

F. D.: A castração, quer diga respeito a pulsões orais, anais ou genitais, consiste em dar à criança os meios de estabelecer a diferença entre o imaginário e a realidade autorizada pela lei, e, isso, nas diferentes etapas acima citadas.

A castração oral consiste, por exemplo, em tornar uma criança independente dos dizeres da mãe, ou seja, em permitir à criança julgar por si mesma se concorda ("se ela sim") em executar o ato que o dizer de sua mãe ou de qualquer outra pessoa implica.

Aliás, quase sempre temos que dar uma castração oral a uma criança cuja mãe também não foi castrada nesse nível. Quando uma mãe nos diz, por exemplo: "Meu filho é desobediente, basta que eu lhe diga alguma coisa para que ele faça exatamente o contrário", isso subentende, na maioria das vezes, que a criança exprime um desejo que lhe é próprio, e conforme a suas fantasias.

Esse desejo é, na maioria das vezes, perfeitamente realizável, mas, na realidade, a mãe traduz, em suas injunções, o desejo de ver o filho realizar as fantasias dela. É por isso que esse estilo de mãe critica sem parar o filho por ele não pôr seus dizeres em ação, e o coloca sempre como errado. Ela quer que seu dizer seja assimilado como uma realidade não julgável pela criança.

Consideremos o seguinte exemplo de castração oral: durante uma sessão, uma criança faz um desenho que descreve como explosivo. "Ninguém deve tocar neste desenho, porque isso vai fazer a casa explodir", diz ela ao terapeuta. "Vou colocá-lo aqui e você não vai tocar nele." Depois, ela vai embora. Na sessão seguinte, ela pergunta: "Você guardou meu desenho?" O terapeuta: "Procure para ver." A criança: "Não estou encontrando! Mas eu tinha dito que não queria que ninguém tocasse nele!" O terapeuta: "Ah, é verdade, você *disse* que não queria que ninguém tocasse nele. Você tinha todo o direito de dizer isso, mas as coisas não são dependentes do que você diz e da sua imaginação."

E a história termina assim: a criança sente-se encantada e segura com o fato de o terapeuta diferenciar o dizer – sempre permitido – e o fazer, independente de suas fantasias. Isso é a castração oral.

Mas, para proporcioná-la, é preciso imperativamente fazer com que a criança represente a fantasia que seu dizer subentende, para lhe dar o poder de comunicá-la. Sem isso, as pulsões orais – o dizer – não passam pelo crivo do anal – o fazer –, quer dizer, pelas pulsões que permitem a execução de um ato, de um agir muscular que deixa vestígios. Esse vestígio, evidentemente, envolve uma dor, mas ela não é conforme ao imaginário.

Quanto à castração anal, ela consiste em fazer com que a criança entenda que o fazer não pode trazer frutos e não consiste em engendrar.

P.: Como podemos perceber que uma criança está pronta para receber a castração edipiana?

F. D.: Quando ela se mostra orgulhosa de seus órgãos genitais e conhece sua sensibilidade. Quando reconhece o valor da genitalidade de ambos os pais – e, portanto, de cada um dos dois sexos – e o valor do contato íntimo entre o pai e a mãe, que é procriador.

Em contrapartida, se uma menina diz, por exemplo: "O pipi dos meninos é nojento", é sinal de que ela ainda não está pronta para receber a castração edipiana.

P.: Certo, mas o que você entende exatamente por castração simbólica?

F. D.: Utilizo essa expressão na sua acepção de castração *simbolígena*, ou seja, no sentido de uma deprivação da satisfação das pulsões no plano em que elas emergem, a saber, em um circuito curto com relação ao objeto que elas visam, para serem retomadas em um circuito longo, com relação a um objeto de transição, depois com objetos sucessivos que, por transferências recíprocas em cadeia, ligam-se ao primeiro objeto.

Para que uma castração possa ser simbolígena, ela deve intervir em um momento em que as pulsões, por assim dizer orais, encontraram de direito sua satisfação no corpo da criança.

Se acaso esse prazer necessário ao narcisismo fundamental ainda não aconteceu, uma castração torna-se uma frustração e já não é simbolígena.

Penso que podemos, então, dizer as coisas assim: é preciso que a criança tenha, em primeiro lugar, sentido o prazer da satisfação da pulsão, do modo como a buscou no início, mas que, ao mesmo tempo, o objeto parcial oral – seio, alimento, fezes, pipi etc. – que lhe proporciona a satisfação em seu corpo esteja associado a uma relação com um objeto total – a pessoa que cuida dela –, que ela ama e que, por seu lado, admite o prazer que a criança tira da pulsão satisfeita.

A partir do momento em que essa pessoa adquire, para a criança, pelo menos tanta importância quanto a satisfação de sua pulsão, ela pode ajudar a criança a alcançar um nível superior de comunicação, que ultrapassa a saciedade bruta da pulsão.

Para isso, é preciso haver uma situação triangular – a mãe, o pai, a criança, ou a mãe, a avó, a criança, ou a mãe, outra pessoa, a criança etc. –, em outras palavras, que não seja para agradar à mãe que a criança se frustre, senão encontramo-nos em uma situação perversa.

De fato, a criança quer se identificar com a pessoa que ama. Essa não se satisfaz apenas com o modo como a criança se sacia, quer iniciá-la na maneira como ela própria satisfaz as mesmas pulsões.

No caso das pulsões orais, por exemplo, ensinando-a a satisfazê-las falando. Efetivamente, o falar, o cantar, o arrulhar são prazeres de boca.

O filho percebe que essa pessoa, geralmente sua mãe, também sente prazer assim, que ela autoriza o prazer que ele sente, mas que, falando com outra pessoa, quer introduzi-lo no estilo de comunicação que corresponde a essa pulsão, fazendo-a passar por um circuito mais longo.

É por isso que ela o depriva do prazer parcial ao qual ele sempre retornaria, para iniciá-lo no modo mais elaborado através do qual ela própria satisfaz essas mesmas pulsões.

Tomemos outro exemplo: em vez de dar uma bala ao filho, que a exige aos berros, a mãe lhe dirá: "Fale-me um pouco das balas, você prefere as de menta, as de morango, duras, moles, com papel etc." Agindo assim, a mãe estará lhe dando muito mais que uma bala.

A castração simbolígena exige, pois, a mediação de uma pessoa que assume ser ao mesmo tempo um modelo permissivo, mas também um obstáculo progressivo à satisfação da criança, provocando assim um deslocamento da pulsão para outro objeto.

Graças a isso a criança entrará em comunicação com essa pessoa – com o objeto que representa para ela essa pessoa – e depois ampliará, de pessoa em pessoa, sua relação de troca com o outro, aumentando, desse modo, o campo de satisfação dessa pulsão.

Estou o tempo todo falando, na clínica infantil, da castração das pulsões com relação ao objeto – já que há satisfação através desse objeto e da zona erógena em questão.

Essa castração é dada com o objetivo de obter um efeito simbolígeno, quer dizer, de proporcionar uma satisfação ainda maior dessa pulsão, mas por um circuito mais longo. Senão tudo vira enganação, provando apenas que a criança foi "violada" por seus educadores. Foi vista apenas como um ser de necessidades e não como um ser de desejos.

Imaginemos, por exemplo, uma mãe que deixa o filho chupar o dedo com dois meses e meio. Estamos em presença de uma satisfação de tipo circuito curto, sobre um objeto de transferência do seio, que a criança vê como seu próprio corpo. Está pois desmamada, castrada de suas pulsões visuais, auditivas, olfativas, na sua relação com a mãe. Simplesmente as trocou pela sucção do polegar. Para a criança, é como uma simbolização, e, contudo, isso não é uma simbolização.

Seu polegar é realmente simbólico – no sentido de um substituto do seio –, porém essa castração não foi simbolígena de uma relação com outro sujeito. Seu próprio polegar serve de objeto parcial, iludindo-a e fazendo-a acreditar que se trata de um objeto total. A criança sente prazer em chupar o dedo, mas sem troca com outra pessoa. Como a mãe não soube proporcionar-lhe a tempo, no lugar do seio, a satisfação de uma comunicação linguageira, a criança substituiu-a pela ilusão de uma relação simbólica com ela, através da relação com o próprio dedo, que é na realidade uma simples masturbação oral.

P.: Retomemos, se não se importam, o caso de Katia. Trata-se de uma menina de quatro anos, deficiente motora, que usa aparelhos nas pernas. Tinha sido rotulada de psicótica, devido a dificuldades escolares, mas, já na primeira sessão, Françoise Dolto teve a intuição de que ela poderia ir à escola como todo o mundo, pois observou que Katia, como muitas crianças deficientes, não recebera nenhuma castração.

F. D.: Está bem. Leiamos, então, juntos a íntegra da segunda sessão em que encontrei Katia[10].

"Quando Katia entra, todo o mundo diz, em coro:
– Bom dia senhora, bom dia senhor, bom dia Katia."

Françoise Dolto, dirigindo-se aos ouvintes de seu seminário: às vezes, faço um sinal para o público, para que um coro antigo acolha determinada criança.

"*Françoise Dolto* (a Katia): Você se lembra da doutora Dolto?
Katia: Quero uma medalha.
Françoise Dolto: Você quer o quê? Você ainda não está andando.
Katia (segurando um chocalho formado de bolas ovais de plástico de cores diferentes): Isso parece sorvete: (mostrando uma bola cor-de-rosa) um sorvete de morango; (mostrando uma bola amarela) um sorvete de baunilha; (depois, mostrando uma bola azul) um sorvete de chocolate."

Françoise Dolto, dirigindo-se aos ouvintes de seu seminário: Nesse momento, me deu um estalo! Uma bola azul para o chocolate!

"Katia acrescenta imediatamente: E um sorvete de framboesa."

---

10 Françoise Dolto interpreta então seu próprio papel. Suas intervenções se dirigem ora às pessoas presentes em seu seminário bimensal da Escola Freudiana, ora estão transcritas no texto que está lendo e eram destinadas aos ouvintes de seus atendimentos públicos no hospital Trousseau.
Durante quarenta anos, Françoise Dolto ali atendeu crianças todas as terças-feiras, das nove horas da manhã às duas horas da tarde. Ela trabalhava no departamento do professor Lainé, que foi sucedido pelo professor Laplaigne e depois, atualmente, pelo professor Lassale.
O texto aqui relatado foi anotado palavra por palavra por ocasião de uma das sessões do hospital Trousseau, à qual os pais de Katia assistiam.

Françoise Dolto a seu seminário: Eu me chamo Françoise! Creio que ela passou do chocolate bola azul, cor feminina, a framboesa-e*, quer dizer, que começou uma relação comigo que lhe permite tornar-se mulher em vez de permanecer um zumbi, a saber, uma criança nem menino nem menina.

Em sociedade, Katia tinha um estatuto de criança deficiente motora, que a tornava diferente das outras. E, quando uma criança não é como as outras, ela não é nem menina nem menino, é um objeto parcial heterogêneo com relação ao conjunto do grupo.

"*Françoise Dolto* (a Katia): Sorvetes!
Katia (a Françoise Dolto): Sorvete é bom**
Françoise Dolto: Você é uma menina, você não diz: A Katia é bem comportado, nem a Katia é bonzinho. A Katia é não doutora Dolto."

Françoise Dolto, dirigindo-se aos ouvintes de seu seminário: Formulei desse modo para ela, porque estava furiosa que eu a tivesse corrigido em seu modo de falar.

"*Katia*: Sim, doutora Dolto.
Françoise Dolto: Sim? Ela é sim a quê?
Katia: Ao de morang***.
Françoise Dolto: Sim, claro, ao de morango!
Katia: Cocô! Cocô!
Françoise Dolto: Para ser um menino, pensa Katia!
Katia: De morango!
Françoise Dolto: De morango. Cor de quê, o de chocolate?
Katia: Azul. Amarelo é o de baunilha.
Françoise Dolto: Poderia ser o de limão. Você pode dizer o contrário da doutora Dolto, é permitido me dizer não e, também, me aporrinhar.
Katia: O menininho toma um grande sorvete de baunilha.
Françoise Dolto: Mas e a menininha?
Katia: Eu quero uma medalha.
Françoise Dolto: Quê?"

Depois, dirigindo-se a seu seminário: Exatamente como no início!

"*Françoise Dolto*: Quê, uma medalha?
Katia: Vamos fazer uma medalha.

---

* Françoise Dolto se refere à semelhança de seu nome, Françoise, com o sabor do último sorvete citado por Katia: *framboise* [framboesa]. [N. da T.]

** A palavra *glace* [sorvete] é feminina em francês, e Katia utiliza o pronome masculino *il* [ele] para se referir a ela. Isso explica a fala subsequente de Françoise Dolto à menina. [N. da T.]

*** A palavra *fraise* [morango] é feminina em francês. [N. da T.]

Françoise Dolto: Está bem. O que ela vai ter?
Katia: Um barbante [*une ficelle*]*.
Françoise Dolto: Uma filho-ela [*une fils-elle*]? Ah, não, nunca. Quem tem uma medalha?
Katia (guardando inicialmente silêncio e não querendo responder, e depois dizendo, contrariada): Sim.
Françoise Dolto: Ela quer dizer não!
Katia: Que meleca. (E grandes fios de baba lhe saem da boca nesse momento.)
Françoise Dolto: Começou como a primeira medalha? Quem tem uma medalha? Um cachorro? É uma medalha ou um pingente?
Katia: Uma medalha.
Françoise Dolto: Ah, sou burra demais para fazer uma medalha, é você que sabe fazer. Uma medalha é redonda como uma moeda, com uma argola. É pendurada no pescoço com uma corrente."

Françoise Dolto, dirigindo-se aos ouvintes de seu seminário: Lembro que, naquele momento, Katia olhava uma mulher que estava saindo da sala de consulta, e que tinha um pingente.

"*Françoise Dolto* (a Katia): Olhe o que aquela senhora está usando no pescoço, aquilo se chama pingente. Mas gostaria muito que você me falasse da medalha. (Dirigindo-se aos pais de Katia): Quando ela nasceu, ganhou uma medalha?"

Françoise Dolto, dirigindo-se aos ouvintes de seu seminário: A medalha é um significante chave para ela desde muito pequena. O pai diz que ela sempre desejou uma medalha. Então, eu desenhei uma medalha.

"*Katia* (mostrando a medalha no papel): Eu queria uma dessa.
Françoise Dolto: Quando desenhamos alguma coisa, nós a conservamos um pouco em nosso coração. Fale-me sobre a medalha. Quem tinha a medalha que você quer ter para ser alguém?
O pai de Katia: Minha mãe usa pingentes."

Françoise Dolto, aos ouvintes de seu seminário: Ele poderia ter dito antes!

"*Katia: Mamika!*"

Françoise Dolto, aos ouvintes de seu seminário: Nesse momento, um dos participantes do atendimento no hospital Trousseau se levanta e vem me dar uma medalha rosa.

"*Katia*: Quero colocá-la!

* Em francês, *ficelle* [barbante] tem pronúncia próxima a *fils-elle* [filho-ela], daí essa associação. [N. da T.]

Françoise Dolto: É permitido ter vontade, mas você não vai ganhar a medalha rosa. Você está aqui para curar-se de seu problema, não para substituí-lo."

Françoise Dolto, dirigindo-se a seu seminário: Falar dessa maneira é muito importante: faz parte da castração, a saber, nunca dar o substituto daquilo que a criança quer ter, mas representar esse substituto e falar dele. Se lhe dermos a coisa real que ela está pedindo, todo o trabalho analítico e a tensão necessárias para avançar irão por água abaixo. O que Katia pede, a medalha, é um objeto que visivelmente representa o desejo de se tornar a mãe do pai. Katia olhava efetivamente uma mulher que estava entre o público do hospital Trousseau e que usava um pingente que a fazia pensar em *mamika*. Quer se tornar *mamika* para o pai, que é, provavelmente, muito ligado à mãe, de um modo filho-dela [*fils-à-elle*], o famoso barbante [*ficelle*] que já apareceu antes.

Katia está em rivalidade edipiana com *mamika*, ou seja, com a pessoa com a qual o pai não terminou seu Édipo. Seu pai tem pulsões que continuam a ser investidas em uma relação filho-dela [*fils-à-elle*], com a mãe dele.

"*Katia*: Amanhã (e ela começa a chorar), amanhã eu vou colocá-la, amanhã eu vou colocá-la.
Françoise Dolto: Sim, amanhã, quando você for grande. O que te faz ficar assim tão triste? Como se alguém tivesse alguma coisa que você não tem. É *mamika*, a mãe do seu pai, que tem a medalha. Desenhe uma menina que tenha todas as medalhas que você quiser.
Katia: Nós podemos pôr a medalha rosa?
Françoise Dolto: Nós? Nós quem? Geralmente você diz 'eu'."

Françoise Dolto, aos ouvintes de seu seminário: Nós, é ela e o pai, sem dúvida.

"*Katia*: Quero pôr a medalha rosa.
Françoise Dolto: É chato ter vontade de fazer algo que não podemos fazer. Há muitas coisas, Katia, que você gostaria de ter e não tem. Por exemplo, você fica furiosa por não andar. A medalha rosa é um falso consolo. Você sabe por que não pode andar?
Katia: Não. (Após um silêncio): Quero a medalha rosa.
Françoise Dolto: Não! (Depois, dirigindo-se aos pais de Katia): Vocês têm alguma coisa para me dizer, depois da última vez que nos vimos? A senhora disse a Katia que ela viria hoje?
A mãe de Katia: Sim, dizemos-lhe regularmente.
O pai de Katia: Ela queria vir, para que a doutora Dolto a ajudasse a comandar as pernas.
Françoise Dolto (a Katia): É isso mesmo. Você tem amigos, Katia?
Katia (ela empina o nariz, depois diz, olhando para Françoise Dolto): Dolto, *vintoito*."

Françoise Dolto, dirigindo-se aos ouvintes de seu seminário: Acho que aqui temos a condensação de algo. O nome Valérie aparecerá em seguida, e ela também está aludindo a suas pernas valgas, que ela não comanda.

"*Françoise Dolto* (dirigindo-se a Katia): Suas mãos são fortes para trabalhar com a massa de modelar.
Katia: Machuca!
Françoise Dolto: Não machuca não! A massa de modelar é uma coisa, você pode arranhá-la bem forte, não machuca, ela não pode sentir dor."

Françoise Dolto, aos ouvintes de seu seminário: Ela estava agredindo a massa de modelar.

"*Françoise Dolto*: Quantos anos você tem?
Katia: Quatro anos.
Françoise Dolto: Você é grande. (Depois, mostrando um patinho): E isso, você sabe o que é?
Katia: Um patinho.
Françoise Dolto: E como ele faz?
Katia: Quém-quém.
Françoise Dolto: O que você vai fazer agora?
Katia: Um cachorro azul, um cachorro amarelo.
Françoise Dolto: Tão grande como o pato ou menor. Um cachorro tem uma cabeça, um corpo, um rabo. Como faz um cachorro?
Katia: Au, au!
Françoise Dolto: Como se chama o cachorro que você conhece?
O pai de Katia: Queríamos arranjar um para ele... (Ele se corrige), eh, para ela... mas ela tinha muito medo dele.
Françoise Dolto: Um cachorro macho?"

Françoise Dolto, aos ouvintes de seu seminário: Um cachorro macho, já que era para ele!

"*O pai de Katia*: É.
Katia: É um cachorro bebê.
Françoise Dolto: Quando ele crescer, será um cachorro papai ou um cachorro mamãe?
Katia: Uma mamãe.
Françoise Dolto: E você, quando crescer, o que você será?
Katia: Uma mulher, como a mamãe. (Ela se cala.)
Françoise Dolto: É muito esquisito pensar nisso.
Katia: O cagato.
Françoise Dolto: O cagato? Cachorro ou gato? Cagato não quer dizer nada. Gato ou cachorro, menina ou menino, não os dois ao mesmo tempo. Para fazer cocô,

de vez em quando, podemos dizer cagar. Um cagato, talvez seja um bebê cachorro, um cachorrinho, nascido de uma mamãe cachorra e de um papai cachorro. Você não sabe o que quer. Você quer ser a Katia, que quer ser uma menina? Quando você estava na incubadora[11], você não sabia de quem estava mais próxima em seu coração, de seu papai ou de sua mamãe.
Katia: Uma bola.
Françoise Dolto: Uma bola papai? Uma bola mamãe?
Katia (pegando uma boneca flor): Isso parece uma luva."

Françoise Dolto, dirigindo-se aos ouvintes de seu seminário: Ela muda de assunto.

"*Françoise Dolto*: Uma boneca bem esquisita.
Katia: Uma Valérie bem esquisita!
Françoise Dolto: Todas as bonecas são Valérie?
A mãe de Katia: Não, sua melhor amiga se chama Valérie.
Katia chupa o dedo, como se mamasse.
Françoise Dolto: Tchau. Chupar o dedo e mamar, isso parece com você quando você era bem pequenininha. Até daqui a quinze dias ou até daqui a um mês?
Katia: Quinze dias. O brinquedo caiu, não precisa chorar.
Françoise Dolto: Não tem problema chorar, Katia, você pode chorar.
Katia: Não precisa chorar.
Françoise Dolto: É muito bom chorar, azar das pessoas a quem isso incomoda, chorar é como água que vem dos olhos. A doutora Dolto não diz que não precisa chorar.
Katia sai."

F. D.: O que me parece interessante, na releitura, é que Katia precisou remontar à imagem da bola, quer dizer, ao mais arcaico de sua imagem. Era necessário, pois, para a sua mãe, todas as crianças pareciam se chamar Valérie. Suas amigas, suas bonecas etc. Na realidade, para a mãe, Katia também era uma boneca sem nome. Ela não era nomeada, por ser deficiente. Um estado que fora uma terrível provação para seus pais. Foi por isso, sem dúvida, que Katia tentou ser *mamika* e negar que se pudessem reunir os dois sexos na cena primitiva e tornar ambos adultos. Tudo isso para poder remontar a essa imagem arcaica da bola, chupar o dedo e chorar, quer dizer, retornar aos olhos banhados pelo líquido amniótico. Ela pôde se abandonar e permitir-se regredir bem longe, momentaneamente, depois de ter recebido, durante essa sessão, as iniciações sucessivas à castração.

A sessão deu certo, já que Katia quis voltar quinze dias mais tarde.

Já havia um progresso enorme com relação à primeira sessão, em que ela parecia incapaz de entrar em relação, lançando ao acaso palavras que nada tinham a ver com o que eu estava lhe dizendo.

---

11 É necessário, evidentemente, explicar à criança o que é uma incubadora.

P.: Hoje, o que você poderia dizer a respeito dessa sessão que você leu?

F. D.: Ela é, antes de tudo, a ilustração de que, quando uma criança deseja um objeto parcial, é sempre por identificação com alguém.

Muitos psicoterapeutas se esquecem disso. Quando uma criança apanha flores, é sempre para alguém. Quando uma criança fala, é sempre pensando em alguém, mas certamente não para falar sozinha, e nem sempre para se dirigir à pessoa presente.

Todos os gestos, atos ou palavras das crianças se fazem ou se dizem em função de uma relação imaginária com alguém.

Por exemplo, quando uma criança diz: "Eu quero isso", responda-lhe: "Para quê?" Ela: "Eu quero." Você: "Para ser como quem? Para parecer-se com quem?" E, aí, ela dirá.

É sempre com o objetivo de se identificar com alguém que representa uma imagem positiva para ela ou valorizada por outro, que a criança faz ou diz alguma coisa.

4

As diferentes castrações II

A não castração umbilical e as fobias - A castração oral - A castração anal.

P.: Como você definiria a castração umbilical?

F. D.: Vamos inverter o problema. A não castração umbilical caracteriza-se pelo fato de a criança estar em um estado fusional com o outro. O que também pode ser visto em adultos psicóticos e pré-psicóticos. Para resolver isso em uma terapia, deve-se começar por admitir essa fusão durante algum tempo, depois verbalizar o terror fóbico de já não estar em estado fusional com o outro. As pessoas que não construíram seu duplo são potencialmente psicóticas, e é o filho que lhes serve de duplo. Nesse caso, ele é psicótico.

Essa não castração umbilical é observada em quase todas as fobias. O ser humano não tem uma imagem de si mesmo como indivíduo completo, e isso se concretiza na presença do objeto fóbico: ele precisa absolutamente daquilo que imagina que lhe falta.

Penso, por exemplo, no caso de uma menina que só ia à escola nos dias em que a tia vinha buscar sua mãe.

A explicação logo foi encontrada: a mãe tinha fobia de cachorros e não podia passar sozinha na frente do apartamento da zeladora, em que havia um cachorro, sem segurar na mão de alguém.

Tenho a impressão de que os fóbicos têm imagens do corpo que os levam à necessidade de um segundo corpo, o de um outro, do qual emprestam a parte que imaginam não ter para poder enfrentar o perigo.

Lembro-me de outro caso, de uma menina de seis anos, que me foi trazida em razão de um sintoma curioso. De repente, ela se dobrava em dois na rua e olhava para trás, por entre as próprias pernas, penetrando em um mundo irreal, já que via os passantes de ponta-cabeça. Se a mãe segurava-lhe a mão a tempo, o distúrbio desaparecia.

Na realidade, ao longo das sessões, percebi que ela se punha nessa posição para ver se tinha um pênis. Porém isso era completamente deslocado nesse sintoma maluco: dobrada em dois, olhando o mundo de ponta-cabeça por entre as próprias pernas, quase encostando no chão, aquilo era, na imagem do corpo, uma situação quase fetal.

Na escola, era obtinada por perfeccionismo, nada era suficientemente perfeito em seu trabalho, o que interpretei, falando disso com ela, como algo do seguinte estilo: "Se não sou perfeita, é porque me falta o membro peniano dos meninos, que, eles sim, representam a perfeição." E, com essa fala, ela saiu da castração primária.

A fobia é um distúrbio que provoca regressões graves: "Não estou equipado para assumir os desafios de um ser humano autônomo", diz o fóbico para si mesmo. A autonomia não é atingível se podemos ser mutilados por qualquer coisa ou por qualquer um e se não somos reconhecidos por nós mesmos e pelo outro em nosso sexo.

Quando tratamos da castração primária, somos obrigados a voltar à castração umbilical.

Não podemos falar a uma criança de castração primária, sem lhe falar de seu desejo de ter nascido sexuada tal qual é. E, no exemplo dessa menina, sem lhe explicar que, já que é do sexo feminino, é íntegra desde sempre. E, se for um menino, dizer-lhe a mesma coisa, esclarecendo, porém, que ele nunca será mutilado, porque seu pai quer que ele tenha esse sexo, já que foi ele quem lhe deu a vida, para que, por sua vez, ele dê a vida.

Também não podemos dar a castração primária a uma criança, se não a ligamos à fecundidade dos pais e à sua futura fecundidade, associada a seu desejo de ter nascido de uma cena primitiva inicial, a de sua concepção.

Em uma psicanálise, a revivescência dessa fantasia e o estado depressivo que se segue – o que se chama passar pelas pulsões de morte – são fundamentais. É sinal de que o sujeito foi até o fim em sua perda da placenta – esse duplo, esse gêmeo intrauterino – e que constituiu para si, na transferência, pela palavra, um duplo autêntico.

A castração umbilical é a castração do fusional, que é então simbolizada por uma relação a dois, na qual um dos elementos, a mãe, é completamente íntegra, e o outro, o bebê, tem necessidade de um objeto parcial.

Mas esse objeto já não é umbilical, é a sublimação da relação umbilical que é a relação com o alimento líquido que passa pela boca em vez de passar pelo umbílico.

Há transposição: o alimento vem pela boca, o umbílico é castrado, mas transposto para funções vitais que são satisfeitas pela boca. As pulsões de expulsão vital excrementais, por sua vez, prolongam a expulsão *in utero* da urina.

Há, por exemplo, crianças retardadas que fazem cocô no banho. Nesse caso, é preciso absolutamente falar-lhes desse modo de fazer dentro da mãe, que é incestuoso nas intenções, e castrá-la dizendo: "Quando você estava na barriga da mamãe, você não fazia cocô, você não comia, só bebia e urinava. Então, o que significa fazer cocô no banho? Talvez você queira matar a mamãe? Talvez você queira matar a si mesmo? Talvez queira morrer?"

Uma criança me disse "sim" um dia. Então, eu respondi: "É permitido morrer, mas de outro modo, não fazendo cocô na água. E vamos falar de morrer." Ela começou imediatamente a fazer um desenho todo preto.

Realmente, o fato de fazer cocô no banho é uma pulsão quase autodestruidora, porque isso nunca existiu. Na presença de uma situação que já existiu, podemos permitir uma situação arcaica.

Mas não no caso de uma situação que nunca existiu, senão isso significaria para a criança que autorizamos um desvio e uma autodestruição imaginária.

É por isso que muitas pessoas me recriminam por ser moral com as crianças. E, de fato, sou mesmo, pois a moral do desenvolvimento do corpo é indispensável, senão a criança nunca atingirá a sublimação das pulsões castradas, identificando-se com o adulto que continua a satisfazer essas mesmas pulsões, mas de outro modo.

Por exemplo, vejamos como acontece uma castração oral bem-sucedida. Ela começa pelo leite. A criança, vindo ao mundo, é colocada nos seios da mãe. Trata-se, assim, ao mesmo tempo, de um objeto que lhe pertence, mas que se encontra também no corpo da mãe.

Mas essa mãe, alimento pelo leite que dá, é também um instrumento funcional por seu peito. A criança, no momento do desmame, será privada do peito e o representará, em seguida, com todas aquelas balas com as quais nos inunda, ou com todos os objetos parciais de massa de modelar que enfia na boca, para evocar mais uma vez o chupetar do seio ou do bico da mamadeira.

Bom, então, eu deixo rolar um certo tempo e explico em seguida à criança que apenas o leite lhe pertencia, mas não o peito, que era somente emprestado. Pois o peito é, para a criança, o prolongamento do corpo da mãe e o prolongamento de sua própria língua.

É preciso, pois, castrar a língua do seio para que a criança possa falar, e por isso é essencial que a mãe não desapareça no dia em que para de dar o seio, mas, ao contrário, compense isso, acarinhando o bebê em corpo a corpo, introduzindo palavras sobre o desmame e ficando atenta para o fato de a criança aprender a tomar o ar na boca, para falar.

Essa mediação é muito importante e pode durar algumas semanas. Isso é raramente ensinado às mães, que param de dar o seio para voltar ao trabalho e deixam a criança com uma babá, sem que tenha havido simbolização da pulsão castrada, que comanda todo o controle da pulsão esfincteriana oral-anal da boca anal, quer dizer, da boca muscularmente fonatória, fazedora de palavras. (A boca oral, por sua vez, é engolidora, mordente.) Essa analização da boca também é feita durante o acarinhar no corpo a corpo, pela relação sutil olfativa com a mãe, que continua para além do seio. Sem essa simbolização, a criança não vai sublimar as pulsões orais em comunicação de palavras, quer dizer, de coisas sutis, ainda mais sutis que o líquido.

Todas as dificuldades de linguagem que hoje encontramos nas crianças vêm de um desmame brutal. A criança passa, de uma ligação carnal com a mãe, à posição de objeto parcial com a pessoa que cuida dela. É manipulada como uma simples teta. Nesse caso, a criança é certamente desmamada, porém mal. Ela tem efetivamente como modelo alguém que não pode simbolizar suas pulsões orais. O próprio adulto em questão também não está desmamado e, portanto, não está castrado nesse plano.

Quanto às pulsões anais, trata-se da grande violação em nossa sociedade, trata-se da privação excessivamente precoce e, portanto, insuportável[12]. A castração das pulsões anais nunca pode ser pensada antes que a criança possa neurologicamente controlar a região, da qual lhe pedem para deixar de tirar as mesmas satisfações. Esse controle só é possível quando o sistema nervoso central já está totalmente formado, com a constituição da medula espinhal e da cauda equina, ou seja, pequenos filamentos nervosos que se conectam a todas as terminações, particularmente às terminações dos membros inferiores, indo simultaneamente até o períneo, e, nos meninos, até o meato urinário, até a pele da bolsa escrotal e à planta dos pés.

Podemos saber que esse amadurecimento terminou quando a criança adquire enorme agilidade, quando pode se pôr na ponta dos pés, pular, dançar, ou seja, em torno dos vinte e quatro meses.

Se um menino não tira a fralda nesse momento, é porque não chegou a uma identificação consigo mesmo como menino.

Ele se identifica com uma cabra, com um cachorro, com qualquer coisa, ou com um objeto de prazer ou de desprazer para a mãe, que ele manipula a seu bel-prazer pela sua não continência, obrigando-a a cuidar dele.

Mas uma mãe que exige do filho que tire as fraldas muito precocemente entrega-se a um verdadeiro jogo de massacre, pois um menino pequeno não tem sensibilidade para discriminar a plenitude da bexiga ou do reto, e confunde em um bloco compacto suas pulsões sexuais, anais e uretrais.

Para uma menina, será menos grave, porque suas pulsões sexuais não se confundem com suas pulsões anais e uretrais, e tudo isso poderá ser remanejado mais tarde. Ela está, nesse caso, como no caso de uma não castração umbilical, mas em identificação com alguém que tem o mesmo corpo que ela.

Em todo caso, uma criança que não foi violada em seus ritmos fisiológicos torna-se continente sozinha, como todos os mamíferos. Então, não ser continente, em um ser humano, é uma linguagem... a ser decodificada.

Outra ideia preconcebida que deve ser combatida: o corpo não tem que produzir alguma coisa – um cocô ou um xixi, por exemplo – para agradar à mãe. Essa é uma perversão das demandas do adulto. Contudo, essa ideia correu os livros de psicanálise: "É o primeiro presente, é preciso valorizá-lo, parabéns, muito bem, como seu cocô é bonito etc." Todas essas palhaçadas desarticulam a criança, pois ela sabe muito bem que seu cocô não é nem bonito nem feio; ele é, e ponto final.

Em contrapartida, sei que as crianças diarreicas são depressivas porque seus excrementos não têm boa forma, mas são igualmente depressivas devido à preocupação da mãe diante de sua diarreia. Ter diarreia significa estar desmilinguido e não ser promovido. Mas isso é outra coisa.

---

[12] A frustração não é simbolígena, é traumatizante, mutiladora do prazer sadio do "fazer" em seu lugar erógeno primeiro.

Fora isso, o cocô não é nem bonito nem feio. Fazer cocô é um sinal de que estamos bem, e pronto. Em contrapartida, em psicoterapia, o cocô pode ter um uso interessante. Por exemplo, quando a criança faz uma modelagem a respeito da qual diz que pretendeu fazer tal ou tal coisa, mas que você não reconhece de modo algum, você pode lhe dizer: "Não estou reconhecendo. O que estou reconhecendo é que isso parece um cocô." As crianças ficam absolutamente encantadas. E você continua: "De quem seria esse cocô? Quem teria feito esse cocô? O papai? O Zé Bedeu?" Finalmente, conseguimos reconhecer um cocô de cachorro, uma bosta de vaca, uma cagadela de mosca. É fantástico, porque as pulsões anais acabam se sublimando na linguagem e na observação.

Sublimar as pulsões anais é isso. O primeiro passo consiste em se interessar por isso, porque é necessário, em primeiro lugar, sentir prazer, mas em palavras, o que já é outra coisa, e em seguida reconhecer que essa necessidade é de todos os seres vivos carnais.

Quanto aos seres humanos, o que fazem afinal com suas pulsões anais? Deslocam esse interesse manipulatório e expulsivo para a modificação de uma forma. Ficam surpresos com as formas que produzem e em se descobrir criadores. E, se se trata de alguém, deslocam-no para a identificação com outro alguém. Castrar as funções anais é isso. Mas não, certamente, impedir as crianças de fazer xixi e cocô quando têm vontade. Isso é agir como uma troglodita, pensando estar no século XX.

É mutilar as crianças em seu ritmo e em seu ser carnal. E não educação. As mães "come-merda" são, na realidade, umas preguiçosas que têm preguiça de trocar o filho. E, quanto mais a criança é mutilada, quanto mais é podada, mais as mães ficam orgulhosas de dizer à vizinha: "Viu como meu filho é extraordinariamente educado? Já tirou as fraldas."

Para uma criança, a educação consiste, quando chega o momento, em se comportar quanto à excrementação como fazem os adultos, quer dizer, ir aos lugares reservados para isso. Mas é preciso que a criança saiba o destino do excremento, é preciso que saiba por que os excrementos são feitos na privada, senão isso não tem sentido. Que raio é esse buraco que quer algo que estava em mim antes e que vai embora por ali depois? É preciso explicar tudo isso.

Tudo deve ser dito com palavras. Em geral, no campo, isso é muito claro. As crianças veem que isso serve para fazer crescer os legumes, ou que vai para o esterco. Mas, nas cidades, é preciso explicar à criança o ciclo do azoto, explicar-lhe que é dona de seu excremento até o momento em que irá depositá-lo, como os pais, no buraco das privadas. As descargas são dramáticas para muitas crianças, porque não são elas que a apertam, ao passo que é o próprio bebê que faz cocô que aperta, por assim dizer, no final das contas, a descarga do vazio de suas fraldas, e ele sabe desde pequeno o que são suas necessidades e que elas vão para suas fraldas.

Então, quando as crianças conseguem tirar a fralda, controlando o esfíncter anal, já faz muito tempo que são hábeis com as mãos para fazer formas. As mãos, que são esfíncteres graças aos dedos, formam e modelam matérias para as quais foram deslocados os interesses esfincterianos anteriores.

A educação é não apenas a identificação com os adultos, mas também o abandono do circuito curto das satisfações em favor de uma troca à base de modificação das formas, visando produzir ideias que são representações de outra coisa.

O início das transformações das pulsões anais consiste em fazer alguma coisa com as mãos. E as primeiras coisas que toda criança faz, sabendo ou não, são cocôs. É o que o corpo faz. A partir daí, a simbolização pode ser feita, contanto que o adulto não se interesse pelo objeto parcial-cocô como tal, e não pergunte sem parar: "Como está seu cocô?" Bem sabemos que existem famílias obsessivas nas quais o pai pergunta a cada um no café da manhã: "Como está seu cocô?"

É algo que data, penso eu, do século XVI, do tempo da cólera. Naquela época isso era compreensível, para identificar o menor sinal da doença. Mas, hoje, trata-se de neurose obsessiva, e, nas crianças criadas em tais famílias, frequentemente é muito difícil perceber essa anomalia de comportamento familiar.

É também o caso de crianças que tiveram mães devoradoras. Dar seu cocô à mamãe – à mamãe devoradora de cocô – promoveu tanto a criança, que ela para, por exemplo, de comer no meio das refeições para fazer cocô. É isso o sintoma do penico embaixo da cadeira da criança à mesa. Também aqui, trata-se de uma confusão das sublimações orais e anais. Lembro-me de um menino esquizofrênico, cuja mãe queria que ele tirasse as fraldas, mas sem sentir frio no bumbum em seu penico de metal. Então, ela punha o penico para esquentar em um canto do fogão de lenha, junto com as panelas. Quando a mesa era posta, o menino ia buscar o penico, punha-o embaixo da cadeira, começava a comer, depois sentava no penico, voltava a comer, sentava de novo, e assim por diante. Desde o começo, havia nesse menino uma confusão entre o receptáculo do objeto a ser comido, panela, e o receptáculo do objeto a ser defecado, penico.

Já a castração oral desemboca na simbólica da mímica. Da castração da criança vem o tabu do canibalismo. Este último é substituído pela comunicação oral e pela palavra.

Enquanto a castração anal é, no final das contas, a castração da deformação das formas e do atentado ao corpo do outro. A proibição da agressão ao corpo do outro, e, portanto, do assassinato, decorre da sublimação das pulsões anais. No início, é um deslocamento para objetos de deformação, de corte, de agressão. Isso acontece em torno das pulsões anais castradas da satisfação no objeto e remetidas a representações, mas nunca nem ao corpo de um animal vivo nem de alguém, que poderíamos formar a nosso bel-prazer, deformar ou mutilar.

5

O ser humano, esse mamífero, é psiquicamente um ser de filiação linguageira, e, portanto, de adoção – Didier só fala a linguagem que ele próprio inventou.

P.: Quem são os pais do narcisismo primário, de que você sempre fala?

F. D.: São os pais interiores, o pai e a mãe que vivem em cada um de nós. É por essa razão que nenhum de nós tem necessidade de ser criado pelos pais biológicos, a partir do momento em que outros seres humanos permitam nosso desenvolvimento potencial libidinal e eduquem nossas capacidades para seu destino de troca linguageira, criativa e procriativa. O ser humano é fisicamente um mamífero e, psiquicamente, um ser de filiação linguageira e, portanto, de adoção.

No início, a criança se constrói simbolicamente em sua relação com o outro. Evidentemente, a função mamífera biológica do ser humano também existe, mas é totalmente marcada pela linguagem, sem dúvida por causa da desproporção existente entre nosso enorme encéfalo e nosso corpo.

Nossa maturação biológica caracteriza-se por um atraso considerável com relação aos outros mamíferos, já que nosso encéfalo só está completamente formado aos vinte e oito meses, e nosso desenvolvimento ósseo aos vinte e cinco anos.

Enquanto os mamíferos ficam de pé imediatamente e são capazes, na hora seguinte, de encontrar o próprio alimento, a criança, ao contrário, permanece absolutamente ligada à genitora para sobreviver ou a uma outra criatura viva, que assume sua existência.

O pai e a mãe que moram em cada um de nós perpetuam-se através de nós, adaptando-se à linguagem daquele que cuida de nós. Depois, vem o tempo da castração: o menino, por exemplo, já não pode se abandonar à mãe que existe nele, renuncia à feminilidade, que voltará a encontrar no exterior, na mulher que escolherá. O verdadeiro Édipo é isto: é vivido no interior do sujeito, que efetua todo um trabalho sobre o pai e a mãe internos, assim como sobre a função emissiva (masculina) e receptiva (feminina).

Esses elementos constituem o narcisismo primário, no qual o corpo está inteiramente implicado. O corpo é em si mesmo ao mesmo tempo emissivo e receptivo. Mas, segundo seu sexo, cada ser favorecerá o aspecto dominante, renunciando àquilo que, nele, pertence ao outro sexo, para poder se adaptar à vida em sociedade, com aqueles de sua faixa etária e de seu sexo.

O Édipo, processo interno do ser humano, pode ser deturpado pelas relações linguageiras de uma mãe e de um pai, fixadas eroticamente e de modo inconscientemente incestuoso, no filho.

É o que leva certos seres humanos à homossexualidade, dominante em seu corpo genital. Sabe-se também que a homossexualidade adulta permite as maiores sublimações culturais. A fecundidade, mas também a paternidade e a maternidade simbólicas, que não podem se realizar no plano da genitalidade, encontram uma saída no modo linguageiro, cultural e artístico.

P.: Gostaria de falar do caso de Didier, um menino de cinco anos, que só fala uma linguagem inventada, que eu não entendo. Como fazer?

F. D.: É uma criança musical?

P.: É.

F. D.: Isso acontece muito. São crianças musicais, muito inteligentes, tratadas como imbecis pelos pais. Não falaram no tempo certo, apesar de entenderem a linguagem. Só falavam com elas com "nhem-nhem-nhens", sem esperar sua resposta, nem procurar saber se entendiam. É realmente uma criança para a qual a psicoterapia é indicada, porque conserva encravadas em si atitudes negativas com relação à sociedade dos adultos. É certamente dotada auditivamente. Mas zombaram dela no momento de ensinar-lhe a linguagem.

Deve haver aí, escondida, a história do nascimento de um irmãozinho. E a mãe, em vez de dirigir-se a esse filho como primogênito que era, começou a falar com ele como falava com o bebê, com "nhem-nhem-nhens" estúpidos.

P.: No momento, falo principalmente com a mãe, na presença de Didier.

F. D.: Mas por que você fala com a mãe dele?

P.: De qualquer jeito, Didier não quer falar.

F. D.: Você não pode entrar em contato com ele, mesmo na presença da mãe? Mas não por ela, por ele. Para que ele adquira valor de sujeito, de interlocutor válido, impondo silêncio à mãe. Se ela quiser responder no lugar do filho, faça-a entender, colocando o indicador sobre a boca, que ela não deve responder. É melhor não entender a resposta de uma criança do que deixar a mãe interpretar o que ela está dizendo ou responder no lugar dela. Você pode dizer à mãe, por exemplo: "Se você precisar exprimir algo, escreva em um pedaço de papel e me dê." E diga a Didier: "Não quero que sua mãe fale, é você que me interessa, se ela tiver alguma coisa a me dizer, ela escreverá." E, se a mãe escrever algo, você lerá para ele.

P.: Mas não tem só a mãe, frequentemente há também o avô, a avó, o irmãozinho, enfim, a família inteira!

F. D.: Mas um de cada vez? Não vão todos ao mesmo tempo?

P.: De vez em quando, todos vão ao mesmo tempo.

F. D.: Então, mande todo o mundo entrar, isso não tem importância nenhuma, já que você vai pedir a todos que se calem. E, depois, diga à criança: "Não quero que a sua família me ajude a entender você, senão isso aqui não vai adiantar nada para você." Na realidade, é uma criança que quer dizer bem mais coisas do que lhe disseram.

P.: Mas, então, ele dá enorme importância a essa linguagem!

F. D.: Sim, mas dará ainda mais importância à música. Basta lhe arranjarem um professor de piano, e você verá a que ponto se trata de uma criança musical.
A forma das palavras e a linguagem não o interessam. Neurobiólogos precisariam nos falar sobre isso. Isso se deve ao modo como as informações se inscrevem neste ou naquele hemisfério cerebral. O desenho ou o traço inscrevem-se em um hemisfério, e a cor em outro. Do mesmo modo, a sonoridade das palavras é reconhecida em um hemisfério, e a forma das palavras no outro.

P.: É uma língua que ele construiu para si mesmo e que é bem formada.

F. D.: Certamente. É uma forma de autismo nessa criança. Mas é um autismo graças ao qual ele se comunica, mais pela riqueza das modulações e das sonoridades que pelo sentido e pelo código das palavras.

P.: Ele tem quase uma gramática nessa língua.

F. D.: Claro! Estude-a, seria muito interessante. Você entenderia o inconsciente desse menino que criou outra linguagem e que procura se comunicar.

P.: É verdade, ele fala sem parar.

F. D.: Tive um caso semelhante ao de Didier. Não fiz nada, não quis ver a criança. Simplesmente aconselhei aos pais que lhe dessem um professor de música e que o colocassem na escola. Tomando a precaução de explicar à professora que ele falava muito bem, mas que fazia questão de usar uma língua própria para que ninguém o entendesse; que, além disso, um médico o examinara, diagnosticando que, no dia em que quisesse, ele falaria muito bem. Na escola, ele falava perfeitamente, enquanto, em casa, continuava a só usar sua linguagem. Para que mudar? Já que isso divertia muito os irmãos e irmãs e que, assim, ele obtinha tudo o que queria. É histérico, é exatamente o que se deseja, é feito para chamar a atenção das pessoas, e é por isso que deve ser respeitado. Porque ele tem qualidades pessoais singulares que devem ser educadas: uma sensibilidade auditiva e uma adaptabilidade à afetividade do mundo ambiente. Interlocutor reconhecido como divertido, mas sem importância, ele agia exatamente assim com relação a seu entorno familiar.

Tive notícias dessa criança muito tempo depois. Os pais ficaram aliviados sabendo que, na escola, pelo menos, ela falava, divertidos e ao mesmo tempo perplexos diante de sua algaravia em casa.

Parou depois de uma aula "verde"[13], na qual a vida, como em casa, passava-se em comunidade.

Nessa família, foi finalmente a mãe que foi fazer psicanálise. Os pais tinham vindo me ver para pedir o endereço de uma ortofonista, mandados por seu médico, que me considerava boa conselheira. Evidentemente, se essa família tivesse submetido a criança a uma consulta médico-pedagógica, ela seria orientada a fazer uma reeducação ortofônica que teria durado meses. Enquanto ela não ia à escola, não se sentia motivada a corrigir sua linguagem e, sem música, não era reconhecida em seu caráter próprio, de inteligência auditiva, que precisava ser levado em consideração.

Com relação a Didier, você conversou com o pai dele? Ele fala com o filho?

P.: Sim.

F. D.: Ele diz coisas interessantes?

P.: Sim, mas não está muito envolvido no assunto. É principalmente a mãe, toda a linhagem materna que está interessada nisso.

F. D.: Não digo que você não deva falar com a mãe, mas não no mesmo dia em que atender a criança. Que ela venha por ela mesma, mas, no dia em que vier pela criança, que se cale. Além disso, peça que no dia em que Didier vier ver você, ele seja acompanhado pelo pai ou pelo avô. Esse menino rodeado de mulheres que só sabem dizer coisas absolutamente tediosas sem dúvida desejou ficar aquém da linguagem dos adultos, quase unicamente representados por mulheres.

Seria bom "meninozá-lo".

P.: É uma família em que ele nunca foi desejado pelas mulheres. A mãe, além disso, só queria meninas, e o nascimento de meninos sempre foi uma catástrofe.

---

[13] São chamadas aulas verdes as viagens organizadas pela escola em que os alunos de uma sala passam alguns dias juntos no campo.

F. D.: O que você acaba de dizer é fantástico! Esse menino percebeu muito cedo que, na condição de sujeito em um corpo de menino, ele não tinha seu lugar de interlocutor válido. Em vez de falar segundo o desejo das mulheres, como a menina que ele deveria ter sido, preferiu adotar esse estatuto de anjo, ou seja, de ser humano que fala, mas não a linguagem terrestre.

Esse anjo fala uma linguagem diferente da linguagem das mulheres, ignorando tudo da linguagem que os homens falam. Você, uma mulher, o que você está fazendo ali no final das contas?

É imprescindível falar com o pai e com o avô. Ele tem cinco anos, não é? Para essa criança que não tem um desenvolvimento atrasado, é a idade edipiana, e essa linguagem esquisita é seu modo de possuir a mãe.

P.: O que você entende por desenvolvimento atrasado?

F. D.: Didier não tem um desenvolvimento atrasado com relação à sua libido. É atrasado em termos de desempenho. Ele me faz pensar em outro caso. Recentemente, trouxeram-me, para uma consulta, um menino tão inteligente – dizia a mãe – que era absolutamente necessário que ele pulasse uma série.

Felizmente, o médico que o atendeu, que é também um psicanalista experiente, imediatamente fez uma série de perguntas pertinentes: ele já come sozinho, corta sozinho sua carne, toma banho sozinho, se limpa sozinho? A cada questão, a resposta era não. "Bom", disse o médico, "só vou ajudá-lo a pular uma série se ele voltar dentro de quinze dias sabendo fazer tudo isso sozinho", quer dizer, se a criança se promovesse por uma conquista motora. Sem esse médico, o menino corria em linha reta para a psicose, porque havia sido colocado na escola enquanto ainda permanecia o objeto parcial do corpo de sua mãe.

Em um mês, a criança aprendeu a fazer tudo sozinha.

É isso que é uma criança, precisamos saber disso. Antes que uma criança fale, é preciso que saiba fazer tudo isso. Sem o quê, embarca somente na musicalidade da fala e desliga-se da sociabilidade da linguagem.

É indispensável que uma criança, a partir dos cinco anos, esteja completamente a serviço de seu corpo, que possa ficar sem a mãe, e que tenha desmamado a mãe de sua presença em tudo o que diz respeito às suas necessidades.

P.: É por isso que, no caso de Didier, parecia-me importante trabalhar com a mãe.

F. D.: Certo; o mais essencial, porém, consiste em entender que a imaturidade afetiva é compensada seja por uma linguagem marginal, como no caso de Didier, seja por uma inteligência escolar extraordinária, como no último caso.

Porém o problema é que são crianças tão frágeis que a menor coisa vai traumatizá-los.

Tive o caso de outro menino de sete ou oito anos, cuja mãe não conseguia se separar dele. Na frente dela, disse-lhe que cabia a ele ajudar a mãe a ficar sem ele, e que devia pedir a ajuda do pai. Pois bem, um dia, ela quis, como de hábito, entrar com ele na sessão, e ele bateu a porta na cara dela.

Percebi que ela estava na sala de espera, soluçando. Então, eu e seu filho fomos consolá-la. Eu disse à criança: "É porque você cresceu muito depressa, e porque ela não esperava por isso, que sua mãe está triste." Então, ele tomou a palavra: "Sabe, mãe, agora você precisa pedir ao papai para ele te dar outro bebê, assim você terá oito anos (sua idade) para cuidar dele." Era incrível constatar a evolução dessa criança, que estava, contudo, a ponto de se tornar um delinquente, fixado em uma mãe que não podia se desmamar dele.

Então, no caso de Didier, por exemplo, o negócio de uma língua como a sua o obriga a ainda estar em relação com a mãe, pois ela é a única capaz de decodificar seu jargão. No fundo, a história é essa. Mas é menos grave que ser bom aluno, porque, nesse caso, a sociedade acredita que a criança já está separada da mãe. E, aí, já não há mais saída.

6

O psicótico em busca de duplo ou de objeto sexual? - Todo ser humano é útil a alguém - As transferências inimagináveis dos psicóticos.

P.: Você poderia falar da importância do duplo nas terapias dos psicóticos?

F. D.: O duplo é o outro semelhante, o outro em espelho, graças ao qual nos sentimos completos ou, ao contrário, mutilados, quando ele não está presente. É um modo que o indivíduo tem de sentir um outro nele e de não ser totalmente o sujeito do próprio desejo. Assim, quem fala com quem quando uma pessoa conversa familiarmente consigo mesma em seu foro íntimo? Essa conversa, que todos nós conhecemos, mostra-nos, além disso, a que ponto a solidão é impossível de suportar para o ser humano. Acho que a solidão é algo que não foi muito estudado em psicanálise, e que é um estado que pode perverter.

Muitas de nossas estruturas psíquicas vêm da necessidade de negociar a solidão na qual todos nós estamos. Foi daí, sem dúvida, que nasceu a psicanálise.

P.: Estou pensando mais precisamente na experiência dos psicóticos, que sempre estão buscando o duplo de si mesmos.

F. D.: Certo. Mas não sabemos se um psicótico busca um duplo, ou se se trata de espreitar o objeto sexual, e o objeto sexual de que época? Ele pode ser um objeto de seu desejo. Ora, o objeto do desejo já existe no bebê, desde a primeira respiração. Não sabemos *a priori*, em um psicótico, em que nível ele busca um outro. Seria seu duplo ou, por exemplo, ele ainda estaria no nível da placenta que busca o seu feto? Procurar o que está faltando não é *a priori* procurar um duplo, ou seja, procurar o outro que representa realmente o sujeito que busca à espreita de sua falta. No duplo, o sujeito reconhece a si mesmo no outro à espreita da mesma falta que ele. O duplo é *a priori*, com ou sem razão, visto como do mesmo sexo que o sujeito. Não é um outro propriamente dito.

Poderíamos dizer que um duplo é um correspondente existencial, mas não um complementar sexual. Ele é o contrafóbico da solidão. O duplo imaginado ou encontrado deve de fato ser da mesma espécie que o sujeito e estar no mesmo nível de evolução libidinal. Deve ser distinguido do Eu auxiliar, constituído pelos amigos íntimos, por ser bem anterior a eles; contudo, alguma coisa do duplo se vislumbra no Eu auxiliar. Contudo, o sujeito em busca de um Eu auxiliar não sofre de uma hemiplegia imaginária do corpo próprio, como parece acontecer com o sujeito que busca um duplo. O sujeito procura encontrar essa identidade imaginária na realidade para confortar seu narcisismo primário. Se a pessoa que serve de duplo sente a mesma necessidade, então uma duplicação de indivíduos se constitui na realidade. Aqueles que encontraram uma duplicação acabam se transformando um pouco em fetiches um do outro sem saber. O que nos leva, a respeito deles, a colocar a questão de uma vivência anterior ao esquema corporal acabado, ou anterior a um narcisismo primário precoce hesitante, quando a necessidade de um complemento erógeno já se faz sentir.

A necessidade da busca de um duplo talvez se aproxime de uma estrutura pré-psicótica. Mas, com certeza, o psicótico que procura já é menos afetado que aquele que não procura.

Porque aquele que não procura demonstra que encontrou, em suas sensações viscerais, a presença linguageira de um outro. Nesse caso, a dificuldade da transferência consiste, para o analista, em tomar o lugar daquele que fala no interior do corpo do paciente, quer dizer, em tomar o lugar das tripas, dos músculos, das sensações ritmadas, das pulsações do sangue, de tudo o que constitui o outro invisível do psicótico.

P.: Acredito que um psicótico procura sobretudo a cena primitiva.

F. D.: Sim, claro, podemos dizer que ele procura o correspondente de seu narcisismo primário, mas em que nível?

Pois o narcisismo primário se constrói, efetivamente, até a aquisição da postura ereta, em um período em que a criança ainda não tem a linguagem emissiva verbal, nem uma perfeita coordenação motora. O perigo para aquele que procura ser o outro do psicótico, quer dizer, o psicanalista, é que ele também se arrisca a dissociar as bases de seu narcisismo primário, que integra as pulsões ativas e as pulsões passivas do Isso.

Isso me faz pensar naquilo que acontece nos músculos antagonistas e agonistas que devem atuar em conjunto para que possamos pôr em funcionamento nosso organismo esqueleto-muscular. Tomemos uma imagem: um psicótico agressivo faz um só corpo com quem pode ser seu outro passivo e, inversamente, com seu outro ativo, quando ele próprio é movido por pulsões passivas.

Mas, seja qual for o psicótico, à espreita de objetos parciais de suas pulsões eróticas, cujos aspectos passivos podem ser dissociáveis dos aspectos ativos, há nele, como em todo ser humano, a necessidade do encontro com um objeto total, ou seja, com um ser de linguagem.

É por isso que é tão difícil para um terapeuta ser ao mesmo tempo um ser de linguagem e uma prótese das pulsões do psicótico, cujo duplo impacto passivo e ativo-agressivo está dissociado.

E, se somarmos a isso o fato de o objeto parcial, que o psicótico busca, ser de uma época de sua história completamente diferente daquela que o psicanalista poderia esperar com base no aspecto de seu esquema corporal, entenderemos por que servir de outro a um psicótico angustia quem não o é.

P.: No fundo, em tudo isso não se trata, simplesmente, da problemática do pai? A dificuldade na análise de um psicótico é que chega um momento em que o paciente nos faz experimentar um nível inacreditável de solidão. É a partir daí que nos damos conta de que sem o "pai" não podemos funcionar. Somente se espelharmos isso é que um psicótico poderá se reestruturar em uma outra base, parece-me. Mas é um momento extremamente difícil de viver para um terapeuta, visto que ele entende que, se não é psicótico, foi por ter escolhido a lei do pai para escapar a essa solidão. Dela escapamos, então, à custa de nossa própria divisão de sujeito.

F. D.: Creio que você está fazendo alusão ao "nome" e à "lei do pai", tal como Lacan fala deles. Parece-me que é isso, efetivamente, mas, quando falamos do pai, trata-se do genitor e trata-se de assumi-lo tal como foi, ausente ou insuficiente? O psicanalista seria o par desse pai?

Creio que o psicótico ou a psicótica que percebemos como fixados sempre na cena primitiva reivindicam um par para a mãe, ou seja, pulsões de desejo ativo associadas a pulsões de desejo passivo, na origem de seu ser.

É isso, parece-me, que está na raiz do que diz Lacan. E voltamos ao sentimento dissociado precoce das pulsões ativas e passivas que fragilizaram já na origem um ser humano carregado durante nove meses pela mãe na necessidade de tê-lo, necessidade que pode ser também a do pai, e relega ao segundo plano o desejo de seus genitores um pelo outro.

Na origem da fragilidade primeira de todo psicótico não haveria um desejo do pai ou da mãe por um duplo, existente em algum lugar e desconhecido, recaindo sobre a criança o fardo de ser seu fetiche durante a gestação e nos primeiros meses após o nascimento?

Duplo querido ou duplo angustiante? Com bastante frequência os psicóticos foram usados como próteses dos ausentes necessários ao narcisismo do pai ou da mãe. Nesse momento, então, o que acontece com o "nome do pai" e com a "lei do pai"? Aliás, o que você entende exatamente por essas expressões? Fale-nos de um caso concreto.

P.: Bom, estou pensando no caso de Éric, um menininho de cinco anos, de quem ninguém queria cuidar no centro em que trabalho e que havia sido encaminhado ao médico por ser muito insolente. Durante o primeiro ano de tratamento, não dei atenção a ele, deixei-o fazer o que queria em meu consultório, sem interpretar nada. Isso lhe permitiu adquirir autonomia motora, poder vestir-se, poder fazer pipi sozinho etc.

F. D.: Certo. Mas o que nos interessa é saber qual era sua verdadeira atitude. Você aparentemente não lhe dava atenção, mas qual era sua atitude interior?

P.: O que me motivava naquele momento era me dizer que ele tinha necessidade de se sentir sozinho junto a um substituto de sua mãe, porque ela era muito envolvente e ele não conseguia estar sozinho ao lado dela. Por isso decidi não dar atenção a ele.

F. D.: Você quer dizer não espiá-lo.

P.: Isso.

F. D.: Certo, mas como você vivenciava tudo o que ele fazia?

P.: Para dizer a verdade, eu não vivenciava muita coisa. Mas, quando, no final do ano, a equipe veio me dizer que Éric progredira, fiquei constrangida, porque ele era a única criança a quem realmente eu não dera atenção.

F. D.: Na realidade, você tinha então uma atitude de não ver, de não escutar, de não olhar. E o que você fazia durante as sessões?

P.: Eu lia.

F. D.: Você estava ocupada com as palavras de um autor, logo, de um outro!

P.: Isso, e depois, num segundo momento, ele se pôs a perturbar todo o mundo, entrando em todos os consultórios antes de chegar até o meu. Houve um longo período de oposição, em que ele esvaziava os armários, jogando tudo no chão. Eu estava cada vez mais irritada com Éric e acabei dizendo-lhe: "Não consigo mais te aguentar; de agora em diante, será um homem que cuidará de você." Efetivamente, foi um homem que me substituiu em sua terapia. Algum tempo depois, Éric veio me visitar: todos seus sintomas tinham cedido e ele começava a se desenvolver consideravelmente na escola.

F. D.: É isso que você chama recorrer à lei do pai?

P.: Quero simplesmente dizer que eu era incapaz de manter uma certa posição com ele, simplesmente porque eu era uma mulher e preferi dizer a Éric – como Winnicott sugere – o que eu sentia por ele, a saber, ódio, e isso parece ter dado certo.

F. D.: Não sei... Devo dizer a você que, pessoalmente, não tenho a experiência do ódio. Em todo caso, o que você está dizendo confirma a experiência que tive há algumas semanas com Aline, uma menininha. Eu lhe disse: "Realmente, Aline, acho que você tem que parar de vir às sessões, porque não vejo mais em que posso ajudá-la. E sua terapia é uma carga terrível para seus pais, que vêm de muito longe para acompanhar você." Eles moravam no interior. Eu já não me sentia no direito de continuar com um ser humano que me parecia querer conservar sua psicose como uma muralha contra um sofrimento pior.

Para minha surpresa, Aline entendeu o que eu lhe dissera, e, a partir daquele momento, alguma coisa se mexeu nela. Mas não posso dizer que eu estava de saco cheio dela. Simplesmente, eu não sabia mais o que estava fazendo, nem se eu tinha o direito de continuar.

P.: Winnicott não utiliza exatamente a palavra ódio, mas um termo que significa que o terapeuta não aguenta mais.

F. D.: Bom, então é uma alergia! O ódio, a alergia são fenômenos de ordem fisiológica. Acho que é preciso dizer que não é mais possível quando sentimos isso... (Silêncio.) Bom, então, não é nada espantoso que tenhamos começado a falar disso ao abordarmos o tema da solidão.

P. (outra): Realmente, em um dado momento, nos sentimos sozinhos diante de alguém que não deseja nada e que não quer sair de sua psicose. Isso não é ódio, é mais desalento.

F. D.: De fato, é desalento e também uma opção ética. Com que direito continuar com um ser humano que quer visivelmente conservar seu *modus vivendi*?

P.: Acho que não é só isso. Há também o fato de que dizer o próprio desalento a uma criança psicótica é de repente colocá-la diante de sua inutilidade com relação a nós, quer dizer, quebrar sua fantasia de preencher o desejo da mãe.

F. D.: A inutilidade com relação a alguém não existe. Todo ser humano é útil para alguém, sem o que não estaria vivo. Mas o sentimento da inutilidade existe, e se tece em torno das pulsões anais. Essas pulsões estão na origem de uma ética da utilidade, de uma ética do "para que serve isso?".
De fato, considerados no sentido de objetos parciais, certos seres humanos não servem aparentemente para nada, mas, no sentido simbólico, e por sua própria existência, esses seres humanos já estão extraordinariamente inseridos na sociedade, mesmo no estado de fetos. Basta olhar para aquelas mulheres de saúde frágil que se tornam radiantes assim que ficam grávidas. Nesses casos, o feto serve manifestamente para alguma coisa.
Um ser humano inútil é algo que não existe: ele é sempre indispensável em alguma coisa, e não sabemos em quê.
Não me situo em um plano utilitário material, mas simbólico.
Para voltar ao caso de Éric, essa criança foi indispensável para você entender, naquele momento, sua própria impotência para levá-lo mais longe. O que não pressupõe que outra pessoa não possa fazê-lo. No caso de Aline, o fato de eu me sentir impotente e impor a ela, e também a seus pais, de continuar fazia eu própria sofrer. Pois bem, minha atitude a pôs em movimento. Por quanto tempo, não sei.

Os psicóticos nos questionam a um ponto que jamais poderíamos imaginar. Todos eles nos colocam questões sobre o sentido de nossa vida. Cada psicótico é diferente, mas é dali, de regiões inimagináveis, que se entregam à transferência. Porque, para muitos deles, temos que assumir a transferência do cordão umbilical, da placenta, da corrente sanguínea, de coisas que não são representações humanas, mas que são indispensáveis à vida. Somos, para eles, um objeto parcial indispensável para a vida, mas não sabemos qual. Então, perdemos todas as referências. O que fazer e o que dizer tornam-se nossas ansiosas interrogações. Creio que devemos lhes dizer nosso desalento, verbalizá-lo, para fazer surgir algo que existia e cuja existência não percebíamos no estado desamparado em que se encontravam.

Se traduzirmos isso em palavras nesse momento, eles poderão começar a se mexer, porque irão nos sentir *um*. Ao contrário, quando não dizemos o que sentimos, não representamos, para eles, alguém que é *um* por sua palavra. Somos identificados com um objeto parcial. Aliás, é pelo fato de nos termos identificado com um objeto parcial desconhecido que nos encontramos nesse estado de mal-estar. Vocês não acham?

P. (outra): Acho que o fato de dizer "Não sei se poderemos continuar esse tratamento juntos" significa, para aquele ao qual nos dirigimos, que podemos nos separar e continuar a viver cada um por seu lado. "Posso viver sem você, e você, por seu lado, pode viver sem mim. Não somos um, não estamos ligados, como em uma única pessoa."

F. D.: Certamente.

P.: Acho que a decisão de dizer algo sempre intervém em uma situação que está girando em falso há algum tempo e durante a qual não conseguimos estabelecer esse mínimo de comunicação com o outro, sem o qual não existe processo analítico.

F. D.: O que torna uma psicose potente é justamente o fato de o psicótico parecer ser o ponto de encontro do não dito de vários outros de sua família, vocês entendem? Não é ele que fala. No caso de Éric, por exemplo, trata-se de um opositor contumaz e não de um psicótico. A partir do momento em que essa criança diz realmente "Eu", em que se arrisca a ser confrontada, isso prova que ela não é psicótica. Penso, por exemplo, no que aconteceu em um hospital infantil, há alguns dias. Em plena noite, uma criança de dezoito meses, internada naquela mesma tarde, se pôs a correr por toda parte, a subir na cama dos outros e a mostrar grande instabilidade. A enfermeira, histérica, chamou a supervisora, que, por sua vez, chamou a jovem interna de plantão e pediu-lhe para aplicar uma injeção calmante no menino.

Em vez disso, a jovem pegou o menino no colo e começou a lhe dizer: "Talvez você esteja procurando por todo lado seu papai e sua mamãe. Mas eu sei que neste momento papai e mamãe estão dormindo em casa e pensando em você. Você está vendo, agora todo o mundo está dormindo. Mas, amanhã, os papais e as mamães vão vir ver os filhos." O menino não perdia uma única palavra. Depois, ela o levou de volta para a cama, e ele adormeceu imediatamente. E a enfermeira, resmungando entre dentes, disse: "Uma injeção teria resolvido do mesmo jeito." (*Risos.*)

Esse menino, em um estado de tensão corporal que ele já não conseguia controlar, tornara-se em poucos minutos um verdadeiro mamador descerebrado. Tinha necessidade de mamar palavras que falassem de mamãe, de papai, de amanhã, e lhe fizessem imaginar que papai e mamãe dormiam e também pensavam nele. Não era evidentemente dando-lhe broncas, nem mesmo ninando-o e fazendo-o regredir com uma pessoa desconhecida, que a situação poderia ser resolvida.

Diante de tal caso, era fácil concluir que o menino estava fazendo oposição sistemática e testando todo o mundo. Mas, na realidade, não era absolutamente nada disso. Ele passara pela prova intolerável de não poder aceitar no próprio corpo as pulsões de morte que o sono representa, sem dúvida porque pensava que, abandonando-se a essa ausência de vigilância que é o sono, a mãe e o pai já não saberiam onde ele estaria, dado que ele próprio se sentia perdido em um lugar desconhecido.

Citei esse exemplo para mostrar que palavras podem efetivamente ajudar a criança, ao passo que os adultos acreditam, na maioria dos casos, que as crianças os estão testando para satisfazer demandas ligadas à necessidade.

A verdadeira relação unificante e tranquilizadora é a relação de palavra, porque vem do ser que representa a segurança para a criança, ou porque ela fala, para a criança, dessa segurança. Essa palavra é insubstituível e nenhuma satisfação de objeto parcial ou de zonas erógenas a substituirá.

P.: Quando uma criança não fala, é por causa da falta de palavra de seu pai e de sua mãe?

F. D.: Se uma criança não fala, nunca se trata de uma falta de linguagem da parte dela, já que a linguagem já está dada na vida fetal. A questão certa parece-me consistir em se perguntar: "Qual é, para essa criança, o perigo de se expressar?" Mas sempre devemos respeitar a recusa de linguagem de uma criança. O surgimento da linguagem, nela, não deve ser uma manifestação para nos agradar, pois, nesse caso, ela se tornará uma criança que desfala em vez de falar, como tantos adultos, aliás. Não é certamente o fato de falarmos que nos torna humanos, mas o fato de nos tornarmos seres de desejo, independentes dos desejos do outro, e ainda mais dos desejos do psicanalista.

Nosso papel não é desejar algo por alguém, mas de ser aquele graças ao qual ele pode chegar a seu próprio desejo. Não nos cabe desejar que uma criança fale quando ela não fala. Não sabemos o que isso quer dizer. Enfim, não sei, será que outros de vocês reagiriam como eu?

7

A denegação do sexo feminino – Os "segredos" das crianças – As crianças "cabeça" e a inteligência digestiva – Um bebê é um modelo que despromove o filho mais velho – O gêmeo é um representante da placenta – Uma psicoterapia de pessoa idosa.

P.: Uma criança que faz terapia comigo me pede coisas muito estranhas. Outro dia, ela me disse: "Tire toda roupa!" Ela queria absolutamente ver como eu era feita. Eu simplesmente respondi: "Você pode me desenhar assim, se quiser." Foi o que ela fez, colocando-me dois seios e um sexo masculino.

F. D.: Isso é a denegação do sexo feminino. Sempre podemos renarcisar uma criança em sua crença no falismo paterno dizendo: "Acho que, se você perguntasse a seu pai, ele diria que, quando era menino, também não queria acreditar que sua mãe não tivesse pênis." Permitindo-lhe identificar-se com o pai, ela pode aceitar a castração primária. Mas não podemos ajudar uma criança assim com nosso saber *ex cathedra*, pois, nesse caso, somos nós que queremos convencê-la. Ao passo que, se ela se identificar com o pai, poderá aceitar a castração primária, ou seja, o fato de os meninos terem pênis, mas não seios. É isso a castração primária para o menino, mas também para a menina, quando é pequena, pois, como o menino, ela também não tem seios.

O que é muito penoso, para a menina, é que a mãe tem dois seios e o pai um só, em outro lugar. E ela própria não tem absolutamente nada: nem os dois seios de cima, nem o de baixo.

Aliás, os meninos zombam das meninas justamente por isso. É por essa razão que as psicoterapeutas sempre devem falar às crianças de sua evolução sexual com referência ao pai. Podemos dizer, por exemplo, a um menino operado de fimose: "Seu pai achava que você era muito pequeno para te explicar que você tinha sido operado da pequena pele que envolve sua glande para ter belas ereções quando você for grande." E não devemos nos privar de representar o pênis em um desenho ou em uma modelagem e explicitar com ele como é feito esse órgão e o que é a operação de fimose.

Podemos dizer também: "Se alguém quisesse ter estragado seu pênis em vez de torná-lo mais bonito, seu pai teria simplesmente matado essa pessoa." Sobre esse ponto, todos os meninos concordarão, pois é justamente a ameaça da castração que torna seus órgãos sexuais tão preciosos para eles.

Alguém que viveu durante muito tempo em um país africano me contou que um adulto que não falasse a um menino de seu sexo provocando-o, dizendo-lhe que iam cortá-lo, não seria considerado um adulto que apreciasse crianças.

A fantasia do "vou cortá-lo de brincadeira" faz parte da valorização do pênis.
Não é surpreendente, já que o menino, por causa de suas ereções esporádicas, sempre constata que a ereção volta, apesar de sua detumescência, ou seja, apesar desse episódio aparentemente castrante. Assim, ele concorda que lhe falem desse fenômeno de desaparecimento e, depois, do retorno ainda mais glorioso da ereção.
A operação de fimose, bem explicada, é pois um signo da importância que um pai dá ao sexo do filho. É um signo de humanização e de dignidade da ereção.
Em contrapartida, as mães que falam de pipi e de torneirinha aos filhos coisificam o sexo ao usar essas palavras funcionais. O sexo é vivo e exprime emoções, pulsões que se relacionam com o desejo. Uma torneira não tem desejo, é uma coisa manipulada por outra pessoa. Só é funcional para o escoamento da água, logo, da urina. Mas, após dois anos e meio ou três anos, já não podemos ficar dizendo isso. É o momento em que a criança não pode mais urinar em ereção.
São as palavras apropriadas que dão o justo sentido de seu sexo a uma criança.

P.: Estou atendendo um menino de oito anos, Jérôme, trazido pela mãe porque vai mal na escola e é malcriado em casa. Já na primeira entrevista, a mãe me falou abundantemente da primeira infância de Jérôme. Na segunda entrevista, o pai veio e me contou sua própria primeira infância, o que nunca tinha feito antes na frente de Jérôme. Na sessão seguinte, foi Jérôme que pediu à mãe que contasse a primeira infância dela. Depois, quis que ela lhe falasse do irmãozinho dele, e assim por diante.
Sinto-me constrangida, porque, depois de ter proposto uma terapia a Jérôme, ele me perguntou imediatamente se eu ia contar os segredos dele. Então, não sei se devo continuar recebendo a mãe e o pai, e quando começar meu tratamento com Jérôme.

F. D.: Mas Jérôme disse o que o está fazendo sofrer, exatamente? Parece-me especialmente evidente que ele vem identificar-se com a mãe que, na verdade, iniciou uma terapia com você. Ele vem rivalizar com ela.
Ele é como as crianças prontas a fazerem psicoterapia, música, dança ou qualquer outra coisa, porque um irmão ou uma irmã fazem.

P.: Certo, mas e o problema do segredo?

F. D.: Você realmente acha que uma psicoterapia seja necessária para se contar um pequeno segredo? Se fosse eu, eu lhe perguntaria: "Você não pode contar esse segredo a sua mãe? Mas talvez você possa contá-lo a seu pai?" E, se é um segredo que o torna infeliz, dizer a Jérôme: "Por que você não pode guardar seus próprios segredos, ou confiá-los a um amigo? Por que você precisa contá-

-los para mim em particular? O que há de errado com esse segredo?" Na realidade, o que a maioria das pessoas quer nos revelar, nesse caso, é a razão pela qual não podem guardar o segredo, bem mais do que o próprio segredo. Sabemos bem que há um período na infância em que todas as crianças vêm segredar em nossos ouvidos. Muitas vezes, eles não dizem absolutamente nada. É simplesmente um pretexto para criar uma intimidade conosco, e confiar alguma coisa excluindo os outros.

Os animais de estimação servem de depósitos de segredos, não os psicanalistas. Agir como terapeuta consiste em refletir: por que a criança está me contando isso, e com que finalidade? Talvez Jérôme ache que a mãe conta segredos a você. Pode ser isso.

P.: Recentemente, você nos falou de crianças que correm o risco de se psicotizar se colocadas cedo demais no primeiro ano do ensino fundamental, porque começam a aprender coisas como simples papagaios.

F. D.: Eu simplesmente disse que, em certos casos, é um grande perigo para uma criança alienar-se unicamente na cabeça e ter uma inteligência verbal de papagaio.

Essa inteligência é simplesmente digestiva, já que, em sala de aula, só se faz apelo às pulsões orais e anais. Uma criança que entra na escola sem ter atingido o nível genital e edipiano é uma forte candidata a permanecer infantil no plano afetivo.

É perigoso para algumas delas, que podem se tornar psicóticas. Mas, se forem bem na escola, sua psicose só se revelará na puberdade, porque viverão a puberdade em uma base pré-edipiana, não tendo nem mesmo a noção do próprio sexo. Nesse momento, alguns entram em um autismo, ou na chamada demência precoce, em que são perseguidos por uma agressividade anal contra o próprio corpo. Deliram a respeito de alguém que os atormenta sem parar, projetando sua sexualidade em um outro, já que eles mesmos nunca assumiram ter um sexo. Até aí, eram excelentes alunos, e, de repente, sua escolaridade desmorona em bloco.

Mas podem continuar sendo sujeitos brilhantes, principalmente os dotados para a matemática, pois desenvolvem unicamente uma inteligência lógica, ou seja, uma inteligência anal, sempre binária. É verdadeiro/não verdadeiro, verdadeiro/não verdadeiro. Ora, o genital nunca é verdadeiro/não verdadeiro: nesse caso, é o afetivo que domina, e é sempre verdadeiro em um sentido e não verdadeiro em outro. É preciso que a imaginação possa viver e ter atividades que permitam que as pulsões anais e orais se coloquem a serviço da cultura.

É na cultura que o que está recalcado pode se exprimir.

Todas as pulsões parciais do prazer de ver, ouvir, tocar, brincar e ser ágil com o corpo são muito importantes para uma criança que começa sua escolarização. É por isso que me parece essencial desenvolver a música, a dança e as artes na escola, mais do que o saber mental.

Do mesmo modo, por exemplo, que a agilidade corporal dos jovens em seus patins me parece mais necessária que a escolaridade de muitas crianças: ela os impede de se tornarem unicamente cabeças sem corpos.

Felizmente, a ecologia está atualmente em voga, o que lhes permite fazer passeios, interessar-se pela natureza, pelo cosmo, pelos vegetais, pelos minerais, pelos animais e sublimar muitas dessas pulsões, de modo algum utilizadas na escola. Já não é saber, mas conviver. E o saber é apenas uma pequena parte da vida, se somos curiosos.

A escola não responde às verdadeiras curiosidades das crianças. Felizmente, ensinando-as a ler e a escrever, permitimos que obtenham respostas às suas curiosidades fora da escola. Contanto, é claro, que os pais não sejam obsessivos demais e deixem às crianças tempo para isso no dia a dia, e nos domingos e feriados.

A escolaridade tornou-se, hoje, uma preocupação obsessiva dos pais. Muitos não se interessam, de fato, absolutamente pelas matérias abordadas pelas crianças, mas exigem simplesmente resultados. Os pais têm necessidade de comer boas notas. Então, na cabeça da criança, forma-se a seguinte equação: boas notas fazem chover dinheiro, más notas fazem chover pancadas!

Tudo isso acontece de um modo puramente digestivo, que é dominante hoje em dia.

P.: Como fazer com uma criança pequena, absolutamente normal, mas que começa a regredir com o nascimento de outra criança?

F. D.: Justamente, estou atendendo atualmente Paul, um menininho de três anos que vive o drama do nascimento da irmã menor. Essa criança se tornou repentinamente agressiva e intolerante. Sofre de um ciúme muito forte, felizmente, aliás, pois já está colhendo o fruto desse sofrimento: ele lhe permite aprender a dominar sua agressividade, a qual lamenta, pois, apesar de tudo, até gosta da irmãzinha. Mas não pode gostar dela de verdade, pois gostar dela, para ele, significa identificar-se com ela, ou seja, consigo mesmo quando era bebê, e, além disso, com um bebê de um outro sexo.

Esse bebê representa para ele, de modo insólito, um modelo despromovedor que produz um efeito regressivo, ao contrário de todas as pessoas humanas tomadas como modelo até então. Quando uma criança gosta dos pais, é uma imagem dele adulto, mas, quando ama um bebê, é uma imagem dele anterior. Então, na lógica das crianças, esse bebê é perigoso, é preciso defender-se agredindo-o. É preciso rejeitá-lo, não engoli-lo com os olhos nem com os ouvidos. É preciso atormentá-lo. O trabalho do terapeuta se resume em dizer-lhe que o bebê não é interessante. Que seu pai, quando ele, Paul, era pequeno, não achava os bebês interessantes e que, além disso, é ele que é o mais velho.

Essa fase pode dar origem a distúrbios graves, se a provação não for superada pelo fato de a atitude da criança permanecer incompreendida dos pais. A criança sente-se então censurada por estar normalmente viva.

Paul, por exemplo, durante os três dias que sucederam o nascimento da irmãzinha, contudo ainda na maternidade, perdeu o uso dos braços. O pai teve que alimentá-lo. Paul tinha regredido a uma imagem do corpo anterior à sua atual para poder integrar esse novo ser e poder gostar dele.

É esse mesmo mecanismo, aliás, que causa tantas dificuldades às mães dos psicóticos quando seus filhos são curados.

P.: Podemos receber juntos, em análise, irmãos gêmeos, apesar de terem dificuldades diferentes?

F. D.: O gêmeo é um representante das secundinas, da placenta. Os gêmeos não podem fazer o luto da placenta como as outras crianças, já que seu gêmeo representa ao mesmo tempo a placenta e a cena primitiva dos pais. É clássico constatar que, quando se trata um gêmeo com problemas escolares a partir do sexto ano, o irmão gêmeo, mesmo sendo bom aluno até então, começa a ficar perturbado nos meses seguintes. E isso se constata também nos falsos gêmeos. Ou seja, em crianças que foram criadas juntas com uma diferença de doze a quinze meses. O irmão mais velho mal começava a andar, ou ainda estava na mamadeira, quando o irmãozinho ou a irmãzinha nasceu.

Digamos, por exemplo, que um dos dois falsos gêmeos não tenha evoluído muito: quando começamos a atendê-lo em psicoterapia, o outro, que se desenvolvia perfeitamente até então, começa a destrambelhar. Felizmente, é sempre momentâneo. Quando um dos dois se torna autônomo, graças ao auxílio de uma pessoa exterior, isso perturba completamente o equilíbrio do outro. Se é a mesma pessoa que os reúne de novo, ela lhes serve de placenta. Agora você pode entender por que devemos atender alguém separadamente, por ele mesmo.

Por falar nisso, vocês já se perguntaram por que as cidades e as nações, nos mitos dos povos, são fundadas por gêmeos? Na Europa, na Ásia, em todos os lugares. Somos todos gêmeos no início, gêmeos de nossa placenta.

Muitas vezes, em nossa clínica, encontramos um gêmeo ativo e um gêmeo passivo. Isso talvez possa ser explicado pelo fato de, na economia das pulsões, um dos dois exprimir mais as pulsões passivas, e o outro as pulsões ativas. Um banca a menina, o outro, o menino. É uma maneira de ter um Eu dicotomizado e, para cada um, de se singularizar artificialmente com relação à mãe, vivendo pulsões que só assume, graças ao outro, por procuração.

Vocês leram o estudo sobre os quíntuplos, gêmeos e trigêmeos na América do Sul? Seu pai os separou logo após o nascimento, confiando cada um a uma babá diferente. As crianças se encontravam somente nas férias. Alguns anos depois, eles eram completamente diferentes, intelectual e fisicamente.

A geminalidade é então certamente uma questão de educação, e é, aliás, por isso que os falsos gêmeos têm distúrbios semelhantes.

P.: Pode-se atender pessoas idosas em psicoterapia?

F. D.: Somente em psicoterapia. Não em análise. É preciso ter consciência de que o tratamento de uma pessoa idosa produz efeitos inesperados nas pessoas que a rodeiam. Tive essa experiência com uma mulher de setenta e nove anos, que passava todo o seu tempo, há dez anos, contando aos membros de sua família as histórias de uns para os outros e vice-versa.

Isso provocava brigas que não acabavam mais entre as diferentes famílias, as famílias transversais etc. Essa mulher estava realmente torturada, porque suas relações com os filhos tinham-se tornado irrespiráveis, ao ponto de eles evitarem vê-la.

Ela veio, pois, me ver em estado de depressão, achando que ia ser obrigada a internar-se em uma clínica psiquiátrica. Na realidade, ela não tinha absolutamente nada, mas simplesmente necessidade de falar com alguém. Começou imediatamente a ter sonhos de transferência, muito vivos, nos quais eu era uma jovem mãe e ela, que na realidade é uma velha senhora quase incapaz, uma menina bem pequena. Ela sonhava com lembranças da infância, com cheiros de homens e de mulheres. Particularmente, que ia colher ervilhas-de--cheiro – o cheiro dos pés, ora bolas! – e nesse significante, pés, existe evidentemente espiar*.

Analisei esse "espiar" com ela, explicando-lhe que seus filhos, que ouviam os irmãos e irmãs repetirem as pequenas coisas de suas vidas que ela lhes tinha contado, sentiam-se espiados por ela.

Enquanto, ao contrário, ela, cheia de cuidados e amor pelos seus, não via nada mais a dizer aos filhos senão aquilo que interessava a ela, ou seja, as anedotas familiares sobre suas vidas.

Muito rapidamente, ela voltou a viver, a aproveitar plenamente a primavera e os filhos, que voltaram a vê-la. Toda a família movimentou-se ao seu redor, cada um encontrou novamente seu lugar na ordem familiar. Já faz três anos que essa mulher faz psicoterapia comigo, à razão de uma sessão a cada quinze dias, sem conseguir contudo resolver a transferência.

Vou ser obrigada a continuar até sua morte. Espaço as sessões, mas toda vez que me telefona ela me diz: "Mas você não pode fazer isso comigo!" Então, penso que talvez eu tenha falhado no momento de colocar um fim ao seu tratamento, mas, no que diz respeito às relações entre velhas senhoras, tudo vai maravilhosamente bem!

No início de nossas entrevistas, fixei o preço de 120 francos por sessão. Para minha surpresa, ela separava a cada vez, antecipadamente, 1.200 francos antigos! Mas, entre cada sessão, eu recebia infalivelmente doze belíssimas rosas como pagamento, a tal ponto que minha faxineira, também de certa idade, a chamava de "a dama das rosas", o que dava imenso prazer a esta última.

Esperei vários meses antes que ela pusesse na mesa a dificuldade de entender os novos francos. Isso provocava discussões e atritos com os filhos, que a

---

* Em francês, a palavra *pois*, "ervilha", associa-se a *pieds* [pés], e esta última, por sua vez, a *épier* [espiar]. [N. da T.]

ajudavam a controlar sua contabilidade e recebiam regularmente cheques recusados por seus fornecedores. O dia em que ela abordou esse problema, pude dizer-lhe, rindo, que eu também já tinha percebido. A esse respeito, sua confusão era total, mas suas rosas entre as sessões mostravam que ela me pagara com o coração, disse-lhe, o que era muito mais importante.

Após essa sessão, ela começou a entender alguma coisa dos novos francos, dos 120 francos, que ela chamava de 12.000 francos antigos. Durante a primavera que se seguiu ao início de seu tratamento, ela me disse: "É extraordinário! Fazia quinze anos que eu não via a primavera!" Por que quinze anos e não dezessete ou vinte anos?, perguntei-me.

Entendi, na sequência, que esses quinze anos correspondiam ao tempo decorrido desde a saída do seu filho mais novo de casa.

Sua depressão desapareceu, e no entanto ela tinha um ano a mais nas pernas e nas costas.

Atualmente, ela parece estar fazendo uma transferência lateral sobre uma outra pessoa que a levou ao teatro da Ópera. Mas isso não significa o fim de sua transferência sobre mim. Devo dizer que é muito difícil quando se é velho, porque todos os amigos desaparecem. Agora que ela está bem, seus sonhos são felizes, apesar de ela ali encontrar todos os que foram seus amigos e que já estão mortos. Mas ela diz que assim passa noites muito agradáveis, com os amigos falecidos que reatualiza, como se estivessem vivos e lhe fizessem companhia. De modo que posso dizer que represento na sua transferência todas as pessoas que ela conheceu e que sou igualmente sua jovem mãe.

Ela é como as crianças que dizem que a mãe teria cento e cinquenta anos.

Graças a seu tratamento, ela recuperou a saúde psíquica, o que lhe permite manter diálogos vivos no dia a dia com todo o mundo[14].

---

14 Para os que se interessam pelas pessoas idosas que vivem em casas de repouso e que necessitam de psicoterapia, aconselho que leiam *Histoire de Louise*, de Michèle Dacher e Micheline Weinstein (Ed. Seuil, 1979) e se informem junto à Association internationale de gérontologie psychanalytique, Centre psycho-médical et social, 40, rue des Boulangers, Paris, 75005 (345 72 53).

8

O Édipo das crianças bilíngues - A linguagem é um filho incestuoso - Equivalência entre a vagina e a boca nas meninas.

P.: Qual a respectiva importância, para as crianças, de sua língua privada e de sua linguagem social?

F. D.: Vou contar para vocês as dificuldades de Isabelle, uma menina oriunda de uma família de língua hebraica e inglesa que vive na França.

Os pais sempre falavam inglês e hebraico em família ou com os amigos, mas nunca usavam o francês, mesmo sabendo-o.

Isabelle falava correntemente as três línguas, mas só usava o francês com a faxineira, única pessoa com a qual se falava francês na casa. Um dia, a família estava de férias no litoral com os amigos e seus respectivos filhos, que se encontravam na mesma situação linguística.

Os filhos dos amigos voltam da praia e contam às mães tudo o que acontecera à tarde. Mas o fazem em francês, no calor da excitação. Isabelle, ouvindo aquilo, pergunta então à mãe: "É permitido falar francês com os pais? Temos esse direito? Eu achava que era proibido e que, se falássemos francês, não seríamos mais da família." Ela revelava assim aos pais, atônitos, que imaginava que seria excluída da família se não falasse hebraico ou inglês com eles.

Os filhos dos amigos tinham exercido o papel de "eu auxiliar", permitindo a Isabelle identificar-se com eles, já que estavam na mesma situação que ela.

Além disso, ela cometia muitos erros de ortografia e de cálculo, o que a prejudicava na escola. Por mais que a mãe ajudasse, de nada adiantava. Sugeri, então, ao pai que cuidasse das redações e dos problemas de cálculo da filha, falando em francês com ela, pois ele redigia e contava em sua língua materna, o hebraico. A partir daquele momento, a ortografia de Isabelle foi corrigida e suas dificuldades em cálculo desapareceram.

De fato, para ela, efetuar todo esse trabalho em francês, sabendo que o pai o fazia, por seu lado, mentalmente em hebraico, significava separar-se dele. Tudo se resumia a incluí-lo no problema; a partir daí, ela podia refletir em francês, conservando, ao mesmo tempo, sua feminilidade[15].

---

15 Suas pulsões orais e anais podiam então ser castradas e servir para entrar em comunicação com o pai, através dos objetos parciais de transferência: nesse caso, suas atividades escolares.

Esse exemplo nos mostra que a língua social, nesse caso o francês, ameaçava, em primeiro lugar, separar Isabelle dos pais e, depois, romper seu Édipo com o pai, já que ela não trabalhava mais na mesma língua que ele.

Todas as vezes que eu ia nessa família, Isabelle vinha colocar em meu colo tudo o que eu acabara de deixar na entrada: casaco, guarda-chuva, chapéu, luvas, seus brinquedos e todos os objetos carregáveis que lhe caíam nas mãos. Sua mãe disse, espantada, que ela só fazia isso comigo. E, na época, não entendi que essa espécie de comércio de objetos que ela mantinha comigo era uma linguagem que chamava palavras. Ela estava me pedindo para dar um nome em francês para cada objeto, já que eu era uma das únicas pessoas com quem a mãe falava francês.

Se eu tivesse reagido no sentido que ela estava me indicando, isso provavelmente teria permitido a ela usar o francês muito mais cedo nas suas relações com os pais, enquanto ela o empregava apenas com a faxineira, que sabia estar a serviço da mãe, paga por ela, o que não era a mesma coisa.

As crianças percebem muito bem a diferença de identificação: "Se eu me identificar com a faxineira, não terei o estilo de relação que meus pais têm entre si ou com os outros adultos."

É, aliás, nesse momento, que se inicia e se enraíza a tomada de consciência de um estatuto familiar em uma criança, o que é inelutável e necessário. Se o processo não for estabelecido dessa forma, será instaurado de outra maneira, porque a ambição de uma criança consiste em identificar-se com as pessoas que ela sente que estimulam o desejo dos pais.

Quando uma criança percebe que os pais estão envolvidos em uma conversa extremamente animada, será esse estilo de linguagem que desejará possuir e reproduzir mais tarde.

Existe um ideal fálico representado pela linguagem, exprimindo o desejo, a alegria e a excitação dos pais. Como prova do que estou afirmando, se vocês prestarem atenção ao falar com outros adultos na presença dos filhos deles, perceberão que estes últimos muitas vezes reproduzem em silêncio as mímicas dos pais. Eles não sabem do que se está falando, mas querem se pôr em uníssono com os afetos dos pais, e não com os dos interlocutores desses.

Todo o comércio de objetos parciais que a criança efetua com os pais, todas as palavras que denotam esses objetos parciais, todos os comportamentos, todos os verbos, tudo o que faz a linguagem, enfim, toda essa relação de desejo com os pais acaba por dar um fruto: a comunicação pela linguagem. A linguagem é um filho que as crianças engendram com os pais, não podemos de modo algum negar isso. A linguagem é, pois, um filho incestuoso, mas não apenas isso, já que com essa mesma linguagem podemos nos comunicar com os outros.

O que equivale a dizer que a linguagem faz com que os pais se tornem igualmente "egos auxiliares", do mesmo modo que os outros membros da sociedade. Mas, ao mesmo tempo, é necessário conservar uma relação de desejo com os pais. Então, as pulsões orais sublimadas devem continuar a fornecer uma troca com os pais para dar um fruto – a linguagem –, que, por seu lado, não é tão sublimado assim.

Quando uma criança reclama algo para comer, ou qualquer outra coisa, insiste sem sucesso e mede até onde pode ir antes de deparar com uma proibição, ela encontra-se em pleno erotismo, já que é para si mesma que faz isso, e não com um objetivo ou em um contexto de sociabilidade. Assim, nunca devemos esquecer que sempre permanece uma "privação", a do incesto, nas pulsões orais e anais, mesmo sublimadas.

E só entendemos perfeitamente isso com as crianças plurilíngues, que tornam manifesto que a língua falada na intimidade dos pais é a língua do Édipo. E que, se a criança se socializa em outra língua, que o pai não usa, vai se produzir uma castração total da criança com relação ao pai.

Na França, uma criança começa a escrever, a calcular, a contar, para "senhores que falam francês", mas ela não conta para senhores que falam em uma outra língua.

No caso de Isabelle, o pai precisava mostrar sua potência contando e escrevendo em francês, para que ela própria tivesse também o direito de fazê-lo.

Tais episódios passam despercebidos entre pais e filhos franceses.

P.: Contudo, muitos pais franceses nunca se ocupam com os resultados escolares dos filhos. Como então estes últimos se constroem?

F. D.: Com base em opções sexuais por seus professores e professoras, mas sem Édipo com os pais. No final das contas, eles se constroem em uma relação homossexual. As pulsões arcaicas continuam a ser heterossexuais ou homossexuais, com o pai ou a mãe segundo o sexo da criança, mas as pulsões genitais são vividas exclusivamente com os educadores, já que só com eles é possível engendrar um fruto em uma relação de cultura e saber.

Vou citar um caso clínico dessa natureza, no qual um menino de onze anos pareceu-me recuar em seu desenvolvimento genital para, fundamentalmente, mostrar claramente ao pai que ele não era nem seu superior nem seu igual. Eu estava atendendo essa criança em 1941. Os professores da escola comunal a haviam feito passar para o sétimo ano, o que, na época, era uma promoção, porque eles a consideravam inteligente demais para permanecer na escola comunal. O menino tinha aulas de inglês na escola, e, a primeira vez que levou um livro de inglês para casa, fez xixi na cama na mesma noite. Como esse sintoma repetia-se havia vários meses, enviaram-no para mim.

Tanto do lado do pai quanto do lado filho, essa promoção social foi um trauma. Falando com o pai e esclarecendo bem o que acontecera no início da entrada de seu filho no secundário*, entendi a aflição do pai vendo o filho aprender inglês sem que ele, um homem inteligente, pudesse ser-lhe de alguma utilidade e de algum socorro.

---

* Na França, a série equivalente ao sétimo ano no Brasil é a primeira do ensino secundário. [N. da T.]

O sintoma de enurese foi o meio utilizado por esse menino para dizer ao pai: não sou nem seu igual nem seu superior, continuo sendo seu filhinho. A promoção para o ensino secundário era, nesse caso, uma linguagem sociocultural que ameaçava romper o laço de filiação entre o filho e o pai, e vice-versa, tanto mais que a mãe, por seu lado, estava orgulhosa de pensar que o filho iria tornar-se um doutor. Nesse caso, o trabalho psicanalítico com o pai foi muito mais importante do que aquele que tive que fazer com o filho.

Felizmente, houve esse sintoma ligado à uretra, pois foi graças a esse pedido de socorro que o pai pôde revelar, por trás do aparente ciúme, despeito e sentimento de inferioridade, que estava muito orgulhoso do filho e que ele próprio, que, por sua capacidade, bem poderia ter continuado os estudos, ia se realizar através de sua linhagem. Sem que tivesse que temer ser ultrapassado por um filho de quem não teria se sentido digno de ser pai.

O filho tinha reagido àquela promoção social como se a sociedade demolisse o tabu do incesto. Pelo estudo dessa língua que o pai não possuía, ele seduzia a mãe e castrava o genitor como se, em seu imaginário, o cultural fosse um valor sexual.

Para voltar ao caso de Isabelle, ela ganhou uma irmãzinha, e, quando esta chegou à idade de falar, Isabelle dirigia-se a ela em francês na presença da faxineira e em inglês diante da mãe.

O adulto presente representa, então, claramente, um eu auxiliar homossexual, ou seja, que Isabelle se tornava realmente *como a mulher que queria ser quando adulta*. Falava, então, com a irmã caçula a língua da mulher que ali se encontrava. Quer dizer que ela desejava que a irmãzinha a considerasse a pessoa adulta presente, para tomar o lugar desse adulto e eliminá-lo.

Eis um caso de rivalidade homossexual que é um dos componentes normais do Édipo. Agora que as duas meninas cresceram, elas falam francês entre si: vejo-as conversarem assim entre elas, quando vou à sua casa. Quando uma das duas quer dedurar a outra para a mãe, em minha presença, faz isso em inglês, porque sabe que eu entendo mal. É realmente um particular entre ela e a mãe no estilo "venho te falar de minha irmã, que está me aborrecendo, e isso só interessa a nós".

O mesmo fenômeno acontece quando as crianças vêm contar algo ao pai ou à mãe em plena conversação com convidados: não se trata de uma linguagem social, é uma linguagem dual que a criança utiliza exclusivamente com cada adulto tutelar e que varia em função dele. A chave de tal linguagem poderia ser traduzida assim: "Não se deve dizer aos outros quando eu estou dizendo para você."

Parece-me muito importante em psicanálise observar os diferentes códigos que uma criança utiliza em função das pessoas às quais se dirige ou que não quer que participem de um diálogo dual.

Durante as sessões, vocês já repararam que algumas crianças nos chamam de mamãe em alguns momentos e de papai em outros, mais raros? Principalmente quando se é uma mulher. Isso acontece porque somos um objeto de transferência e é assim que entendemos o que elas estão transferindo, e quem estão transferindo.

As crianças exprimem as diferentes facetas do eu. Aliás, o sentimento de responsabilidade pelo seu dizer é muito diferente conforme a pessoa a quem ela se dirige. Ela diz uma coisa a alguém e o contrário a outro alguém. Os adultos também não agem assim de vez em quando? A comunicação se faz com as diferentes facetas do eu, segundo os interlocutores, ignorando tudo das outras facetas. Devemos de fato escutar o que as crianças dizem, e o que falar quer dizer, literalmente. Assim, quando uma criança nos conta coisas "trágicas" ou "cômicas" que são sobretudo de brincadeira, mas que pertencem ao imaginário, devemos absolutamente fazê-las passar para outra representação, ou seja, fazer com que representem, através de desenhos ou modelagem, o que acabam de dizer.

E, nesse momento, perguntar: "É de verdade ou de brincadeira?", e aí a criança responderá. Existe "de verdade de brincadeira", "de verdade verdadeira", "de brincadeira de brincadeira" e "de brincadeira de verdade". Tudo nuançado. É assim que devemos falar com as crianças, senão nunca saberemos se estamos lidando com uma fantasia ou com a realidade, principalmente quando se trata de histórias sexuais. É pelos detalhes no modo de falar que reconhecemos se é verdadeiro ou falso, e nunca de outra maneira.

Quando o fato realmente aconteceu, a criança nos dá uma espécie de descrição realista na qual ninguém teria pensado, em um estilo totalmente original. Não me vem agora à mente nenhum caso de cena de sedução. Por exemplo, "uma cena de verdade verdadeira" poderá ser notada através de pequenas observações muito realistas que a criança repetirá, apesar de elas não terem nenhuma relação com o erotismo da situação. Não sei, por exemplo, a descrição de um pequeno acontecimento: "Minha calcinha o incomodava, então ele disse: não tem problema, podemos rasgar sua calcinha. Fiquei muito chateada com aquilo e foi por isso que a escondi na moita, para que a mamãe não a visse."

Para a criança, trata-se de uma história de "calcinha para levar uma bronca". Sem relação direta com a cena de sedução, a qual, aliás, ela não se deu muito bem conta de que tinha acontecido.

É por esse tipo de pequenos detalhes que podemos saber se o fato aconteceu na realidade. Para a criança, se há desejo, isso é verdade para ela, mas não necessariamente verdade para a pessoa da qual está falando.

É muito difícil estabelecer a diferença entre uma criança que fala de fantasias, misturando a elas um pouco de realidade, e uma criança que fala da realidade, misturando a ela uma pequena fantasia típica.

P.: Você poderia desenvolver a equivalência entre a vagina e a boca nas meninas e suas diferentes implicações?

F. D.: Que para as meninas a vagina esteja associada à boca pode ser provado pelas anorexias mentais, como no seguinte caso, por exemplo: uma moça frígida, vagínica, de origem canadense e casada com um francês que ela adora, já não consegue ter relações sexuais quando sabe que está em período fértil. Começou uma análise comigo por essa razão. Foi criada em uma seita cristã particularmente severa, os evangelistas, acho eu, no meio de uma máfia de mulheres, avós, tias-avós, primas etc. O pai estava quase sempre ausente por causa de sua profissão. Era uma família de pouco riso e que levava muito a sério os jejuns, que eram bastante frequentes. Além disso, nenhum dos membros da família devia exteriorizar o prazer que qualquer coisa, por menor que fosse, lhe proporcionava. Especialmente à mesa, quando ninguém tinha o direito de repetir um prato, mesmo que fosse um dos chamados pratos de jejum, à base de peixes.

O que, aliás, sempre frustrou muito minha paciente, que adorava peixe. Uma vez, teve a infelicidade de deixar transparecer que apreciava um prato de peixe; então, a máfia das mulheres imediatamente decidiu impor, nos dias de jejum, o único peixe de que ela não gostava.

Mas em nenhum momento ela criticou essas atitudes, simplesmente me contou como tinha sido educada. Um belo dia, no fim de uma sessão, ela me disse, confusa, que ainda não pudera me contar um sonho que já se repetira uma vez. Durante três sessões seguidas, ficou rodeando esse sonho, que continuou a se repetir, e de repente me disse: ela dava carne para sua vagina comer, como fazemos com os animais selvagens.

Na sessão seguinte, anunciou-me estar completamente curada e que contara o sonho ao marido, que lhe respondera com humor: "Mas eu sou uma carne muito melhor do que a dada aos animais selvagens, você é minha tigresa." E assim, em três meses, ela ficou curada.

No caso dela, tratava-se essencialmente de uma história de interdito oral deslocado para a vagina.

Temos aqui um bom exemplo de boca privada de todo prazer, que é obrigada a se identificar com a goela de um animal selvagem para se permitir viver "à selvagem", com um marido amado no plano civilizado.

Esse deslocamento da oralidade para a vagina é realmente muito clássico nas mulheres, porque é uma abertura de desejo, e de desejo proibido, uma abertura à promessa de prazer e de fecundidade.

Para aquela mulher, o interdito do prazer oral havia incidido no interdito do encontro sexual com o marido e na sua promessa de fecundidade.

Ela era incapaz de se identificar com aquelas mulheres que desdenhavam tudo o que poderia lhes proporcionar prazer. Acho, aliás, que o clique aconteceu, em sua análise, quando ela se perguntou pela primeira vez na vida se a mãe sentira prazer nas relações sexuais.

Era filha única e pensava até então, com horror, que a mãe tivera que fazer isso por dever e submissão conjugal.

Esse caso mostra bem que essa vivência selvagem do sonho indicava a identificação de uma vagina que não entrara absolutamente na civilização. Entrara na repressão total e tinha, primeiro, que passar por essa selvageria que parecia satisfazer uma necessidade. Foi por isso que, no sonho, ela tomou como mediador essa imagem de animal faminto de necessidades. Para poder aceitar, em seguida, a verdade: tratava-se pura e simplesmente de desejo.

9

Um exemplo de encontro mortífero – As convulsões: uma superexcitação pulsional sem palavras – Mesmo no coma o sujeito é receptivo.

P.: Uma jovem mãe de família veio me consultar a respeito de seu temor de que o filho se torne esquizofrênico. Estava sozinha e imediatamente se pôs a falar de si mesma, de suas dificuldades no casamento. Quase nada foi dito sobre a criança. Essa jovem era enfermeira e conheceu aquele que se tornaria seu marido quando estava terminando sua formação. Esse homem sempre se recusou a chamá-la pelo verdadeiro nome, Simone, impondo-lhe à força o apelido de Marie-Pierre. Obrigou-a também a abandonar sua profissão e a fazer psicologia.
Após seu primeiro ano da faculdade, eles se casaram e tiveram um filho, François, sobre o qual ela veio me consultar.
Naquele dia, Simone só me disse que François criava-lhe diversos problemas, que nascera com um dedo a mais em uma mão, uma anomalia nas articulações do quadril, como seu pai e seu avô materno, e que tinha um nevo congênito no couro cabeludo.
Além disso, a mãe tinha a impressão de que François era meio deficiente, e chegava a achar que era esquizofrênico.
Perguntei-lhe o que a levava a acreditar nisso, e ela me respondeu apenas que ele não era sadio, que era encefalopata e que ela não podia mais continuar a falar disso. Foi embora muito perturbada.
Na época, François tinha três meses.
Depois disso, ela sumiu, até que, três meses mais tarde, telefonou-me aos prantos e numa angústia terrível, para me dizer que precisava absolutamente me ver para falar de François.
Disse-lhe para vir me ver com o menino. Chegou trazendo o filho em um moisés, o que me pareceu espantoso, considerando que François tinha então seis meses.
Dirigi-me diretamente a seu filho dizendo-lhe: "Você está vendo, sua mãe está preocupada por sua causa; desde que você nasceu, você lhe cria muitos problemas, e vamos falar sobre isso."
A criança não se interessava em absoluto pelo que eu dizia.
Simone me disse: "Você está vendo, esse menino nem olha para você, ele é o tempo todo assim e, além disso, não gosta de mim."
Ao que respondi: "Hoje seria melhor que você me falasse de você", e coloquei a criança na sala de espera.

Simone começou falando da gravidez, que fora muito angustiante porque o marido lhe dissera claramente antes que não queria filhos. Ela pensou em abortar, hesitou e finalmente decidiu ter a criança. Surgiu então uma ideia fixa: o filho não teria uma cabeça normal.

Para se tranquilizar, fez um ultrassom, ao fim do qual o médico anunciou-lhe que, de fato, seu feto tinha uma cabeça anormalmente pequena. Simone passou, então, a ter certeza de que o filho seria deficiente.

O parto correu bem, mas anunciaram-lhe que François sofria de diversas anomalias. O médico, porém, omitiu a malformação dos quadris.

Procurando tranquilizar-se, Simone perguntou ao residente: "Mas, apesar disso, meu filho é intelectualmente normal, já que teve dez no APGAR[16]?"

O residente teria respondido: "Olha, mesmo alguém com dez no APGAR pode ser débil mental."

Simone sentiu-se então culpada por ter posto esse filho no mundo, apesar da recusa do marido. Contou-me também que era uma criança que não exigia suas mamadeiras e nunca chorava, de modo que morreria de fome se ninguém o alimentasse. Permanecia tão quieto a maior parte do tempo que seus raros choros proporcionavam à mãe uma espécie de gozo.

Cada vez mais persuadida de que o filho só podia ser deficiente, Simone levou-o para fazer vários exames. No final de um desses testes, um médico enviou-lhe um relatório diagnosticando um retardo psicomotor. Ela me disse: "Você vê, está marcado no papel."

Disse então a mim mesma que era necessário iniciar com Simone um trabalho ao longo do qual ela poderia tentar exprimir na frente de François o sentimento de rejeição que experimentava por ele.

Tivemos algumas sessões a três. Ela me disse que não amamentara o filho para agradar ao marido, que temia que ela estragasse o peito: "Eu devia isso a ele, para agradecer-lhe ter assistido ao parto." Mas François teve grandes dificuldades para se alimentar com mamadeiras.

Ao longo dessas sessões, quanto mais Simone foi conseguindo expressar sua rejeição por François na frente dele, mais me surpreendia ao constatar que a criança começou a olhar, primeiro a mãe, depois a mim, com interesse. Após algum tempo, François começou a se alimentar melhor. Estava muito mais presente.

Um dia, Simone chegou sem François. Perguntei-lhe por quê, ela me respondeu: "Meu marido me disse que sua curva de peso não estava boa, então eu o internei. Nesse momento, estão fazendo exames de seu sistema digestivo, para saber por que ele come mal."

Pouco tempo depois, em outra sessão, Simone me contou que não pudera visitar François no hospital três dias seguidos, porque ela estava com gripe. Ela me disse: "Encontrei François completamente mudado, não é a mesma

---

16 Exame médico feito logo após o nascimento de todas as crianças. Cotação de 1 a 10 da motricidade, do choro, da cor da pele, dos batimentos cardíacos, do ritmo respiratório.

criança, rimos bastante juntos. Você está vendo, preciso ficar três dias sem vê-lo, para poder aceitar vê-lo depois."
No dia seguinte, Simone me telefonou desesperada e me contou que François, já em casa, tinha sido tomado por convulsões na mesma noite de nossa sessão e que, quando comia, cuspia tudo de volta, sufocando. "É culpa minha", disse Simone, "sou muito tensa, fui eu que induzi as convulsões."
No dia seguinte, François voltou a ser hospitalizado e fez um eletroencefalograma que se revelou perfeitamente normal. Desde então, não entendo mais nada desse caso.
Simone estaria exprimindo através da cabeça do filho a angústia que está em seu ventre? Seriam os efeitos do interdito do marido?

F. D.: Essa história me parece uma velhíssima história. Essa jovem aceita perder a identidade e a profissão: o encontro com o marido é nocivo para ela. Acontece entre eles algo que destrói um para que o outro possa sobreviver.

P.: E que destrói, também, o filho!

F. D.: Mas ele destrói a si mesmo também! Ele só sobreviveu destruindo algo. É uma grave patologia familiar, a desse homem e de Simone. É um belo exemplo de encontro mortífero entre um homem e uma mulher.

P.: Mas o elemento revelador dessa patologia é o menino, não é?

F. D.: De uma vez por todas, não quero mais ouvir a palavra menino! É François e ponto final. Não tem menino nenhum, menino não existe. Que Simone diga "o menino", isso é problema dela, mas você certamente não pode fazê-lo. Prestem atenção para não se deixarem contaminar por identificação com os pacientes, principalmente na frente das crianças.
Bom, acho que foi muito importante Simone ir sem François a primeira vez e que você tenha lhe falado tão justamente de seu direito de ser mãe, o que ela tinha dificuldades de assumir, dado que se tinha deixado desapossar pelo marido do nome Simone, que sua mãe lhe havia dado.
Quanto ao papel que lhe deram no hospital, certificando o retardo psicomotor de François, gostaria que fosse sempre assim: que os fatos da realidade fossem consignados por escrito e dados às mães.

P.: Mas não tenho certeza de que François seja encefalopata, como está escrito!

F. D.: Ninguém tem certeza, mas por que não, no final das contas? Não muda nada que os médicos digam algo que vai no sentido do desejo da mãe. O trabalho do psicanalista não deve levar isso em conta.

Evidentemente, seria preciso estudar as raízes da culpa que, em Simone, a impedem de ser ela mesma. Simone não é dona da própria cabeça, e, consequentemente, François também não.

Vamos rever essa história de aborto pretendido. Muito mais importante do que um aborto real, é um aborto de desejo. Os dois, tanto o pai quanto a mãe, já estavam "abortados". Acaso não é abortado esse homem que, tomando uma mulher com um nome, obriga-a a renunciar a ele para fazê-la nascer com um nome que ele, homem, escolheu? É um galinho que arranja uma galinha e a torna anônima!

Essa história, aliás, é exemplar como sintoma de anulação da geração. Brinca-se de geração fazendo-se o contrário, é perverso do início ao fim. Não surpreende absolutamente, então, que François encarne a ética perversa das condições de sua concepção.

O que chama a atenção é que, no dia seguinte à ocasião em que Simone teve uma autêntica relação de troca com ele, o famoso dia em que riram juntos, após os três dias de hospitalização em que ela ficou sem vê-lo, François tenha tido convulsões. Isso não me espanta. As convulsões vêm do fato de as crianças não terem nem uma imagem daquilo que sentem, nem uma imagem do corpo relacionada com o que seu esquema corporal pode assumir, dado seu desenvolvimento ainda inacabado.

Elas também não têm, consequentemente, uma cibernética que lhes permita escoar a energia libidinal, sentida na comunicação psíquica com o outro e também nas extremidades distais que podem servir para representar seu estado emocional: gestos, fonemas ou representações imagéticas.

A comunicação interpsíquica entre essas crianças e seus interlocutores bloqueia-se e provoca um curto-circuito cerebral: como muitas pulsões não são representadas, elas efetuam o circuito mais curto possível, daí as convulsões.

Assim, Simone nunca introduziu o filho, François, em uma comunicação mediada, já que só tem sentimentos de rejeição e de angústia com relação a ele. Ela nunca deve ter falado com a verdadeira pessoa dele, sem dúvida fala apenas "dele", como de uma coisa.

Todas as vezes que nos defrontamos com casos de convulsões e buscamos em que circunstâncias a primeira convulsão aconteceu, constatamos que a mãe não se deu conta de que deu uma superexcitação pulsional ao filho, sem lhe falar do que estava fazendo com ele. Isso acontece muito frequentemente quando a mãe está limpando a criança. Ela não se dá conta de que o filho já possui uma fina discriminação das variações de sensação que experimenta ao contato dela, e continua tocando seu sexo, ao limpá-lo, como se se tratasse de uma coisa.

Ela acredita estar a serviço das necessidades do filho, enquanto ele sente uma excitação de seu desejo que pode tomar como uma demanda dela: mas, dela, onde? Na sua cabeça? No seu estômago? Na sua vida imaginária?

Sua excitação, de fato, está inteiramente focalizada nessa região genital. Como se fosse essa região que estivesse em comunicação com ela, e não o sujeito como um todo, sujeito simbolizado pelo olhar e pela palavra.

A criança vive então uma insegurança insólita e, simultaneamente, uma sensação desconhecida associada à que devia ser de segurança.

Essa primeira convulsão não tem gravidade nenhuma, se for possível reconstituir rapidamente como tudo começou e falar com a mãe na frente da criança.

Tive uma vez um caso semelhante, e vi com espanto a criança em questão de repente amadurecer dois anos, olhar para a mãe, depois para mim, e finalmente sorrir. Acabara de entender.

Era uma menina que a mãe havia excitado violentamente sem perceber, limpando-lhe a vulva com uma energia intempestiva, como se se tratasse de uma coisa. Não se dirigia à pessoa dela com as palavras apropriadas. Nós, psicanalistas, podemos empregá-las e voltar a encenar o psicodrama do que aconteceu.

Dizer, por exemplo: "Sua mamãe limpou sua vulva (ou o nome que a mãe dá a essa região), você estava excepcionalmente suja, porque tinha feito cocô naquele dia, e ela queria te limpar bem, e, então, você achou que ela estava esquecendo que você tinha uma cabeça, e, nesse momento, achava que você só tinha um sexo; então, você quis ficar brava com ela, e não sabia como lhe dizer que ela não cuidava de você como você queria. Então, você teve uma convulsão."

No caso de que estou falando, uma psicoterapia rápida curou totalmente a criança de suas convulsões episódicas, que, aliás, sempre coincidiam com estados emocionais.

Infelizmente, quando as crianças chegam ao hospital em razão de convulsões, elas são drogadas, ao passo que, ao contrário, seria preciso investigar minuciosamente o desenrolar do dia da mãe com a criança, para identificar o elemento desencadeador.

Penso, por exemplo, em um menino pequeno superexcitado por ter visto a mãe dar um tapa na bunda do irmão mais velho e que queria se intrometer nessa cena primitiva totalmente histérico-gozosa. Não podendo fazê-lo, teve uma convulsão, graças à qual todo o mundo passou a se ocupar dele, de todos os pontos de vista. Era uma maneira de rivalizar com o irmão ou de ocupar mais a mãe, para culpar o irmão mais velho e a família inteira. Todos se sentem culpados e se precipitam para o hospital. Na realidade, nove em dez crises de convulsões de bebês não ocorrem em razão da febre, mas em decorrência de acontecimentos emocionais.

Quando ninguém entende isso, entra-se então em um círculo vicioso. As convulsões se tornam um sintoma de um gozo fácil no enigma de uma comoção sem representações. Essa espécie de orgasmo fácil é, depois, muito difícil de parar, porque existe de fato um gozo erótico, sádico-anal e sádico-oral narcísico de efeito angustiante em todos os que cercam a criança, o que lhe dá secundariamente um valor fálico preeminente na família.

É também o meio, para essa criança, de introduzir um estranho na família, o médico, que – em nome de quê? – vai decidir. Já não há educação nem situa-

ção relacional dos pais com o filho, e este último, por qualquer coisinha, vai se atravessar no jogo dos desejos do outro, graças à angústia que provoca.
Volto às questões que você me colocava sobre o início da terapia de Simone.
É tão raro que os pais venham sem os filhos a primeira vez, que eu peço-lhes para voltarem sem ele.
É tão frequente que as mães utilizem um distúrbio do filho para encontrar um meio de vir falar dos próprios problemas a um psicanalista que, quando uma mãe vem a primeira vez sem o filho, eu geralmente lhe peço para voltar sem ele. Por isso espantei-me que você tenha ficado aborrecida com o fato de Simone ter vindo por François, mas sem ele.

P.: Não fiquei aborrecida.

F. D.: Prova disso é que, no dia em que ela trouxe François, você imediatamente o colocou na sala ao lado. Havia tanto a fazer com Simone, em primeiro lugar, que, no caso, ela estava certa em vir sem François.

P.: Nas outras vezes, Simone vinha com François porque não tinha com quem deixá-lo.

F. D.: Mas foi você que, na primeira vez, lhe disse antes de saber de qualquer coisa: "Seria melhor vir com a criança." Acho que, nesse caso particular, teria sido melhor que ela viesse sozinha, eventualmente com o marido, e em seguida apenas dizer-lhe: "E se você viesse com o François?"
Evidentemente, se uma mãe vier com o filho, não devemos censurá-la. Nesse caso, devemos falar com a criança e a mãe. E, principalmente, deixá-la com ela, seja o que for que ela disser. Não se deve afastar uma criança, mesmo que a mãe esteja falando mal ou dizendo baixarias da própria criança ou do cônjuge.
Ao contrário, devemos retomar o que a mãe está dizendo, mas dirigindo-nos à pessoa da criança: "É verdade tudo o que sua mãe está dizendo?", por exemplo. Ou então: "Talvez você não pense como ela..." etc. É preciso colocar palavras em afetos intensos.

P.: Certo, mas, no final das contas, existe no fundo uma pulsão de morte...

F. D.: Justamente. E é por essa razão que é preciso falar disso! Não se trata de uma pulsão de morte, mas de uma pulsão de matar, é exatamente o contrário de uma pulsão de morte. As pulsões de matar são pulsões libidinais. As pulsões de morte são pulsões de repouso do sujeito e de relaxamento do corpo no sono profundo em que a ausência eclipsa o sujeito desejante em um indivíduo. Não é de modo algum a mesma coisa! Uma pulsão de matar tem um objeto a ser destruído, e, nesse caso, como Simone disse a você, isso está relacionado com o pai e o avô dela. É uma velhíssima história pessoal dessa mulher, uma história de anulação dela mesma como sujeito nomeado no indivíduo feminino que seu pai fez vir ao mundo. Não conhecemos a relação com a mãe, ela não falou disso, mas, enfim, foi você, uma mulher psicanalista, que ela foi consultar.

P.: Efetivamente, disse a mim mesma que, nesse caso, devia haver um outro lado.

F. D.: Então, é quase pena que François tenha inaugurado uma relação com a mãe sem que ela estivesse pronta. E em toda essa história, agora, vemos-nos diante de uma criança que sacou a coisa: quando está em tensão de pulsão erótica superativada, tem sua crise e tudo se resolve, mas à custa da ausência de palavras e, portanto, de sujeito.

P.: Mas ele deixará de ter convulsões, agora que está tomando Gardenal.

F. D.: Mas por quê? O problema será apenas menos visível, ou absolutamente invisível, mas continuará.

P.: Mas dar Gardenal é a primeira coisa que se faz, quando uma criança tem convulsões.

F. D.: Bom, tudo bem, é preciso fazê-lo, mas não é isso que impede que se faça um trabalho com o inconsciente. Pode-se fazer uma psicanálise com uma criança completamente entorpecida de medicamentos. O inconsciente participa da transferência, mesmo quando a criança dorme. Então, não se preocupe com isso, o Gardenal não tem importância nenhuma. Exceto que nós, que estamos atentos às reações dessa criança, ficamos frustrados e já não podemos ver como ela reage. Mas, no interior dela mesma, tudo vive e reage por intermédio da relação interpsíquica que existe entre nós. Na sua passividade, ela é extremamente receptiva, mesmo que pouco expressiva.

Uma psicanálise não é de modo algum uma reeducação. Em uma reeducação, não podemos fazer nada enquanto o outro dorme. Em uma análise, pode-se continuar trabalhando do mesmo jeito.

O silêncio é tão eloquente quanto as palavras, com a diferença de que só sabemos o que está acontecendo através daquilo que decodificamos em nós mesmos. Se estamos realmente disponíveis inconscientemente, acontecem muitas coisas. Só temos que deixar correr nossas próprias associações livres, em nós mesmos, colocando-as a serviço da pessoa que está ali. E a análise daquilo que estamos vivendo, de nossa relação inconsciente, pré-consciente e consciente com a criança é o único guia do tratamento.

O verdadeiro trabalho analítico é isso.

Um dia, a mãe esquece o Gardenal e constata que está tudo certo. Evidentemente, o trabalho foi feito sob a ação do Gardenal. Aliás, é o próprio médico que, na maioria dos casos, autoriza os pais a diminuir as doses. Não é problema nosso. Menos gardenalizado, o paciente fica um pouco mais acordado. Mas, em muitos casos, nunca poderíamos ter feito o trabalho analítico se a criança não estivesse sob efeito de Gardenal, porque ela teria tido crises de supertensão por qualquer coisinha. É muito melhor que esteja sob efeito de Gardenal, com tensões inconscientes que ela não ab-reage e que o trabalho possa continuar na transferência.

Não é com o consciente que trabalhamos, é com o inconsciente, que está presente, mesmo no sono profundo. Acho que se trata de uma noção bastante nova para muitos de vocês. Os estudos de psicologia não preparam para compreender isso, mas podemos continuar trabalhando da mesma maneira com alguém adormecido ou em estado de inconsciência, ou mesmo comatoso.

Com um ser em coma, a palavra passa sem que saibamos como. Os médicos reanimadores que tentam falar com esses pacientes constatam isso, e são os primeiros a ficar espantadíssimos.

Vou contar-lhes a história de um de meus antigos pacientes. Esse homem veio me ver com urgência, uma noite, completamente desesperado, e me explicou o que estava acontecendo. Alguns dias antes, sua mulher tinha dado à luz, no meio da noite, a uma belíssima menina. Estava tudo bem, e o marido deixou a esposa de manhãzinha para ir buscar o filho mais velho, que tinha ficado em casa, para levá-lo à clínica para dar um beijo na mãe. A mãe e o bebê passavam muito bem. O homem levou, pois, o filho na escola e voltou logo depois. Encontrou então a mulher em estado convulsivo, e, de repente, apesar de todos os cuidados que lhe foram prodigalizados, ela entrou em coma.

Após quarenta e oito horas, o reanimador considerou que mesmo que conseguissem tirá-la do coma, haveria sequelas, e que ela ficaria paralisada pelo menos das duas pernas.

Esse homem sentiu-se então invadido por um estado de ódio violento contra a vida, contra a mulher, contra a equipe de atendimento e, conhecendo-me, decidiu vir me ver.

Chegou em minha casa em um indescritível estado de agitação e anunciou-me imediatamente que nunca permaneceria ao lado de uma mulher paralítica, que preferiria matá-la. Naquele momento, contou-me que os sogros, alertados, tinham chegado, mas que a sogra recusou ver a filha e permaneceu no corredor. O sogro, um pouco constrangido com a recusa da mulher, revelou então ao genro a história do nascimento da filha.

Era a filha mais velha de quatro irmãos, duas meninas e dois meninos. Quando nasceu, sua mãe começou a detestá-la, o que se transformou em uma verdadeira fobia. O mesmo aconteceu com o segundo filho, também uma menina. Ao contrário, ela amara desde o primeiro dia, amamentara e educara o terceiro e o quarto filhos, dois meninos. As duas filhas mais velhas, as meninas, tiveram que ser educadas sem ver a mãe até a idade em que começaram a andar.

Após esse relato, aconselhei, em primeiro lugar, o homem a ir fazer uma refeição substanciosa, o que não tinha feito desde o parto.

Depois, a ir contar à mulher, em coma, a história do nascimento dela.

Assim fez ele, e, algumas horas depois, sua jovem esposa saía do coma sem nenhuma sequela.

As primeiras palavras que pronunciou foram: "Quero ver minha filha." Depois, dirigindo-se ao marido: "Não sei se sonhei, ou se foi você mesmo que me contou meu nascimento. Entendi imediatamente que era por causa dessa história, que eu ignorava, que eu não tinha o direito de ter essa menina. Então, fugi do coma." Pôs-se a descrever o que acontecia durante seu estado comatoso. Ela se via em um canto do teto e observava o marido e o reanimador debruçados sobre uma forma humana tão fina quanto uma folha de papel, sem saber que era seu próprio corpo. No momento em que o marido começou a explicar-lhe como viera ao mundo, sentiu uma dor aguda, ao mesmo tempo que se sentia entrar, pelo topo do crânio, naquela forma sem espessura, enchendo-a novamente.

Entrou então em uma escuridão extremamente dolorosa, e foi dali que saiu, acordando.

A imagem sem espessura vinha de uma palavra ouvida por ela, que se referia à linha "achatada", do eletroencefalograma, que, dizem, é quase reta nas pessoas em estado de coma profundo. Do lugar em que assistia à cena, a mulher julgava absurdo que aqueles dois homens estivessem cuidando daquela forma ridícula, ela, tão sem espessura.

Outras histórias de coma demonstram claramente que, no fundo, o sujeito permanece presente. Um dia, um avô veio me contar a incrível aventura do neto. Patrick, aos oito anos de idade, voltava da Itália de carro com o pai, a mãe e a irmã, quando sofreram um terrível acidente. A mãe morreu na hora, e o pai faleceu após oito dias de coma. A irmãzinha escapou sem um arranhão. Já Patrick perdeu um olho e uma parte de sua substância cerebral. Foi transportado em coma para o hospital. As autoridades médicas avisaram os avós. A avó dirigiu-se então ao hospital italiano em que o menino estava em reanimação, e instalou-se a seu lado, enquanto o avô levou a menina de volta à França. Três meses se passaram, e Patrick saiu do coma. E, para estupefação geral, esse pequeno francês de oito anos começou a falar em um italiano perfeito e balbuciou apenas algumas palavras de francês, como uma criança de oito ou nove meses, dizendo "pa-pa", "ma-ma", "hum-hum".

Ele não podia mais se comunicar com a avó, em francês!

Na mesma noite da visita do avô, relatei essa história a um de meus amigos biólogos, que me respondeu que a memória se fixa nas proteínas e que era, então, em razão das perfusões que Patrick gravara na memória, como em uma fita magnética, tudo o que ouvia dizer em italiano ao seu redor.

Mas essa resposta não é absolutamente satisfatória. Podemos, talvez, gravar algumas palavras como em uma fita magnética, mas certamente não podemos gravar toda a gramática de uma língua estrangeira.

Ora, aquela criança falava tão bem o italiano, como um menino de oito anos que era, quanto três meses antes o francês. Existe, pois, um enorme mistério da linguagem, que nos indica o quanto devemos respeitar o sono e o coma da pessoa ao lado da qual estivermos. Tudo é gravado, e gravado ainda melhor, quando alguém está em coma sem defesas. O sujeito dorme, mas está, também, extraditado do próprio corpo.

Não sabemos o que são esses estados de coma com relação à consciência do indivíduo, e ainda menos o que é um sujeito, com relação ao indivíduo. (A palavra é, aliás, pouco apropriada, já que, na verdade, o sujeito é dividido.)

O que é afinal uma consciência, se os comatosos que saíram de seu período de inconsciência trazem registrados em si os vestígios do que se disse e aconteceu ao seu redor?

P.: Parece inacreditável que esse menino aparentemente inconsciente tenha tido, apesar de tudo, uma inteligência desperta!

F. D.: Não é por parecer inconsciente ou não olhar as pessoas que uma criança não ouve! Uma criança autista, por exemplo, ou seja, uma criança que não olha nada, ouve tudo. Mas parece estar alheia, e é isso que é perturbador e que faz com que, finalmente, nos ponhamos a falar delas sem nos dirigir à sua pessoa. Talvez elas não focalizem sua pessoa na sua imagem do corpo situada no espaço e no volume daquele corpo ali. Nunca devemos acreditar que o sujeito não está em sua plena lucidez mesmo quando o indivíduo que está ali, presente, parece entorpecido, adormecido, ou mesmo comatoso.

O sujeito do desejo e o sujeito de sua história estão, ao contrário, bem presentes.

Os esquizofrênicos, por exemplo, visivelmente não localizam, no próprio corpo, o lugar em que se encontram. São como zumbis, um pouco dispersos em torno desse corpo no espaço, mas entendem e ouvem tudo. Quando, por sorte, um deles se cura, ele nos conta as falas que o marcaram e guarda na memória tudo o que ouviu.

Mas, voltando a François, teria sido bom lhe dizer, por exemplo: "Quando você estava na barriga da sua mãe, ela ouviu dizer que você tinha uma cabeça bem pequenininha e ficou muito preocupada. E você talvez tenha se preocupado com ela também." É assim que podemos falar com uma criança que foi um feto portador de tanta angústia não dita. É dizendo-lhe isso que nós a ajudamos a encontrar uma comunicação pela via simbólica, podendo liberar a relação de corpo. Sem isso, uma criança é obrigada a conservar esse não dito em seu corpo, enquanto ele não for posto em palavras.

O que não quer dizer que isso dê certo todas as vezes, mas, na falta de outro método, é esse que deve ser empregado.

Se uma mãe tentou abortar o filho, ou matá-lo, é preciso dizer à criança. É preciso dizê-lo de um modo tal que a mãe se sinta completamente perdoada, já que o filho está vivo, que superou essa prova, que estava, então, à altura de superá-la.

É, pois, a esse ser humano que falamos dessa prova, dando-lhe um valor de relação positiva com a sua mãe e de relação dinâmica com a sua vida, por mais que ele a sinta como denegada ou entravada. É a sua história, ela lhe pertence. Não sabemos absolutamente o que significa uma mãe querer abortar o filho, talvez seja por narcisismo, por egoísmo, mas também por amor. Tudo depende da história fetal dela, mãe, ou talvez da de um de seus pais.

Temos tendência a ver e julgar tudo segundo nossa própria moral. A ética inconsciente não é absolutamente a mesma. É uma dinâmica que pode ser uma dinâmica de amor, revestindo contudo o aspecto de um comportamento linguageiro de denegação ou de agressão.

Nesse caso, o desejo passou a um nível de rejeição. A rejeição é, sim, uma maneira de amar.

No caso de François, não é ele, filho, que é diretamente implicado. O problema é bem anterior, e diz respeito a Simone, sua mãe, seu narcisismo, sua renúncia, no limite perverso-masoquista, de seu nome, de sua profissão, por um homem do qual é totalmente dependente, como um feto de sua placenta.

É uma mulher que fez uma regressão fantástica. Por que um homem se casa com uma mulher com a condição de exercer o papel de uma placenta grávida de um feto? Não tenho a menor ideia. Evidentemente, podemos imaginar o quadro quando eles se põem a ter um bebê: feto de um feto! Isso não é viável.

Mas, com palavras, acredito que tudo isso possa ser reconstruído, já que François está aí, vivo, e que Simone teve forças para falar com uma psicanalista.

P.: Podemos realmente falar com palavras, com uma linguagem elaborada, a uma criança de seis meses?

F. D.: Certamente. Utilize a sua linguagem, aquela que você utiliza para dizer do modo mais verdadeiro aquilo que sente.

Se você for chinesa, será preciso dizer-lhe o que tem a dizer em chinês. Devemos falar na nossa própria língua. Se você não conhecer a língua francesa, fale-lhe como puder, mas faça com que o que você está dizendo seja retomado pela mãe ou pelo pai, com o sotaque da língua que falam entre si.

Adultos em análise sonham em sua língua materna. O inconsciente da criança se põe à escuta do inconsciente da pessoa que está falando com ela, por isso, esta última deve falar o mais próximo possível daquilo que sente ou pensa, no limite, na sua própria língua materna também.

Se não falássemos, acaso não seríamos igualmente eloquentes, contanto que pensássemos o que iríamos dizer? Não sei. Mas as crianças são telepatas.

Quando os pais estão presentes – o que é a melhor condição para as psicoterapias até os dois anos e meio aproximadamente e às vezes mais tarde –, é indispensável que pais e filho entendam juntos o que estamos dizendo à criança.

P.: Mas os psicanalistas não falam tanto assim.

F. D.: Mas afinal, com as crianças, é preciso falar! Justamente, é isso que é difícil. É preciso falar, mas por projeção, é preciso pôr em palavras o que é dito pelos pais, o que é mimado pela criança, é preciso dizer-lhe, por exemplo: "O que você acaba de fazer me faz pensar que você queria me dizer isso, ou aquilo." E, naturalmente, podemos nos enganar. E é preciso reconhecer isso. O que buscamos se situa o mais próximo possível daquilo que a criança quis exprimir, é isso o apelo à palavra de um bebê. É porque a mãe o incita à palavra que o pequeno ser humano fala.

Mas, se uma mãe não incita seu bebê à fala, ele nunca falará corretamente e terá um retardo na fala, porque seus fonemas não são fonemas correntes da língua: ele conservou a possibilidade de emitir fonemas arcaicos em sua laringe e no seu palato.

Mas as palavras, por sua vez, devem ser ditas, dando a essa criança seu estatuto de sujeito, quer dizer, mostrando-lhe que ela tem desejos, emoções e opiniões que nem sempre coincidem com os da mãe, nem com os nossos.

Muitas mães fazem isso espontaneamente, quando dizem, por exemplo: "Xi, eu sei que você não gosta disso! Mas preciso fazer mesmo assim." As mães que falam assim com os filhos concedem-lhes, sem saber, opiniões diferentes e desejos contraditórios aos seus.

Esse direito, reconhecido na fala, de ter opiniões diferentes não impede que elas façam os filhos passarem por aquilo que querem e julgam adequado à sua educação, mas o fato de lhes outorgarem em palavras esse direito permite-lhes constituir sua liberdade de sujeito. É assim que se humanizam.

O mesmo acontece, aliás, com toda relação humana, sejam quais forem a idade e a maturidade aparente do outro.

10

"Mas onde, afinal, eu estava antes de nascer?" - Quando uma criança perde a mãe, perde, simultaneamente, o pai - Uma criança que não para de cair de costas - A casa e o corpo se confundem na criança.

P.: Recentemente você empregou a expressão "cenas primitivas" no plural. O que você quer dizer com isso?

F. D.: De fato. Em dado momento, a menina, por exemplo, deseja tomar o lugar da mãe nas relações sexuais com o pai. São essas relações sexuais fantasiadas que são geralmente chamadas, erroneamente, de "cena primitiva". Mas Freud descreveu, na realidade, com o nome de "cenas primitivas", duas situações diferentes. Uma é constituída pelas fantasias da criança a respeito das relações sexuais dos pais, e a outra, que ele chama, aliás, de "cena originária", está na origem do nascimento da criança e levanta o problema da não existência que precedeu à existência.

Nenhuma criança evolui na vida sem perguntar, em dado momento, direta ou indiretamente: "Mas onde, afinal, eu estava antes de nascer?" Essa questão leva a fantasias nas análises de adultos, nas quais o sujeito se representa como um espermatozoide nas vias genitais do pai, recusando, por exemplo, penetrar no óvulo da mãe.

As crianças frequentemente negociam essa angústia da não existência antes da concepção, fantasiando que assistiram ao casamento dos pais. Quando é esse o caso, e quando uma criança dá seu assentimento ao casamento dos pais, é impossível convencê-la da impossibilidade cronológica dessa situação. Muitas vezes os pais querem situá-la no tempo, o que provoca uma situação cômica, vista da perspectiva deles, e desesperadora, vista pelo lado da criança.

É cômica para os pais, porque eles elaboram uma defesa consciente com relação ao desejo de ter assistido à união de seus próprios pais. É uma aproximação entre suas próprias fantasias infantis e a realidade na qual são obrigados a se manter na condição de pais conscientes.

Às vezes, dos dois lados, esse episódio não é, de jeito nenhum, vivido de modo cômico. Lembro-me de uma menininha que sustentava em público ter assistido ao casamento dos pais, que ficavam muito constrangidos diante dos outros adultos, porque estes poderiam acreditar que se tinham casado tardiamente, já tendo concebido a filha, o que não era o caso.

Nesses momentos, a mãe não parava de repetir: "Mas por quem ela quer que nos tomem?", subentendido: por pessoas não direitas.

P.: Eu gostaria de falar do caso de uma mulher que se casou com um homem viúvo, pai de quatro filhos. Após o casamento, o novo casal teve mais cinco filhos, e a mulher lhes deu cinco nomes começados pela letra G, inicial de seu próprio nome, Georgette. "Fiz isso", disse-me ela, "para distinguir meus filhos dos filhos de meu marido." Tenho contato com essa mulher porque seu último filho é esquizofrênico. Recentemente, soube que seu marido tinha morrido havia vários anos, quando essa criança, último filho do casal, tinha cinco anos. Ela não me disse isso imediatamente. Na verdade, ela se casara aos dezenove anos com esse homem, que era seu vizinho, e cuja primeira mulher ela vira morrer. Disse-me que fora a ideia dessas crianças sem mãe que a incitara a se casar. Ela própria não tivera pai. "Não fui capaz de ser a verdadeira mãe dos filhos que não eram meus", declarou-me. Assim, pôde perfeitamente separar-se dos filhos do marido, não aceitando, contudo, hoje, a autonomia dos seus.

F. D.: Ela se sente culpada por não conseguir deixar os filhos se separarem dela?

P.: Sim, certamente, ainda mais porque o último é esquizofrênico. Devo dizer que a internação desse filho ocorreu no momento de uma ausência dessa mulher, quando ela tinha ido enterrar a mãe. Ele fugiu e foi encontrado em um estado delirante.

F. D.: O que é particularmente interessante nessa história é que o filho dessa mulher – mulher que não teve pai – também não conhece o próprio pai, já que o perdeu aos cinco anos e tornou-se esquizofrênico. Acho que isso é determinante, e é nesse sentido que podemos falar de responsabilidade da mãe. O menino não pôde se estruturar com relação a um homem, já que a mãe, grávida, não tinha nenhuma ideia de pai, enquanto as outras crianças tiveram um pai presente.

P.: É exatamente assim que entendo o caso, pois, na nossa última entrevista, ela me disse: "Nunca reconheci meu marido como pai de meus filhos."

F. D.: Evidentemente, a própria noção de pai é impensável para ela. Segundo ela, um pai é uma transferência de mãe. Ora, um pai é um dado já na vida fetal. Evidentemente, havia um genitor, mas não um pai. Havia, também, tudo o que pesava enormemente no não dito referente ao próprio genitor dela. Foi sem dúvida negando esse homem como pai de seus filhos que ela se virou para fazer existir, apesar de tudo, um pai no modo da denegação. Quando dizemos "não" a alguma coisa, é porque essa alguma coisa existe para nós. Enquanto, até então, a noção de pai estava completamente ausente de sua ideação, era como se lhe faltasse um sentido.

P.: Georgette tinha três meses quando o pai morreu, mas ela só soube mais tarde, no momento de sua primeira comunhão, que ele tinha se suicidado. Acho que foi nesse momento que ela o perdeu de fato. Pôs-se a pesquisar a verdade sobre o suicídio e descobriu que, pouco tempo antes, os pais tinham se separado. A mãe tinha ido morar com um irmão, e o pai, não suportando a separação, havia se matado. Disse haver então descoberto que o pai era louco. É sem dúvida por essa razão que ela tem fobia da loucura, ainda mais reativada em razão do filho caçula estar internado. Ela se acusa de ter fabricado, por sua vez, um louco. O que me parece importante com relação a seu pai é que ela quebrou repentinamente a imagem que talvez tivesse construído dele, descobrindo, bem depois de sua morte, que havia se suicidado.
Talvez por isso tenha recusado participar da construção da imagem do pai dos próprios filhos, para que não lhes acontecesse a mesma coisa no decorrer de suas vidas.
Podemos falar, nesse caso, de forclusão do nome do pai? À imagem daquilo que ela se representa do próprio pai.

F. D.: Nesse caso, acho que não. Essa mulher parece falar frequentemente do pai, mas não como pai responsável. Acho que um pai irresponsável é importante na história de alguém. É uma contradição total, porque o que caracteriza a função paterna é precisamente a responsabilidade. Georgette, ao contrário, introjetou algo dessa significância, já que quis assumir a responsabilidade por crianças que, por seu lado, haviam perdido a mãe.
Mas o que é preciso saber é que, quando uma criança perde a mãe, perde, simultaneamente, o pai. Ou vice-versa. O pai e a mãe só existem relativamente um ao outro. A criança conserva, então, uma mulher a seu lado, mas já não tem mãe, em outras palavras, ela conserva uma mãe genitora, mas não uma mãe atual.
Uma criança nunca tem uma mãe, tem "uma mamãe-papai". Nunca tem um pai, tem "um papai-mamãe". E a palavra "pai", com a acepção que nós, adultos, lhe damos, vem muito tarde. Vem apenas após o Édipo, com a compreensão do papel genitor de cada um. Mas, antes, um papai é relativo a uma mamãe, e uma mamãe a um papai. Assim, perdendo o marido, a mãe se torna uma mulher que foi sua genitora, que cria o filho, mas que comeu o pai.
A criança fantasia que ela o comeu, fez cocô e o jogou no lixo. Interpreta a seu modo o desaparecimento de um elemento importante de seu círculo tutelar. É uma criança criada por uma metade de ser humano com o qual se identifica, enquanto, em geral, é com um casal que ela se identifica.
O que, aliás, explica que o ser humano, por sua identificação de filho com o casal que seus pais formam, seja duplo.
Bom. Georgette identificou-se, sem saber, com uma mãe casada com o tio materno, já que, em suas fantasias, o homem que fazia par com sua mãe era, ao que tudo indica, o tio materno. Ela estava, pois, na mesma posição de uma

criança que se identifica – na condição de "Eu ideal" do mesmo sexo – com alguém que não tem vida genital com a pessoa que é sua genitora.

Se for uma menina, ela se identifica com uma irmã mais velha que ela imagina fazer par com o pai, e, se for um menino, a um irmão mais velho que faria par com a mãe.

Nesses casos, o Édipo não pode se formar desenvolvendo um Supereu de tipo genital. Não é possível, efetivamente, castrar alguém mutilado. Só pode haver castração se tiver havido identificação com alguém que tem relações sexuais com a genitora ou o genitor, e que é proibido para nós.

P.: Outro parâmetro me parece importante na história de Georgette. Quando ela própria era criança, morando na casa do tio com os filhos dele, a mãe dela sempre lhe dizia: "Comporte-se, você não está na sua casa, não estamos em nossa casa." Ora, trata-se de uma mulher que não suporta ter uma casa legitimamente dela. Quando ela se casou com aquele homem viúvo, foi morar em um apartamento que não era "a casa deles". Foi, de fato, instalar-se no apartamento que o homem ocupava com a primeira mulher. Foi no momento em que ela começava a se sentir em casa que eles mudaram e tiveram esse último filho, que é esquizofrênico. Na verdade, era a primeira vez que ela tinha realmente desejado um filho, porque tinha, finalmente, criado um lugar genuinamente dela. Os quatro filhos precedentes, disse tê-los tido para compensar os quatro primeiros filhos do marido.

Desde a morte deste último, aceitou como uma fatalidade já não ter uma casa legitimamente dela e retirou-se para um monastério, não como religiosa, mas como...

F. D.: Serviçal, naturalmente!

P.: Isso mesmo, serviçal!

F. D.: É muito interessante para os psicanalistas ter uma história como essa. (*Dirigindo-se à participante*) Você tem toda razão, é no Édipo impossível de Georgette que se enraíza toda essa história e, sem dúvida, o fato de ter dado a todos os filhos um nome começando com a letra G. Mas vocês querem aproveitar para falar da questão dos nomes e sobrenomes?

Vocês já repararam que os sobrenomes difíceis de carregar só são assim, para alguns, por causa de uma má relação com o pai?

P.: Isso vale também para as meninas?

F. D.: Claro, mas as meninas investem mais a relação que têm com o pai do que o nome dele. Isso não impede que o nome tenha uma grande importância, já que, ao se casar, elas trocam de nome, e esse novo nome é o signo de sua renúncia ao pai. As coisas se complicam quando as moças se casam com um homem que tem o sobrenome muito parecido com o do pai. Isso pode engendrar a culpa subjacente de ter burlado o interdito do incesto e contornado a lei.

P.: Conheço uma criança cuja genealogia me foi contada pela mãe. Recebeu o nome de um irmão mais velho, que morrera aos seis meses de idade. A mãe nunca quis responder a suas perguntas sobre o irmão mais velho morto. Seu sintoma atual consiste em cair de costas para trás. Instala-se em sua cadeira e cai para trás. Na escola, isso cria, evidentemente, alguns problemas para ele.

F. D.: Também nesse caso, acho que são os efeitos do não dito. A mãe não pôde lhe falar desse menino morto, que o precedeu. Cair para trás significa perder o tônus vertical e voltar à época bebê de sua história.

Para uma criança, tudo o que calamos é pudor. Ora, o pudor é uma maneira de dizer a relação sexual. De modo que esse menino desenvolveu um Édipo enviezado relativamente ao bebê morto.

Sua atitude manifesta provavelmente uma verdade profunda da mãe, para a qual o menininho morto deve representar um morto valoroso, o pai, ou um irmão falecido há muito tempo.

É provavelmente por isso que é penoso para essa criança se situar no tempo. Podemos também pensar que, sendo portador do mesmo nome que o irmão morto aos seis meses, ele coloca uma série de perguntas com suas quedas para trás. Se Eu, seis meses, quem sou eu* Seu filho? O filho de seu pai? O filho de seu irmão? Ou seja, não eu mesmo. Por exemplo.

Ele entende intuitivamente que representa para a mãe o morto valoroso de há muito tempo atrás, cujo luto ela ainda não fez. Luto que a mãe de sua mãe, sua avó, também não havia feito.

Se essa mulher deu o nome do irmão morto dela ao filho mais velho – que também morreu –, teria sido para consolar a mãe e, dessa feita, ludibriar o próprio marido? Geralmente, o nome é escolhido pelo pai e pela mãe, e não para consolar uma avó. É um desses casos de psicoterapia infantil em que o sintoma da criança é uma tentativa de fazer com que a mãe efetue o trabalho de luto, para que ela, criança, adquira o direito de existir como um menino vivo, filho de um pai vivo.

O que não era o seu caso, já que a mãe nunca lhe havia falado do bebê morto, nem mostrado as fotos, nem chorado por causa dele. Penso que um pudor, que cria o silêncio, acaba por associar-se ao indizível de uma vergonha: a criança sente isso como algo da ordem do incesto. Nesse caso, cair, em vez de conservar uma astenia muscular, subtrai às exigências do consenso: "Não sou quem vocês estão pensando, um bebê morto, talvez?"

---

* Em francês, *Si Moi* [Se Eu] e *Six mois* [Seis meses] são homófonas, prestando-se, assim, às perguntas da criança. [N. da T.]

P. (homem): Gostaria de expor o caso de uma menina de cinco anos e meio, Caroline, que se recusa a falar na escola, mas, em casa, se exprime normalmente. Como Caroline não disse uma única palavra durante nossa primeira entrevista, pedi-lhe para desenhar o que estava lhe passando pela cabeça. Ela obedeceu, mas, a todas as minhas perguntas referentes aos desenhos, simplesmente respondia com um sim ou não com a cabeça. No final da sessão, perguntei a Caroline se ela queria vir me ver regularmente: ela fez que sim com a cabeça. Então, estou atendendo-a há seis sessões, durante as quais ela sempre faz o mesmo desenho: uma casa com duas portas, uma levando a um caminho que acaba em uma árvore, e a outra dando para um minúsculo caminho, estreito como um fio.

Pouco a pouco, os desenhos começaram a evoluir, para grande espanto dos pais, mas sempre sem uma única palavra da parte de Caroline. Então, que fazer?

F. D.: Continue, claro, a atender Caroline, já que ela quer ir, mas, em vez de aceitá-la tão rapidamente em terapia, eu teria estudado, antes, a questão com os pais.

Você nem mesmo sabe que estilo de linguagem ela utiliza em casa, nem o que a motiva a falar; você também ignora se ela brinca com animais de pelúcia ou com bonecas. Na verdade, ela vai porque é gratificante ter uma relação com você, mas quanto tempo isso vai durar?

A propósito, quem a acompanha às sessões?

P. (homem): A primeira vez o pai veio com a mãe. E, depois, só a mãe. Já na segunda sessão, ela me disse, na frente de Caroline, que ela mesma não estava muito bem, que estava deprimida, que o parto de Caroline fora bastante complicado, por causa de uma retenção placentária.

F. D.: Então, era a mãe que queria falar! Podemos, aliás, nos perguntar se ela não está retendo a palavra de Caroline, como a placenta no momento do parto.

P. (homem): Ela está sendo acompanhada por um psiquiatra, mas é muito ambivalente com relação à psicoterapia.

F. D.: A mãe está tentando estabelecer uma relação terapêutica com você, através de Caroline. Pelo menos no que concerne ao arcaico nela. É sua relação com seu próprio pai e com sua própria mãe que está perturbada, por razões que ignoramos.

No fundo, o único ponto problemático dessa história é você não saber se Caroline sofria por não se comunicar. Ela poderia, contudo, ter-lhe dito isso, no início, já que diz sim e não com a cabeça. Ao que tudo indica, ela ficou seduzida por conseguir fazer desenhos, por estar indo consultar um doutor. Principalmente se ela já sabe que sua mãe vai consultar outro doutor, o psiquiatra. Na realidade, parece haver um grave problema que diz respeito à mãe e relativo à maternidade de uma menina.

Ir desenhar em seu consultório não pode fazer mal a Caroline, mas acho que é melhor você se calar: ela pede para ir ver você, mas não para falar. Seria bom que você cobrasse um preço simbólico, a cada vez, e que fosse a única coisa que você dissesse a ela. Na verdade, é em casa que ela se exprime. No exterior, cala-se. Certamente a mãe deve ter contado histórias terríveis sobre o parto, histórias que a criança não entendeu. Essa menina parece imobilizada pela questão da sexualidade, diante da qual também a mãe parece paralisada. No fundo, o que pode significar, para Caroline, o fato de se arriscar em uma comunicação verbal, ou seja, oral?

Isso pode se situar no nível de um medo da castração, no sentido em que se diz: cortaram a língua dela. Talvez seja uma menina que tenha perdido seu pênis, para desenhar esse caminho que vai, dessa maneira, acabar em uma árvore. Talvez seja a partir desse momento que ela não conseguiu mais falar. Não sei muito bem o que isso quer dizer... Ou, então, seria por medo de arriscar a língua no mundo exterior? Ou para esconder o que ela poderia dizer? Ou para não se tornar uma menina e não assumir um lugar de cidadã no mundo exterior? Sua mãe parece, efetivamente, estar deprimida e, consequentemente, já não ocupar integralmente um lugar de mulher na sociedade. Na verdade, não entendo muito bem.

De qualquer jeito, acho melhor você não falar muito. Caroline tem cinco anos e meio, então talvez ela já saiba ler um pouco? Se você quiser ser eficaz com ela, isso consistiria principalmente, parece-me, em colocar palavras por escrito em cima daquilo que ela desenha. Escrever "casa" em cima do desenho de uma casa, "janela", "caminho", "porta", "árvore" etc.

Mas insisto: que isso aconteça no mais absoluto mutismo entre vocês, pois pergunto-me se não é perigoso para ela falar com você, antes que a mãe fale.

Ora, neste momento, você está vendo que tudo o que a mãe quer é falar com você. Talvez você possa convidá-la a fazer uma psicoterapia na cidade. É o que ela havia procurado, não?

> P. (homem): Ela me diz coisas do tipo: "Sabe, já me falaram de psicoterapia, de psicanálise, eu gostaria, mas tenho medo."

F. D.: É isso. Falar, não falar, falar, não falar. Caroline e a mãe vão em um horário em que o pai poderia ir?

> P. (homem): Sim, de manhã cedo. O pai foi uma ou duas vezes.

F. D.: Nesse caso, você poderia atender o pai e a mãe ao mesmo tempo.

> P. (homem): Lembro-me de um episódio da primeira sessão, a que o pai assistia. Caroline veio com uma pistola que colocou no lugar do sexo. Uma hora, passou-a ao pai e, logo em seguida, voltou a pegá-la. Repetiu a manobra uma segunda vez.

F. D.: Ela colocou a pistola como um pênis ou como uma pistola na vida real?

P. (homem): Como um menino.

F. D.: É então em torno da diferença sexual que existe um não dito. Caroline quis dizer: "Você está vendo, meu sexo é para meu papai." Ela quis fazer uma pergunta muda sobre a pistola que ela tem ou não. Porém o que se pode fazer, dado que a mãe continua a imaginar ter sido estripada e mutilada pelo nascimento da filha!? É um problema de gestação feminina. A mãe recusa-se a pôr completamente no mundo uma menina que falaria como todas as meninas. Psicossomatizou esse problema em um nível vegetativo, já que reteve a placenta sem poder fazer seu luto.

Estamos diante de uma neurose histérica, provavelmente, mas não adianta nada para ninguém estabelecer tal diagnóstico. E, no estado atual das informações, nada mais posso dizer.

P.: Um menininho sempre faz associações relacionadas com seu nariz. Em sua opinião, o que esse nariz pode estar escondendo? (*Risos.*)

F. D.: O nariz respiratório, como as janelas, sempre estão associados ao tema do nascimento. O nascimento é uma libertação: nascemos para a liberdade.

Outro P.: E no caso de janela de guilhotina?

F. D.: As crianças, quando abordam o tema de seu nascimento, sempre representam uma janela de correr horizontal, uma janela cujas duas metades se abrem para os lados. Mesmo quando têm em casa janelas de guilhotina.

Outro P.: Os publicitários entenderam bem isso. Há uma propaganda em Créteil que elogia "as verdadeiras janelas de um conjunto de prédios novos", e que são, evidentemente, janelas de correr horizontais.

F. D.: Até as criancinhas africanas, que vivem em choupanas ou palhoças, representam as casas como as nossas, ou seja, retângulos encimados por um triângulo.

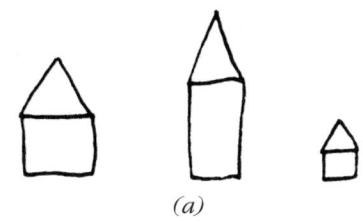

(*a*)

Trata-se certamente de um esquema geométrico de representação da imagem do corpo que desaparece muito rapidamente na idade do realismo, em torno dos sete anos, porque a criança tem percepções cruzadas daquilo que sente e daquilo que vê.

Outro P.: Isso também é verdade para os beduínos, que vivem em tendas.

F. D.: Não sei quanto aos beduínos, mas tive a mesma experiência, com uma nuance suplementar, no sul do Marrocos. Já tinha visto vários desenhos de crianças marroquinas, representando casas bastante semelhantes às desenhadas pelas crianças francesas, mas cada traço era duplo. As paredes eram representadas com um traço duplo, o telhado também etc. Fiquei ainda mais intrigada com essa singularidade pelo fato de uma menininha ter-se posto a desenhar, na minha frente, o esquema de um personagem humano, também ele rodeado por um duplo traço. Ela me explicou que era o caide em sua casa. Os duplos traços representavam, na verdade, o pequeno rego de água que corria em volta da residência do caide. Era uma casa de rico, construída em alvenaria e rodeada por um rego d´água, ao contrário das tendas dos beduínos.

Por extensão infantil, a silhueta do próprio caide era representada por traços duplos. Havia no espírito daquela menininha um "Senhor casa rica". Ele não era de modo algum representado com seu turbante, suas vestimentas, mas, ao contrário, através de uma imagem do corpo totalmente esquemática. Como vocês sabem, a casa e o corpo são muito próximos para as crianças. É, aliás, por isso que o espaço é tão importante para uma criança pequena. Sua casa e seu corpo estão muito confundidos.

É por essa razão que uma mudança de casa pode provocar um traumatismo em uma criança a quem ninguém explica o que está acontecendo. É imperativo ajudar a criança a entender essa reviravolta do espaço que lhe era familiar, dizendo-lhe, por exemplo: "Você está vendo, é diferente nessa outra casa. O objeto que estava lá agora nós colocamos aqui" etc.

E, principalmente, dizer aos pais para colocar tudo isso em palavras, de modo que apareçam como os responsáveis pela mudança. Como a criança se identifica com eles, ela pode, então, identificar-se com a mudança e, mudando-se com os pais que estão mudando, permanecer ela mesma.

O que é essencial nela, ou seja, o sujeito de seus atos e desejos, permaneceu absolutamente o mesmo, já que, como seus pais, ela participa da modificação do espaço ao seu redor. Evidentemente, houve uma mudança daquilo que é acessório, contingente, mas há uma perenidade daquilo que é essencial, a saber, um sujeito animado de desejos que se atualizam em sintonia com dizeres.

Muitas vezes as crianças acompanham o movimento com uma pequena regressão, que consiste, por exemplo, em deixar de ir ao banheiro, ou voltar ao estado em que se encontravam sete ou oito meses antes da mudança. E, depois, graças a alguns sonhos de angústia, a situação se restabelece naturalmente.

Outro P.: Vi crianças perderem brutalmente o pai e a mãe e, simultaneamente, a palavra.

F. D.: Claro, uma regressão global pode perfeitamente acontecer. É o que vemos em algumas crianças da Assistência Pública, que se tornam, por assim dizer, completamente retardadas ou autistas graves, pelo menos na aparência: parecem perdidas e ficam olhando para o nada.

Contudo, apenas com palavras, falando-lhes de seu pai e de sua mãe, de sua filiação, de seu nome, podemos ajudá-las a se reencontrar. É formidável ver um ser humano absorver a força que filtra das palavras portadoras de sentido.

Se dissermos o que temos a dizer e se formos verdadeiros, a criança se restabelecerá em seu próprio desejo. Por exemplo, no caso de uma criança da Assistência Pública, se lhe dissermos que ela representa, por sua simples presença, seu pai e sua mãe que se amaram, que foi ela que resolveu nascer um dia, que pesava tantos quilos ao nascer, que era bonita etc., ela se reapropriará de sua subjetividade pela transferência que se constitui entre ela e a pessoa que está lhe devolvendo em palavras seu desejo de estar ali. Evidentemente, não podemos fazer isso com uma criança que ainda tem o pai e a mãe. É preciso deixá-los para ela, e deixá-la na contaminação das interprojeções parentais de que constitui o objeto. É, aliás, por isso que é muito mais fácil tratar de uma criança psicótica órfã que de uma criança psicótica cujos pais estão vivos.

11

A incubadora, um autismo experimental – O que quer, afinal, com ele, essa mulher portadora da morte?, pergunta-se o bebê – Ao vivo da rádio France-Inter: a cura de crianças autistas – O vestígio do cordão umbilical na palma da mão – O coração, primeiro significante ritmado.

P.: Gostaria de expor o caso de Sybille, uma menininha de cinco anos, que veio me ver com os pais no hospital Trousseau. Ela não fala. Nasceu prematura de oito meses. Tem todo um sistema de comunicação através do sorriso com o pai. Em seus desenhos, ela só faz buracos.

F. D.: Buracos no papel?

P.: Não, nos desenhos. O nariz era um buraco, a boca também. Como ela só fazia buracos, durante uma sessão eu lhe disse: "Olhe, eu tenho um nariz." E, a partir desse momento, ela conseguiu desenhar formas fálicas e, pouco depois, começou a falar. É isso que estou trabalhando. A representação fálica, que não é nem uma representação de coisas nem uma representação de palavras.

F. D.: Mas acho que ela representava formas fálicas, com os círculos.

P.: É?!

F. D.: É. Existem duas formas fálicas. O seio e o pênis. Pois bem, com seus buracos, ela quer representar seios. A isso, você replica: "tenho um nariz". O que ela entendeu com isso? Que você estava dizendo: "Sou um menino." (*Risos.*)

P.: Não, não. Eu estava simplesmente espantada de que só existissem buracos para Sybille. Sabendo que fora prematura, eu sentia que alguma coisa havia sido cortada cedo demais nela. Foi por isso que lhe disse aquilo.

F. D.: Ela ficou em uma incubadora?

P.: Não. Ela era minúscula, magrinha, mas não ficou em incubadora.

F. D.: O que significa que ficou com a mãe?

P.: Sim, mas muito pouco.

F. D.: O grande perigo para os prematuros vem do estado de privação sensorial – o silêncio e a solidão – no qual a incubadora os mergulha. Nenhum cheiro da mãe, nenhum contato visual, nenhum toque, nenhuma das carícias que delimitam o corpo. Essa vida em incubadora parece-me criar um verdadeiro autismo experimental. Ela é mais ou menos análoga àquelas experiências científicas de privação das relações sensoriais feitas nos Estados Unidos. Os voluntários são mergulhados em água na temperatura do corpo, e todas suas extremidades sensíveis são revestidas para impedir as nuances sensoriais. Em cinco minutos, alguns se tornaram totalmente psicóticos. Para outros, foram necessários não mais que vinte minutos. A ausência total de referências sensoriais faz desaparecer as percepções do esquema corporal e, depois, a imagem do corpo. O que evidencia claramente que só conservamos nossa noção de existir graças a quantidades de variações sensoriais imperceptíveis: auditivas, visuais, olfativas, cutâneas e barestésicas.

Um bebê que sai do útero e começa a respirar encontra-se em um espaço desconhecido, mas já circunscrito por múltiplas referências que são uma espécie de unidade sensorial, apesar da dispersão das zonas erógenas. Seu corpo está limitado pelas roupas, por um berço, pelos braços que o seguram e lhe garantem uma certa estabilidade. Depois, há a voz da mãe que lhe permite reconhecer-se, ele próprio – sua mãe, toda vez que ela cuida dele.

Ao passo que, em incubadora, os bebês são cortados de qualquer relação com o mundo exterior e não podem sentir os limites do corpo, já que estão nus. Finalmente, seu próprio mundo interior é enchido e esvaziado, sem nenhuma referência afetiva com ninguém. Esses recém-nascidos não entendem que eles existem rodeados por um mundo exterior quase invariável e idêntico no tempo, e por um mundo interior que se enche e se esvazia. Os prematuros colocados em incubadora trazem em si uma espécie de potencialidade psicótica que pode ser brutalmente despertada com uma história de separação prolongada.

Além das razões que expus, a potencialidade psicótica de um prematuro vem também do fato de ele ser privado, depois de seu nascimento, da audição que tinha *in utero*, das conversas entre seu pai e sua mãe. Das duas vozes que ouvia através da parede abdominal da mãe.

Nos IMPs[1], quase todas as crianças psicóticas têm uma história de incubadora ou uma história de separação. Por exemplo, foram levadas, em uma situação de catástrofe, para um lugar desconhecido, ou para a casa de uma avó que jamais haviam visto. Ou então suas mães se ausentaram por oito dias, sem avisar. E, quando voltam, os dias de ausência ficam faltando na vida dos filhos.

Nesse último caso, após os sete meses de idade, uma criança ainda pode superar essa prova e, com muito boa vontade, enxertar-se em uma nova mãe. Mas, se for menor, é catastrófico. Há poucas chances de a criança reencontrar a mãe de oito dias antes.

---

1 Institutos médico-pedagógicos.

Há um hiato entre "sua mãe-ela" de oito dias antes e o que a criança se tornou "ela-outra-pessoa" durante esses oito dias que se passaram.

O bebê efetivamente se perdeu como criança referenciada na mãe de oito dias atrás. A partir desse luto, ela volta a enxertar sua imagem sensorial no rosto da nova pessoa tutelar, e ganha peso: a imagem do corpo de um bebê se concentra e se reflete, efetivamente, no rosto da mãe.

Para o bebê, quando a mãe volta, seu rosto, o som de sua voz e seu cheiro são como fantasmas parciais, olfativos, auditivos e visuais de um ser morto nele. Para ele, com efeito, a separação com relação à mãe é vivida como uma morte parcial, quer dizer, a morte de seus sentidos para sua própria existência e para a comunicação. A mãe é para ele o ser-carne de comunicação eletiva, tanto pelas palavras quanto pela emoção. É também sua língua, já que é ela que fala e que o fala.

Essa inclusão de morte que a mãe impõe a seu bebê o faz sofrer, mas, se ele tiver menos de sete meses, só reagirá pela indiferença. Mas é muito grave, porque essa criança pode tornar-se autista em alguns dias, sem que ninguém perceba.

Ao passo que, após os sete meses, ele manifesta sua contrariedade, desvia o olhar da mãe, vira a cabeça ou até mesmo grita diante daquele rosto que, para ele, encarna a morte.

Por seu lado, a mãe se angustia e se sente culpada, achando que ele está bravo com ela e que já não a ama. Não é verdade, o que dói são suas vísceras de hoje, presas a uma nova cuidadora, diante daquilo que ele sente como uma tentativa de rapto de sua aquisição vital durante os dias de ausência da mãe.

O que quer, afinal, com ele, essa mulher portadora da morte?, pergunta-se ele.

Se, nos dias subsequentes a seu retorno, a mãe falar de sua ausência ao filho, sem procurar beijá-lo ou tocar seu corpo, as coisas podem, com paciência, voltar aos eixos. De fato, é preciso falar a seu coração, não a seu corpo, através de entonações sutis de voz. Na realidade, é o reconhecimento, pela mãe, do fato de seu bebê ser um ser de desejo que devolve a este último a unidade de sua história antes do choque da separação. Reunificado como sujeito de fala, ele pode então integrar a prova sensorial sentida em seu corpo e em sua sensibilidade.

Mas, se a mãe não entende o que está acontecendo, a criança pode cair no autismo.

Ela deixa de olhar o outro, sua expressão fisionômica se fixa no desamparo ou na indiferença a tudo o que acontece com ela. Já não há nenhuma relação com os seres humanos.

Às vezes, felizmente, ela mantém um interesse eletivo por um animal doméstico ou por um objeto, uma coleção de objetos semelhantes. Colherinhas, por exemplo. Nesse último caso, a perda de uma única delas mergulha-a em intenso pânico. Essa criança sofre uma regressão e se apega a uma única percepção, associada ao mesmo tempo, para ela, à lembrança de um prazer parcial de seu corpo e a algo que representa para ela, de modo fetichista, sua relação com a mãe.

Repete sempre um mesmo gesto, uma compulsão, totalmente desprovida de sentido aparente. Frequentemente, acredita-se que ela se tornou retardada mental ou até surda. Não se trata disso. Ela se fecha, progressivamente e na aparência, a toda relação humana, em razão do insuportável sofrimento de não se encontrar, diante do outro, na integralidade de si mesma.

Algumas crianças mantêm uma busca de contato, mas é, por exemplo, apoiando suas costas contra o corpo de uma pessoa, ou estabelecendo um contato com a parte anterior do braço, com o dorso da mão ou com uma região parcial do corpo, com a qual normalmente não se entra em contato.

Dão a impressão de estar completamente alheias ao nosso planeta. Um fato é particularmente espetacular: essas crianças jamais se deixam morrer de fome, mas engolem qualquer coisa, como se não possuíssem nenhuma discriminação gustativa. Nada mais parece proporcionar-lhes prazer ou desprazer. Em compensação, possuem uma agilidade extraordinária no espaço e nunca tropeçam nos obstáculos, apesar de aparentemente não tê-los visto.

Vou contar-lhes como algumas mães puderam, sozinhas, com meus conselhos, tirar seus bebês desse tipo de autismo. Tive a prova disso quando fazia programas de rádio na France-Inter. Apesar de precocemente alertadas, por sua vigilância, da anomalia do comportamento do filho, as mães raramente encontram mais do que compreensão nos clínicos gerais. "Você se preocupa demais com seu filho, isso vai passar sozinho", é o que elas ouvem. E o fosso vai aumentando. A angústia aparece na criança com os transtornos do sono, que ela tenta controlar através da repetição compulsiva de um gesto absurdo no qual esgota sua energia.

As fugas precoces são também um sintoma. Estou falando das crianças de dezoito meses a dois anos que fogem de casa assim que veem a porta aberta. Vão, na realidade, em busca do ser que perderam quando tinham alguns meses, por ocasião de uma separação chocante.

Às cerca de dez mães de crianças autistas que me escreveram na France-Inter a esse respeito, respondi que procurassem, em suas lembranças e nas fotos, até aproximadamente que idade seus filhos se comunicavam com elas, pelo olhar, pelo sorriso, pelo choro, mostrando, conforme os momentos, seu prazer e seu desprazer de viver.

Depois, quando encontravam com precisão a época na qual a comunicação fora interrompida, incitava-as a buscar o que acontecera naquele momento. Sempre houvera um fato: a morte de alguém, uma mudança, a perda durante vários dias da presença da mãe, um luto para o pai ou para a mãe, o desaparecimento não anunciado de um animal doméstico, a entrada de um irmão ou de uma irmã no maternal, uma modificação brusca no entorno, uma internação, mesmo curta, no hospital, sem haver sido preparada para isso, ou até uma prova afetiva difícil para a mãe.

Uma vez encontrado esse fato, pedia para a mãe contar e explicar ao filho, na hora de dormir, de preferência, e sem acalentá-lo fisicamente, o que acontecera sem que ela percebesse. Eu a incentivava a lembrar-se das roupas que a criança usava na época, a comida que lhe dava e as cantigas de ninar daquela idade.

Incitava-a a tentar encontrar os meios de reatualizar as percepções parciais da época em que a criança havia perdido o pé da realidade. Dizia-lhe para se desculpar com o filho por não ter entendido seu sofrimento e de explicar-lhe o dela própria e, ao mesmo tempo, a obrigação em que estivera de separar-se dele, sem entender que ele precisava de explicações, porque ela não o acreditava já capaz de entender coisas tão difíceis de dizer.

Alertava as mães para não se espantarem se, na primeira tentativa, a criança fizesse cara de não estar escutando nada, apesar de certamente estar escutando. Após duas ou três tentativas, todas essas mães tiveram a alegria de ver o filho olhar nos seus olhos e sorrir novamente pela primeira vez depois de meses. Nessas condições, a criança pode recuperar, com sua mãe atual, a imagem regressiva de seu corpo de outrora, na época em que ainda estava saudável e em comunicação com a mesma mãe de antes.

Nos casos que eu permiti, assim, resgatar, a cura da criança foi total em alguns dias. A vantagem de tal trabalho, efetuado sem terapeuta, foi uma grande economia de energia psíquica para a criança.

Infelizmente, isso só é possível se a criança não passou da idade de três anos; a partir dessa idade parece muito difícil que uma mãe sozinha, sem o auxílio de um terapeuta, possa resgatá-la. Provavelmente em razão da função simbólica sempre em atividade no ser humano. De fato, tudo é linguagem na criança, e, na falta de comunicação com a mãe, o pai, os irmãos, as irmãs, com as pessoas que a rodeiam, ela constrói para si toda uma relação com os objetos do espaço que a rodeiam e cria para si uma linguagem interior de estilo alucinatório que não permite que se tornem audíveis nem interessantes para ela as palavras e os dizeres das pessoas vivas.

Os autistas têm uma comunicação extraordinariamente rica e plena de sentido com aquilo que não notamos. Embrenham-se cada vez mais fundo em um mundo abstrato, incompreensível.

São como músicos sem ouvidos e pintores sem olhos. Seu espírito criativo está continuamente em ação, mas nunca passa ao estágio de realização criadora para um outro. São visionários, pintores, poetas, sem meios de comunicar esse mundo de sensações e sentimentos, que os sufoca de gozo ou de dor.

O outro nunca deixará de lhe fazer falta.

Do mesmo modo, as crianças de famílias de posses que mudam constantemente de babá estão em uma situação próxima do autismo e da psicose. Isso os priva de sua potencialidade de se enraizar firmemente em uma relação com alguém. É essa potencialidade psicótica que leva um sujeito, assim fragilizado e apaixonado pela primeira vez, a se suicidar, se for abandonado.

Apesar de viver essa experiência no plano genital, há algo de insuportável, pois essa ruptura desperta o desamparo da separação da pessoa graças à qual ele existia quando era criança. Muitos suicídios desse tipo poderiam ter sido evitados, se seus autores tivessem feito uma psicanálise rápida. Efetivamente, esse problema não exige um tratamento muito longo. Algumas pessoas que atendi, e apaixonadas pela primeira vez, reviveram uma primeira relação com uma babá que, indo embora, tinha-os deixado completamentos vazios.

Reviver o passado é algo muito forte, e é graças a isso, aliás, que alguns podem superá-lo definitivamente. Fazem uma repetição para superar. O modo operatório da análise consiste em repetir na transferência para se libertar.

Bom, mas para voltar ao caso preciso de Sybille, quando você lhe disse: "Olhe, eu tenho um nariz!", você lhe disse também: "Tenho no rosto o que seu pai tem em outro lugar." E funcionou!

P.: Certo, mas como, com um simples significante, é possível conseguir fazer aparecer formas fálicas?

F. D.: Justamente, mostrar-lhe seu nariz não era uma maneira de lhe dizer: "Você nasceu"*? O que, sem dúvida, ninguém até então lhe tinha dito. Você deve ter-lhe revelado, em sua transferência sobre ela, que ela era seu bebê recém-nascido, que tinha tanto o direito de ser ativa quanto passiva.

Dito isso, você sabe perfeitamente que a forma fálica não é apenas o pênis! A forma fálica protrusiva, alongada, é também a forma do cordão umbilical.

P.: Mas que nunca foi visto!

F. D.: O quê? O cordão umbilical! Mas ele foi apalpado, tocado pelo feto *in utero*! E uma representação desenhada é uma espécie de representação atualizada do toque. É como se tocássemos o objeto no espaço. Existem desenhos de formas e desenhos energéticos. O redemoinho não é um desenho de formas, e, contudo, já estivemos nessa posição, recolhidos sobre nós mesmos, *in utero*.

O turbilhão é a representação de uma dinâmica em expansão, símbolo mesmo das pulsões de vida. Reparem como as crianças, brincando, giram em torno de si mesmas. Aliás, todos nós giramos em torno de nós mesmos para nascer: é o "*rooting*"[2], ou seja, o modo de girar sobre si mesmo que o bebê tem no momento do parto, que lhe permite sair dos limbos da vida fetal para chegar à luz.

Saímos girando sobre nós mesmos nas vias genitais de nossas mães, com exceção das crianças nascidas de cesariana, que não tiveram esse "*rooting*" do corpo inteiro.

Bom, mas em psicoterapia, quando crianças de até cinco, seis anos desenham o redemoinho, que é a forma basal da vida que começa a se pôr em movimento, é sinal de que elas também estão começando a movimentar-se.

---

* Em francês, *née* [nascida], e *nez* [nariz], são homófonas, daí essa associação. [N. da T.]

2 "*Rooting*", nome dado pelo psicanalista Spitz à busca da boca pelo seio materno, logo após o nascimento, quando a cabeça balança para a direita e para a esquerda.

As crianças de oito, nove anos traduzem isso através do caminhão de mudança. O redemoinho é o ponto de partida, do centro até o exterior. Toda nossa vida desenrola-se assim. É o que eu chamo de imagem dinâmica. Basta ver os esquizofrênicos que ficam girando sobre si mesmos, subindo e descendo, como aquelas raízes pivotantes que se embrenham na terra. Com o corpo inteiro, desenham no espaço a dinâmica do nascimento sem, contudo, jamais sair.

Voltemos ao cordão umbilical. Todo feto segurou o cordão umbilical nas mãos, o que significa que tem uma representação imaginária do cordão na palma. Trata-se de um significante "carnalizado". Logo, toda criança pode, depois de algum tempo de vida, pôr no papel o que sentiu de modo tátil. Desenhar já é uma metáfora tátil, é uma transposição metafórica de um vivido. Já é linguagem, mas linguagem tátil. É a linguagem da mão. O olho, por sua vez, dá, posteriormente, um sentido àquilo que foi desenhado. Nas crianças, isso é muito claro. Desenham qualquer coisa, e são seus olhos que dão sentido a seus desenhos, por associação com aquilo que veem.

P.: Você não acha que, a partir do momento em que há grafismo, estamos na ordem fálica, quer dizer, que há delimitação do Eu e do não Eu?

F. D.: Nesse caso, o que é fálico é o ritmo. Porque o grafismo pode ser uma simples representação de ritmos.

P.: Você falava, há pouco, das oposições sensoriais. O fato de haver oposição no nível dos fonemas, por exemplo, vai dar um sentido a uma frase. O ritmo tem, então, um efeito de significante?

F. D.: Claro.

P.: Então, você coloca significantes em todas as percepções de ritmos?

F. D.: Existem significantes, sim.

P.: Portanto, em suma, trata-se de outro tipo de significantes, diferentes daqueles que costumamos considerar fonemas, enfim, imagens acústicas.

F. D.: Sim, não são imagens, são percepções de significantes do pai e da mãe, através das vozes deles.

Bom, mas enfim, se estou falando de tudo isso, é porque eu gostaria de mudar o sistema atual das incubadoras, para que se crie, pelo menos, um mundo auditivo.

Alguém que acabava de voltar dos Estados Unidos me descreveu uma instalação de incubadoras equipadas com o barulho do coração materno. Naturalmente, é um coração imutável, sem sentimento, que nunca disparará de emoção, mas já é alguma coisa, visto que o prognóstico vital dessas crianças melhorou consideravelmente: adquirem rapidamente o peso de nascimento normal.

Curiosamente, foram as enfermeiras que por pouco não enlouqueceram, porque perdiam totalmente a noção de tempo. As horas das mamadeiras tiveram que lhes ser indicadas por campainhas. Demoraram muito para recuperar a sensação da passagem do tempo, que, contudo, todos nós temos. Estavam como que desrealizadas, mergulhadas na audição de um significante fetal.

P.: O barulho do coração é um significante de base?

F. D.: É um significante de base pré-temporoespacial, portanto fetal.

P.: É um significante comparável ao da escuta de uma música ritmada?

F. D.: Sim, totalmente. Ficamos desrealizados com relação à passagem do tempo. Mas o espaço do corpo torna-se extremamente investido de modo repetitivo. Quando ouvimos as músicas africanas e vemos as pessoas dançarem, perguntamo-nos onde encontram energia muscular para se agitar assim durante horas e horas em um mesmo ritmo. Isso acontece porque estão certamente desrealizadas. Gozam do viver puro e simples. Mas ninguém pensa que a criança ouve, *in utero*, o próprio coração e o coração da mãe. Seus batimentos se recobrem, se encontram, se desencontram, e produzem uma verdadeira batucada. Vamos tentar um minuto. Eu faço a batucada pendular do coração do feto, e, vocês, o barulho do coração da mãe, um forte e um fraco, mais lento.

Suponhamos que a criança tenha nascido: ouve agora o coração do outro, e não mais o seu. Ele se colocou no lugar do coração de sua mãe e já não ouve o seu. Está de luto da sonoridade de seu coração fetal e talvez o sinta como o luto da placenta, que representa o outro para o coração pendular.

Parece-me que isso deve ser vivenciado como a perda de uma segurança ao mesmo tempo aquática e envolvente, ou seja, de uma mãe arcaica, pré-olfativa e pré-respiratória; ou, talvez, como a perda de um ser de segurança que desapareceu do interior dela e que ela não pode simbolizar.

Será que não é essa intuição que faz com que as babás balancem o berço dos bebês com um ritmo rápido, o que os tranquiliza em seu desamparo e acalma-lhes os gritos? Do mesmo modo, quando estão no colo e não podemos consolá-las por não sabermos de que sofrem, nos vem espontaneamente a nós, adultos, o gesto de embalar as crianças, com um ritmo pendular. É como se algo da vida arcaica placentária estivesse de certa maneira simbolizada, para a criança, por esse comportamento tão generalizado que deve ter um sentido.

Os ritmos são extremamente importantes na constituição do sentimento de segurança, do narcisismo basal de cada um de nós, totalmente inconsciente e já da ordem libidinal do outro, presente de forma fusional. Se retomamos o sentido dessa primeira perda do objeto que ainda não era um objeto e que poderíamos chamar de um cossujeito, podemos pensar que o balanço de certas crianças autistas, ou até mesmo de todo bebê que se aborrece, é uma linguagem que tenta recuperar um ritmo perdido, com o objetivo de voltar a sentir uma segurança que não existe no ritmo atual. Todos os movimentos, imprimidos ao feto pela deambulação da mãe, certamente vão se somando, como ritmos impostos à massa do corpo do feto, aos ritmos pulsativos e auditivos do coração da mãe e do seu. Talvez seja isso que buscam os criadores de ritmos e de percussões em todas as músicas não melódicas. A parte melódica da música é uma simbolização das trocas significadas pela linguagem verbal, que esta última é incapaz de exprimir em sua integralidade afetiva. A melodia a complementa.

As percussões modernas, as pesquisas eruditas de ritmos coarctados, sincopados, e a arte dos diferentes barulhos surdos e claros não seriam uma tentativa de simbolizar as impressões fetais, quando o coração da mãe se acelerava em função de esforços físicos, de emoções, e quando o feto ouvia, de modo mais ou menos claro ou surdo, segundo a pressão do líquido amniótico, suas posições no útero e a pressão que suas mãos podiam exercer no cordão umbilical, seus pés pisoteando a placenta, fazendo variar o fluxo sanguíneo cerebral?

Não seriam todas essas variações concomitantes de sua vida que alguns seres humanos tentam atualizar nas músicas de percussão eruditas?

No Ocidente, esse gênero de música é novo. Conscientemente, dizem que veio da influência dos negros, mas é bem difícil afirmar que se trata apenas de um fenômeno de contaminação cultural. Acredito que seja mais o modo de educação dos bebês a partir de 1920 que tenha suscitado esse estilo de música. Desde aquela época, os bebês ficam muito menos no colo e já não têm os berços de balanço de antigamente. Além disso, os barulhos da vida urbana, motores, sirenes de polícia, ambulâncias, trens, aviões, freadas, vêm mesclar suas sonoridades metálicas insólitas às falas dos adultos.

Esse ambiente sonoro é completamente diferente dos sinos das igrejas de antigamente. O "ding deng dong" de *Frère Jacques* correspondia realmente às crianças da época até 1900. Hoje, está totalmente ultrapassado.

Sabemos que as crianças, independentemente do molejo corporal dos pais, movimentam ritmadamente os quadris assim que ouvem música no rádio. De onde viria essa intuição de um prazer, visível em seus rostos?

Como bem sabemos, todo prazer conhecido nos remete a nossas imagens arcaicas.

12

*A sociedade imaginária dos autistas - Um exemplo de compulsão decifrada -
À espreita das sensações viscerais*

P.: Qual é a importância dos ritmos para as crianças psicóticas e autistas?

F. D.: São muito importantes, porque a linguagem interior dessas crianças se constrói com elementos linguageiros dessa ordem. Uma criança autista é uma criança que possui uma sociedade imaginária graças às suas variações viscerais, que adquirem sentido por causa de certas percepções do mundo exterior.

Para um sujeito, a função simbólica consiste em dar sentido ao encontro, ao mesmo tempo e no mesmo lugar, de algumas de suas percepções sensoriais parciais do mundo exterior, ligadas a uma sensação corporal, agradável ou desagradável.

Assim, a criança em suas pulsões orais, à espreita do retorno da mãe, que é a representante de seu ser "ela-ela" [criança-mãe], pode, quando sofre por não vê-la, procurar encontrar de modo alucinatório o engodo da presença dela em percepções que a surpreendem.

Por exemplo, a criança sente em seu corpo uma sensação de fome e, simultaneamente, vê a cortina de seu quarto agitada pelo vento e ouve, lá fora, o barulho de uma sirene.

O encontro, ao mesmo tempo, dessas percepções escópicas e auditivas, com a sensação visceral de fome, vai servir-lhe de engodo materno e criar a ilusão da aproximação da mãe.

Assim, ela esquece por um tempo de sua necessidade fisiológica de cuidados maternos e de seu desejo psíquico de um encontro com a pessoa total da mãe.

Essa criança procurará reproduzir o vento na cortina e o som da sirene para encontrar de novo a sensação visceral de fome, que agora é, para ela, o engodo da iminência da presença materna e, portanto, uma fonte de segurança.

Na verdade, ela é engodada, como o peixe predador, pela colher brilhante do pescador.

O bebê solitário pode cair, assim, nessa armadilha e construir em si mesmo uma semiótica aberrante quanto ao código da linguagem.

Muitos gestos compulsivos de autistas indicam que esses gestos têm, para eles, o sentido de presença materna e de encontro com seres invisíveis, substitutos de um ser carnal que esteve demasiadamente ausente para que o psiquismo deles fosse construído no código mímico sonoro e visual humano.

Se podemos decodificar esses gestos estereotipados pulsionais, dando, pela palavra, às crianças autistas, o sentido daquilo que as engodou, então nós, psicanalistas, tornamo-nos o substituto materno que pode reintroduzi-los na linguagem inter-humana.

Lembro-me de um caso espantoso que comecei a atender, quando sua psicoterapia já se arrastava havia dois anos. Gérard era filho único, educado somente pela mãe. Ela, mãe solteira e costureira autônoma, fabricava na máquina de costura coletes em série, no seu reduzido apartamento. Até que Gérard entrasse na escola, ela não percebera que ele tinha um retardo. Parecia perfeitamente normal, efetuando sem problemas as pequenas tarefas utilitárias cotidianas e permanecendo silencioso, sem brincar, o resto do tempo, olhando a mãe trabalhar. Ela só falava com ele durante as refeições, não tendo tempo em outros momentos. Mas ele nunca respondia.

Ao chegar à escola, Gérard tornou-se instável, amedrontado diante dos outros, e em alguns meses foi recusado como inadaptável. Um gesto jamais feito em casa tornou-se compulsivo na escola. Seu antebraço girava em torno de seu cotovelo e sua mão esquerda fazia incessantemente idas e vindas horizontais diante dele, em linha reta. Às vezes, também, seu braço esquerdo podia apertar um objeto contra ele e fazer um gesto de cima para baixo.

A anamnese de seu modo de viver me fez pensar que o desamparo sentido por esse menino na escola, em um meio desconhecido para ele, havia-o incitado a simbolizar através de seus gestos compulsivos, aparentemente estranhos, a presença de sua mãe na máquina de costura.

Como o fato de ir à escola não lhe trouxe nenhuma experiência linguageira agradável, que teria sido um substituto da relação com a mãe, pensei que Gérard, na idade edipiana, se identificara com o objeto que prendia e possuía sua mãe.

Como identificar-se à máquina de costura para ser o marido de mamãe? Como identificar-se ao objeto parcial – pé da mãe – talvez com o sexo dele próprio – no pedal, e como, do mesmo modo que ela, ser procriador de coletes, que deslizavam da máquina para o chão, representando a promessa de poder: sua mãe era, efetivamente, paga na presença do filho por sua produção semanal.

O que era chamado, em diagnóstico psiquiátrico, de compulsões de criança autista era, na realidade, uma linguagem. Uma simbolização da linguagem falada por sua mãe com a máquina e, ao mesmo tempo, uma identificação com o outro da mãe, a máquina, produtora, através de seu movimento do deslizar dos coletes graças aos quais, uma vez terminada a tarefa da mãe, ele acabava por tê-la para si. Em seu autismo, por meio do qual ele se defendia da vida social, que não tinha sentido para ele, por não ter sido mediado pela mãe na ausência de outros adultos, Gérard vivia um Édipo aberrante, brincando de mestre da mãe. Ele "fazia as vezes" de pai, fazendo "as vezes" de máquina.

Durante as poucas sessões de sua terapia, Gérard saiu totalmente de seu autismo na presença da mãe, graças às palavras que coloquei em seus gestos compulsivos e que traduziam para ele a inteligência de seu desejo.

Esse caso particular me faz pensar que todas as compulsões de bebês, desde o inocente chupar do dedo até as compulsões complicadas dos autistas, são expressões simbólicas de seu desejo humano privado do código habitual.

P.: Continuo pensando nos ritmos, particularmente na poesia. O enunciado é composto de palavras, mas, justaposta, há uma música, que também é um significante completo.

F. D.: No final das contas, há principalmente a voz. O imaginário de uma voz que lê essas palavras, que as decifra. Na poesia, trata-se acima de tudo de música da voz. Acho que a poesia possui intrinsecamente um significante a mais. Efetivamente, é a voz humana que a enuncia, mesmo quando a lemos silenciosamente. O corpo está em jogo, e não apenas com os olhos. Vi um filme radiográfico da garganta de alguém que lia somente com os olhos, sem mexer os lábios. Pois bem, a garganta apresenta todas as manifestações das palavras ditas.
Mais radical ainda, um médico otorrinolaringologista estudou os autóctones da ilha de Gomera, nas Canárias, que assobiam para se falar. É muito curioso porque, em um café, eles se assobiam de uma mesa à outra em vez de se falar, e todo o mundo se entende.
Ora, esse otorrino radiografou a garganta dos assobiadores, e as imagens mostram que, apesar de assobiarem, a garganta deles pronuncia as palavras que supostamente estão trocando. Há ao mesmo tempo o ritmo do assobio, que é um signo da palavra, mas também as palavras que eles pronunciam com sua garganta enquanto assobiam. Isso ninguém esperava.
Essas palavras são transpostas na forma de assobios audíveis, mas são perfeitamente pronunciadas, tanto quanto por um leitor que lê com os olhos. São, finalmente, as palavras pronunciadas por trás das escansões dos assobios que são ouvidas pelos autóctones. Não se trata, pois, de um código, mas de uma língua autêntica, na qual o corpo está amplamente em jogo.
Na leitura da poesia, a laringe está em jogo, é um lugar de desejo de comunicação interpsíquica, contrariamente à faringe, sua vizinha próxima. A faringe é um lugar repetitivo de absorção substancial de objetos parciais para a necessidade ou para o desejo, já que a mãe satisfaz muitas vezes necessidades para o seu próprio desejo, acreditando que a criança está pedindo comida, quando está pedindo palavras. É, aliás, na faringe que se acumula um monte de coisas para aqueles que têm dificuldades de palavra, já que se trata de um cruzamento.
A absorção de objetos no sentido centrípeto é um meio de satisfação das necessidades, enquanto o desejo é uma troca de comunicação que se exprime no sentido centrífugo, por emissão de ar, gritos e palavras, escandidos pelos músculos do aparelho bucal, que partem do corpo do sujeito na direção do objeto com o qual ele deseja se comunicar. Mas, também, pela recepção em seus ouvidos, de modo centrípeto, das sonoridades emitidas pelo objeto, que se comporta então como um sujeito no lugar do interlocutor. É completamente diferente do que acontece no esôfago. Acho que seria muito interessante estu-

dar esse cruzamento laringofaríngeo, como primeiro lugar de equívoco entre a demanda da criança e a resposta da mãe, no sentido de que a mãe responde frequentemente aos gritos de apelo de seu bebê com um monte de comida e não com palavras, quando, na verdade, trata-se de um apelo de comunicação, uma demanda de desejo e não de necessidade da criança.

Uma mãe discrimina, contudo, muito rapidamente a diferença entre os gritos que exprimem a necessidade – sede, fome etc. – e os que exprimem desejos – uma demanda de presença ou de palavras. Se vocês observarem um bebê, poderão constatar que uma criança que grita quando tem fome ou sede para de chorar assim que vê a mãe aparecer: está totalmente mergulhada na expectativa de absorver, já não emite ruídos. A coluna de ar deixa de emitir sons, a laringe já não funciona, é a faringe que está à espreita de engolir alguma coisa.

Ao passo que o bebê que deseja a presença da mãe continua a balbuciar, a contar um monte de coisas, a exprimir-se, quando ela está presente. Se, nesse momento, ela lhe der uma mamadeira, então, será o desespero.

P.: O pior deve ser dar-lhe uma chupeta, porque isso lhe proporciona o engodo de uma mamadeira na boca, mas impede-o de se exprimir com choro ou sons.

F. D.: Bom, mas com uma chupeta os bebês ainda fazem muitos ruídos de prazer, e principalmente ouvem a mãe falar. A chupeta é como o cigarro para nós. Não nos impede nem de escutar nem de falar, ao mesmo tempo que continuamos a estar em uma situação de prazer. Evidentemente, se a mãe enfia a chupeta na boca de seu bebê para fazê-lo calar-se, é catastrófico; tudo depende da atitude da mãe. Do mesmo modo, pelo lado da criança, o dedo chupado por fome não é a mesma coisa que o dedo chupado por prazer, para enganar a solidão e alucinar uma mamãe imaginariamente presente. O dedo é um pequeno objeto parcial isolado, pela criança, de seu corpo, e que lhe proporciona o engodo da presença materna.

Evidentemente, são observações sutilíssimas, mas insisto nesse ponto, pois acredito que o pior comportamento, para uma mãe, é confundir uma demanda de presença para a comunicação interpsíquica com uma demanda de necessidade. É isso que deturpa, na criança, a discriminação entre seu desejo e sua necessidade.

Vamos retomar a solidão a que nos referimos há pouco. Quando um bebê manifesta um desejo de comunicação interpsíquica, é justamente porque os restos memorizados da presença da mãe já não bastam. Torna-se necessário atualizar sua presença na realidade, para reativar sua presença imaginária. A criança reconhece a mãe e se reconhece com ela. Ela lhe traz novas sensações, na mútua alegria de estarem juntas.

A criança, tendo então recarregado sua capacidade de reimaginar a mãe, poderá assim tranquilamente suportar sua ausência até que ela volte. A cada novo encontro com a mãe, novas sensações auditivas, visuais e táteis permitem-

-lhe refinar o conhecimento que tem dela, e que permanece em sua memória após sua última separação.

Por que, então, o adulto não entende isso? Provavelmente porque não pode estar verdadeiramente disponível para essa criança, por uma série de razões. Talvez também porque a demanda da criança se exprime por gritos que nunca aprendemos a compreender, em nossa própria infância, como provas da inteligência de um bebê. Então, a mãe se angustia, e, constatando que a chupeta faz com que ele se cale, pensa que era isso que ele queria. Tudo está resolvido, ela se tranquiliza, o bebê se acalma, mas, à revelia de todos e dele mesmo, o bebê sofreu uma iniciativa pedagógica pervertedora. Seu desejo, angustiante para a mãe, tornou-se angustiante para ele mesmo. Agarra-se então à necessidade. Tomemos uma imagem para caracterizar o que acontece com o bebê: seria como a agulha de uma vitrola que um melômano obrigasse a permanecer numa mesma faixa de disco por dias e dias, por não estar disponível para ouvir o resto.

Ao contrário, se o bebê chora chamando a mãe, em um momento em que ela está materialmente indisponível, mas recebe dela palavras, demonstrando que está moralmente disponível para ele, ele se sente ouvido, compreendido, e pode então sentir sem risco uma certa decepção.

Essa última, falada e apenas falada, é para ele uma experiência interpsíquica de linguagem. Seu desejo não satisfeito em um prazer total é contudo valorizado como expressão desse mesmo desejo.

Um ser humano não consegue suportar a solidão: na realidade, ele a substitui por um delírio, como acabamos de dizer. O aprendizado da solidão é uma longa ascese. De qualquer modo, no início da vida e enquanto a linguagem[3] ainda não está constituída, a criança não consegue suportar a solidão. Para ela, a solidão é patogênica. Aliena o sujeito em seu corpo e no espaço imediato, fixo, que o rodeia. O perigo – e é o que acontece com as crianças autistas – é que a espreita que não traz nada acaba, então, por se transformar em uma espreita de sensações viscerais. Estas tomam então o lugar do objeto que nunca volta.

É por isso que eu não gostaria que aquilo que você dizia a última vez, a respeito de sua atitude ocupada com outra coisa durante o tempo da sessão de Éric, fosse considerado um procedimento a ser utilizado sempre[4].

P.: Por um lado, eu estava ocupada, mas de vez em quando ocupava-me dele... Quero dizer que eu não estava entrincheirada em meu canto.

F. D.: Acho que Éric sentia muito bem que você estava de certa forma representando um papel. Cada um de vocês brincava de fingir que o outro não estava presente. O que provava justamente que ele estava presente, não é? Na verdade, acho que você estava muito preocupada com essa criança.

---

3 Utilizo *linguagem* no sentido amplo do termo: uma troca manual, lúdica, engenhosa, corporal, com o espaço e os objetos que o povoam, e que a criança aprendeu a conhecer com a mãe.
4 Ver pp. 60 ss.

P.: Não, não, nunca falei dele tanto quanto falamos aqui.

F. D.: Justamente, acho que você tomou essa atitude para provocá-lo e que era uma relação muito positiva agir assim; sua atitude significava para ele: "Você age como se eu não estivesse aqui? Pois bem, vou fazer a mesma coisa...", acompanhada de uma espécie de piscadela.

P.: Sim, evidentemente.

F. D.: Era uma cumplicidade e sobretudo uma ideia para permitir-lhe reencontrar o próprio desejo. Sua presença, nessa ausência fingida, permitia-lhe isso. Você era uma testemunha permissiva, e não alguém que ganha a vida lendo o jornal enquanto o outro faz o que quer.
Senão, você só teria prolongado uma ausência de comunicação.
Digo isso para que nenhum de vocês considere essa atitude um procedimento a ser seguido. Repito mais uma vez que é uma estratégia para um caso específico, apenas isso. É preciso saber o que fazemos quando fingimos negar a presença de um de nossos pequenos pacientes. Fingimos negá-la, o que prova que ele está perfeitamente presente. Não se trata, pois, de uma verdadeira negação. A verdadeira negação da presença de uma criança é o que a faz cair no autismo. Sua mãe está presente, mas justamente está pensando em não sei o quê, talvez na sua conta no banco, em algum sabão em pó ou em qualquer outra coisa, mas o filho não é, para ela, um interlocutor válido. É apenas um tubo digestivo que está ali e que é necessário encher e esvaziar. Não é um homem ou uma mulher em seu devir.
Nessas condições, a criança pode entrar em autismo, apesar de a mãe estar fisicamente presente, porque nada daquilo que é vivido pela criança é significado. A mãe não possui nem intencionalidade nem sensibilidade à presença dela. Uma mãe assim é um verdadeiro móvel. Nesse sentido, por mais que a criança a procure, nunca a encontrará. Ela não está a seu lado. Seu corpo volumétrico, mamífero, que respira, que se mexe, está ali, mas não ela, e, acima de tudo, não ela para a criança.

13

Curtir o dia inteiro não é o princípio do prazer – O desejo nos esgota, mas nos recuperamos graças às pulsões de morte – O pseudomasoquismo feminino – O emburramento – O recém-nascido em situação de incesto libidinal – A insônia ou a luta entre o narcisismo primário e as pulsões de morte.

P.: Como você definiria o famoso princípio do prazer, utilizado indiscriminadamente?

F. D.: De modo geral existe, atualmente, um contrassenso total sobre a significação do princípio do prazer de que fala Freud, e segundo o qual todas as pulsões deveriam, no final, nos levar a uma curtição qualquer. Dessa concepção deriva uma técnica de educação totalmente permissiva, que pretende permitir que todos fiquem curtindo o tempo inteiro.

Pois bem! Vejo perfeitamente muitas pessoas curtirem, terem uma vida sexual feliz, e continuar loucas até o último fio de cabelo. E, consequentemente, provocar reações patológicas em cadeia em suas famílias. O contrassenso deriva do fato de todos pensarem que Freud falava do princípio de prazer em um nível consciente, quando ele visava um nível inconsciente. Falava de um relaxamento das tensões, ou seja, que toda tensão de desejo na economia do ser humano visa à sua queda no a-privativo de tensões. E, não importa o que façamos, nossa economia libidinal se vira para desembocar aí.

A catatonia é, creio, um bom exemplo de equilíbrio entre pulsões contraditórias em que o prazer reside na contenção, seja ela obsessiva ou histérica. A catatonia é a ascese espontânea de um indivíduo para impedir toda variação que poderia fazê-lo cair em uma atitude sexuada.

Seja ela uma atitude sexuada receptiva, à qual faltam objetos a receber, seja uma atitude sexual emissiva, à qual faltam objetos sobre os quais descarregar a agressão. A atitude catatônica é uma luta entre pulsões ativas e pulsões passivas que se anulam umas às outras até zero. Existe angústia ou não? Se não existe angústia, é porque o princípio de prazer está ali, em ação. Se existe angústia, é porque o princípio de prazer está ausente.

Sem dúvida um catatônico não tem a expressão nem um pouco feliz, no sentido em que a entendemos habitualmente. E, contudo, o fato de viver em estado de equilíbrio, em um corpo petrificado, significa que o princípio do prazer funciona. Prova disso é seu estado de juventude fisiológica, absolutamente surpreendente para sua idade, como se estivesse isento de todas as provas que marcam a vida dos seres humanos. Além disso, pergunto-me se os catatônicos são tão imóveis quanto parecem. São assim na superfície, mas creio que sentem inúmeras variações somáticas viscerais, que servem, também a eles, de linguagem, e que não percebemos. Apenas após algum tempo de inibição progressiva do sistema vegetativo é que acabam por delirar, ou seja, sair de sua economia libidinal projetando-se em um lugar que não seja aquele corpo petrificado. Mas por que razões chegam a isso? Qual é a fantasia subjacente? Não ser sexuado? Não ser comovido pelo outro? Não jogar o jogo daquele que nos possui, constantemente, por transferência, ou que nos possuiu em dado momento?

Creio que é no *Princípio de prazer* que Freud fala das pulsões de morte. Mas por que elas são mencionadas ali, já que ele está falando do princípio do prazer? Creio me lembrar que Freud é ambíguo no que concerne às pulsões de morte. Fala delas tanto como pulsões de agressão visando matar e que se voltam contra o sujeito, como pulsões de desejo de deixar de ser sujeito. A morte nunca atinge o sujeito. Atinge o eu, faz desaparecer esse espécime da espécie, que é um corpo humano, mas o sujeito do desejo preexiste à concepção e nada nos diz que desaparece com a morte.

Nossa castração é o fato de nada sabermos sobre o que advém do sujeito, e contudo saber que é ele que, em nós, assume o desejo, autoriza seus avatares e os memoriza. Não se pode, em psicanálise, confundir o indivíduo com o sujeito e o eu.

P.: O que você entende por sujeito?

F. D.: Para falar como psicanalista, não tenho a menor ideia. Ele tem algo a ver com aquele que diz "eu" [je]. Mas o "eu" [je] da gramática não é o do inconsciente. Podemos no máximo dizer que ele é dinâmico, a-espacial e atemporal. Sem ele, não haveria linguagem. Está nas escansões entre as palavras, é silêncio organizador e ordenador. Quem sonha? O eu [moi] ou o eu [je]? Convivemos com esse desconhecido que permanece desconhecido. O sujeito encarna-se nas primeiras células que vão constituir um feto, e liberta-se pela destruição do corpo.

P.: Mas então, para você, seria a alma?

F. D.: Sei tanto quanto você o que é a alma. Mas saber que se tem uma alma não é ser sujeito, já que é ser consciente. Ora, o sujeito do desejo, de que falamos em psicanálise, é e sempre permanece inconsciente. Em torno desse conceito de sujeito, organiza-se nosso desejo ainda não mediado, ou seja, não perceptível. O "eu" [je] é a parte do real que ignoramos em nós mesmos.

Creio que a morte real não é de modo algum as pulsões de morte, é até mesmo exatamente o contrário. As pulsões de morte são um aspecto do desejo – o qual se exprime por pulsões de morte e pulsões libidinais, passivas e ativas –, um desejo de que já não exista sujeito do desejo sexual.

Quer dizer que estamos todos sujeitos às pulsões de morte, tanto quanto às pulsões de vida. As pulsões de vida prevalecem durante todo o tempo em que estamos despertos, e as pulsões de morte afloram no sono profundo. Afloram igualmente no orgasmo, o ápice do prazer, quando o sujeito se abandona e já não sabe que é sujeito.

Assim, é no ponto mais alto das pulsões de desejo, em consonância com o desejo do outro, que, no orgasmo, as pulsões de morte surgem e provocam uma espécie de ausência do sujeito no tempo e no espaço, em que ele já não é testemunha de si mesmo. Permanece então o mamífero humano, que já não é testemunha de sua história. É ato puro. Aí está, em minha concepção, o efeito das pulsões de morte.

Felizmente elas existem, pois sem elas ficaríamos esgotados. O desejo nos esgota, mas nos recuperamos graças às pulsões de morte. O sujeito do desejo esgotaria o ser humano, se este último não repousasse em sua imagem de base, em seu narcisismo fundamental, abandonando a noção de sua existência e caindo no sono profundo que limita sua participação ao ser, sem noção de ter, nem de um poder a conquistar ou a defender.

Efetivamente, a morte é o contrário de nossa economia feita de pulsões de morte e pulsões de vida. Freud escreveu isso em certos momentos, mas, em outros, escreve que as pulsões de morte são pulsões que querem matar.

Matar o corpo do outro ou aniquilar o outro porque ele é um sujeito e porque se quer considerá-lo apenas um objeto ao qual se nega o direito à existência. Essa última atitude caracteriza muitas mães de psicóticos.

Essas mães querem um filho. Que seja de seu companheiro, é um detalhe. Querem parir uma criança, desová-la e cuidar dela. Tenho a impressão de que, se trocássemos seu bebê depois de três ou oito dias, elas nem mesmo perceberiam, pois as mães dos psicóticos gostam do filho contanto que ele permaneça nas pulsões de morte.

É por isso que essas crianças se identificam muito mais facilmente com um animal que com o filho ou a filha de seu pai ou de sua mãe. São amadas como um espécime humano saído do corpo da mãe, mas não marcado pela linhagem do pai. A criança deve incessantemente, então, negar essa superabundância de pulsões de morte para se afirmar como sujeito de seu desejo; daí a importância prática para nós, terapeutas, de sempre chamar as crianças pelo nome e pelo sobrenome, mas nunca designá-las como "o menino", "a menina", "a criança", quer dizer, como um espécime da espécie em estado de infância e anônimo. Quando a chamamos assim, é como se a considerássemos sujeito ausente de sua história, ou seja, enredada nas pulsões de morte. Falamos a essa presença, mas a quem falamos? Ao passo que, se a chamarmos por seu nome e sobrenome, ela saberá que estamos nos dirigindo a ela como sujeito de sua história, gerado como um ser humano único e sexuado no desejo desse homem e dessa mulher, socialmente insubstituível e não intercambiável.

Penso que devemos distinguir bem as pulsões de morte dos comportamentos agressivos com relação a um outro, com o objetivo de matá-lo. E até mesmo dos comportamentos passivos diante de um outro que nos mata.

No primeiro caso, o comportamento tem como substrato as mais intensas tensões libidinais, agressivas, fálicas, orais e até uretrais, quando não totalmente genitais, centrífugas ou centrípetas, já que as pulsões genitais existem, por definição, para gerar um fruto que será uma criatura viva e sexuada, e não um corpo funcionando.

De todo modo, são pulsões no mínimo uretrais, ou seja, de penetração, de imisção no outro, de percussão. Enfiar é uretral. Na menina, é o desejo de se fazer penetrar, e, no menino, de penetrar no lugar genital.

Na menina, é o que podemos chamar de pulsões vaginais, pré-genitais, sem relação com o fruto a ser gerado. É realmente a liberação da pulsão, o desejo de violação. A menina deseja ser violada em seu lugar genital, e o menino deseja violar, percutir, entrar dentro.

Tudo isso é uretral e serve para a liberação da tensão nesse lugar. Na menina, isso pode vir misturado com o oral, e, no menino, com o anal.

O uretral e o anal estão muito próximos no menino. Isso pode ser constatado nos meninos de vinte e dois, vinte e três meses, que não discriminam, nas suas sensações perineais, entre a vontade de urinar e a vontade de defecar, o que pode provocar, na troca das fraldas, cenas bastante cômicas. Muitas são as inocentes que, não sabendo disso, humilham os filhos chamando-os de idiotas com relação às meninas, quando já as tiveram.

De fato, as meninas discriminam muito cedo entre uma micção e uma defecação iminentes. Isso poderá, mais tarde, gerar uma confusão entre o anal ativo e o uretral ativo, se os pais não fornecerem as palavras certas sobre os funcionamentos do corpo, permitindo ao menino discriminar as sensações viscerais miccionais e defecatórias, que podem provocar ereções puramente fisiológicas, das sensações eréteis, que são sensações de orgulho e desejo.

Para uma menina, é um desejo de ser penetrada e de se tornar um objeto para o outro. Esse desejo pode levar uma mulher fortemente excitada a pedir àquele com que faz amor que a machuque. O que os homens qualificam rápido demais como masoquismo feminino. De fato, se uma mulher se sente bem em seu corpo dominado e penetrado, o relaxamento e o orgasmo lhe serão ainda mais agradáveis se ela já não for responsável por seu desejo.

Sabemos que a culpa do ser humano vem do sentimento que ele tem de ser responsável por seu desejo, já que ele não sabe pelo que é responsável. Não sabe quando isso começa e não sabe até onde vai. Então, quando é o outro que assume a responsabilidade, tanto melhor, já é uma culpa a menos com relação ao desejo que o outro assume por nós.

É isso que os homens chamam de masoquismo. Na realidade, é antes um estratagema para buscar o prazer sem se sentir responsável pela própria agressividade. Não é absolutamente uma busca do sofrimento como prazer masoquista. São pulsões de prazer oral que uma mulher sente em suas vias genitais, e que deseja ser justificada por sentir. Se o outro não a destrói em seu próprio corpo, como ela se sentirá no direito de destruí-lo, por sua vez, quando ele a tiver penetrado?

Tudo isso, o destruir, estou dizendo de propósito desse modo, são pulsões orais agressivas. Bater são pulsões anais.

P.: Pulsões anais? Por quê?

F. D.: Porque, nas crianças, é a época do desenvolvimento da musculatura estriada dos membros esqueléticos, que se fortalece simultaneamente à possibilidade do controle dos esfíncteres, também compostos de músculos estriados. Os esfíncteres são ao mesmo tempo controlados pelo cérebro arcaico, que determina nossos automatismos vegetativos inconscientes, e pelo córtex, sede da vontade consciente. Dependem, pois, de uma dupla instância de controle, como o coração.

O coração é um músculo estriado que não obedece à vontade consciente, mas que pode, contudo, acabar curvando-se a ela, à força de múltiplas mediações imaginárias. Certos iogues são a prova disso. Conseguem reduzir a velocidade do músculo cardíaco e fazê-lo bater ao ritmo de trinta pulsações por minuto, em vez das setenta normais. Conseguir isso exige um trabalho imaginário considerável, que não pode ser efetuado sem uma transferência sobre um guru, que possui o controle de seus músculos viscerais.

É identificando-se com ele, senhor de seus músculos viscerais, que alguém se torna um aluno ou um aprendiz, exatamente como uma criança se põe a obedecer voluntariamente aos pais, tornando-se assim seu objeto parcial, para se deixar guiar por eles, que possuem o controle que ela quer adquirir.

Somente depois de se libertar dessa transferência sobre o guru ou sobre os pais é que o indivíduo, assim formado, terá adquirido seu próprio domínio. Isso prova que alguns seres humanos podem fazer com que seus músculos estriados – vegetativos ou viscerais – tornem-se também os lugares do sujeito do desejo: através de todo esse trabalho inconsciente de controle, por meio de uma transferência e de operações de mediação imaginárias. Ao passo que, em geral, na maioria de nós, esses diferentes músculos são lugares de pulsões de morte, isto é, de ausência de participação do sujeito do desejo. Os músculos viscerais e seu funcionamento fazem parte, então, para a maioria de nós, das pulsões de morte. É, aliás, quando o sujeito está adormecido que sua pressão arterial alcança o melhor de suas possibilidades fisiológicas, que seu coração bate no ritmo ótimo e que sua respiração é mais profunda. O mamífero humano que não tem emoções vive muito bem. Aliás, vemos que as crianças autistas, nas quais o sujeito está ausente – não sabemos onde está, está em todos os lugares, mas onde? Ninguém tem a menor ideia – têm um corpo que funciona muito bem e que nunca fica doente, porque está quase inteiramente nas pulsões de morte[5]. Assim que um autista começa a melhorar, pega gripe atrás de gripe, otite atrás de otite e todas as doenças infantis clássicas. Assim, as pulsões de morte, às vezes ativas, às vezes passivas, mas sempre reflexas, são claramente privadas de sujeito. Enfim, eu diria, em vez de reflexas, não modificáveis pelas intenções do sujeito.

---

5 Talvez se trate daquelas que se avizinham da imediatidade do gozo do ser, experimentado no momento da cena primitiva concepcional, "sujeito-não sujeito", hesitando entre tomar substância ou não, sexo masculino ou feminino, ser para quem?

A partir dos sete anos, a inibição histérica se exerce apenas na carapaça esqueleto-muscular estriada, e não mais, absolutamente, sobre os músculos viscerais.

Nas crianças pequenas, ao contrário, a histeria age no tubo digestivo e no respiratório, mas, a partir do momento em que há investimento do corpo motor, do andar, da deambulação e da corrida, os músculos viscerais deixam de estar submetidos à vontade e ao controle. Entrarão em jogo nas emoções inconscientes, mas não nas emoções pré-conscientes. Isso ainda não foi suficientemente estudado pelos psicanalistas. Caberia aos médicos psicanalistas e aos pediatras estudar manifestações como diarreias, vômitos, peristaltismo superativado, invertido, bloqueio e espasmos, invaginações intestinais, e decodificá-las como uma linguagem.

Para voltar às pulsões de morte, muitos as confundem com as pulsões passivas. É um grande erro, parece-me, que se deve ao fato de um indivíduo passivo parecer totalmente indolente. Mas o que, de fato, ele próprio sente? Talvez esteja debochando de você, montando uma armadilha e sendo, portanto, muito ativo do ponto de vista libidinal. O comportamento observável por um outro nunca permite presumir as pulsões em jogo sob esse comportamento.

Em todo caso, nunca é segundo o comportamento aparente que podemos determinar que pulsões estão em jogo em um tratamento.

No que me diz respeito, existe algo que não resolvi e que me parece muito complicado a respeito das pulsões agressivas de expressão passiva e das pulsões de morte. Tenho muita dificuldade para discriminá-las. De modo geral, conhecemos essas pulsões sob a forma do emburramento. O emburramento, para só falar de algo bem banal, é uma pulsão agressiva de expressão passiva.

Essas pulsões agressivas visam o outro, mas, à força de serem passivas em sua expressão, o outro como espelho, pelo jogo da identificação, devolve ao sujeito, de modo passivo, sua agressividade passiva. O próprio sujeito torna-se, então, testemunha passiva de sua agressividade passiva. Em outras palavras, cai na própria armadilha, se o outro permanece indiferente. Talvez, aliás, exatamente do mesmo modo como cai quando o outro se sente agredido.

Acontece aí algo que é um ponto de não retorno na expressão libidinal e que pode desembocar em pulsões de morte. Acho que essa atitude tem a inibição como ponto focal e é da ordem da histeria, mas também acho que o fato de ser para si mesmo o único amigo eleito e o único interlocutor, já que não há mais ninguém com quem falar quando alguém emburra, funciona como uma verdadeira armadilha, induzindo a uma regressão maciça. Esta última pode levar a uma tal desnarcisação que o emburrado pode renunciar a ser sujeito e cair nas pulsões de morte.

Provocando a agressividade com sua atitude, poderíamos dizer que o emburrado encontra aí certa satisfação. Mas, não podendo, de um lado, exprimir essa satisfação, enredado que está em seu emburramento, e, de outro, não podendo renunciar a seu comportamento, já que tira dele alguma satisfação, a interação dessas atitudes acaba por produzir uma espécie de minicatatonia emocional. É curioso que, na educação, as crianças que emburram são duramente criticadas, quando, na verdade, são seres de uma sensibilidade aguçada, que nunca estão suficientemente seguros de seu valor para o outro. Têm um comportamento que parece narcísico, quando, ao contrário, têm um narcisismo primário mal estabelecido. Os emburrados são seres que se abalam facilmente e que tentam bancar os impávidos para si mesmos. Com seu emburramento, tentam resolver, o melhor possível, os problemas colocados por sua extrema sensibilidade, que é diferente da sensibilidade das pessoas que os rodeiam. Diante de um emburramento, que é uma reação histérica passiva, a atitude humanizada deve ser feita de compaixão por um sofrimento que não entendemos, mas, principalmente, de uma compaixão não expressa diretamente.

É ao sujeito que vive sob esse emburramento que nossa compaixão deve se dirigir, não ao eu que traduz o emburramento, esse eu travestido em coisa. E, acima de tudo, é importante que a vida continue normalmente ao seu redor. Que ele não se sinta excluído de um ambiente móvel e vivo, mas respeitado na sua liberdade de parecer esquivar-se dele.

Creio que as depressões melancólicas giram em torno disso. No início, as pulsões agressivas não encontram objeto. Alguns traumas fisiológicos podem igualmente provocar a depressão. Por exemplo, a hemorragia de uma mulher durante o parto. Já é um pouco suspeito, já que essa hemorragia está relacionada com um ser que acaba de deixá-la. Uma vida associada durante nove meses com a dela acaba de abandoná-la. De repente, ela não somente esvaziou-se do bebê, jogando fora simultaneamente a água do banho, ou seja, o líquido amniótico, mas também seu sangue.

Por conseguinte, ela se torna agressiva contra os médicos, o marido, a vida, e a depressão começa. Para o recém-nascido, a depressão da mãe é um fantástico apelo que o provoca a lhe dar novamente a própria vida, para se sentir mais tarde no direito de deixá-la e partir. Muitas psicoses de crianças começaram assim. A psicose é isso. Esses bebês sentiram que as mães os censuravam por lhes terem dado a vida: sentiram-se, pois, culpados de ter roubado a vida das mães. É um círculo vicioso do qual os psicóticos não conseguem mais escapar, porque, para sair dele, precisam primeiro encher novamente a mãe. E, feito isso, estão fusionalmente ligados à mãe, sem poder nunca mais se separar dela. É por isso que se pode constatar que muitas crianças psicóticas têm mães que tiveram uma hemorragia durante o parto[6].

Creio que, se pudéssemos explicar aos recém-nascidos o que aconteceu, com eles e com seus genitores, eles não cairiam em depressão.

Bom, o que quero dizer é que, na depressão, as pulsões de morte podem se confundir com pulsões agressivas de expressão libidinal passiva.

---

6 Se não de sangue, pelo menos, em todos os casos, de energia. O mesmo ocorre com os pais, que nos contam que a concepção do filho, ou seu nascimento, deixou-os abatidos, deprimidos, angustiados, ou modificou seu tônus genital. Tudo isso não dito, vergonhoso.

Essas pulsões são percebidas pelo recém-nascido que espreita a mãe pelo olfato, pela audição e pelo tato. A mãe, esvaziada do filho e do próprio sangue, aspira a que alguém a encha novamente e lhe dê novamente vida. Naturalmente é seu filho, o mais receptivo entre todos os seres humanos que a rodeiam, que vai se consagrar a essa tarefa, fazendo tudo para voltar para dentro dela.

É claro, o pobre bebê está aparentemente muito tranquilo em seu berço ao lado dela, mas ninguém vê que toda sua libido de sujeito iniciando a própria existência visa transformá-lo em médico e psicoterapeuta da mãe. E, tentando cumprir essa tarefa, esgota-se para devolver à mãe o que supostamente tomou dela, ou seja, ele mesmo, sua vida.

Em tal caso, as pulsões agressivas de expressão libidinal passiva, ou seja, a expectativa da mãe de ser novamente enchida, desvitalizam libidinalmente e, às vezes, até fisiologicamente o bebê, que o obstetra pode, contudo, achar perfeito. Essas pulsões têm força considerável, muito mais carregadas de agressividade que as pulsões ativas, pois o desejo da mãe não é reconhecido e mediado por palavras.

O recém-nascido, sem essas palavras, encontra-se como em situação de incesto libidinal.

A mesma situação ocorre com os recém-nascidos condenados pelos médicos ao nascer, e que as mães, revoltando-se contra a fatalidade do diagnóstico, decidem – e conseguem – salvar.

Depois disso, os bebês são totalmente possuídos pelas mães e apresentam graves distúrbios de personalidade. A psicanálise dessas crianças permite entender que foram violadas pelas mães, como se se tratasse de um verdadeiro incesto, para obrigá-las a viver transgredindo a lei da sociedade, representada, no caso, pelo diagnóstico dos médicos. É muito pesado para essas crianças sentirem-se tão em dívida para com as respectivas mães, por terem recebido duas vezes a vida delas.

Toda a agressividade dessas crianças consiste em rejeitar a mãe, que se interpôs entre elas e a sociedade, em vez de aceitar essa lei. Cabe a nós fazer com que nossos pequenos pacientes entendam bem isso durante o tratamento.

Em contrapartida, as crianças cujos pais também se revoltaram contra o diagnóstico de morte dos médicos não apresentam distúrbios de personalidade. Nesses casos, de fato, a criança recebeu a vida uma segunda vez, mas do pai e da mãe juntos, e, assim, sem incesto.

São essas algumas das entradas possíveis na psicose.

Para resumir, creio que nos encontramos sempre em presença de um sujeito que perdeu brutalmente suas referências com relação a seus valores essenciais, assim como a possibilidade de poder se reconhecer o mesmo. Depois de tudo o que acabo de lhes dizer, posso muito bem imaginar que seja difícil para vocês admitir que as pulsões de morte não estejam relacionadas com o desaparecimento da vitalidade no outro.

Teoricamente, não. Mas, secundariamente, sim. Por causa dessa confusão com as pulsões agressivas passivas.

Assim, por exemplo, os pais se sentem culpados por terem dito ao filho que desejavam sua morte, que nunca deveriam tê-lo posto no mundo, porque este último não lhes proporcionou o prazer que esperavam dele. Nesse caso, não estamos em presença de pulsões de morte, apesar de um desejo de morte ter sido expressamente formulado, mas em presença de pulsões libidinais agressivas. É uma história de amor desiludido, de narcisismo ferido, de relação libidinal incestuosa, mas certamente não de pulsões de morte. Muito pelo contrário, esses pais são verdadeiros pais, que não inibem sua libido agressiva com relação ao filho.

P.: Mas, quando uma mãe transforma sua agressividade em atos, batendo, por exemplo, a cabeça do filho contra a parede, há, apesar de tudo, alguma certa pulsão de morte, não?

F. D.: Não, não, de modo algum! É uma pulsão libidinal agressiva que se exerce sobre um objeto de transferência. Que menina já não fez isso com sua boneca? Nesse caso, é uma mulher que toma o filho por um fetiche. As pulsões de morte estão certamente presentes, mas no sentido em que ela não vê o filho como sujeito, mas como coisa, um objeto parcial a ser destruído[7].

P.: Do ponto de vista da clínica psicanalítica, como você situaria a insônia?

F. D.: É um estado no qual o narcisismo primário está em luta com as pulsões de morte. O sujeito não pode voltar ao esquecimento de si mesmo que o sono representa, precisamente em razão das inquietações narcísicas.

Isso me faz pensar no modo como morreu um de meus amigos psicanalistas, que nos pedira havia vários dias para que nós, seus amigos e sua família, o acordássemos caso o víssemos adormecer. "Sei que, se eu adormecer, morrerei", dizia ele. O que era verdade, nesse caso. Tinha um problema no pulmão que não o deixava respirar, e, aliás, morreu praticamente asfixiado. Era muito importante para ele respirar o mais ligeiramente possível para não se esgotar, e sabia que, se dormisse, não teria ânimo para efetuar, durante o sono, o trabalho de respiração que lhe permitia continuar vivendo.

Mas, nas insônias, isso se deve frequentemente, parece-me, ao fato de os indivíduos terem dias vazios de trocas e de comunicação, ou ao fato de o dia decorrido tê-los enchido de sentimentos de culpa. Nesse último caso, eles não podem deixar de ficar repisando os pensamentos sobre o que deveriam ter feito.

Ou, então, não podem dormir porque estão em uma espécie de excesso de desejo que não pôde ser comunicado a um outro.

---

7 Ele a decepciona. Ele a incomoda, talvez ela o ame como "seu cocô". Trata-se predominantemente de pulsões libidinais e não de pulsões de morte.

14

A enurese: um sintoma relativo ao estilo de libido – As crianças insuportáveis servem de eletrochoques – Repercussões do Édipo desajustado dos pais nos filhos.

P.: Fazer xixi na cama, para uma criança de seis, sete anos de idade, tem um significado particular?

F. D.: Todas as crianças que fazem xixi na cama acabam parando após um ou dois sonhos de incêndios.

Em geral, acordam desconsolados por terem molhado a cama quando tinham acabado de sonhar que estavam apagando um incêndio. Sejam, pois, generosos: você sonha que está apagando valorosamente um incêndio, e, em vez disso, está fazendo xixi na cama. E leva uma bronca!

É uma imagem uretral utilitária e valorosa. A criança sonha que é o salvador, e em vez disso se molha.

Trata-se, na realidade, da extinção do fogo do desejo que visava a casa, ou seja, o corpo da mãe e do pai. Esses sonhos sempre ocorrem para a criança na época da proibição do incesto, que é vivida de modo totalmente inconsciente. É absolutamente necessário apagar o fogo do desejo incestuoso no lugar que, globalmente na menina e precisamente no menino, está associado com a reprodução, ou seja, o lugar genital.

A enurese sempre está ligada à não valorização da sexuação e diz respeito ao estilo de libido, conforme o sujeito for um menino ou uma menina. Ou seja, diz respeito seja a um desejo centrífugo do menino em seu pênis, seja a um desejo centrípeto da menina na vulva: o desejo de penetração do pênis.

O estilo da libido, centrífugo ou centrípeto, é muito dialetizado. Assim, por exemplo, quando uma mãe culpabiliza sem cessar a filha por fazer charme para chamar a atenção dos meninos, está culpabilizando, ao mesmo tempo, e sem saber, o desejo do pênis centrípeto na filha. Daí, para que a menina diga a si mesma: "se eu tivesse um pênis centrífugo, eu poderia conquistar meninos", é apenas um passo, que pode fazê-la preferir o corpo de um menino ao seu próprio. Imaginando-se menino, ela se transforma, de fato, em sujeito atuante.

No gênero animal, é sabido que as novilhas que nunca foram cobertas pelo touro acabam bancando a toura, ou seja, acabam bancando elas próprias o touro e montando em uma outra novilha, indicando dessa maneira que querem ser montadas e que estão prontas para o cruzamento. Vejam, é muito interessante essa maneira de imitar o outro cujo corpo fantasia a necessidade.

Para voltar à enurese, é uma terrível frustração para o menininho o fato de já não poder urinar em ereção, do dia para a noite, em torno dos vinte e oito ou trinta meses. A natureza masculina exige, efetivamente, que uma ereção seja acompanhada por um jato. Ora, até essa idade, um bebê do sexo masculino urina em ereção, e, de repente, não consegue mais, porque o verumontano, órgão fisiológico que impede a micção em ereção, concluiu sua formação.

Ele, que vivia até então em uma espécie de compreensão do mundo em que tudo ganhava sentido com relação ao famoso "para que serve isso?" infantil, pergunta-se, a partir desse dia, para que serve, afinal, que o pipi esteja duro como um pedaço de pau se não se pode fazer mais nada com ele? Principalmente se a pobre mamãe, sem saber de nada disso, proíbe que o menininho o toque ou, ao contrário, incentiva-o a fazer xixi em ereção.

Injustamente, ele está ali parado, com sua ereção na vertical, sem poder fazer xixi, e sentindo um mal-estar absurdo.

Quanto mais quer, menos pode. É uma etapa que os pediatras deveriam conhecer para poder explicar ao menino o que está acontecendo. E tranquilizá-lo, dizendo-lhe que, quando for grande, poderá novamente lançar um jato em ereção, mas de outra natureza.

É importante dizer a um menino que ele não é um caso único, que seu pai foi como ele e que todos os homens foram assim.

Atendi, no hospital Trousseau, uma criança que vivia em um vilarejo nos arredores de Paris com a avó. Esta última o havia de tal maneira aporrinhado e frustrado com relação a seu pipi que ele conseguira transformá-lo em uma questão pública. Constatando, todos os dias, que a tapeçaria na cabeceira de sua cama aparecia molhada por urina, a avó recorrera aos policiais do vilarejo. Esses, após investigação, haviam concluído que aquilo era obra "de espíritos molhadores". Contudo, por curioso acaso, esses espíritos nunca atacavam nos finais de semana, durante os quais o menino voltava para a casa dos pais.

O menino foi trazido até mim no hospital Trousseau porque também ele estava começando a temer esses espíritos, visto que os adultos tinham se deixado envolver em seu jogo, fantasiando bruxaria.

No início das sessões, ele negava absolutamente ter algo a ver com o caso, mas fazia inacreditáveis desenhos fálicos, ressumando por todos os lados. Depois, acabou me dizendo que, na verdade, era a avó que ele visava com seus jatos de urina, mas que nunca tinha conseguido atingi-la.

Queria pregar-lhe uma peça, principalmente porque ela ficava profundamente contrariada pelo fato de ele ter um pipi. Azucrinava-o desde pequeno falando de "sua pequena rodela de salame". Pois bem, ele decidira, então, servir-se dessa sua rodela e vingar-se. Mas, ao mesmo tempo, não fazia mais nada na escola e só falava com os coleguinhas sobre aquela tapeçaria que se molhava misteriosamente.

Usei o significante "tapeçaria" para iniciar nossa primeira sessão. Disse-lhe: "Então, é a pipiçaria dela? É a pipiçaria dos espíritos? Ou é sua pipiçaria que vai na tapeçaria de sua avó?"

Nesse jogo, que é realmente um jogo de orgulho viril, é muito importante que um pediatra apoie o menino em ereção, senão acontecerá o que ocorre na enurese noturna. Isto é, durante o dia, a criança, oprimida pelas proibições superegoicas, não se permite tocar o próprio sexo. Mas, à noite, a ereção que foi barrada o dia inteiro volta a ganhar toda a sua importância e a criança faz xixi na cama.

Exatamente como as pessoas famintas durante a guerra, que sonhavam a noite inteira com lautas refeições. É o típico sonho consolador, de que Freud falava quando Anna sonhava com as cerejas que a haviam impedido de comer durante o dia.

Alguns meninos forçam-se a urinar em ereção por desespero, por já não serem capazes de visar longe com seu sexo, que ainda não é propriamente um sexo, que ainda é um objeto parcial articulado ao orgulho da mãe. É um objeto parcial tão importante de ser reivindicado nessa época por um menino pequeno, que ele se pergunta se não foi cortado das meninas.

P.: A atitude de um menino pequeno diante desse problema não é determinada por sua família?

F. D.: Na verdade, tudo depende de se a pessoa que educa a criança para atender às suas necessidades respeitar seus desejos. Essa pessoa dá suficiente autonomia para a criança em todas as atividades ligadas às suas necessidades e a seus desejos? O que a criança faz sozinha? Ela se veste? Penteia-se? Serve-se na mesa? Tem o direito de ficar em casa se não quer acompanhar a mãe nas compras? Tem um canto pessoal para suas roupas, seus brinquedos? Pode escolher livremente suas roupas, com o eventual risco de sentir frio? São todas as atividades da vida dessa criança que precisamos estudar com a mãe, para saber tudo a respeito de sua autonomia e do livre jogo de seus desejos, quando eles não entravam diretamente a liberdade de ação do outro.

É igualmente muito importante entender em que ponto está a criança com relação à sua qualidade de menino ou menina.

É justamente examinando tudo isso que descobrimos se essa criança quer permanecer um objeto parcial da mãe ou se quer autonomizar-se e acabar dizendo-lhe, a respeito de uma atividade qualquer: "Não, não me ajude, quero fazer sozinho!" O que é saudável. É, aliás, o caminho natural de todas as crianças, exceto das que tiveram uma mãe depressiva. As crianças insuportáveis e contrariantes ajudam uma mãe depressiva a não desmoronar. Se vocês começarem a atender uma criança insuportável, podem ter certeza de que a mãe corre o risco de um suicídio depressivo.

Uma criança insuportável é realmente, de modo crônico, o eletrochoque do pobre. Impede o tempo inteiro que a mãe caia em suas fantasias depressivas. Sendo agressivo, o filho lhe dá a oportunidade de ser, por sua vez, agressiva e permite-lhe permanecer na superfície.

Naturalmente, é a mãe que tem necessidade de uma psicanálise. Podemos ajudar a criança por outros meios. Por exemplo, mandá-la para a escola, se a mãe ainda não o fez.

Com bastante frequência, uma criança cuja mãe sofreu de depressão no momento de seu nascimento, ou cuja mãe teve uma hemorragia durante o parto, deverá ser uma criança mais passiva que as outras, e, consequentemente, fará xixi na cama. Não por não investimento sexual, mas antes por passividade perante seu desenvolvimento, já que este último e seu nascimento foram os eventos que provocaram a catástrofe em sua mãe (ou em seu pai).

Sabemos que o bebê é o primeiro psicoterapeuta da mãe.

P.: Para voltar ao que você estava dizendo sobre a autonomia de uma criança em suas atividades cotidianas, lembro-me de ter ouvido você contar um caso. Você proibira a mãe de limpar o filho. O que você pode dizer sobre isso?

F. D.: Mas ele era grande e já tinha evidentemente passado da época de ter necessidade da ajuda da mãe para seus cuidados corporais. Uma criança pode se limpar e tomar banho sozinha, não nos detalhes, sem intervenção da mãe, a partir dos três anos. Mas precisa da ajuda das palavras e da atenção da mãe. É isso que, em geral, as mães não fazem. Ou elas próprias a limpam ou declaram peremptoriamente: "Faça isso sozinha!" Ao passo que a criança tem necessidade de uma mediação pela palavra. Quando uma criança de mais de seis anos ainda não toma banho nem se veste sozinha, eu me dirijo a ela, espantada: "Você acha realmente que, na escola, seus coleguinhas não sabem tomar banho sozinhos?" Ou, se essa criança tem um amiguinho da mesma idade, eu continuo, da seguinte maneira, por exemplo: "Você acha que seu amiguinho também é lavado, vestido e calçado pela mãe? Eu ficaria espantada. Já que ele é seu amigo, acho que é um menino descolado." O que é provavelmente verdade, pois os meninos passivos muito frequentemente escolhem como amigos meninos ativos, que são modelos para eles.

Na realidade, as mães das crianças pouco descoladas se satisfazem fisicamente com o filho, bolinando-o e mimando-o. Fariam melhor se cuidassem do próprio companheiro, mas, nisso, curiosamente, elas não pensam. A partir do momento em que têm uma criança na barra da saia, esquecem todos os cuidados que antes prodigalizavam ao marido.

Nossa ação mais eficaz consiste em lembrar à mulher o modo como vivia com seu homem antes de ter filhos. Muitas delas não são contudo negativas com seu homem. Simplesmente perderam o hábito de ter cuidados para com ele. Então, ele foge para o café da frente, esperando que ela tenha acabado de cozinhar, de lavar a louça, os rituais de pôr as crianças na cama, as fraldas, de contar histórias e cantar as cantigas de ninar. Ele está de saco cheio de tudo isso.

O melhor modo de ajudar todo o mundo é ajudar o casal a se reencontrar, para que o Édipo volte a ser possível e a mamãe seja capturada por papai. Coisas simples assim são muito eficazes, contanto que sejam ditas.

Do mesmo modo, quando um pai é obrigado a se ausentar do lar, por que o filho vai se deitar no leito conjugal com a mãe? Em casos como esse, é muito importante falar com o pai e fazê-lo retomar seu lugar de separador da mãe e do filho.

P.: Como fazer quando o pai foi embora há muito tempo para viver com outra mulher, deixando ao filho o lugar livre junto à sua mulher sozinha?

F. D.: É muito difícil, principalmente se o psicoterapeuta for uma mulher, já que esse menino não tem imagem do pai. Contudo, se conseguirmos saber, pela mulher, qual foi a história do pai, poderemos então dar ao filho uma imagem paterna sadia, através de palavras. "Se o seu pai não soube ser pai, foi porque ele próprio não teve, quando pequeno, um pai que o ensinasse a ser, por sua vez, pai." O importante é dar ao menino um genitor íntegro, ele próprio filho de um genitor íntegro. Ou seja, uma linhagem masculina marcada por um poder fecundador sadio, mas uma linhagem que permaneceu até o momento sem expressão quanto à relação tutelar de pai a filho. "Se o seu pai estivesse aqui, como você gostaria que se comportasse com você?" É isso que devemos perguntar ao menino. É esse trabalho fantasístico que proporcionará a ele o poder de seu domínio sobre si mesmo, que chamo de autopaternância. E, ao mesmo tempo, o orgulho de seu sexo prometido, também ele, à paternidade, com uma mulher que não é sua mãe, a qual denegava, em palavras, até seu encontro com a psicoterapeuta, identificar o filho ao homem que a decepcionara.

Então, o caso de que você fala é difícil, porque a mãe já está na dependência do filho. Ainda mais por ele ser um menino e ela estar carente de um homem e, ao mesmo tempo, carente de companhia.

P.: Estou pensando em um pai que foi embora simplesmente porque viu seu lar desmoronar assim que a mulher virou mãe. Não era mais a mesma mulher com quem havia se casado.

F. D.: É muito possível que esse homem diga que, após a maternidade, a vida sexual parou de interessar à mulher, o que é muitas vezes o caso. Por um lado, esse homem ficou gratificado por ter tido um filho, mas, por outro, tornou-se o intruso inútil para a mulher e sem interesse por ela. É muito difícil um primeiro filho de cada sexo, para um jovem casal. Por exemplo, se eles já têm três filhos do mesmo sexo e se o quarto for do outro sexo, os problemas podem começar, pois é o ciúme edipiano que se projeta sobre o primeiro filho de cada sexo. Esse é geralmente o caso, mas existem as singularidades da vida de cada um. Por exemplo, se uma mulher, fixada no pai, o perder no momento do nascimento de seu enésimo filho, este último será totalmente edipiano para ela, pois até então ela ignorava que fazia todos os seus filhos para o pai. De repente, ela descobre isso, e já não lhe interessa nem um pouco ser mãe, agora que sabe que o pai não verá seus filhos. Essas crianças são marcadas pelo selo particular do Édipo de sua mãe ou de seu pai.

Lembro-me de um homem que me dizia: "Meu pai e eu vivíamos em simbiose." Depois, o pai morreu. Então, privado do laço simbiótico que tinha com ele, esse homem projeta-o sobre o filho, que começa a destrambelhar.

O filho serve, efetivamente, de fetiche para o pai, para o qual o próprio pai nunca foi um outro verdadeiro.

Enquanto o avô vivia, o menino tinha uma relação triangular ele-seu pai-sua mãe. Agora que o avô morreu, ele tem uma relação ele-seu pai-a morte. A mãe e a morte são confundidas, pois o pai toma o filho como objeto privilegiado e, com isso, exclui a mulher dessa relação. Substitui sua relação com ela pela relação que tinha com o próprio pai, na situação triangular do filho. O pai torna-se o representante da morte que ele denega. Priva o filho de sua identidade. Nem o pai nem o filho podem, então, fazer o luto do avô.

O pai havia, aliás, escondido do filho a morte do avô. Eis um bom exemplo de criança que assume, sem saber, o lugar seja do pai, da mãe, da irmã, do irmão mortos..., de um dos parentes, permitindo a seus próprios pais encenar seus ciúmes ou sua dependência erótica homossexual ou heterossexual sobre ele. Isso de modo completamente inconsciente.

As "sapatices" de uma mãe para com a sua filha são um exemplo típico. Essas cumplicidades entre fêmeas das quais o pai é totalmente excluído são da ordem daquilo que a mãe vivera com a própria mãe e do que vive com a filha, desde que sua mãe desapareceu. Essa mulher nunca foi castrada de uma homossexualidade com a mãe, que, por sua vez, não o havia sido com relação à própria mãe.

P.: Os pais devem partilhar com os filhos suas dificuldades?

F. D.: Acredito que o mais nocivo, da parte dos pais, seja enganar os filhos sobre a realidade das dificuldades que vivem. Que sejam dificuldades com relação aos próprios pais, ou dificuldades cotidianas. Muitas crianças sentem-se rejeitadas porque os pais não lhes contam, por exemplo, seus problemas financeiros simplesmente com números. Em vez de ficarem arrumando desculpas.

Uma criança bem pequena poderia entender o que é um orçamento familiar se os pais lhe explicassem o valor do dinheiro e dos objetos. Haveria bem menos crianças ladras e crianças chantagistas. A aceitação da castração pelos pais facilita a tarefa dos filhos. Os pais, parece-me, têm medo de descer de seu pedestal. Temem que os filhos entendam, por exemplo, que eles são limitados financeiramente. Ora, de qualquer jeito as crianças já sabem disso. Assim, o fato de não poder comprar um carro de tal ou tal marca representa, para alguns pais, o temor de serem desvalorizados aos olhos dos filhos. Quando não é nada disso. Bastaria ao pai explicar ao filho que aquilo que ganha por mês não é suficiente para essa compra, em vez de lhe dizer que os automóveis são horríveis e que só um cretino compraria carros como aqueles.

A criança sabe muito bem que isso não é verdade, e disso resulta uma diminuição da estima recíproca e uma falta de Eu Ideal (o pai, para a criança), pois esse pai nega sua impotência, na realidade, para realizar os próprios desejos.

Se ele dissesse à criança: "Esse carro é genial, eu bem que compraria um, se tivesse dinheiro!", prestaria um grande serviço ao filho. Uma criança sempre acha que os pais são pessoas formidáveis se eles assumem suas fraquezas e suas faltas perante seus desejos justificáveis apesar de não acessíveis.

P. (homem): Gostaria de falar do caso de uma criança cuja psicoterapia entrou em um impasse há algumas sessões. Desde a primeira consulta da criança, a mãe iniciou uma psicanálise. O pai, também presente, formulava um pedido bastante claro de análise para si mesmo, mas não queria, principalmente, que sua demanda fosse atendida. A criança, por seu lado, desejava vivamente fazer um tratamento para si mesma. Desde então, atendi a criança sozinha, por ela mesma. O pai voltou duas vezes, por iniciativa própria. Na última vez, explicou-me que estava ganhando uma análise para si mesmo por procuração, através do filho. Estava contente, porque, em casa, a palavra começava a circular entre os três. No dia seguinte, exatamente, revejo o menino, que me conta um sonho no qual é o analista da família. A partir desse momento, não conseguirá me dizer praticamente mais nada. Atendi-o novamente mais duas ou três vezes, mas ele está totalmente bloqueado. É muito difícil retificar essa situação em que a criança é uma espécie de estratagema perverso da parte do pai. O problema me parece residir aí: o pai me pede uma análise, sem a desejar de fato, mas em todo caso desfruta dela por procuração, através do filho.

Nessas condições, nem lhe indiquei um psicanalista. Que posso fazer para desbloquear essa criança?

F. D.: Você podia, contudo, fazer alguma coisa. Era consciente, no pai, que sua atitude era perversa e que criara um efeito inibidor no desenvolvimento do filho. Ora, não é isso que esse homem deseja, ele quer conscientemente que o filho se desenvolva. Se você lhe explicasse isso e a razão pela qual não lhe indicou nenhum terapeuta, talvez ele acabasse iniciando uma análise.

P. (homem): Mas foi disso que falamos juntos da última vez.

F. D.: Certo, mas ele, que quer supostamente ser o pai, na realidade fica bancando o filho. A criança torna-se o adulto, e o pai encontra-se a reboque do filho. Talvez você pudesse esclarecê-lo, pesquisando com ele se não houve um problema análogo na sua própria família.

P. (homem): Mas ele se recusa a falar sobre isso. Nisso reside toda a dificuldade.

F. D.: Na realidade, esse pai tem necessidade de uma relação homossexual com você. Ela passa pelas palavras que você dirige a ele e que lhe dão, de certo modo, um início de castração simbolizável, fazendo, mais tarde, uma análise. É um pai a quem certamente faltou um pai, e um eu auxiliar, na juventude.

P. (homem): Ele me disse que perdeu o pai aos três ou quatro anos de idade.

F. D.: Com bastante frequência é assim. O tratamento começa com uma criança, porque os pais sofrem ao se ver como são no espelho do filho. A partir do momento em que o pai estiver em análise, o filho já não terá necessidade de continuar a dele.

Aliás, é comum os pais levarem o filho a uma consulta e este último dar um jeito de colocá-los na sala de consulta e cair fora. Ele sabe muito bem que são os pais, e não ele, que precisam falar! A criança que tem necessidade de terapia percebe isso, porque não pode assumir as próprias pulsões e transformá-las em relação harmoniosa com o outro. Essa criança, muito frequentemente, deixa os pais falarem durante várias sessões e, quando sente necessidade, entra e simplesmente lhes pede para irem embora.

Nesse dia, é a castração para os pais.

A ausência de castração, vinda do pai, atualmente muito em moda por causa dos doutores Spock[8] e outros, leva não poucas crianças à análise no momento da crise edipiana. Se você pôde avaliar que a criança fez uma boa sublimação, quer dizer, que não tem distúrbios de fala, de continência, de sua primeira socialização, pode estar certo de que as dificuldades da criança provêm do fato de seus pais evitarem lhe dar a castração edipiana. "Não devemos traumatizar as coitadinhas das crianças..." Ora, será um momento muito difícil para as famílias, se o psicanalista entrar em uma psicoterapia de longo prazo com a criança. Ao contrário, se atendê-la bem pouco e restabelecer rapidamente uma situação triangular normal, atendendo os pais e ajudando-os a assumir sua vida genital, o tratamento será bem rápido. Eventualmente, deve-se às vezes afastar a criança, explicando-lhe a razão. Por exemplo, se se trata de um menino, o pai pode lhe dizer: "É verdade que você fica aporrinhando sua mãe quando estou ausente? Bom, então, fique sabendo que não deixarei ninguém aporrinhar minha mulher quando não estou. E, quando estou, você faz um enorme drama para ir dormir, para comer à mesa? Você ficará bem melhor em um colégio interno. Nós não morreremos, e você também não. Você fará muitos amigos. Não gosto muito da ideia porque custa caro, mas vamos nos virar, te mandaremos doces toda semana, eu te consolarei, mas isso tem que parar." Às vezes, essa fala já basta, e três semanas depois tudo entra novamente nos eixos.

---

8 Doutor Spock, médico americano e autor de um *best-seller*, publicado nos Estados Unidos nos anos 1950, que gabava os efeitos salutares de uma educação totalmente permissiva.

Mas, algumas vezes, isso não basta, porque a mãe é lobo e cordeiro. Dedura os filhos para que o marido os surre, mas, ao mesmo tempo, fica muito contente em ser masoquizada pelo filho ou pela filha quando ele não está. É preciso estudar cuidadosamente a situação de dependência que essa mulher pode estar repetindo da época de sua infância. Com seus irmãos mais novos, por exemplo.

Acho que os psicoterapeutas não estão suficientemente inteirados da crise edipiana para sustentar de modo consistente o castrador e a identificação da menina com outras mulheres, e a do menino com outros homens.

É, efetivamente, um período em que a criança acha que deve dar supostos prazeres aos pais, pois, caso contrário, imagina estar magoando-os. Depois dos quatro anos, no máximo, a educação em nome do agradar ao pai ou à mãe é pervertedora. O pai e a mãe, isso deve ser claro, esperam o prazer do cônjuge, e não dos filhos.

Escolhendo para si seus auxiliares extrafamiliares, sejam eles parentes mais afastados ou colaterais, ou amigos, as crianças na idade do Édipo tentam sair do impasse familiar.

Senão, o mesmo disco continua e a criança fica para trás. Em vez de entrar em fase de latência, arrasta-se em um Édipo que, por sorte, vai quase sempre somatizar-se. Uma menina terá uma crise de apendicite, por exemplo. O cirurgião vai lhe retirar o pequeno bebê mágico de suas pulsões anais com mamãe. Ou, então, um menino vai usar óculos, porque se torna repentinamente míope: não quer enxergar mais longe que o próprio nariz, porque enxerga demais os peitos de mamãe, quando ela o deixa entrar no banheiro.

Ou então tiques nos olhos para ver/não ver o execrado modelo, inimitável em suas relações com a mãe, que o pai é para ele.

É o distúrbio funcional ou a somatização frequente que acabam sempre por chegar à fase de latência, quando a castração não foi dada. Mas isso é a crise edipiana em crianças que já superaram o oral e o anal. Ela surge, por exemplo, quando no momento da genitalidade do filho o pai cumpre um período militar e o filho volta para a cama da mãe. Ou, então, quando o pai foi fazer uma viagem e o filho enveredou em pulsões regressivas em vez de aceitar o Édipo. Iludiu-se, achou que podia substituir o pai. E a mãe, meio protestando, meio conivente, deixou-o até certo ponto fazer o que bem entendesse, como se o marido ausente fisicamente não estivesse moralmente presente.

P. (homem): O que você acha do sonho em que esse menino, de quem acabo de falar, se vê como o analista de sua família?

F. D.: Esse sonho indica que ele se identifica com o analista. Ora, no Édipo, ele devia identificar-se com o pai, quer dizer, com a relação de seu pai com o pai dele no Édipo. Mas, como seu pai perdeu o pai muito jovem, ele se identificaria com um morto. É por isso que se identifica com o analista, mas também com o avô morto, que interrompe a evolução de suas pulsões.

Você está vendo, o menino edipiano deve identificar-se com o pai. Identificar-se com o analista é lateral, é sedução homossexual. Acho que uma criança, antes do Édipo, tem tanto sonhos relativos a ela própria, em suas pulsões, quanto sonhos relativos ao pai ou à mãe que não pôde superar seu Édipo. Esses sonhos pertencem, então, aos pais.

Muitas vezes, aliás, a criança os conta a eles. Mas, que fique bem claro, uma criança se identifica com um adulto do mesmo sexo porque se trata de um representante de seu Eu ideal, de seu eu de criança indo-tornando-se adulto. Qualquer companheiro masculino da mãe será esse Eu ideal, e qualquer adulto pode sê-lo pontualmente. Mas, no caso desse adulto não ser o companheiro genital da mãe, essa identificação não é totalmente edipiana. Corresponde apenas a um dos componentes do Édipo que satisfaz as pulsões homossexuais, ou seja, as da criança apaixonada por si mesma nesse adulto.

Essa identificação é tanto narcísica quanto homossexual.

Então, sua interpretação de analista a respeito do sonho dessa criança poderia consistir em deixar claro para a criança que ela não pode ser esse senhor que estudou para escutar e entender os outros, e que não é nem seu genitor, nem o companheiro de sua mãe. Isso seria, para ela, alienar-se em um papel que a impediria de crescer tornando-se ela mesma. Para isso, ela vai ter que renunciar a seu modo de vida infantil para alcançar trocas vivas de cidadão de sua idade e se comportar em casa como gostaria de se comportar, se o pai o ajudasse.

O que esse último não pode fazer, em razão de sua própria história.

Essa criança possui em si mesma uma imagem a ser desenvolvida, sem imitar ninguém, que a levará a descobrir o modo de comportamento que lhe permitirá tornar-se adulto. Ou seja, não agradar a ninguém, nem ao psicanalista, querendo imitá-lo, nem a nenhuma outra pessoa, que não pode ser ele.

O que estou dizendo não infirma o fato de ser a mutação do inconsciente da criança, sustentada por sua transferência sobre você, que irá permitir ao pai dar a volta por cima, remodelando sua homossexualidade ferida, com relação a seu próprio pai ausente.

Percebemos tipicamente, nesse caso, a dificuldade particular do tratamento psicoterápico das crianças trazidas pelos pais, que, além disso, pagam por isso.

Acho que o pagamento simbólico, exigido da criança, permite separar o desejo do pai através de seu filho, do desejo da própria criança, por ela mesma. Ele permite analisar, com a criança, o que acabei de dizer a você.

P. (homem): Você acaba de dizer que uma criança, antes do Édipo, tem muitos sonhos com aquele de seus pais que não pôde fazer seu Édipo. E, aliás, que os conta para ele. Mas, no caso dessa criança que sonha que é o analista de sua família, é o contrário, pois é a mãe que se põe a contar seus sonhos para ela.

F. D.: É realmente uma situação perversa, com essa criança identificada com você. Você está servindo de avô paterno e, talvez, até mesmo de avó materna.

Não sabemos mais nada. É também possível que a mãe conte seus sonhos ao filho para que ele os conte a você. Também ela, através do filho, tenta, tanto quanto o marido, tomar o lugar dele em seu consultório. É totalmente perverso. Nesse caso, cabe a você dizer à criança: "Se sua mãe te contar novamente um sonho, é ao analista dela que ela deve contá-lo, e não a você."

15

Dificuldades específicas às terapias antes do Édipo – O trabalho de sublimação da castração edipiana – Ahmed, cujo corpo lhe servia de mãe.

P.: Estou pensando em um trabalho que fiz com uma menininha de sete anos, trazida pela mãe. No maternal, tudo transcorreu bem, mas, na escola primária, ela começou a desandar seriamente. Atendi várias vezes a mãe, por ela mesma, e atendi a menina como médica, como se se tratasse de entrevistas preliminares. A garotinha pedia, também, contudo, alguma coisa. Ficava contente de ir e falar. Isso acontecia durante as férias de verão. Na volta às aulas, a mãe me disse, logo na segunda sessão, que tomara uma decisão importante e que iria voltar a trabalhar.
Essa mulher havia deixado o trabalho para cuidar da filha e se encontrava, desde então, em uma posição extremamente infantil com relação ao marido, que tinha, aliás, a idade de seu pai. Na sessão seguinte, na frente da filha, a mãe me disse: "Você sabe o que minha filha me disse, após a última sessão?: 'Mamãe, hoje tomei uma decisão importante, vou parar minha análise.' Isso está certamente associado ao fato de eu lhe haver dito que ia voltar a trabalhar."
Falei então com a filha, que simplesmente me disse: "Agora, eu sei que, se quiser, posso cumprir minhas tarefas na escola." Mas, justamente, "se eu quero, eu posso" havia sido o discurso da mãe anunciando-me que iria voltar a trabalhar.
O tratamento da criança foi encerrado pouco depois, sem que eu tentasse intervir. Fiz bem?

F. D.: Por que não? Se a criança podia se identificar com uma mãe que estava retomando a própria vida, em seu nível?

P.: Certo, mas o que me preocupou foi que, tendo representado para a mãe o lugar onde falar, eu tinha a sensação de ter impedido a filha de encontrar seu próprio lugar de fala, particular. E que era essa a razão pela qual ela havia partido.

F. D.: Não, de jeito nenhum! Era uma menina que não podia ser edipiana porque a mãe era fantasisticamente filha do marido. Voltando a trabalhar, mostrou que voltava a ser uma cidadã como as outras, e que já não dependia de sua relação infantil com a filha. Consequentemente, esta última também quer retomar a vida, entre as cidadãs de sua própria idade. E pronto. Está em um Édipo em identificação com a mãe. As sessões iniciaram graças à intermediação da menina, mas era a mãe que precisava falar com você para sair de sua dependência com esse senhor-objeto-parcial que era, na realidade, seu marido-mamãe.

Acho que era preciso encerrar justamente naquele momento. A menininha ainda não havia resolvido seu Édipo, e continuar poderia ter se transformado em sedução, em vez de relação de transferência. A psicoterapia antes do Édipo é uma coisa delicada. Insisto muito a esse respeito. Devemos encerrar o tratamento de modo que a criança retome a sua identificação, a filha com a mãe e o filho com o pai, e que não ocupemos, por nosso lado, o lugar do pai ou da mãe. Principalmente em uma relação dual, quando não temos rival a lhe oferecer, a não ser o paciente seguinte.

E não é essa espécie de rival que vai ajudar a castrar as pulsões genitais!

P.: No dia em que essa menininha me disse que ia parar, pôs-se a desenhar uma mulher com um chapéu, uma cabeça, uma barrigona, mas sem pés. Isso me angustiou. Na sessão seguinte, a mãe me contou que a filha tinha tido, logo depois, uma crise no metrô, dizendo-se paralisada. A mãe teve que pegá-la no colo para levá-la para casa.

Falei disso com a menina na sessão seguinte, e ela simplesmente me disse: "Vou fazer outra mulher para você hoje." O que significa tudo isso?

F. D.: Bom, de minha parte eu não me espantaria se daqui a dois ou três meses você ficar sabendo que a mãe está grávida de um segundo filho. Neste momento, é a filha que, em seu Édipo, gostaria de ter um bebê na barriga, para que a mãe permanecesse em casa, como quando a trazia dentro de si. A filha faz seu Édipo com a vontade de um filho. É isso a barrigona. A história da ausência dos pés me parece sobredeterminada. Essa menina encena estar sendo carregada, encena que é uma mulher com um barrigão. Ela faz com que a mãe a tome nos braços, como um amante.

Na realidade, ela precisa que a mãe lhe fale de sexualidade. Sua mãe está, por assim dizer, apagando sua genitalidade porque vai voltar a trabalhar. Faz um investimento anal. Acho que tudo voltará ao normal se você atender mais uma vez os três e lhes fizer dizer o que estão pretendendo daqui para a frente. Você pode perguntar ao pai, por exemplo: "Sua filha lhes diz, às vezes, que quer um irmãozinho ou uma irmãzinha? Se for esse o caso, nem pensem em tê-lo por ela, porque essa é a idade em que as crianças pedem para ter um irmãozinho ou uma irmãzinha."

Neste momento, a mãe tem tanto medo de ir trabalhar e teme tanto a mudança, que isso implica que deseja secretamente estar grávida. Mas é a filha que vive seu desejo. A mãe tem medo dos encontros, de uma vida genital que nunca viveu. Esse é o ponto central do caso. Talvez você os reveja, mas, antes, a criança tem que se livrar de seu Édipo. Ou seja, saber que ela não terá um filho nem de papai, nem de mamãe.

No que diz respeito ao encerramento do tratamento, acho que é um pouco perigoso pará-lo apenas com o pedido da criança, sem falar com os pais. Certo, ela quer parar, mas que seja com a concordância do pai e da mãe, e que você saiba por quê. Não esqueça que a criança está sob a tutela dos pais e tem necessidade de entrar no Édipo. É preciso, pois, que a criança tenha claro que você concorda em parar porque tanto o pai quanto a mãe também concordam. E que ela não vá imaginar que é apenas porque decretou sua vontade.

P.: Certo, mas a menina me havia dito que o pai concordava.

F. D.: Ela diz qualquer coisa! É preciso que o próprio pai diga isso para você. Ela quer se identificar com aquilo que ela imagina que você seja. Vendo a mãe tão mudada, ela acredita que você é o pai dela. Ela também se identificou com você para que você lhe devolvesse seu lugar de filha de seu pai e de sua mãe. É exatamente o gênero de criança que poderia ter uma crise de apendicite com um Édipo não dito. A partir dos cinco, sete anos, no caso de uma menina, a frustração de não ter um bebê na barriga se transforma em dor de barriga, para provar que ela tem uma. É o peristaltismo investido de modo genital, a imagem do corpo anal investida de modo genital ou uretral, daí as cistites das meninas: "A prova de que tenho um sexo é que meu pipi dói." Todo o mundo sabe que o pipi, para as crianças, é o sexo.

A patologia psicológica da crise edipiana é realmente uma boa neurose infantil. A neurose do adulto é, finalmente, uma patologia prolongada da culpa pubertária, a angústia da castração despertada do Édipo.

Na criança, em contrapartida, isso desperta vivências arcaicas anais e uretrais, que se localizam na crise edipiana, e cujo dizer o pai e a mãe não assumiram para a criança. Eles não exprimiram que eram eles, os adultos, que viviam uma vida genital, e que o filho a viverá mais tarde.

Todos os amiguinhos e amiguinhas são permitidos como amores eletivos, mas não as pessoas da família.

Com que frequência os irmãozinhos e as irmãzinhas, nascidos em razão do suposto pedido do filho amado, servem para este último de substituto imaginário de um filho incestuoso! O mesmo se pode dizer das falsas autonomias. Quando, por exemplo, os pais obedecem ao desejo imposto pelo filho, autorizando tudo o que ele pede.

Esses comportamentos dos pais evitam que a criança assuma um desejo a ser negociado com o desejo dos adultos responsáveis.

Isso significa deixá-la escapar ao trabalho da sublimação da castração edipiana, que consiste em se responsabilizar por si mesma, dentro da lei da submissão à tutela dos adultos encarregados de sua educação. A sublimação é de ordem cultural e não de ordem comportamental, ela é um motor na sociedade.

Vemos atualmente cada vez mais crianças que, sem ter adquirido nenhum meio de troca com a sociedade, o que lhes permitiria mais tarde ganhar a vida, vivem desde os oito, nove anos como em um hotel na casa dos pais. Sem nenhum tipo de exigência em contrapartida, quanto a seu desenvolvimento social e cultural.

Aos quatorze, quinze anos são uns perdidos, uns perversinhos que, conforme a ocasião, tornam-se parasitas de uma pessoa de seu sexo ou de outro, por impotência social, ou então delinquentes passivos ou ativos, dependendo de quem encontrem, nos bandos de sua idade.

P.: O que você chama de delinquentes passivos?

F. D.: Ser sustentado, prostituir-se clandestinamente, ser papa-jantares, praticar roubo doméstico, ficar de olheiro em um golpe, viver de expedientes, fora da lei em uma sociedade na qual não se está integrado por impotência real, por falta de conhecimento das tecnologias do trabalho.

Esses casos são cada vez mais frequentes, pois nossa sociedade não dá a crianças dessa idade os meios de trabalhar. Antigamente, uma criança que se rebelasse contra as regras da vida familiar podia realmente assumir-se, contanto que trabalhasse fora. Não era um fora da lei, podia trabalhar se assim o desejasse.

Modificaram essas leis, que suscitavam a exploração perversa das crianças pelos patrões e adultos. Mas os pais não entenderam que alguns de seus filhos, apesar de ávidos de autonomia, eram obrigados a permanecer sob a responsabilidade deles e deviam, então, trabalhar para se promoverem de modo cultural, no meio de seus colegas. E não ficarem sendo sustentados passivamente por papais-mamães seduzidos, irresponsáveis e infantilizantes.

P.: Vou falar-lhes do caso de Ahmed, um pequeno argelino psicótico de oito anos e meio. Está há cinco anos em um IMP e faz psicoterapia. É violento, briguento e manifesta dificuldades de se integrar no grupo das outras crianças, que o aceitam mal. É o sétimo filho de uma frátria de quatro meninas e três meninos. A mãe é zeladora e não cuidou dele durante os dois primeiros anos de vida. Deixava-o sozinho em um quarto, sem ligar para ele, durante o dia inteiro, exceto na hora das refeições, que vinha lhe dar. É muito inteligente mas não fala. Só pronuncia as vogais, mas se mostra muito atraído pela escrita, pela magia da escrita. Quando alguém escreve seu nome em um desenho, rasga-o e coloca-o na boca, no nariz e nas orelhas. Passa um tempo enorme no banheiro e enfia o dedo no ânus. Na rua, quando ouve barulho, tapa os ouvidos. Tem duas casas, a casa da família e a casa da família adotiva, que o acolheu quando a justiça tirou-o da mãe.

É uma criança que gosta que seu corpo seja nomeado: nariz, boca, olhos etc. É muito atraído por catálogos, como os de venda por correspondência, e recorta cuidadosamente o que lhe interessa. É muito observador. Como abordar esse caso?

F. D.: Não podemos ir muito longe a partir do que você está contando, mas apenas analisar como esse sintoma é um modo de ele se acalmar diante da sua angústia e de ter uma identidade de sujeito nomeado, assim como um nome que pode ser escrito e que deixa uma marca, prova de humanidade. Quando ele enfiar um papel com seu nome na boca, você poderá lhe dizer, por exemplo, "é para aprender o seu nome", já que ele sabe que você conhece a história dele.

Quando era pequeno, como a mãe não tinha tempo para falar com ele, as palavras não vieram ao mesmo tempo que a comida. Ele não ouviu seu nome, nem a voz de sua mãe, misturados à comida, e acho que é isso que o faz querer engolir seu nome, para inscrevê-lo em si.

P.: Mas ele nunca o engole!

F. D.: Não estou dizendo engolir no sentido literal, evidentemente... Mas engolimos as palavras, com o simples ato de escrever, engolimos as palavras com as orelhas, com o comportamento linguageiro da mãe, com os olhos, seu cheiro, misturado ao dos alimentos e dos excrementos!

Estou falando das palavras que recebemos, que nos dão vida ao mesmo tempo que recebemos comida. Estão sempre misturadas ao cheiro da mãe, à sua voz e à sua imagem.

O que acontece com o defecar é, também, da mesma ordem. A mãe de Ahmed pegava seus excrementos, quando estavam na fralda, mas não estava presente quando ele estava fazendo cocô. De modo que, para ele, enfiar o dedo no ânus é ir buscar a mamãe de dentro e ir entregar à sua mamãe interna tudo o que acontece no exterior.

Em geral, quanto menos uma pessoa exterior representa a mãe para a criança, mais esta última usa seu corpo próprio para presentificá-la.

O conceito de mãe não é nem Juliette, nem Annette, nem nenhuma outra pessoa que cuide da criança. A mãe, em psicanálise, é a relação contínua com a pessoa tutelar, que cria na criança a memória de ela mesma-outro.

É ela mesma-outro que é sua primeira segurança narcísica, absolutamente tecida, como a trama e a urdidura, à fisiologia de seu desenvolvimento, às suas mucosas, ao interior de seu corpo. Ahmed, como toda criança, é dotado de uma função simbólica, mas, como sua mãe esteve ausente, faltaram-lhe os elementos necessários para exprimir e memorizar essa função.

Assim, ele transformou em simbólico tudo o que estava disponível, exceto a voz, a fala e as consoantes de sua mãe.

Tem medo de tudo, porque tudo o que chega até ele pode lembrar-lhe a época das fraldas, ou fazê-lo acreditar que vai ser cevado com qualquer coisa. É, pois, um perigo para suas aberturas o fato de enchê-las ou esvaziá-las. Acho que é por isso que ele as obtura.

Enfia na boca, para tornar aquilo seu, mas também obtura os buracos pelos quais vem a vida, especialmente a vida respiratória. Porque, quando o cheiro vai embora, ele gostaria de guardá-lo, como um vestígio de humanidade.

Aliás, esse menino deve prestar especial atenção aos cheiros. Quando é assim arcaico, seria evidentemente proveitoso ajudá-lo a discriminar os cheiros.

P.: Especialmente o cheiro de cocô.

F. D.: Justamente, já que o cheiro de cocô é o "fazer" graças ao qual ele faz a mãe voltar, e que lhe permite constatar que é fálico, ou seja, agente. Ao passo que, quando está vazio, é unicamente um buraco de fome. A criança de estômago vazio está à espreita, não pode nem mesmo fazer alguma coisa. Então, a única linguagem de que Ahmed dispôs talvez tenha sido fazer mau cheiro para obter a vinda da mãe.

Suponhamos que Ahmed tenha fome e que a mãe não venha. Está em um estado de pulsões passivas, à espreita de sua vinda. Como, então, manifestar sua fome? Se a manifestar de modo ativo, emissivo, ou seja, chorando, a mãe virá brava. Se faz cocô e obtém sua vinda, seu desejo pela mãe a transforma em uma mamãe-cocô. Mas que angústia se ver obrigado a se esvaziar para ter a felicidade de reencontrar seu objeto de desejo; disso deriva, acredito, a obturação de seus buracos, que traduz ao mesmo tempo seu desejo e sua angústia de satisfazê-lo.

Além disso, uma criança se diz que sua mãe é louca por cocô, pois só pode entender sua própria ética. Se mamãe vem pegar o que ela faz por baixo e leva-o embora, é porque o come escondido. Uma das razões pelas quais pensa que a mãe come seus excrementos é porque ela não lhe mostra o que faz com eles. Se lhe mostrar, a criança entenderá que está no mesmo interdito que ela. Sem isso, vendo-a manipular seus excrementos, não pode entender que não é nem um prazer, nem algo próprio às mães, lidar com esses excrementos e comê-los.

A mãe apressada, que troca o bebê sem lhe dizer nada, não o reconhece em seu "fazer". Ao contrário, se fala com ele com uma voz modulada, o discurso pode continuar sobre o cocô ou outra coisa, mesmo quando o cocô não está mais lá. Tudo o que é expresso em linguagem, a respeito daquilo que a criança faz muscularmente – e que não consiste apenas em expulsar do interior para o exterior –, daquilo que ela vê, daquilo que pensa, daquilo que joga, puxa, rasga, e que modifica seu ambiente etc., são palavras que tornam mais produtivo o espaço que é dela. A mãe, cúmplice daquilo que a criança observou, deve dar-lhe palavras que farão com que ela se lembre das coisas vistas: elas se tornam interessantes, já que mamãe as acha interessantes.

É assim que a criança assimila pouco a pouco elementos linguageiros motores, elementos linguageiros vocais, elementos linguageiros ópticos, observações, sorrisos, pequenas caretas que fazem mamãe rir. "Oh, o malandrinho, olha isso, que sorriso sedutor!", diz a mãe nesse momento.

A sensorialidade da criança está à espreita das modificações vocais, gestuais da mãe, que dão um sentido linguageiro e memorizável a tudo o que ela sente e percebe.

Sem essa cumplicidade com o outro conhecido, tudo o que a criança percebe não tem nenhum sentido humano, já que o humano só nasce das relações com um outro, jamais o mesmo em suas expressões. Como a função simbólica é contínua durante todo o tempo em que a criança está desperta, se a mãe não fala com ela, todas as suas percepções do mundo exterior confrontam-se apenas em seu próprio corpo, corpo-coisa, sem rosto. E, como essa coisa tem repetidamente a necessidade de comer, no lugar de um rosto a criança tem uma garganta devoradora.

É o lobo de que falam as crianças, mandíbula de funcionamento canibal alimentar, mas não boca para falar.

Mas voltemos a Ahmed. Por que razão a mãe não cuidou dele?

P.: Como ela era zeladora, não podia ficar com ele por perto. Tinha dois cômodos separados por um pátio; a criança ficava em um, e ela, na portaria. Ela se esquecia frequentemente de lhe dar as refeições nos horários determinados.

F. D.: Você contou isso para ele?

P.: Não, eu não. E não sei se alguém já lhe disse. No que diz respeito a suas vontades de fazer cocô, ninguém o impede de fato, mas, quando as manifesta, nós lhe pedimos que espere que as atividades coletivas em andamento terminem.

F. D.: É isso, ele entra em si mesmo. Ele não virou esquizofrênico, é muito curioso. É tão ligado a seu corpo, provavelmente por ter passado fome e talvez também por ter sofrido com a pele irritada por seus excrementos, em razão de não ter sido trocado o suficiente. Podemos quase dizer "melhor assim", porque ao menos ele tem o próprio corpo. Mas seu dedo fala com o seu fiofó, em vez de falar com os objetos.

Provavelmente deveria haver coisas escritas em um quadro, ou desenhos no papel de parede de seu quarto, para que ele se interesse tanto pela escrita. Talvez ele tenha visto, também, a escrita árabe, já que seu pai é dessa nacionalidade. Os arabescos desse grafismo são tão belos que muitas vezes fascinam as crianças. Penso que ele deveria poder escrever. Você já pensou em segurar sua mão quando ele escreve?

Por nunca ter existido nenhuma mediação de seu corpo de bebê com o corpo de um outro, ele está perdido no espaço, e, apesar disso, não é esquizofrênico. Não está perdido como um esquizofrênico. Ele olha as pessoas, seu corpo tem valor para ele, ao passo que o esquizofrênico é apalermado e só se ocupa do corpo masturbando-se. Mas nunca tocará seus buracos do nariz, dos olhos, das orelhas. Seu corpo não existe a esse ponto. Um esquizofrênico fecha seus buracos a partir do interior. É surdo à palavra, apesar de ouvir, é cego, apesar de ver.

P.: Ahmed ficou hospitalizado durante um longo período, por causa de uma surdez.

F. D.: Uma suposta surdez. Também nesse momento devem ter-lhe enfiado coisas nos buracos das orelhas para examiná-las. Os médicos são também isso!

Apesar de a mãe o ter tratado como um objeto, tratou-o dessa forma sem se dar absolutamente conta de que, deixado assim em um canto, o filho teria um fim desastroso. Felizmente ia vê-lo por causa da comida, e, por sorte, não é uma mulher que apoiava sua mamadeira entre almofadas. Esse hábito é ainda pior, já que não há mais absolutamente um corpo de mãe. A criança só pode, então, identificar seu corpo com a parede ou com o teto.

Mas, no caso de Ahmed, durante as refeições, durante as trocas de fraldas, pelo menos, sua mãe estava presente. Em seguida, ele a esquecia, e construiu um modo de seduzir com pulsões agressivas, herdadas do anal, objeto parcial oferecido à mãe.

Para que a terapia de Ahmed dê certo, é imperativo conduzi-lo progressivamente ao nível de seu nascimento.

Se você agir como educador, sua atitude deverá ser diferente. Ela consistirá em fazê-lo estabelecer uma relação com o que pode, através dos cheiros e das palavras. Ao mesmo tempo, como ele é inteligente, é preciso falar com ele. Devemos falar com todas as crianças psicóticas como falaríamos com uma criança dois ou três anos mais velha. Podemos comentar seu comportamento, dizendo, por exemplo: "Sei que você não pode ter um comportamento de um menino grande porque você tem um bebê que permaneceu agarrado em você, e o bebê impede o menino de se manifestar. Mas tente chamá-lo, como você faz com seus amiguinhos. Todas as crianças que estão aqui conservaram em maior ou menor grau o bebê agarrado neles..."

Você pode, assim, conseguir que eles estimulem uns aos outros. Isso é algo que não se leva muito em consideração nos lugares em que as crianças estão juntas. Nas antigas escolas com classes únicas, era comum uma criança do segundo ano primário ajudar uma do primeiro, o que é um modo de fixar mais o próprio saber, tentando transmiti-lo a um espírito mais jovem.

Hoje, é uma pena que, por causa do número de crianças, tenhamos classes de nível homogêneo.

O que faz a riqueza de uma família grande é justamente o fato de haver crianças com interesses completamente diversos, e, assim, as que não se interessam por um assunto de modo ativo têm, pelo menos, um interesse passivo. O despertar de uns pelos outros é enorme, porque estão em níveis diferentes. Os mais velhos se deixam levar pela regressão, identificando-se com os pequenos, e os pequenos se desenvolvem por identificação com os grandes.

Quanto a Ahmed, é importante que você se refira muito ao pai dele, fazendo-o talvez recortar, de cartões-postais, homens e mulheres que representem todas as pessoas de sua família, e fazendo-o escrever nomes em cima dessas figuras.

Evidentemente, faça-o situar-se também, para que ele nunca se esqueça, nesse IMP, que faz parte dessa família que o estruturou, com as dificuldades que lhe são próprias.

Se Ahmed, no papel, quiser riscar o pai, riscar isso, riscar aquilo, se ele excluir a si mesmo, no dia seguinte recorte novamente uma silhueta, para sempre conservar a silhueta dele no meio do pai e da mãe biológicos, com seus nomes e sobrenomes. Recorte personagens dos catálogos de venda por correspondência, já que ele gosta deles, como todas as crianças que viveram muitas relações sobre as quais não entendem absolutamente nada, porque elas desfilam ao seu redor.

Um dia, talvez ele coloque uma panela no lugar da mãe. Por que não, já que Ahmed teve uma mãe muito mais panela do que outra coisa? Muitas crianças têm comumente mães panelas, porque imaginam, quando escutam sons de panela, que é sua mãe comedora de cocô que está se oferecendo tal acepipe. Tantas crianças confundem mamadeira e cocô! Para elas, de fato, a mãe vai embora depois que esvaziaram a mamadeira. E vai enchê-la de cocô para se regalar... É assim que uma criança fabula o prazer que sua mãe sente quando está contente por havê-la trocado. Ou seja, quando terminou de cuidar dela e vai fazer outra coisa. O bebê imagina ser o centro da vida da mãe, porque ela é o centro da vida dele.

Então, insisto para que vocês se acostumem ao mecanismo de pensamento que permite entender bem uma criança, colocando-se no seu lugar. Devemos pensar desse modo poético, vivenciar, com esse imaginário, o modo de pensar infantil. Façam esse trabalho sozinhos, imaginando-se bem pequenos em um berço, dizendo: "Mamãe, estou com fome, comer!"

Assim, vocês irão constatar que crianças em uma situação diferente têm inicialmente uma visão de mundo completamente diferente. Como construímos nossa visão de mundo segundo o que vivenciamos em nosso passado próximo, imaginem o que pode acontecer com uma criança que tem apenas um buraco de ausência, a fome dolorosa, ou o cocô que lhe arranca a pele do bumbum, no lugar de uma relação com a mãe.

Quando o esquema corporal e o sistema nervoso de uma criança estão se desenvolvendo, ela tem necessidade de pegar. Pega o que tem à disposição. Se não usa fraldas, pega seus excrementos e também as partes do corpo que pode alcançar, ou seja, seus pés, seu sexo, suas orelhas e seus cabelos. Mas os excrementos têm a particularidade de ter um cheiro que faz vir a mãe para retirá-los e levá-los embora. Já que ela os retira e leva embora, exatamente como traz uma mamadeira cheia e a leva embora vazia, então trata-se de coisas de boca. A mãe é uma pessoa de boca.

É por isso que digo que o luto da boca de leite, quer dizer, a perda dos dentes de leite, é um momento de angústia de castração oral e anal, do *habitus* da criança com a mãe. Quando as crianças não têm um *habitus* comportamental solidamente estabelecido com a mãe nesse momento, caem em um estado neurótico. Pois ter dentes de adulto, estando ainda ligado à mãe por seu cheiro, seu toque, pelo fato de ela ajudá-lo a fazer isso, a fazer aquilo, pelo fato de ela vesti-lo, de decidir por você, significa que ainda se tem três anos de idade, quando na verdade se tem sete.

É a não adequação do esquema corporal e da potencialidade de individuação com aquilo que é autorizado pela instância tutelar, ou suscitado por ela.

16

Identificação das crianças com animais – Os mecanismos das fobias – Importância do rosto para o desenvolvimento psíquico – "Estou com dor de pai" – Os pequenos autistas nunca ficam doentes.

P.: O que significa a identificação de uma criança com um animal selvagem?

F. D.: A identificação com animais é muito comum nas crianças. Um segmento totalmente inconsciente permanece identificado com um animal, e essa identificação pode ressurgir em um estado de angústia. Provém da não aceitação do próprio sexo, por uma ética superegoica, principalmente na época anal ou uretral. De fato, o modo de pensar do sujeito foi investido por uma ética oral, anal ou uretral, antes mesmo do surgimento das pulsões genitais. O sujeito, uma vez incitado a viver e a dialogar com o outro, por intermédio de pulsões genitais, funciona, na realidade, com os meios linguageiros dos períodos precedentes, e não pode, assim, viver plenamente sua genitalidade. A libido em sua integralidade não entrou no Édipo e não sofreu assim a castração na genitalidade, seguida do recalque humanizante dessas pulsões. Esse recalque tem um efeito de simbolização para o sujeito castrado, com relação ao incesto e unicamente ao incesto. Essa identificação inconsciente com um animal doméstico, quando tem um caráter predominantemente afetivo, é a origem da necessária presença de um animal doméstico junto ao sujeito, uma presença auxiliar para o seu narcisismo.

Quando inconscientemente um sujeito se identifica com um animal selvagem, isso parece provir de uma época anterior à idade uretrovaginal. É como se ainda permanecessem, à flor da pele, algumas pulsões de revolta do sujeito, dirigidas contra a incompreensão dos adultos diante das angústias infantis da idade oral.

Em muitas análises, os pacientes sonham que estão sendo perseguidos por animais selvagens hostis. As associações feitas a partir desses sonhos despertam neles certas lembranças inter-relacionais com adultos cujo comportamento permanecia-lhes incompreensível.

Poderíamos dizer que nesses sonhos trata-se de pulsões genitais hetero ou homossexuais, mas não edipianas, já que duais e não ligadas a uma rivalidade triangular. Trata-se, pois, da época anal uretrovaginal.

Do mesmo modo, as fobias de animais são identificações negadas com um animal.

A análise dessas fobias sempre comprova que o animal fóbico é, por alguma razão encravada na história do sujeito, o suporte narcísico de uma identificação que permitiu que o sujeito superasse o Édipo, no qual algo de sua libido se tinha bloqueado.

As fobias sempre resultam de experiências que romperam a relação de continuidade do sujeito com o pai e a mãe. O objeto fóbico representa o que o sujeito desejaria ser em sua individuação, para que sua relação de continuidade com o pai ou com a mãe não fosse interrompida.

O objeto fóbico é, pois, um representante do sujeito que pode viver, graças a esse estratagema, um desejo incestuoso hetero ou homossexual. Mas, forjando para si essa identidade imaginária, quer dizer, identificando-se com o objeto fóbico, o sujeito escapa a toda proibição e torna-se um sujeito não humano que tem a necessidade erótica de um objeto que não é da esfera do desejo, ou seja, da palavra.

Seu desejo realiza-se, assim, aniquilando em si o sujeito da palavra.

A fobia coloca o sujeito em perigo, em razão dos afetos pré-genitais que continuam em atividade. Esses afetos estão, de fato, relacionados com uma zona erógena de necessidade e fragmentam o objeto do desejo. A mãe, por exemplo, massa provedora de necessidades, é o objeto parcial de seu bebê canibal, mas, ao mesmo tempo, objeto de desejo do sujeito na palavra.

É nesse nível que uma criança fóbica se encontra totalmente encurralada. O objeto de seu desejo confunde-se com o objeto da necessidade.

Imaginemos, por exemplo, um paciente que tenha fobia de estátuas. Se, em sua anamnese, descobrimos que existe uma estátua na cômoda do quarto de seus pais, podemos pensar que o sujeito fez o seguinte raciocínio: "Seu eu fosse essa estátua, poderia ter assistido à cena primitiva."

É um belo meio de escapar à castração, mas destruidor do indo-tornando-se desse sujeito.

Em uma fobia de cobra, por exemplo, esse réptil pode ser uma representação inconsciente do tubo digestivo em sua integralidade, cujos polos, de um lado a cabeça com os olhos cobiçosos e a língua bífida, e, do outro, a cauda análoga às fezes, personificam para a criança suas más relações com o adulto tutelar, seja as que dizem respeito à comida e às palavras que a acompanham, seja as relativas ao adestramento e à retirada das fraldas.

A fobia enraíza-se no narcisismo ferido da criança, que a pessoa tutelar não deixou que se exprimisse na época pré-verbal. Só autorizava a expressão das necessidades, e não a expressão, concomitante, do desejo de comunicar-se, ávida de submeter a criança à sua vontade.

Outro exemplo são as fobias de camundongos e ratos. Isso pode ser um desejo de identificação com um objeto de carícias, em uma época em que a criança espiava os adultos e mordiscava para exprimir a intensidade de suas pulsões com relação ao outro.

O substantivo *souris** [camundongo] pode também se referir ao sorriso, vivido como ameaçador, que revela as mandíbulas de um rosto adulto diante de

---

* Em francês, a pronúncia de *souris* [camundongo] é muito semelhante à de *sourire* [sorriso]. [N. da T.]

uma criança, ela própria ainda sem dentição. Todos esses comportamentos mímicos, muitas vezes sem palavras, que a criança observa no adulto, são muitas vezes a razão da ambiguidade da mensagem que ela recebe.

É clássico dizer que o medo de ratos ou de camundongos está relacionado com o medo do sexo masculino. Mas não é bem assim. Essa interpretação se refere apenas ao período de interesse genital da criança. Em análise, não devemos tirar conclusões apressadas com base naquilo que já sabemos. Conheci muitas mulheres diante das quais não se podia pronunciar a palavra "rato" e que não eram de modo algum frígidas, sua feminilidade adulta estava no devido lugar, no que se refere à inteligência, ao coração e ao sexo.

Esse encrave arcaico permanecia, contudo, admitido por elas mesmas e pelas pessoas próximas.

Desconfiemos dos dicionários de símbolos, o simbólico de uma pessoa difere do de todas as outras. E, para cada um, existe um código inconsciente de sua simbólica, que se refere à sua história, bem antes da época de a palavra ser entendida como usualmente no dicionário dos adultos; as formas vivas do corpo, total ou parcial, respondem então por emoções pré-linguageiras elaboradas pela criança bem antes da época do consenso com o outro sobre o significado dessas formas.

Isso resulta, sem dúvida, do fato de o predomínio de uma percepção sobre as outras – olfativa, visual, auditiva, gustativa, tátil – permitir a instalação de uma fobia, isolando essa percepção sensorial e separando-a de sua intricação com as outras percepções.

Na França, por exemplo, é a supremacia do paladar sobre o olfato que nos permite gostar do chamado molho "nouc-mam" (molho à base de suco de peixe apodrecido na salmoura).

Em contrapartida, para as ostras, objeto de tanta repulsa, seu aspecto semelhante ao ranho, ao esperma, ao viscoso, ao cuspe, e o fato de, ainda por cima, estarem vivas, desqualifica o exercício do gosto.

Podemos encontrar muitos outros exemplos em que uma fobia, mais ou menos nociva para o sujeito, refere-se a esse predomínio insuperável de um sentido sobre os outros, que conota a ausência de linguagem no que respeita às percepções arcaicas da criança, percepções que permanecem no adulto.

Vi desaparecer, por exemplo, a fobia de casacos de pele de um menininho de dois anos, propondo aos pais que verbalizassem, para a criança, o interesse dela por seus velos pubianos, seus pelos nas axilas e pela barba do pai. Todos esses pelos intrigavam-no globalmente, mas ele recalcava esse interesse porque nunca lhe haviam falado da diferença entre pelos e cabelos. A esse menino repugnava tocar casacos de pele, mas arrancava os cabelos das outras crianças.

Esse comportamento agressivo desapareceu alguns dias depois que os pais lhe explicaram a diferença e lhe disseram que ele também seria, mais tarde, como o pai, peludo nas axilas e no sexo.

As alergias também não deveriam, por sua vez, ser analisadas como fenômenos fóbicos, como percepções agradáveis ou desagradáveis, sem palavras dadas no momento certo, e que permanecem, assim, sem representação e sem humanização?

As pulsões ópticas, sem cruzamento com as palavras de um terceiro, podem ser geradoras de fobias.

De fato, um sujeito atormenta a si mesmo se só dispõe da vista para apreender alguma coisa. Privado das outras sensações e das palavras de um terceiro sobre isso, só pode imaginar essa coisa de modo aterrorizante.

P.: Sempre sinto um mal-estar quando atendo psicóticos. De onde vem isso?

F. D.: O drama dos psicóticos é que sua relação conosco é deturpada. Diante dos outros seres humanos, não se sentem nem como partilhando da mesma identidade, nem do mesmo sexo, nem da mesma espécie, e, por contaminação, sentimos a mesma coisa.

Por isso projetamos neles que são psicóticos, tanto mais por não utilizarem o código em uso entre os outros seres humanos para se exprimirem. Mas todos nós temos elementos psicóticos em nós. Nosso corpo, por exemplo: é o que permaneceu animal e que não conseguimos falar. Cada vez que temos um distúrbio funcional, trata-se de um distúrbio psicótico. É algo dessa ordem, em todo caso, mesmo que isso não nos torne psicóticos. É um momento em que o ser humano que somos se coloca a serviço do animal ferido, do animal doente representado pelo corpo, e tenta, falando de seu mal, representá-lo para o médico, ou seja, para aquele que entende o corpo e do qual esperamos que nos alivie, fazendo com que esse corpo doido se cale com um pedacinho de "Isso", um remédio.

Quando se diz a um doente que deve fazer psicoterapia, desencadeia-se uma terrível resistência: "Mas, doutor, eu não sou louco, está doendo mesmo!"

"Eu" [Je] não é louco, mas "Eu" [Moi] tem um código perturbado que transtorna o acordo entre "Eu" [Je] e "Eu" [Moi]. Nesse momento, o "Isso", o corpo, é estranho ao "Eu" [Moi], com o qual o "Eu" [Je] quer identificar-se. Efetivamente, o remédio, ou seja, insisto, um pedacinho de "Isso", pode momentaneamente acalmar esse hiato entre o "Isso", que está carente, e o "Eu", reconciliando "Eu" [Moi] e "Eu" [Je] através da mediação de um bom médico, substituto de papai e mamãe confiáveis.

É assim que "Eu" [Je] começa a acreditar na linguagem da medicina e se submete cada vez mais ao poder médico, ao mesmo tempo que se esquiva dele, porque é imprescindível salvar o "Eu" [Je] da identificação ao "Eu [Moi]-Isso". É nesse momento que o médico envia o paciente ao psicanalista.

A respeito da identificação com animais, estava pensando em uma característica comum entre as crianças autistas e os animais mamíferos. Quando um animal machuca um membro ou uma parte do corpo, nunca olha para ela. Os autistas fazem a mesma coisa, ao passo que um ser humano normal observa a parte machucada de seu próprio corpo e, se há alguém perto dele, interroga com o olhar o rosto do outro.

Acho que é o lugar do rosto em nosso corpo que permite que nos olhemos. Para a criança, o rosto dos pais que olham com amor é o espelho de seu corpo em ordem. Ficar com dor no rosto dos pais pode levar uma criança à esquizofrenia. O rosto de uma mãe depressiva é sem dúvida o elemento principal – acompanhado de sonoridades violentas ou gemedeiras vindas desse rosto – da entrada da criança naquilo que se tornará mutismo e, mais tarde, esquizofrenia, ou seja, uma perda de contato e de troca com todos os seres humanos, inclusive consigo mesmo como ser humano.

Lembro-me da primeira sessão de um menino de doze anos, não escolarizado, sem distúrbios agressivos de personalidade, e que apresentava uma expressão perdida e não olhava ninguém.

Perguntei-lhe de que sofria e onde sentia dor. Como não me respondia, pus-me a detalhar seu corpo e seus órgãos da cabeça aos pés, perguntando-lhe se sentia dor ali. Mas ele não respondia e continuava mantendo a mesma expressão perdida, balançando a cabeça para a direita e para a esquerda, com os olhos no teto, os braços afastados do corpo, as pernas também.

Diante dessa não resposta, arrisquei: "Talvez você sinta dor de alguém?" Imediatamente, o menino uniu os braços e as pernas, inclinou-se para me olhar nos olhos e me disse, com convicção: "Oh! Sim, senhora, sinto dor de pai."

Eu me perguntava, junto com ele, como, por que e desde quando sentia dor de pai. Propus-lhe um pagamento simbólico para cada uma das sessões durante as quais ele viria estudar o problema comigo: "Oh! Eu quero sim", ele disse. O que firmou sua entrada em psicoterapia.

P.: Como você teve essa ideia?

F. D.: A aparência desse menino exprimia como se sentia pouco a vontade no espaço, evitando olhar e tocar o que quer que fosse, sentar-se e andar. Mas, além disso, parecia sentir-se mal no próprio corpo, mal na própria pele, como se diz. E, de qualquer jeito, quando uma criança é levada por um adulto tutelar para falar com esse ser esquisito que é o psicanalista, ela deve estar realmente sofrendo. Mas sofrendo de quê? Nisso estava a dificuldade, já que esse menino era totalmente impassível, quase mudo em família e nas diferentes instituições de assistência nas quais acabara de passar quatro anos.

Foi encaminhado para mim pela psicóloga do lugar em que fora atendido regularmente em psicoterapia duas vezes por semana durante três anos, e com a qual não se estabelecera nenhuma transferência. Provavelmente ela não entendeu que o menino ia na terapia por ela. Posteriormente, quando lembrei a ele o tempo passado com essa senhora, ele me respondeu: "Não, não, eu nunca fiz psicoterapia, era uma senhora que gostava de brincar com as crianças, mas eu não gostava."

Antes do tratamento, ele também nunca tivera nenhuma gripe, nenhuma doença infantil, exatamente como as crianças autistas. Pouco depois do início da psicoterapia, pegou uma rinofaringite, primeiro tributo pago à adaptação à sociedade dos humanos. Aliás, o pai, com quem eu tinha conversado sobre o filho, nada mais pudera me dizer além de: "É um marciano!"

E, de fato, ele não se sentia de nossa espécie. É isso que nos faz achar que esses seres não estão na linguagem. Eles estão, mas a linguagem que lhes é falada não corresponde ao que teriam a dizer. O que teriam a dizer, eles expressam por seu comportamento e seu *habitus*.

As crianças esquizofrênicas que chamamos de marcianas não estão nem no nosso tempo nem no nosso espaço. São sujeitos desarticulados de seu "Eu" [Moi], que não foi construído na sua relação com os adultos. São "Eus" [Je] presentificados por um "Isso" corporal sem trocas, que se defendem dos outros humanos ignorando-os. Sempre há sofrimento, apesar de muitas vezes denegado, talvez porque o sofrimento dos pais seja tal que a criança evita se mirar em seus rostos dolorosos.

Os pais dos esquizofrênicos também têm dor do filho neles, e dizem essa dor projetando sobre ele sua incompreensão. Estranhos ao contato com essa criança, os pais se sentem contaminados de estranheza e, por sua vez, se se comunicassem com ele, perderiam seu equilíbrio frágil. Diante dele, sua maternidade é doente, e sua paternidade é dor.

O que é também muito curioso é o sentido extremamente acurado do espaço nas crianças autistas, como nos animais. Uma criança autista raramente tropeça em um obstáculo, ao contrário das crianças de sua idade, apesar de parecer não ver nada ao seu redor.

P.: Atendi uma criança que saíra do autismo e que me explicou que, agora, pegava todas as doenças, porque, antes, seu corpo era de ferro, e me mostrou um fio de ferro.

F. D.: Ferro me faz pensar na palavra "fazer"*, que muitas mães usam quando os filhos ficam doentes. Seus filhos lhe "fazem" uma angina: "Ele me fez uma gripe, ele me fez um sarampo**, dizem elas. A utilização do verbo "fazer" conota também o cocô. As crianças autistas estão em tal situação com suas mães que, justamente, não lhes "fazem" nada. Nenhuma doença. Quando deixam de ser autistas, fazem doenças, talvez por já não terem um corpo de ferro. Talvez haja algo a ser entendido, nessa alternativa, mas não sei o que dizer além disso.

P.: Um dia, você começou a desenvolver o significado simbólico das anginas.

F. D.: Sim, mas o fato de ter anginas repetidas é completamente diferente. Enfim, nas minhas análises, sempre constato o surgimento de anginas no mo-

---

* As palavras francesas *fer* [ferro] e *faire* [fazer] são homófonas, daí essa associação. [N. da T.]

** Em português, diríamos "pegar": "ele me pegou uma gripe", "ele me pegou um sarampo". Optou-se por deixar o verbo "fazer" para não descaracterizar a analogia, acima explicitada, entre *fer* e *faire*, elaborada por Françoise Dolto. [N. da T.]

mento em que o paciente está trabalhando a época oral, pois a angina é uma reação ao abandono. Acho que é um sintoma exprimindo o desejo do sujeito de chamar alguém que não virá. A garganta aperta justamente no momento em que gostaria de chamar essa pessoa ausente. É um sofrimento de abandono.

Pelo menos, foi o que aconteceu diversas vezes na transferência de vários pacientes comigo, o que deve estar sempre sujeito a confirmação, já que isso acontece em uma relação particular intertransferencial, em que minha pessoa representa um papel que escapa à minha análise.

Aliás, só podemos começar a dizer que um sintoma é indicativo de uma coisa precisa, em dada época, quando se reproduz com muitos analistas. Nesse momento, é possível dizer que homens e mulheres, com histórias diferentes, respondem por um mesmo sintoma, em dada situação, em dada época.

No que diz respeito às otites, muitos pediatras constataram que as crianças frequentemente as contraem por não entenderem certas palavras. Quando é possível remontar ao que aconteceu, muitas vezes descobrimos que se trata de palavras que tocaram esse pequeno ser humano em um ponto extremamente sensível de sua estrutura amorosa ou amante e que essas palavras podem ter entrado em conflito com o ser amado daquele momento.

17

Como se constitui o duplo, esse outro em nós mesmos – A formação dos diferentes pré-Superegos – A formação dos diferentes pré-Egos – A entrada no Édipo – Aborto e ideal do Eu – Deformação da estrutura nos desenhos infantis – A inquietante estranheza ou o encontro do duplo no exterior.

P.: Quais são os efeitos de um duplo mal constituído em um indivíduo?

F. D.: O duplo é o outro em nós mesmos que se parece conosco como um irmão. Esse espelho de segurança interior, graças ao qual temos a certeza de sermos o mesmo no espaço e no tempo. Quando nos falta essa segurança, somos obrigados a suprir esse espelho, tornando-nos o objeto parcial de indivíduos reais. Ou seja, somos obrigados a atribuir a certas pessoas, amigos, parentes etc. o papel de espelho de nós mesmos.

O duplo é construído já na primeira infância segundo uma dialética do outro, em geral a mãe, nos olhos da qual a criança se mira como estando conforme ao que a mãe espera dela. Efetivamente, a criança começa a desejar vendo o rosto da mãe. Para a criança, o duplo é o "Eu-Você".

Seu rosto é, essencialmente, o rosto da mãe.

O duplo se constrói graças à situação triangular que geralmente existe entre a mãe formando um casal com o pai e o filho deles. Essa situação permite que o bebê se pense, já que, identificando-se com a mãe[9], ele pode se referir a uma outra pessoa. É ainda melhor para ele quando a mãe o introduz em suas conversas com as pessoas de sua convivência. A situação triangular é não apenas observada, mas também vivida pelo bebê. Ele participa dela como sujeito válido para os dois outros sujeitos, e não como objeto do discurso deles e sujeito reduzido ao voyeurismo e à escuta.

Seu corpo pode ser um objeto de conversa com essas outras pessoas, exatamente como ele vê a mãe servir-se dele como objeto de diálogo e de fala com o outro. Ele entra realmente na dialética do duplo.

Este último se constrói igualmente em relação estreita com o narcisismo de base, completamente inconsciente e que não tem nada a ver com o narcisismo secundário que nos permite reconhecer nossa cara no espelho ou estudar os efeitos de um sorriso comercial no outro.

O duplo produz efeitos consideráveis. Graças a ele, temos o poder de permanecer íntegros no cotidiano e até no sono, e de nos encontrarmos, ao des-

---

9 As mães que rejeitam ou abandonam os filhos são as que não podem se identificar positivamente com as suas relações com os próprios pais, quando eram crianças. Cuidar de uma criança supõe, de fato, uma introjeção inconsciente de boas relações tutelares.

pertar, prontos a colaborar e a ser cúmplices do espaço e do tempo que havíamos abandonado ao adormecer. Ele nos assegura nossa continuidade através de nossos diferentes estados.

P.: O duplo não seria o que um indivíduo sempre busca como referência a um outro? Estou pensando em uma mulher que me dizia que sua vida partia-se em mil pedaços, que vivia instantes separados uns dos outros, sem elos, sem referências, se não tivesse um outro com quem partilhá-los.
Em sua infância, a única personagem que desempenhara esse papel fora uma avó muito autoritária, à qual, na falta de coisa melhor, ela recorria em seus momentos de desamparo. Essa avó me parece mais uma personagem imaginária...

F. D.: Nos valores que essa mulher está buscando, a avó talvez seja imaginária, mas, no espaço e no tempo, ela realmente existiu. Ela foi efetivamente um corpo que deve ter-lhe permitido e ainda lhe permite viver uma situação triangular, conciliando-a com seu duplo. Esse duplo inconsciente é necessário para que exista uma situação triangular, sem o que nos encontraríamos na situação de uma palavra delirante, em diálogo com nós mesmos.
Com muita frequência, constatei que as crianças às quais faltava esse duplo inconsciente tinham pais incapazes de dizer "Nós" ou "Eu" e só usavam sujeitos indeterminados. Fazem isso, fazem aquilo, pensam que etc. Se eu os faço explicitar o que representa esse sujeito indeterminado, ele pode ser "Eu" ou " Nós", ou o médico, ou a parteira, a segurança social, a professora... Os pais não parecem estar implicados nesse sujeito indeterminado, mas submeter-se a ele, deixando-se assimilar pela multiplicidade que sugere esse sujeito indefinido.
Na minha opinião, falta a esses seres a estrutura básica indispensável para poder dizer "Eu". Acham-se emaranhados em seu duplo inconsciente, que os obriga a sempre associar sua mulher, o grupo, ou qualquer outra coisa assim em seu dizer.

P.: Uma gêmea que sempre se expressa no sujeito indeterminado levou um ano de terapia para dizer "Eu". O que você acha?

F. D.: É exatamente o problema da não castração do outro. Quer se trate da dependência da criança com a mãe, com a avó, com uma irmã ou um irmão, é essa não castração que impede a criação do duplo inconsciente e faz com que ele se torne persecutório. Em termos freudianos, é mais ou menos isso o duplo persecutório, mas não o "Supereu" persecutório ou mais exatamente o pré-Supereu persecutório. Este último parece ter se constituído a partir de uma zona erógena eletiva, no estágio precedente, pronto para entrar em ação no corpo, no espaço e no tempo do sujeito, como um objeto parcial dessa zona erógena imaginada, pertencente a um período já caduco.

Por exemplo, no estágio anal, ou seja, no momento da motricidade e do fazer, em que ocorre a conquista do corpo no espaço, o pré-Supereu aparece em alguns desenhos como uma garganta dentada passeando no ar. Está pronta para lançar-se sobre o sujeito no exato momento em que ele está desejando fazer uma experiência que o fará alcançar uma etapa superior, permitindo-lhe identificar-se com o pai, a mãe ou um irmão mais velho.

Nessa época, a proibição de transpor as etapas é vivida sob a forma de uma garganta devoradora, que se objetiva nos sonhos infantis e nas situações em que a criança deseja fazer um ato proibido.

Por exemplo, ela gostaria muito de comer o doce proibido, aproxima-se da guloseima, mas cruza rapidamente os braços atrás das costas, pressentindo que suas mãos vão pegar o doce e que uma boca cortante, emergindo do doce, pode cortá-las. O pré-Supereu cortou assim uma imagem do corpo funcional que teria satisfeito a criança.

Exprimindo de outro modo, o sujeito se põe a desejar, seus olhos namoram a guloseima, sua boca começa a salivar, sensorialmente ele é um ser desejante, mas o gesto que permitiria satisfazer esse desejo (da ordem da libido anal, já que se trata de um fazer) é proibido por uma zona erógena arcaica (representada pelos seres que não falam, como os tubarões, o peixe, o lobo, o tigre, o leão).

Isso desdobra a criança em uma parte desejante – o que, nela, resta de oral – e uma parte anal – a execução –, que é a proibida e cuja zona erógena preensível, as mãos, é ameaçada de mutilação por uma zona erógena oral, pertencente ao objeto desejado e, assim, a um período já caduco.

Um duplo favorável reconhecerá a validade do desejo, e a criança poderá falar dele. Mas, se o duplo se colocar do lado da zona erógena arcaica, a criança não poderá partilhar o dizer de seu desejo com seu duplo e regredirá, assim, na não representação de seu desejo.

Outro modo de enfrentar isso pode consistir, para a criança, em fragmentar-se, suas mãos fazendo o ato quase à sua revelia[10].

Em contrapartida, se outra pessoa, mesmo proibindo a realização desse desejo, reconhece contudo sua validade, ela permite à criança continuar a se sentir dinâmica desejando. Dando-lhe, ao mesmo tempo, os meios de entender as razões de adiar a realização de seu desejo. Mas, se o próprio desejo é culpabilizado, as pulsões em jogo nesse desejo já não são válidas em nenhum nível e colocam em perigo a própria integridade do corpo em sua realidade imaginária, donde a impossibilidade de sublimar essas pulsões.

Uma nova incitação do desejo só pode então implicar uma fobia, em vez de reforçar a linguagem do desejo e permitir o aprendizado do código técnico que leva à satisfação. Ou seja: "Quanto tempo é necessário, e como fazer?"

Voltemos à constituição do pré-Supereu. Ele se constitui a partir de uma zona erógena do estágio anterior.

---

10 E, pega em flagrante, ela nega sem mentir. "Não fui eu. – Não, não foi você, foram suas mãos. – Sim, porque 'eu' [je] não queria." (Nem o eu nem o eu [je], mas o isso queria.)

No estágio oral, essa zona erógena é dental. No estágio anal, ela é dejeto. No estágio genital, a zona erógena imaginada como exercendo o papel de pré--Supereu é fragmentadora quanto ao objeto parcial peniano, mas é substituída pela pessoa inteira do sujeito, e o pré-Supereu anal pode principalmente entrar em ação contra o sujeito perante os outros. Pode fazê-lo perder a honra ou a face. Isso se torna um risco narcísico, no limite, total.

Estou tentando explicar a vocês, segundo a forma que o perigo assume, como determinar, durante um tratamento, em que estágio constitutivo do Supereu o sujeito se encontra. Seria, por exemplo, o corpo inteiro que estaria ameaçado? Ou apenas algumas de suas partes, que se tornariam objetos parciais necessários ao funcionamento de zonas erógenas já superadas?[11]

P.: Como se constituem então os diferentes "pré-Egos" oral, anal e genital?

F. D.: A criança que sublima bem as pulsões orais depois de ser desmamada está no prazer das palavras utilitárias e lúdicas. Tem uma boca para falar. É o "pré-Eu"[12] predominantemente oral ou a segurança dependente da plenitude e do fato de ter reservas.

Assim como a criança que sublima bem as pulsões anais depois de ser desmamada está no prazer do agir utilitário e lúdico: tem mãos para fazer.

Fala com todo o meio ambiente e sustenta a vida imaginária na ausência de um interlocutor, através de seu agir no espaço com seu corpo. Na deambulação, andando, subindo, descendo, e pela manipulação.

A criança que constituiu esse primeiro "pré-Eu" oral ainda não estará na idade de se misturar com outras crianças se a pessoa tutelar não a iniciar, no momento de sua troca lúdica de palavras, à manipulação, pelo puro prazer, de objetos correntes, mediadores de sua relação: a limpeza, a cozinha, os brinquedos... E isso até antes do controle esfincteriano.

É esse apelo ao domínio do espaço pelo corpo, dos objetos pelas mãos e da utilização do meio ambiente para o prazer, acompanhado da linguagem verbal, que sustenta, na criança, a transformação das pulsões anais brutas (interesse apenas pelos excrementos) em uma atividade já cultural e humanizadora.

Em seguida, o espaço torna-se narcísico, já que a criança sabe divertir-se nele, e os outros tornam-se interlocutores de palavras e de jogos nas atividades práticas.

O desinteresse pelos excrementos faz com que ela se interesse pelo que permanece especificamente erótico na pélvis, ou seja, o sexo.

É através dessas questões que dizem respeito ao sexo que a criança entra no pré-Eu genital que leva ao Édipo. As pulsões orais e anais, castradas do desejo

---

11 Na linguagem: abaixar os olhos, enrubescer, esconder o rosto ou esconder a boca – sentir vergonha de si mesmo, daquilo que o desejo faria dizer. Ao contrário, cabeça erguida, assumir o risco do próprio desejo: ser impetuoso, ousar.

12 É a partir do momento em que a criança diz "Eu" que se pode falar de pré-Eu.

de interessar o corpo do adulto tutelar e de transformá-lo em seu objeto complementar, encontram nesse adulto um companheiro de suas sublimações. O adulto torna-se o companheiro com quem se fala, com quem se age e com quem se trabalha.

O pré-Eu genital apoia-se nessa camaradagem para apreciar a diferença dos sexos. O Supereu anal já não é, nesse momento, representado por uma imaginação de zona erógena cortante que pertenceria ao adulto tutelar, possuidor do objeto proibido, mas torna-se o valor lúdico e utilitário do órgão genital. É a idade do "para que serve isso?", subentendido: "Serve para o prazer do possuidor desse sexo."

Mas a descoberta da procriação dá um sentido anal produtivo ao que a criança acredita ser um funcionamento. Seu desejo, encantado, tende ainda para os prazeres orais e anais. Ela está então em plena interrogação, já que renunciou ao prazer das zonas de necessidades.

Parece-lhe então contraditório imaginar o desejo de relações genitais nesses lugares risíveis ou desprezados: "É nojento fazer isso ali", diz a criança para si mesma.

São a estima e o amor pelos pais que estão em jogo no conhecimento, pela criança, da vida genital deles.

É por esse motivo que os pais que se lembram mais ou menos de seu próprio nojo de criança imaginando o coito tentam retardar, nos filhos, a descoberta da genitalidade que vai além da funcional, de objetivo procriativo: ou seja, seu desejo e seu prazer em fazer amor.

Temem, efetivamente, deixarem de ser respeitados pelos filhos. O que prova que os pais se projetam na prole, a qual presentifica uma parte de seu narcisismo que eles têm medo de perder.

P.: Na idade do valor das formas, como a diferença dos sexos é sentida no menino e na menina?

F. D.: Tanto para a menina quanto para o menino, na idade a que você se refere, o pênis, ereto ou não, é uma forma visivelmente localizada em um lugar que todos sentem como um lugar de desejo e para o qual o menino possui um objeto parcial – o pênis – que significa a presença e a vitalidade desse desejo. A menina, ao contrário, não tem nada que permita visualizar uma forma aparente no lugar de seu desejo. Ela se pergunta por que o menino possui uma tão bela torneira-pipi e ela não. Se o adulto não responder às suas perguntas relativas ao órgão masculino entrevisto, ou mesmo à sua reivindicação do desejo de ser um menino, a menina dará a si mesma a explicação: ela não o mereceu, e é caca falar disso.

Por que caca? Porque, durante a defecação, o prazer anal sentido, prazer fálico transitório, deixou-lhe na memória a impressão de ter sido prolongada por um pequeno rabo instantaneamente desaparecido, e reproduzir esse prazer, perenizar essa sensação, seria proibido. É por isso que a inteligência de sua sexuação e de sua integridade corporal total, à imagem de todas as meninas e de todas as mulheres do mundo, deve ser-lhe proporcionada pelo adulto tutelar.

Ela deve entender que não se trata de um lugar de excrementação, de necessidade acompanhada de prazer, na altura da pélvis, mas de uma região do corpo dedicada ao desejo entre pessoas para um prazer recíproco a se dar; que seu crescimento lhe permitirá descobrir sua sexuação, seu desejo e seu prazer sendo tão válidos quanto a sexuação de seus amigos meninos.

P.: Como acontece a entrada no Édipo propriamente dito?

F. D.: Quando uma criança renuncia, pelo desmame, à relação de boca a seio com a mãe e, depois, ao colo e à relação de seu corpo com as mãos da mãe pelo andar e controle esfincteriano, nesse momento, ela deseja identificar-se com a pessoa – pai ou mãe – do mesmo sexo e ter as satisfações eróticas do casal parental.

Ver e entender o que acontece no quarto conjugal torna-se importantíssimo. Todos os sentidos da criança estão de prontidão para captar a menor ocasião, extremamente prazerosa para ela, de se imiscuir na vida do casal parental. Essa excitação, provocada pelas pulsões edipianas, traduz a exacerbação de pulsões homossexuais rivais e heterossexuais amorosas.

Esse conflito de pulsões é especificamente edipiano. É o período de frases como as seguintes, tanto nos meninos quanto nas meninas: "Detesto o meu pai, ele é um banana. Da minha mãe eu gosto..." Ou ainda: "Passando por todas as barricadas, quero ir para a prisão com ela, quero fazer o proibido por ela." Ou, nas meninas: "Todo o proibido, meu pai um dia deixará eu fazer. Mas eu não vou poder esperar, é difícil demais."

Essas tensões contraditórias das pulsões da criança na fase edipiana sempre provocam distúrbios funcionais ou de personalidade.

A paz necessária a um crescimento sadio, tanto mental quanto psicossocial, exige a renúncia às pulsões genitais dirigidas aos corpos atraentes ou repulsivos dos pais ou dos membros da frátria.

A integração da proibição do incesto é o Supereu genital. Este último já não é uma zona erógena e se desprende do corpo da criança, que começa a considerar seus próximos como pessoas na sua realidade social, às quais se reconhecem desejos que já não têm o sujeito como objeto preferencial.

Subsiste, contudo, uma dupla dificuldade, uma das quais vem das crianças: sendo ainda dependentes dos adultos, as crianças acham que eles são superiores por possuírem um saber diretamente utilizável por ela, quando, na verdade, os adultos só são superiores por possuírem o conhecimento do que experimentaram. A outra dificuldade vem dos adultos, que têm tendência a se acreditarem donos das crianças, que devem, segundo essa lógica, proporcionar-lhes prazer e honra. Imaginam-nas excessivamente como uma duplicação de si mesmos quando crianças e, por isso, têm tendência a fazê-las repetir, com eles, os modos de relação que seus próprios pais lhes haviam imposto.

Essa educação calcada em um modelo de vinte anos atrás aliena a criança na relações de sua faixa etária. Visa a culpabilizar a alteridade radical do sujeito criança, que não dá prazer aos pais. É nesse momento que o Supereu inculcado pelos pais se torna neurótico, já que está a serviço de um pseudoideal do Eu incestuoso ou de um objetivo inculcado, literalmente incestuoso, a saber, o prazer a ser proporcionado aos pais.

A zona erógena do Supereu neurótico edipiano é a pessoa integral do pai ou da mãe. Esse Supereu será ainda mais patológico se os adultos não estiverem envolvidos um com o outro de modo satisfatório.

Nesse caso, na criança, os interditos de seu desejo são representados por pais frustrados de prazer, aos quais ela deveria, renunciando à experiência de seu próprio prazer, entregar-se em oblação.

Na realidade, o Supereu visa a manter um interdito necessário para a vida, mas, inversamente, ele impede de viver. Qual é, então, a natureza desse interdito superegoico e como se manifestam essas interdições?

Quando não há interdito, existe uma devoração ou uma rejeição, a podridão vai corromper a zona erógena que deseja no corpo do sujeito. Este último deseja de fato satisfazer um encontro interpsíquico, mas efetua-o pela intermediação de seu corpo. É a zona erógena envolvida que será eliminada como responsável pelo desejo, por ser o lugar mediador quando, de fato, era o sujeito que desejava. Como a castração simbólica não foi efetuada, a zona erógena acaba sofrendo uma mutilação. Será agredida pela podridão, pela morte, pelo corte, pela rejeição ou pela destruição por queda, como o cocô. Uma queda que pode ser real no espaço do esquema corporal, no organismo, como as doenças psicossomáticas ou como as lesões por agentes estranhos, que se instalam em uma zona desvitalizada pelo Supereu. Mas também uma queda que pode ser metafórica, como o pecado, por exemplo. Ou seja, a denegação da face humana de um indivíduo, face que é o suporte modelo do sujeito do desejo. Poderíamos também dizer que é como se o sujeito já não tivesse espelho interior para se ver humano. E aqui voltamos a encontrar o duplo.

Vamos supor que vocês se olhem em um espelho e não se vejam. Vocês entrarão em pânico e voltarão a uma imagem de vampiro que assinala a ética do estado fetal. Essa ética espreita, no momento do Édipo, o sujeito que não consegue se tornar um igual do pai, um rival na conquista das mulheres, exceto da mãe e das irmãs. Assim, é nesse momento que pode já não haver duplo e que se ver no espelho é tão importante.

Do mesmo modo, o horror da boca desdentada, a partir da qual o Édipo pode realmente ser vivido, já que a criança vê um enorme buraco em sua boca, em vez de seu sorriso habitual. O menino, por exemplo, já não pode contar com o rosto para rivalizar em sedução com os adultos, nem com seu sexo glabro, comparado àquele mais potente e mais fornido de seu pai.

De fato, não podendo contar nem com seu rosto nem com seu sexo, ele toma consciência de que o sujeito nele é bem mais que o corpo, e percebe que lhe resta a inteligência e o acesso à comunicação com os outros pela linguagem.

Muitas crianças não sabem que novos dentes nascerão, pois ninguém teve a ideia de contar a elas. É uma grande aflição, e a criança, vivendo seu rosto como uma máscara de bruxa, pode regredir por não ter uma imagem valorosa de si mesma. Exceto se tiver constituído um duplo interior que não é nem o Supereu, nem o Ideal do Eu, nem o Eu Ideal, e que lhe proporcione reconforto, permitindo-lhe dizer a si mesma, por exemplo: "Eu e eu estamos de acordo em considerar que não somos tão feios assim."

Precisamente, os seres que têm um duplo exterior encarnado em uma pessoa física não conseguem construir um duplo para si mesmos. O filho lhes serve de duplo e é por isso que este se torna, em geral, psicótico.

P.: Depois do Édipo, quais são então os guardiões do Eu? Quem substituiu o pré-Eu e sua dialética afetiva?

F. D.: A partir do Édipo, o guardião do Eu genital do indivíduo é ao mesmo tempo um Ideal do Eu inconsciente da fecundidade, da responsabilidade por seus atos e suas palavras diante do grupo e da ética familiar introjetada; mas também uma possível ameaça superegoica anal, enquanto todo sujeito é também objeto de um conjunto de outros sujeitos que podem interpretar seu comportamento por projeções.

O Ideal do Eu genital é também acompanhado por um Supereu de onipotência parental, que produz no adulto pai ou mãe um sentimento de culpa quando o filho sofre.

Daí advém a confusão entre responsabilidade e culpa, tão frequente nos pais de hoje.

Esquece-se, contudo, que é o feto que pede para nascer, em concordância com os adultos. Sustentar os fetos no seu desejo de encarnar assim como no seu desejo de, um dia, morrer é o dever de assistência desses adultos para com as gerações futuras. Atualmente, parece que esse dever de assistência confunde-se com a proibição da doença e da morte.

A notícia de que uma criança virá ao mundo parece ser vivida como a notícia de uma doença. Vou dar um exemplo concreto. Atualmente, quando uma criança anuncia-se de modo imprevisto para um casal de amantes, o homem, mais frequentemente que a mulher, reage a esse evento com uma angústia superegoica anal que se traduz no desejo de matar o feto, como se este desvalorizasse seus coitos de amor com essa mulher.

Essa reação é nova e está de acordo com a evolução das mentalidades.

Evidentemente, como antigamente, o futuro nascimento de uma criança reatualiza o fato de uma mulher ser completamente diferente de um homem e remaneja a castração primária.

Mas, em contrapartida, o que é novo, hoje, é que a alegria de dar uma promessa de descendência à mulher amada parece dar lugar à angústia de um sentimento de responsabilidade genital e conjugal, que se traduz por uma espécie de proibição de pôr no mundo um ser humano nesse planeta poluído, violento e apocalíptico.

Antigamente, pensava-se na vida assim que uma criança anunciava-se, agora, pensa-se na angústia da morte para essa criança em devir que representa o amor dos pais. O futuro pai é enredado em um conflito de responsabilidades que o faz muitas vezes fantasiar deixar essa mulher que ele tornou mãe, ou pedir-lhe, como prova de amor, para abortar essa criança, futura imagem viva de seu amor vivo.

Seria o mecanismo Gribouile* que estaria em ação? Morrer antes de nascer, para não ter que morrer nesse final de século insuportavelmente angustiante!

Talvez a angústia superegoica anal prevaleça sobre o Ideal do Eu genital por causa da legalização do aborto. Uma multa simbólica de cem francos, por exemplo, para criar uma dívida de aborto amortizável em alguns anos seria sem dúvida desejável, para cada mulher que praticasse um aborto.

Ao contrário, atualmente a intenção é tornar esse ato gratuito tanto para os casais como para as mulheres sozinhas.

O aborto gratuito, do ponto de vista social, é uma boa coisa, mas ter que pagar uma multa, do ponto de vista simbólico, ajudaria a preservar o Ideal do Eu genital da mulher. Pois toda mulher se mutila simbolicamente em um aborto.

O que não quer dizer que esse sacrifício assumido voluntariamente por uma mulher não possa ser o efeito de seu senso agudo da responsabilidade genital. As mulheres, para quem o aborto corresponderia verdadeiramente a esse Ideal do Eu genital em ação, entenderiam perfeitamente o efeito salvador dessa multa simbólica exigida pela sociedade.

P.: As histórias de anjo da guarda não estariam relacionadas com o duplo? Quando eu era menina, os anjos da guarda me perseguiam.

F. D.: Nesse caso, o anjo da guarda estava dialetizado no anal, era como um pum fedido que ameaçava você. Os anjos da guarda são muito cagões. Podem também ser deliciosamente perfumados. São hálitos suaves ou pestilentos. Tudo depende de como se situa nosso sentimento de culpa com relação a essas questões de cheiros. No folclore universal, os anjos da guarda são orelhas à escuta de Deus, e acho que isso se relaciona com o problema do duplo. De acordo com a natureza dos primórdios da relação da criança com a mãe, o duplo elabora-se a partir de um narcisismo basal que proporciona segurança ou atemoriza. E eu gostaria de explicitar que esse duplo inconsciente se constitui com relação a um espelho das intenções, que não é o espelho dos comportamentos aparentes. Nos indivíduos em que ele é atemorizante, existe a busca

---

* Gribouille é uma personagem do conto *La soeur de Gribouille* [*A irmã do inocente*], da condessa de Ségur, e caracteriza-se por uma inocência que se confunde com a tolice e que o leva a atitudes e pensamentos incongruentes. Por exemplo, para proteger da chuva sua roupa nova, ele mergulha em um rio. [N. da T.]

desse outro – o duplo – obrigatoriamente exterior. É isso que torna essas personagens tão frágeis.

P.: O que acontece nos casos de dois gêmeos que veem seu duplo no outro gêmeo?

F. D.: Cada gêmeo tem seu duplo interior que não é sua irmã ou seu irmão gêmeo. Mas, evidentemente, o fato de ter um gêmeo abala a confiança de cada um na construção de seu próprio duplo interior, porque cada um representa para o outro a cena primitiva. Por um lado, o gêmeo é a testemunha viva, para o irmão, da existência da placenta, por outro, é o representante da cena primitiva inicial da vida de ambos, ou seja, o representante do pai e da mãe e testemunha do coito inicial na concepção do outro.

Mas os gêmeos sabem muito bem que cada um deles existe para os outros no espaço como corpo, ao passo que o duplo não existe no espaço físico.

P.: A rivalidade fraterna pode ser entendida a partir desse conceito de duplo?

F. D.: Não à primeira vista. Talvez ela esteja, contudo, articulada a esse conceito de duplo, uma vez que cada um de nós deve definitivamente matar a parte de nós mesmos menos desenvolvida que aquela que prevalece no momento atual em que nos encontramos. É preciso mandar, para o passado irreversível, o agir imediatamente terminado. É essa morte contínua que devemos assumir para não ficarmos neuróticos. A neurose é justamente o fato de não deixar morrer tudo o que já caducou: num ponto extremo significa, no final das contas, congelar tudo, para interromper o curso do tempo. Mas a passagem do tempo faz com que, por exemplo, a criança que já aprendeu a andar deva definitivamente desprezar a criança que ainda não consegue ficar em pé e, assim, matá-la em si mesma. O passado em nós deve ser morto. Matar sendo entendido no sentido de não voltar a ele, de não se identificar com ele como a algo válido. Graças a isso, o duplo interior pode continuar a existir, pois o duplo é um auxiliar do desejo ligado à manutenção do narcisismo de base, que permite conservar uma promessa de desenvolvimento com relação a si mesmo[13].

P.: Não podemos dizer que, em uma família, quando um primeiro filho morre cedo, o segundo, que o segue, terá por duplo o espectro do primeiro?

---

13 É o que dizem, o tempo todo, as crianças, quando repetem: "eu já sou grande", mesmo quando isso ainda não é verdade, porque ainda fazem cocô e xixi nas fraldas, por exemplo. Não devemos dar bronca, porque elas têm realmente um Eu ideal de controle, que veio em parte, nesse caso, do fato de os pais desejarem que elas tirem as fraldas. Como a criança não pode alcançar o tempo todo esse Eu ideal, ela tenta identificar-se com ele, desprezando aquilo que, nela, é incontinente. O importante é falar com a criança para que ela não se despreze, explicando-lhe que ela vai conseguir se controlar e que não é culpa dela se ainda é incontinente, é a condição infantil de seu corpo.

F. D.: Não se trata de um fenômeno de duplo, mas de uma parasitagem que começará já na vida fetal. A criança morta é, de fato, fantasiada pela mãe grávida como o terceiro, como o duplo do pai, ocupando pois o lugar do pai. É o que exprime a mãe quando se lamenta, falando do bebê que irá nascer: "Ah, ele não o conhecerá!" A morte está presente a cada vez que a mãe fantasia seu bebê que irá nascer. Este último se sente, pois, incestuoso de um morto.

Fiz observações espantosas a esse respeito em crianças psicóticas.

P. (homem): É ainda pior quando o recém-nascido recebe o nome do falecido!

F. D.: Sim, nesse caso, evidentemente, é um desajuste do duplo, já que ele é imposto pelo nome.

P.: Foi o caso de Vincent van Gogh, cujo irmão mais velho morto chamava-se também Vincent. Todos os domingos, levavam o futuro pintor à tumba do irmão mais velho, na qual ele podia ler: "Aqui está enterrado Vincent van Gogh."

F. D.: O extraordinário, no caso de Vincent van Gogh, o pintor, foi que seu irmão Theo foi um verdadeiro contrapeso, um irmão incondicional, um sustentáculo e um duplo, confiante nele, Vincent. Entretanto, isso não impediu Vincent de buscar em outras pessoas, na realidade, a encarnação do duplo interior que lhe faltava. Todas as vezes, evidentemente, deu com falsos irmãos que lhe desejavam o mal. Gauguin, particularmente.

Gostaria de dizer uma palavra a respeito dessa noção de desajuste. Penso que nossa estrutura é axial, é como um fio em nossa história, de nossa concepção à nossa morte. A saúde consiste em poder se manter inconscientemente nesse eixo e em poder regressar nos momentos de cansaço, sem ser apanhado por desajustes laterais. É uma ideia que me veio dos desenhos infantis. Vocês conhecem a casa à qual dei o nome de "Casa de Deus", sem saber que uma das cartas do tarô era assim denominada*. Quando a criança engendra a possibilidade geométrica dessa casa, está na idade em que se acredita o centro e o senhor do mundo. É Deus, sente-se assim. Curiosamente, alongando-se, essa casa se torna o campanário das igrejas e, encolhendo-se, uma casinha de cachorro[14]. É a ilustração perfeita do adágio segundo o qual "quem quer se mostrar anjo se mostre animal..."**. Aliás, a criança que permanece nessa etapa de sua evolução e de sua ética megalomaníaca continua a fazer essas casas.

O que vocês podem verificar, por exemplo, nos obsessivos de treze a quatorze anos. Eles desenham essas casinhas em todos os cantos, assim como inscrevem em todos os lugares a assinatura do pai. Ao mesmo tempo que se

---

* Essa carta, o XVI arcano do tarô, é mais conhecida em português como "A Torre". [N. da T.]
14 Ver desenho (a), p. 97.
** Pascal, Blaise. *Pensamentos*, trad. Mário Laranjeira, São Paulo, Martins Fontes, 2000, p. 279. [N. da T.]

fazem de cachorro, fazem a assinatura do grande senhor. São completamente perdidos e acabam bancando os imbecis na realidade.

Bom, mas essa casa pode ter um teto, que é representativo de um início de pré-Supereu.

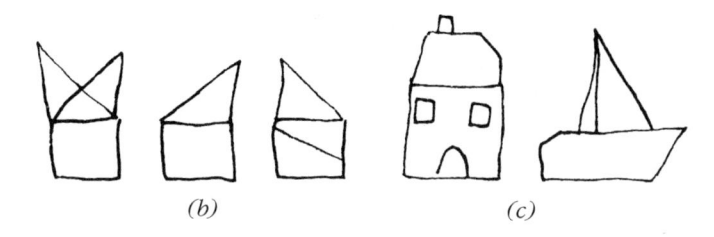

(b)   *(c)*

Vemos desenhos infantis nos quais o teto não está alinhado com o eixo da casa[15]. O que significa que não existe eixo entre Você e Eu articulando-se em um código seguro. A criança não sabe como agir para manter sua relação com o outro. É o desajuste típico do pré-Supereu de uma criança confiada a pessoas sucessivas, tendo regulamentos interiores sempre diferentes. Apesar de tudo, era preciso que a criança se adaptasse a uma primeira empregada ou babá imbecil. Depois a uma segunda, imbecil de outra forma. Depois a uma outra, imbecil de uma terceira maneira.

O resultado de tudo isso é que o pré-Supereu dispersa-se em todas as direções, porque a criança não introjetou uma regra de comportamento que resultasse em um bom narcisismo. É assim que ela se torna histérica, volúvel e caprichosa, porque está no desejo do outro, que muda sem parar. Introjetou alguém inconstante. A histeria data da época do domínio da motricidade, utilizada para estar no desejo do outro e fazê-lo ceder a seus desejos. Mas sem poder estabelecer um código seguro.

O estilo de desenho do qual acabo de falar é produto de uma criança que não sabe o que está representado. Não consegue representar nada além daquela forma, que é sua imagem do corpo simbólico. Se ela começar, por exemplo, a desenhar um trapézio com um dos ângulos cortado, ela cortará todos os ângulos de todos os desenhos da sessão[16].

Cortando assim um dos ângulos, a criança quis mostrar algo de preciso naquele dia. Quer seus trapézios representem barcos, tetos de casa ou qualquer outra coisa, todos eles terão um ângulo cortado.

O que é significativo de um primeiro corte de seu comportamento pré-superegoico.

É muito importante pedir às crianças que desenhem um triângulo equilátero, um pinheiro ou uma folha dentada, para observar se seu eixo está desajustado.

15 Ver desenho *(b)*.
16 Ver desenho *(c)*.

As crianças que desenham folhas de árvores mutilando seus eixos representam com isso uma mutilação de seu próprio eixo, resultado de algo não admitido com relação ao seu sexo quando eram bem pequenas. Ou seja, no momento da oralidade das mamadeiras, bem antes da idade da palavra. Isso desajustou o eixo que reunia o alento delas com o prazer de ser do sexo que lhes é próprio.

Essas crianças sofreram uma mutilação do código existente entre as necessidades e os desejos da idade oral. Isso tem sempre a ver com uma desconfirmação de seu sexo pela pessoa que cuidava delas, seja ela a genitora ou uma babá pervertida, que detestava os meninos ou as meninas.

Graças aos desenhos, podemos trabalhar isso na transferência. Se deixarmos passar esse desajuste, essas crianças terão escoliose com oito anos. Encontro esses eixos mutilados em desenhos precoces de crianças que mais tarde tiveram escolioses graves. Seus desenhos desajustados mostravam que sua imagem do corpo vegetativo fora deturpada, donde sua impossibilidade de representar algo de vivo e bem centrado.

Essas crianças são simulacros de pessoas, encravadas no estágio da passividade. Um eixo bem desenhado significa que possuímos o duplo em todos os estágios. O axial ético é o sexo e o rosto.

Os seres que não aceitam o próprio sexo têm um duplo frágil, e têm necessidade de serem confirmados em seu sexo por outros. Se for uma mulher, ela esperará que um homem a reconheça como tal, e inversamente, se for um homem. Sem isso, esses seres permanecem ambíguos em relação a seu pertencimento a um sexo.

P.: Estou atendendo uma menina que só fala baixinho, desenhando continuamente "Casas de Deus", na maioria das vezes sem portas. Não consigo entender bem esse caso.

F. D.: Por coincidência, vi, hoje, os desenhos de uma criança que faz "Casas de Deus" sem portas e também fala baixinho. Pergunto-me se a ausência de portas não seria sinal de uma inibição da palavra. A porta sendo o representante da relação de boca, Você-Eu. Parece-me possível, já que, quando existe uma porta, existe também uma espécie de caminho que seria, na realidade, a representação da palavra indo na direção de alguém. Quando não existem portas, o caminho é logo interrompido. Assim que se estabelece um colóquio com o psicanalista, o caminho se alonga nos desenhos e toma uma direção definida. Nesse caso, a ausência de porta não remeteria justamente ao período da relação com a mãe durante o qual a criança ainda não podia falar? A criança precisaria, assim, vivê-lo interiormente na transferência conosco.

P.: A máscara, para uma criança, não pode representar seu duplo?

F. D.: Uma máscara real? Não sei. De qualquer modo, a máscara exerce um papel importante, que constatei muitas vezes. Lembro-me do caso de um menino muito gago, que veio para a sessão com uma máscara, porque era terça-feira de carnaval. Por trás da máscara, ele não gaguejava nem um pouco. Conversamos sobre isso, e ele me disse: "Quando eu imito o sotaque de Marius, é igualzinho, eu paro de gaguejar!" Imediatamente começou a imitar o sotaque do sul da França e pôs-se a contar histórias escatológicas e eróticas, importantíssimas com relação à sua própria história e a seu sexo.

Esse é mais um caso que permite pensar que o duplo está em relação com a sensação de sentir-se à vontade em seu sexo. Isso se estabelece bem precocemente, bem antes da idade do Eu. Do mesmo modo, parece-me, o duplo tem uma relação com a máscara, mas com uma máscara interna e não com uma máscara externa.

Para esse menino, o uso de uma máscara externa que o transformava, por assim dizer, em um outro permitia-lhe falar sem gaguejar, mas, assim que recomeçava a falar em seu próprio nome, gaguejava de novo. Parecia que não podia responder por si mesmo em seu sexo no nível de seu falismo oral e que, nesse nível, tinha necessidade de proteger-se atrás de uma falsa identidade para poder controlar a coluna de ar de sua expressão fálica de menino.

P.: O que você está dizendo a respeito da máscara me traz à memória o que Freud escreve em seu artigo sobre "A inquietante estranheza", a respeito do retorno do duplo narcísico mortífero.

F. D.: A inquietante estranheza me parece efetivamente um aspecto do duplo. Mas o duplo não é obrigatoriamente inquietante ou estranho. Está presente, justamente, para nos garantir que o inquietante ou o estranho não vão além de determinado patamar. Se a "inquietante estranheza" nos torna fóbicos, o duplo, em contrapartida, é uma espécie de outro em quem podemos confiar e no qual podemos depositar nossa segurança. É algo introjetado e único. É uma segurança que nos protege de sermos um simples objeto de necessidade antes do Édipo, em que o imaginário da criança pode concordar com o incesto.

Não é nem especular nem visível, acredito que seja uma vivência. A imagem especular é bem mais tardia, começa em torno dos seis meses.

P.: A imagem especular não é ao mesmo tempo muito sedutora e muito inquietante?

F. D.: Exatamente. Porém, a partir do momento em que o duplo inconsciente estrutura-se, a imagem especular já não pode ser atingida. Observem, por exemplo, alguém que se olha no espelho e diz: "Meu Deus, como sou feio!" e, depois, não pensa mais nisso. Pois bem, apesar dessa imagem especular pouco satisfatória, o duplo interior dessa pessoa permanece o mesmo, oferecendo-lhe segurança.

P.: A formação do duplo depende do narcisismo dos pais?

F. D.: Não são os pais que forjam o duplo. Mas ele é o resultado de uma dialética com eles. As crianças que tiveram pais muito agressivos e destruidores, dentro de certos limites, foram as que forjaram para si a imagem mais sólida.

Para nós, é extremamente espantoso e difícil de entender, pois, a pretexto de princípios educativos de assentimento constante ao que a criança faz, nós a fragilizamos enormemente. Isso as impede de estruturar um duplo que mantém as próprias opiniões, diga o vizinho o que disser.

P.: Se os pais são agressivos, como uma imagem sólida pode ser constituída?

F. D.: Justamente. Ela se constitui quando fica claro que os pais têm um desejo agressivo. Na realidade, são necessárias imagens ambivalentes, ou seja, que os pais sejam agressivos mas afetuosos, para que isso resulte mais ou menos em uma criança saudável.

P.: O duplo inconsciente de que você está falando é interior. "A inquietante estranheza" de Freud surge quando esse duplo é vislumbrado no exterior. Freud conta o seguinte exemplo: ele vê um homem em um espelho e se diz "Nossa, quem é esse velho aí?" E de repente percebe que é ele mesmo. Encontrou seu duplo no exterior, em vez de mantê-lo no interior, e no quentinho.
A inquietante estranheza é isso.

F. D.: Ele renegava a própria aparência. Não é o duplo.

P. (outra): A imagem especular pode se constituir...

F. D.: ... apenas com a água do lago, sem outras pessoas em torno de nós? Não, isso não existe. A imagem especular só se constitui na dialética com os outros e certamente não diante de um espelho. Ela é fabricada a partir da interiorização dos outros.

P.: O duplo não seria a instância que permite a cada um se reconhecer, ou seja, o substrato da identidade?

F. D.: É exatamente isso. É algo de permanente que retorna, por exemplo, ao despertarmos.
Atendi um homem que perdera uma parte de si mesmo. Aos quatorze anos, sua mãe o acordara brutalmente de madrugada para ir chamar o médico, porque o pai estava tendo um infarto. Desde aquela noite, todos os anos, na época precisa desse incidente, ele tinha um episódio maníaco, seguido de um estado depressivo de seis semanas, durante as quais era obrigado a internar-se.

Uma vez casado, o sintoma tornou-se muito incômodo, e o homem começou uma análise. Durante o tratamento, ele descobriu que havia deixado e perdido para sempre uma parte de si mesmo na cama, na noite daquele despertar repentino e dramático.

Ao despertar, não se reconhecera o mesmo que era no dia anterior à noite, ao adormecer. Era essa parte de si que viera procurar na análise. Seu sintoma desapareceu o dia em que vendeu sua cama, na realidade o leito conjugal de seus pais, ou seja, a cama da cena primitiva. Uma cama imposta pela mãe. A cama em que o pai (que sobrevivera) tivera o infarto.

No fundo, pergunto-me se a necessidade de construir para si um duplo, para cada ser humano, não vem do fato de termos um corpo e um rosto. Será que o duplo não tem uma relação com o rosto perante os outros rostos? E, mais ainda, esse duplo é, ou não, dependente da palavra? O que me interessa particularmente no duplo é justamente o que ele tem de não dependente da palavra, e suas relações com o que precede a palavra e a voz. O duplo existe nos inibidos para a palavra, que talvez sejam assim para não perder essa palavra.

Interesso-me também pelo modo como o duplo se elabora em um sujeito, na linguagem que lhe é dirigida por outro e bem antes que o próprio sujeito possa falar.

É nesse momento, na época do pré-Supereu, que acontece algo relativo à elaboração do duplo. O pré-Supereu é o acordo emocional e rítmico da criança com a pessoa da qual sua vida depende. Sabemos perfeitamente que os ritmos vegetativos não são totalmente determinados geneticamente. Evidentemente, cada criança tem um estilo de ritmos próprios, mas eles vão se harmonizar com os da pessoa que cuida dela e tornar-se uma linguagem codificada entre elas. O pré-Supereu é isso. Se a pessoa que cuida da criança, a mãe em geral, a desritmar, desregulando seu relógio vegetativo básico, ou seja, impondo-lhe seus próprios ritmos, a criança vai então ter distúrbios graves: insônia, anorexia ou psicose.

Em contrapartida, se os ritmos da criança são tolerados, ao mesmo tempo que ela tem a sensação de ser reconhecida como fazendo viver a pessoa que cuida dela, então pode-se elaborar algo caracterizando o outro que a criança vai interiorizar e que não será superegoico, mas egoico.

São, por exemplo, os balbucios do bebê que imita os fonemas da língua materna, enquanto progressivamente o pré-Supereu age sobre os músculos fonatórios para anular, entre todos os fonemas pronunciáveis pela faringe, os que não têm sentido para a mãe.

A criança vai se esforçar para presentificar a fonemática da pessoa tutelar e se acostumar a suas frequências auditivas. Esse trabalho da criança irá pouco a pouco tornando impossíveis para ela os sotaques, os fonemas e as frequências das outras línguas.

O pré-Supereu desempenha um papel muito importante, ao ser um instrumento que facilita o desejo da criança de se tornar o outro.

P.: O que se pode dizer do papel do objeto transicional na elaboração do duplo?

F. D.: Ele intervém antes da interiorização do duplo. Mas é ainda uma relação da mãe com ela que a criança projeta nesse objeto-fetiche. A criança brinca de ser mãe de si mesma, tendo um fetiche do qual não se separa. Brinca de ser a própria mãe na época em que estava *in utero* ou no seio, mas não sua mãe atual. Com a mãe atual, está em relação com fantasias de palavras, que confirmam ou denegam aquilo que ela faz.

É aqui que vemos o Supereu intervir, felizmente sem eficácia, permitindo que a criança continue com uma atividade que os adultos consideram uma besteira. Tomemos um exemplo muito preciso. Uma criança de vinte meses esvazia um armário de seu conteúdo. Sabe muito bem que está fazendo uma besteira e repete durante todo o seu ato: "Não é para mexer, *criado* (malcriado)." Mas continua fazendo. O pré-Supereu entra em jogo. Está presente nas palavras da criança, quando ela fala utilizando as palavras da mãe. Mas com flexibilidade suficiente para não impedir a criança de efetivar um ato de desejo que a promove: esvaziar a mamãe-armário de todos os objetos, para ser o único senhor daquilo que contém o ventre da mãe, a saber, ela própria.

O desejo é mais forte que os dizeres que o proíbem, apesar de esses dizeres fazerem parte da integração da palavra e da integração social.

P.: Essa criança já interiorizou um bom duplo?

F. D.: Sim, mas esse duplo é ainda frágil e pode desaparecer se a criança for gravemente punida, por exemplo.

P. (homem): Podemos, então, situar a formação do duplo antes da posse da linguagem pela criança. O duplo estaria inscrito na criança pela linguagem das pessoas com quem convive. Acaso estaria, então, a parte do corpo presa na linguagem dos outros?

F. D.: Certamente.

P. (homem): Seria por essa razão que o duplo deixa de variar, em seguida, segundo as flutuações do imaginário?

F. D.: Acho que a constituição do duplo está em relação direta com a simbolização inconsciente da placenta, essa irmã ou irmão gêmeo abandonado por cada um de nós ao nascer.

Aliás, em uma análise, quando a fantasia da cena primitiva não foi revivida com o estado depressivo chamado de passar pelas pulsões de morte, o tratamento não termina. Quando foi revivido, podemos então dizer que o paciente foi até o fim e que perdeu a placenta, porque o duplo constituiu-se no contato da transferência, pela palavra.

Em algumas tribos africanas, o feiticeiro pega a placenta de cada recém-nascido e a enterra em um lugar conhecido por todos.

Em caso de acesso psicótico de um membro da tribo, o feiticeiro leva o doente ao lugar em que está enterrada sua placenta e, por uma série de operações mágicas, permite-lhe simbolizar esse duplo inconsciente do qual se separou ou do qual um suposto espírito apoderou-se.

O feiticeiro reativa ou provoca esse acontecimento, dando ao doente uma verdadeira castração umbilical.

P.: Um fato chama minha atenção: com bastante frequência, a primeira preocupação de uma mãe após o parto consiste em saber se o filho está inteiro, antes mesmo de se preocupar com seu sexo. O que isso pode significar?

F. D.: Em tal mãe, não seria uma elaboração secundária, que a faz acreditar que a placenta da criança tomou-lhe uma parte dela mesma – seu filho? Faria, pois, uma projeção sobre uma placenta que seria sua rival. O que se parece muito com a angústia de castração das meninas, sempre relacionada com uma mãe evisceradora e bruxa, que proíbe gozar das prerrogativas do sexo feminino, como ela própria fez.

Sabemos como é comum uma jovem mãe ser obrigada a entregar o filho à própria mãe para poder viver sua vida de mulher sem se sentir culpada. Então, pergunto-me se esse tipo de jovens mães não projeta sobre a placenta a proibição, inconsciente e ameaçadora, da própria mãe dela, de ter um filho inteiro.

LIVRO II

EDIÇÃO REALIZADA COM A COLABORAÇÃO DE JEAN-FRANÇOIS DE SAUVERZAC

Os textos que compõem este livro são, segundo expressão de Françoise Dolto, um "reflexo de seu seminário". Como esse termo implica tanto a fidelidade de uma transmissão quanto a distorção de uma imagem, direi algumas palavras sobre uma e outra.

Escolhemos conservar, o máximo possível, "fatias" significativas deste seminário. Assim, veremos que Françoise Dolto não se vale de sua experiência clínica, indubitavelmente única, com as crianças, para dar apenas receitas aos terapeutas. Não fala a partir de um lugar de saber dogmático. Elabora sua própria experiência. Põe-na à prova daqueles que a interrogam. A parte dessa experiência que se torna ensino pode ser medida pelas possibilidades que abre aos analistas, pela liberdade à qual os incita, contanto que se mantenham no rigor da ética da psicanálise.

Françoise Dolto pensa por caso. Associando. Evoca frequentemente os casos mais extremos de sua prática, aqueles, diz ela, que "a ensinaram", porque ela não reconhecia em si nenhum saber para enfrentá-los. Se ela mobiliza tanto os casos mais comuns como os mais radicais de sua experiência, é para permitir aos psicanalistas distinguir entre o impossível com o qual se defrontam em um tratamento e suas próprias resistências – nas quais se deixam enredar, quaisquer que sejam os nomes que lhes deem.

Dois eixos se entrecruzam neste seminário: a clínica e a ética, dos quais a técnica é indissociável. Textos que abordam técnica e casos clínicos alternam-se, segundo uma ordem que segue a lógica dos problemas levantados por uma terapia infantil, desde as entrevistas preliminares até os sinais do fim de uma análise, passando pelo enquadramento de um tratamento e pelo pagamento simbólico.

A preocupação de Françoise Dolto foi, efetivamente, aqui, reunir, dando continuidade ao primeiro volume, os elementos de uma ética da psicanálise infantil. Ética que tem como único fundamento a linguagem: isso supõe a escuta do "dizer justo" da criança, mesmo quando ela "está brincando"; o respeito por sua pessoa; o reconhecimento de seu desejo, naquilo que ela diz ou tenta dizer, de modo que ela possa assumi-lo como sujeito.

A palavra "técnica" tem má reputação entre os analistas. Aliás, com razão, quando traz consigo o ranço da instrumentalidade (da mentalidade de instru-

mento): *manipulação do paciente – em outras palavras, poder sobre um objeto –, burocratização do terapeuta. Todos concordam, contudo, que não existe nenhum desejo do analista a não ser um método e um livre contrato, que norteiam a análise infantil. Nenhuma outra perspectiva além daquela que lhe permite não alhear-se do essencial dele próprio, se for verdade, como diz Espinosa, que o desejo é a essência do homem. Que o sujeito possa se libertar do outro, do outro exterior a ele, ou do outro que ele introjetou. Ora, é unicamente na linguagem que, em análise, ele pode se reconhecer. Não existe diferença que não passe, primeiro, pela diferença das palavras; nem o sexo nem o sujeito – que já possui um sobrenome, um nome – constituem exceção. Quando não pode ouvir, dizer ou escrever a diferença que faz dele um sujeito, ele corre o risco de permanecer envisgado em uma imagem, mesmo ideal, ou de alienar-se no corpo de um outro; objeto indistinto, coisa, às vezes dominado por uma voz que o prende a esse outro. "Castrá-lo" significa abrir-lhe o acesso à palavra, à liberdade de dizer, em primeira pessoa, seu desejo, seu sofrimento, assumindo seu ser sexuado. E, nisso, a castração é simbolígena.*

Naturalmente, a seleção e a montagem deste livro não refletem de modo equilibrado a variedade dos temas abordados em um seminário que se estendeu ao longo de mais de dez anos. Se concedemos um lugar importante, por exemplo, à questão do pagamento simbólico, foi em razão da própria insistência de Françoise Dolto a respeito da necessidade do contrato que o terapeuta deve estabelecer com a criança. Podemos apreciar sua pertinência e eficácia – diante das resistências de alguns analistas e até de sua incredulidade – perante a exigência ética de tratar uma criança como um sujeito capaz de se responsabilizar por seu desejo, de querer seu tratamento em seu nome próprio.

Quanto aos casos clínicos, além das inevitáveis injunções que fizeram com que alguns não pudessem ser publicados, foram, evidentemente, seu caráter demonstrativo e sua potencialidade de ensino que orientaram a seleção proposta; mas muitas vezes, também, seu valor como experiência dos limites: a extrapolação do analisável, ou do supostamente analisável; um ir além dos diagnósticos ou dos preconceitos que proíbem ou comumente inibem o desejo do analista. Ética significa não renunciar a "encontrar as mediações" que permitem a uma criança entrar em relação com o analista, mesmo quando ela ainda não tem, ou nunca teve, palavras para dizer onde "isso dói nela".

Quando se pergunta a Françoise Dolto como lhe vem uma interpretação, ela apenas lembra suas circunstâncias, como se toda elaboração posterior pudesse mais obscurecer do que esclarecer esse ato analítico. Assim, uma interpretação só pertence à relação analítica na qual se efetua. Lembremos o "retorno" de Françoise Dolto ao jovem deficiente mental que lhe havia declarado: aconteceu-me uma coisa de verdadeiro. "Que tornou você não verdadeiro", disse-lhe ela[1]*. Se deixarmos de lado o espetacular dessa interpretação – que deu muito o*

---

1 Françoise Dolto, *Le cas Dominique*, Paris, Seuil, 1971. [*O caso Dominique*, trad. Álvaro Faleiro, São Paulo, WMF Martins Fontes, 2010.]

que falar –, veremos que é exatamente isso o que ela chama de "iniciar uma conversa" com uma criança, em análise. Não existe melhor ilustração da fórmula de Lacan: o sujeito recebe do Outro sua própria mensagem de modo invertido. O Outro não sendo o analista, mas os significantes: no caso, o "que tornou você não verdadeiro", o que fez com que a criança pudesse reconhecer que tinha uma cara "impossível", cara que lhe havia sido feita, também, pelo discurso dos outros.

Isso resume, de maneira esquemática, uma lógica que pertence exclusivamente ao inconsciente: o verdadeiro *produziu* o não verdadeiro. O que é precisamente impossível escrever na lógica clássica, na lógica formal (em que o verdadeiro não pode implicar o falso). Freud descobriu, ao contrário, que os processos inconscientes ignoram a contradição. Esse verdadeiro que torna falso, e que, em cadeia, engendra o falso, é o paradigma de muitos dos casos clínicos deste seminário. Seria preciso, evidentemente, refinar essa fórmula. O verdadeiro que causa um sintoma, e até uma psicose, nem sempre é um acontecimento ou um trauma. Não necessariamente aconteceu em um passado, na história da criança. É um verdadeiro que escapa às palavras, um real que ninguém afiança, cujos pontos de referência são vagos. É um não dito que o sujeito não tomou para si, mas que, contudo, cola-se a ele como uma sombra, à sua revelia. A "não possibilidade" que permanece no sintoma traz os vestígios desse não dito. É exatamente o mesmo mal-entendido que acontece entre o pequeno Hans (o de Freud) e sua mãe. "Você também tem um 'fazedor de xixi'?, pergunta-lhe ele. – Claro que também tenho um 'fazedor de xixi', diz ela." Ela responde pensando na função, ele interrogara sobre a existência de um órgão. Nada justifica melhor o trocadilho ruim do "*mâle entendu*"* entre a mãe e o filho, o qual, a se fiar nos ditos dela, terá muitas dificuldades para se reconhecer; é que ela entende mal outra diferença, a do órgão, o pênis, para o símbolo, o falo, que representa o desejo de um sujeito, seja qual for seu sexo. (Sobre esse ponto, o próprio Freud não tinha ideias claras naquela época, como ressalta muitas vezes Françoise Dolto.) Se o sintoma se origina no equívoco, não há, em contrapartida, outro caminho para o verdadeiro, para um sujeito em análise, a não ser em um dizer. É por isso que se pode escutar até mesmo o que a criança não pode dizer com palavras – quer as tenha recalcado ou não as tenha recebido; e que se pode dizer-lhe tudo, pois, como todo ser humano, sexuado, ela tira seu ser da linguagem, mesmo quando seu código simbólico é aparentemente indecifrável. Tal é a profundidade de campo que Françoise Dolto deu à psicanálise.

JEAN-FRANÇOIS DE SAUVERZAC

---

* *Mâle entendu* [macho entendido] e *malentendu* [mal-entendido] são homófonos em francês. [N. da T.]

1

Entrevistas preliminares

> *As entrevistas preliminares são feitas junto com os pais, quando a criança tem menos de sete anos - Castração dos pais - As crianças parasitas do corpo da mãe - As crianças que adormecem em cima de um dos pais.*

PARTICIPANTE: Para você, a terapia de uma criança tem de ser feita na presença da mãe?

FRANÇOISE DOLTO: Quando se trata de crianças bem pequenas, sim. E em todos os casos, nas entrevistas preliminares e nas primeiras sessões, para as crianças que ainda não têm cinco anos; e, no caso de algumas, até os sete ou oito anos. Muitas vezes, aliás, não se trata do que se costuma chamar de psicoterapia infantil se, quando estamos recebendo os pais, a criança entra e sai, faz uma patetice qualquer e nos lança, por exemplo: "E, depois, banana para você!" Mas, apesar de não podermos falar de psicoterapia, é um trabalho importante para ela. Nem sequer vemos a criança, angustiada demais, instável demais, mas apenas os pais. Se uma criança que ainda não tem sete anos entra e sai quando bem entende – e devemos deixar que o faça –, isso significa que uma castração está em jogo: na verdade, é a criança que, na frente dos pais, dá uma castração ao adulto. E, como o analista aceita completamente isso, os pais começam a entender a situação, da mesma perspectiva que o analista: o filho não tem nada a fazer em uma psicoterapia; eles é que tinham essa demanda, porque não eram capazes de lhe dar a castração.

Cabe, pois, a eles entender sua própria história e o sentido de seu desejo atual, na maioria das vezes forcluído ou apenas projetado na criança pela qual sofrem, mas cujo sofrimento ignoram. Nesse momento, eles são todo angústia e queixas. É nas entrevistas preliminares que contam sua história ao analista.

Depois, se após essas entrevistas a criança – quando tem menos de sete anos – diz: "Eu quero falar com você sozinha, quero vir sozinha, não quero que meu papai e minha mamãe fiquem", você pergunta aos pais se eles concordam. Se a criança persistir na sua demanda, uma vez começado o tratamento, se os pais concordarem que você a atenda em um ritmo regular, você lhe dirá: "Está bem, contanto que você pague." Estabelecemos um contrato com a criança; é por isso que o pagamento simbólico é necessário. Pois, no começo, quando ela quer vir falar sozinha, é às vezes apenas para tomar o lugar dos pais. Uma criança dessa idade só está motivada se os pais também estão – geralmente, basta, no início, que os pais estejam. Quanto à criança, ela tem que receber a castração, e não esquivá-la com um adulto, fazendo uma transferência ao modo de um: "eu tomo você como minha mãe; eu tomo você como meu pai; como um titio; como uma titia". Ao contrário, é preciso que ela aceite renunciar a projetar e a semear em todo o mundo esse parentesco pseudoincestuoso, para tornar-se responsável por si mesma; o que só pode ser feito se, por seu lado, os pais renunciarem a encenar seu desejo através da criança.

Daí a necessidade das entrevistas prévias: o analista recebendo os pais juntos, depois a mãe ou o pai separadamente, quando eles, alternadamente, acompanham a criança. Se, nesse momento, o pai ou a mãe que quer falar com você declarar: "Fico constrangido de falar na presença dela", você pedirá à criança que saia. Se ela responder: "Mas eu quero ficar", você responderá: "Não. Seus pais estavam antes de você aqui na vida. Eles vêm antes de você, para me falar de você. Seu tratamento virá depois – se você ainda estiver motivada –, quando você quiser me falar de você. Até agora, você vem para se divertir, para falar, talvez, mas principalmente para escutar o que papai e mamãe dizem." E você lhe dará uma interpretação na frente dos pais, do tipo: "Como quando eles estão na cama, e você gostaria de saber o que estão dizendo ou fazendo."

Esse trabalho é a castração dos próprios pais. Deve levá-los a ver no filho um igual, um ser humano que possui a inteligência das coisas da vida, enquanto eles o consideram um corpo nervoso que é preciso acalmar, eventualmente com remédios, que é preciso, em todo caso, recondicionar. É uma criança desejante, enquanto eles a veem apenas como um corpo de necessidades, mal regulado.

Essa castração dos pais geralmente basta para liquidar os distúrbios da criança. Ficamos sabendo, por exemplo, que ela vai dormir na cama dos pais. Perguntamos então: "A qual de vocês isso agrada?" É muito importante não dizer, imediatamente, que uma criança não deve se deitar na cama dos pais. Chegaremos lá, evidentemente. Inicialmente perguntamos: "Até que idade isso vai durar, senhor? O senhor gostaria de dormir com seu filho até os vinte e cinco anos? E a senhora, o que tem a dizer a respeito? – Bom, é verdade: talvez não estejamos vendo que ele está crescendo e que está nos fazendo de gato e sapato!" E assim um "talvez" vai se somando a outros "talvez". Depois, a criança entra na sala. "Ah! Estávamos justamente falando de você. Não sabíamos se você era um bebê na barriga de sua mãe, se estava bancando o homem que quer tomar sua mãe de seu pai, ou a mulher que quer o lugar da mãe ao lado do pai." Ao ouvir isso, a criança vai embora. E é a vez dos pais dizerem: "Oh! Você acha que ele pensa tão longe assim? Não, é que, sozinho, ele tem pesadelos!"

É assim que fazemos uma psicoterapia de uma criança de cinco, seis anos, que ainda não tem as sublimações orais e anais, utilizáveis na escola. É sempre por causa dessa falta de sublimação que, sem saber, os pais formulam uma demanda. Ela não quer comer, ou está muito cansada para comer sozinha, então a mãe lhe dá comida na boca. Não há, então, castração anal. Isso quer dizer que os braços da mãe "fazem" no lugar dos dela, basta pedir: o "fazer" das necessidades ainda está, na criança, misturado ao "fazer" do corpo da mãe. Assim, não é de espantar que essa criança ainda suje as calças. Evidentemente, não é por esse sintoma que ela vem, mas é preciso entender, naquilo que diz a mãe sobre essa "preguiça de comer sozinho" do filho e sobre sua continência intermitente, se se trata de um fazer-para-sua-mamãe. Afinal, é preciso dar trabalho à mamãe. Fazer *para* mamãe; fazer *por* mamãe; fazer *com* mamãe. Ainda não se saiu da mamãe, da relação corporal com ela.

O efeito da castração oral é poder *falar* em nosso próprio nome, e não dizer o que os pais querem que digamos. É ter um imaginário diferente do dos pais. O efeito da castração anal é um *fazer* que já não está articulado por conjunções ao discurso e ao desejo da mãe; já não é um fazer por, com ou contra a mãe, é um fazer para si mesmo. A mãe está nela, o pai está nela. (Uma criança de trinta meses se automaterna; aos cinco anos, ela se autopaterna.) Isso só é possível se os pais a deixam livre.

Temos, então, que trabalhar com eles, perguntando-lhes particularmente: "Como eram as coisas com o seu pai, com a sua mãe, quando vocês tinham a idade que seu filho tem hoje? – Quando eu tinha essa idade, meu pai me *desmobilizava*, diz um pai. – Talvez seja por isso que, hoje, você esteja desmobilizado como pai [empregamos suas próprias palavras]. No fundo, seria bom se você estivesse no exército – quero dizer, 'mobilizado'. Assim, seu filho teria sua mulher exclusivamente para ele." O pai ri. Introduzimos um pouco de humor.

É um trabalho profundo tanto para o pai quanto para a criança que está presente, apesar de ela ainda não estar pessoalmente implicada, pois o que está em causa é o desejo, barrado pela criança, de um ou outro de seus pais.

Quando se trata de uma criança de sete ou oito anos, devemos dizer aos pais – trata-se do trabalho prévio com eles, caso queiram continuar a ir ver-nos por si mesmos: "É preciso que vocês saibam agora se é o filho de vocês que está sofrendo e se é ele que está requerendo uma psicoterapia para si, ou se, na verdade, através da relação com ele, são vocês que querem um tratamento para si próprios." Existem dispensários, estabelecimentos, que permitem que atendamos tanto adultos quanto crianças, outros que só autorizam que recebamos os pais quando eles vêm como tal, não por si mesmos. Devemos dizer-lhes: "Entendo muito bem que vocês tenham necessidade de falar comigo, mas, depois das entrevistas preliminares, que eram indispensáveis, deve-se escolher: ou são vocês que vêm ou seu filho. Cada um precisa de um psicoterapeuta pessoal. É contraindicado que um mesmo terapeuta atenda a criança e os pais." Cabe aos pais ir falar com outro terapeuta do centro ou do CMPP ou iniciar uma psicanálise particular.

Os pais mais benéficos, desse ponto de vista, são os que querem que o filho faça psicoterapia, mas não querem pagar por isso. Devemos dizer-lhes: "Vocês têm toda razão." Já são pais tão castrados do filho que não querem pagar pelo desejo dele. Dão carta branca ao terapeuta: "Tenho confiança em você. Faça o que tem que fazer, não quero me meter." Perfeito! Eles deram, na anamnese, todas as informações a respeito da criança; esta, depois dos oito anos, já não precisa deles, apesar de sua tutela continuar sendo-lhe necessária. Apenas dizemos aos pais: "Ajam como quiserem, como puderem, no dia a dia. Mas, se puderem, informem-me sobre os fatos graves que forem acontecendo. Deem um bilhetinho a seu filho, em um envelope fechado, que ele me entregará. Pode ser: 'eu lhe dei uma surra', ou 'eu o pus para fora de casa'."

Podemos, assim, estudar com a criança o que acontece de dramático e ajudá-la a se assumir, conforme a atitude dos pais – quando eles, por exemplo, têm o hábito de punir rigorosamente. Os pais entendem, assim, que continuam sendo os educadores. Dizemos a eles: "Seja o que for que vocês fizerem, vocês têm razão 'por agora'. Seu filho sofre em função de acontecimentos e relações do passado, mas tem que lidar com o que está acontecendo no presente." Cabe a nós, psicoterapeutas, permitir-lhe, por nossa escuta, falar de modo justo e adaptar-se a seu modo de educação atual, a adultos tutelares que considerava, antes, "eu-ideais" e que vê agora como pessoas como as outras, com suas preocupações, angústias, desejos, responsabilidades. Depois dos nove anos, amar os pais já não é sinônimo de considerá-los modelos. Depois do Édipo, cada criança constrói para si um Ideal do Eu que já não é personificado por tal ou tal adulto. É segundo esse Ideal que ele gostaria de se tornar um adulto de seu sexo, de acordo com o Ideal que tem do outro sexo. É assim que o Édipo é superado, através de uma análise dos sonhos e das fantasias confrontados ao dia a dia, à experiência da realidade e das provas que traz consigo.

P. (mulher): Gostaria de fazer uma pergunta a respeito das entrevistas preliminares com crianças de menos de sete anos. Você falou, há pouco, daquelas que saem durante a entrevista. Mas, às vezes, é o inverso que acontece: a criança agarrando a mãe, puxando-lhe os cabelos, subindo no seu colo; já não é possível falar com ela. O que fazer, nesse caso?

F. D.: Isso já nos mostra muita coisa! Pois, se não tivéssemos visto tal comportamento, não saberíamos com o que estamos lidando. Uma entrevista como essa é, evidentemente, um pouco perdida. Diga à mãe, na frente da criança, que volte outro dia, mas sozinha. Você só conseguirá falar com ela sem a presença da criança, já que esta não para de atazaná-la. A criança ouve perfeitamente, mas é incapaz de entender, ou até de perceber, se o que está sendo dito lhe diz ou não respeito. Não deseja de modo algum sair de sua relação incestuosa, abandonando seu lugar de senhora do corpo da mãe. Trata-se de uma criança mal desmamada. Sem a mãe, ela ainda não existe. Se a mãe quiser que seja tratada, terá que, em primeiro lugar, vir falar por si própria.

Mas devemos levar tudo isso na esportiva, de verdade, e principalmente não nos irritarmos, ao menos em consideração para com a mãe. As mães sofrem muito ao se sentirem mastigadas, como chiclete, pelo filho, na frente de alguém que, para elas, tem valor, um psicoterapeuta. Ficam agoniadas de serem assim mordiscadas, canibalizadas, assaltadas pelos ratos e camundongos que habitam o filho. Dizemos, então, a eles: "Como ele gosta de você!", e à criança: "Como você gosta de sua mamãe! Você gosta tanto dela que gostaria que não falasse com mais ninguém." E acrescenta, dirigindo-se à mãe: "Não é mais possível conversarmos, agora, mas foi importante eu ver como seu filho se comporta com você, em público. Você pode vir sozinha, da próxima vez, ou com seu marido e a criança?" A mesma cena vai provavelmente se reproduzir na presença do pai, pois trata-se do terceiro excluído. Em muitos desses casos, o pai não é reconhecido como um terceiro. Pai, mãe e filho constituem um magma que grita e gesticula. Se uma criança exclui o terceiro, talvez isso se deva a que, desde seu nascimento, ou mais tarde, em sociedade, não se sentiu um interlocutor tão válido quanto os outros. Também é possível que seu comportamento se origine de pulsões possessivas relacionadas com o Édipo. Ou talvez, ainda, a linguagem da dita vida social que aprendeu tenha como única e exclusiva função, para ela, ser um objeto parcial dos adultos. Talvez seja deixada de lado, em sociedade, e se sinta como um animal de estimação.

Uma criança pequena a quem se diz constantemente: "Cala a boca! Faça isso! Não faça aquilo!" dirá à mãe, quando tiver três anos: "Cala a boca. E isso e aquilo." A mãe lhe dará uns tapas, protestando: "Impertinente! Mal-educada!" Mas a criança não é mal-educada, fala a língua que lhe foi falada, sua língua materna. Mãe e criança se amam, fundem-se em carinhos e agrados, em um corpo a corpo. Agridem-se, reivindicando seu prazer à custa do outro. É desse jogo de espelho que é feita a intimidade dual. Em presença do outro, a mesma criança se sente excluída, pois as relações ao mesmo tempo agradáveis e eróticas só existem na solidão a dois.

Será, pois, em uma entrevista com a mãe, sem a criança mas, se possível, com o pai, que você entenderá por que a criança nunca ocupou o lugar de um interlocutor válido. Talvez os pais nunca lhe tenham contado a história dela, nem falado deles próprios. Talvez ela não estivesse nem um pouco preparada para vir à consulta, ignorando a preocupação dos pais para com seu desenvolvimento.

Quando se prepara uma criança para ir ver um terapeuta como se se tratasse de um "amigo", é como se disséssemos a ela: "Você vai segurar vela para que sua mãe corneie seu pai." É exatamente o que lhe damos a entender, já que essa pessoa pode supostamente entender melhor, aconselhar melhor a mãe que o marido. Ora, na maioria dos casos, o pai está perfeitamente de acordo com o fato de alguém, homem ou mulher, se encarregar de modificar o comportamento do filho, contanto que ele não tenha que se meter nisso, que ignore o que acontecerá, à custa dessa corneação moral e do abandono de seu posto paterno.

Vocês podem ver toda a ambiguidade das relações de casal, das relações maternas e paternas que devemos elucidar nessas primeiras entrevistas. Seja qual for o desenvolvimento do caso, trata-se sempre de um aprendizado, em um nível ou no outro.

O importante é que nós mesmos não sejamos ambíguos. Não somos, para a criança, "uma senhora ou um senhor bonzinhos com quem ela vai brincar". Não recebemos uma criança na qualidade de médicos, psicólogos, reeducadores, mesmo que tenhamos tal título, mas como psicanalistas assumindo uma relação de cunho terapêutico, que possa modificar a angústia que supomos responsável pelos sofrimentos e dificuldades da pessoa que consulta. Não se trata absolutamente de pegar a criança de surpresa, ou de "encarregar-se dela", segundo a expressão falaciosa e perversa de algumas instituições que se identificam com a Seguridade Social, com o pretexto de que é ela que os paga.

Quando estamos atendendo uma criança cujos pais a impedem de falar em casa ou que criticam por se queixar, devemos dizer-lhe: "Pode confiar. Você está vindo aqui para me dizer o que tem a dizer. Tanto o verdadeiro como o não verdadeiro. É um segredo entre mim e você; não contarei absolutamente nada, nem mesmo a seus pais. Mas, se eu atendê-los, você terá o direito de saber o que eles me disserem, se for a seu respeito. Se eles me falarem apenas deles próprios, não terei que contar a você, exceto se se tratar de algo importante para a sua vida." É preciso que a palavra possa circular entre os pais e a criança, e é o corpo a corpo que impede a palavra.

Por vezes vemos uma criança, às vezes já bastante grande, subir no colo ou nas costas da mãe ou do pai e adormecer durante a consulta. Isso é muito bom. Assim, fundida ao pai ou à mãe, podemos fazê-la ouvir a fala como quando estava *in utero*, ou quando era bem bebezinho, assumida corporalmente por um dos pais. Nesse momento, ela ouve tudo o que dizemos. E, se a mãe declara, para explicar o sono da criança: "Sabe, sempre que viaja ela dorme", explicamos à criança: "Não, você não está dormindo um sono costumeiro. Está dormindo como que para entrar de novo em sua mamãe; para escutar, através de um adulto, as coisas que digo a ela para você." Nesse momento, vemos a criança bocejar. Foi então obrigada a voltar a um estado de hipnose para ouvir através da mãe.

Essas sessões iniciais são muito importantes: não devemos negligenciá-las. Quando uma criança sofre a esse ponto – a ponto de dormir –, significa que sofre terrivelmente de algo que, já na mãe, não recebeu castrações. Ela própria não é capaz de dá-las, especialmente a castração anal do "fazer", do "fazer" sem mamãe.

Quando uma criança de mais de dois anos não pode ficar perto da mãe, ou adormecida em seu colo, se não pode ficar brincando de massinha enquanto ela fala, então, não podemos ter uma entrevista com a mãe; a criança fará cocô em seu colo. Nesse caso, o problema é da mãe, não do filho. Não adianta nada jogá-lo em cima dele, dar-lhe broncas ou deixar a mãe fazê-lo. Foi a mãe que o colocou nessa situação, por "necessidade" dele.

Acredito que devemos, então, fazer um trabalho com a mãe com relação à sua própria mãe, à sua infância, ao marido, perante o qual talvez se coloque como uma menininha diante de um mestre. Provavelmente ele não cuida o bastante dos filhos, que assediam a mãe como se fosse uma fortaleza. Uma tal situação libidinal impede a criança de chegar à primeira pessoa, de ser sujeito perante o outro.

Muitas vezes essas crianças já não têm um pai em casa – mesmo quando o pai biológico ocupa o leito conjugal. Já não se trata de um casal de amantes. É por isso que a mulher que permaneceu ou que voltou a ser criança está pronta a realizar uma transferência maciça de dependência sobre o terapeuta (masculino ou feminino), a quem ela falará de suas angústias maternas. Vemos, às vezes, no pai, o mesmo tipo de transferência confiante, desprovida de ambivalência (o que não é desejável), sobre o terapeuta do filho, o qual é ou sua grande preocupação ou seu grande amor.

2

Fobias

Origem da fobia de insetos; da fobia de água – Identificação fóbica. Fobia de penas – Fobia de música – Análise de uma neurose infantil em uma adulta: a "mulher dos gatos".

P.: A respeito das fobias de animais nas crianças, nós nos questionávamos de modo mais particular sobre a fobia de insetos. É uma questão de idade? É uma apreensão própria das crianças?

F. D.: É uma questão de idade, sim; pois uma criança que se desenvolve de maneira sadia interessa-se muito mais pelos insetos com a idade de seis meses que mais tarde. Quanto menores os animais, mais interessam os bebês, vocês já repararam?

P.: Na verdade, havíamos constatado o inverso.

F. D.: É porque vocês atendem em terapia crianças neuróticas. E eu estou falando de crianças sadias. Por exemplo, suponhamos que haja dois objetos na mesa, um grande e um bem pequenininho; é o pequenininho que fascinará as crianças; e de modo algum o grande. Com os animais, é a mesma coisa: um animal grande fascina menos que um pequeno. As moscas, as pulgas, as joaninhas, é por elas que o bebê se interessa. Mas, como, ao longo de seu desenvolvimento, ninguém lhes fala delas, como não há diálogo a respeito daquilo que cativa sua atenção, e como o que não é falado não tem direito de existência em sua relação com os pais, esses bichinhos não têm, pois, direito de existirem por si mesmos.

É por isso que o interesse pelos insetos é recalcado. E esse recalcado torna-se perigoso. Se os pais não reparam em determinada coisa no comportamento de uma criança, é porque preferem não vê-la. Se eles não julgam bom falar disso entre si, isso significa que tal coisa não é humanizável. Acho que é assim que algo se torna fantasístico para as crianças.

Mas há outro elemento. Nada coça mais do que água no rosto, quando não a enxugamos. Se vocês nunca tiveram essa sensação, façam a experiência. É o que sentem os bebês quando a mãe os lava e molha-lhes o rosto sem enxugá-lo imediatamente. As crianças se comportam, então, como se um monte de bichinhos não parassem de correr em cima delas. É como se a mãe lhes tivesse colocado um monte de bichinhos no rosto.

Nós, adultos, não sentimos essa impressão em nossas mãos, quando estão úmidas. Mas os bebês experimentam essa sensação até nas mãos. Toda a pele do corpo de um bebê é, por si só, mais sensível que a do rosto de um adulto. Foi por isso que, não tenho certeza, mas me perguntei se não era por essa razão que os pequenos insetos que correm eram fobígenos; fobia sempre ligada à mãe, a alguma coisa que ela imporia para seu próprio prazer. Ela sentiria prazer em nos cobrir de comichões.

São coisas às quais não damos atenção, mas que fazem parte, para a criança, do que pertence à ordem da tortura cotidiana.

P.: Acaso o bichinho não é, de alguma forma, erotizado?

F. D.: Tudo o que a mãe faz, tudo o que ela provoca, é erotizado para a criança. Quando um bichinho corre pela mão, faz cócegas. Pergunto-me se não são as cócegas provocadas pela mãe na pele da criança que está na origem dessa fobia.

A fobia é, sempre, ao mesmo tempo, o desejo e o medo de ser esse objeto, é o temor de ser o objeto que gostaríamos de ser. É o que sempre acontece na fobia, por uma razão de ordem libidinal. "Se eu fosse esse objeto que me dá medo, se eu me identificasse com ele, eu teria o poder absoluto que uma outra pessoa tinha sobre mim, em certa época de minha vida; ora, dependente desse objeto que me dá medo, eu já não sou eu. Logo, sou des-realizado."

Tal é a origem do conflito da fobia, que é realmente uma doença grave; pois uma pessoa que tem fobia de gatos pode acabar sendo atropelada porque viu um gato. E quantas outras por causa de ratos, de insetos, de aranhas. Trata-se realmente de um perigo interior para o sujeito; ora, tudo o que é interior põe em jogo a relação com a mãe introjetada.

P.: Mas a fobia de insetos é tão corrente que podemos nos perguntar se ela se origina realmente na relação com a mãe.

F. D.: Mas, afinal, as mães também foram, um dia, bebês! Então! É sempre a mesma coisa: quem começou tudo isso? Elas não pensam que provocarão a impressão de aranhas, no rosto do filho, de manhã e de noite, quando o lavam. Isso é só uma constatação, mas creio que se trata, aqui, das percepções impostas pelas mães aos filhos, em uma época em que eles não podem dizer o que sentem. Seu rosto torna-se objeto de um fervilhar de formigas. Talvez seja essa uma das razões pelas quais as crianças não gostam de se lavar. É singular, pois os mamíferos gostam de entrar na água e se banhar. Somente os humanos sentem repugnância pela água. Essa fobia de água, sempre a vi, claro, nas pessoas cujo nascimento foi difícil. Ficar com a cabeça embaixo d'água é correr o risco de perder todo controle. Mas acho que essa fobia está articulada com o mal-estar da saída da água, quando não podemos nos enxugar sozinhos.

Em contrapartida, os animais apresentam a vantagem, para as crianças, de permitir a representação das pulsões canibais, das pulsões agressivas, sem o sentimento de culpa. Já que não são humanos, eles não conhecem a culpa. A mesma coisa vale para os personagens de histórias em quadrinhos, os Super-Homens, as Mulheres Maravilhas: não são seres que existem, não têm, assim, nenhum sentimento de culpa. Podem exprimir pulsões que o ser humano não poderia colocar em ato. Estão a serviço do imaginário sádico e masoquista dos humanos. Podemos ver isso tanto nas crianças quanto nos adultos.

A arte de Kipling consistia justamente em humanizar os animais, trazendo, assim, para as crianças, uma moral da vida natural, que não se cultiva entre os adultos. É verdade que ensinamos as crianças a considerarem ruins coisas que elas percebem como boas, e que não prejudicam ninguém; como quando, por exemplo, as proibimos de dizer certas palavras, ou de falar incorretamente: "Quer parar de falar isso?!" Pois bem, justamente porque não pode falar uma coisa é que ela será levada a fazê-lo. (*Risos.*) Não pode ser ruim dizer. Bastaria observar: "Sim, podemos dizer isso, mas não podemos fazer." E o bem-falar significa cultura. A criança aprende vocabulário, gramática, poderá talvez exprimir-se em várias línguas; se ela se tornar trilíngue poderá até contar algo passando de uma língua para outra – o que é talvez uma espécie de perversão –, se ela puder exprimir em outra língua o que não conseguir exprimir na que estiver usando. Cultura é isso. Está sempre fundada em sublimações, na palavra, em pulsões que não podem se realizar e em idealizações de capacidades ou de desempenhos que atribuímos a seres que não têm a mesma ética dos humanos.

As fobias devem ser estudadas tanto segundo o objeto quanto segundo a idade do sujeito. Parece que o objeto fóbico – essa é, ao menos, a experiência que tenho com adultos, quando isso constitui seu principal sintoma – data de uma época anterior ao Édipo. Mas é no momento do Édipo que esse objeto se torna, por assim dizer, preferencial; ele é, então, o elemento capital da angústia. Contudo, com o Édipo, todo um contexto muda o estilo da fobia que existia anteriormente. Um ser fóbico desde a primeira infância já encontrou benefícios secundários de seu sintoma; quase sempre há tais benefícios na fobia: são contrapartidas a uma atitude de retaliação predominantemente sádica, ou, ao contrário, de compaixão, da parte das pessoas à sua volta; todos girando em volta da criança, utilizando sua fobia para fixá-la nela cada vez mais.

Lembro-me, por exemplo, de uma menininha que tinha fobia de penas, antes mesmo da idade de andar. Ora, quando começou a andar, a mãe, que era obsessiva, começou a deixar penas em todos os lugares que havia limpado, para que a menina, aterrorizada, não tocasse em nada. Era cômodo. A casa toda, as mesas, os móveis ficavam cheios de penas. (*Risos.*) Naturalmente, a criança pirou. Levaram-na, pois, ao hospital. Não podendo tocar em mais nada em casa, ela vivia com os braços cruzados em torno de si mesma, chorando e gritando continuamente, agressiva em palavras contra a mãe. Tinha se tornado malcriada, insuportável, recusava tudo. Seu amor pelo pai era exacerbado; passava o dia inteiro esperando-o, dizendo que era seu marido, exasperando a mãe odiada. Quando o pai estava em casa, ela se agarrava a ele, num arrebatamento de erotismo agudo, fazendo caras e bocas, reivindicando, ora queixosa, ora exaltada. Ele ficava quase paralisado: ela não o deixava em paz um único instante. Os pais não paravam de brigar por sua causa.

Vocês percebem? É preciso ver o que está acontecendo. Nesse caso, tratava-se da utilização da fobia pela mãe. Quando ela limpava a casa, uma pena aqui, uma pena ali, de modo que a criança ficava paralisada no meio do cômodo, não ousando aproximar-se de nenhum móvel. O que lhe restava? Papai. A mãe ainda não pensara em cobrir esse pássaro de penas! (*Risos.*) O trabalho foi feito essencialmente com a mãe. Por que ela veio à consulta? Porque, em casa, era um inferno, dizia ela. (Ela não falava das penas.) O inferno era que o pai sempre dava razão à filha. A professora afirmava que ela nada fazia no maternal; o pai, por seu lado, declarava que a filha ainda teria bastante tempo para estudar – ela tinha quatro anos; e ainda não se tratava da escola de verdade, dizia ele. A menina ia então passear com ele, aos domingos, enquanto a mãe limpava a casa.

Na realidade, essa mulher não estava de modo algum madura para ser mãe de uma criança. Esse era o problema. Tinha se casado exatamente como uma franguinha com um galo. E, depois, nascera uma criança que ela não tinha condições de educar. A história das penas começara com a degola das galinhas. A mãe depenava galinhas na frente da criança. Com dezoito meses, a menina corria da mãe, receando ser degolada, depenada por ela; e era isso que, em certo sentido, a mãe fazia com ela, enfatuando-a com as palavras de amor que ela dizia ao pai. Da filha, essa mulher dizia: "Mas, vocês não acham, ela diz que vai se casar com meu marido. Então, o que eu significo nessa história toda? Eles não precisam mais de mim. É ela que recebe os afagos do pai, e não eu!" (*Risos.*) E a filha tinha cinco anos. Só para mostrar o nível de maturidade dessa mãe. Assim, existem fobias que começam nesse nível.

Vejamos o caso de outra criança, um menino, então com três anos, que não tinha nenhuma autonomia e que era incapaz de se comunicar oralmente. Estava envolvido em uma terrível neurose de angústia, com fobia de música. A mãe contava que, desde bebezinho, chorava quando ouvia música. Depois, isso se tornara permanente nele. Quando o atendi, a única coisa que fazia era afastar e aproximar compulsivamente as duas mãos, dedos contra dedos, repetindo, sem um único olhar, em voz alta e em tom monocórdio: "A música! A música! A música!" Digo desde já a vocês que era o comportamento de um esquizofrênico.

Que havia por trás dessa história triste? Era muito simples. A criança fora concebida por acidente, quando a relação de seus genitores já durava dez anos. A mãe não era a esposa do pai, que vinha dormir escondido com ela. Era casado com outra mulher e tinha seis filhos legítimos. Quando seu amante vinha visitá-la em seu apartamento, que tinha apenas dois cômodos, a mulher punha um disco na vitrola a todo o volume, para que nem os vizinhos nem, agora, o filho ouvissem seus embates amorosos. Depois, o amante ia embora.

Essa cena – a cena primitiva –, a criança a imitava com o gesto de suas duas mãos, com a voz tensa, o olhar como que excitado de terror. Demorei bastante tempo para entender isso.

Sim, a criança tinha se tornado psicótica. Mas isso poderia ter sido evitado. Pois o problema essencial da mãe era a solidão absoluta em que se encontrava, fora de seu trabalho. Seu amante era seu chefe, ninguém, à volta deles, desconfiava de sua relação. Ela não tinha nem família nem amigos; e o filho havia sido expulso da creche.

Por trás de uma fobia precoce, devemos procurar o papel dos pais e a utilização que fazem do objeto fóbico da criança; é preciso entender como esse objeto tornou-se para ela sinônimo tanto de gozo quanto de temor. Nesse caso, a mãe sabia muito bem por que a criança não queria música; era o único significante da presença do rival que lhe roubava a mãe em casa. Mas foi necessário bastante tempo antes que ela conseguisse dizê-lo. Em nossos primeiros encontros, ela dizia somente: "Não sei. Ele não pode ouvir música. E eu que gosto tanto de música! Quando ouve música, fica feito louco." Havia nela uma culpa terrível por ser mãe solteira. Esse filho, que era toda sua alegria, transformava-se em sua desgraça. Seu comportamento, que fora até então tolerado, tornara-se abertamente, na creche, um problema para as puericultoras. Tinha sido rejeitado também pela babá, à qual sua total ausência de autonomia dava muito trabalho.

Podemos ter certeza de que, nas crianças pequenas, a fobia está ligada a um problema de imaturidade ou culpa da mãe, ou a uma situação difícil ou, mesmo, cronicamente traumática, que precisamos descobrir. Se tivermos tempo e se, além disso, a criança se beneficiar de um trabalho educacional especializado, podemos, às vezes, graças a um tratamento psicanalítico, desfazer o imbróglio emocional arcaico recalcado e tirar o psicótico de seu desamparo.

Pessoalmente, considero que a maioria das psicoses infantis estão enraizadas em fobias precocíssimas, cujo sentido e objeto já não são identificáveis quando começamos a atender uma criança que preocupa, tarde demais, os médicos e os membros do pessoal educativo. Os primeiros minimizam a ansiedade dos pais com relação àquilo que os incomoda no comportamento do filho, observando que ele conserva o apetite e o peso. Os segundos só notam, no comportamento da criança, aquilo que é insuportável para eles e para as outras crianças.

Uma fobia de adulto

Penso também em uma das fobias que analisei, da maneira freudiana mais clássica. Em um silêncio quase total de minha parte, pontuado apenas por palavras de encorajamento para permitir que a paciente continuasse a análise, quando ela atravessava períodos de silêncio, às vezes durante várias sessões seguidas, sem nenhum pensamento – era a forma particular de suas resistências inconscientes. Essa mulher tinha fobia de gatos, mas somente de gatos machos. (*Risos.*) Bastava um gato passar na rua para ela entrar subitamente em um estado de pânico. Se fosse uma gata, ela nem ligava, não sentia nada. Era, aliás, assim que ela percebia, na presença de um gato, se se tratava de um macho ou de uma fêmea. (*Risos.*)

Não era engraçado, era gravíssimo, pois por pouco não fora, várias vezes, atropelada. Tinha um sintoma físico concomitante ao seu terror pânico: seu pescoço inchava, tornava-se tão largo quando seu rosto, a ponto de estourar os botões de suas camisas. Nesses momentos, com o pouco de presença de espírito que lhe deixava o súbito acesso de loucura, ela se encostava no primeiro vão de porta que encontrasse para se esconder; era uma crise de angústia, no limite da consciência. Ela tinha aprendido, de fato, que mais de uma vez quase provocara um acidente, correndo assim em todos os sentidos, por causa da presença de um gato. Ora, coisa estranha – e que a perturbava horrivelmente –, quando estava assim camuflada, encostada no canto da porta, sempre aparecia um homem para lhe dizer: "Senhora, estou pronto para prestar-lhe esse serviço" – o serviço de transar com ela, claro. Tive a oportunidade de vê-la uma vez, em sessão, meia hora após tal pânico: seu pescoço ainda estava muito inchado; seus olhos estavam brilhantes e arregalados; sua voz, meio esganiçada; no final da sessão, tudo já tinha voltado ao normal.

Era uma mulher muito inteligente, muito fina, e realmente muito doente. Vivia com essa fobia, mas não me falou dela durante nossos primeiros encontros. Viera buscar uma psicanálise por outro sintoma: um vaginismo obstinado. Ora, ela estava apaixonada e queria sarar.

Já fora casada durante quinze anos com um homem que tinha uma boa situação financeira; ela o auxiliava nos negócios; amavam-se e entendiam-se muito bem; mas tinha sido um casamento branco, por causa do vaginismo incurável da mulher. Desde a morte do marido, ela trabalhava para se sustentar. Ora, um homem que havia sido, no passado, amigo de ambos a reencontrara e começara a cortejá-la. Também era viúvo. Enquanto ele a cortejava de forma polida, tudo ia bem. Dizia-lhe, por exemplo: "Nunca vi um casal tão unido quanto vocês." Porém, quando ele não lhe disse mas mostrou que a desejava, ela teve um tal vaginismo que ele pensou que ela não era normalmente constituída, que não era nem mesmo perfurada. Ela foi obrigada a lhe contar que nunca dormira com o marido. Esse homem, que se chamava Jean, sugeriu-lhe: "Escute, eu te amo tanto..." – e ela também o amava –, "e se você fosse consultar um ginecologista? Você deve ter algo fisicamente anormal."

Quando era casada, ela já consultara um ginecologista, que não lhe perguntara nada, não lhe explicara nada, e que se contentara em dizer a seu marido, na frente dela: "Ela é jovem, isso vai passar." Mais tarde, essa mulher, que era muito sensível, sentindo que o marido sofria profundamente com essa situação, porque, contrariamente às declarações do médico, cinco anos depois isso não passara e porque se considerava incapacitada, decidira liberá-lo dela, por amor a ele. Comprara uma passagem de trem para Istambul, onde tinha uma irmã. Não dissera nada ao marido. No dia previsto para a partida, ela foi embora, levando a mala. Coisa estranha, naquela tarde, o marido, que, normalmente, só voltava à noite, sentiu-se impaciente por voltar para casa. Existem, assim, coisas inexplicáveis na vida. Ao voltar, viu o zelador, a quem perguntou: "Você sabe se minha mulher está em casa? Estou voltando mais cedo do que de costume... – Ela acabou de sair com uma mala, por ali." O zelador indicava a direção do metrô. O marido correu até a estação, levado por um pressentimento. Ela estava efetivamente na plataforma, com a mala. "Mas o que você está fazendo? – Não é possível que você viva com uma mulher incapaz. Eu ia escrever de lá para dizer isso a você: refaça sua vida." Ele lhe disse, então: "Eu não ousava fazer isso, mas já que você tocou no assunto... De fato, não é possível para mim, é muito doloroso; mas eu te amo, preciso de você. Se você quiser, vamos ficar juntos. Isso nunca irá incomodá-la; não posso ficar sem você; você só não me perguntará nada se eu não voltar uma noite ou outra."

E eles viveram nesse acordo, ambos trabalhando. Apenas nas férias minha paciente, que se chamava Alexandra, via a mulher, aliás discreta, com a qual o marido mantinha uma ligação. A mulher ficava no mesmo hotel que eles – estavam relativamente bem de vida –, mas nunca criou o menor incidente em sua vida conjugal. Era a ligação com essa mulher que permitia ao marido permanecer com Alexandra. Essa situação durou dez dos quinze anos do casamento deles. Alexandra nunca soube o nome da amante do marido, e nunca soube nada dela após a morte dele.

Assim, Alexandra já era viúva havia dez anos quando encontrou por acaso o amigo de outros tempos, Jean, que era advogado. Era para pertencer a esse homem, por quem estava apaixonada, que quis curar-se de seu vaginismo, que sabia, agora, ter origem psíquica. Quando a atendi, era uma mulher de cinquenta e dois anos. Vejam o que ela me contou: a conselho desse amigo, fora consultar um ginecologista, que lhe disse: "Mas, claro, minha cara! A senhora é realmente incapaz. Não é culpa de ninguém; é culpa de seu corpo; mas com uma operação tudo vai entrar nos eixos muito facilmente. Vou operá-la."

Ela ficou então muito contente, ainda mais que aquele que a operaria era um grande nome da cirurgia. Fizeram-lhe, em seguida, um tratamento diatérmico com as chamadas velas de Hégar, que são objetos fálicos de metal. O cirurgião afirmou-lhe: "Está vendo, agora a senhora é perfeitamente permeável. Está tudo certo." Ela ficou encantada; foi encontrar o seu Jean e lhe declarou: "Pronto! O médico disse que está tudo certo, agora." Eles tentaram: tão fechada quanto antes. Ela voltou a consultar o cirurgião-ginecologista, que, então, lhe explicou: "É porque você esperou muito tempo." Voltou a fazer uma série de diatermias, e, depois, farol verde! "Faça amor hoje mesmo." É curioso como os cirurgiões podem não entender nada. Totalmente confiante, ela foi encontrar Jean. Eles se amaram: penetração impossível; no momento do contato sexual, impossível. E, dessa vez, ela sentiu, em si própria, uma crispação, uma câimbra muito dolorosa.

Voltou mais uma vez ao ginecologista, que então lhe disse, furioso, e provavelmente constrangido por ver seu prognóstico desmentido desse modo: "Minha senhora, vá embora. Não cuido de loucas! A senhora é incurável. Meu trabalho está perdido!"

Ela já consultara, em Paris, dois psicanalistas, que lhe haviam dito a mesma coisa: aos cinquenta e dois anos, já era tarde demais para que pudessem tratá-la. Foi aos Estados Unidos: mesma resposta. Mas não sei quem lhe disse, lá: "Talvez você pudesse ir consultar a doutora Dolto, em Paris." (*Risos.*) Provavelmente porque, na época, eu era uma psicanalista de adultos que também atendia crianças. Ela veio, pois, me consultar, e não foi uma bobagem, porque se tratava de uma neurose da primeira infância; mas só descobrimos isso no final. Devo dizer que o que me fez decidir aceitar essa mulher em psicanálise foi uma intensa compaixão por ela. Ela andava de um modo extremamente curioso, como se estivesse com uma saia justíssima – o que não era de modo algum o caso. Apesar de ter um corpo com formas femininas – devia medir 1,65 m –, mantinha os antebraços colados ao busto e andava com passos pequeníssimos, como fazem as crianças de três anos. Além disso, para cinquenta e dois anos, ela tinha um aspecto, um rosto e mãos de uma juventude extraordinária; sua pele, particularmente, era de uma mulher de trinta anos. Seu rosto tinha uma expressão tímida e sorridente, seu olhar era todo receptividade, simplicidade, pedido de auxílio.

Disse-lhe: "Escute... Eu não sei. Mas gostaria de começar." E eu pensava: essa mulher talvez seja uma menina gigante, mas é uma menina. Fisiologicamente, até, havia nela algo de resoluto. Por que recusar-lhe o que pedia? Eu confiava no método, no divã, nas associações livres. Comecei, pois, a escutá-la, simplesmente, ao ritmo de três sessões por semana de cinquenta minutos, durante um mês. Depois, no final desse período, aceitei continuar. Foi assim que se iniciou um tratamento, o mais clássico possível, que durou três anos e meio.

Durante esse primeiro mês, ela havia falado dos quinze anos de felicidade passados com o marido, entre seus vinte e cinco e quarenta anos. Leituras, concertos, visitas a museus, encontros com amigos, noites agradáveis. A intimidade cordial de uma amizade amorosa tranquila. Depois, havia sido o desespero, no luto do marido, morto quase subitamente de um infarto – ele tinha quinze anos a mais que ela. Finalmente, o reencontro com a irmã, que também estava sozinha, e sua decisão – infeliz – de se associarem em um negócio de importação-exportação. A mais velha, que tinha necessidade de um bode expiatório, utilizava os talentos artísticos de minha paciente, que, apesar de ter consciência da situação, mostrava-se resignada. Foi em um tom de narrativa, sem deixar transparecer grandes emoções, que Alexandra evocara toda essa parte de sua existência. A partir do contrato recíproco, estabelecido depois desse mês de experiência, por assim dizer, minha paciente entrou realmente em psicanálise, fazendo alusão a sua fobia de gatos, sem, entretanto, abordá-la de fato. Para ela, isso era secundário.

Foi então que se sucederam, em seu discurso, as narrativas de inacreditáveis traumas, de acontecimentos traumáticos, na realidade sexuais, mas que ela não vivera como tais. Elas revelavam, em um ser desprovido das fantasias de um desejo genital humano, choques emocionais provocados por sua família. Veremos como o mais antigo desses traumas sexuais, o que ela relatou por último, estava ligado a essa história dos gatos.

Essa mulher, uma emigrada da Revolução Russa, estava então, como já disse, associada com a irmã, em um negócio de bordado italiano, sobre seda natural. Elas mandavam fazer na França blusas e vestidos. Alexandra desenhava os motivos dos bordados; a irmã ocupava-se principalmente da parte comercial, particularmente das vendas para os Estados Unidos. Alexandra era atormentada por essa irmã terrível, geniosa e frágil. A irmã, também viúva, casara-se novamente e, depois, divorciara-se. O que acontecia entre elas era espantoso. Minha paciente sofria as tempestades da irmã com compaixão, depois, exasperada, explodia em lágrimas. Toda a sua libido, efetivamente, escorria em hemorragias nessa relação dramática e passional, em que o amor e a culpa estavam indissoluvelmente atados, enquanto elas estavam unidas, sem saída possível, por razões jurídicas, de clientela e de interesses.

Passo aos traumas sexuais. Toda vez que ela me contava um, eu me dizia: "Mas não é possível! Após a revivescência de tantos traumas, ela deveria melhorar." Mas, entre as narrativas de cada um desses momentos de provação angustiante, era o silêncio, como uma nuvem sem referências nem de tempo nem de espaço. Não lhe voltava espontaneamente nenhuma lembrança anterior a seu casamento. Fora tão feliz com o marido; eram unidos pelo coração; e ponto final.

Um dia, ela me disse: "Fiz um desenho para lhe mostrar como eu amava meu marido." Dá para mim e se estende no divã. O desenho representava uma menininha de joelhos, que desfolhava uma margarida. Pergunto-lhe se pode me falar do desenho. É nessse momento que me conta a história da amante do marido. Durante as tardes de férias que ele reservava para essa mulher, Alexandra ia sozinha ao campo: "Eu gostava de apanhar margaridas. Ajoelhava-me no mato, dizendo: 'bem me quer, mal me quer', e, quando acabava com um 'mal me quer', eu logo pegava uma outra para que caísse no 'bem me quer'. Vocês percebem, esse jogo de menina com relação ao marido. O desenho era, de fato, seu meio contrafóbico de pensar em uma mulher que lhe tomara o marido. Não lhe forneci associações, mas basta pensarmos na "boneca-flor"[2], e poderemos imaginar o narcisismo dessa mulher, que teria perdido tudo se o marido a tivesse deixado, ela que só tinha a ele no mundo, tendo perdido, após a fuga da Rússia, a avó materna, os pais, sua própria pátria, com a emigração. Foi durante a emigração que foi separada da irmã.

O notável é que, ao longo do tratamento – durante o qual eu não dizia nada –, ela ia recuperando a inteligência. Fora inteligente, dizia, quando jovem, na época em que tinha uma governanta suíça. Continuara a estudar, em seguida, na Polônia; depois, refugiada com o pai em Viena, tinha passado em um exame de conclusão do curso secundário. Mas afirmava que, desde então, tornara-se burra. Felizmente, encontrara na França seu marido, que, ao contrário,

---

2 Cf. Françoise Dolto, "Cure psychanalytique à l'aide de la poupée-fleur", in *Au jeu du désir (Essais cliniques)*, Paris, Seuil, 1981 ["Cura psicanalítica com a ajuda da boneca-flor", in *No jogo do desejo: ensaios clínicos*, trad. Vera Ribeiro, São Paulo, Ática, 1996].

era muito inteligente, muito culto e falava muito. Ela o escutava sem cansar, pedia-lhe: "Fale mais." Ele lhe dava livros para ler, explicava-lhe o que era preciso entender. Tornara-se como uma menininha diante de um papai Pigmalião.

O amigo Jean, homem que era apaixonado por ela e que estava na origem de seu pedido de análise, era também um homem culto. Ela dizia ter voltado a encontrar, com ele, algo das trocas intelectuais que tinha com o marido. Assim, ao longo do tratamento, ela se tornou novamente ávida de estudos. Liberando seus recalques, começou a fazer os cursos da Escola do Louvre, sem abandonar sua atividade profissional. Era extremamente difícil para ela, mas ela conseguia. Paralelamente a essa vida consciente tão plena, os traumas sucessivos do passado voltaram na sua análise. Depois da questão do vaginismo, da história da amante do marido, da cena do metrô – quando o marido a impedira de partir –, ela se pôs a falar de sexualidade, sem nem mesmo saber.

Sua mãe morrera quando ela própria tinha dezesseis, dezessete anos. Naquela época, Alexandra morava com o pai. (Viviam então em um país da Europa Central.) Um dia, ela voltou para casa, depois de ter levado as roupas à lavadeira. O pai a chamou. Ela o viu, com terror, pegar um revólver e colocá-lo na mesa. Ele disse: "Isto é para você, se esse rapaz falar mais uma vez com você." Ela respondeu: "Mas não é culpa minha se um rapaz falou comigo. – Sim, mas eu vi você." Pois ele a seguia com os olhos pela janela. Vira-a entrar na casa da lavadeira. Um rapaz que esperava na porta a acompanhara uma dezena de passos, quando ela saíra. Tentando, então, fazer o pai se interessar pelo rapaz, Alexandra lhe disse: "Está bem, vou contar! Esse rapaz também é russo; ele falou com a lavadeira; foi na casa dela que ele me viu uma vez. – Percebi muito bem sua estratégia." Na verdade, o rapaz ainda não dirigira a palavra a Alexandra. Era a primeira vez que ousava fazê-lo. Ele perguntara, certa vez, à lavadeira: "Quem é, afinal, essa moça tão bonita?" A lavadeira lhe dissera, e o rapaz havia então criado coragem para pedir a Alexandra: "Eu gostaria muito de ser apresentado a seu pai. Será que não poderíamos sair juntos?" Ela tinha, então, vinte e dois anos. O jovem era um emigrante russo, culto, do mesmo meio que ela. Ora, o pai lhe disse: "Jamais permitirei que você se case, enquanto eu for vivo." "Se por acaso você tiver essa ideia, aqui para você, e para mim depois!", acrescentou ele, mostrando o revólver.

Vejam o trauma causado pela violência passional desse pai ciumento. Depois, pai e filha deixaram a Europa Central para vir para a França. O pai morreu pouco tempo depois. Na época em que ele ainda vivia, ela começou a ganhar a vida fazendo em casa algumas traduções que ele lhe dava; sozinha, continuou esse trabalho para editores, e foi assim que conheceu o marido. Ela o ajudava em seu trabalho permanecendo em casa.

Como já disse, foi apenas após a morte dele que ela associou-se com a irmã. Alexandra separou-se dessa irmã mais velha aos doze anos. Essa separação e as circunstâncias que a acompanharam foram para ela um trauma intenso, que ela havia, aliás, esquecido completamente. Só voltou-lhe à memória após o relato da cena em que seu pai a ameaçara com um revólver.

O pai pagara bastante caro, por cada pessoa da família, a um passador, para atravessar, à noite, um rio – não sei mais qual. Passar para a outra margem significava escapar aos bolcheviques. As quatro mulheres – a avó materna, a mãe, a irmã de vinte anos e Alexandra – partiriam primeiro. O pai iria encontrá-las depois. Posteriormente, todos se reuniriam.

Ora, antes de conseguir falar sobre esse fato, minha paciente precisou de muito tempo. Não conseguia dizer nada. Um silêncio de uma semana, depois de duas semanas. Sempre observei isso nas análises dos fóbicos; é bem curioso: começam a falar e, depois, de repente, se calam; e, algumas vezes, o analisando nem mesmo percebe. Alexandra somente dizia: "Doutora, estou fazendo a senhora perder seu tempo." Ou: "Não estou pensando em nada; não tenho nada a dizer." Eu lhe dizia: "Paciência! Paciência! Você irá encontrar alguma coisa para dizer. Tenha, ao menos, tanta paciência quanto eu." É dessa forma, aliás, que o nome "paciente" adquire seu pleno valor, assim como a passividade do analista confiante em seu método.

O discurso de minha paciente detivera-se no momento desse embarque, à noite. Depois, desenrolou-se o drama: a irmã recusou-se a embarcar. Foi, ao mesmo tempo, para Alexandra, a descoberta do amor que a irmã dedicava a um jovem que não deixaria o país – ele optara (o malvado) pela revolução; ela não podia, pois, abandoná-lo. Cena dramática entre a avó e a irmã mais velha, interrompida pela impaciência do passador. A lembrança da partida voltava à Alexandra: seus pungentes gritos de adeus para a irmã; a cólera de um passageiro que lhe dera uma bofetada, porque ela podia chamar a atenção das sentinelas, que teriam atirado neles, da margem.

Depois de atravessar o rio, esses emigrantes clandestinos deviam passar pela alfândega. E ali estava o verdadeiro núcleo do trauma sexual para Alexandra. Pois a revelação do amor que a irmã dedicava a um homem era, então, para ela, apenas o desmoronamento de seu amor incondicional por essa irmã, que traía a família escolhendo o lado bolchevique.

Em tais tratamentos, após uma série de sessões brancas, algo sobrevém: pode ser uma palavra, aparentemente sem importância, uma imagem isolada, único resquício de grande sonho, depois um instante muito comovente. No lugar em que não havia nenhuma lembrança, de repente brota uma recordação, com uma intensidade emocional extraordinária. Foi o que aconteceu com Alexandra. Como era possível que tivesse esquecido essa história, sem poder dizer nada além disso?

Antes de passarem na alfândega, então, a avó escondera na vagina de Alexandra um cheque à ordem de um banco suíço, que o pai dera para que a mulher pudesse recebê-lo, assim que elas chegassem à Suíça. Pessoas iriam revistá-las, para tomarem seu dinheiro, caso tivessem algum. A avó disse àquela que estava encarregada da revista das mulheres: "São as primeiras regras da menina, você entende." Haviam-lhe posto o absorvente higiênico de uma mulher que estava menstruada, mas não lhe haviam explicado de que se tratava. Alexandra era ainda uma criança, que ignorava tudo a respeito de sua feminilidade.

Após o trauma da separação da irmã, vejam o que lhe fizeram. Chegam à alfândega. Ela entra, totalmente sozinha, numa sala. Uma pessoa a revista dos pés à cabeça, faz com que fique completamente nua, mas deixa-lhe o absorvente higiênico; olha suas orelhas, faz com que abra a boca, mas não toca em sua vagina. Dez minutos depois, ela volta a encontrar, na multidão, a avó e a mãe, mudas, pálidas e ansiosas. A avó a arrasta até o banheiro, para revistá-la, por sua vez, e recuperar o cheque. "Você estava mais branca que uma morta, coitadinha", disse-lhe ela. "Será que, algum dia, você irá nos perdoar por isso?"

Como minha paciente podia ter esquecido? Pensei: "Depois de se lembrar de um trauma assim, tudo vai melhorar!" Mas de modo algum! A série continuou.

Então, apareceu em seu discurso o relato de um trauma anterior, que datava, aproximadamente, de seus oito anos. Apenas no momento dessa lembrança foi que ela me contou que a mãe tinha morrido naquele país da Europa Central em que haviam morado, a mãe vivendo em uma casa de saúde, desde a morte da avó "do cheque". Alexandra só conhecera a mãe em estado de languidez, vivendo em um cômodo sempre fechado, com as venezianas semicerradas. Diziam, de sua mãe, que era neurastênica. Alexandra sempre fora educada por uma preceptora suíça. Sabia que devia ir dar bom-dia e boa-noite à mãe, que quase nunca comparecia às refeições, exceto algumas vezes, sem dizer uma palavra, quando o pai estava ausente da casa.

O pai e a preceptora haviam explicado à menina por que a mãe era doente. Ela tivera, antes de Alexandra, um menininho deficiente – esse irmão teria quatro anos a mais que ela. Ele nunca vivera na casa. E Alexandra nunca soube qual era essa deficiência. Mas contaram-lhe – o que ela também não sabia – que, quando ela nascera, a mãe esperava ter um menino. Ora, como ela não era um menino, a mãe caíra em um estado de neurastenia. Alexandra pensou, então, que era um erro, de sua parte, o fato de ter nascido menina. Contudo, nem o pai nem a governanta permitiam-lhe dizer tal coisa. Tudo o que ela devia saber era que a mãe era neurastênica e que o médico vinha sempre vê-la.

Um dia, então, ela entrou correndo no quarto sem bater, contrariamente ao que devia fazer normalmente, para dizer à mãe que tivera uma nota muito boa na escola. Estava tão feliz de lhe dar uma boa notícia! Viu, então, o médico deitado em cima da mãe (o médico que vinha todos os dias). Isso não teria tido grandes consequências se a mãe não tivesse percebido que a filha estava ali e não tivesse dado um grito terrível, que a menina ouviu como "o grito de um bicho".

Quando ela disse essas palavras: "grito de um bicho", eu lhe perguntei: "Você não pode contar um pouco mais sobre isso? – Oh, não! Foi terrível. Aquilo me dilacerou de alto a baixo." Ela tinha sido como que *dilacerada*. "Recuei, saí. Eu tremia. Felizmente, a preceptora chegou. Não pude dizer-lhe nada. Ela me perguntou: 'Você não está se sentindo bem?' Respondi: 'Não, não, estou me sentindo muito bem.'" E ninguém nunca mais tocou no assunto.

Dito isso, minha paciente caiu de novo no silêncio. E foi no divã, em meu consultório, que entendeu que o médico podia ser o amante da mãe; pois nunca tirara essa conclusão. "O que você achou? E hoje, o que acha? – Oh, doutora, não é possível! – O que não é possível? – Não é possível que minha mãe tenha traído meu marido... meu pai." Ela sempre chamava o marido de pai. Dessa vez, quando se dirigia a mim, o lapso aconteceu no sentido inverso.

Descobrindo que o médico fora amante da mãe, ficou intrigada com a própria inocência. Conectou-a com sua incompreensão a respeito do comportamento da irmã. Pois vira como uma desumanidade, da parte dessa, a escolha de ficar na Rússia por um rapaz. Por outro lado, se o episódio da alfândega e a utilização de sua vagina como esconderijo a haviam marcado, isso provava que Alexandra era normalmente constituída sexualmente, antes de ter menstruado.

Ela estava cada vez melhor, graças à suspensão dos recalques, que liberavam pulsões que ela podia utilizar. Voltando à forte emoção que sentira ao deixar a irmã, evocando a transformação moral que acompanha o amor e a consciência do sexo, ela pôde, enfim, pensar que aquele rapaz era, para a irmã, um amante, ao qual ela estava ligada, e não o amigo platônico que sempre vira nele, até então.

A partir desse momento, suas brigas com a irmã como que se dissiparam. "Minha irmã tem um gênio terrível, mas eu já não caio na dela. Quando ela começa uma de suas cenas, eu me calo." Um dia, a irmã lhe disse: "Mas o que está acontecendo? Não podemos mais nos divertir brigando?" Pois era esse o passatempo da mais velha com a mais nova. Ora, aquilo não colava mais. "Por que você mudou?", perguntou-lhe, uma vez, a irmã. "Porque estou fazendo uma psicanálise", respondeu Alexandra. "Pronto, está explicado", exclamou a irmã, "ela está completamente louca!" E foi tudo o que disse da psicanálise.

Pouco depois, elas separaram seu destino comercial. A mais velha pegou um setor de importação-exportação, Alexandra pegou um outro. Tudo se realizou muito facilmente, graças a um negociador, com a assinatura de um contrato. Num acordo isento de qualquer briga.

Foi, então, após a reminiscência de todos esses acontecimentos do passado, que Alexandra tomou consciência de que nunca havia imaginado a irmã com um homem, na posição em que vira o médico com a mãe. Foi no divã que tomou consciência do impensável do corpo implicado no amor. Ela tinha entendido perfeitamente que o marido não havia podido penetrá-la – era a palavra que ele tinha usado. Ele lhe dissera: "Os homens, quando amam... é isso; é preciso que isso aconteça..." Mas, quanto a sentir desejo pelo sexo, ela ignorara tudo a esse respeito.

Quanto aos gatos, falara deles uma ou duas vezes, aludindo rapidamente a um sentimento de pânico. E, depois, voltou ao assunto. Eu não tomava a iniciativa de tocar nessa história dos gatos: eu não entendia aquilo. Muitas pessoas – alguns de seus melhores amigos – sabiam que ela tinha fobia de gatos, mas ignoravam que era exclusivamente com relação aos gatos machos. Um dia em que estava jantando na casa de alguns amigos – ainda era jovem –, disseram-lhe, rindo: "Alexandra, não tenha medo, mas tome cuidado! O gato está ali." Como ela estava se sentindo muito bem, pensou que estavam mentindo. Depois, disse: "Não, não é um gato. Deve ser uma gata." Os outros insistiam: "Não, não, é um gato!" (*Risos*.) Para depois perceberem, finalmente, que Alexandra tinha razão: era uma gata. Foi por suas próprias reações, insólitas a seus próprios olhos, que ela descobrira que apenas os gatos machos a punham em um estado de pânico. As fêmeas, nunca.

Ora, um dia, ela trouxe, para a sessão, um desenho perfeitamente semelhante ao de uma criança (era o segundo, e foi o último, de sua análise). Estendeu-o para mim, antes de deitar-se no divã, dizendo-me: "Doutora, trouxe-lhe um desenho para explicar para a senhora onde sou doente." O desenho, a lápis e a nanquim, representava um castelo, com o telhado pontudo, como uma torre, flanqueado por uma casa larga de teto trapezoidal. Na torre, uma janela, uma porta; na casa, várias janelas, uma porta. Na frente desse castelo, um gramado oval; e, nesse gramado, um cachorro deitado, enrolado sobre si mesmo, com a cabeça entre as patas. Sua postura poderia lembrar a de um gato, mas seu focinho alongado e suas orelhas eram evidentemente de cachorro. Ela me disse, então: "Está vendo, doutora, estou doente aqui embaixo", mostrando-me o chão, embaixo do cachorro. Eu não estava entendendo absolutamente nada. Disse-lhe: "Bom, muito bem", e guardei o desenho. Ela continuou, por sua parte, no divã, dizendo o que lhe vinha à cabeça... ou calando-se. Vocês vão ver, contudo, como ela tinha razão, sem que nem ela nem eu soubéssemos, naquele momento, o que aquele desenho podia querer dizer.

Mais uma vez, sessões de silêncio e, de minha parte, o encorajamento para que ela persistisse no tratamento. Quando um dia ela me declarou, com a voz alterada e hesitante, que, se me dissesse em que estava pensando, seria terrível. Eu a colocaria imediatamente para fora. Naturalmente, "colocá-la para fora" associava-se, para mim, ao que acontecera com o cirurgião, que a colocara para fora, quando ela voltara para consultá-lo, pela terceira vez, por causa de seu vaginismo. Disse à minha paciente: "Colocá-la para fora? Como quem?" Ela me respondeu: "Está certo. Mas a senhora não me diria que sou louca, diria que não trata de delinquentes. – Por quê? Você é delinquente? – Oh, doutora, não me pergunte isso! Não me pergunte isso! Não posso contar para a senhora. Sou uma pessoa abominável, abominável!" E começou a chorar. "Nunca poderia contar isso para a senhora. Acho que não posso vir mais. Sou indigna. Mas juro que tinha esquecido. Jamais teria ousado vir se eu soubesse que eu não era apenas louca, mas... Não, não posso contar."

Eu lhe disse: "Paciência. Quando você tiver confiança suficiente em mim e no trabalho que estamos fazendo, você poderá me contar."

Na sessão seguinte, ela declarou: "Doutora, acho que, da última vez, eu tinha alguma coisa para dizer, mas esqueci completamente do que se tratava." E, de novo, caiu em um vazio total, sem ideação nem afeto, durante seis ou sete sessões. Quando, de repente, voltou-lhe à mente que sonhou com um cachorro. Naquele momento, ela disse: "Ah, meu Deus! Encontrei o que devia... mas é horrível... Não, não posso contar à senhora. Tenho que ir embora." Levantou-se, como que tomada de pânico, evitando meu olhar. Eu lhe disse: "Não." E fechei a porta que ela acabara de abrir. "Você não irá embora. Deite-se de novo no divã e tente falar. – Não sei mais o que estava dizendo. – Por que você queria ir embora? – Bom, não sei. Devo ser louca. – Sem dúvida, respondi-lhe (*risos*), e é por isso que você está aqui. Você está com medo de mim e de você. A sessão não terminou; temos tempo." E foi preciso ainda várias sessões para que ela pudesse desovar essa história, cuja lembrança era tão horrível que a punha, aos cinquenta e dois anos, naquele estado. Persuadida de que eu a teria posto para fora se a contasse para mim, ela teria preferido morrer a se lembrar.

Essa lembrança datava de seus cinco anos e meio, seis anos. Ela ainda não começara a escola primária, aprendia a ler e a contar com a governanta suíça. Ora, havia algumas semanas que ela queria um pequeno guarda-chuva com cabeça de cachorro – um guarda-chuva de menina. E, um dia, ao ir a uma loja de departamentos com a preceptora, que fazia compras, roubara o guarda--chuvinha, que tanto a tentava, e saíra com ele, encantada com sua ação.

"A coisa horrível" era que a preceptora perguntara: "Onde você arrumou esse guarda-chuva?" E ela respondera: "O moço me deu. – Não, não é verdade. O moço não te deu. Nas lojas, não se dão coisas assim às crianças. Você roubou." Em suma, a governanta fizera desse roubo um drama, e acabara dizendo a Alexandra: "Vou ter que contar isso a seu pai. A filha dele é uma ladra. A vergonha da família!"

Ora, a espera parecera muito longa para a pequena Alexandra, porque seu pai, representante de chá para toda a Rússia, só voltava para casa de vez em quando. Ela ficara, pois, nesta angústia: iam contar ao pai. Quando o pai voltou, a preceptora lhe disse, de modo solene: "Senhor, preciso contar-lhe que sua filha roubou." (Evidentemente, o pai já sabia da história – o que mostra o horror desse jogo.) Aterrado, ele falou: "Nada no mundo poderia me desgostar mais! É a desonra da família!" Enfim, haviam montado toda uma cena em cima desse caso. Depois, o pai acrescentara, dirigindo-se a Alexandra: "Pois bem, agora, você deve ir para a cadeia." Isso é muito importante, porque estamos chegando ao trauma. "Talvez, pelo fato de você ser minha filha", continuara ele, "o gerente da loja não te deixe muito tempo na prisão, mas certamente mandará vir os guardas para te prenderem. De qualquer modo, não quero ficar com uma filha ladra, nem com um objeto roubado, em casa. Você vai voltar e devolver esse guarda-chuva ao gerente da loja."

Vejam a cena que armaram para essa criança de menos de seis anos. Ela foi, então, acompanhada da preceptora, que se tornara de uma severidade inexorável, devolver o objeto do delito. O gerente as recebera, solenemente, claro, em seu escritório, com uma cara muito séria. Ao contar essa cena, minha paciente ainda ouvia o som de sua voz. "Bem, você tem sorte de ter um pai que te ama muito. Dessa vez, você não irá para a cadeia; mas, se roubar mais uma única vez, passará o resto de seus dias na prisão." No fim dessa terrível sessão, já de pé, ela não ousava me olhar. Perguntou-me: "Então, doutora, a senhora aceita continuar nosso tratamento?" Não respondi à pergunta, disse-lhe apenas: "Até quarta-feira que vem. – Ah, doutora, não vou conseguir dormir à noite, por ter-

-lhe contado isso, e pensando que a senhora ainda deseja me ver... Sou tão infeliz. – Sim, eu sei. Até quarta." E continuamos.

Transcorreu, novamente, um longo período de silêncio. "Estou fazendo a senhora perder seu tempo. Será que eu não poderia voltar no dia em que tiver alguma coisa para dizer?" Entretanto, fora das sessões, angustiantes por seu vazio ideativo, aquela mulher estava mudando. Tudo o que, de suas pulsões recalcadas, era colocado novamente em circuito era imediatamente investido em seu trabalho, em suas relações e em seus estudos. Jean, seu amigo, não tentava mais aproximar-se dela. Ela mantinha, agora, relações com outros homens, sempre conservando-se à distância, pois sabia que ficaria desesperada se alguém a cortejasse, como acontecera com Jean. De fato, ela já não desejava tornar-se disponível para relações sexuais, o que, no entanto, motivara sua entrada na análise. Já não se preocupava nem mesmo em tornar-se normal sexualmente, tanto o que ela fazia a interessava. O que mais a preocupava era sua fobia de gatos, da qual queria se livrar. Às vezes falava, declarando que lhe fazia bem vir, principalmente para elucidar essa fobia, se eu aceitasse continuar a recebê-la.

Aproximadamente seis semanas após o relato do roubo, ela me contou um sonho, no qual havia novamente um cachorro. Disse-lhe: "Pois bem, fale de cachorros. Isso deve ter sido importante para você, quando você era jovem", já que houve a história do guarda-chuvinha com cabeça de cachorro. Após duas sessões em que não saíra de seu mutismo, de repente voltou-lhe à mente, a propósito dos perigos das mordidas, a seguinte lembrança: quando seu pai voltava de suas viagens, costumava ir ao clube, à noite. Era moda, na Rússia. A camareira, sabendo disso, arrumava então, na cama do pai, a bela camisa branca, o fraque, os sapatos de verniz, a cartola, a capa. Tudo era disposto magnificamente na cama de papai; era como um altar, não? Ora, em um daqueles dias, a pequena Alexandra, que, segundo seus próprios cálculos, devia ter mais ou menos três anos e meio, entrou no quarto do pai, o que era absolutamente proibido. O pai não estava. Ela olhou, admirada. Depois saiu. Mas era pequena demais para fechar de novo a porta. Disse a si mesma: "Tomara que não vejam que deixei a porta aberta. Vou levar uma bronca." E, depois, um pouco mais tarde, veio-lhe de novo a vontade de voltar. Desastre! A cachorrinha do pai havia rasgado a parte de baixo de suas calças, transformara-a em farrapos. A cachorra entrara pela porta que a menina deixara aberta. Era, então, culpa dela. Alexandra, tremendo, foi se esconder, ainda que, geralmente, quando o pai chegava, ela corria para ele. Era sempre uma alegria. De seu esconderijo, ouviu o pai chegar. Ele chamava: "Mas onde raios está minha pequena Alexandra? Por que não vem me fazer festa?" A criança não se mexia, e era a cachorrinha que, latindo, fazia festa para o pai. Cansado de chamar a filha, o pai entrou então em seu quarto e fechou a porta. Alexandra continuou enfiada em seu esconderijo. Um momento se passou, depois ela ouviu um riso homérico, um riso inextinguível. O pai saiu do quarto com a cachorrinha nos ombros dizendo, bem alto, para todos ouvirem – enquanto Alexandra acreditava que se dirigia apenas a ela: "Só uma pessoa me ama nesta casa, e não quer que eu vá ao clube, esta noite; é minha cachorrinha!" Ela estava absolutamente estupefata por não ter havido drama. Depois, todos se puseram à mesa. A menina sempre se sentava no mesmo lugar, entre a preceptora e o pai, à direita dele. À esquerda do pai, havia o lugar da cachorrinha e, em seguida, o da irmã mais velha. Em frente ao pai, o lugar da mãe, quase sempre vazio. Naquela noite, na lembrança de minha paciente, nem a mãe nem a irmã estavam presentes ao jantar. Ela dirigiu-se à mesa, silenciosa, chateada. O pai lhe falou: "Você não me disse boa-noite!" Foi a única coisa que lhe disse. Muito constrangida, ela veio beijá-lo e foi até seu lugar. Naquele momento, ele anunciou: "Não, não se sente aí. Hoje, é minha cachorrinha que ficará à minha direita; você se sentará no lugar da cachorra, porque é a cachorrinha que gosta mais de mim. Hoje, ela mostrou ser minha filha, vindo me cumprimentar e manifestando que não queria que eu fosse ao clube esta noite."

Assim, não apenas aquele crime de lesa-majestade não deixara o pai bravo, como a cachorra que mordera sua bela roupa tornava-se sua filha, por uma noite, mais do que Alexandra.

Rememorando essa história, minha analisanda permanecia convencida de que ninguém, nem a preceptora, nem a camareira, nem mesmo o pai, jamais suspeitara que fora ela quem deixara a porta do quarto aberta. Foi no divã, na transferência, que a lembrança desse fato voltou-lhe à mente, e que ela o contou, pela primeira vez, mas sem grande culpa, ao contrário do episódio do guarda-chuva roubado.

Na sessão seguinte, ela me anunciou: "Doutora, estou curada! (*Risos.*) Não estou entendendo nada, mas tenho certeza, estou sentindo. – Mas como você sabe? – Não tenho a menor ideia do que contei à senhora da última vez, mas foi isso que me curou. Nada mais pode me assustar, tenho certeza. – Mas você já teve a ocasião de verificar? – Não, não preciso; sinto-me curada." Disse-lhe, então: "Escute, mesmo assim, vamos continuar pelo menos até as férias!" (*Risos.*) Eu ainda não entendera o que tinha acontecido. Ela estava radiante, aceitava continuar.

A partir desse momento, ela começou a ter um monte de sonhos, justamente ela, que nunca sonhava. Os silêncios desapareceram. E, depois, coisas engraçadas aconteceram com Jean, que estava completamente atarantado, porque ela queria ir à casa dele. Ele constatou que ela deixara de ser vagínica; de repente, foi ele que se tornou impotente! (*Risos.*) Mas não é piada, é verdade! Ela lhe disse: "Você deveria fazer uma psicanálise." (*Risos.*) Efetivamente, ela estava curada. Mas como o relato de uma lembrança de culpa não justificada, seguida de uma ferida narcísica, produzira a cura? As sessões seguintes puderam explicar.

A cachorrinha do pai era amiga de um gato macho. Havia, na casa de infância de Alexandra, um casal de gatos: o macho era, pois, íntimo da cachorra, a qual a gata não suportava. A menina estava constantemente em contato com esses animais, entre os quais havia brigas violentas. O gato gostava de se aninhar entre as patas da cachorra, e a gata morria de ciúme.

Alexandra me disse: "É curioso como os animais sentem a diferença entre machos e fêmeas. Porque eu não entendia, e todas as vezes que eu perguntava: 'Mas por que a gata é assim brava com a cachorra?', meu pai me respondia: 'Você entenderá quando for uma mulher.' Eu não entendia de modo algum por que ele não me explicava."

O problema girava, então, em torno do desejo, mediado por uma imagem inconsciente do eu como animal. E o pai induzira, em Alexandra, uma identificação animal no Édipo, colocando a cachorrinha no lugar de honra. Ele fizera com que a cachorrinha se tornasse sua filha; e chegara até a tratar Alexandra como uma cachorra, mais tarde, no episódio do rapaz russo. Transformara-a, então, em uma criatura a serviço dele, um ser preso por uma coleira, um animal de estimação. Estava pronto a matá-la, se ela se tornasse mulher. Do mesmo modo, no momento de atravessar a fronteira, a avó e a mãe tinham se servido de seu corpo como de uma coisa que lhes pertencesse, de seu sexo como de um receptáculo.

Enfim, tudo isso foi reconstituído depois. Quando chegaram as férias, ela estava radiante. Além disso, tinha sido brilhantemente aprovada no mais alto exame da Escola do Louvre.

Saiu de férias, tranquila, e foi para o sul da França com uma velha amiga. Ao voltar, veio me ver e disse: "Não vim de modo algum para uma sessão de tratamento, mas para agradecê-la, doutora, e dizer o quanto estou feliz. Estou loucamente apaixonada e vou me casar. – Ah, é?" E aquela mulher refinadíssima me contou que ia se casar com um camponês!

Quando fazia um passeio pelo sul da França, viu, em uma porteira, a seguinte tabuleta: "Cuidado, cachorro muito bravo", e, um pouco mais adiante, no campo, um homem em cima de uma árvore. (*Risos.*) Mas essa história é verdadeira! Olhou para o homem, ele falou com ela e a lembrou do cachorro bravo. Ela respondeu: "Não tenho medo de cachorros. – Ah, é? Então, se você não tem medo, venha me ajudar", disse ele, "em duas pessoas será mais fácil." Ela entrou e o ajudou a colher frutas. O homem era um refugiado iugoslavo. Criava galinhas, vendia aves, ovos e frutas na feira, no interior de Cannes. Ela voltou para ajudá-lo, todos os dias. Alimentava as galinhas; enfim, divertia-se muito, exatamente como uma menina. Um dia, ela lhe perguntou: "Onde está, afinal, o cachorro? – Bom, o cachorro sou eu", respondeu ele. (*Risos.*) Ambos riram. Ela estava paquerando pela primeira vez na vida. Caíram nos braços um do outro, e foi uma louca paixão física. Ela ficou de cabeça virada, e sua velha amiga se espantou, caçoando dela.

Esse homem, que se chamava Pavel, explicou, mais tarde, a Alexandra, que deixara seu país havia dez anos porque corria o risco de ser preso por motivos políticos. "Minha mulher e meus filhos ficaram lá", disse ele, "e não sei se algum dia ganharei dinheiro suficiente para trazê-los para a França. Além disso, minha mulher não sabe o que aconteceu comigo. Certamente acha que estou morto. Há muito tempo já não temos notícias um do outro." E acrescentou: "E se nos casássemos?" Alexandra respondeu: "Mas você não está morto, e você tem uma mulher. Vou me informar, para saber o que aconteceu com ela."

Quando Alexandra já estava novamente em Paris, Pavel descobriu que a mulher morrera. Quanto aos filhos, não sabia onde estavam. Obtivera documentos da Iugoslávia, atestando que era agora um homem livre. Para Alexandra, tudo era pura alegria! Ele viria a Paris.

Dois meses mais tarde, ela me telefonou: "Doutora, preciso absolutamente vê-la." Eu a sentia realmente abalada. Ela veio me ver e disse: "Você não sabe de nada? – Não, não sei. – Bom, eu estava tão eufórica para rever Pavel; nós nos escrevêramos." (Aliás, não sei como eles se escreviam, já que ele era iugoslavo; acho que ele ditava suas cartas a uma francesa, cartas totalmente infantis, sentimentais.) "Eu o vi chegar na plataforma da estação", continuou ela, "ele me olhou; eu o vi, com suas calças de veludo, andando como um camponês; ele veio até a minha casa (viu, portanto, seu apartamento refinado), e nos dissemos: o que foi que fizemos?" Naquela mesma noite, ela o levou de volta ao trem. Choraram muito, declarando que haviam vivido um idílio extraordinário, mas que não eram realmente feitos um para o outro.

Essa é a história da primeira paixão física de Alexandra. Não é curioso, esse amor adolescente aos cinquenta e cinco anos, por um macho que fora um amante maravilhoso, mas com o qual nada era possível, para ela, no plano cultural e social?

Ela voltou, pois, às sessões, para me falar disso. Eu continuava não dizendo absolutamente nada. Ela contara sua aventura ao amigo Jean, que declarara: "É espantoso, se eu fosse mais jovem, faria uma psicanálise. Você é uma mulher maravilhosa. No seu lugar, eu teria ficado apavorado. Mas, já que você não sentiu medo, e que um outro homem conseguiu com você, talvez eu devesse fazer outra tentativa. Mas tornei-me completamente impotente; e não apenas com você: com todas as mulheres." (*Risos*.)

Alexandra parou de me dar notícias, até o dia em que, três anos mais tarde, recebi, dos Estados Unidos, uma carta, na qual me escrevia: "Casei-me com um americano. Estou muito feliz e desejo-lhe um feliz ano-novo. Tenho, nos Estados Unidos, um trabalho muito interessante: sou encarregada de ensino e responsável por visitas e aulas para adultos nos museus. Minha paixão é suscitar o gosto pela pintura em pessoas que não têm cultura." Já escrevera dois ou três livros de iniciação nessa área.

Depois, uma manhã, às onze horas, o telefone tocou. "Doutora, estou em Paris, com meu marido, que faz questão de conhecê-la." Falei: "Venham para o aperitivo." (Era um domingo). Seu marido me disse, então: "Eu queria encontrar-me com a senhora para agradecer-lhe. A senhora não pode imaginar o que é encontrar uma mulher de cinquenta e seis anos – ele tinha sessenta e três – tão maravilhosa, não apenas comigo, mas com meus netos – pois ele já era avô. Uma mulher tão inteligente, tão gentil, e tão mulher. É ao mesmo tempo jovem para sua idade e adequada à minha." Também ele tinha a aparência de um homem de valor. Era sindicalista. Por seu lado, ela dizia que os enteados eram maravilhosos. Em suma, era um festival de elogios mútuos... (*Risos*.)

Que lição! Após uma psicanálise feita aos cinquenta e dois anos, essa mulher pôde, finalmente, levar uma vida completamente normal. E, depois, deu certo. Todos os anos ela me envia um cartão de boas-festas. Foi ela que me deu autorização para publicar o seu caso. Disse-me: "Conte essa história, pois nem eu própria poderia acreditar que eu pudesse me curar." E quando lhe perguntei: "O que eu disse a você que a curou? — Você nunca disse nada. (*Risos*.) — Mas você, você me contou! — É verdade, foi no divã que me lembrei dessa história. Que paciência você teve! Quantas vezes eu quis parar! Não conseguia ver para onde estava indo."

Eis a história de uma fobia, enraizada em uma identificação animal da criança, no momento do Édipo. Édipo enviezado pelo pai, que substituíra a filha pela cachorra, transformando-a em uma rival da criança. Se Alexandra não podia suportar os gatos machos, era por ter se identificado com a gata, inimiga da cachorra. Se, alguns meses mais tarde, ela se derreterá por um guarda-chuva de cabeça de cachorro e, não ousando pedir, não pudera deixar de roubá-lo, isso não era o desejo por um cachorro que o pai parecia ter-lhe inculcado? O pai, nesse episódio, identificara-se com o gato macho, mimando a cachorrinha que se mostrara agressiva e devoradora, por amor a ele, conforme dizia. Era o incesto, sem nenhuma mediação imaginária, que a presença de um gato macho representava para Alexandra, identificada, por seu lado, com a cachorra amada pelo gato.

P.: O que não entendo é o significado do que ela queria representar em seu desenho, quando disse a você: "É aqui..."

F. D.: Ela dissera: "É aqui, embaixo do cachorro, que está minha doença." Tratava-se, efetivamente, de um "calar" [*taire*]* que dizia respeito a um cachorro. O cachorro estava deitado na frente daquilo que representa, no desenho da casa, a primeira estrutura da criança: o lado torre, com o teto triangular, figurava a criança em dualidade com um pai-modelo, enquanto a casa larga, com o teto trapezoidal, representava a estrutura da criança com relação à sociedade. O "calar" (terra) é o que, dela, nunca fora sabido, nem dito a ninguém, dessa história; era exatamente ali que ela estava doente: a imagem animal de si mesma sendo seu suporte, o animal deitado representava as pulsões de morte, enquanto o Eu não estava consciente[3].

Podemos dizer que é um tratamento da época gloriosa da análise, já que foi conduzido, do começo ao fim, segundo o método absolutamente clássico, e com uma pessoa dessa idade. Eu não sabia o que estava fazendo. Ora, quando alguém não sabe o que está fazendo, cala-se: é o melhor a fazer. (*Risos*.)

Eu a assistia, ajudava-a a fazer ela mesma seu próprio trabalho, e ela o fazia. Meu trabalho, por meu lado, era confortá-la e me calar, enquanto esperava que

---

* As palavras *taire* [calar] e *terre* [terra] são homófonas em francês. Daí as relações que Françoise Dolto estabelecerá em seguida. [N. da T.]

3 *In utero*, sua mãe a gestava do sexo masculino. Como a criança nasceu do sexo feminino, a mãe a rejeitou.

alguma ideia me viesse. Não era alguém que fugia dizendo uma coisa qualquer. Absolutamente. Se ela não tinha nada a dizer, não dizia nada. Há pessoas que fogem dizendo qualquer coisa para ocupar a sessão. Nesse caso, ao contrário, era preciso apenas escutá-la e assisti-la em suas resistências totalmente inconscientes.

P. 2 (mulher): O lugar que ela indicava a você, embaixo do cachorro, também era ali que o gato vinha se aninhar, não?

F. D.: Sim, exatamente. Ela dizia que o gato vinha se enroscar entre as patas da cachorra. Mas ele não figurava no desenho. Apenas a postura do animal poderia lembrar a de um gato. Podemos ver, na ambiguidade dessa forma do corpo, algo que estava ligado com o sexo dela, Alexandra. Pois a mãe lamentara que ela tivesse nascido menina, depois de um irmão deficiente. Isso nos faz entender que o que havia nela de doente vinha, na verdade, do fato de sua identidade de ser humano ter sido "atropelada", desde sua origem, por palavras que diziam respeito a seu sexo. Sua sexualidade não era a de um ser humano, mas a de um mamífero doméstico. Ela se encontrava, ao mesmo tempo, em relação com a cachorrinha com a qual o pai a havia identificado, e com o gato macho que a cachorra amava. Já que, por esse motivo, a cachorrinha estava em guerra com a gata, o gato representava, para a criança, o pai. Ela era, então, exclusivamente fóbica com relação a gatos machos. A proibição do incesto estava alerta. Os gatos machos produziam-lhe aquele efeito dramático porque era, sem dúvida, como se o pai fosse fundir-se com ela.

P. 2: Havia também a história da mãe neurastênica...

F. D.: Sim, havia a mãe *embaixo* do médico, o que Alexandra não entendera como um enlace sexual, na época.

P. 2: Em que momento apareceu essa fobia?

F. D.: Nós procuramos. A fobia se declarou relativamente tarde; em todo caso, não na Rússia – para sua surpresa, aliás. Manifestou-se quando ela já trabalhava; ou seja, não na época em que o marido estava vivo. O que significava o pescoço que inchava? Os olhos que ficavam esbugalhados, brilhantes, eram como que sinais sintomáticos de um hipertiroidismo súbito. Uma vez desaparecido o objeto fóbico, tudo voltava tranquilamente ao normal, uma hora depois.

P. 2: Com a ausência de pescoço entre a cabeça e os ombros, ela era como uma anfíbia.

F. D.: Sim, exatamente como uma anfíbia. Mas era realmente um estado de loucura. Ela vivia um estado de pânico. Uma loucura no pescoço, entre a cabeça e o tronco; e, além disso, uma loucura da região genital, supostamente "anormal", sem permeabilidade do orifício vaginal. Ela nunca sentira nenhuma "emoção" em seu sexo, exceto a intensa câimbra vagínica em sua relação com Jean. Por isso foi uma revelação, para ela, desejar fisicamente o enlace sexual e experimentar seu gozo, primeiro com seu camponês iugoslavo, depois com o marido, o americano.

Essa análise, que contei a vocês como de fato se desenrolou, permite-nos entender como uma fobia se enraíza muito precocemente na história da estrutura de uma criança e na sua identidade sexual, antes do conhecimento consciente que a criança possa ter dela. Seu sexo adquire valor, com relação ao Édipo e às culpas pré-edipianas, no desejo físico, oral e anal, que acompanha seu amor pela mãe ou pelo pai amado. Uma ferida narcísica sofrida pela criança, relativa a seu sexo e a sua pessoa, pode, antes da idade do Édipo, marcar com um interdito suas pulsões pré-genitais, que são necessárias ao investimento da zona erógena genital, tanto do ponto de vista da sensibilidade como de um funcionamento sadio.

Podemos observar uma generalidade no que diz respeito às fobias. O objeto fóbico é investido de um valor fálico perigoso, porque está ligado, de modo inconsciente, ao incesto desejado e não proibido. O ato incestuoso tornou-se impossível, graças à fobia, o que preserva assim uma estrutura já frágil antes dos três anos de idade. A fragilidade da estrutura do fóbico deve-se ou a uma incerteza quanto à sua identidade, com relação a seus genitores, ou à depreciação de sua identidade, relacionada com o pouco valor da identidade de um dos genitores, ou, finalmente, à denegação do valor do sexo da criança, nas falas dos pais ou dos primeiros educadores.

P.: Na história da cura de sua paciente, perguntei-me pelo que ela substituíra sua fobia de gatos.

F. D.: Creio que era totalmente inútil para ela encontrar um substituto para sua fobia, já que compreendera a sexualidade dos pais. Ela entendeu o sofrimento do pai, por ter sido enjeitado pela mãe, por ter tido um filho que não podia viver.

É preciso ter bem claro que minha paciente jamais experimentara nem sentira em seu corpo nenhum desejo sexual, antes de sua psicanálise. Tinha um contradesejo inconsciente. Era fechando sua vagina a toda penetração peniana que permanecia ela mesma, sem correr o risco de perder o pai e a mãe de sua estrutura arcaica. Essa estrutura continuara a ser sua estrutura; não fora superada pela estrutura edipiana que implica um desejo, sentido na zona erógena genital, pelo objeto edipiano – desejo cuja realização é claramente proibida.

P.: Que tipo de transferência ela fez sobre você?

F. D.: Acho que eu era, para ela, uma preceptora diferente da que tivera, que era uma mulher tutelar. Alexandra a conhecia desde muito pequena. Não sabia quem a alimentara quando era pequena. A governanta já estava na casa quando ela era bebê, ela cuidava da irmã mais velha, que tinha oito anos a mais que Alexandra.

Acho que fez também uma transferência sobre a técnica que eu era e que queria ajudá-la. Chamava-me de doutora. Não sei exatamente o que eu representava para ela; de resto, eu era cinco ou seis anos mais nova do que ela e, contudo, devia representar alguém como a preceptora, para que ela pensasse que eu me recusaria a continuar recebendo-a se me confessasse o roubo do guarda-chuva, cuja lembrança voltara-lhe no divã. Essa história conservara, para ela, a mesma pregnância, provocara a mesma vergonha que provocaria caso ela fosse uma ladra profissional atual. Ao ver uma mulher daquela idade entrar em tal estado de culpa por ter roubado um guarda-chuva aos cinco anos de idade, poderíamos pensar que as coisas tinham permanecido ali, para ela, que sua estrutura não mudara.

Ela me colocara também no lugar do pai, que armara a cena com a preceptora; mas, também, no lugar da mãe gestante, já que eu lhe dizia que tinha todo o tempo do mundo, que estava esperando, junto com ela, que alguma ideia lhe viesse.

P.: Mas, visto que a paciente era russa, como podemos passar, no desenho em que ela se sente doente embaixo da *terra*, ao significante "*taire*" [calar]?

F. D.: Sim, isso foi dito em francês. Ela aprendera francês com a preceptora. Os pais falavam francês e ela própria já o sabia aos quatro anos e meio, cinco anos. Não sei como isso seria expresso em russo. Não sei se não era sobretudo uma imagem do corpo que estava em jogo ali. Claro, se dispuséssemos dos significantes russos, das palavras da língua materna, isso ajudaria a análise. Mas, nesse caso, o tratamento foi possível porque as coisas se passavam no plano da imagem do corpo e porque a analisanda falava perfeitamente francês.

P. 3: O curioso modo de andar dessa mulher, com passinhos curtos, pode ser explicado pelo trauma do cheque na vagina?

F. D.: É muito plausível, mas não sei.

P. 2: Você afirma que a identificação com um animal, que está na origem das fobias, se faz sem culpa. Nesse caso também?

F. D.: Sim, é exatamente isso. Era isso que teria acontecido com a pequena Alexandra se não tivesse havido o episódio do guarda-chuva, que punha em jogo um desejo fálico.

P.: A cena primitiva à qual ela assistiu, tardiamente, a cena entre a mãe e o médico, não teve, posteriormente, um efeito sobre o trauma do guarda--chuva roubado? Ela acaso já discriminava os sexos?

F. D.: A cena entre a mãe e o médico datava de seus sete, oito anos. O guarda-chuva acontecera aos cinco anos. No que dizia respeito aos animais, sim, ela distinguia entre macho e fêmea, mas só estabelecia uma diferença verbal. Tampouco entendera o significado da cena em que vira a mãe deitada embaixo do médico e, surpreendida, dar um grito terrível. Ela transgredira um interdito sem a intenção de fazê-lo. Ao passo que, no outro caso, a cachorrinha transgredira um interdito, porque Alexandra o transgredira primeiro, sabendo disso. Sabia que a cachorrinha transgredira um interdito por sua causa. Acho que todo o mundo, na casa, percebera que era Alexandra a responsável. Os adultos devem ter-se posto de acordo para constrangê-la, ou seja, para puni-la de um modo diferente. Era esse "calar" [*taire*] com relação à sua culpa que fora o núcleo do traumatismo. Dar-lhe uma bronca teria sido menos nocivo do que relegá-la ao nível de cachorra, dando ao animal o lugar da menina. Era como se o pai, parabenizando a cachorrinha e preferindo-a à filha, tivesse anulado o tabu do canibalismo gozoso sexual.

Essa análise foi muito didática para mim, pelo fato de eu não saber nada, não ter nenhuma expectativa. Não tinha teoria. Essa análise me levava para longe do Édipo, enquanto a teoria ainda girava, na época (1950), exclusivamente em torno do Édipo. Eu tinha o método, e a ele nos atínhamos.

Quanto à diferença entre os sexos, Alexandra não tinha, evidentemente, tempo de distinguir entre um macho e uma fêmea quando passava um gato. É impossível. Mas não se enganava: tinha percepções de louco, percepções de criança – as crianças têm uma percepção dos cheiros que não temos. Eram suas próprias reações insólitas que lhe revelavam se tratar de um gato macho e não de uma gata. Ela entendia tão pouco esse fenômeno como aqueles que o testemunhavam. Não esqueçamos que o inconsciente nunca cansa de nos ensinar, sobretudo naquilo em que nos surpreende.

3

Enquadrar uma psicoterapia

Identificação da demanda da criança; dos pais. Importância da anamnese - Em psicanálise, só podemos avaliar pessoas que sofrem, e não sua patologia - Dificuldades no tratamento de um menino supostamente exibicionista.

P.: Você poderia nos falar sobre a escolha de se atender os pais, em vez dos filhos, e da demanda pessoal desses pais, que nem sempre é formulada?

F. D.: Em princípio, é aquele que está pedindo que deve ser atendido. É por essa razão que, quando são os pais que formulam a demanda, é importante esgotá-la primeiro, explicando à criança que eles sofrem de algo que parece relacionar-se com ela. Mas e a criança? Será que está sofrendo? E do quê?

É preciso, por outro lado, pesquisar de onde vem a demanda dos pais: vieram a conselho da professora ou da diretora da escola, influenciados pela avó, pelo avô, ou por todos eles ao mesmo tempo? Essa pergunta remete igualmente às dificuldades do casal, de que a criança é o sintoma; ela lembra aos pais que são eles que sofrem dos sintomas do filho e que eles não perceberam que esses sintomas se deviam ao impacto de seu desentendimento, de sua tensão a respeito da criança que eles disputam.

O problema do atendimento dos pais depende também da organização dos CMPPs. Alguns deles, infelizmente, impõem que os pais sejam atendidos por uma pessoa e a criança, por outra. É muito ruim para a criança que inicia uma terapia; mas isso pode tornar-se, às vezes, positivo, quando os pais querem, depois, que as sessões dos filhos aconteçam, por exemplo, nas mesmas datas que as deles, se a criança estiver motivada.

De qualquer jeito, é necessário que os pais que têm uma demanda sejam acompanhados, depois de algum tempo, por outro terapeuta, diferente do da criança, e em um lugar que não seja a instituição. Evidentemente, não devem ser impedidos de vir quando querem falar do filho, principalmente se ele ainda não tem oito anos de idade psicossocial; se ele não puder contar, por si mesmo, as próprias dificuldades, assim como as que provoca em seu meio. Pois uma criança pode perfeitamente não ter nenhum distúrbio, mas provocá-lo, pelo fato de encenar seu Édipo ou sua fixação homossexual em irmãs ou irmãos mais velhos, ou nos pais. Viverá, então, em uma situação pervertida, se for consultar, unicamente em uma relação de sedução, um psicanalista que não está a par dos efeitos de seu comportamento na família. O próprio fato de ir ao analista já é, nesse caso, uma perversão, uma vez que a criança demanda uma situação preferencial, sem estar pronta a aceitar as castrações. Há, efetivamente, um perigo no tratamento das crianças: viver uma sedução a dois. A criança vem, então, por esse psicanalista, que ela ama e pelo qual se sente amada, mas pouco se importa com a própria evolução, não se preocupa absolutamente com a sublimação das pulsões que devem ser castradas. Só podemos ter o eco, de tudo isso, pela família. É por isso que, mesmo quando os pais aceitaram consultar, por si mesmos, outra pessoa, o psicanalista da criança deve sempre deixar-lhes a possibilidade de serem atendidos ou de escrever.

Quando o tratamento é no consultório – mas às vezes, também, em consultas médico-pedagógicas – e não há ninguém com quem o adulto possa falar, podemos perguntar-lhe, pelo menos, na sala de espera: "Você tem algo a me dizer?" Se um dos pais não quiser falar na frente do filho, dizemos: "Seu pai – ou sua mãe – quer falar comigo sem você. Vou escutá-lo. E, se for alguma coisa importante para você, eu te contarei." E depois chamamos a atenção dos pais: "Por que vocês não puderam contar isso na frente da criança?" Pois é muito importante que eles possam sentir tudo o que está a serviço da evolução do filho. Se confiam em uma pessoa – o que deve ser o caso, afinal de contas, já que confiam a ela o filho –, por que é preciso que tenham conversinhas em particular, em vez de dizer na presença da criança o que os preocupa?

Já é algo considerável chegar a esse resultado sem culpabilizar a criança. Os pais formulam críticas, ou falam de suas feridas narcísicas. Ora, a criança se sente culpada de ferir narcisicamente os pais. Por isso pode ser importante escutá-los sem sua presença e só fazê-la entrar em seguida, para explicar-lhe a preocupação dos pais, dizendo-lhe que isso tem um valor e um sentido no mundo dos adultos. Mais tarde, refletiremos, com ela, sobre o significado dessa ansiedade.

Quanto a mim, desejo que os pais, os educadores, aqueles que são legalmente responsáveis pela criança, venham me ver, sempre, no começo da sessão, mesmo que seja apenas para me dizer: "Nada a assinalar. – Bom, está tudo bem. E o que a criança tem a dizer?"

P.: Em uma instituição, algumas pessoas vivem dizendo: "A criança tem um Eu autônomo; assim, é ela que deve ser atendida"; outras sustentam que, se a demanda da criança for apenas latente, e se a patologia dos pais for mais significativa, é deles que devemos nos ocupar prioritariamente.

F. D.: Mas como você quer avaliar o Eu da criança ou uma patologia dos pais? Isso é psicologia, não é psicanálise. Em psicanálise, você pode avaliar unicamente as pessoas que sofrem, e não sua patologia.

Uma criança nasceu, cresceu e não está sofrendo. Então, não cabe a você querer normalizar os pais. De modo algum.

Falando com eles, pelo menos, você pode conhecê-los. Pois o importante é conhecer o Édipo dos pais. É preciso fazê-los falar dos próprios pais, sempre que eles perguntarem algo sobre o filho. Perguntar a cada um deles: "Quando você tinha a mesma idade, como seu pai se comportava com você? E sua mãe?"

É fazendo-os voltar ao próprio Édipo que você entenderá as projeções patogênicas dos pais sobre o filho. O que um comportamento dissimula pode ser tão forte que, na segunda geração, a expressão de certas pulsões é não apenas recalcada, mas forcluída; pois, na geração dos pais, ela já se encontrava recalcada.

Podemos fazer com que os pais falem dos próprios irmãos, principalmente quando são eles que solicitam a análise. Atribuo enorme importância à anamnese do início do tratamento de uma criança. Mas não basta que falem do pai e da mãe. Podemos remontar até aos avós; e, por intermédio desses, alguma coisa será dita a respeito dos bisavós. Perguntamos: "Você os conheceu, quando era pequeno?" As primeiras sessões são, então, sessões com os pais. À criança, que durante esse tempo fica andando por ali, dizemos: "Você quer fazer um desenho para mim? Você sabe que seus pais estão falando por você. Não tenho tempo de atender você hoje, mas, se você quiser me dizer algo, poderá vir." As coisas devem ser flexíveis.

Em seguida, aprofundar as relações existentes com os outros parentes. Por quê? Porque, se a criança entrar em terapia, ela fará associações, falará de tal pessoa e de tal outra. Imediatamente poderemos voltar à anamnese: "Ah, sim! É o filho de fulano. Está vendo, seus pais concordaram que você me falasse dele."

Há terapeutas que trabalham sem essa anamnese inicial. Pessoalmente, acho que é inutilmente mais longo. Ela pode parecer policialesca para alguns pais. Por isso devemos proceder com muito tato.

P.: O que observei a respeito desse trabalho de anamnese, que faço muito regularmente, é que ele propicia acima de tudo uma desculpabilização dos pais.

F. D.: É verdade. Eles entendem, assim, que existe uma dinâmica nas famílias, na qual não se trata nem de bem nem de mal.

Há um ponto que não devemos esquecer, quando os pais estão muito tensos com relação a uma criança. É preciso perguntar-lhes: "Com quem vocês acham que ela se parece? Que lado ela puxou?" (Ela saiu a quem, como se diz.) "Ela saiu a que lado?" Vocês ouvirão, então, todas as projeções dos pais: de uma criança "fracassada", um dirá: "Puxou o lado da minha sogra, mas também o tio fracassado do outro lado." Introduzimos um pouco de humor, para desculpabilizar: "Em suma, ela puxou tudo de ruim dos dois lados." E acrescentamos, rindo: "Não? Não é possível? Por que vocês viram todas as coisas ruins especificamente nela?"

P.: Acabei incluindo também na anamnese os padrinhos e madrinhas. Parece-me importante, porque são escolhidos, às vezes, exclusivamente na linhagem materna, ou exclusivamente na linhagem paterna.

F. D.: Sim. É preciso considerar também as pessoas agregadas, os "amigos" da família. Descobrimos, de repente, que um senhor sempre sai de férias junto com a família. Não exerce o papel de um padrinho, mas está associado ao pai ou à mãe por razões, evidentemente, muito importantes. Não se trata de procurar normalizar o que quer que seja nesses casos. É uma situação que deve ser entendida, interpretada, na dinâmica do Eu ideal da criança, o qual pode se dicotomizar ou se dividir entre várias pessoas.

Devemos observar, também, que as psicoterapias que começam com uma atitude agressiva, negativa, da parte de um dos pais são, na verdade, as mais positivas. Evidentemente, quando o pai e a mãe têm simultaneamente essa resistência, as coisas se tornam difíceis. Mas, se pudermos, desde o início, deixar que a transferência negativa se exprima em um dos pais, a criança vai imediatamente progredir em seu tratamento. Ao passo que os pais que se mostram muito gentis, muito confiantes, estão evidentemente camuflando suas resistências.

P. (homem): Gostaria de falar de uma dificuldade que me surgiu, bastante recentemente, em uma psicoterapia. Trata-se de um menininho que atendo há um ano. Ele tem doze anos. Desde a semana passada, começou a ter um comportamento estranho: exibe-se. Não sei muito bem o que fazer. Ele me diz: "Vou tirar a roupa e te mostrar meu pinto. Mostre-me o seu." São provocações verbais, mas fico me questionando... estou um pouco perdido.

F. D.: Durante todo esse ano, essa dificuldade de que você fala deve ter sido preparada por todo um não dito. E, provavelmente, o que faltou a você foi o questionamento a respeito das motivações dele para ir ver você. Motivações que ele não pôde exprimir através de palavras; é por isso que ele está fazendo-lhe a pergunta por intermédio de seu corpo. Então, diante do comportamento dele, você ficou lá sentado, como um dois de paus?

P.: Quase.

F. D.: Conclusão: são nossos pacientes que nos analisam. (*Risos.*) Mas você mesmo já faz projeções sobre ele, dizendo que é um "menininho", quando ele tem doze anos, o que provaria que você não o vê como um ser pré-púbere. É possível que, de resto, você fale assim porque o comportamento social dele corresponde ao de uma criança de três anos. Se o inconsciente é estruturado como uma linguagem, é porque se constitui de perguntas e de respostas. O inconsciente produz, então, assim, tanto questões como respostas. Com o seu comportamento corporal, mímico, gestual ou verbal, parece que você não encontrou as respostas às perguntas que o menino não fazia, já que ele não sabia que perguntas, que respostas você, por seu lado, esperava. Você permanecia, para ele, enigmático.

Como esse tratamento começou?

P.: A professora notou que o menino, que, aliás, ia bem na escola, tinha um comportamento de bebê, que era desorganizado.
Foi a mãe que foi a primeira vez.
Há algum tempo, apareceu um novo problema: pequenos roubos. A mãe me disse que o pai não gostava desse filho e que preferia o segundo, que tem cinco anos. Quando recebi o pai, ele me disse que o filho era um bebê, que era desordeiro. "E, ainda por cima, agora começou a roubar", acrescentou.
Perguntei-lhe: "Mas ele só tem coisas negativas?" Ele me respondeu: "Não. É esperto como uma raposa; se vira muito bem sozinho. É muito bom em ortografia. Em cálculo, aprende tudo de cor. E, quando passeia comigo, guarda todos os endereços e encontra os caminhos que esqueci."

F. D.: Tudo isso foi dito na presença do menino?

P.: Sim, na frente dele. Mas, quando o pai está presente, ele fica fazendo algazarra.

F. D.: Quando você entrou em contato com o menino pela primeira vez, você se dirigiu nominalmente a ele? Você se dirigia a cada um dos três, pessoalmente?

P.: Sim. Eu lhe disse bom-dia, chamando-o pelo nome.

F. D.: Mas contou-lhe que você era psicanalista, em que consistia a análise? Pois se trata do problema do estabelecimento da relação, muito importante para o enquadramento de um tratamento.

P.: Bom, tive entrevistas bem longas com os pais, principalmente com a mãe. E o menino perguntava: "Mas quando é que eu virei sozinho?"

F. D.: Certo! Com doze anos, ele vai sozinho para a escola. Na aula, não é obrigado a se disfarçar ou, pelo menos, a camuflar sua inteligência. Mas é evidente que ele é alienado, tornado objeto pela mãe; alienado, pelo pai, ao comportamento do irmão menor. Ele não é ele mesmo. "Quando poderei vir sozinho e ser eu mesmo", essa é a questão.
Onde é feito esse tratamento? Em seu consultório?

P.: Não, em um dispensário.

F. D.: É um dispensário que não autoriza atender adultos?

P.: Autoriza, sim, sem problemas.

F. D.: Mas, então, por que continuar atendendo a mãe? Mas por que não, afinal de contas? Mas seria, então, para uma investigação verdadeira do que existe, nela, de simbólico com relação ao menino. Pois, até o momento, ela nada mais trouxe além de uma queixa. O filho nada mais é do que o representante dessa queixa. O que é ele, para ela, senão o objeto de queixa? E o que ele representava nessa demanda ou nessa reivindicação da mãe com relação a um outro? Com relação ao marido ou com relação a um irmão ou ao próprio pai? E, talvez, com relação a outros homens?

Tudo aquilo de que a criança jamais poderá falar, por si mesma, durante o tratamento, esse deve ser o conteúdo das primeiras sessões com a mãe.

P.: Foi precisamente o que tentei saber.

F. D.: O que você ficou sabendo, então, sobre as relações dessa mulher com o próprio pai, com os irmãos?

P.: De repente, percebo que não há mais nada.

F. D.: Você está vendo? É muito mais difícil atender crianças do que adultos. Desde o início você deixou de lado algo importante. É bem difícil, agora, dizer a você como agir, já que você não disse as palavras que teriam explicitado seu papel de psicanalista a essa criança. Pois podemos supor que essa questão sobre o sexo, sobre o dele, sobre o seu, ele a carrega desde os três anos de idade. "Dá para você me explicar essa história do sexo do meu pai? E do sexo em geral?" De fato, antes de o sexo se transformar em uma questão para ela, a criança só tem noção do xixi. É na época em que o único interesse que ela atribui a essa região de seu corpo está ligada, para ela, ao xixi, que a criança percebe a diferença formal, anatômica, que existe entre outras crianças. Não sabe, então, com certeza, que essa diferença está ligada ao sexo.

"Dá para você me explicar essa história da nudez do meu corpo?" Talvez fosse essa sua pergunta; pois ele poderia simplesmente mostrar a você o sexo dele, e não o corpo. Mas ele disse: vou tirar a roupa.

P.: Mas foram apenas palavras.

F. D.: Como?

P.: Apenas palavras. Ele não tirou a roupa.

F. D.: Mas, contudo, você disse: "Ele se exibiu."

P.: Por seu...

F. D.: Por seu o quê? É preciso falar de modo claro.

P.: Uma vez, ele colocou os pés na minha mesa e disse: "Ah! Você gosta de minhas pernas? Acho que vou vir de *shorts*. Pensando bem, é melhor não; está um pouco frio."

F. D.: Em suma, fica fazendo palhaçadas para você e para o pai. Ele se comporta com você como se comporta com o pai, já que você disse que, segundo o pai, ele fica fazendo algazarra. Você já tem, aí, um elemento de interpretação.

Você nunca interpretou nada? Nunca perguntou nada? As perguntas são frequentemente as melhores interpretações. Quando ele disse: "Quando eu virei sozinho?", por exemplo, você poderia ter perguntado: "Você gostaria de falar comigo? Por que você quer me ver sozinho? Você quer me contar qual é o seu próprio problema, agora que já escutei seus pais? O que não está bem para você? Para *você-você*, e não para você-a professora, para você-seu pai, para você-sua mãe. O que você quer mudar em sua vida e não está conseguindo?"

P.: Acho que perguntei... Mas o que me desanimava a começar de fato era que eu obtinha dele respostas do tipo: "Para pegar o ônibus sozinho..."

F. D.: É isso aí: para se tornar autônomo. Era o que ele respondia para você. O que suscita imediatamente a questão: "Tomar o ônibus sozinho? Então, você nunca fez isso?" – se a sessão de psicoterapia for para ele a ocasião de poder tomar o ônibus sozinho.

Mas só isso? Ele não desenhava, não contava sonhos? Você não explicou para ele o método psicanalítico? O que é isso? Não é possível. É como se você estivesse ali, sendo pago para estar em relação erótica com uma criança. O menino não pode saber o que está acontecendo, já que você não lhe disse por que permanecia impassível, pago para olhá-lo e escutá-lo, sentindo, talvez, passivamente prazer.

Esse tratamento está totalmente à deriva, desde o início. Esse menino está à deriva; está tentando descobrir o que você espera dele e, como o pai parece satisfeito em vê-lo fazer palhaçadas, está fazendo a mesma coisa com você.

Contudo, a questão que ele coloca ao exibir-se é completamente diferente daquilo que diz em palavras. O que significa o fato de ele estar se exibindo? De estar se mostrando? De ficar circulando pela sala? Desse modo, ele está lhe fazendo uma pergunta. Talvez seja: "Como é que você se move?" Quando o inconsciente faz uma pergunta, nosso papel consiste em fazer com que ela se torne precisa.

P.: Acho que eu não consegui.

F. D.: E não conseguirá jamais nesse tratamento. Por acaso esse menino lhe paga um preço simbólico quando vai às sessões?

P.: Não.

F. D.: Também não? Então, como você pode ver, você o está tratando, com doze anos, como um cidadão anônimo. O presidente da República, os impostos, as instituições o nomeiam para uma função, pagam-no para atender qualquer um, ou seja, alguém que não assume a responsabilidade por si mesmo, já que você não lhe deu a possibilidade de fazê-lo, ao passo que, no início, era a única coisa que ele lhe pedia. Estava cansado de ser um objeto de queixas, de não ser olhado pelo pai, de não ser ouvido como uma palavra viva. Tinha um comportamento de bebê, como se o pai fosse um homem maternante com relação ao irmão menor. Procurava como poder ser o rival desse objeto fálico que era o irmão menor para o pai.

É o problema do Édipo do pai – e certamente também o da mãe. Mas, para uma criança de doze anos, isso já não tem importância, pois podemos atender, a partir de oito anos de idade, uma criança que se assume sozinha, ou seja, que reconhece que é ela quem sofre e que pergunta como sair dessa situação.

Mas não podemos fazer tudo em uma sessão. A criança está ali para exprimir-se, o analista para escutá-la, para entendê-la no nível em que ela se exprime. Esse menino se exprime de modo mudo, porque você é mudo.

Só posso sugerir-lhe que pegue uma supervisão individual para esse caso. Este seminário não é um lugar de supervisão. Tem como objetivo esclarecer como definir o enquadramento do trabalho analítico desde o início, e por que é particularmente indispensável explicar aos pais o que será abordado. Para isso, é preciso perguntar-lhes: "Do que vocês acham que seu filho está sofrendo?" Essa é a primeira pergunta.

Uma mãe nos diz que está sofrendo. Mas e seu filho, de que sofre? Às vezes ouvimos uma resposta indireta a uma pergunta que não fizemos. Essa mãe não se projetou no filho, mas no imaginário do filho. A mãe desse menino acha que o pai é muito severo com ele, ou melhor, que não gosta dele. E disse isso na frente da criança. Seu papel de psicanalista, nesse momento, é perguntar a essa mulher: "A senhora acha que seu marido não gosta do filho. Como o pai da senhora mostrava, aos seus irmãos e à senhora, que gostava de vocês?" Sempre fazer com que as pessoas se voltem para elas mesmas. Por que ela projeta no filho o próprio sofrimento, dizendo que o pai não gosta dele? Como ela sabe? Ela deve ter alguma referência; e só pode ser sua relação com o próprio pai. Mas é também possível que ela queira que o pai do menino seja, na realidade, como uma mãe; pois ela parece dizer – o que parece verdade? – que ele gosta do menor. Apesar de o caçula ter apenas cinco anos, deve ser uma criança que gosta de ficar fazendo palhaçadas para o pai, ou de ser, com ele, um objeto informe, e não um sujeito vertical, masculino indo-tornando-se homem.

Mas, com essa mulher, você só poderia situar tudo isso em um quadro psicanalítico na referência ao pai dela e a ela própria. Ela teria, talvez, fornecido elementos muito interessantes a respeito da árvore genealógica do filho, ou seja, a respeito da simbólica edipiana dela, mãe.

Como essa mulher conheceu o marido? Qual foi a palavra muda, em sua relação de casal, que permitiu ao menino tomar corpo, nascer? Como o menino, na qualidade de outro para ela, comportou-se desde o nascimento? A inteligência desse menino é viva, tem manifestamente uma excelente memória, já que o pai salientou a acuidade de sua observação. Ele sabe os caminhos, lembra-se dos nomes, o que prova que, desde bem pequeno, deve ter observado e escutado tudo ao seu redor.

Havia, então, nesse caso, todo um enquadramento psicoterápico a ser feito; enquadramento indispensável para que o próprio sujeito elucidasse, dia após dia, o que se refere à sua simbolização de ser autônomo, e para que pudesse desejar ser responsável por si mesmo, em sua identidade sexual.

4

Psicoterapia de uma deficiente

Os cegos nunca se tornam autistas – Tratamento de uma jovem surda cega.

P.: Você poderia nos esclarecer um pouco sobre as origens do autismo?

F. D.: Não se torna autista[4] uma criança que sempre teve, todo dia e toda hora, relações linguageiras com o adulto que cuidava dela. Para que haja autismo, é preciso ter havido uma ruptura, às vezes muito precoce, na relação mãe-criança. Foi sem dúvida no momento dessa ruptura não falada que o Outro faltante, a mãe, foi substituída por uma parte do corpo da própria criança. Uma parte do sujeito se tornou, para ele mesmo, o Outro. Enfim! É assim que se designa a masturbação. O que é conhecido até na linguagem corrente: *"Il fréquente la veuve poignet"** é uma expressão usual. Todas essas palavras – pensem bem – são de uma clareza total quando as referimos à teoria psicanalítica. É do Outro que se trata. Nos autistas, o Outro se reduz a uma parte da imagem de um corpo, supostamente presente. O sujeito é alienado por suas sensações, no objeto de seu desejo, que é por si só o corpo imaginado do Outro. Em vez de uma castração simbólica, é uma automutilação imaginária cujo efeito é pseudossimbólico. Processo imaginário, a fragmentação de si permite ao sujeito acreditar-se em relação com um outro, e não mais sozinho. A masturbação parece ser exatamente um processo de luta contra o isolamento; nesse sentido, ela é da ordem do autismo, mas de um autismo tão evoluído, quanto ao esquema corporal, que na realidade já não é autismo. É por isso que a masturbação entra no quadro do processo denominado neurose. Não existe autismo propriamente dito sem compulsão. Mas, pessoalmente, não faço distinção categórica entre a psicose chamada autismo e o comportamento de voltar-se para si mesmo com a ilusão de não estar sozinho.

P.: Mas uma deficiência orgânica, a cegueira, por exemplo, não leva necessariamente ao autismo?

---

[4] Sobre o autismo, cf. F. Dolto, *Seminaire de psychanalyse d'enfant*, t. I, Paris, Éd. du Seuil, 1982, caps. 11, 12, 16, e *L'image inconsciente du corps*, Paris, Éd. du Seuil, 1984, "Une entrée dans l'autisme à cinq mois", pp. 238-43. [*A imagem inconsciente do corpo*, trad. Noemi M. Kon e Marise Levy, 2ª ed., São Paulo, Perspectiva, 2010.]

* Literalmente, "Ele tem um caso com a viúva punho", expressão idiomática que corresponde a "ele bate punheta". [N. da T.]

F. D.: Certamente não. É raríssimo que um cego seja autista.

P.: Mas e quando se trata de uma criança cega e surda?

F. D.: Ah, sim! Se ela for cega e surda de nascença, isso poderá levá-la ao autismo. Nesse caso, isso não vem do próprio sujeito, mas daqueles que o rodeiam, pois não podem se comunicar com uma criança cujo corpo está de certa forma fechado, pelo fato de lhe faltarem estes dois sentidos: a visão e a audição. Resta-lhe o tato e o olfato. Entretanto, os adultos estão tão pouco habituados a se comunicar apenas pelo tato e pelo olfato que não sabem codificar essa comunicação sutil que a criança deseja e busca por esses dois sentidos. Por não poderem estabelecer tal comunicação, supõe-se que não poderíamos curar essas crianças com uma terapêutica analítica. Ora, isso é possível. Contrariamente ao que se acredita, as crianças surdas cegas gostam de se comunicar psiquicamente com os outros. Têm uma percepção dos outros, pelo olfato e por uma espécie de radar cutâneo que todos nós temos, pelo menos ao nascermos. Esse radar, que nos permite perceber à distância objetos no espaço, desenvolve-se naqueles que, já tendo enxergado, tornam-se cegos, na idade adulta.

Li, quando tinha uns quatorze ou dezesseis anos, a autobiografia de um cego, um mutilado da guerra de 1914. Contava como passara, de certo modo, a enxergar, mesmo sendo cego. Era um relato muito interessante. Acontecera num determinado dia, em determinada hora. Ele se lembraria, para sempre, escrevia ele, de ter sentido a distância que o separava da parede, entrando em um cômodo. Avaliou a distância de um móvel: a primeira vez que viveu essa experiência, devia, provavelmente, estar muito próximo, a 70 centímetros, talvez; mais tarde, podia "senti-lo" a um metro. Foi assim progressivamente refinando esse sentido, que todos nós certamente tínhamos, mas perdemos. Ele comportava-se, assim, no espaço, exatamente como se enxergasse.

Hoje, os cegos de nascença fazem esqui. Vocês não sabiam?

Assim, temos múltiplas percepções de que não nos servimos. A dificuldade, no caso de uma criança surda, é que os adultos que a rodeiam não sabem entrar em contato com ela. Acham que a criança não tem nenhuma percepção deles e que, portanto, não há linguagem a ser estabelecida.

P.: O diagnóstico de autismo depende, então, digamos, da... habilidade daqueles que...

F. D.: Não. O diagnóstico de autismo é um diagnóstico de fato, de observação. Mas uma criança não é autista, *tornou-se autista*.

P.: Eu queria dizer: o fato de ela não se tornar autista deve-se à engenhosidade ou à habilidade das pessoas que a rodeiam.

F. D.: Bom... da "habilidade", por assim dizer.

P.: Nas civilizações ocidentais, por exemplo, o olfato tem pouquíssimo valor – era importante, acho, até o século XVII –, mas é, efetivamente, uma comunicação que, *a priori*, está cortada entre a criança e o adulto.

F. D.: É uma comunicação recalcada, porque nós, adultos, recalcamos o valor individualizante do cheiro de cada um, exceto nas relações eróticas íntimas, de que não se fala.

P.: Em todo caso, é uma comunicação que já não se inscreve...

F. D.: De fato, ela já não se encontra inscrita no código da comunicação verbal. Não se educa, infelizmente, nas crianças, a discriminação olfativa. E, com exceção das quatro cores fundamentais, não se faz muito mais para lhes permitir distinguir, reconhecer os múltiplos tons de cada uma dessas cores, e suas combinações. O mesmo acontece com relação à inteligência e à memória do tato e da audição. As crianças são – quando são, pois muitas vezes isso nunca acontece – tardiamente iniciadas à música. Assim, o código das comunicações sensoriais é lacunar ou ausente.

P.: Como recuperar esse código, com crianças surdas ou cegas?

F. D.: Como com qualquer criança autista; entretanto, é mais difícil com um cego surdo, porque lhe faltam dois sentidos de que nos servimos, sem nos perguntarmos sobre sua função e seu valor significantes.

P. 2: Ouvi dizer que havia terapias psicanalíticas com essas crianças.

F. D.: Eu atendi um caso assim no hospital Trousseau, uma jovem de dezenove anos que era surda e cega. No início do tratamento, ela tinha um décimo da audição e um décimo da visão em um dos olhos, o único com o qual ela podia ver um pouquinho de nada, usando óculos enormes; no final, ela tinha três décimos de audição e entre dois e três décimos no olho.

Em todo caso, o resultado desse tratamento foi extraordinário, já que essa jovem surda cega entrou em uma oficina de marroquinaria para trabalhar exatamente como as outras operárias.

Tratava-se de uma pessoa muito inteligente. Sua mãe teve rubéola quando a esperava. Houve conciliábulos entre os médicos: realizariam ou não um aborto? A mãe recusou, aceitando o prognóstico de que o filho teria uma deficiência. Esse foi o começo da história da criança. Os pais, muito católicos, não queriam ouvir falar em aborto. Esse é um fato muito importante, porque, quando a criança nasceu – vamos chamá-la de Corinne –, já se esperava que fosse deficiente. E, como isso se confirmou, "encomendaram outra"; de modo que outra criança nasceu quando ela tinha dez meses. "A primeira era nossa pequena cruz." Cuidariam dela a vida inteira, mas teriam outro filho. E colocaram a "pequena cruz" em uma cestinha. E por lá ela ficou, até o dia em que saiu para começar a engatinhar em volta da cesta. Andou na mesma idade que todas as crianças, mas era idiota; muito pequena, olhos com fendas minúsculas, orelhas com pavilhões mal formados. Audição e visão nulas. O irmão, um menino, era, ao contrário, vivo, ativo, inteligente. Corinne parecia ignorá-lo.

Como é que ela vivia? Agarrava-se à saia da mãe, de tempos em tempos, e assim rodopiava pelo apartamento. Levavam-na para passear de carro, traziam-na de volta; ninguém se comunicava com ela. Mas ela vivia aparentemente sem problemas, de modo quase vegetativo. Invadida por pulsões passivas, certamente sentia muito intensamente tudo o que acontecia com o irmão menor, como se ele vivesse em seu lugar; por ela.

Os pais tiveram um terceiro filho – Corinne tinha então nove anos. E um dia, horrorizada, a mãe a pegou, com a tesoura na mão, tentando furar os olhos do bebê. Desespero! Corinne já era deficiente mental e física, e agora se tornava perigosa! Era preciso isolá-la, separar-se dela.

Os pais consultaram um médico que teve a fineza de dizer-lhes: "Mas ela é muito inteligente para ter feito isso!" Examinou-a e declarou: "Ela é surda e cega." Um décimo de visão, um décimo de audição. Colocaram-na no regime de aulas particulares, aos nove anos, com um professor para surdos-mudos. Em alguns meses, aprendeu a ler em relevo (eram sinais gravados, não se tratava de braile) e a escrever.

Viveu assim, da aquisição da leitura e da escrita. Sua mãe pôs-se a pensar que ela era inteligente. Começou a cuidar dela, a dar-lhe atenção. Corinne participava mais da vida da família. Aprendeu a pôr a mesa e a fazer um monte de pequenas coisas, como toda criança. Tateava tudo. E tornou-se uma menina a quem se permitiam inúmeras intimidades táteis. Graças a isso, ela se adaptava a uma vida familiar que permanecia, evidentemente, muito reduzida; pois, se tinha relações por contato com a avó, o avô, o pai ou a mãe, nem por isso deixava de ocupar o lugar de criança deficiente.

O irmão que era dez meses mais novo que ela – era como seu irmão gêmeo – tinha se desenvolvido de modo perfeitamente normal. O caçula também; mas, assim que começou a andar, pôs-se a agredir a irmã. A senhora encarregada da instrução de Corinne fora bastante inteligente para dizer à mãe, que continuava querendo separar a irmã e o caçula: "Mas não precisa, o menino não é perigoso para ela, porque ela é muito maior. Deixe-os." E foi extremamente positivo, aliás, que Corinne tivesse que lidar com esse irmão menor que a agredia.

Foi quando o caçula entrou no maternal que Corinne começou a apagar-se, a viver como um gato ou um animal doméstico, em casa. E todos seus progressos escolares estagnaram-se.

Sua mãe ensinou-lhe, então, a fazer tapeçaria. Aliás, Corinne me mostrou o trabalho que fazia nessa época; era perfeito. Ela usava, evidentemente, qualquer cor, mas passava o dia fazendo tapeçaria. Descascava legumes. Era bastante hábil. Por isso, uma oficina para deficientes aceitou-a. Ela gostava.

Depois, quando a dispensaram, tornou-se nervosa. (Tudo isso me foi explicado, não foi ela que me contou.) Começou a pegar escondido os cigarros do pai e a fumar, recusando as tarefas que lhe propunham. Disseram: "Tudo bem! Que fume, então!" (*Risos.*) E deixaram-na fumar – de fato. Aliás, a primeira vez que a vi, tinha a postura de alguém que parece indiferente, balançando uma perna que cruzava sobre a outra, fumando cigarro após cigarro (eram *Gauloises*), assim que acabava alguma tarefa na cozinha – o que ainda gostava bastante de fazer, contanto que ninguém lhe pedisse. Além disso, não era nada fácil conviver com ela, que tinha ataques de raiva quando a queriam distrair de seu *farniente*. Aos dezessete anos, mais ou menos, tornara-se agressiva, insuportável em seus momentos de crise; colocaram-na em um hospital psiquiátrico.

Ora, nesse hospital, ela, que não via nem ouvia nada, assim que uma assistente social passava, pulava-lhe em cima para agredi-la. Um dia – pouco depois de sua internação –, atracou-se com uma delas e arrancou-lhe, com uma mordida, uma parte da bochecha. Isso aconteceu dois anos antes do início de seu tratamento comigo. Ela se lançava sobre as assistentes sociais, como uma tigresa; só sobre as assistentes sociais! (*Risos.*) Devia reconhecê-las, mais ou menos, pela cor azul-marinho do uniforme. Contaram-me que a primeira que atacou foi a que sugerira à sua mãe a solução do hospital psiquiátrico e quem, aliás, a levara para lá. As outras a seguiram. Até o dia em que um médico do hospital, recentemente nomeado, viu essa tigresa de bengala precipitar-se sobre uma presa – era a enésima vez que ela agredia uma assistente social que passava pelos corredores sem esperar ser assim atacada. O médico quis estudar o prontuário dessa paciente desocupada e relativamente perigosa. Pensou que talvez pudesse ser enviada ao hospital Trousseau e que se poderia tentar uma psicoterapia. Jamais se fizera absolutamente nada por ela, durante os três ou quatro anos em que se encontrava ali. Mas também não se podia trancafiá-la em alguma cela, nem pôr-lhe uma coleira quando uma assistente social passava pelo corredor.

Foi assim que ela chegou ao hospital Trousseau, aos dezenove anos. Objeto parcial de sua família e da sociedade, jamais tivera o estatuto de sujeito. Comecei uma psicoterapia com ela. A mãe ia buscá-la no hospital psiquiátrico e depois a levava de volta.

Não posso contar-lhes todo o caso; demoraria muito. Uma das dificuldades foi fazê-la entender palavras abstratas.

A transferência sobre minha pessoa aconteceu de fato quando usei um creme para as mãos. Era inverno, minhas mãos estavam gretadas, e eu passara um creme que tinha cheiro de limão – de que eu gostava muito, aliás. Ela figurou, com o nariz, a expressão de alguém que é alertado por um cheiro. Percebi que ela farejava um aroma que a interessava. Então, aproximei minha mão dela; ela a pegou; mostrei-lhe que era minha mão. Ela a colocou no nariz, com uma expressão de verdadeiro prazer. Foi assim que o contato realmente se estabeleceu.

Pouco a pouco, castrei-a de sua vontade de fumar. Foi um drama a primeira vez que tentei dar um jeito para que não fumasse a sessão inteira. Finalmente, como ela gostava de mim, aceitou. Propus-lhe lápis, papel e massa de modelar, pois, ocupada em fumar sem parar, não podia fazer mais nada, permanecendo recolhida em si mesma. Ela consentiu, pois, voluntariamente, à privação durante a sessão.

Outro momento difícil foi fazê-la reconhecer – não sei se consegui, mas acredito que sim – que amizade e afeição não eram sensualidade. Eu segurava-lhe o braço ou tocava seu ombro e depois escrevia em uma ardósia mágica, dessas que apagam quando puxamos-lhe a parte móvel: "amizade", "doutora Dolto, amiga de Corinne". Ela lia com o canto do olho direito, com a cabeça inclinada, quase encostada na ardósia. Fazia: "Hum... hum... hum..." Eu tinha a impressão de que pouco a pouco compreendia. Depois, os efeitos se projetaram sobre dona Arlette, a auxiliar, e sobre outros: ela começava a olhar as pessoas do atendimento, e eu as apresentava a ela.

Aconteceu então algo absolutamente espantoso. Como entender isso em um cego? A mãe veio um dia e me disse: "Esta manhã foi um drama." Essa mulher ia buscar a filha a cada quinze dias, aos sábados, e ficava com ela até terça-feira de manhã, dia da consulta, depois a levava de volta ao hospital. Ora, naquele dia, Corinne levantara-se cedo e fora até o toucador da mãe, para adornar-se com a maquiagem – bem tímida – dessa senhora católica e "irrepreensível". (*Risos*.) Enfim, ela passara batom, ruge nas bochechas e pó de arroz por todo lado. O pai, vendo-a assim, aplicou-lhe duas formidáveis bofetadas, dizendo: "Pronto! Agora minha filha virou puta!" (*Risos*.) Era dramático. Corinne chegou na sessão em um estado de estresse total. A mãe estava muito aborrecida. Quanto a mim, estava admirada, pois aquela jovem não se ataviara de modo algum de maneira ridícula: nada estava exagerado. E, contudo, só Deus sabe a borroqueira que às vezes vemos nas meninas de quatorze anos, quando querem passar batom na boca ou pintar os olhos! Só vendo para acreditar! Mas, com ela, era completamente diferente. Estava um pouco maquiada, mas com bastante gosto. Tudo a valorizava. Havia sido para mim e para o pessoal do atendimento que ela se fizera bela.

Não foi fácil reparar o trauma. Chamei o pai e conversei com ele. Disse-lhe que provavelmente a solução do hospital psiquiátrico fora um alívio para ele, na época em que nada havia de melhor. Agora, Corinne estava mudando.

Ela tinha, sabem, os gestos que observamos às vezes nos mongoloides, quando são narcisados em seus corpos e em seu modo de arrumar-se. Ela gostava de se mostrar, esperava que lhe fizéssemos elogios. Não entendíamos o que ela queria dizer. Ela escrevia: "Corinne bela." Era muito comovente.

Em seguida, começou a tornar-se cada vez mais humana, cuidando da casa, cozinhando. A família podia, assim, ficar com ela um dia por semana, sem ser incomodada. A mãe, por seu lado, foi procurar a oficina em que Corinne trabalhara antes de ser hospitalizada. A oficina, que empregava principalmente moças com deficiência mental, concordou em aceitá-la de volta experimentalmente, uma tarde por semana, no dia em que tinha sessão no Trousseau. Ela recomeçou assim, pouco a pouco, a trabalhar com as outras moças. O importante é que ela gostava delas, e que essas também gostavam dela.

Essa mudança não se operara antes, nem mesmo aos quatorze anos. Naquela época, ela fazia exercícios com a professora, mas não entrava em relação com ninguém. Foi apenas na oficina que isso se tornou possível.

Depois, um belo dia, decidiu-se que ela deixaria o hospital psiquiátrico. Aconteceu então uma coisa extraordinária. Já estava acertado que ela continuaria a psicoterapia. Após a sessão que precedia a sua reinserção definitiva na família, ela voltou para o lado da mãe, na sala de espera. Dona Arlette lhe perguntou: "Então, Corinne, você vai voltar para casa? Vai sair do hospital psiquiátrico?", e, dirigindo-se à mãe: "É hoje que ela volta para casa, não é?" Nesse momento, a mãe, que estava sentada, caiu estendida no chão. Desmaiara. Dona Arlette me chamou, alarmada. Digo-lhe: "O principal é não mexer nela." E a deixamos no chão. A única coisa que fizemos foi colocar uma almofadinha embaixo de sua cabeça, e esperamos. Corinne permanecia ali, fumando um cigarro, como se estivesse olhando a mãe, balançando a perna. Estava muito contente e não manifestava nenhuma emoção. Em todo caso, não estava nem um pouco assustada. Finalmente, ajoelhei-me ao lado do mãe e, assim que entreabriu um olho, perguntei-lhe: "Quando isso aconteceu-lhe antes? – Mas o que aconteceu?" Reproduzi-lhe então as palavras que a atendente pronunciara antes de seu desmaio. O que aquela mulher estava repetindo? Era o que eu me perguntava. Ela exclamou, então: "Ah! É verdade. Não me lembrava, mas, a primeira vez que fiquei menstruada, desmaiei; e, a segunda vez, desmaiei de novo. Depois, isso nunca mais me aconteceu." E acabou por aí. Esse episódio não teve outras consequências. Ou melhor, teve sim... Afinal, foi decidido que a mulher iria procurar um terapeuta para ela própria. O singular era que a volta de Corinne significava que agora haveria duas mulheres em atividade genital na casa, a mãe e a filha. A mãe de Corinne vira-se no lugar, que se tornara seu, da própria mãe, quando, filha única, ficara menstruada pela primeira vez, tornando-se assim a segunda mulher na casa dos pais.

É uma história muito curiosa, uma dessas observações psicanalíticas de que nunca conhecemos todos os detalhes, porque não sabemos tudo o que o paciente viveu na transferência.

Atualmente, Corinne está completamente adaptada na oficina. Ganha, acredito, seiscentos francos por semana. Fabrica bolsas e trabalha até na máquina de costura, quando é sua vez.

Teve um tremendo acesso de cólera, querendo quebrar todas as máquinas, porque a monitora a proibia de usá-las. Quando esta última me telefonou, disse-lhe: "E se você tentasse? – Mas ela vai furar os dedos! Todo o mundo está com medo." No entanto, ela se saiu muito bem. Começou a costurar na máquina tiras retas. Agora, pode costurar a bolsa inteira na máquina. Pode assumir a confecção de uma bolsa do início ao fim.

Esse foi o tratamento de uma jovem de dezenove anos, surda e cega; haviam-na, evidentemente, rotulado de "débil mental", quando, ao contrário, sempre foi muito inteligente!

P.: Ela não fala?

F. D.: Não se entende bem o que ela diz; mas voltou a fazer cursos de ortofonia. Escreve, desenha, faz-se entender por aqueles que gostam dela, particularmente suas colegas de oficina.

A essa observação, devo acrescentar um elemento, que foi o estopim do desenvolvimento de Corinne. É que, no hospital psiquiátrico, acontecia-lhe trocar cigarros com um norte-africano, um homem sadio, quer dizer, que não era muito doente, mas um pouco depressivo. Ela ia pedir-lhe cigarros, e ele lhe dava; e ela própria os oferecia a ele, quando tinha. E, depois, um belo dia, ela deitou-se com ele. Os educadores ficaram desesperados; e a mãe também, claro. Corinne tinha então vinte e um anos; conhecia o homem havia alguns meses.

O único problema, nesse caso, foi que outro doente, tendo-os visto – porque isso acontecia em pleno dia, no dormitório –, aproveitara para tentar violá-la. Ela estava furiosa – foi por isso que todos ficaram sabendo da história. Ela gritava em altos brados que não queria aquele homem. Com isso, fez com que entendessem que era o outro que amava e que queria encontrar. Foi o que, prudentemente, passaram a dar um jeito de evitar. Graças a esse incidente, pude desenhar para ela, e representar em modelagem, os órgãos sexuais masculinos e femininos. Disse e escrevi para ela as palavras: "Agora, você é uma mulher." Como eu não sabia o nome do homem, chamei-o de "o homem que lhe dava cigarros". Ela estava totalmente encantada. Naturalmente, a mãe e a equipe do hospital psiquiátrico ficaram na expectativa, por um mês: ela estaria grávida ou não? Ela ficou menstruada. Ufa! Não houve outras vezes, já que evitaram, desde então, que ela se dirigisse ao pavilhão dos homens. Foi depois que pudemos falar, ela e eu, dessa experiência genital, que ela começou a se desenvolver de fato. Sua mãe disse: "Mas, então, ela tem necessidades sexuais! É terrível!" Ela já tinha antes. Isso acontecera, contudo, três meses antes de a mãe desmaiar à ideia de ter de novo a filha em casa.

Não sei se teria sido possível iniciar um atendimento psicanalítico mais cedo. Um tratamento em uma idade mais precoce poderia ter sido considerado, talvez, se a inserção social da paciente tivesse sido melhor. Mas ative-me, aqui, unicamente à observação do que aconteceu.

Aceitei parar a psicoterapia de Corinne, que me indicava seu desejo assim: ela entrava, dava bom-dia, sentava-se dois segundos, depois se despedia. Um dia, trouxe-me uma bolsa que montara e costurara totalmente sozinha. Feliz de me agradecer. Um adeus e partiu. A mãe dizia que tudo corria bem para Corinne tanto na oficina quanto em casa. Retomara as lições de ortofonia para se fazer entender melhor, e, quando não conseguia, escrevia o que queria dizer graças à lousa mágica (que tinha inaugurado comigo).

5

Crianças caladas

Como abordar o tratamento de uma criança calada – O segredo genealógico – O esqueleto no armário – A identificação com a máscara.

P.: Estou atendendo uma criança silenciosa, na qual não consegui perceber nenhuma demanda da primeira vez.

F. D.: Ela está motivada ou não? Essa é a primeira questão que devemos nos fazer a respeito de uma criança que vem nos ver. É muito comum não haver demanda na primeira sessão. As crianças ainda não sabem de que se trata, nem por que vêm. Talvez essa criança não tenha sido preparada pelos pais, ou pelo primeiro contato que teve com você, ou até mesmo pela pessoa que a recebeu no centro em que você a atende.

P. 1: Mas eu ainda não acabei de expor meu caso! (*Risos.*)

F. D.: Mas, de qualquer jeito, a primeira questão é esta, de imediato: a criança está pedindo ajuda, ou não?

P. 1: Para falar a verdade, eu a aceitei a pedido dos pais, porque tinha problemas escolares: dificuldades de leitura e, depois..., não falava muito. Está, pois, em psicoterapia há cerca de três meses. Segundo os pais, não apenas tem dificuldade de falar, como, principalmente, faz caretas demais cada vez que se prepara para dizer alguma coisa. As palavras não saem. Há tanto esforço em seu rosto que tudo emperra. Instituí com essa criança o pagamento simbólico, que ela tem bastante dificuldade em assimilar. Desde a segunda ou a terceira sessão, pedi-lhe para trazer um desenho. Mas sou eu que tenho que lhe perguntar, toda vez, se trouxe ou não alguma coisa, porque ela está sempre em silêncio. Se lhe digo, quando está calada: "Em que você está pensando?", ela sempre responde: "Em nada. – Está se passando alguma coisa na sua cabeça? – Nada." Quer se trate de perguntas muito precisas ou quase banais, ela parece não entender. Tem um olhar perdido. Quando repito a questão, dois ou três minutos depois, é como se ela a tivesse esquecido ou não a tivesse ouvido: "Não sei o que você disse."
Então, não sei. Essa criança me coloca, como terapeuta, um problema. Devo, por assim dizer, extorquir-lhe as palavras, como para exorcizar esse silêncio nela, ou devo suportar seu mutismo?
O problema é: como fazer com que uma criança silenciosa fale?

F. D.: Mas, na linguagem, não existe apenas a fala. E, até agora, essa criança ainda não entrou absolutamente em linguagem com você: em nenhuma espécie de linguagem.

P. 1: Ela comenta um pouco seus desenhos.

F. D.: Ela faz um comentário verbal ou escrito?

P. 1: Verbaliza o que desenhou. A respeito disso, perguntei-me se eu deveria fazê-la comentar os desenhos que traz como pagamento simbólico. Pois, em geral, pego esse pequeno pagamento simbólico e não falamos mais sobre isso.

F. D.: Uma pedrinha, um bilhete de metrô, uma moedinha de 5 centavos ou até uma figurinha, segundo o contrato estabelecido com a criança, são coisas que, de fato, precedem a relação analítica. Esse pagamento não se destina, como tal, a fazer falar. Mas não pode ser um desenho. Pois, se uma criança traz um desenho, já não se trata de um pagamento simbólico, mas de um "dizer", uma fantasia, como aquilo que ela representa durante a sessão para se comunicar com você.

Também não sabemos se traz esse desenho sob o efeito de uma intimidação dos pais, que têm conhecimento de seu pedido e que querem que o filho seja tratado. Estabelecemos o contrato de pagamento simbólico somente para termos certeza do desejo da criança: não de seu desejo de vir nos ver, mas de ser tratada, ajudada, sabendo que somos pagos realmente pelo que fazemos.

Não podemos aceitar atender uma criança sob o pretexto de que tem um sintoma. Do sintoma ou dos sintomas, é preciso falar, na presença da criança, com os que estão fazendo a demanda, no caso, os pais. É preciso conhecer a gênese da linguagem somática da criança na sua relação com os pais; saber, deles, como a história da criança inscreveu-se inicialmente nessa linguagem somática (já que eles são os únicos que podem falar a respeito). Como a criança foi concebida? De acordo com o desejo consciente deles ou contra esse desejo? Foi concebida sem querer? E, nesse caso, foi aceita rapidamente ou não? Houve desejo ou tentativa de proceder a um aborto? Ameaça de aborto espontâneo? O casal já estava constituído ou foi a gravidez que determinou a formação do casal?

Além disso, é necessário interrogar os pais sobre as circunstâncias do nascimento, suas modalidades fisiológicas, morais, afetivas, sobre suas reações no que diz respeito ao sexo da criança, à escolha de seu nome; mas, também, sobre o aspecto desse recém-nascido, sua saúde, a da mãe, a lactação, o aleitamento.

Assim, o desejo dessa criança, que se mostra pouco expressiva, deve ser buscado no que dizem os pais a respeito de sua linguagem somática. É a história da criança que constitui o conteúdo das primeiras sessões, principalmente quando, trazida pelos pais ou pelos educadores, não é ela própria que está formulando a demanda. Contudo, muitas crianças entram imediatamente em contato com o psicanalista graças a um objeto: desenho, massa de modelar, papel rasgado; ou por ações: mostrar; acender ou apagar a luz. Entram imediatamente em relação. É uma linguagem, sem ser, contudo, linguagem verbal. Mas há algo sobre o que estabelecer uma comunicação.

Mas parece-me que, no caso de que você está falando, tudo acontece no não dito. O que essa criança está repetindo, já que a psicanálise consiste em saber o que o sujeito repete? Talvez repita a necessidade de uma escuta que nunca encontrou, ou o fato de nunca ter sido mais do que um objeto de projeções. Não sei. Você a atende em uma instituição?

P. 1: Atendo.

F. D.: É essa a dificuldade, principalmente quando uma criança foi atendida, antes, por outra pessoa, que a encaminha em seguida para nós; com os pais sendo "acompanhados" por uma terceira pessoa.

Durante as primeiras sessões, você não pôde esclarecer nada de sua história, com os pais?

P. 1 : Comecei a tratar desse menino mediante seus sintomas, mas não em razão de seus sintomas.

F. D.: Mas você não pediu aos pais para explicarem como esse quadro se estabeleceu?

P. 1: Aparentemente, o essencial da história era banal, no sentido de que nada chamava especialmente a atenção em sua primeira infância. Havia, nos pais, certa angústia, uma preocupação com esse menino que não era nem muito bonitinho nem muito simpático. Mas não havia nenhuma "grande história".

F. D.: Enfim, foi tudo o que ele próprio ouviu dizer. Quem falava na casa? Quem fala com ele? E sobre o quê? Foi sempre silencioso nas sessões?

P. 1: É justamente esse o problema. Como ele não dizia nada espontaneamente, impus um prazo – de junho a novembro –, na expectativa de que formulasse uma demanda. Não foi o caso. Mas, diante da angústia dos pais, continuei a atendê-lo assim mesmo, e tentei, então, torná-lo responsável pela própria palavra, graças ao pagamento simbólico.

F. D.: Você fez muito bem.

P. 1: Mas não adiantou nada.

F. D.: Não! Não é que isso não adiantou nada; o problema é que algo não foi dado. Pois ele não sabia ainda o que significava trocar com você. Só quando se instala uma relação de transferência é que o pagamento simbólico faz sentido. Parece que esse menino atualmente está com você em uma transferência – se é que se trata de uma transferência – puramente fóbica: um senhor o olha, ele olha para aquele senhor; um senhor lhe pede um desenho, ele lhe traz um desenho; o senhor lhe pergunta o que há no desenho, ele lhe diz; mas não entendeu por que vai às sessões.

P. 1: Talvez ele chegue a compreender.

F. D.: Não, não. Primeiro ele deve falar com os pais para saber se, por ele mesmo, deseja fazer uma psicoterapia. O fato de não lhe trazer o desenho pedido deve levá-lo a falar com os pais. Tenho certeza de que ele precisaria que você falasse com eles. Quando ele fala, é pela boca dos pais, através da angústia deles.

Como começou sua inibição vocal? Você não sabe? Os pais provavelmente não teriam se recusado a explicar a você a origem desse transtorno e todos os fatos relativos à oralidade dessa criança: o modo como foi educada, alimentada; por quem? por uma babá? pela mãe? pela avó? Houve ocorrências de morte (porque a inibição vem muitas vezes como resposta a uma ocorrência de morte na família)?

Exceto no caso de uma criança já bastante grande, que fale, e sobre a qual sentimos que os pais nunca contarão nada, mesmo que deem seu consentimento para a psicoterapia, é importante, na minha opinião, sobretudo no caso de uma criança pequena, que os pais tenham dito tudo o que tinham a dizer sobre a gênese de sua inibição vocal, ou de uma inibição que, além disso, não é simplesmente vocal. O menino de que você está falando talvez ainda precise da mãe para se limpar, quando faz cocô. Nesse caso, é impossível que fale com você. Ele já adquiriu controle esfincteriano?

P. 1: Há muito tempo, não teve grandes problemas nessa área. É muito autônomo.

F. D.: Veste-se sozinho?

P. 1: Sim.

F. D.: Quantos anos ele tem?

P. 1: Nove. Tem dois irmãos, mais novos que ele.

F. D.: Sua inibição para a fala...

P. 1: É uma inibição gestual. Principalmente em casa. Faz tantas caretas que se bloqueia.

F. D.: Isso significa que se exprime por outros meios. Não pode falar com a boca. Mas pode falar com os olhos? Já consegue fazer isso?

P. 1: É justamente isso que mais me impressiona: o vazio de seus olhos.

F. D.: *A priori*, podemos pensar que ele não é filho do pai[5]. Podemos, de fato, pensar que, se ele se encontra nesse estado, aos nove anos, é porque talvez tenha ficado sabendo de tal fato, tenha ouvido falar disso, e sua palavra de menino – que adquiriu em torno dos sete anos – viu-se completamente bloqueada. Existe certamente um segredo na família. Para manter as aparências*, ele precisa calar-se...

P. 1: Desde o início de minha prática, é a única criança que vi defrontar-se com essa espécie de vazio diante da palavra. Sei, contudo, que ouve todas as minhas perguntas. E, quando as repito, declara não estar pensando em nada.

F. D.: Não sofreu nenhum trauma, físico ou de outra natureza?

P. 1: Disseram-me que, já quando nasceu, não falava.

F. D.: Mas não se trata aqui de alguém que não fala, mas de alguém que não se comunica.

P. 1: É verdade. Você fez alusão a um segredo. Não sabendo que tipo de segredo ele podia ter, perguntei-lhe: "Quem é que, na sua casa, não fala? – Bom, em primeiro lugar, eu mesmo, e a ideia da morte."

F. D.: Ele respondeu isso? Não. Foi você quem introduziu a ideia da morte.

P. 1: Quer dizer que ele é tão silencioso que já está morto. Disse-lhe: "Você já está morto, dentro de você mesmo, em algum lugar?" E acrescentei imediatamente, para explicar minha pergunta: "Quem morreu, em sua família?" Ele respondeu: "Meu tio." No mês de junho, precisamente no momento em que comecei a atender o menino, seu tio se enforcou. Falamos então um pouco desse tio, de quem ele gostava muito.

---

5 Hipótese que não foi nem confirmada, nem infirmada pelo terapeuta do menino, em uma sessão ulterior do seminário.

* Em francês, *garder la face*, literalmente "manter a face". [N. da T.]

F. D.: De que parte era o tio?

P. 1: Seu tio materno. O menino soube de sua morte por telefone, e isso mexeu muito com ele, disse-me. Então, é isso.

F. D.: Bom, já é alguma coisa. Mas isso aconteceu no mês de junho. Trata-se, então, de um acontecimento bem recente. E parece que o menino tinha uma inibição da palavra e das trocas escolares bem antes.

P. 1: A primeira sessão aconteceu no mês de junho.

F. D.: Certo, mas a morte desse tio era recente?

P. 1: No mês de setembro, aproximadamente.

F. D.: Certo, mas atrás desse tio enforcado há outros esqueletos no armário. (*Risos*.) Há outras coisas.

P.: Há a fala.

F. D.: Não, não. Não é a palavra que está em jogo nessa história, é a face. Sua face não pode deixar passar a corrente de ar que faria com que sua palavra fosse ouvida. Você diz que ele faz caretas, o que significa que, ao tentar falar, ele perde a face [a aparência]. Isso é importante, porque a face começa a ter valor para o sujeito no momento da aceitação, por ele, de sua imagem escópica no espelho.
É por isso que seria preciso saber se ele não foi inibido anteriormente; inibido de chorar, por exemplo, quando era pequeno.
A morte desse tio não pode ser o acontecimento pretensamente traumático, o segredo. Mas já é importante que ele tenha falado disso.

P. 1: Concordo, e, mesmo que esse acontecimento tenha algo de traumatizante, ele é muito recente. É, digamos assim, anedótico.

F. D.: Não, não é anedótico, pois se trata do tio uterino. O irmão da mãe, ainda mais se for o irmão mais velho, tem sempre grande importância, principalmente se o menino tiver o mesmo patrônimo que ele – quando, por exemplo, o pai não o reconheceu (o que você não sabe, no caso desse menino). Os homens da linhagem materna são muito importantes, pelo fato de o avô e o tio maternos terem o mesmo patrônimo da mãe quando solteira, e por se situarem com relação a ela segundo o interdito de relações sexuais.
Vemos, com muita frequência, meninos inibidos por terem sido reconhecidos tardiamente pelo genitor ou pelo pai adotivo. Ou seja, por terem visto o próprio sobrenome e o estatuto de filhos e senhores exclusivos da mãe mudar

– pois, até o surgimento de um homem em sua vida a dois, usavam o mesmo patrônimo que ela.

No caso que você está atendendo, não posso dizer nada, já que as raízes dessa inibição não foram estudadas. Frequentemente, o mutismo é uma inibição desse tipo; é o sintoma de uma criança que guarda um segredo para proteger o pai ou a mãe. Nesses casos, devemos trabalhar com a mãe, por exemplo – enquanto a criança se movimenta livremente, escutando ou não –, até que ela, a mãe, declara, após um período de silêncio: "Não, tem uma coisa que eu nunca poderei contar a você"; e, depois, finalmente, um dia, ela consegue dizer. Nesse dia, nem chegamos a ver a criança: ela saiu do mutismo sozinha, porque sua própria mãe também saiu do mutismo, descobrindo o que havia de simbólico em sua relação com um homem. Pode-se tratar de seu primeiro marido, de seu irmão, de seu pai ou de seu amante.

P. 1: Mas a mãe não diz esse tipo de coisas na presença de uma criança de nove anos. Talvez ela consiga falar disso quando a criança não está presente.

F. D.: Exato. É o que faz toda a diferença em uma conversa só com a mãe ou só com o pai.

Tanto o pai quanto a mãe estão presentes nas primeiras sessões. Em seguida, continuamos, se possível, com o pai – que, em geral, não volta tanto quanto a mãe. Nas sessões em que o marido comparece, aproveitamos para atendê-lo, explicando à mãe por que só a receberemos na sessão seguinte. E estudamos o Édipo do pai: como acolheu essa paternidade; se se sentia maduro para ser pai; se a criança perturbava-lhe o sono; se ela perturbou seus projetos de vida; os primeiros meses da vida do filho representaram para ele uma predominância de felicidade ou de peso? Enfim, é preciso captar a linguagem somática da criança tal como ele, pai, a entendeu – pois a criança não teve, com ele, a mesma linguagem somática que teve com a mãe.

E, depois, coloca-se a questão do desejo do pai: "O que você deseja para seu filho? Como você cuida dele? Ele brinca com você quando está sozinho? Você acha que ele é feliz? Infeliz?"

P. 1: Você poderia explicitar como o fato de o psicanalista falar com os pais pode permitir à criança recuperar algo de sua história?

F. D.: Mas você mesmo vê, em uma sessão, quando uma criança entra e sai. Além disso, as crianças são extraordinárias: elas sempre saem no momento em que é bom para os pais que elas não estejam presentes. (É preciso agradecer a elas, assinalando aos pais esse pudor e essa delicadeza de sensibilidade.)

P. 1: Já que iniciei a psicoterapia desse menino há três meses, gostaria de lhe perguntar como, tecnicamente, resolver esse problema. Devo ver os pais individualmente? Juntos? Na frente da criança? Longe dela?

F. D.: Peça para ver os pais. Você pode lhes dizer: "Agora que conheço melhor seu filho, preciso falar novamente com vocês." Pode recebê-los na presença da criança, que você avisará previamente, explicando-lhe: "Para entendê-lo melhor, tenho que saber algumas coisas de seus pais. Você pode sair quando quiser, ou ficar."

Quando um pai ou uma mãe declarar: "Eu gostaria de contar algumas coisas a você, mas não posso falar na frente dele" – o que é muito frequente –, você poderá dizer isso à criança, perguntando-lhe se aceita sair um pouco. Se ela não quiser, diga ao pai: "Seu filho não quer ceder-lhe seu tempo de sessão. Vou marcar uma hora para você."

Quando uma terapia ainda não começou, isso não causa nenhum problema; mas, uma vez que já começou, como no caso de que falamos, diga à criança que gostaria de vê-la junto com o pai. Pergunte-lhe se acha que o pai virá, e se ela própria concorda com isso. (Eu ficaria muito espantada se ela respondesse que não.) Entregue-lhe uma carta para o pai, na qual você pedirá a ele para acompanhar o filho a uma sessão.

Caso contrário, corremos o risco de ver os pais projetarem que o filho está em psicoterapia, quando não está: porque está em uma transferência inanalisável.

Essas situações bloqueadas são, infelizmente, frequentes em ambiente institucional. E a criança terá, em seguida, uma fortíssima resistência a fazer análise, no momento em que poderia desejar isso por ela mesma.

É por isso que, creio eu, você deve sair dessa relação dual.

P. 1: E se o menino recusar?

F. D.: Se ele recusar o quê? Um menino como esse nunca recusa nada. Pois sua palavra – ou, mais ainda, sua linguagem – está incluída na linguagem de seus pais. Não apenas ele certamente não recusará, mas ficará aliviado. Pois está carregando a análise de toda a família, de seus pais, cuja reticência a falar você já pôde observar. É muito pesado para essa criança sozinha.

P. 1: E qual é, então, a função do pagamento simbólico?

F. D.: O pagamento simbólico é a única prova de que ele deseja vir, até o momento. Apesar de muitas vezes não termos tempo suficiente para fazer isso, você se comprometeu, ao que parece, com uma análise para cinco anos, já que os pais, mais do que contentes de mandar o filho no lugar deles, terão paciência, e o CMPP também. Mas é totalmente inútil comprometer-se com isso, porque já não se trata de uma análise: você está substituindo, para esse menino, um pai que não fala com ele; eu diria até: que não entra em comunicação. É no mínimo curioso ver uma criança sentada em uma mesa, por tanto tempo, sem um único olhar. Se ao menos ele tivesse um olhar... Mas, visivelmente, ele olha para o próprio interior. O que tem a dizer ainda está fechado no soma.

É através dos pais que você poderia saber o que se esconde por trás do tio materno que se enforcou e, talvez, das relações da mãe com esse irmão e com o conjunto da família dela.

Existe sempre um começo para a inibição de uma criança, mesmo que sejam otites repetidas durante dois anos consecutivos, por exemplo, pois, então, acontece à criança de permanecer deitada, na impossibilidade de falar com o outro.

Há também a mímica, "máscara" da mãe, e a mímica, "máscara" do pai. Você poderia perceber – talvez seja o caso – que o menino identificou-se com alguém que nunca diz uma só palavra e que usa uma máscara. Nesse caso, só poderia perseverar nessa atitude. Bastaria perguntar ao pai, com palavras que não firam o narcisismo: "Você também era assim tão tímido como seu filho, quando você era pequeno? E ele, chorou quando nasceu? E quando era bebê? Com que idade você reparou que ele deixou de chorar? Que já não brincava fazendo barulho?"

A linguagem é inicialmente motora antes de ser verbal. Antes de ter um rosto, é preciso ter um corpo. Ora, parece que esse menino não tem nem mesmo corpo. Rosto, então, nem pensar, já que ele se crispa assim que tenta falar com você. Então, não sei. Trata-se de uma criança que foi precocemente contrariada por ser canhota? Também é possível. Há bebês que, aos seis meses, assim que estendem o braço esquerdo para pegar algo, recebem um tapa na mão: para que usem a "mão certa".

Você sabe ao menos do que esse menino gosta: que animais, que plantas? Que espécie de desenhos ele traz para você? São muito variados?

P. 1: São desenhos muito bonitos, em geral pequenos, mas muito bem-feitos. Árvores. Coisas comuns para uma criança.

F. D.: Alegres?

P. 1: Alegres, sim. Bem coloridos. Efetivamente, nesses desenhos, "Isso" fala dele. Por essa razão, aliás, eu o deixava falar deles. Trouxe-me três vezes desenhos nos quais havia o mesmo significante: homens com machados, cortando árvores que levavam em uma carroça para fazer fogo. A partir desses desenhos, pude expor-lhe alguma coisa.

F. D.: Você lhe falou das árvores abatidas, mortas; mas perguntou-lhe se havia visto um morto? Ele não disse nada, naquele momento, da morte do tio?

P. 1: Não. Conta o que tem no desenho, mas não imagina nada.

F. D.: Ele não associa. Não diz se conhece alguém que abate árvores?

P. 1: Descreve seu desenho; só isso. Aliás, nesse momento ele se anima, sem inibição, sem fazer caretas. Acontece que, justamente, em sessão, nunca vi seu sintoma.

F. D.: Com quem ele tem esse sintoma?

P. 1: Com os pais. Em casa, na escola.

F. D.: Quanto ao significante "machado"*, seu sobrenome acaso começa com a letra H?

P. 1: Não.

F. D.: Você sabe o primeiro nome dos pais?

P. 1: Não.

F. D.: Mas isso faz parte do que é preciso absolutamente saber, no início de um tratamento, principalmente com uma criança escolarizada, para quem a letra muda H tem um valor muito importante. Durante uma entrevista com os pais, você deve notar, de passagem, os nomes de cada membro da família.
Esse machado que volta o tempo todo é ainda mais significativo porque ele aprendeu a ler e a escrever; remete, pois, à lembrança de algo que ele observou; ou então ele repete: "machado, machado, machado", dirigindo-se a você, para entender seu valor significante.

P. 2: Pergunto-me sobre o papel da sogra, que pode ser importante. Digo-me que, no fundo, talvez eu seja muito sistemática quando estabeleço, na primeira entrevista com os pais, a árvore genealógica com os avós, os parentes indiretos.

F. D.: Eu, pessoalmente, sempre procedo assim, não com um esquema, mas falando com os pais, interrogando-os sobre as relações afetivas no interior da família e sobre as relações da criança com outras pessoas. Assim, saberei de quem ela está falando e se, por exemplo, a pessoa que está chamando de "vovó" é sua avó materna ou paterna. Pergunto, então, os sobrenomes, os nomes das pessoas da família; procuro saber se a criança gosta delas, se elas gostam da criança. Incluo, naturalmente, tios, primos etc. E explico aos pais: "Quando seu filho, durante uma sessão, disser um nome, poderei mostrar-lhe imediatamente que vocês concordam que ele fale de tal pessoa da família, dizendo-lhe: 'Ah, sim! É a titia Fulana.'"
É preciso que os pais sempre estejam perceptíveis em filigrana na permissão, dada a uma criança, de falar de sua família. Os pais entendem isso muito bem, o que tira, desse gênero de consulta, o caráter de investigação policial que eles sempre temem ter que enfrentar.

---

* *Hache* [machado] se pronuncia da mesma forma que o nome da letra "h" por extenso, em francês. Por isso a referência à letra "H", que, como dirá logo abaixo Françoise Dolto, é muda. [N. da T.]

Mas essas entrevistas nos fazem descobrir, às vezes, inesperadamente, pessoas muitas vezes esquecidas, que moram com a família sem fazer parte dela. Foi dessa maneira que encontrei, diversas vezes, o pote de ouro. São situações muito difíceis, porque a criança tem que lidar com uma dicotomia do pai ou da mãe. Existem até mesmo avós suficientemente jovens para serem amantes do genro, marido da própria filha. O que produz, justamente, crianças mudas, no fundo parapsicóticas, mas que enganam bem. Vêm ao psicanalista devido a sintomas de inibição; mas só são inibidas em determinadas circunstâncias, não o tempo todo.

Contudo, já que é a verdade e que a criança vive essa situação, cabe a nós ajudá-la a reconhecer com palavras esses amigos inseparáveis, para permitir-lhe falar deles e fazer perguntas a si própria.

6

Crianças abandonadas. Falsa deficiente mental.

Pode-se dizer tudo a um bebê – Criança adotada: "o golpe do vestido de grávida" – Autismo e depressão das crianças abandonadas – Desmame das cuidadoras – Um erro de diagnóstico psiquiátrico: uma pseudodeficiente mental.

P.: Vi uma mulher alimentar com uma colherzinha um bebê de três meses, cuja mãe saíra. Ele não conseguia, a rigor, engolir nada, mas aparentemente mamava a colher. Fiquei espantada...

F. D.: Principalmente se não lhe dizem que a colher é de metal. (*Risos.*)

P.: Mas a criança tinha três meses.

F. D.: Tinha; e daí? É preciso dizer-lhe, claro: "Estou te dando leite de colher. É o seio de hoje." Senão, ele não entenderá nada: quando o seio voltar, pensará que é uma colher. (*Risos.*) Tudo o que pode apoiar as percepções da realidade de um bebê pode ser dito a ele.

P.: Mas como dizer-lhe?

F. D.: Como você diria a outra pessoa qualquer: "A mamãe não está aqui para te dar de mamar e, como a fome está batendo aí dentro de você, vou te dar com uma colher, porque não posso te dar de outro modo." É assim que você pode falar com um bebê de oito dias. Por que não?

P.: Você acha que isso funciona?

F. D.: Claro! Funciona, sim, porque ele se diz: "Bom, é preciso comer. Não é o seio, concordo, é a colher." E por que não? Podemos muito bem acostumar um bebê a outras maneiras de se sustentar, de satisfazer sua fome e sua sede, que não sejam o seio, contanto que digamos isso a ele. E, quando ele não quiser, poderemos lhe dizer: "Bom, você não gosta da colher? Mas a fome está batendo dentro de você." E é verdade: ele tem fome, tem sede. Pode ficar algum tempo sem mamar nem beber, mas não sem absorver líquido, ao menos por perfusão.

Um bebê é muito mais inteligente do que se imagina. Quero dizer que cada um de nós, quando era bebê, era bem mais inteligente do que acabou ficando, adulto. (*Risos.*) Ele entende perfeitamente a linguagem quando alguém fala com ele para comunicar-lhe o que ele percebe por outros meios, e para colocar em palavras o que ele está vivendo, experimentando.

Até mesmo alguns psicanalistas custam a admitir que possamos falar a um bebê imediatamente, logo após seu nascimento. Contudo, são as primeiras coisas ouvidas, logo após o nascimento, que o marcam a vida inteira e permanecem indelevelmente na fita magnética de sua memória.

P.: Tive que enfrentar o problema de uma mãe que se recusava a dizer a verdade à criança que adotara. O pai, por seu lado, quando falou comigo pela primeira vez, disse: "Não. Não quero estragar meu casamento." Contudo, consegui fazer com a mãe um trabalho que lhe permitiu falar da própria infância. Sua mãe morrera e o pai casara-se novamente. A madrasta a obrigara a chamá-la de "mamãe", sem revelar-lhe a verdade. Uma vizinha dissera um dia a essa madrasta: "Você é bem boazinha de criar essa menina", o que era uma maneira de trazer a verdade à tona. A madrasta desmaiou, e esse momento foi terrível tanto para ela quanto para a menina. Assim, a mulher que eu atendia pôde abordar suas lembranças dolorosas e, finalmente, aceitar dizer a verdade à criança adotada, sobre a qual projetara, até então, sentimentos muito penosos.

F. D.: Muitas vezes, nos pais adotivos, as projeções sobre a criança são acompanhadas de desprezo com relação ao pai e à mãe biológicos, que representam para eles uma agressão, um perigo. Têm verdadeiro ódio dos pais de sangue, aos quais devem, contudo, a alegria de serem pais adotivos. Lembro-me do caso de um rapaz de quinze anos, cujos pais se designavam mutuamente por "senhor Fulano, meu esposo", "senhora Fulana, minha esposa" – eram burgueses. E o "senhor Fulano" dizia: "a senhora Fulana nunca irá querer que contemos ao menino." E ela atribuía as mesmas intenções ao marido. Eu os atendia separadamente. Então, um belo dia, disse a cada um deles, abertamente: "Sabe, isso está parecendo uma farsa. Vocês dois vêm, cada um por seu lado. A senhora me diz que é seu marido que não quer. Ele, por seu lado, me diz que é a senhora que não quer." A mulher me respondeu: "Isso significa que ele não se oporia." Observei-lhe que eles estavam se contradizendo e esclareci: "Se o menino fizer essa pergunta, não poderei esconder-lhe a verdade, só poderei remetê-lo a um de vocês dois."

Ora, justamente, o menino acabou fazendo ao pai essa pergunta, que se formulara progressivamente dentro dele. Achava que tinha uma família muito esquisita, com muitas tias e tios que não conhecia. (*Risos.*) E acrescentou que se lembrava – é muito curioso – de ter chegado em casa em um cesto: naquele dia, ele era um cachorrinho. Era sua lembrança da adoção.

Disse-lhe: "Pergunte a seus pais se existe um segredo nessa família esquisita." E o pai contou-lhe a verdade e, depois, acrescentou: "Converse sobre isso com sua mãe."

E a mãe aplicou-lhe o golpe de descer a caixa em que se encontrava seu vestido lilás de grávida. Mostrou-lhe sapatinhos de bebê.

Ele voltou à sessão para me dizer: "Você entende, ela me aplicou o golpe do vestido de grávida. Então, eu não podia fazer isso com ela! Mas disse-lhe que eu preferia, de agora em diante, dormir no quarto de empregada" (a mulher fazia com que o filho de quinze anos ocupasse um pequeno cômodo contíguo a seu quarto). A mãe aceitou. Quando a revi, perguntou-me se ele sabia a verdade. Respondi: sabe, sim. Ela declarou: "Muito bom. Mostrei-lhe meu vestido de grávida e não lhe disse nada." (*Risos*.)

As coisas ficaram por aí. O menino pôde aceitar preservar, na mãe adotiva, a ilusão de tê-lo gerado. Sabia o drama que ela vivera na juventude. "Nunca falarei a esse respeito com ela", disse ele. "O que isso mudaria? Eu gosto dela, ela gosta de mim."

Houve, contudo, um revés um pouco dramático, que me preocupou, posso dizer-lhes, durante quinze dias. O menino ficou com o rosto impressionantemente coberto de espinhas. Essa irrupção declarou-se no dia seguinte de sua conversa com o pai. Evidentemente, isso já estava se preparando havia algum tempo: ele tinha pequenas espinhas, como um menino de sua idade. Mas uma tarde, voltando para casa, percebeu que tinha mudado de rosto, por assim dizer. Expliquei-lhe, depois: "Você provavelmente está trocando seu rosto de cachorro por um rosto de rapaz que descobre a verdade a respeito do sofrimento de seus pais e de seus pais biológicos, que ele não conheceu."

Sua inteligência, que sumira completamente no plano escolar, voltou. Tinha, claro, um atraso, mas pôde recuperá-lo perfeitamente; pôs-se a estudar. Tornou-se completamente seguro.

P.: Gostaria de saber se você poderia explicitar o que escreveu a respeito das crianças abandonadas: você disse que nos encontramos, com elas, em uma situação de análise.

F. D.: Sim. Mas posso dizer desde já – porque já vi muitos casos assim (*risos*) – que acho que, em tais situações, tudo depende da transferência do analista. A partir do momento em que temos que entrar em relação com uma criança que já não tem seus pais biológicos – que já não estão ali presentes, no espaço e no tempo de sua vida –, podemos lhe dizer que ela é, por si só, os seus próprios pais. Quando ela representa, sozinha, a cena primitiva, está, de fato, em uma situação de sujeito; mas cabe a nós, psicanalistas, dar-lhe a possibilidade de tornar-se um sujeito que deseja seu nascimento, que deseja viver, se ela encontra em nós o outro idôneo para ajudá-la. Se ela quiser trabalhar conosco, ela será, em seu lugar de sujeito, muito mais livre que as outras crianças, já que, por uma fatalidade, ela, diferentemente das outras, identificou-se com as cuidadoras que teve. Mas o que transferiu sobre elas? Transferiu a mãe e o pai da vida fetal. Isso, podemos dizer-lhe desde o início.

Ela não foi objeto de projeções por parte dos adultos. É nesse sentido que eu dizia, de um modo talvez um pouco redutor, que a criança abandonada está em situação de análise: ou seja, que contrariamente às outras crianças não tem que se libertar das projeções que os pais podem ter feito sobre ela, de uma criança imaginária ou do sexo imaginário que eles podem, particularmente, ter desejado.

P.: Mas existem pais sociais, às vezes...

F. D.: Mas os pais sociais fizeram transferências unicamente sobre a criança. Pode-se muito bem explicar à criança que os pais biológicos fizeram tudo o que podiam, e que os pais sociais também, mas que foi exclusivamente ela que quis sobreviver nessa situação de abandono.

Eu trabalho justamente com crianças da Assistência Social do Estado, que foram abandonadas logo após o nascimento. Ora, acho que os tratamentos caminham em alta velocidade, justamente em razão de sua situação; o que não deixa de produzir alguns estragos – momentâneos, certo? – nas cuidadoras. Falamos à criança de seu pai e de sua mãe biológicos, na frente da cuidadora. Dizemos à criança que essa pessoa fez o que pôde por ela, mas que não é nada para ela. Não devemos nos espantar se a cuidadora logo pedir para que o motorista, a estagiária ou qualquer outra pessoa a acompanhe, por não poder suportar essa fala, para finalmente declarar, um dia, à supervisora: "Não posso ficar. Vou ser obrigada a deixar a criança sozinha" – a partir do momento em que a criança suporta ficar sem ela – "porque estou vomitando a tarde inteira."

O que não quer dizer que não existam cuidadoras maravilhosas, que ficam aliviadas quando falamos assim. São elas que dizem à criança, quando esta se volta para elas: "É verdade, a senhora Dolto está certa. Sou paga para cuidar de você. Você não é meu filho." Imediatamente, o tratamento começa a ir de vento em popa.

Às vezes, algumas cuidadoras já trabalharam em grupo com um psicólogo ou com um pediatra da instituição. Outras nunca conseguem fazer tal trabalho; para elas, eu sou a besta-fera. Contudo, trazem a criança de que cuidam, porque querem, apesar de tudo, que ela consiga sair dessa. Mas é muito doloroso.

P.: E os vômitos?

F. D.: Os vômitos exprimem a rejeição pelo psicanalista. Originam-se do fato de essas mulheres não serem desmamadas; elas precisam dessa criança como objeto oral a ser devorado de amor. O resultado é que a criança não consegue sair dessa situação. Então, precisa realmente ser tratada. Pouco a pouco dizemos a ela a sua verdade, o que sabemos: que ela teve um pai e uma mãe biológicos; que ela pensou e esperou que eles voltariam um dia, já que via algumas mamães irem pegar os filhos de volta. Sua mãe, porém, não voltava.

A criança não se abate imediatamente após o abandono, quando é colocada em um berçário. Vive dessa esperança, durante algum tempo, transferindo a mãe biológica sobre o grupo que a rodeia, sobre as outras crianças, sobre a "titia"[6] que atendeu os pais ou a mãe sozinha, uma ou duas vezes.

Mas, quando essa titia é substituída por uma outra, nos quinze dias seguintes a essa substituição, a criança vai se abatendo e cai em autismo, porque aquela pessoa era, para ela, o último laço com sua mãe.

Em tais casos, podemos dizer a verdade à criança, explicar-lhe o que aconteceu: estamos evidentemente em uma situação privilegiada, já que sabemos desde quando ela está ali.

Aconteceu uma coisa espantosa com uma menininha que foi tirada de seu autismo, quando estava involuída em posição fetal, na sua cama, deixando-se realmente morrer de fome. Até os nove meses, seus testes eram promissores e sua inteligência perfeitamente normal. Foi então que ela desmoronou. Eu a vi com onze meses: já não saía da cama, já não queria comer, já não dormia. Depois, restabeleceu-se muito rapidamente: em três meses, estava recuperada. De repente, porém, aos dezesseis meses, voltou a degringolar completamente: xixi, cocô, "re-mutismo", "re-não-comer"; eu disse, então: Que ela venha ao hospital Trousseau. Disse-lhe: "Você se lembra? Você veio aqui, quando era pequena e queria morrer." Ela me escutava, me escutava e, durante a sessão, recuperou as pernas; olhou para todo o mundo. Ora, eu apenas lhe dissera: "Não sei o que aconteceu, mas você tem um motivo, que só você conhece, para estar de novo assim arrasada."

P.: É possível que um diagnóstico, psiquiátrico, por exemplo, seja um obstáculo para o tratamento de uma criança?

F. D.: É possível, sim. Isso me lembra o caso de uma menina que perdia cinco pontos por ano nos testes de inteligência. Era acompanhada desde os cinco anos. O psiquiatra que a acompanhava dissera à mãe: "Não há nenhuma esperança." Todos os anos, ele lhe dizia: "Volte o ano que vem." No início, a criança tinha um QI de 80; depois, descera para 70, 65, e, quando a atendi, estava nos 60.

A professora da menina dissera à mãe: "Tente alguma coisa assim mesmo; vá ver a doutora Dolto." Vi chegar uma criança completamente embrutecida, com os olhos a meio pau. Eu não conseguia tirar nada dela, nem mesmo uma palavra. Era tão expressiva quanto uma porta. Uma retardada grave, mesmo. O quadro correspondia exatamente aos testes, ou era ainda pior, pois normalmente uma criança desse nível ainda mantém um contato, e não era o caso.

A mãe me contou que tivera a menina com um rapaz que, no dia do casamento, quisera recusar-se a casar. Depois, eles conceberam a criança. Quando ela ficou grávida, o marido teve uma crise de angústia atroz, tirou todas suas

---

6 É assim que é chamada, em um abrigo, a pessoa que, sem laço de parentesco com a criança, cuida dela.

coisas do armário conjugal e foi colocá-los em outro, dizendo: "Não posso ficar aqui. Não posso suportar que você esteja grávida." Depois, um belo dia, foi embora e não voltou.

Divorciaram-se seis meses após o casamento. A mulher voltou a viver na casa da mãe e começou a trabalhar. Pôs-se também a estudar para tornar-se assistente social. Foi sua mãe quem criou a menina. Mas, quando essa avó morreu, foi a avó paterna, surda, que veio viver com a nora. Foi nesse momento que a criança começou a apresentar problemas – tinha então seis ou sete anos. Até ali, parecia ter acompanhado normalmente os estudos. Foi quando a avó paterna veio morar em sua casa que ela começou a degringolar.

Um dia, a menina perguntou à mãe: "Por que eu não tenho um papai?" Resposta da mãe: "Mas você não precisa de um papai, já que você tem uma vovó." Foi assim que ela foi literalmente jogada no embrutecimento.

Recebi a mãe; ela estava sentada na minha frente, e a menina estava diante de uma folha de papel. Minha mesa fica perto de uma janela, as crianças podem escrever ali. Eu olhava a criança de lado enquanto a mãe me contava o drama de seu nascimento. A menina não ouvia nada; era tão débil que a mãe podia dizer qualquer coisa na frente dela. (*Risos*.) E eu via os olhos da criança que "corriam", em um olhar que subia e descia e parecia seguir algo. No lugar em que normalmente me sento, entre as duas janelas, há estantes com livros. Perguntei-lhe, de supetão: "O que você está fazendo com os olhos?" Pega de surpresa, ela disse: "Estou contando os livros." Perguntei-lhe: "Quantos você já contou? – Cinquenta e dois."

Tratava-se, pois, de uma obsessiva (*risos*) e não de uma deficiente mental. Eu lhe disse: "Você está contando os livros para não escutar? – É. – Você não quer escutar sua história? É a sua história que sua mãe está contando." Nesse momento, ela fez um gesto como que para mostrar que se tratava de algo muito ruim.

Expliquei à mãe a importância do olhar daquela criança que contava os livros. "Sua filha não é deficiente mental, é obsessiva." (*Risos*.)

O tratamento dessa menina foi extraordinário. Ela andava como se sua bacia estivesse desparafusada; como se não tivesse bacia. Só tinha a parte de cima do corpo. Como ela era muito boazinha e as freiras gostavam muito dela, ela continuava no primeiro ano primário. Tinham pena da mãe, que já passara por tantas desgraças. Então, tomei a dianteira e disse àquela mulher: "Quanto tempo ainda vai durar essa sua vida de freira enrustida?" Finalmente, ela me declarou: "Meu marido me disse que era homossexual, e eu não sabia o que era isso. – Então, você procurou no dicionário? (*Risos*.) – Procurei, e vi que era grave, que era uma perversão." (*Risos*.) Perguntei-lhe se o marido conhecia ou não a filha. "Conhece, sim, ele a vê, mas o juiz proibiu que ficasse sozinho com ela."

O juiz obrigara o pai a ver a filha diante de testemunhas, fora de sua casa. Sua ex-mulher não queria mais recebê-lo; quanto à avó surda, ela lhe dizia: "Você pode falar mais alto?", pois temia a influência do filho sobre a neta. Ela o considerava homossexual: o que, para ela, era sinônimo de delinquente. O rapaz era seu quinto filho. "Ora, imagine você", dizia essa avó, "que meu marido também era homossexual, e que só fiquei sabendo disso após ter meu quinto filho." (*Risos.*) Perguntei-lhe: "Então, você viveu doze anos com esse homem sem perceber que ele era homossexual? Mas, mesmo assim, ele ia para a cama com você, já que vocês têm filhos. – Sim, claro. – Ele cuidava deles? – Muito bem. Mas me contou que era homossexual apenas quando meu filho mais novo fez dez anos. Foi por isso que quis que meu filho se casasse. – Mas você bem sabe que o fato de ser casado não muda nada, já que o seu marido também era homossexual. – Ah, é verdade!"

De repente, ela percebia que o casamento que desejara para o filho não servia para nada, que não era uma solução para o homossexualismo. Contou-me então as circunstâncias do casamento do filho – casamento arranjado entre senhoras, mas também entre amigos. Esse homem não se sabia homossexual até aquele momento. Um amigo de quem ele gostava muito, do qual era inseparável, ficara noivo de uma moça que tinha, por seu lado, uma amiga. Os quatro jovens saíam juntos. Quando seu grande amigo se casou, sentiu-se tão sozinho que cedeu às instâncias dele e casou-se com a outra moça. A mãe me confirmou o que ele próprio me contou: no táxi que o levava à igreja, ajoelhou-se diante da mãe, gritando e suplicando: "Não quero me casar." "Agora é tarde demais", disse-lhe a mãe, que pensava: "assim, ele não será homossexual."

Então, ele se divorciou e, depois, casou-se novamente. Mas, em seu desamparo, sentindo que estava ficando louco, foi visitar os educadores da escola em que vivera interno a partir dos cinco anos, após o divórcio dos pais. Eles lhe declararam que seu pai era um homem "muito legal" e que morava em outro país. "Seu pai estava de saco cheio de sua mãe", explicaram-lhe, "e passou-se por homossexual para poder divorciar-se, única desculpa aceitável para um meio extremamente fechado como o dela."

O homem foi então ver o próprio pai, que ele não conhecia. Caíram nos braços um do outro; tornaram-se amigos.

Quanto à menina, a pseudodeficiente mental, tornou-se extremamente inteligente; em oito meses, atingiu um QI de 120. Seu bloqueio mental desapareceu completamente, e a melhora da motricidade de sua bacia podia ser vista em todos os seus desenhos. No início do tratamento, ela só desenhava meninos Jesus. (Era educada em colégio de freiras!) Esses meninos Jesus eram uma espécie de larva, pequenos falos, amarrados como linguiças. Era sempre uma mesma figura que se repetia: uma pequena linguiça colada na ponta de um cavalete, uma larva fixada em uma das pernas desse cavalete.

Essas representações correspondiam de tal modo ao deslocamento de sua bacia que pedi à mãe que procurasse uma psicomotricista. Eu acreditava, de fato, que a criança tinha necessidade, paralelamente à sua psicoterapia, de voltar a se encontrar em sua imagem do corpo e em seu corpo. Ela precisava fazer um trabalho deitada, já que as linguiças de seus desenhos estavam sempre deitadas.

A menina voltou de sua primeira sessão de psicomotricidade esgotada: "Vai quebrar tudo, aqui, na minha barriga e nas minhas pernas", disse à mãe. Dormiu como uma pedra. No dia seguinte, não conseguiu ir à escola. E, em alguns dias, voltou a encontrar sua bacia.

Quando me ocupei desse caso, ainda não era tarde demais. Acho que foi por efeito de certa prudência, de certa previdência, por assim dizer, que essa criança permaneceu inconscientemente retardada no plano psíquico enquanto tinha esse retardo na bacia. Sua bacia era, por assim dizer, hemiplégica.

O mais difícil foi convencer a avó surda a aceitar que a menina visse o pai em outros lugares, e não apenas na rua. Isso tornou-se possível em situações triangulares, já que o pai vinha à consulta, encontrava a filha, contava a própria história.

Meu papel de psicanalista levou-me a perguntar à mãe: "Por que não se casar de novo, como seu marido?" Ela se recusava: tinha o padre, tinha o Bom Deus. Disse-lhe: "Não acredito que o Bom Deus seja tão imbecil. Você pode pedir a transformação de seu divórcio em anulação de casamento." Falei com o ex-marido. Expliquei à menina que, nessa eventualidade, a paternidade de seu pai não seria absolutamente anulada; ao contrário, essa paternidade tornar-se-ia simbólica pelo fato de o pai ter tomado a palavra, em seu nome e por sua filha.

O homem deu seu consentimento à ex-mulher. Realizaram os trâmites para a anulação do casamento. Eu mesma confirmei o motivo.

A mãe esperou que a filha fizesse quinze anos e que a sogra morresse para vir me dizer: "É terrível. Meu casamento está anulado e tenho muito mais medo que antes." Respondi-lhe: "Claro, você tem medo de cair novamente em uma história igual. E se você fizesse uma psicoterapia?" Dei-lhe um endereço; não sei se foi. Mas recebi notícias da filha dois ou três anos mais tarde: ela se recuperara totalmente e estava prestes a se tornar enfermeira. Posteriormente, enviou-me seu convite de casamento. A própria mãe voltou a se casar um ano depois.

Mas vocês percebem o trabalho que precisa ser feito. O psiquiatra me dissera: "Trata-se de uma debilidade progressiva. Não há nada a fazer. Tais casos terminam em psicose." Eu lhe perguntara, contudo: "Por acaso você conhece a história dessa criança?" Ele não procurara saber absolutamente nada, contentava-se em aplicar testes.

O interessante é entender o que estava em jogo na carnalização dessa criança, em sua bacia que não lhe pertencia, que era manca. Tudo era manco. Acredito, contudo, que o psiquiatra prestou-lhe um grande serviço. Pois, se tivesse pensado que havia algo a ser feito, teria em primeiro lugar prescrito sessões de reeducação motora que não teriam permitido ir ao fundo do problema. A situação teria ficado muito pior depois.

Podemos nos enganar diante de crianças que entram aparentemente em psicose por uma violenta neurose obsessiva. Pude, nesse caso, constatar essa neurose obsessiva, porque a menina contava livros para não ouvir.

Tudo isso nos mostra que é esse trabalho analítico que devemos fazer para restituir o pai à criança: não apenas o pai de sangue, o pai "espérmico", por assim dizer, mas o pai simbólico que a criança conheceu em seus primeiros meses de vida, pois não é o pai de sangue que é importante, é o pai simbólico, aquele em nome de quem são valorizadas as pulsões ativas de todos os estágios e as castrações sucessivas da libido por um adulto educador, modelo castrado mas não frustrado, em outras palavras, um ser humano que se mostra acabado em seu comportamento e conforme à lei, de acordo com sua idade e sexo.

7

Pagamento simbólico

> *O pagamento simbólico é um contrato – Não é nem um presente nem um objeto parcial – Ele não deve ser interpretado – Efeito terapêutico do pagamento simbólico para uma velha senhora paranoica – Dialética anal e dialética do sujeito – Função positiva da dívida.*

P. 1: Quando uma criança não traz seu pagamento simbólico, não corre o risco de se sentir culpada?

F. D.: O pagamento simbólico não deve, de modo algum, ser um motivo para o terapeuta culpabilizar a criança. Ao contrário, o fato de ela não trazê-lo prova que ela é livre; devemos parabenizá-la por isso; encontramo-nos, então, em uma relação social totalmente positiva com ela, mas já não é uma relação terapêutica. A sua própria recusa significa isto: "Não quero ser tratada por você. Quero continuar encontrando-a, para o meu próprio prazer, e talvez para o seu." Cabe a nós, então, fazê-la entender que gostamos muito dela, mas que estamos trabalhando. Devemos explicar-lhe que seus pais – ou as pessoas da instituição que a encaminhou a nós – pagaram três sessões para dizer as razões pelas quais ela precisa, segundo eles, de uma psicoterapia. E que ela é livre para continuar com essas dificuldades; se, para ela, não forem dificuldades, então é apenas para os outros que elas assim parecem.

Estamos a serviço unicamente daquele que nos faz uma demanda, que sofre e que tem algo a dizer.

Quando isso é realmente entendido, é surpreendente ver como o pagamento simbólico torna-se uma alavanca do sentimento de liberdade, que permite à criança trabalhar em prol de si mesma graças a alguém que quer ajudá-la, ou recusar-se a isso.

Mas, se, ao contrário, lhe dissermos: "Ah! Você não trouxe seu pagamento, então pode cair fora", como se estivéssemos bravos, não a respeitamos como sujeito, em sua liberdade de "fazer com" o Eu que é dela; ela não é considerada em uma relação de igualdade conosco. Alguns terapeutas têm dificuldade de entender isso. Por quê? Porque pensam: "Vou levar uma bronca da direção do CMPP se não atender essa criança."

P. 1: Quando uma criança não traz o pagamento simbólico várias vezes seguidas, você intervém?

F. D.: Eu sempre lembro a ela que não o trouxe. Depois, faço-lhe uma segunda pergunta: "Você queria vir? – Não, não queria. – Bom, você fez muito bem em dizer isso. Talvez sua mãe não tenha entendido que sua recusa era séria. Mas talvez ela tenha acertado trazendo você, pois hoje você não queria a sessão, mas talvez queira voltar uma outra vez. Quem pode saber? Talvez nem você mesma."

De fato as crianças ficam, como os adultos, tão angustiadas diante do retorno do recalcado quanto diante da importância das comoções transferenciais. O não desejo de uma sessão deve ser analisado; a resistência precisa ser exprimida. Se a criança está angustiada, podemos dizer-lhe: "A última vez talvez tenha sido desagradável. Talvez você não tivesse pesadelos antes de começar a me ver, e talvez os tenha agora. Você pensa: 'É muito chato ver essa mulher'; e você tem razão."

Falamos de resistência ao pagamento – se for esse o caso – quando, simultaneamente, a liberdade do sujeito está presa ao desejo dos adultos, que o incitam a vir ao tratamento. Mas nós, particularmente, não queremos que os pais usem de seu poder para obrigar uma criança a vir se entregar como objeto de prazer a uma pessoa, sob pretexto de que essa pessoa é paga para isso, já que é sua atividade.

Nunca é na primeira vez que a criança se esquece de trazer o pagamento simbólico. Além disso, já a tínhamos avisado, antes, que deveria pagar. Se ela esquecer várias vezes, dizemos: "É porque você não quer mais me ver. Muito bem. Agora cabe a mim fazer com que sua mãe e seu pai entendam que são eles que estão preocupados. Eles virão porque estão preocupados com você. Mas você não está preocupado com você."

Isso sempre se mostra proveitoso, visto que já pode ajudar os pais a reconhecer a liberdade do filho. É um primeiro passo na educação de um ser que tem o desejo de viver e de se desenvolver. Se os pais desejam que uma criança que quer se desenvolver permaneça no desejo deles, eles contrariam o desejo de sujeito dessa criança. Significa muito, pois, falar disso com eles: "Entendo que vocês estejam preocupados; seu filho não está se encaixando na norma das crianças; mas o importante é que ele se dê conta por si mesmo de que está em dificuldade. Atualmente, não tem consciência disso. São vocês que estão sofrendo. Ele não está sofrendo nem um pouco."

E é exatamente graças ao sintoma que a criança não sofre. Uma criança enurética, uma criança encoprética não sofre, até o momento em que, por volta dos nove, dez anos, ela ouve dos amiguinhos: "Você está fedendo, vá embora!" Mas isso é outra coisa; e, além disso, ela pode evitar a situação lavando-se sozinha.

Mas, algumas vezes, foi mais importante para uma criança não investir uma região de seu corpo, região que ainda pertence à mãe, que ela deixou de fato para uma mãe imaginária, claro; ora, essa mãe imaginária foi outrora representada pela mãe real; e a criança não pode, antes que surja um certo investimento de sua sexualidade genital, renunciar a essa dependência com relação a um adulto.

P. 1: Você quer dizer que, nesse caso, a criança tem uma zona erógena comprometida na imagem do corpo da mãe, de que não pode gozar?

F. D.: É isso mesmo.

P. 1: O pagamento simbólico é um tema ao qual você volta em quase todos os seminários, portanto há bastante tempo. É, para você, como um critério de discriminação essencial da possibilidade de um tratamento. Você não tem, contudo, a impressão de que a sua insistência nessa questão é diretamente proporcional a uma resistência, bastante visível, dos analistas ao pagamento simbólico?

F. D.: Uma resistência terrível.

P. 1: Alguns dizem: "Eu tentei, mas não entendo muito bem para que serve; não sei se funciona." Outros perguntam: "Será que seu efeito não depende da maneira como isso é dito à criança?"

F. D.: Certamente que sim. E principalmente da maneira como o próprio psicanalista vivencia isso. Como se fosse preciso dar tudo de graça a essa pobre criança. Pois os terapeutas se tomam às vezes por uma mãe, às vezes por um pai, e esses nunca são, de fato, pagos pelo filho por sua educação. É uma situação falsa para o psicanalista.

P. 1: Muitas vezes, também, lhe perguntaram: "Como você fazia antes de pensar em introduzir o pagamento simbólico?"

F. D.: Antes? Eu via justamente casos de crianças que não desejavam o tratamento. Dá para sentir, quando uma criança não traz material algum. Torna-se a coisa dos pais. Eu dizia: "Você precisaria fazer com que seus pais entendessem – e eu, por meu lado, vou tentar fazê-los entender também – que você não tem vontade de ser tratada. Talvez seja sua mãe que eu deva ajudar, se ela está preocupada."

Ao contrário, para uma criança que quer vir por ela mesma, mas que se encontra em um período negativo de recusa, o efeito do pagamento simbólico se faz sentir imediatamente. Constatamos isso nas crianças que fazem uma transferência negativa. Foi, aliás, com os revoltados que tive a ideia de instaurar o pagamento simbólico. Será que têm necessidade de que essa revolta seja ouvida? Será que estariam prontos a pagar por isso? Ou tratar-se-ia apenas da recusa de se adaptar aos jovens de sua idade, à linguagem de sua idade? Essas eram as questões que se colocavam para mim. A criança dizia, por exemplo: "Não quero, nunca virei ver você." E eu respondia: "Mas eu também não, só quero ver alguém que tenha alguma coisa para perguntar a uma pessoa cuja profissão é ajudar uma criança infeliz. Se você não quer, se você não é infeliz, ou se você é, mas prefere continuar assim, não me sinto no direito de ajudar você."

Esse respeito pelo outro, respeito que ele merece ao menos tanto quanto eu, é tão necessário para com uma criança quanto para com um adulto. Não vejo por que eu gostaria que um adulto voltasse a uma sessão se ele não quisesse. Existem, contudo, analistas que obrigam a voltar pacientes que lhes declararam: "Eu não voltarei." Se disseram isso no divã, é algo que deve ser analisado. Se repetirem a mesma coisa três ou quatro vezes, devemos adverti-los: "Você sabe que aquilo que você diz no divã eu não escuto como um desejo, mas como uma fantasia de desejo? Se o seu desejo é parar a análise, você deve me dizer de pé, assumindo isso na qualidade de ser social. Veremos na próxima vez." Frequentemente eles recomeçam, sempre no divã: "Como me tranquilizou o fato de poder injuriar você. Faz tão bem poder dizer 'merda', 'vagabunda' e, depois, ir embora, dizendo: 'Até logo, doutora.'" Eles gostam de fantasiar a realidade.

Mas alguns não sabem que o psicanalista os divide, ouve de duas maneiras diferentes. No divã, o paciente pode dizer tudo o que bem entender: são as fantasias; enquanto, de pé, é uma pessoa que afirma seu desejo, diante de outra, dizendo que não voltará.

Conheci um psicanalista que arruinava, sem perceber, um homem que tinha todos os seus recursos absorvidos pela análise. O homem esgotara, primeiro, uma pequena herança; depois, finalmente, vira-se sem nada. Ele dizia a seu psicanalista, que nada queria saber dessa realidade: "Já não tenho nem um centavo; só me resta meu salário, para meu aluguel, para meu filho." Finalmente, falou da realidade, em pé, na frente do analista, na soleira da porta. "Você deveria ter me dito antes", respondeu-lhe o analista; mas já era o fim. A experiência não foi completamente nefasta para o paciente, que entendeu seu sentido posteriormente.

Acredito, contudo, que um psicanalista deve explicar a diferença entre o que se diz no divã e o que o paciente assume de seu desejo, face a face, como toda pessoa social. Isso é essencial, mas muitos terapeutas nem sempre entendem a necessidade de advertir o analisando.

Assim, graças ao pagamento simbólico, a própria criança sabe em que momento tem uma atitude negativa. Pode vir para dizer: "Eu te detesto", mas pagou por isso, chegou na hora. Porque precisava disso. É isso – pagar pelo dizer – que vai liberá-lo de um recalque das pulsões anais que o sufocava.

Quando a criança faz uma transferência positiva, a questão do pagamento simbólico não é tão crucial, pois a criança traz um material, elementos de seu passado. Mas é sempre pela transferência que o trabalho é feito; por isso é preciso pagar pela transferência, principalmente se ela for negativa.

P. 1: O pagamento simbólico não correria o risco de passar por uma espécie de presente disfarçado? Um terapeuta perguntou-lhe se devia ou não interpretar os desenhos que uma criança lhe trazia como pagamento. O que faz o valor simbólico da pedrinha, do selo? No que isso é diferente de um presente, sobre cujo significado a criança poderia se enganar, ao trazer esse objeto?

F. D.: Mas a criança sempre se engana a primeira vez. Pensa que estamos pedindo um presente. Para ela, é um presente. Ela quer me agradar. Eu lhe digo: "Sou paga e exerço uma profissão. Não preciso de presentes. Estou aqui para que você avance em sua vida, não para que você me dê um presente. É por você que você paga. Se você fez um desenho e se o fato de me oferecê-lo lhe dá prazer, deixo-o aqui. Está tudo certo. (Mas não agradeço.) Isso não quer dizer que você não deva me trazer uma pedrinha." Uma coisa não tem nada a ver com a outra.

Quando alguém paga em dinheiro, não analisamos as notas, mesmo que nelas esteja escrito: "Estou de saco cheio de você." Nós o recebemos e pronto. Seu valor restringe-se ao valor moeda, e só.

Mas um desenho contém material analítico. Se for dado como pagamento, não poderemos analisá-lo. Nesse caso, não devemos interpretar o que a criança representou no desenho. Se uma criança ressaltar, a respeito da pedrinha que serve de pagamento: "Escolhi uma preta de propósito", responderemos: "Muito bem. Mas eu, de qualquer forma, só lhe pedi uma pedrinha. Que ela seja preta, é problema seu."

Um menino me trouxe, duas vezes seguidas, uma concha, em vez de uma pedrinha. "Eu tinha pedido uma pedrinha. Isso é uma pedrinha? – Não sei. – Ninguém lhe disse que era uma concha? – Disseram, sim. – Não é uma pedrinha. – Não. Mas é bonita. – Certo. Você quer me dar uma pedrinha, mas quer me dar ao mesmo tempo algo que seja bonito. Talvez você queira ser bonito? Quem lhe disse que você era bonito?" Esse menino, entregue à assistência social, fora rejeitado pela mãe. Abandonado, retraíra-se. E, de fato, se ele fosse bonito, a mãe não o teria deixado. Grávida dele, queria uma menina. Ele substituíra, assim, para ela, uma filha morta antes de ele nascer.

Em um caso como esse, deixamos a criança falar, sem interpretar. Naquele momento não analisei, a respeito do valor simbólico da concha, seu desejo que eu dissesse: "Essa pedrinha é bela" – o que lhe daria um pequeno reflexo do desejo que ele queria me ouvir formular; como se eu, nova mamãe para ele, fosse lhe dizer que ele era bonito; como se, através do objeto parcial, ele fosse obter os reflexos do bonito do desejo da mãe – reflexos do objeto parcial que eu lhe enviaria, admirando a concha através da qual ele se representava. Eu talvez estivesse de novo, para ele, na relação da placenta com o seu corpo, no interior daquela meia concha – pois se tratava, de fato, de uma meia concha: uma concha sendo apenas uma metade. Trazer uma valva de concha, quando foi pedida uma pedrinha, é muito interessante do ponto de vista do que isso representa. Mas não analisei nem seu gesto nem o objeto. Vocês veem? É o valor do contrato.

P. 1: O que talvez desconcerte alguns analistas é a ideia de que não apenas a criança pode pagar por seu desejo e por sua transferência, como deve fazê-lo, para que a análise seja possível.

F. D.: Ela paga para não ficar, ou ficar menos, enfeudada. São suas fantasias que a enfeudam. Mas o analista não faz nada para manter essa situação. E até a ajuda, felicitando-a quando não traz seu pagamento.

O importante é o primeiro não pagamento voluntário, não o esquecimento. O esquecimento também é interessante: "Eu queria, mas esqueci." Dizemos então à criança: "É como se você fosse duas: uma que queria, a outra que não queria; uma domina a outra. Mas você não sabe qual comanda, quando você vem: se é a que esquece que é a responsável, que quer que seja eu que decida por ela, ou se é aquela que quer decidir por si mesma. Você pensará nisso."

Falamos com ela exatamente como com um adulto. Na psicanálise infantil, talvez haja – como dizer? – sugestões da parte do analista. Mas o sentido de tal sugestão é que todo ser humano assume seu desejo contanto que seja reconhecido assumindo-o. Não digo que tal sugestão não exista, mas ela se revela tão operante no sentido de restituir o direito de viver a um ser humano que ela faz parte, acredito, de toda terapia. É o sentimento de sua liberdade que é assim restituído a um ser humano. Acredito que aquele que deixa de ter esse sentimento já não é um ser humano – enfim, é uma ideia minha. Alguns pensam, talvez, que aceitam em análise um objeto desprovido de liberdade; é porque, provavelmente incapazes de experimentar eles próprios a certeza dessa liberdade, não estão aptos a dar aos outros esse sentimento. Não sei qual a margem de liberdade que me resta na existência – nenhum de nós sabe –, mas, se eu não tivesse sempre o sentimento de ser livre, acho que não me sentiria um ser humano. Existe um ponto de partida metafísico, por assim dizer, em cada um de nós.

Existem psicanalistas que recusam a ideia de que cada um conserva uma dose de liberdade, de tanto que isso os angustia. Seus tratamentos funcionam, eles próprios são narcisados, mesmo que as crianças não levem material algum: são subalternos que lhes pertencem. Muitos analistas de crianças dizem: "Esse caso é meu. Não se meta."

Perdemos esse sentimento de posse assim que a própria criança consegue se libertar dele. É isso que o trabalho torna possível. Progressivamente, a criança vai se dando conta de que não é o terapeuta que é importante, mas ela própria, chegando a um ponto em que já não tem necessidade nem de nós nem de ninguém; consegue isso graças a alguém que despertou, nela, o sentimento de já não estar sozinha, de que nela existem duas instâncias: por meio de uma delas, ela se automaterna, por meio da outra, se autodirige, sem estar na dependência do pai ou da mãe, como quando era pequena. Uma espécie de dialética vai estruturar sua pessoa.

Ao contrário daquele analista que arruinava, sem se dar conta, um paciente, cuidamos de alguém para que possa se servir de seu poder aquisitivo para ele próprio, em sua própria realidade. Não se trata, pois, de consumir pouco a pouco esse poder aquisitivo ao longo do tratamento mas, ao contrário, de torná-lo progressivamente disponível para o paciente. Ninguém investe todo o seu dinheiro no estudo das fantasias de seu desejo. Existe uma realidade que o analista deve respeitar, até na estimativa do orçamento que deve ser deixado ao analisando.

É a mesma coisa com uma criança. Se você pretendia cobrar dela um franco, sendo que nisso consiste toda a sua mesada, não o faça, mesmo que ela concorde. Diga-lhe: "Não, seus pais pagam para você. O que quero é alguma coisa que prove que é você mesma, e não qualquer outra pessoa, que quer esse tratamento. Algo simbólico. Por exemplo, um bilhete de metrô decorado, ou uma figurinha. Porque é uma mensagem que você está trazendo, sem saber qual. Essa mensagem é uma parte de você, que você não conhece e que incomoda a parte que você conhece, que está soterrada em dificuldades."

Isso já é dar ao inconsciente a parte que lhe cabe, mas não pode significar que a realidade deva ser subordinada à preocupação exclusiva com o inconsciente. De modo algum. É nesse ponto que a ética e a técnica da psicanálise se articulam. Acho que estão tão estreitamente ligadas que é verdade que falar, em um seminário, de técnica é ao mesmo tempo falar de ética. Qual é a finalidade da psicanálise? É estar a serviço de alguém através de uma compreensão que o restitua a ele mesmo como sujeito, para que seu desejo não seja inteiramente absorvido em conflitos internos. É por isso que nossa técnica, nossa ética respeitam as leis do desenvolvimento do sujeito: elas devem permanecer flexíveis para o sujeito; não devem ficar submetidas a nós, psicanalistas; nem depender, para nós, de qualquer outra pessoa que não seja o próprio sujeito.

A primeira vez que dei supervisão a uma terapeuta que trabalhava em um dispensário de bairro, foi a respeito de uma mulher que permanecera quinze anos em um hospital psiquiátrico. Ela estava na pós-menopausa. Entrara no hospital com a filha – tratava-se de um delírio a dois. A filha continuara no hospital, a mãe saíra, pois estava "mansa". E, havia seis anos, essa mulher ia, duas vezes por semana, fazer psicoterapia no dispensário. Continuava no mesmo delírio; e, como tinha pelo menos cinquenta e cinco anos, eu disse a sua analista: "É preciso mudar isso. Se há alguma chance de lhe devolver a liberdade, enfim, de lhe dar a possibilidade de fazer alguma coisa – pois essa doente não fazia absolutamente nada, era completamente assistida –, é pedir-lhe um pagamento simbólico: um bilhete de metrô." Foi o que fez a analista, depois de estabelecer com ela um pequeno balanço do tratamento: "O que esse tratamento trouxe para você, durante esses seis anos? – Absolutamente nada; tudo continua a mesma coisa, do mesmo jeito. – Bom, então iremos mudar isso a começar do dia primeiro de janeiro. Você me trará, a partir dessa data, um bilhete de metrô como pagamento simbólico."

Esse caso foi parar no procurador da República! Pedíramos o valor de um bilhete de metrô! Essa mulher era completamente assistida, pois o governo lhe fornecia até o valor do transporte para ela ir à psicoterapia. Passava o tempo aporrinhando os vizinhos, pequenas coisas, mas, assim mesmo, já era suficiente. A assistente social tinha que acalmar as pessoas, pois a doente encostava móveis na porta, para que não lhe lançassem não sei quais projéteis. Vivia completamente sozinha. Seus encontros limitavam-se a suas sessões com a terapeuta.

A médica-chefe recebeu a carta do procurador da República. Ficou surpresa e foi esclarecer o caso com a terapeuta: "Você está cobrando da senhora Fulana? Você sabe que não temos o direito de fazer isso." Ela pediu satisfações, e a analista explicou a situação, indicando que era por meu conselho que introduzira o pagamento, para permitir, talvez, à doente, que se "encarapaçava" atrás de seus móveis, sair dessa situação. A médica-chefe advertiu-a de que poderia perder seu cargo, se o procurador desse prosseguimento à queixa. Eu disse a essa jovem analista: "O contrato já foi feito; agora, você tem que aguentar o tranco." Ninguém havia pensado que esse pagamento simbólico poderia ser um bilhete de metrô já usado. Estudamos o problema. Ora, havia apenas três estações entre a casa da doente e o dispensário, e três bancos ao longo da grande avenida, nos quais ela poderia se sentar durante um trajeto a pé.

Foi assim que o caso foi resolvido. Ela decidiu-se a ir a pé às sessões e a dar como pagamento simbólico o bilhete de metrô que o governo lhe fornecia. E isso foi fantástico, porque essa mulher sarou. O recurso do procurador acabou sendo arquivado – acho que meu nome teve algum peso nisso. A médica-chefe convenceu-se de que o pagamento simbólico merecia ser experimentado. Apesar de nunca ter ouvido falar disso antes, ela pensou: vamos ver; principalmente quando viu a doente – que era uma espécie de ratinho assustado, que se fazia parasitar e que parasitava todo o mundo – começar a se revoltar. Aquilo era completamente novo. Nunca a haviam visto daquele jeito. Até então, tinha unicamente a revolta muda de uma perseguida levantando muros; mas, dessa vez, jogando toda a perseguição sobre a terapeuta, falava a todo o mundo no dispensário. Dizia, falando da analista: "Que revoltante! Ela fica dizendo que eu posso ir consultar outra! Mas é com ela que quero me consultar! Ela não tem o direito de fazer isso comigo." Havia, efetivamente, quatro terapeutas no posto; e aquela a quem eu dava supervisão deixara toda a liberdade a sua paciente para ir tratar-se com outro. Ela recusava. Por mais que alguns lhe dissessem: "Venha, então, continuar sua psicoterapia comigo", ela respondia obstinadamente: "Não e não!" Via-se, de verdade, o que era uma transferência.

Então, todos disseram: "Mas alguma coisa está mudando"; a médica-chefe, bastante perspicaz, percebeu isso.

Ora, não apenas essa mulher sarou, como chegou um dia à sessão declarando: "Como é bom andar! Eu já estava cheia do metrô! Ir e vir de metrô! Mas eu era obrigada a pegá-lo, já que me davam o bilhete." (*Risos.*)

Algum tempo depois, ela pediu à analista para mudar o horário de uma sessão, porque uma vizinha pedira-lhe um favor. Mas, de fato, ela queria mudar tudo por causa disso, ou seja, mudar definitivamente os horários das sessões. A ocasião se repetiu e, pouco a pouco, ela começou a trabalhar algumas horas na casa de alguém. Parou de se entrincheirar em casa. Progressivamente, passou a trabalhar em tempo integral na casa de uma pessoa que precisava de ajuda: ela cozinhava, cuidava das crianças.

Enfim, foi formidável. Essa mulher se salvou, quando já fazia vinte e um anos que era assistida: quinze anos de hospital psiquiátrico e seis anos em casa.

P. 2: Tenho a impressão de que existe uma ambiguidade, uma oscilação que se inscreve na conjunção dos termos "pagamento" e "simbólico".

F. D.: De fato: o pagamento real em alguma coisa e o pagamento simbólico em outra coisa.

P. 2: Bastaria, talvez, conservar simplesmente a noção de pagamento, sem a de simbólico. Pois, por trás dessa noção de pagamento, há sempre a ideia de que isso custa alguma coisa.

F. D.: Sim, mas o dinheiro ocupa um lugar na dialética anal e o pagamento simbólico não é feito para isso: não serve para situar o analisando em uma dialética anal, mas para fazê-lo chegar a uma dialética de sujeito, a uma dialética do ser. Trata-se, para o analisando, através do pagamento simbólico, de provar ao outro, seu analista, bem como a si mesmo, que ambos são dois sujeitos idôneos que têm algo de importante sobre o que falar. O psicanalista, por seu lado, reconhece, através desse pagamento simbólico, o analisando como um sujeito que espera, dele, uma escuta analítica. Você me faz pensar em algo cujo sentido eu não entendera perfeitamente na época, senão intuitivamente. Foi no hospital Trousseau. Eu pedira um pagamento simbólico a um adolescente que recebia, talvez, dez francos por semana. Ele vinha a cada quinze dias e queria me pagar cinco francos de sua mesada, entregando-os, para mim, à auxiliar. Isso não criava nenhum problema para o hospital, já que era ele que declarava querer pagar. Ora, sua mãe fazia-o pagar esses cinco francos na administração do hospital, como contribuição ao preço da consulta que ela pagava – soubemos por dona Arlette, a auxiliar. Assim, a mãe dava ao hospital a soma devida menos cinco francos, para que o menino desse, por sua vez, os cinco francos restantes ao hospital.

Isso queria dizer – e era o que estava em jogo – que a mãe não iria querer pagar para o filho se ele não pagasse sua parte na *administração* do hospital, ou seja, diretamente à instituição, *e não à analista*.

Dona Arlette sabia que se tratava de um pagamento simbólico, que poderia, então, reduzir-se a um franco – e até mesmo a dez centavos, dependendo do contrato estabelecido. Alertou-me a respeito. O menino protestava muito. Era a mim que queria dar os cinco francos, e não a uma caixa anônima, no subsolo do hospital. Os dois vieram me ver, brigando. Perguntei o que estava acontecendo. "Ah! o rapaz isso, o rapaz aquilo", dizia a mãe. "Ele não queria dar seus cinco francos à caixa. Queria dá-los à doutora Dolto." O menino estava furioso.

Então, conversamos a respeito. A mãe disse: "Mas eu o proíbi de dar cinco francos a você, porque, se eu pago por ele, ele não precisa pagar a você." Era, então, a mãe que o impedia de ser ele mesmo, em seu próprio nome, de contar para alguma coisa em sua psicoterapia. Ela queria que ele a ajudasse a pagar, mas não que ele pagasse, pessoalmente, em seu próprio nome.

Estávamos os três em uma posição difícil. Perguntei à mãe: "E se você não tivesse que pagar absolutamente nada, você permitiria que ele viesse?" Ela pensou e disse: "Ah, não! De jeito nenhum. Afinal de contas, sou eu que mando!" Estávamos realmente encurralados de todos os lados. Ela queria pagar e queria que ele a ajudasse a pagar na realidade.

Essa mulher, divorciada, desempenhava, aliás, um papel fálico na cidadezinha em que morava. Era uma personagem combativa; tinha, além disso, um papel importante na vida social; cuidava de diversas organizações. Era uma mulher muito legal, aliás.

Seu filho estava completamente aniquilado. Ele, como tinha uma pequena mesada, estava disposto a pagar para si mesmo; mas a mãe, que ganhava bem, não queria que ele me desse parte de seu dinheiro, considerando que os cinco francos que ele me pagava diretamente eram, de algum modo, um pagamento suplementar, já que ela devia acertar o valor da consulta. Ela queria que ele pagasse em associação com ela. Como eu pedira ao adolescente um pagamento, o que ela pagava devia ser reduzido.

Como vocês veem, cada caso é um caso específico.

Naquele momento, pedi ao filho que começasse a me pagar apenas dez centavos, mas diretamente a mim; e disse isso à mãe. Assim, aquilo se tornava realmente simbólico.

P. 3: A respeito do pagamento simbólico, gostaria de falar de um caso. Trata-se de um menino de aproximadamente oito anos, que sofre as consequências de uma hemiplegia muito leve. O pai está em análise. A mãe é diabética. E é um pouco em razão do diabetes da mãe que a criança teve esse problema de hemiplegia ao nascer: o parto foi induzido.

Atendi esse menino inicialmente com os pais; muitas vezes; e, mais tarde, a seu pedido, sem os pais. A mãe o acompanha...

F. D.: E quem paga?

P. 3: São os pais. Nunca consegui obter um pagamento simbólico do menino.

F. D.: Porque ele não queria ir.

P. 3: Queria, sim.

F. D.: Não, não queria. Você não deveria tê-lo aceitado. Já que ele não pagava, a única coisa que você podia discutir com ele era esse não pagamento, dizendo na frente dele: "Eu só atendo a pessoa que paga; então, é sua mãe que estou atendendo." Mas ele pediu que a mãe fosse excluída sem, a partir desse momento, tomar seu tratamento em mãos. O que quer dizer: excluir a mãe? Significa: transferência heterossexual sobre você – ou homossexual, sei lá; mas, *a priori*, já que você é uma mulher e que ele, por seu lado, é um menino, ele quer ter uma mulher exclusivamente para ele. Isso nada tem a ver com um trabalho analítico; ou, pelo menos, ainda não. Isso só se tornará um trabalho analítico a partir do momento em que ele pagar você para exercer seu ofício para ele. Se ele permanece uma criança para papai e mamãe, se são eles que pagam, ele ainda não está em tratamento.

O que você representa nessa relação? Não tenho a menor ideia. Seria ele um objeto parcial, um objeto transicional da mãe, que ela empresta para você? Cabe a você exigir ver a mãe todas as vezes, enquanto ele não pagar. Diga ao menino: "Se você quer me ver sozinho, deve pagar sua parte. Se você não paga, isso significa que você não é responsável por você mesmo. Então, são seus pais que são responsáveis por você; são eles que pagam; são eles que atenderei." E isso é ainda mais importante quando se trata de um cliente particular.

P. 3: Eu não soube, reconheço, impor o pagamento simbólico desde o início. Deveria tê-lo introduzido no momento em que, a pedido da criança, deixei de receber a mãe.

F. D.: Acho que você não enquadrou a psicoterapia de modo que ela se tornasse, para ele, um trabalho psicanalítico em seu próprio nome. Era necessário perguntar à mãe se ela concordava que a criança viesse sozinha.

P. 3: Isso sim! Ela estava de acordo.

F. D.: E o pai?

P. 3: O pai também.

F. D.: Nesse caso, dizemos à criança: "Você pensará: mas, agora, se você vier, irá pagar. Quanto você ganha de mesada?" Pedimos a ela pelo menos um quinto de sua mesada.

Lembro-me de que, nas instituições, as crianças ganhavam seis francos por semana. Hoje, os que estão aos cuidados de uma cuidadora especializada recebem dez francos por semana da Assistência. Assim, é preciso pedir-lhes dois francos.

P. 4: Mas, quando se pede um quinto da mesada, isso é, para mim, da ordem da matemática, da ordem da finança.

F. D.: Não, não. É simbólico. No sentido de a criança mostrar que ela deseja; e que isso vale se privar de dois ou três caramelos – ou daquilo que representa para ela uma unidade.

P. 4: Para mim, não é simbólico. É o mesmo uso do dinheiro que todo o mundo faz para comprar...

F. D.: Não, nem todo o mundo usa o dinheiro desse modo. Normalmente, usamos o dinheiro para obter alguma coisa de alguém que, por seu lado, considera-se pago em troca: é um benefício recíproco. Ora, o psicanalista não obtém nenhum benefício ao receber dois francos dessa criança.

P. 4: Trata-se, então, de uma soma simbólica apenas para o psicanalista.

F. D.: É simbólico para o psicanalista e para a criança: para o analista, não se trata de poder aquisitivo; para a criança, isso representa o fato de ela se responsabilizar por si mesma como sujeito, sabendo, ao mesmo tempo, que ainda está sob a responsabilidade da Seguridade Social e de seus pais.

P. 4: É, então, simbólico para a criança a partir de certa soma?

F. D.: Claro que não, já que um selo é simbólico do mesmo jeito. Dar um selo falso é simbólico: é o preço de uma carta – do ser*. Mas também uma pedrinha é símbolo daquilo que ficou na terra, daquilo que deixamos para a terra. Pagamos por um *"taire"***, por um calar, que não tem masculino nem feminino.

P. 4: Posso entender o que há de simbólico nessa história de pedrinha, de selo ou de imagem, mas, quando se trata de dinheiro, começamos a contar. Por exemplo, sempre nos dizem: "Se você quer alugar uma casa, deve ganhar tantas vezes o valor do aluguel." Fazemos contas.
Ao fixar o preço de uma sessão para um adulto, o psicanalista não considera um valor simbólico; trata-se do dinheiro que usa para viver. Conheço o caso de uma criança que um psicanalista recusou-se a atender porque não pagava o suficiente.

F. D.: E daí?

P. 4: Daí que entre dez centavos e dois francos há, então, uma grande diferença...

F. D.: Dez centavos ou dois francos? Depende da idade. Que a criança não tenha pago o suficiente, é isso que se deve analisar: esse "não suficiente". Se,

---

* *Lettre* [carta] e *l'être* [o ser] são homófonos em francês, daí essa associação. [N. da T.]
** As palavras *terre* [terra] e *taire* [calar] são homófonas em francês. Ver nota da p. 203. [N. da T.]

ao contrário, quiser pagar mais, será preciso analisar o porquê; o que não significa que aceitaremos receber esse "a mais". Colocamos essa soma de lado. Acontece, em certas sessões de análise – é bastante raro, mas muito interessante –, de alguns pacientes sentirem necessidade de pagar muito mais, quando nunca nem sequer insinuamos que, um dia, deveriam pagar uma soma mais elevada. Contudo, é indispensável, para eles, fazê-lo; isso deve ser analisado. O que não quer dizer que não lhes restituiremos esse valor quando esse *acting out* for analisado.

Algumas vezes, uma criança não quer entregar sua moeda; isso não significa que esteja completamente em uma transferência negativa, na recusa. Hoje, ela não pode; como alguém que não pode pagar em tal data. Por que quer estar em dívida? É o que devemos analisar e respeitar. Ela ficará devendo.

Pois existem pessoas que querem ficar em dívida. Vi uma assim em minhas primeiras análises – posso dizer "primeiras" porque foi antes de 1940. Era um homem que quis ficar em dívida até que o filho fizesse sete anos – ele já tinha uma filha mais velha. Somente quando o filho atingiu essa idade é que ele me enviou a soma que me devia, acrescida do que ele estimava dever somar em razão da desvalorização. Vocês fazem ideia? Eu já havia esquecido completamente daquilo, já que foi quinze anos mais tarde que recebi aquele valor, que, aliás, não era muito alto. O homem me explicava, em uma carta, que fizera questão de ficar em dívida: "Agora posso pagá-la. E você não pode imaginar a que ponto essa dívida me ajudou a viver: ao ponto de me permitir ter um filho, e de ficar com minha mulher – pois o início de nossa vida comum foi muito difícil. Minha família vai bem. Meu filho tem sete anos: a idade que eu tinha quando minha mãe morreu."

O fantástico é que esse homem precisou esperar que o filho tivesse a idade que ele próprio tinha na época da morte da mãe – perda à qual havia sobrevivido – para poder fazer o luto do cordão umbilical que quisera conservar comigo. Ele tinha certeza, agora, de nunca mais precisar dele. E o guardara para ter uma oportunidade de me rever, em carne e osso. Isso o ajudava; ele pensava: "Já que tenho uma dívida, poderei a qualquer momento ir devolvê-la, sem marcar hora." Ele transformou, pois, essa dívida, durante todo esse tempo, na possibilidade de reatar seus laços comigo.

Esse caso mostra bem como o dinheiro é ao mesmo tempo real e simbólico. Sempre. De nosso lugar de analistas, só podemos receber dinheiro como real, mas conhecemos seu valor simbólico para o outro, o analisando, quando entendemos o sentido que tem para ele.

Para uma criança, o pagamento é sempre e verdadeiramente simbólico, pois ele a representa como sujeito que assume a responsabilidade por si próprio, mesmo que a criança reconheça que, no plano real, são os pais que são responsáveis por ela, com caixa comum para a família.

8
O Nome do Pai

O seio, portador da função fálica - O Nome do Pai não é o patrônimo - O caso do filho Sècheboeuf - O amor entre seres falantes não é cio - Freud e a proibição do incesto - O papel do Nome do Pai na estrutura e na sexuação do menino e da menina.

P. 1: Eu gostaria que você nos falasse dos significantes do pai. (*Risos.*)

F. D.: É tanta coisa! É tão importante em cada momento da evolução da criança! É muito difícil dizer a vocês sua incidência, estruturante ou fragilizante, sobre o Eu, em uma neurose. Mas é fácil observá-la no desenvolvimento da vida de uma criança, desde sua concepção até os três anos de idade – pois é nesse momento que o pai, como homem responsável, adquire todo o seu valor, sobre o qual se funda uma vibrante certeza, para a sexualidade da criança e para o orgulho que essa tem de seu sexo; é também o momento em que ele pode faltar para a humanização de seu filho ou de sua filha. O pai, relativamente à lei cujo exemplo representa, junto com a mãe, confirma ou não à criança o lugar que lhe é reconhecido em sociedade, a partir do qual ela tira sua dignidade narcisante.

É durante o Édipo que o nome daquele que a criança conhece como pai adquire enorme importância. Mas, antes que a criança seja nomeada legalmente pelo patrônimo, associado a todos os primeiros nomes que porta no registro civil, o que se inscreveu nela, sem referência significante ao pai, provém do que ela assimilou do imaginário da mãe. O que se transmite, então, do coração da mãe à carne da criança ao longo de sua relação dual só é interrompido em poucos momentos pela relação triangular. Nessa idade, as sonoridades alegres ou surdas da voz da mãe quando fala do pai ou quando se dirige ao pai têm mais valor significante para a criança que o nome do pai como palavra. Contudo, é importante que uma mãe fale desse homem ao filho dizendo "seu pai" e não "papai" (como se também ela fosse sua filha).

Não devemos esquecer que antes de conhecê-lo como uma pessoa a criança pequena tem do pai uma imagem parcial, que recebe o nome de seio: *o seio da mãe é o pai na mãe*. Isso é uma coisa arcaica no ser humano: o seio da mãe é fálico. Há uma erectibilidade do seio; e, assim como mamar provoca a erectibilidade peniana do menino, excita, provavelmente, a erectibilidade orbicular vaginal da menina. É, portanto, na qualidade de fálico que o seio já é portador do sentido do nome do pai; não, talvez, do pai da criança, mas do pai em geral. É por isso que, já na época da amamentação, essa significação da paternidade pode sofrer uma inversão de sentido que afeta o tubo digestivo da criança, quando esta não sente a relação que sua mãe tem com ela como necessariamente ligada a um homem, em quem se originam, para ela, o desejo e a alegria de ser mãe.

P. 2: Não é também o fato de o seio ser dado e retirado que lhe confere valor...?

F. D.: Sim. Como eclipse, no espaço e no tempo, do pai; o seio é assim associado ao pênis visitante do corpo da mãe, durante a vida intrauterina do feto. É esse eclipse que dá ao seio seu valor de espera, primeiro quando a criança precisa dele, depois quando o deseja, para além da necessidade; porque o desejo já é, em si, desejo de comunicação com a pessoa portadora do seio. O seio é ao mesmo tempo resposta à necessidade e sinalização de um provável desejo cúmplice na mãe, quando ela se dispõe a amamentar o bebê. E é isso que é terrível na chupeta ou na mamadeira apoiada em almofadas, não é? Não há nenhum rosto para humanizar a necessidade que é acompanhada, no bebê, pelo desejo de se comunicar com o outro, para além da fome e da sede. É nisso que o seio é um referente fálico de origem oral.

Se a mãe não está ligada a um homem, ela representa, por si só, o pai e a mãe para a criança: ela é, ao mesmo tempo, pai e mãe. Essa relação parece bastar à criança quando a mãe não é completada pela companhia de um homem que elegeu. Pois é pela presença e pela palavra de uma outra pessoa associada a ela que a mãe torna-se um ser na sua totalidade, um objeto total, como se diz, distinto dos objetos da criança; ao passo que, durante a amamentação e os cuidados corporais, a criança se sente como um objeto parcial, um atributo do ser de sua mãe, ao mesmo tempo que a mãe lhe aparece como objeto parcial dela, criança, e em simbiose com ela. O objeto total, sujeito bicéfalo, é *ela-sua mãe nutridora*, em uma imagem do corpo fálica, simbiótica, cujo esquema corporal não é percebido claramente antes do andar e da autonomia motora para a satisfação das necessidades.

Vocês veem, então, como é complexo! Pois, no que concerne ao pai original, no inconsciente da criança, tudo depende da atitude inconsciente arcaica da mãe com relação a seu próprio pai; depois, de sua relação emocional com seus irmãos, com os primeiros homens de sua vida; depois, com o pai da criança (pai legal, se não for o genitor). Não se deve tampouco negligenciar a estenia da mãe na relação com o filho.

É a focalização dessas múltiplas atitudes emocionais inconscientes da mãe com relação às três pessoas importantes de sua vida que se deve, se não analisar, ao menos abordar, brevemente, nas primeiras entrevistas. Pois o irmão da mãe, por exemplo, seja ele mais jovem ou mais velho, só redobra, para ela, a proibição do incesto: seja por ter imaginado, quando pequena, que o irmão era (assim como ela mesma) um filho partenogenético da própria mãe; seja por ele ter ocupado, para ela, o lugar do filho incestuoso que ela esperava do pai. De qualquer modo, em seu imaginário, o irmão, se era amado, pode ter prefigurado um papel de marido, no lugar do pai, ou um papel tutelar de mãe. E, se acaso se tratar de um irmão mais jovem, repitamo-lo, ele pode ter representado o filho incestuoso que ela não teve, mas que imaginou receber do pai ou da mãe.

Em todos os casos, irmãos e irmãs são, em suas relações imaginárias recíprocas, os suportes de fantasias graças às quais a proibição do incesto – homo e heterossexual – com relação aos pais genitores se reduplica e se reitera, garantindo assim a humanização da sexualidade e a sublimação na amizade casta e em uma mútua assistência. Toda criança, menina ou menino, é particularmente sensível ao dito e, ainda mais, ao não dito da mãe – e da família materna – com relação aos irmãos dela. Às meninas interessa, também, tudo o que diz respeito às irmãs do pai ou da mãe. O papel dos tios paternos (através dos genitores) não tem uma incidência estruturante tão importante no inconsciente de uma criança, durante os primeiros anos de vida. Sua influência é sentida mais tardiamente, e conscientemente. É preciso abrir uma exceção, contudo, para as crianças que morreram pequenas, e que eram do mesmo sexo que o sobrinho ou sobrinha. Pois sua curta vida volta à memória de seus irmãos e irmãs quando eles se tornam pais. Essa lembrança ou, mais precisamente, o não dito que vem em seu lugar cobre de angústia a alegria dos pais se seu bebê manifesta um incidente de saúde, ou se sua compleição lembra a um deles um irmão ou uma irmã que tenha morrido pequeno(a) (mesmo que eles não o(a) tenham conhecido). O temor que entristece os pais por causa desse passado é sempre percebido pelas crianças.

Quanto ao pai, ele é simbolizado por seu nome para a criança que já passou dos cinco anos de idade; que a criança porte ou não esse nome, é ele que a sustenta na sociedade, ou que, ao contrário, a sobrecarrega, de acordo com o estilo e o valor afetivo das relações pessoais que ela tem com o pai. Um menino correrá tanto mais o risco de ser esmagado pelo valor que a sociedade reconhece efetivamente a seu pai, quanto mais este não tiver sido para ele um apoio nas suas provações de infância ou de juventude e quanto mais, ocupado demais com sua carreira e consigo mesmo, esse pai tiver abandonado a educação do filho à mãe, indiferente tanto a um quanto à outra, e especialmente à mãe como mulher.

Para um menino, é o homem que o marcou por seu amor, por sua atenção, sustentando sua emancipação, que é seu pai: seja ele seu genitor ou não, e quer o filho porte ou não seu patrônimo. O pai é ao mesmo tempo um professor de vida e um apoio narcísico para o menino.

Ao contrário, é possível que um homem, ligado narcisicamente ao filho, e que dele espera que preencha seus buracos, que tenha êxito para agradá-lo, seja realmente o genitor –, mas sem que sua memória sustente o menino nos momentos difíceis. Por que, então, conservar o nome desse genitor? Mas, também, por que não? Um pai desse tipo deixa o filho na expectativa, na busca por um modelo que às vezes só encontra tardiamente, sobre o qual transferir uma admiração homossexual ou sentimentos de rivalidade, em uma situação significante para ele, quer seja com relação a uma mulher ou em uma paixão, em uma atividade cultural.

Os pais impotentes para dar a castração são frustrados frustrantes. Mas, contanto que entenda bastante cedo as dificuldades próprias de tal homem, um jovem pode amar verdadeiramente o pai, sem esperar inutilmente que ele lhe sirva de mestre ou modelo. Os pais desse tipo são frequentemente homens socialmente estimáveis, mas decepcionantes em casa, e que às vezes até mesmo sentem ciúme das conquistas dos filhos, se elas não se inscrevem na via traçada pelos seus desejos secretos e frustrados.

Uma psicoterapia pode tirar um jovem dos entraves dessa situação familiar, pois, sustentando a força de integração social e o entusiasmo que caracterizam o período de latência e o início da puberdade, o terapeuta (masculino ou feminino) ajuda o jovem a ousar experiências relacionais e a aprender com tudo o que lhe acontece; alerta-o particularmente com relação àquilo que ele procura repetir, seja para se sentir seguro, seja por manobra de evitamento. Existe, felizmente, uma distância entre o Eu ideal, que, criança, esse jovem formou para si à imagem de um pai real pusilânime ou na carência do pai, e o Ideal do Eu, que é, agora, o seu, em sua adolescência.

Também a vida impõe castrações àqueles que não as receberam no tempo certo dos pais. Não cabe, nunca, ao psicoterapeuta dar castrações, mas cabe a ele ajudar um jovem a simbolizar sua denegação da realidade sem cair em depressão. Pelo contrário, a escuta do terapeuta pode permitir a um jovem encontrar um novo impulso e novos caminhos. Fazer de seu próprio nome o de um homem que ficará feliz em dá-lo, por sua vez, aos filhos significa reencontrar, por si próprio, o nome do pai: ou seja, primeiro o nome de um filho que honrou o pai, mesmo à revelia deste último.

O Nome do Pai e o pai real não têm o mesmo impacto sobre a estrutura da filha. Como o menino, a menina depende de sua relação com a mãe (ou com a mulher que cuida dela). No menino, essa relação primeira com sua mãe fálica é estimulante para a saúde somática e para a sexuação. A pessoa da mãe erotiza heterossexualmente a sexualidade do menino, mas homossexualmente a da menina. É o pai (ou o homem que vive com a mãe) que desperta, na menina, a heterossexualidade, que difere do vínculo com a mãe, que continua a representar a securização na satisfação das necessidades. A mãe fálica oral permanece durante muito tempo em oposição, para a filha, à atração que o pai exerce sobre esta última. Além disso, essa atração da menina pelo homem distingue-se do vínculo que ela tem com ele no que diz respeito àquilo que ele representa quanto à sua segurança existencial referida àquilo que chamo de imagem de base; a atração da menina pelo homem encontra-se até mesmo, às vezes, em contradição com essa segurança.

O Nome do Pai é igualmente simbólico para a menina, depois dos cinco anos de idade, tanto na relação pessoal e afetiva que ela tem com ele quanto na relação conjugal do pai com a mãe, conforme o pai traga ou não segurança, vida e fecundidade à rival da menina pequena: a mãe. Em outras palavras, mesmo na ausência de relação afetiva, o pai exerce um papel importante para a menina, por estar associado à mãe e por, no limite, ser um objeto parcial da mãe. Um pai que não marca absolutamente a casa com seu estilo pode, contudo, permitir que a sexualidade e a pessoa da filha se construam, se desenvolvam, até sua nubilidade. Mais ou menos entendida pela mãe, ou mesmo enfrentando o ciúme dela, quando busca afirmar seu valor de mulher desejável pelos homens, a menina conserva, independentemente da função simbólica do Nome do Pai, o desejo de ser, de algum modo, a eleita do pai que ela fantasia.

A fantasia do desejo incestuoso com relação ao pai é tão estruturante para a feminilidade da menina quanto é arrasador para a sua libido caso venha a se realizar (com o pai ou o irmão). É às expensas de sua dinâmica que ela se submete a isso – sendo ou não culpada, aliás –, com o sentimento de ser uma vítima sacrificial desumanizada. A partir de então, portar o nome desse homem que quis tirar proveito dela, fora da lei da qual era o representante, é para a menina uma desonra (em oposição ao orgulho daquela que pode, em seu nome de solteira, dado pelo pai, conservar a memória e os ideais de um pai atento à sua pessoa, mas casto com relação a ela).

A criança conhece o nome de seu genitor pela mãe. Esse nome origina-se nos dizeres da mãe e no valor fálico que ela reconheceu, implícita ou explicitamente, aos homens que conheceu antes daquele que a tornou mãe. Ela própria se viu ligada, na sua feminilidade, ao patrônimo de um homem e à sua força genitora – que ele tenha sido ou não seu genitor, conhecido ou não sua própria mãe.

A criança, mesmo que não porte seu patrônimo, é a resposta de um pai ao desejo de uma mãe; mas o menino ou menina não são, contudo, menos sujeitos, em seu desejo próprio de tomar corpo (de homem ou de mulher), a partir do enlace de seus genitores.

Ainda uma pequena nota clínica: não acredito que alguma criança tenha chegado à puberdade sem haver coberto papéis e papéis com a assinatura do pai. Meninas ou meninos, todas as crianças o fazem em dado momento. Cada um busca, então, sua própria assinatura com relação à assinatura de seu pai – e a menina imita a do pai e a da mãe para encontrar a sua. É um jogo que se faz de modo totalmente consciente. Mas nem o menino nem a menina reproduzem, nunca, o nome de solteira da mãe. É precisamente a época em que se aceita o Nome do Pai. O que não impede que vejamos adultos que, com um risco eloquente, riscam, anulam o nome dos respectivos pais (que é também o deles) em sua própria assinatura.

Apesar de eu não saber como o que eu disse a vocês hoje está articulado na teoria de Lacan, tenho certeza de que vocês encontrarão isso em seu ensino. Lacan diz a vocês coisas justas na ordem simbólica, em um registro de abstração que abarca um número considerável de casos; é um trabalho de metáfora e de teoria, no sentido de que ele visa conceitos. Concebo meu papel como uma maneira ao mesmo tempo metafórica e metonímica de ilustrar seu trabalho. Por isso, acredito que aqueles que, entre vocês, entendem as formulações de Lacan sobre o Nome do Pai podem reencontrar, nelas, o que eu disse do arcaico antes da fonematização e da escrita.

Apresentarei o exemplo clínico de um menino que tinha por patrônimo o nome *Sècheboeuf**. Tinha enormes problemas que começaram assim que entrou na escola. Os pais não sabiam por quê. Foi pela criança que eu soube que ela fora imediatamente pega para cristo pelos colegas, por causa de seu nome. Se uma criança fica abalada pelo fato de zombarem dela em razão do nome de seu pai, é porque alguma coisa não está clara em sua relação com o pai. Chegou, pois, ao hospital Trousseau, devido a um fracasso escolar geral. Seu tratamento não durou mais que cinco ou seis semanas, à razão de uma sessão por semana. E foi através de dois sonhos que se curou.

No primeiro, ele se encontrava em um mundo sem seres humanos, um mundo em que os animais diziam: "É melhor não ser um humano, porque, quando se é um humano, não é possível reconhecer o animal de que se saiu." Aqueles animais eram, pois, dotados de fala; mas, se esses *falasseres* se apresentavam sob forma animal no sonho do jovem Paul Sècheboeuf, era por fobia de serem seres humanos. Foi através desse sonho, aliás, que eu soube, por ele, a realidade do mal-estar que ele sentia, diante de seus colegas, por se chamar assim.

Era uma criança masoquista, constantemente atormentada fisicamente pelos colegas que zombavam dela. Os professores não sabiam o que fazer (eles podem se sentir responsáveis, em outras circunstâncias, quando, por exemplo, podem temer as consequências de queixas oficiais; mas não era o caso). Sejam quais forem as razões, o menino era sempre posto para fora da sala, com o pretexto de que seu comportamento perturbava a classe. Ele se virava, ao que parece, para ser ele próprio cúmplice da agressão de que era objeto da parte de todos. Essa situação de vítima crônica era anterior ou secundária ao fracasso escolar? Eu nunca soube.

Depois de seu primeiro sonho, ele me dissera, chorando, que era na escola que zombavam dele, mas que ele nunca ousara falar isso ao pai, porque este lhe teria dado uma surra. Essa era, pois, a fantasia daquela criança – cujo pai não me parecera um ser insensível. Ele tinha raiva do pai por ter-lhe dado aquele nome e pensava que, se lhe dissesse que zombavam dele por causa de seu nome, seu pai lhe bateria.

Assim, os colegas substituíam o pai: sua atitude significava que não aceitavam a inserção de Paul na sociedade. Ele era um animal de pancadas.

Eis o segundo sonho:

Ele subia um caminho extremamente abrupto, como uma torrente a seco, recoberto de pedriscos que deslizavam sob seus pés enquanto ele avançava, o que podia fazê-lo cair. "Mas eu segurava a mão de meu pai."

Eles estavam, assim, apoiados um no outro, e ele não caía. Nesse sonho, o pai era amparador, já que segurava a mão do filho. Paul associou: "É como no mar, quando as ondas cavam a areia de sob os pés." Essa imagem do mar, amea-

---

* Esse nome significa, literalmente, "Secaboi". [N. da T.]

çando fazer perder o pé, quando se retira, remetia tanto a sua mãe quanto a seu pai, os quais podiam fazê-lo perder o equilíbrio. Ora, era o pai que o apoiava para ajudá-lo a subir um caminho difícil.

Depois dessas associações, Paul retomou a narração de seu sonho:

E, de repente, ouviu-se um grande barulho, e, do alto da estrada, uma manada de touros, com os chifres abaixados em posição de ataque, medonhos, avançava sobre eles. E ele estava justamente naquele caminho. Ele tinha que largar a mão do pai, senão os dois seriam atropelados, espezinhados, esmagados. Era preciso deixá-los passar... Depois, em seguida, ele já não sabia onde estava (tinha se alienado de si mesmo, a ponto de não saber mais se ainda estava em seu sonho). Os touros tinham passado, o céu estava bonito, os pássaros cantavam. E o pai, que estava a seu lado, lhe dizia, de repente: "Então, tudo bem, filhão?", assim, simplesmente.

Associando em cima de seu sonho, de seu terror e, depois, do fato de sua própria ausência, que se seguira a seu desaparecimento da cena do sonho, Paul disse: "Era como se o papai não tivesse visto que os touros vinham em nossa direção."

Esse sonho, muito interessante, nos levou a falar dos touros, das vacas, dos bois, enfim, de todos os bovinos. Perguntei-lhe: "O bezerro é filho de quem? – Filho da vaca." Mas ele ignorava o papel do touro. Paul permanecera no nível que chamo de "castração primária bis" nos meninos, que é acompanhada, neles, de um terrível sentimento de inferioridade, por acreditarem que o pai não tem nenhum papel na concepção. O pai só serve para trazer seu salário para a mãe e para lhe dar um nome ridículo. É a mãe que detém a onipotência fálica, geradora e nutridora.

Ora, nesse sonho, Paul era atacado por touros. Não havia vacas. Ele próprio o dissera, sem nada saber da diferença entre uns e outros, nem em que, por outro lado, os touros se distinguiam dos bois. "Os bois? São vacas também", disse-me ele. "Então, por que os chamamos de bois? Por acaso os bois são bezerros? – Não sei; acho que são as vacas que têm bezerros. – E os touros? – Bom, não sei. Eles são bravos. Me dão medo. Às vezes, são amarrados." Ele não sabia mais nada.

Foi através da análise desse sonho e de suas associações que esse menino teve a revelação da castração que transforma touros em bois, dóceis ao trabalho. Entendeu que, se não fossem castrados, não seria possível fazê-los trabalhar, que uma coisa implicava a outra. O mesmo acontece com os humanos que conservam, fisiologicamente, sua fecundidade sexual, estando ao mesmo tempo marcados pela lei que lhes proíbe o assassinato e o incesto. Sem isso, não poderiam ser fecundos tanto como genitores quanto como pais, e também no seu trabalho.

O pai de Paul era operário e muito trabalhador. Esse homem era estimado pela mãe, que fazia faxinas. Eles se entendiam bem. Mas se sentiam humilhados, porque, em vez de se desenvolver, o filho estava ficando ligeiramente obeso; aos olhos deles, ele cedia a uma espécie de frouxidão diante da comida, o que provava tanto sua moleza quanto seu papel de saco de pancadas, incapaz de se defender. Um médico que examinara a criança dissera ao pai, preocupado, que Paul não tinha os testículos no lugar certo. Mas nem o médico nem os pais explicaram ao menino o que eram os testículos nem por que haviam examinado essa parte de seu corpo. Ele era, pois, um touro, mas ninguém lhe havia dito. Permanecia na ignorância da fecundidade do pai e da sua própria, que lhe havia sido transmitida por "testículos no lugar". Pude esclarecê-lo a respeito desses enigmas. Paul transformou-se rapidamente. Na realidade, tratava-se de verbalizar a castração simbólica, a lei da sexualidade humana.

Ele me declarou, nas sessões seguintes: "Sabe, pude conversar com meu pai. Perguntei-lhe se, quando era pequeno, zombavam dele na escola. E ele me respondeu: 'Claro! Mas eu ficava orgulhoso que zombassem de mim, porque meu avô era um Sècheboeuf, meu pai era um Sècheboeuf, e eu também. Os Sècheboeuf são gente corajosa.'"

Eis o que lhe foi dito na dimensão do significante, por seu pai. Mas, antes de eu ter-lhe dado algumas explicações sobre a vida, Paul jamais ousara dizer-lhe o papel que lhe atribuía: o de um agregado, de um companheiro contingente da mãe. Até então, esse pai que trabalhava como um boi não tinha nenhum papel, segundo a criança, na fecundação da mulher. O menino não tinha a chave da concepção, nem o sentido das palavras que exprimem o desejo e o amor conjugal, dos quais, contudo, seus pais pareciam ser um exemplo. A partir do trabalho que fizemos em cima desses dois sonhos, ele reinvestiu completamente os fonemas de seu nome. Quando, um dia, o interroguei sobre a atitude dos colegas, ele me respondeu: "Não, eles já não zombam de mim. Não sei, mas eles já não têm vontade de bater em mim."

Paul era uma dessas crianças que provocam a chamada correção paterna, quando não podem receber a castração simbólica. Incitam o pai a agredi-los, permanecendo com relação a ele nas pulsões masoquistas fêmeas, como uma vaca com relação ao macho, boi ou touro, contanto que ele se mostre assim. Era Paul que falava de "surras"; os pais, por seu lado, o achavam "frouxo" (ele era, então, o contrário do ideal transmitido pela linhagem paterna; os Sècheboeuf são corajosos).

Para um menino antes do Édipo, na época da castração primária, não é o macho, o pai, apesar de peniano, que tem valor fálico, procriador, é a mãe. O menino pequeno pode considerar o pênis como um objeto penetrante ou um chicote enquanto não conhece seu papel fecundador e ignora a existência do desejo sexual do pai, associado ao amor, por sua mulher.

Ser agredido, ser atacado, era o que Paul procurava provocando seus colegas, fantasiando surras do pai, permanecendo nas pulsões homossexuais passivas, até entender o papel ativo genital do pai com relação a ele e dar-se conta de que o pai era também amparador e mostrava-se preocupado com a sexualidade do filho.

Paul permanecera na fantasia de um falismo uretral exacerbado, atribuído tanto ao pai quanto aos outros. E esse falismo uretral não leva necessariamente à genitalidade, que é, nos homens, o desejo significado pelo corpo, levando à paternidade pela mediação do amor e da palavra, enquanto a observação dos animais mostra que não se trata, para eles, de desejo, mas de cio, caso particular da agressão.

A origem das potencialidades do desejo de violação em um homem provém certamente da época em que o pai é admirado como uretral-fálico, independentemente das palavras de amor que poderia dizer à mãe. É um desejo de domínio do outro, de entrar no outro. Por que não? Para um menino, é magnífico ver isso; para uma menina, é ao mesmo tempo aterrador, mas essa cena não é absolutamente uma iniciação à genitalidade. É como um cio respeitável. Muitas crianças têm, da cena primitiva, uma imagem de cio pleno, espetacular, com a representação de um patriarca que tem todos os direitos. Isso faz parte, para a criança, de algo que ela parece admitir. Ora, se não lhe dissermos que o cio não é o amor entre seres humanos, ou se a mandarmos calar-se, no caso de ter assistido a uma relação sexual, como se ela tivesse feito alguma coisa errada, então não poderá haver Édipo nessa criança. É justamente nesse caso que há o desejo de matar o pai. Nenhum menino, nenhuma menina pode admitir que o pai se comporte como um animal no cio em cima da mãe submissa; um ser que fala não pode admitir ter nascido de um ato sobre o qual nem o pai nem a mãe podem lhe falar como de um ato belo e humano.

Nos primórdios da psicanálise é como se Freud, falando da morte do pai, tivesse ficado aquém do que é realmente o Édipo no ser humano. De fato, Freud não menciona as palavras de amor que o pai diria à mãe e aos filhos que teria engendrado com ela. Assim, só restaria a luta das pulsões uretrais dos filhos homens, quando já desenvolvidos, contra um pai cujas mesmas pulsões começam a declinar com a idade. Contudo, a mãe, fonte da vida dos filhos, lhes é proibida. Assim, no mito freudiano, a proibição do incesto se instala antes mesmo que os seres humanos tenham acesso à palavra. Mas Freud não deixa de ter razão, já que sabemos, por outro lado, que, nos grupos familiares genéticos de macacos, os mais jovens não podem cobrir nem a mãe nem as irmãs; o macho dominante os proíbe de cobrir as fêmeas que são dele. (Vemos a mesma coisa com os cavalos na Camargue.) Isso significa que o incesto é marcado, mas não proibido, para certos animais que têm costumes de adaptação e ritos de grupo. O incesto não é proibido pelo fato de não haver palavras, mas é impedido, barrado, por exclusão, por retaliação, por expulsão do grupo daquele que não se submete à sua lei.

Freud inventou uma proibição na natureza, e penso que tinha razão, pois nela já existe vida social, considerando-se o aprendizado de vida dos pequenos mamíferos eretos em sua relação com os mamíferos eretos adultos, que representam o crescimento acabado. Além disso, creio que o fato de desejar fundir-se sexualmente com o adulto que o representou durante todo o seu tempo de crescimento faz com que o filho retorne à sua fonte; isso freia qualquer dinâmica. Realizar o desejo incestuoso produziria uma espécie de autismo a dois, entre seres fundidos. Pois haverá uma desdinamização, se houver posse genital daquele que foi o modelo para crescer.

Freud percebeu muito justamente, em *Totem e tabu*, o que é anterior à palavra; mas é a palavra que permite uma espécie de incesto falado. *O desejo pode ser falado*, fantasiado culturalmente, *não pode realizar-se* no corpo a corpo, sem consequências destrutivas no estágio da cultura.

É assim que esse caso clínico pode mostrar como o nome do pai, articulado aqui ao patrônimo, Sècheboeuf, deixou de constituir um problema para o menino assim que foi esclarecido, para ele, o papel do pai em sua genética. No plano social, o pai era estimado, desempenhava seu papel; mas seu lugar não estava marcado na encarnação do corpo desse menino, que, entre as possibilidades, tivera o desenvolvimento de um ser feminoide – o que, fisiologicamente, ele não era. Na sua relação com os meninos de sua faixa etária, ele tinha o comportamento de um infecundo mental, fóbico, provocando a agressão. Suas pulsões uretroanais podiam fazer dele um objeto de rejeição para os colegas, por causa de seu nome que, ao mesmo tempo, o designava como filho de seu pai. Fazer com que o pai o atacasse era justamente um modo, para ele, de assegurar-se de que era seu filho, mas sem saber como o era: eis como ele defendia esse nome! Ou seja, naturalmente, sem que a metáfora criadora das pulsões agressivas orais e anais, necessárias à aquisição do saber escolar e à execução das lições de casa, pudesse operar. Toda a escolaridade primária se faz com as pulsões orais e anais. Aprender noções, engoli-las e devolvê-las. Todo o mundo sabe isso. Todos os estudantes ficam constipados antes de um exame; depois, no último momento, todos correm para o banheiro, todos estão abarrotados daquilo que será preciso devolver ao professor, fálico e todo-poderoso, que dará chibatadas se não satisfizermos sua expectativa! (*Risos.*) Há sempre traços dessa ansiedade nos modos de aprender, de engolir: não são, aliás, verdadeiras sublimações, já que não são genitalizadas.

Essas pulsões pré-genitais continuam a desempenhar algum papel, durante a vida inteira, mas principalmente nas situações em que nos sentimos diante do perigo de não obter uma promoção.

P. 1: Será que você poderia falar um pouco mais sobre o seio portador da função fálica e sobre sua articulação, nesse caso?

F. D.: Essa articulação se faz pela experiência vivida no corpo: pelo próprio fato de a criança ser, em seu corpo, confirmada no seu direito de viver, pela plenitude que lhe traz o seio repleto de leite. E, se ela vir essa mãe, que lhe dá o seio, na companhia de um outro, se ela vir que a mãe a refere a esse homem e que, por sua vez, esse homem a refere à mãe, então o que ela recebe da mãe vem da palavra do pai – o que presentifica o enriquecimento da vitalidade da criança: que volta a se inflar pelo fato de o pai ser a fonte de reabastecimento afetivo da mãe, a qual, referida a este, torna-se a fonte do reabastecimento afetivo do filho. Todos os três são responsáveis, cada um já o sendo com relação aos outros dois pelo vínculo genético; em seguida, após o nascimento, pela relação do objeto parcial fálico que satisfaz a necessidade; enquanto a relação triangular de amor vai dirigir-se ao desejo: é por vê-la unida com um outro que o casal que a criança forma com a mãe adquire sentido para sua futura sexuação consciente, assim como o desejo do outro no amor.

P. 2: Mas, pelo fato de a criança ouvir a palavra do pai quando a mãe lhe dá o seio, por exemplo, uma associação se produz, nela, entre o seio e a palavra?

F. D.: Certamente.

P. 2: Ao mesmo tempo, a criança deve perceber perfeitamente que aquela voz é um outro?

F. D.: Isso.

P. 2: É isso que explica que, para a criança, se distingam por um lado a voz, por outro a cadeia significante, a palavra? A palavra não é a voz. Você afirma que o Nome do Pai está ali desde sempre, já na origem; que ele não se funda na presença do pai, mas no fato de a mãe se referir a ele com palavras. Então, essa palavra do pai, ouvida pela criança, não é apenas uma voz?

F. D.: Não, essa palavra não é apenas uma voz. A voz é um dos significantes parciais da emoção que carnaliza simbolicamente o pai na criança, à imagem dos sentimentos suscitados por esse homem para a mãe. Mas há outros elementos além da voz: o olhar, a gestualidade, a mímica do rosto são portadores de sentido. Finalmente, é o "abstrato" de todas essas significâncias que o Nome do Pai vai condensar e simbolizar. O que é o pai? É tal nome. É uma palavra. Mas, apesar de ser apenas uma palavra, vai representar para a criança, desde o seu nascimento, toda a linhagem paterna através desse homem. O Nome do Pai é também o que há de valoroso nesse homem naquilo que a mãe diz dele para a criança. É também a complementaridade afetiva que ela encontrou nesse homem, tanto o preenchimento de suas próprias faltas graças a ele como a alegria que sentiu ao responder às faltas dele. O surgimento da criança no casal faz parte daquilo que constitui a significância dos dons da mãe para o pai, e vice-versa. Enfim, a própria presença do pai diante da criança pode ser um dos significantes de sua função simbólica. Para o pequeno Paul, essa presença era provavelmente muito pobre em palavras. É por isso que via os pais como animais, que deviam esconder o fato de serem humanos. Eles nunca haviam dado educação sexual ao filho; não viam necessidade. Vivendo em Paris, mas sendo do interior, não tinham um "nível cultural" elevado, como se diz. O menino não tivera respostas às suas questões sobre a sexualidade, em nenhum vocabulário apropriado. Contudo, tudo estava certo, para ele, no plano simbólico, pois amava o pai, estava em segurança com ele – como seu sonho mostrava. Mas o perigo era representado, nesse sonho, pelos pedriscos que podiam rolar e arrastá-lo junto. Ora, os pedriscos estão associados aos excrementos que são dados à mãe. Se ela culpabilizar a criança por causa de seus excrementos, por causa de seu "fazer" que não vem no momento certo, ela o desnarcisa.

Do mesmo modo com relação às experiências no mar: sentimo-nos corajosos ao entrar no mar cheio de ondas, mas, se a areia nos fugir de sob os pés, salvamos-nos dando a mão ao papai. O pequeno Paul tinha uma boa mãe e um bom pai, mas nada lhe fora verbalizado nem acerca de tais experiências nem sobre sua observação da diferença entre os sexos e seu papel. É preciso entender tudo o que isso significa simbolicamente.

Esse menino sentia que, em companhia dos pais, nada de ruim lhe aconteceria; mas, em sociedade, perdia toda segurança. Para enfrentar isso, a única solução que encontrara fora identificar-se com a mãe.

P. 1: Identificar-se com a mãe ou fazer corpo com ela?

F. D.: *Ser corpo como* tal outra pessoa já é uma identificação. Ele só podia ser um objeto, em uma "cena primitiva", diante da massa dos outros meninos. É assim que isso se manifesta na clínica; mas, quando isso é dito nas fórmulas de Lacan, podemos entender seu sentido. Precisamos ver como os casos ilustram esse princípio. Antes mesmo de poder analisar os textos dos sonhos, foi necessário, aqui, decodificar as fantasias do menino, para ajudá-lo: no nível da castração primária e da castração primária bis (que o fazem admitir que os meninos não têm filhos; que os filhos são das mulheres *e* dos homens).

Para as meninas, a castração primária é reconhecer que não têm pênis; a castração primária bis é aceitar não ter seios. Conseguem sair dessa situação de um modo que não é visível como nos meninos, por uma crença imaginária no "fazer" mágico das mães, que produziriam os bebês de maneira digestiva, partenogenética. Se não as dissuadimos dessa ideia, as meninas podem permanecer, durante toda a sua existência, ligadas a essa fantasia, que não impede a vida do corpo, mas prejudica tanto as relações mistas quanto a castração simbólica, assim como o Édipo completo e o desejo de ter um filho do pai. Deixadas nesse estado de ignorância, as meninas imaginam que as crianças são produtos mágicos do consumo oral de um objeto parcial, ou o resultado de uma injeção, por exemplo. Essa era a teoria de uma moça que fizera, aos doze anos, cursos de educação sexual, que sua pobre mãe, viúva, pagava bem caro. Ela entendera que as meninas tinham, desde sempre, bebês em seus corpos, mas que era preciso uma injeção que os homens davam com o seu "negócio", para que os bebês pudessem se desenvolver e sair. (*Risos.*) Eis o que aquela inocente, filha de inocente, tirara da instrução sexual! Quanto aos homens, eles tinham uma "vagina"; não tinham as mesmas menstruações que as mulheres: eram brancas nos homens, enquanto, para as mulheres, era sangue.

Como vocês podem ver, não basta se instruir! (*Risos.*)

9

Psicoses

> *Uma criança psicótica não tem nenhuma demanda, mas seu estado demanda - A criança psicótica é uma inteligência pura - Na origem de uma psicose, a confusão entre desejo e necessidade - Quem fala nas vozes do alucinado? - Função da mão na relação com os psicóticos.*

P.: Você defende o pagamento simbólico para as crianças...

F. D.: Veementemente.

P.: Mas isso se aplica também às crianças psicóticas? Pois são crianças que têm dificuldades em fazer um tratamento em seu próprio nome.

F. D.: Pois é, não sei. Cada caso é um caso particular. É preciso abordar os tratamentos dos psicóticos momento por momento. No início de um tratamento, de fato, uma criança psicótica não tem nenhuma demanda; mas seu estado demanda, por assim dizer. Assim, a tentativa de introduzir o pagamento simbólico não pode ser feita com a criança sozinha, mas sempre com as pessoas tutelares. A partir do momento em que a criança psicótica coloca uma pessoa tutelar para fora, para ter sua sessão, podemos dizer-lhe, como a qualquer outra criança: "Se você quer trabalhar sozinha comigo, concordo por uma, duas vezes; mas, na terceira vez, você trará um pagamento simbólico." A criança psicótica é perfeitamente capaz de fazer isso, já que sabe até mesmo os dias de suas sessões. Os pais nos dizem: "Normalmente, ela se levanta às nove horas; mas, no dia da sessão, já está de pé e vestida às seis horas."

Contudo, são crianças que não falam e que não têm noção do tempo. Logo que a transferência é estabelecida, devemos dizer-lhes a data da sessão seguinte. Não sabemos como sabem, mas guardam isso na memória.

Os psicóticos são uma inteligência pura.

Assim que uma criança psicótica entende que está realmente fazendo um trabalho, as coisas transcorrem para ela como com qualquer outra criança; mas é momento a momento que podemos avaliar isso. É por isso que não posso dar a você uma resposta *a priori*. Nenhum psicótico está em uma estrutura que possamos decodificar imediatamente para lhe dar a possibilidade de chegar ao Édipo e dizer "eu"; contudo, ele pode sentir "eu", sem estar em condições de dizê-lo; ele é, pois, capaz de trazer o pagamento simbólico combinado com o analista.

P.: Só depois de algumas sessões, então, é que ele pode entender que está fazendo um trabalho?

F. D.: Isso mesmo. É a necessidade das sessões preliminares, para as quais não se pede pagamento simbólico. Não podemos nos lançar em uma terapia sem a concordância da criança; devemos esperar que ela esteja decidida a fazer um trabalho para entender uma angústia – o que nem sempre significa, ou até mesmo não significa de modo algum, curá-la de um sintoma do qual a sociedade ou os pais gostariam de vê-la livre. "O que não está bom? O que, em você, é infeliz? Onde dói? – Ah, sim! Estou com dor de meu pai" – palavra de esquizofrênico. "Você não pode mudar seu pai, mas, trabalhando comigo, talvez você possa sarar ou suportar a dor que você sente de seu pai."

P.: O que você quer dizer quando afirma que um psicótico é uma inteligência pura?

F. D.: Bom, trata-se de uma inteligência que não tem mediações para se fazer apreciar, é isso que quero dizer. Como todo ser humano, o psicótico tem a função simbólica, mas, nele, ela gira em falso, sem meios de comunicação perceptíveis para nós. Ele, contudo, se comunica, ele entende; mas não sabemos como. Entende através de um esquema que lhe é particular, que poucas vezes conseguimos decifrar. Às vezes, parece não entender nada; como os autistas que sabem o dia de sua sessão, já que se levantam nesse dia. É um fato, uma realidade da paixão da criança psicótica.

A inteligência é função simbólica, e todo ser humano a tem. Mas, como não há representação possível sem um código, essa função simbólica não pode abrir mão de meios, ou seja, das mediações que a percepção e a castração representam.

Aceitar uma codificação é aceitar uma castração: é reconhecer que, para poder exprimir suas próprias percepções e receber as do outro, é necessário passar por um código comum.

Os psicóticos, porém, têm um código perturbado – o que não quer dizer que não sejam inteligentes. Alguns têm, com os animais, um código que não temos; ou com a gravidade: estão em uma relação particular com as forças cósmicas, em uma experiência que não podemos ter. Têm uma agilidade de sonâmbulo. Um sonâmbulo tem uma inteligência inconsciente formidável; no lugar dele, certamente nos machucaríamos. Todos esses esquizofrênicos que montam em fios elétricos! Perguntamo-nos como. Eles não veem nada e nunca batem em nada; enquanto uma criança sadia, ou seja, normalmente neurótica, com pequenos sintomas, esbarra nos cantos da mesa, enrosca os pés nos fios. Vocês percebem? O que digo é que as crianças psicóticas têm um código perturbado demais para que as entendamos diretamente. Nosso trabalho consiste em decifrar esse código com relação a eles próprios e com relação à sua história: pois ele funciona em um nível muito mais profundo do que no neurótico.

Na origem da psicose, há a ruptura de um laço de necessidade da criança com a mãe, ruptura que, não tendo sido falada, mutila o corpo de necessidades da criança. O germe da psicose é a confusão entre desejo e necessidade. A perversão também é algo assim: a confusão entre um desejo atual e uma necessidade que não está em relação com ele; é uma necessidade conectada com um desejo de outra época, e que procura satisfazer-se através de um objeto imaginário que já não corresponde ao sujeito do desejo de hoje.

Isso me lembra o caso de um adulto, um jovem arquiteto, que entrara em psicose com aproximadamente vinte e um anos de idade. Trabalhava muito à noite, para terminar projetos urgentes. Falou-se em excesso de trabalho; ele tivera que ser hospitalizado. E isso já durava quinze anos. Tornara-se um grande varapau que ficava deambulando sem parar, sozinho com as vozes para as quais respondia. Sua família o abandonara. Um jovem psicanalista que cuidava dele me perguntara como fazer para ajudá-lo. Disse-lhe: "Pergunte-lhe, em primeiro lugar, de quem é a voz. De um homem? De uma mulher? De um menino? De uma menina?" Ora, o paciente respondeu ao analista: "É a voz de uma menina; a voz de minha irmã menor, quando ela tinha cinco anos." Na época, ele próprio tinha nove anos. Não lhe haviam dito, então, que a irmã menor havia morrido, mas houvera um grande rebuliço na casa.

A partir desse momento, a análise pôde começar. Ele pôde fazer um luto não patológico de sua irmã e liberar suas pulsões de adulto das culpabilidades infantis.

Hoje, é um homem livre. Não conheço as circunstâncias que o fizeram cair na psicose; creio que foi em função de uma relação com uma moça que tudo deve ter começado. A não morte da irmã interpôs-se, sem dúvida, como uma interdição a todo projeto: daí seu insucesso, sua inabilidade com a moça, sua própria culpabilidade com relação às moças em geral. Em seu desejo, naquela época, havia, pois, uma confusão entre uma necessidade genital, adulta, e um desejo antigo, carregado de culpa, com relação à irmã.

O que se chama de forclusão na psicose decorria, aqui, do fato de ninguém ter perguntado ao doente qual era a voz que ele ouvia. Parece-me, de fato, que a forclusão não passa do nome dado às resistências do psicanalista.

Um pequeno ser humano tem constantemente uma função simbólica – e isso, provavelmente, desde a vida fetal. Por captarmos o que acontece com as crianças psicóticas, que vivem na bagagem de sentido que lhes vem da vida fetal, sempre arraigadas na cena primitiva, continuamente habitadas pelas pulsões de morte, vemos que sua função simbólica de humanos depende ainda do código anterior ao seu nascimento, apesar de seus corpos mamíferos já terem seis ou oito anos.

Quando estamos lidando com uma criança psicótica, é preciso conhecer as modalidades segundo as quais ela satisfaz as necessidades de seu corpo: de que maneira isso se dá; como ela come; como dorme; quem a limpa quando faz cocô. É igualmente importante não deixar o pai ou a mãe tutelares sem mediações entre seu próprio corpo e o da criança. Se, por exemplo, a criança precisa de alguma coisa, se sente fome e, pela incapacidade em que se encontra de conhecer o próprio corpo, não pode pedir, é com a mão dela que os pais devem fazê-la comer, jamais diretamente com a mão deles; a mesma coisa no momento de ela se lavar ou se limpar quando fizer cocô. Senão nem adianta começar um tratamento: vocês, psicanalistas, não saberão, em tais condições, quem estarão tratando, já que estarão lidando com um corpo que continua em um outro corpo; ou seja, com um sujeito que não é castrado, com pais que tampouco o são. A criança é, então, uma parte do corpo deles, do desejo deles. Não colocaram entre eles próprios e ela a mediação dessa parte distinta do corpo da criança: a mão, que, nos seres humanos, serve para fazer aquilo que é necessário à satisfação das necessidades.

Essa é a grande dificuldade dos psicanalistas de crianças. Não podemos empreender o tratamento de uma criança se os pais nos enviam apenas uma parte deles próprios, da qual não se separaram na satisfação das necessidades do corpo. É precisamente nesse caso que o tratamento deve ser feito na frente dos pais, até o momento em que essa separação for obtida em casa. Devemos, então, nos dirigir à própria criança, deixar claro que está limitada a seus próprios tegumentos para a satisfação de suas necessidades, enquanto o corpo e as mãos de seus pais só têm contato com seu corpo para sua segurança. Os pais não têm necessidade de que o corpo do filho esteja colado ao deles, como um parasita. O comportamento corporal deles, seus carinhos, gestos, sua ajuda material devem ser linguagem de amor e expressão de uma relação tutelar.

P.: Você poderia nos falar das lesões internas que afetam algumas crianças e alguns adultos, ulcerações do intestino e do estômago. Qual é sua origem? Em que momento aparecem?

F. D.: Podemos nos perguntar se essas lesões, cujas causas são desconhecidas, não são um meio de não enlouquecer. Sua gênese é provavelmente tardia. Em todo caso, não surgem com o nascimento. Só podem aparecer a partir do momento em que a imagem do corpo está construída, a partir de referências ao estômago, à laringe etc. O que explica bem, de resto, a origem de processos delirantes. Uma lesão desse gênero pode provocar uma morte real, bem como uma morte simbólica. Mas, frequentemente, os sujeitos conseguem manter um meio-termo (entre real e simbólico), no nível do psicossomático: a lesão se torna crônica, e remissões sucedem a períodos de recaídas cíclicas.

P.: Talvez, precisamente, porque a lesão surja no lugar de um vínculo que não pôde ser simbolizado?

F. D.: Exato. É da ordem da inscrição, não da simbolização.
Donde a questão: por que tantas psicoses de crianças hoje? Não seria precisamente devido à ruptura iterativa ou, melhor, à ausência de estruturação pelo corpo a corpo com a mãe? Pois a criança, hoje, pertence ao que já pode ser chamado de segunda geração da mamadeira. Quando uma mãe que foi ela

própria criada na mamadeira a dá, por sua vez, ao filho, não existe para ele inscrição do corpo a corpo com a mãe, que deveria lhe dar uma segurança estruturante (a mãe representando também o pai para a criança; mãe e pai encontrando-se confundidos na relação simbiótica da criança com o seio). Antigamente, uma criança voltava tanto quanto desejava ao ritmo dessa existência simbiótica. Quando era carregado e amamentado pela mãe, as vibrações da voz materna chegavam até seu estômago. Pois, se uma mãe fala com seu bebê quando lhe dá de mamar, as vibrações de sua voz serão, evidentemente, levadas por essa corrente líquida quente que entra no interior dele e que deposita em seu próprio corpo uma inscrição linguageira de amor. É o que falta, atualmente, às crianças, que são deixadas no berço, que cada vez menos pegamos no colo; antigamente, eram pegas no colo a cada três horas, para mamarem.

P.: Tenho a impressão de que um outro problema vem juntar-se a esse: o das mães que amamentam os filhos e que devem retornar ao trabalho algumas semanas após terem saído da maternidade. Põem-se então a apressar o desmame, porque será preciso confiar a criança a uma babá...

F. D.: Você se pergunta se não é essa a causa da ruptura do sensório existencial da criança? Segundo Pichon – pois esse termo é dele –, esse sensório era o núcleo narcísico de uma existência em segurança. Mas há outro modo de existência possível para uma criança: ser uma coisa abandonada pela mãe. Sua história é então interrompida. Se as interrupções são muito frequentes, ou muito longas, se inúmeros abandonos iterativos se sucedem, mudanças de lugares, de babás, a criança acaba por se considerar um objeto parcial rejeitado, o que nós o vemos ser: objeto defecatório ou objeto devorado – esses dois modos de objetos parciais da comunicação com a mãe com os quais, justamente, os psicóticos se identificam, repetindo perpetuamente o perigo em que se encontram, nesse lugar, de serem consumidos ou rejeitados. O que os salva um pouco é "ter vozes"; isso os faz parecer ainda mais loucos, mas não é verdade, pois é, apesar de tudo, um vínculo que continua a existir para eles, através dessa voz. São habitados por ela e se acreditam manipulados até nas próprias orelhas, pelas quais espreitam a presença da mãe que foi embora, que os abandonou. Essa voz residual à ausência do outro fala com eles para que se sintam menos abandonados; como se a mãe deles estivesse ali. Talvez seja o equivalente de uma fobia: trata-se, também nesse caso, de continuar-se com um outro para existir. Na própria alucinação, existe um vínculo de desejo com um outro, a voz sendo aquela que supostamente deseja a criança que alucina.

P.: Não... Aquilo sobre o que eu gostaria de falar diz respeito a algo que observei nas anorexias. Em vários casos de crianças alimentadas tanto no seio quanto na mamadeira, observou-se um desmame precipitado, porque a mãe devia retornar ao trabalho. Sabemos que existe uma espécie de ultimato nessa volta ao trabalho...

F. D.: É verdade... Durante o período desse desmame brusco, o filho é para elas apenas a imagem que se fazem de seus seios doloridos. E, quando a criança está na creche, elas continuam a sentir dor no peito. Pensar no filho é pensar nessa dor nos seios. É muito diferente do caso de uma mãe que desmama porque, pouco a pouco, deixa de ter leite. Ela não sofre. Conserva unicamente um laço de amor com o filho, mas é um laço simbólico: talvez ele sofra da mãe, mas ela pode pensar nele sem sofrer. Em contrapartida, no primeiro caso, não há outro laço entre mãe e filho além do sofrimento. Entre eles permanece o imaginário: o sofrimento que a mãe sente nos seios é o sofrimento da criança, já que o leite que ela toma já não é o da mãe. Apesar de ser secretado pelo corpo da mãe, o leite pertence à criança, já que, sem a placenta, ela não poderia ter leite. É o luto biológico da placenta que faz com que o leite desça. E o leite pertence à criança, já que cada criança faz fluir da mãe um leite diferente. (E já ouvi dizer que a própria composição do leite materno é diferente para cada criança; e corresponde, assim, às necessidades biológicas exclusivas daquela criança.) Existe, aí, uma verdadeira fusão simbiótica, biológica.

P.: Ora, essas fusões são pontuadas por rupturas. É a partir do momento em que a placenta desaparece que todo esse processo começa?

F. D.: Exatamente! São rupturas, mas rupturas mediadas pela palavra e não pelo sofrimento, como no caso de um desmame abrupto.

P.: Isso significa que não há, nesse último caso, uma verdadeira ruptura?

F. D.: O sofrimento é sinal de que ainda não ocorreu uma ruptura. Talvez seja uma das causas das psicoses infantis. Outros fenômenos têm também, muitas vezes, uma incidência: as mudanças de casa, por exemplo. Algumas crianças não conseguem suportar ser constantemente mudadas de território, outras toleram bem isso. Tudo depende do capital genético, acompanhado ou não de determinadas potencialidades simbólicas, em tal ou tal criança. Não sabemos. Há crianças que, desmamadas tão bruscamente quanto outras, continuam enraizadas no próprio corpo; apanham certas doenças, mas sobrevivem. Outras não conseguem. Nisso consiste a grande questão da originalidade de cada um.

10

Sobre o tratamento dos psicóticos

O adormecimento do analista durante a sessão - As pulsões de morte são o ressurgimento das pulsões de vida - O sono, resposta dos bebês ao desconhecido - Dívida de agressividade com relação a pais mortos.

F. D.: É muito curioso: algumas vezes começamos a tratar informalmente um jovem que, normalmente, tratamos com mais distância. Já me aconteceu. Isso significa que uma modificação inconsciente na relação se impõe à consciência. Nesse caso, pergunto à menina ou ao menino: "O que você acha? Quando você chegou eu tratava você de um modo mais formal; agora, passei a ser mais informal." (Ou acontece o contrário: comecei pela informalidade para passar em seguida à formalidade.) É a eles que pergunto, é através deles que a questão me veio.

É a mesma coisa quando adormeço durante a sessão. É à pessoa que me faz dormir que pergunto por quê. (*Risos*.) É isso mesmo! Provavelmente ela sabe melhor que eu.

O terrível é com certas crianças psicóticas: não sei se vocês já notaram, com elas somos realmente invadidos pelo sono. Toda vez que isso acontece, digo-lhes: "Você está vendo, estou quase dormindo", ou então: "Você viu? Eu dormi." Ora, é espantoso ver os progressos que isso provoca nelas. Ficam ali, enquanto dormitamos, e, de repente, despertamos, porque algo foi vivido.

Ao sermos assim submetidos à libido do sujeito, em uma contratransferência, deixamo-lo como o único senhor da situação. Ele precisa que abandonemos nossa vigilância por um momento. É um modo de a criança castrar o psicanalista, e é excelente para ela. A criança não responde com palavras; responde com sua libido que toma presença e força; ou, melhor ainda, põe ordem.

O mais curioso é que, por exemplo, são os psicóticos mais "quebradores" que normalmente nos fazem dormir; ora, quando isso acontece, nunca predam nada.

P. 1 (mulher): Mas se você está dormindo...

F. D.: Mas o sono do analista não é uma depredação, é uma relação, que permite à criança tornar-se o senhor, aqui e agora; visto que o outro, o analista, está mergulhado em suas próprias pulsões de morte. Enquanto, normalmente, é em palavras que lhes dizemos a angústia – angústia que as confronta com a ameaça de fragmentação sádica ou de destruição que elas supõem no encontro com o outro. O fato de nos sentirmos invadidos pelo sono é, pois, muito importante para elas: porque isso significa que nosso inconsciente se comunica com o delas. Aliás, quando dormimos perto de alguém, estamos realmente com essa pessoa; muito mais do que no estado de vigília. Deixar-se tomar pelo sono quer dizer que confiamos tanto no outro quanto no nosso inconsciente. As crianças psicóticas, quando isso acontece, sentem que confiamos nelas. Nossas pulsões de vida assim como nossas pulsões de morte comunicam-se, então, com as delas, em segurança.

P. 1: Não haveria aí algo da ordem da própria morte?

F. D.: Não. Aquilo de que você está falando é uma projeção, que se deve à angústia que o psicótico sente e transmite e aos riscos que ela envolve. Ao contrário, as pulsões de morte são a vida vegetativa, sadia e tranquila; é o simbiótico seguro no qual os psicóticos sempre desejam se refugiar, regressivamente. Esse desejo narcísico, simbiótico, sabe o que faz; visa, no impossível, incestuosamente, a mãe ou a cena primitiva e transfere-se sobre qualquer outro que aceite o encontro. Esse outro torna-se então, para o psicótico, ao mesmo tempo desejado e perigoso. É por isso que, do adormecimento do outro, o psicótico recebe a tranquilidade de ser totalmente aceito, com sua angústia e suas fantasias.

Com a parte desejante de nossas pulsões de vida permanecendo em repouso, as crianças psicóticas ficam, por sua vez, muito mais livres em sua libido ativa, mais conscientes de si mesmas, quando justamente deixamos de sê-lo para elas. O aqui-agora da relação psíquica entre dois sujeitos é deixado exclusivamente às pulsões da criança, com o analista assumindo suas próprias pulsões de morte. É o resultado da transferência simbiótica. A ausência de nossa presença assumida como tal perante a criança permite àquilo que, nela, é normalmente ausente tornar-se presente e eficaz. Isso se produz, assim, em um momento de contratransferência aceito pelo analista e que corresponde às necessidades simbióticas do desejo nessas crianças.

P. 1: Mas quando estamos simplesmente cansados...

F. D.: Eu não estava falando dessa eventualidade. Pode acontecer, efetivamente, que estejamos cansados. Mas observei que certas crianças me fazem dormir a qualquer hora e me despertam, talvez, cinco minutos mais tarde – não sei, em geral, exatamente durante quanto tempo permaneci assim. Ora, esse adormecimento nunca é devido ao cansaço; é uma tentativa de entendê-las; para isso, é preciso ir até as pulsões de morte, já que é nelas que as estruturas psíquicas perturbadas de uma criança psicótica estão mais próximas de seu desejo de sujeito, em busca de uma comunicação autêntica com outro sujeito.

Em razão de um pré-Eu não castrado, ou de um Eu perturbado por frustrações intoleráveis, essas crianças, em presença de alguém que lhes parece forte e desejante, veem-se entregues fatalmente ao perigo de seus próprios desejos sádicos parciais, projetados. Estão entregues aos desejos das pulsões de morte: ou seja, os desejos, em um sujeito, de uma vida sem consciência do próprio corpo nem de suas zonas erógenas. É nesse momento que um dos dois, o analista, deve abandonar a posição de sujeito dos desejos de vida, para que o outro, a criança, encontre naquele que está adormecido um sujeito, para fazer dele uma espécie de prótese. Ela se sente reconhecida e torna-se, durante esse momento, um sujeito realmente vivo, que pode se assumir em segurança. Prova disso é a paz e a ordem que então encontra em tudo o que faz: desenha e faz modelagens calmamente, ao passo que, ao chegar à sessão, estava instável e ansiosa.

P. 1: O adormecimento do analista não é uma defesa contra a angústia do paciente, que ele também sente?

F. D.: Foi o que pensei, nas primeiras vezes em que isso me aconteceu e em que me censurei por isso. Mas refleti nos efeitos tão positivos que observei em meus jovens pacientes. Não, acredito que seja uma segurança para eles e que experimentem o benefício narcísico de um sono profundo. É uma paz que lhes permite exprimir-se. Eles sentem a confiança total do analista, que, conscientemente, tenderia, antes, a certa desconfiança diante de seu comportamento.

P. 2: O sono não pode ser sentido, seja pelo psicótico, seja pelo analista, como uma rejeição?

F. D.: Não creio. Em todo caso, nunca senti isso com psicóticos. Para mim, é o sinal de que os aceito totalmente.

É diferente com os neuróticos; às vezes, eles nos cansam, porque é preciso aplicar os ouvidos para escutá-los. Não, trata-se de um sinal totalmente particular aos psicóticos; trata-se até, na minha opinião, de um sinal patognomônico do fato de estarmos buscando o encontro do sujeito no ponto em que, por qualquer razão, seu desejo se confunde com a anulação de seu Eu (do qual o corpo atuante faz parte). Quando o psicanalista aceita, por esse sono, tornar-se objeto, o outro pode tornar-se sujeito.

P. 1: Eu me indagava sobre a natureza, sobre a qualidade da agressividade.

F. D.: Da agressividade que representaria o fato de dormir? É o que você quer dizer?

P. 1: Na verdade, desloquei um pouco o problema. Eu queria falar do cansaço que alguns pacientes suscitam...

F. D.: É verdade; mas, nesse caso, trata-se de neuróticos. Às vezes sentimos vir esse cansaço quando eles falam muito baixo, por causa de sua culpabilidade, ou quando abordam as pulsões agressivas contras as quais lutam, e de que aceitamos ser o alvo. Esse cansaço pode representar também a luta contra a angústia de nosso paciente. Devemos nos perguntar: "Eu já estava cansado antes de sua chegada, antes do início da sessão?" Caso contrário, isso significa que nosso sono pertence também ao paciente: é nossa contratransferência. E é preciso dizer-lhe, para que ele possa buscar o sentido disso. Às vezes, trata-se de agressividade, às vezes não. Pode ser também uma recusa de ser, ou um desejo de paz.

Quanto às pulsões de morte, não se trata de agressividade: é a serenidade, a saúde total, o silêncio dos órgãos no sono profundo em que o sujeito descansa de desejar, enquanto o corpo se refaz. Somos assim embalados pelos ritmos vegetativos. Quando estamos com frio e nos deitamos à noite, cansados, basta adormecermos para ficarmos quase imediatamente aquecidos: a circulação se restabelece completamente, nossa saúde se restaura, assim como nossas potencialidades libidinais...

Quando esgotamos nossas forças desejantes, devemos recuperá-las; e é nas pulsões de morte que elas se restauram, porque o sujeito se eclipsa e já não precisa assumir as tensões e os jogos do desejo. Durante essa retração, as pulsões de morte perduram. Devemos sempre perguntar: pulsões de morte de quê? Do sujeito dos desejos mediados pelo corpo: dos desejos que emanam dele para o outro ou daqueles que recebe desse outro?

Ao contrário, as pulsões agressivas são pulsões de vida de um sujeito animado pelo desejo de dar a morte a um outro. (Elas vão, nesse registro, do ataque dilacerante ao assassinato.) É completamente diferente; ainda mais que as pulsões agressivas são particularmente sentidas. Além disso, um sujeito pode às vezes voltar sua agressividade contra si mesmo, imagem do outro; contra esse corpo inimigo!

P. 1: Mas voltando à minha questão sobre o cansaço do corpo...

F. D.: Certo. Talvez caiba ao terapeuta analisar por si mesmo. Há muitas coisas como essas – o amor, o ódio – na contratransferência, que ninguém pode distinguir por um outro. É preciso que cada um sinta a si próprio para entender isso, na relação que tem com o outro. E, ademais, é pelo fruto que se reconhece, posteriormente, a pulsão de que se tratava.

Por exemplo, se você pedir que alguém que um bebê não conhece o leve para passear, verá que o bebê, que não tem o hábito de dormir durante o passeio, dormirá dessa vez, porque você não o apresentou, de fato, para a pessoa. Vemos esse fenômeno em crianças de dois ou três meses, e, em algumas, ele perdura até os onze ou doze meses. É quando começam a andar que ele desaparece. De fato, adormecem para fugir dessa relação para a qual não têm código. É muito difícil para elas, elas não receberam palavras mediadoras.

Talvez seja algo da mesma ordem que nos faz adormecer, quando se torna muito difícil seguir um psicótico em uma estrutura que é exclusivamente dele. Tal estrutura, que foi completamente recalcada em nós, é preciso que cheguemos ao ponto de adormecer para recuperá-la, para ficarmos, graças ao nosso núcleo psicótico, em boa inteligência com a criança.

O fenômeno de que falei sobre os bebês, as mães poderão reconhecer, e as que, dentre vocês, são mães, já o terão observado. Se seu filho adormeceu durante o passeio, em um momento do dia em que normalmente está bem acordado, é porque não tinha código para se comunicar com a pessoa que cuidava dele. Ela não foi, como eu digo, "mamãezada". Faltaram à criança palavras da mãe que a fizessem sentir-se em segurança com a pessoa delegada junto a ela para o passeio. É também possível que o bebê esteja lidando com alguém que não tem contato com bebês, que não gosta deles.

P. 1: Não entendo muito bem esse tipo de efeitos...

F. D.: E, contudo, todo o mundo os conhece: são efeitos de transferência. Esses efeitos soníferos ou esses efeitos de alacridade mental nos quais alguns pacientes nos colocam não costumam ser muito comentados pelos psicanalistas, do ponto de vista clínico.

P. 1: Talvez se tenha a impressão de que é a única linguagem de que dispõem essas crianças psicóticas. É o que explica o fato de o terapeuta adormecer durante a sessão.

F. D.: Não, não é certamente uma linguagem, é, antes, a ausência de uma linguagem. Trata-se de um comportamento no interior de uma relação transferencial e contratransferencial. É por isso que precisamos nos perguntar, seja qual for a idade do paciente: o que ele procura recuperar, aqui e agora, na relação com o analista que eu sou? No lugar de quem está me colocando? No lugar de quê?

Pois ser psicanalista, ser clínico é isto: carregar o outro até encontrar em si mesmo o núcleo psicótico – o nosso próprio e, depois, o do outro. (*Risos.*) Quando se diz "psicótico", isso significa "sem código conhecido". É de fato possível que o adormecimento do analista venha de uma resistência a poder dizer em palavras o que esses psicóticos mudos não podem nem mesmo dizer por uma expressão gráfica, plástica ou lúdica quando o analista está atento.

Ora, constatamos isso nas modelagens e nos jogos: crianças incapazes de concentrar-se por muito tempo quando estamos acordados instalam-se e começam a fazer algo assim que pegamos no sono, contanto, claro, que falemos a respeito com elas. Então, que papel nos fazem desempenhar? O papel que tinham, bebês, enquanto suas mães faziam alguma coisa e eles se sentiam em simbiose com ela, em segurança. Acho que é algo dessa ordem. Ao passo que, assim que acordavam, a mãe ficava angustiada com as besteiras que iam fazer. Ora, tendo introjetado a mãe, ficam contentes que a mãe (ou o pai, controlador angustiado, presentificado pelo analista) os deixe em paz. Então, podem fazer como a mãe, que age como bem entende. A mãe é a parte ativa na relação simbiótica e amparadora que eles voltam, assim, a encontrar. O analista faz o bebê, e a criança faz a mãe livre, ocupando-se de seus afazeres. Em outras palavras, há fantasia e até mesmo expressão atuada de desejo por intermédio desses objetos parciais que são a pintura, o desenho ou a modelagem.

E o que sobrevém às sessões é extremamente interessante. É sempre após essas sessões que os pais nos dizem: "Ele ficou extremamente tranquilo durante quinze dias. Voltou a estabelecer contatos. E, há alguns dias, tudo isso se perdeu de novo. Sentimos que ele precisa de sua sessão." E vemos as crianças ansiosas para vir... a um lugar em que o sujeito do desejo despertou um pouco porque nós, nós adormecemos. Mas, para que a criança conserve o fruto disso para sua identidade, é preciso que, depois de ter assinalado e verbalizado isso para ele, aceitemos esse sono como um efeito positivo de sua presença junto a nós.

P. 1: Quando os pais de uma criança morreram, que ajuda simbólica podemos lhe dar?

F. D.: É preciso que as crianças cujos pais morreram possam exprimir uma dívida de agressividade com relação a eles. Elas ficam furiosas. É preciso, então, ajudá-las a ser agressivas para com esses pais que não foram fortes o bastante contra a morte. Podemos dizer a uma criança: "Eles não pensaram muito em você, mas, já que você sobreviveu, é porque tinha em você muito da força de sua mamãe e de seu papai para ficar. Agora, é você que representa sua família."

A partir desse momento, são as crianças que carregam o desejo de viver. Contudo, segundo o Eu ideal que lhes vem dos pais mortos, elas prefeririam morrer. Esse Eu ideal ativa nelas as pulsões de morte, incitando-as a fazer como seus pais, para reencontrá-los. Esse é o perigo que os pais mortos representam. É sem dúvida por essa razão que, em geral, os parentes não querem dizer a uma criança que sua mãe morreu. Talvez pensem inconscientemente: se lhe dissermos, ela, por sua vez, também quererá morrer. É o contrário, porém, que acontece: se lhe contarmos, ela ficará agressiva. E, se for apoiada em sua agressividade com relação ao morto, será apoiada em suas pulsões de vida. As pessoas próximas não toleram que as crianças fiquem enraivecidas contra pais mortos. É por isso que escondem a verdade. Há talvez outra razão que deve ser buscada, dessa vez, nas fantasias dos adultos: alguns pensam provavelmente que, se a criança aceita a morte de um dos pais, é porque tem vontade de morrer, mas são os adultos que podem ser tentados a isso pelo excesso de sofrimento que experimentam ao serem abandonados pelo ser amado.

É difícil entender por que se esconde das crianças a morte daqueles que elas amam, quando lhes dizer a verdade é o único meio de ajudá-las a não se sentirem culpadas por sobreviver. Ora, esse esforço para não se sentir culpada passa, para a criança, por uma fase de agressividade contra a morte.

P. 2: Isso lembra um caso de que você falava...

F. D.: Sim. Um menino de três anos, cuja mãe acabara de morrer. Ele dizia: "Meu pai matou minha mãe." Ele não queria ficar com o pai. "Tenho direito de ter uma mãe. Foi meu pai que a matou, ele está contente, agora!" O homem estava arrasado. Atendi o menino duas vezes. Ele disse tudo isso, eu o escutei. Pouco tempo depois, o pai me disse: "Agora ele já consegue dormir à noite; está muito bonzinho. Eu sou o que lhe restou." Acrescentei: "Sim, o que lhe resta da mãe é você." O pai, evidentemente, não tinha nada a ver com a morte da mulher.

Não podemos nos defender contra o sofrimento de uma mutilação de nós mesmos a não ser revivendo a extirpação da primeira castração. A separação da placenta ou do objeto parcial do qual precisamos, o desmame, a dependência da ajuda anal, tudo isso se repete, se renova em todos os lutos, em um grau ou outro. Todas essas separações têm um valor narcisante para aquele que sobrevive, obrigando-o a exprimir uma agressividade para não cair na depressão.

É preciso deixar a essas crianças suas fantasias sobre a maneira como seus pais morreram, porque tudo o que sabemos de verdadeiro resume-se àquilo que lhes dizemos e àquilo que eles nos dizem. Sobre o resto, a criança pode fabular. O que importa é que isso seja representado. Se ela acredita que os pais morreram num acidente de avião, dizemos: "Pois bem, vamos desenhar o avião... Desenhe como seu pai e sua mãe morreram."

É preciso que a morte possa ser representada por uma fantasia, mediada por imagens.

P. 1: Mas, justamente, para as crianças adotadas cujos genitores são desconhecidos... enfim, mais ou menos...

F. D.: Jamais devemos lhes dizer que os pais estão mortos, quando não sabemos.

P. 1: Por exemplo, no caso no qual estou pensando, não sabemos absolutamente nada do pai, mas sabemos perfeitamente o que aconteceu com a mãe. O problema, para mim, é o seguinte: a mãe deu à menininha que atendo seu nome de solteira, mas depois de três dias a abandonou. A criança mudou, então, de patrônimo após a adoção. Ora, é muito raro, acredito, que crianças adotadas, que foram abandonadas ao nascer, tenham um sobrenome. Na maioria das vezes, só têm o primeiro nome.

F. D.: Mas isso não muda nada. Tudo o que você sabe deve ser dito à criança, isso pertence a ela. Tudo o que circula a seu respeito lhe concerne.

P. 1: Mas a criança não sabe o seu sobrenome de nascimento.

F. D.: E acaso você o sabe?

P. 1: Não, não me disseram.

F. D.: Nesse caso, diga-lhe que seu nome foi mudado, mas que ela, ela conhece o sobrenome que sua mãe lhe deu ao nascer.

P. 1: A mãe adotiva sabe, fez alusão a ele, mas não quis me dizer.

F. D.: Acho que, nesse caso, o trabalho com a mãe adotiva, antes da análise da criança, foi insuficiente. Com certeza. Após o início do tratamento, é difícil, às vezes contraindicado, falar com os pais sem a presença da criança. Mas não podemos começar a atender uma criança adotiva sem saber, da boca dos pais, tudo o que eles próprios sabem da história dela. Absolutamente! Porque há coisas que seremos levados a dizer à criança em resposta a suas questões. É preciso, então, sempre avisar aos pais adotivos: "Não sei se terei que dizer tal verdade à criança – sobretudo se isso é penoso para vocês; mas preciso saber, para o caso de a criança me falar disso. Não caberá a mim responder-lhe, mas a vocês. Contudo, é preciso que a criança possa falar comigo em confiança."

P. 1: Mas se os pais não dizem o nome de nascimento da criança...

F. D.: Mas a própria criança ouviu esse nome!

P. 1: Tenho a impressão de que é, para eles, como uma maneira de conjurar a sorte. Muitas vezes, os pais adotivos pensam: se falarmos dos genitores, eles voltarão e pegarão a criança de volta. É algo mágico.

F. D.: É precisamente isso que se deve estudar com os pais adotivos, perguntando-lhes: "Quais são os sentimentos de vocês com relação à mãe dessa criança?" Geralmente, eles começam dizendo: "É uma vagabunda. Como pode alguém ter uma criança assim e abandoná-la?!"

P. 2: Estou pensando em uma mãe substituta que me contou como falara dos pais a uma criança de que tinha a guarda. Disse-lhe: "Bom, na verdade você teve outra mamãe", sem dizer uma palavra sobre o pai. Aliás, pintou um quadro absolutamente catastrófico acerca da situação da criança. Finalmente, perguntei-lhe: "Mas você não falou do pai. Afinal de contas, deve ter havido um pai nessa história toda? – Oh! Imagine! Ela era tão pequenininha! Devia ser uma mãe solteira." (*Risos.*)

F. D.: Falamos, nesse momento, das crianças bem pequenas, mas há também as crianças maiores que atendemos. Essas já estão construídas, podem se recusar a acreditar naquilo que lhes é revelado. Fazem objeções com "certo, mas...". Encontramo-nos, então, diante de situações que requerem um trabalho, em uma verdadeira psicanálise, que permita ao sujeito voltar à sua história infantil.

P. 3: O que é recorrente em todas as terapias de crianças abandonadas, uma hora ou outra, frequentemente muito cedo, é o fato de elas escreverem à Assistência Social para saber alguma coisa sobre os genitores.

P. 2: É essa, aliás, a ocasião para a mãe substituta devolver a criança.

F. D.: Sim, pois devolvê-la significa devolvê-la à existência de seus pais genitores. Quando a mãe substituta a devolve realmente, quando diz isso a ela, essa é a prova de que ela restitui a criança a ela mesma. E esse é o efeito de nossa palavra de psicanalistas, quando dizemos à criança que está em transferência conosco: "Você precisa tornar-se você mesma, agora. Você já não precisa de sua mãe substituta, já que pode conversar comigo."

Creio que, em última instância, tudo depende da atitude, ansiosa ou não, do terapeuta. Se ele falar com o sujeito, a intendência acompanhará – a intendência, ou seja, o corpo. Devemos falar com esse sujeito, capaz de suportar a perda – pois é verdade que uma criança é capaz de suportar extremamente cedo a perda dos pais. A perda, insuportável para a criança quando lhe é escondida, é sentida, em contrapartida, pelos pais adotivos, como uma má ação imputada a eles: porque não quiseram dizer que tinham necessidade de criar uma criança; porque uma criança de seu amor lhes fazia falta. Não dizem de modo algum ao filho adotivo o serviço que ele lhes presta. Em contrapartida, nunca se esquecem de lembrar-lhe o serviço que eles lhe prestaram: "Nós adotamos você." É o contrário que devemos dizer a ele: "Foi você que quis adotá-los."

P. 2: Os pais adotivos projetam, então, uma culpa sobre o filho?

F. D.: Sim. A culpa pelo rapto daquilo que a natureza lhes negou: a felicidade de ter filhos. Ora, em vez de se sentirem gratos à natureza que lhes deu esse dom por intermédio de pais inaptos a criar o filho, eles, escondendo-lhe sua qualidade de filho adotado, qualquer que seja a razão, provam que recusam essa ajuda de amor a pais carentes.

P. 4: Isso quer dizer que eles recusam francamente uma relação com o simbólico?

F. D.: Sim, exatamente. Recusam assim uma relação com o simbólico.

11

Da forclusão

O jovem esquizofrênico que tinha fobia de alfinetes – A forclusão de uma frase em híndi – A forclusão do Nome do Pai segundo Lacan e as resistências do psicanalista.

F. D.: A respeito da forclusão, penso no caso de um adolescente – um esquizofrênico – que nunca havia realmente dormido. Eu não sabia que era uma criança adotada. Ora, um dia, ele trouxe para a sessão o *documento* (se é que podemos chamar assim) daquilo que se inscrevera nele no momento do drama de sua adoção. Começou a falar em voz dupla: uma voz aguda e uma voz grave; uma voz chorosa e uma voz agressiva: "Mas eu quero ficar com ele. – Não, vagabunda! Vagabunda! Você não ficará com ele. Você sabe que essa será sua punição a vida inteira." Eu estava perplexa de ouvir essas palavras proferidas por um menino de treze anos, que era completamente alheio.

Era um grande fóbico. Tinha medo de tudo o que era pontudo, até de um lápis, que ele via como podendo espetar e matar. Fora necessário, nas duas sessões precedentes, todo um trabalho de aproximação para ele poder aceitar me espetar com um lápis e perceber, então, que eu não morria. Depois, em um momento em que ele não esperava, fiz em sua mão o que ele fizera na minha. Imediatamente, ele relaxou e disse: "É só isso? – É, é só isso!" Ficou completamente desarmado, vendo que não havia por que ser fóbico. Sua fobia remontava, evidentemente, à vida *in utero*, na época em que a avó materna tentara abortar o feto da própria filha – o que só fiquei sabendo depois.

Esse menino nascera do amor recíproco entre uma jovem de dezesseis anos e um professor já casado e pai de quatro filhos. A jovem não conhecera o próprio pai, que morrera quando ela ainda era bebê. Quando ficou grávida, sua mãe quis fazê-la abortar: mas não dera certo, porque ela não encontrou nenhum abortador. O professor, por seu lado, dera sua palavra de honra que pagaria as despesas da educação da criança até sua maioridade. Não podia reconhecê-lo, dizia ele, porque a lei de seu país não permitia a um homem casado legitimar um filho natural. Mas ele dizia amar a jovem e querer assumir suas responsabilidades com relação à criança. Se ela quisesse ficar com o bebê, ele lhe forneceria o endereço de uma cuidadora, senão ele mesmo se encarregaria disso, pois era um filho do amor.

Já que a possibilidade de um aborto estava excluída, a mãe da moça decidiu, sozinha, fazê-la ter o filho em uma clínica de adoção clandestina na Suíça. A futura mãe adotiva também estava em um quarto da clínica. Eis como as coisas aconteciam: a mulher que vinha para adotar também dava entrada na clínica, com uma almofada para simular a gravidez, enquanto a verdadeira grávida dava à luz. Algum tipo de tratamento ou uma curetagem ginecológica eram inscritos no nome da pessoa que, na realidade, vinha dar à luz. E declarava-se que a criança nascera da outra mulher. São, aliás, as melhores adoções. (Eu não sabia, na época, que os dois outros filhos da família de meu paciente também haviam sido adotados, nas mesmas condições. Eles não haviam atravessado nenhuma dificuldade particular.)

A mulher que viera adotar o menino ouvira os gritos da briga no quarto contíguo e ficara perturbada. Declarara: "Não quero tirar o bebê dessa jovem. Se ela quiser ficar com ele, que fique! Voltarei uma outra vez, quando outra mulher quiser que o filho seja adotado." Responderam-lhe: "Olhe, a avó não quer que a filha fique com o bebê. Se você não o aceitar, não haverá ninguém para adotá-lo." Essa mulher passara assim dois dias na clínica, ouvindo, do quarto vizinho, as súplicas da jovem que acabara de dar à luz e os urros sádicos revoltantes da velha – enfim, ela não era tão velha; era uma avó de uns quarenta anos (*risos*), mas uma mulher frustrada.

O menino tinha, então, apenas quarenta e oito horas quando ouviu o que acontecia entre as duas mulheres, sua mãe genitora e sua avó. E foi em uma sessão de análise comigo que reproduziu esse diálogo de peça de teatro realista. Eu, claro, não entendi nada. Apenas escutei e gravei como pude, como se se tratasse de um documento. E, depois, ele foi embora como sempre depois das sessões, ou seja, como um sonâmbulo.

Alguns dias depois, telefonema da mãe adotiva: "Doutora Dolto, preciso vê-la com urgência, porque aconteceu algo extraordinário. Quando meu filho voltou da sessão (ao meio-dia, pois), pediu para se deitar e dormiu até às oito horas da manhã do dia seguinte. Nunca contei à senhora que ele nunca dormiu? – Como assim, nunca dormiu? – Desde que sabe andar, passa as noites perambulando. Nunca dormiu mais do que meia hora sem acordar, para adormecer novamente por alguns instantes." Se ela nunca me falara a respeito, era, evidentemente, porque não podia; teria sido então obrigada a me dizer o resto.

Pedi-lhe então para vir me ver e expliquei-lhe: "Normalmente, não conto aos pais o que acontece na sessão dos filhos. Mas ele próprio contou-lhe alguma coisa?" À guisa de resposta, disse-me que ele estava transformado: "Tornou-se calmo. Primeiro dormiu trinta e seis horas seguidas. E, desde então (oito dias já se haviam passado), deita-se bem cedo e dorme um sono totalmente repousante. Deixou de ser ansioso, já não tem medo como antes; e está até mesmo me ajudando no serviço da casa."

O menino estava, pois, curado. Mas havia ainda um problema: era iletrado aos treze anos.

Disse à mulher: "Aconteceu alguma coisa quando ele era pequeno." E repeti-lhe, então, as palavras que seu filho proferira, a duas vozes, na sessão. Ao ouvir isso, ela deitou-se na mesa urrando, como uma mulher que sente cólicas. Gritava: "É abominável! Ah, doutora! Não me diga isso! Não me diga isso!" Eu estava absolutamente pasma com o efeito que as palavras pronunciadas pelo menino produziam nela! (*Risos.*) Pensei que talvez se tratasse de uma briga, como dessas que houve após a guerra: naquela época, aconteceu mais de uma vez de a avó não querer devolver à filha a criança que ela lhe confiara para que tomasse conta. E esta frase: "Não, ele vai ficar comigo", podia também ser o fragmento de uma cena entre uma empregada apegada ao bebê e a mãe. Não desconfiava que pudesse se tratar de uma situação tão dramática como a que me contou essa mulher, em seguida.

Assim, lá estava ela a ganir, e eu não entendendo nada. Eu esperava, passando-lhe a mão no ombro, enquanto ela gritava, para acalmá-la. "O que aconteceu? Você é judia, por acaso?" (*Risos.*) (Como o menino nascera durante a guerra, eu procurava imaginar o que podia haver como situação abominável.) Finalmente, ela me respondeu: "Não, doutora, eu menti. Mas, se eu disser a verdade, toda a minha vida desmoronará." Insisti, e ela, finalmente, disse: "Todos nossos filhos são adotados. Sou fisicamente anormal. Não sou construída como uma mulher. (Tratava-se de uma anomalia genética.) Pois bem! Constituímos uma família com crianças adotadas. – E qual é o problema?" Foi então que ela me contou em que circunstâncias adotara aquele menino, que era seu filho mais velho. E acrescentou: "Mas o que eu ouvi aquele dia ninguém mais no mundo ouviu, nem mesmo meu marido. Como meu filho pode ter ouvido isso? Somente o pessoal da clínica estava ao par." Foi nessa mesma clínica que ela foi buscar seus outros dois filhos (adotara um a cada quatro anos).

De qualquer modo, ela nunca contara isso a ninguém. Mas ficara tão sensibilizada de compaixão e de afeição pela jovem que lhe dera a alegria de ser mãe, que dera ao menino o nome que a moça queria para ele. Foi no momento em que ela própria estava em pleno Édipo que a jovem concebera a criança, já que o nome que queria lhe dar era o do príncipe herdeiro do país de que era originária. A mãe adotiva, por seu lado, não explicou ao marido a escolha daquele nome estrangeiro.

P.: É, então, o não dito que constitui o núcleo da psicose desse menino.

F. D.: É um não dito. Mas o que havia de forcluído, que o tornara esquizofrênico? O que estava forcluído era o nó do processo encobridor, a fobia de tocar qualquer coisa pontiaguda. Finalmente, essa fobia limitava-se a um alfinete. O curioso é que essa sublimação levou-o, ulteriormente, a ele que era iletrado, a aprender a ler, a escrever e, finalmente, a escolher uma profissão em que tinha que lidar com alfinetes. (*Risos.*)

P.: E no que concerne ao Édipo de sua mãe genitora...?

F. D.: O Édipo dessa mãe, que era uma adolescente, fez-se sobre o substituto paterno que seu amante, o professor, representava. A criança era para ela, evidentemente, o rei: é por isso que devia ter o mesmo nome do príncipe herdeiro.

P.: Pode-se ver que, através dessa questão do nome, há um não dito sobre um homem que se repete por várias gerações...

F. D.: Aí está o não dito! Você falava de forclusão do Nome do Pai.

P.: Não acho que a forclusão seja isso. Você estava falando do Édipo da mãe.

F. D.: Mas também aí há um não dito! É efetivamente o caso.

P.: O Édipo da mãe... que seja. Você falava, há pouco, do modo como esse nome fora atribuído em função da relação amorosa que a mãe biológica tinha com o titular do regime da época. Talvez haja algo a dizer a esse respeito. Mas onde estava o pai nessa história, para a mãe, para a criança?

F. D.: Esse menino gravara, de algum modo, como uma fita magnética, a briga. Quando o revi na sessão seguinte, estava perfeitamente bem, exceto pelo fato de continuar iletrado. Mas tornara-se capaz de falar como eu e você. Perguntei-lhe: "O que vamos fazer hoje? – Vamos fazer um desenho. – E como você está se sentindo? – Oh! Eu dormi bem." Foi tudo o que pôde me dizer. "Por acaso você se lembra do que me disse da última vez? – Não. – Você quer que eu lhe conte? – Ah, não! Tanto faz!" Eu acrescentei: "Vou lhe contar assim mesmo." (*Risos.*)

E, quando lhe repeti as palavras que ele reproduzira a duas vozes, escutou-as como um papa a quem eu falasse na língua de Shakespeare. Não se lembrava de absolutamente nada e me declarou: "Não estou entendendo. O que isso quer dizer?" Não disse mais nada, pois cabia aos pais o trabalho de revelar-lhe que fora adotado. Se hesitavam em fazê-lo, era porque, nesse caso, deveriam dizer, igualmente, a verdade aos outros dois filhos, também adotados. Como se tratava de partos clandestinos e como as crianças eram declaradas legítimas nos documentos oficiais, os pais pensavam não ter nenhuma razão para revelar-lhes as circunstâncias de seu nascimento e sua qualidade de filhos adotivos.

Mais tarde, fiquei sabendo que o menino se casara e se tornara pai de família, e que se inserira profissionalmente. O irmão e a irmã também se haviam casado. Eram uma família unida.

Esse caso levanta a questão da inscrição da linguagem. Uma vez tocada a fita magnética, as palavras gravadas deixaram de ter sentido para ele e seus sintomas desapareceram imediatamente; recuperou o direito ao sono, que é uma volta das pulsões de morte, recolocadas a serviço do repouso do sujeito.

P.: Esse enunciado deve ter adquirido um efeito de sentido terrível no momento em que ele o pronunciou sem entendê-lo?

F. D.: Certamente! Em todo caso, foi um sentido que, a mim, impressionou muito.

P.: Talvez tenha sido a própria repetição que lhe deu um efeito de sentido?

F. D.: O que houve na primeira infância desse menino? Duas bruxas brigando por uma criança-coisa, por cima de seu berço – foi pelo menos assim que eu senti. Mas nem de longe eu imaginava que isso acontecera quando ele tinha apenas dois dias. Esse fato comovera todo o pessoal da clínica, que julgara a avó desumana e perversa. E a mãe adotiva se sentira ainda mais compadecida pela jovem que acabara de dar à luz – da qual ninguém mais teve notícias, não se sabendo se pôde se restabelecer, depois, dessa história, pois ficara terrivelmente abalada.

P.: É exatamente nesse sentido que a linguagem é catártica: quer dizer, mais na enunciação que na interpretação.

F. D.: Não houve interpretação formulada, nem por ele nem por mim. A linguagem catártica teve como efeito libertá-lo das razões que tinha para ser fóbico com relação às pulsões de morte, permanecendo constantemente acordado para não ser espetado e morto.

P.: É excepcional, em todo caso, que tais coisas sejam enunciadas em análise: porque esse não dito leva à repetição; ele a sustenta constantemente.

F. D.: Esse não dito estava a serviço da repetição da falta de sono, efetivamente.
É uma linguagem somática, cuja característica peculiar é repetir-se constantemente. É preciso ressaltar que, quando se impede uma pessoa de dormir, ela enlouquece. Como acontece com os cachorros. Fizeram experiências de a-sensorialidade com voluntários: eles se tornaram esquizofrênicos. Alguns levaram meses para se recuperar. Foi, por assim dizer, o interesse científico que motivou estudantes de biologia. (*Risos.*) Algumas dessas cobaias sofreram de dissociação de tipo esquizofrênico durante algumas horas; outras durante vários dias. Mas todos ficaram profundamente abalados; haviam, como drogados, saído dos limites da épura do espaço e do tempo, cujo cruzamento estrutura a imagem do corpo.
Vocês sabem o que são essas experiências de a-sensorialidade: os sujeitos são mantidos dentro da água morna, com o corpo envolvido em algodão para não ter nenhuma percepção. Flutuam, respirando por um tubo, sem nenhum ponto de referência. Essas pesquisas não foram levadas adiante precisamente por serem perigosas demais para os sujeitos da experiência.
Assim, depois de alguns dias, a ausência total da imagem do corpo destrói as referências de espaço e de tempo pelas quais nosso narcisismo está ligado à nossa história inconsciente e consciente. Então, o que quer dizer a palavra "forclusão" nesse caso?

Sobre um outro aspecto da forclusão, vem-me agora a lembrança do que aconteceu com uma psicanalista que tive o doloroso privilégio de acompanhar até à morte. Pois essa mulher morreu, entre duas de nossas sessões, de um câncer de que não sabia sofrer. Ela me pedira, por estar sob cortisona, para acompanhá-la – porque, como vocês sabem, a cortisona provoca terríveis ímpetos pulsionais. Ora, ela precisava trabalhar e, portanto, conservar seus analisandos, o que fez quase até o fim.

Eu a atendia uma vez por semana. Ela fora analisada quinze anos antes e era, ela mesma, uma excelente analista, uma das melhores da Sociedade entre os jovens de sua época. O diagnóstico da doença – que ambas desconhecíamos – era acompanhado, na época, de um prognóstico fatal. O que não acontece hoje em dia, já que esse câncer pode, muitas vezes, ser curado.

Ela enfrentava, ainda, uma vida social e profissional só alterada por momentos de intensa fadiga, de que suas temporadas no hospital ajudavam-na a se recuperar.

Durante o que foi sua última sessão em meu consultório, ela me disse: "Tive um sonho extraordinário, impossível de contar; mas acompanhado de tal felicidade que não sei se é possível sentir algo comparável na terra. Essa felicidade vinha de sílabas que eu ouvia, sílabas que não querem dizer nada. Não havia nenhuma imagem nesse sonho." Essas sílabas, ela as pronunciou, e eu as transcrevi. Ela ainda estava completamente iluminada com elas. E o final da sessão girou em torno desse sonho extraordinário e do contraste com seus problemas na vida cotidiana. "É verdade", disse ela, "que, se fosse duradoura, tal felicidade consolaria de tudo."

Perguntei-lhe, após a sessão: "E se fossem palavras de alguma língua indiana?", pois eu sabia, por sua história, que, quando seu pai, de nacionalidade inglesa, estava alocado nas Índias, sua mãe voltara para dar à luz na Inglaterra e, depois, fora ao encontro do marido, com o bebê de um mês. Minha paciente vivera, pois, na Índia desde então até os nove meses. Ali, sua família vivia muito largamente, empregando pessoas para o serviço doméstico. E, como o pai e a mãe iam, às vezes, em representações oficiais, para outras regiões, tinham proposto a uma pequena indiana de quatorze anos cuidar do bebê em sua ausência. Essa jovem não deixava o bebê, que ficava constantemente em seu colo; era realmente sua babá. O bebê crescia muito bem. Minha paciente não guardara nenhuma lembrança dessa primeira infância, mas a conhecia por fotos e pelas narrativas que lhe haviam feito os pais.

Quando o bebê tinha cerca de nove meses, o pai teve que voltar para a Europa. Colocou-se então a questão de saber se levariam a jovem que cuidava do bebê, diante do desespero que ela demonstrava à perspectiva de deixá-lo. Os pais decidiram, finalmente, deixá-la em seu país, não sabendo se conseguiria adaptar-se ao modo de vida inglês, com quinze anos, longe de sua família, que ainda levava uma vida tribal. E foi dilacerante o adeus da pequena indiana ao bebê que a deixava. Também essa cena, minha analisanda só a conhecia pelo que lhe haviam contado.

Ela me disse: "Mas como saber se os fonemas ouvidos nesse sonho têm alguma relação com o híndi?" Respondi-lhe: "Indo até a Cidade Universitária, na Casa da Índia. Talvez você encontre alguém que possa lhe dizer. O que eu estou dizendo talvez seja absurdo, mas é possível que, em uma regressão muito profunda, como as que se produzem no sono, você tenha reencontrado esses fonemas ouvidos lá longe, na sua primeira infância."

Ela foi até a Cidade Universitária e encontrou uma pessoa que lhe declarou: "Olhe, existem setenta línguas em nosso país. Não sei. Pergunte a Fulano." Depois de ter assim consultado muitos estudantes hindus, acabou encontrando um que lhe disse: "Ah, sim, isso parece com tal língua. Você estava perto de tal cidade quando você era criança? Sim? Então, é em tal região que se fala essa língua. Aquele cara ali vem de lá. Pergunte a ele."

E o jovem que acabavam de lhe indicar sorriu ouvindo aqueles fonemas pronunciados todos errados. Ele os repete, por sua vez, com a pronúncia correta e declara à minha paciente, rindo: "Claro, claro! É o que todas as babás, todas as mamães, dizem aos bebês: *Minha querida pequena, cujos olhos são mais belos que as estrelas*. É uma pequena frase de amor."

Fora então naquele lugar, e naquela idade, que fora gravada, em sua memória, aquela língua completamente esquecida em seguida. O sentimento dessa felicidade tinha sido recuperado unicamente pelo trabalho da análise, que permite que o passado se atualize para nós? Que separação se anunciava, pelo retorno desses fonemas no sonho?

O fato é que, três dias depois, minha paciente já não podia andar, sem, contudo, sentir nenhuma dor. Um incidente neurológico obrigava-a à imobilidade. Tornara-se paraplégica, em razão de uma metástase medular. A partir daquele dia, só pôde deslocar-se carregada. Ora, com nove meses, ela ainda não andava – só começara com um ano. Estava sempre nos braços do outro; era o outro que a carregava, fora o outro que lhe dissera aquelas palavras de felicidade, quando ela ainda era um pequeno bebê, palavras que provavelmente exerceram a função de um viático de amor no momento da ruptura de seu esquema corporal – e não da imagem do corpo. Houve uma ruptura efetiva com a pessoa que representava para a criança o corpo "carregador"; mas a imagem do corpo tinha como substrato a palavra daquela que a carregava: ela mantinha o laço, apesar da ruptura. A jovem hindu era para o bebê como sua própria voz e sua própria alegria narcisante.

É assim que podemos entender a felicidade suscitada pelas sonoridades dessas palavras incompreensíveis no sonho. Elas anunciavam, na verdade, o drama que ia cortar ao meio, sensorialmente, o esquema corporal daquela moça.

Isso nos dá referências para refletir sobre o que representa, para uma criança de nove meses, a linguagem da mãe tutelar – aqui, uma mocinha carinhosa que a carregava no colo –, e sem a qual ela não se sente nem inteira, nem humana, nem deambulante. Pois, com aquela idade, ela só podia deambular carregada no colo de alguém com quem ela se sentia, de algum modo, em simbiose: outras pernas, outros braços a faziam movimentar-se no espaço, os braços e pernas de alguém que a narcisava dizendo-lhe que a amava.

Mas onde aqueles fonemas, os significantes dessa língua, tinham permanecido inscritos? Estavam forcluídos? Certamente, mas não estavam forcluídos para sempre. Voltaram por ocasião de uma provação que estava se preparando. A forclusão talvez nem sempre seja verdadeiramente uma forclusão. A que agressões à razão e ao esquema corporal o sujeito tem que ser submetido para que aquilo que estava forcluído surja como afeto humanizado, dizível? De qualquer modo, minha paciente nunca mais em sua vida voltará à Índia, e aqueles fonemas não lhe diziam absolutamente nada quando acordou. No entanto, em seu sono, eram acompanhados desse prazer narcisante indizível que recebe o nome de felicidade.

O que é a forclusão? Tratava-se, realmente, de forclusão? Penso, em todo caso, que no inconsciente tudo deixa vestígios. Aquelas palavras tinham se inscrito ali, aos nove meses de idade.

P.: Ora você não exclui que haja forclusão na origem de uma psicose, ora você afirma que ela não é mais do que o nome dado à resistência do psicanalista. Você não usa, então, esse conceito do mesmo modo que Lacan?

F.D.: Não, efetivamente. Concordo com ele no que diz respeito ao reconhecimento da forclusão, na clínica, em todo caso. Mas penso que o trabalho analítico, na transferência, pode conseguir suspender o interdito que se refere a uma lembrança, se suscitar no sujeito a revivescência de uma imagem do corpo arcaica, animal ou vegetal, talvez até petrificada. É essa imagem do corpo arcaica que está em jogo naquilo que está forcluído.

A forclusão talvez seja hiper-histérica. Pensemos, por exemplo, naquela mulher que tinha fobia de gatos: os "brancos", os longos períodos de silêncio que ela atravessava em seu tratamento, eram meios de voltar a essa imagem arcaica.

P.: Parece-me que podemos resumir, de maneira simplificada, a diferença entre sua concepção da forclusão e a tese de Lacan dizendo que, para ele, está forcluído o que nunca entrou no inconsciente. Uma representação foi rejeitada antes mesmo de ter sido admitida como tal. A alucinação do Homem dos lobos, que acreditava ter visto seu dedo cortado, é exemplo disso. Em outras palavras, é o símbolo da castração que não fora admitido em seu inconsciente. Ao contrário, nos casos que você toma como exemplos – entre os quais alguns são, manifestamente, casos de psicose –, você mostra que no inconsciente do sujeito um elemento pôde ser gravado, mas não foi simbolizado.

F. D.: Um elemento foi funcionalmente gravado, mas não teve, em seguida, ressonâncias na história do sujeito. Um acontecimento teve uma incidência sobre uma imagem funcional de seu corpo, mas nenhuma palavra fez a passagem, ulteriormente, entre essa experiência e aquele que se tornou um sujeito falante.

P.: Isso quer dizer que certas representações se inscreveram no inconsciente do sujeito, associadas à experiência de uma ruptura, mas sem nunca serem simbolizadas, posteriormente, por uma castração.

F. D.: De fato, nunca se tornou uma castração. Assim, essa mulher que se lembrou da frase em híndi que ouvira quando bebê recuperou a memória dessa experiência no momento em que seu corpo adulto foi atingido pela doença. Essa mutilação de seu corpo a levava de volta à experiência que tivera de ser carregada. Presa à cama, paraplégica, viu-se na mesma situação de quando não tinha suas pernas para andar, aos nove meses.

P.: Em vez de se apoiar nos significantes ligados à castração, ela foi obrigada, na idade adulta, a apoiar-se na lembrança dessa frase simplesmente gravada, não simbolizada, porque a dita frase estava ligada a uma lembrança de simbiose com a jovem indiana.

F. D.: Exato, para recuperar seu narcisismo de adulta em um corpo que voltava à impotência original da criança.

P.: Não se tratava, contudo, de um evitamento da castração?

F. D.: Talvez não se trate de um evitamento. No caso dessa mulher, tratava-se de uma agressão ao esquema corporal, mas não à imagem do corpo. A imagem do corpo que ela tinha, quando criança, era completa, graças ao amor daquela jovem que era, para ela, sua voz e suas pernas, quando lhe falava carregando-a no colo.
Acredito, de fato, nos efeitos da forclusão. É um fato clínico. Mas creio, também, que não é impossível superá-la em alguns tratamentos em que o paciente pode, graças à transferência, sentir-se como já não sendo sujeito de sua idade nem de seu tempo. Essa regressão torna-se possível inconscientemente pelo analista, que admite então uma transferência de criança a adulto.

12

Sobre a gênese da perversão

> *Uma perversão origina-se em um ideal valoroso – Todas as crianças são pervertíveis – Todos os perversos são tratáveis se sofrem – Histeria e perversão. Psicossomática – "Dizem que sou normativa".*

P.: Você poderia explicar como uma perversão pode resultar de uma castração mal dada?

F. D.: A perversão ocorre porque o adulto que deu a castração não o fez em nome desse ser humano que ele deve ajudar a se desenvolver, mas apenas em nome de seu próprio narcisismo: pretende-se dono do outro, seu filho, que transforma em escravo ou até mesmo em um animal doméstico submisso. É unicamente em nome de sua vontade, e não da lei à qual ele mesmo está sujeito, que o adulto impõe então ao filho a renúncia ao prazer ou sua restrição. Ao contrário, o adulto que também aceitou a lei é o exemplo de alguém feliz. Não é o caso daquele que, tendo se submetido a ela sem reconhecê-la, quer infligir a lei ao filho, nele inculcá-la com violência, como a um subalterno ou a um aluno, sem ter ele próprio superado a impulsividade de seu desejo.

Toda criança sofre com a proibição imposta à satisfação de um desejo que ela quer, contudo, continuar a reivindicar. Mas, se aquele que lhe impõe a proibição é para ela um modelo estimado – porque essa pessoa a reconhece como sendo e tornando-se, de direito, seu igual, um ser humano total –, então a criança sabe que terá mais alegrias e possibilidades de comunicação na lei, mais liberdade na aceitação da lei do que em sua recusa. E a criança percebe muito bem se o adulto gosta dela e a respeita.

O adulto que dá sadiamente, sem desprezo ou crueldade, as proibições que ele próprio reconhece é, então, um mestre de desejo humanizado para a criança. A castração é humanizante, se é dada por um homem ou uma mulher na lei, reconhecendo como tais os homens e as mulheres que aceitaram, eles próprios, anteriormente, submeter-se a essa regra que impõem ao filho. Mas, constantemente, vemos a castração desviada desse objetivo simbólígeno. Dizer a uma criança: "É não, porque estou dizendo não", é uma retaliação no lugar de uma castração, pois o prazer puro e simples do adulto não permite a promoção de uma criança na sociedade. Ao contrário, a castração não é uma lei que submete alguém, ela liberta da dependência com relação ao outro. Torna aquele que recebe sua iniciação, aceitando submeter-se à lei, um igual dos adultos.

P.: Mas nem sempre podemos justificar racionalmente uma proibição.

F. D.: É verdade. Mas, nesse caso, devemos dizer isso. Muitos pais dizem aos filhos: "É para o seu bem que estou impondo isso, mais tarde você me agradecerá." Já é alguma coisa e, além disso, é, na maioria das vezes, verdade; mas poucas são as crianças que acreditam nisso. Manifestar compaixão pelo sofrimento das crianças tem, nesse caso, um efeito mais positivo.

P.: Podemos nos perguntar se muitas crianças – e adultos – que talvez aceitassem a lei, quando veem que os próprios pais não sabem como a representar, não se aproveitam da brecha assim estabelecida, talvez não necessariamente por contestação, mas antes por uma espécie de perversão latente.

F. D.: Sim, de perversão, de ambiguidade. Os seres humanos são todos perversos; nem que seja por aceitar o código da linguagem, que não nos vem da natureza.

P.: Você afirma que os perversos são sempre tratáveis.

F. D.: Quando sofrem com sua perversão ou com seus efeitos, podem ser tratados em psicanálise.

P.: Em outras palavras, se têm uma demanda?

F. D.: Sim, contanto que tenham essa demanda não apenas para manter as aparências; mas se sofrem com o próprio enclausuramento. O perverso é amarrado por sua perversão; ela limita sua liberdade.

P.: Quando você acrescenta que o desejo de uma criança perversa é sempre sadio, o que isso quer dizer concretamente?

F. D.: Que ela repete uma coisa da qual espera ser curada. Porque sofre com isso. Uma criança cruel com outras crianças, com animais, repete algo de que não tem a chave; mas sem dúvida encontrou o exemplo em alguém que tem valor para ela, ou então sofreu a mesma coisa da parte de alguém que via como modelo. Ora, ela não quer renunciar a essa pessoa ou à sua lembrança, associadas, para ela, a seu próprio narcisismo.

A criança, para crescer, quer imitar o mestre de vida que lhe deu, voluntariamente ou não, sabendo ou não, o exemplo de uma perversão. Digo "voluntariamente ou não", porque pode ser involuntário da parte desse mestre: a criança pode ter tido uma espécie de *flash*. Por exemplo, acha que precisa tornar-se um matador porque viu o pai voltar da caça: "Papai está orgulhoso de ter matado; ser um matador é bom!", pensa ela. Pouco importa tratar-se de um animal! É o fato de matar que se vê assim valorizado. É um sintoma a ser analisado, que traduz que um ser humano sofreu um colapso, em dado momento de sua evolução, tanto em seu narcisismo quanto em suas possibilidades de adaptação à sociedade. Ora, o adulto que responde pela criança mostrou-se a ela como alguém que se conformaria a uma lei na realidade perversa; é, pois, ao que ela imagina ser uma lei que a criança continua a obedecer, nela fechando-se. Maltratar os animais torna-se para ela um ritual sagrado. Senão, ela não se sente digna de seu pai, ou de sua mãe, como apareceram-lhe em dado momento, em uma fantasia que ela não verbalizou. (Ou, se o fez, não a deixaram dizer; não discutiram com ela essa fantasia em nome da realidade.)

P.: Ela não cede quanto a seu desejo. Mas você acrescenta que o desejo do perverso não sofre distorção com relação ao seu esquema corporal.

F. D.: Sim. Vemos o fenômeno inverso acontecer em uma doença, que não é uma perversão, e na qual o esquema corporal sofre o efeito do imaginário. As crianças portadoras da síndrome de Turner se conformam ao olhar que os outros têm da aparência de seus corpos. Os modelos que escolhem, para sua estrutura psíquica, alinham-se ao discurso que os outros sustentam com relação a ela. Identificam-se com o adulto, cujo corpo é para elas semelhante ao delas (o que é um engodo). Pois se imaginam à semelhança de um outro que efetivamente possui as características sexuais que elas têm apenas aparentemente. Esse processo psíquico vai no sentido oposto à maturação de suas glândulas sexuais.

P.: A perversão, tal como você a está tratando, talvez seja uma estrutura rígida, mas, contudo, menos organizada que uma neurose.

F. D.: Freud diz que a perversão é o negativo da neurose. Uma perversão não é organizada como uma neurose; é uma organização que pode resultar, um belo dia, na saúde. Acho o neurótico mais fixado narcisicamente que o perverso. Pois uma libido evolui; somos impulsionados por uma falta. Quando já repetimos o bastante a busca de um prazer minguado, que não dá em nada, voltamo-nos para outra coisa. Mas é verdade que é possível ser simultaneamente neurótico e perverso.

P.: Será que o caso da menina que faz xixi no pai tem alguma dose de perversão, por ser um ato e não somente uma fantasia?

F. D.: Sim; mas todas as crianças são pervertíveis. Nesse caso, o pai deu atenção a algo que não faz parte da educação. Pois a continência urinária é sadia e normal em todos os mamíferos, exceto quando têm alguma deficiência. Assim, essa menina seria continente como todas as crianças de sua idade, se não buscasse chamar a atenção do pai para seu sexo de menina. Os pais caem na cilada do filho quando se interessam por sua pélvis. Bastaria dizer-lhe: "Escute, quando isso tiver que parar, parará; já que todos os animais tornam-se continentes sozinhos. É que você não tem vontade de tornar-se uma menina, quer continuar sendo uma macaquinha. A mim, seu xixi não interessa nem um pouco." O que importa é interessar-se pelas sublimações que estão acontecendo na criança, e não pelas satisfações brutas do corpo (necessidades ou desejos).

P.: No caso de uma perversão feminina, se é que isso pode existir, por exemplo a que começaria por fazer xixi no papai para...

F. D.: Para provocá-lo a dar-lhe uma palmada. Posteriormente, fará parte de sua erotização de mulher levar palmadas do amante. É nesse sentido que se transforma essa erotização em uma pretensa perversão. Mas isso depende também da intensidade ligada à fantasia: será de fato a palmada que provoca o orgasmo nessa mulher, em vez do fato de se dar a um homem?

P.: Esse processo passa, apesar de tudo, nesse momento, por um objeto do corpo, um objeto parcial?

F. D.: Sim.

P.: Ao passo que, na histeria, ao contrário, permanecer-se-ia unicamente na fantasia?

F. D.: Não. A histeria tem como objetivo manipular o outro: que o outro caia na armadilha do desejo do sujeito. O histérico manipula o outro para que ele cuide dele (ou dela). É o que constitui a diferença em relação ao campo do psicossomático, no qual é a nós mesmos que manipulamos. Nesse caso, é um supereu que grassa no interior. Enquanto, na histeria, é preciso que o outro responda para que ela continue; senão, ela para.

O que chamo de perversão, aqui, é a conservação, depois do Édipo, de uma atitude incestuosa, ligada a uma erótica anal e não a uma erótica genital: por exemplo, que uma mulher mantenha em suas relações com o amante a relação que tinha com o pai, o pai das palmadas. O amante deve ser para ela o pai antes de ser um amante (ou seja, um outro fora da família). Ela não está castrada do pai.

P.: O psicanalista de criança não é levado, às vezes, a colocar-se no lugar de um dos pais ou de um educador?

F. D.: Nós, psicanalistas, não temos nenhum projeto pedagógico diretivo; mas não podemos não ter, com relação às crianças, um projeto de estruturação, ou seja, de castração das pulsões, umas após as outras.

Acusam-me, muito, de ser normativa, de não deixar dizer simplesmente o que vem, seja do imaginário, do real, do simbólico. É totalmente impossível com as crianças. Podemos ter essa escuta com aquelas que estão no momento do Édipo, quando são continentes, ou quando já falam perfeitamente; quando podem verbalizar representações orais ou anais que, então, já sublimaram em parte, ou quando já sabem fazer alguma coisa com as próprias mãos, sentindo com isso um prazer criativo e ideativo.

Mas não podemos deixar dizer nem deixar fazer tudo – quem cala, consente. Por exemplo, não podemos não reagir, ao menos com uma pergunta, à denegação do pai que nos conta que o filho – trazido em um momento de crise edipiana – dorme na cama da mãe. A esse pai complacente, que fica dormindo do seu lado, podemos dizer: "Pois bem, continue! Mas eu não vou fazer psicanálise nenhuma."

Não podemos continuar um tratamento tornando-nos ao mesmo tempo cúmplices de uma perversão dos pais. Talvez eles não consigam renunciar ao seu comportamento já na primeira semana. Devemos dizer-lhes, então, que são nocivos ao filho.

Não creio que possamos fazer psicanálise sem dar as castrações às pulsões que devem ser castradas, para permitir às crianças simbolizar essas mesmas pulsões em um campo de comunicação cultural. Com relação às crianças menores, que ainda não atingiram a autonomia para comer, para se vestir, nem a independência motora, nem o controle esfincteriano, cabe aos pais castrarem a si mesmos do corpo a corpo com o filho e da ajuda que gostariam de lhe dar. É falando com ele que o sustentarão em seus esforços para conseguir fazer as coisas sozinho; recusando, não de modo falso, ajudá-lo; dizendo-lhe não: "Não tenho tempo" – pois não é verdade –, mas: "Não. Não quero. É muito difícil. Você vai conseguir." Depois, retomamos com a criança, em sessão, as razões pelas quais é difícil.

Em contrapartida, se aceitarmos ocupar o lugar no qual a criança quer nos colocar para nos fazer assistir a uma inversão de papéis, como no caso em que vai ocupar, junto ao pai, o lugar da mãe, e tratar o pai como seu bebê, seremos então cúmplices de uma perversão de que os próprios pais deram o exemplo, ou de que foram vítimas, porque se submeteram ao prazer do filho. Pois é isto: quando uma menina faz xixi, durante o dia, para provocar o pai, ela sabe que isso vai lhe valer uma palmada. E o que é uma palmada para uma criança que ainda está no estado anal, ou mesmo no estágio pré-edipiano? Um substituto do coito!

Pois bem, a menina de que falávamos provocava o pai para um coito com ela, designando-lhe, com seu xixi, seu lugar de falta. "O fato de não o ter", como os meninos, "te provoca mais do que se eu o tivesse". Ela obrigava assim o pai a dar-lhe palmadas, para gozar de modo masoquista.

13

Psicanálise-relâmpago

> *Ferida resultante do não dito – Lembrança encobridora: o homem que estrangulava a si mesmo ao acordar – Distúrbios da imagem do corpo em uma criança psicótica – O feto que envesgava os olhos de medo – Criança calada.*

F. D.: Eu me vi, certa vez, diante de um caso extraordinário, atendendo o filho antes dos pais. Perguntei: "Quem quer vir antes?" O menino levantou e me seguiu. Eu não sabia, assim, nada sobre ele nem sobre sua família.
 Disse-lhe: "Se você quiser, faça um desenho ou uma modelagem. – Preciso de um modelo." Ele viu um cavalinho em uma estante e o tomou como modelo. Fez um corpo em modelagem. Nada mal. Depois uma pata, e outra exatamente igual. Fez assim quatro patas. Depois, cortou uma pela metade. O animal ficou, então, com três patas e uma metade. Depois, refez os membros do animal, de modo que o potro tornou-se bassê. Não deu bola para essa mudança e me disse: "Pronto, acabei." Aquilo espantou-me muito, pois o menino tinha dez ou onze anos e era inteligente.
 Fomos encontrar os pais, e observei que o pai tinha uma manga vazia. Era um homem condecorado. Enquanto o menino foi desenhar em uma mesa, os pais me falaram dele, descreveram seus ataques de raiva.
 Perguntei ao pai: "O que aconteceu com você? Foi um acidente? Quando aconteceu? – Não, não", respondeu, "não foi um acidente. Foi durante a guerra. Eu tinha dezenove anos e engajara-me como voluntário. Foi depois disso que encontrei minha mulher." Exerceu, em seguida, uma profissão intelectual, e, assim, não ter um braço não o incomodava. Perguntei então ao filho: "Seu pai lhe contou sobre a guerra? Disse-lhe como perdeu o braço?" O menino ficou vermelho, depois roxo de emoção e explodiu em lágrimas: "Mas eu não sabia, ninguém nunca me disse que ele só tinha um braço." O pai, estupefato, olhou-o, em seguida, depois de me consultar com os olhos, foi até ele, abraçou-o com carinho. O menino – apesar de já ter dez anos – sentou-se no colo do pai para pedir-lhe para contar tudo.
 Eu disse ao homem: "O que aconteceu é importante. Veja o modelo que seu filho escolheu, veja a modelagem que fez de acordo com ele. Era como se esse animal, comparado ao modelo, tivesse que ter apenas a metade de seus membros." O pai se espantou: "Mas como? Eu contei para você... – Não, você nunca me contou. – Mas nós tomávamos banho juntos. – Não, eu achava que era muito ruim." Muito ruim de perceber que papai só tinha um braço. Isso nunca tinha sido humanizado pela palavra. O pai nunca havia pensado em falar a respeito com o filho. Pouco tempo depois, ele me telefonou. Não tive que co-

meçar um tratamento, pois o menino curara-se assim, durante essa conversa na qual aquela realidade viera decodificar-se, falar-se entre o pai e ele. Havia um grande carinho entre eles naquele momento em que o filho tinha uma necessidade tão grande de que o pai lhe contasse as circunstâncias reais daquela mutilação.

Como fora mutilado antes mesmo de se casar, o pai nunca falara disso ao filho. E o menino estava enlouquecendo, provocando o pai que já não podia contê-lo com os braços.

É extraordinário: as coisas que não são ditas, não temos o direito de sabê-las em pensamento. Em vez disso, um corpo provoca outro. De resto, o pai reconhecia que já não podia controlá-lo: "Já não consigo acalmá-lo. Ele está em perigo; põe a casa de ponta-cabeça." Eram ataques de raiva destrutivos, crises de loucura. Quando ele se acalmava, davam-lhe um copo de água e tudo terminava. Não se lembrava mais de nada, não sabia por que ficara com tanta raiva.

Perguntei à mãe: "É verdade que você nunca teve a oportunidade de explicar a seu filho como o pai perdeu o braço, nem de dizer-lhe que é por causa desse braço que ele tem todas essas condecorações?" Ela respondeu: "Não, nunca pensei nisso, nunca acharia que isso pudesse ter alguma consequência... Para mim, isso nunca causou nenhum problema; meu marido é como é."

Acredito, contudo, que essa mulher continha uma mutilação sem saber, por nunca ter dito nada. É possível, no final das contas, que ela própria tenha sido filha de um mutilado da guerra de 1914.

O surpreendente era o fato de ser o braço esquerdo que faltava ao pai; e o menino começara fazendo, em modelagem, uma pequena pata dianteira esquerda para seu cavalo.

Coisas como essa nos ensinam. Naquele dia, aprendi tanto quanto os pais.

P.: O que você está dizendo dá a entender que o menino não era, pessoalmente, tão neurótico, já que o caso pôde resolver-se desse modo; mas havia uma neurose quase familiar, mantida pela mãe.

F. D.: Exato. E as crises histéricas significavam algo; queriam dizer: "Expliquem-me." Os pais estavam muito ansiosos. Haviam feito eletroencefalogramas no menino, porque pensavam que ele era epilético. Mas seus ataques de raiva não se assemelhavam a esse tipo de crises: não havia nem mordedura da língua nem desfalecimento. Durante aquela conversa, ele passara do vermelho ao roxo, mas sem crise, nem agitação motora. Contudo, caiu em um estado preocupante quando lhe perguntei, pura e simplesmente: "Você sabe como seu pai perdeu o braço?"

P.: Não seria um caso que mostra que o braço era o substituto do falo e que, acima de tudo, não se devia...

F. D.: Certamente. Que, acima de tudo, não se devia levantar a questão do falo que faltava ao papai. De modo que esse menino só podia ter um falo descerebrado como motor de sua libido; um falo descentrado. Segundo o pai, em suas crises de raiva, ele esbarrava em tudo, gritando, urrando como um possuído. Tratava-se, mais propriamente, de um estado de despossessão. Apenas o pai podia, então, acalmá-lo.

Se esse sintoma resolveu-se de uma só vez, foi porque o menino me disse seu problema imediatamente, pedindo um modelo, transformando um potro em bassê. Mas, na hora, não entendi nada, tanto mais que ele não falava absolutamente nada. Contentou-se em dizer: "Não, não tenho nada. Estou vindo ver você porque tenho ataques de raiva." Ele não sabia por quê. Ele mesmo estava preocupado por não saber por que quebrava tudo, durante suas crises. Acreditava-se louco, e era, acredito, o que o atormentava. Não tinha problemas de nível intelectual, acompanhava bem sua classe. Era simplesmente um histérico, típico.

P.: Que importância devemos atribuir à diferença entre uma fantasia – por exemplo, quando uma criança fabula sobre a morte dos pais que não conheceu – e uma lembrança encobridora?

F. D.: Lembranças encobridoras, todos nós as temos. É uma representação global que conservamos de alguma coisa: é o que nos basta; mas, na realidade, é uma lembrança que se forma por condensação e deslocamento, a partir de um conjunto de lembranças que permanecem recalcadas; é uma parte por um todo.

Isso me lembra o caso de um homem que estava convencido de que o pai tinha morrido quando ele próprio tinha dois anos e meio. Isso era para ele uma verdade. Nem mesmo estivera no enterro. Não tinha, aliás, nenhuma lembrança do pai; apenas algumas fotografias.

Esse homem estava muito doente, havia dois ou três meses, quando veio me ver. Ora, um dia, acordou estrangulando-se a si mesmo, com as próprias mãos. Já tinha precisado pedir à namorada que fosse embora, porque quase a estrangulara, nas mesmas circunstâncias, ao acordar; era terrível para ele; e, finalmente, a namorada fora embora. Ele continuou vindo me ver, enquanto os médicos o drogavam completamente. Falava comigo sentado, face a face.

Foi no momento em que me contava ter acordado estrangulando-se a si mesmo (tinha as marcas arroxeadas) que se lembrou que fora ele que, aos oito anos, despendurara o pai, que havia se suicidado depois de ter recebido cartas da Polônia – na época, começavam a perseguir os judeus naquele país. Como eram pessoas pobres, não tinha condições de trazer para a França os membros da família que tinham ficado na Polônia. Um ou dois meses depois de ter recebido essas notícias, o pai havia se suicidado, segurando na mão essa carta, que caíra no chão. Suicidara-se de desespero, nada podendo fazer pela mãe e pela irmã que tinham ficado lá. Isso acontecera alguns anos antes da guerra.

Meu paciente fora levado para a zona livre durante a guerra. A mãe morrera em um hospital, de pobreza, de privações e da dor de ser viúva.

Perguntou-se, ao recuperar essa lembrança, se não estava delirando. E, por felicidade, procurou amigos da mãe e encontrou uma mulher que era costureira em uma oficina de costura, e que lhe confirmou a verdade. Ficou sabendo que não apenas fora ao enterro do pai, mas que à sua mãe haviam dito, a seu respeito: "Já é um homenzinho, você pode se apoiar nele."

Quando me contou tudo isso, havia recuperado toda sua sobriedade. Já não tinha o rosto congestionado, nem os olhos injetados de sangue como antes. Disse-me: "É incrível que possamos esquecer uma coisa como essa!" Durante a guerra, tinha sido separado da família; continuara seus estudos. E, como era um menino muito inteligente, tinha se virado na vida; tornara-se jurista.

Ficara sabendo que eu atendia crianças. Mas por que viera em uma psicanalista de crianças? Em todo caso, estava entorpecido de medicamentos; já não conseguia trabalhar, vivia com medo de matar a namorada, que adorava. Foi no momento em que pensavam em se casar dentro de pouco tempo que todo esse processo se desencadeara. Mas seria também naquele ano que o homem chegaria à idade que tinha o pai quando ele morrera.

Eu poderia acrescentar que, recebendo a carta da Polônia, o pai caíra em depressão – doença considerada incurável naquela época – e deixara de ir ao trabalho, o que preocupava muito sua mulher.

Vocês veem: estava inscrito no corpo daquele homem que ele precisava identificar-se com o pai, que precisava amá-lo. Estava, provavelmente, no momento desse drama, em um período homossexual com relação ao pai. Era provavelmente por isso que se casar era também algo contraditório a "ser-fiel--a-papai".

Não tive que fazer uma análise longa. O problema foi resolvido em aproximadamente dez sessões. Ele só voltou a me ver uma ou duas vezes depois disso.

Como exemplo dos efeitos produzidos por uma única interpretação, eu talvez tenha uma pequena história, bem recente, para contar.

Visitei há pouco uma instituição rural, muito original, no sul do país. É conveniada com a Assistência Social. Trata-se de um conjunto de casas que funcionam em uma autogestão educadores-crianças. É muito legal. Em uma paisagem de vinhas, de campos de trigo, de tomates. As crianças ainda são pouco numerosas. Nenhuma delas é escolarizável. Todos são, pois, psicóticos ou deficientes.

Durante essa visita, avistei uma menininha, de oito ou dez anos. Que era toda olhares; olhares quentes, molhados, ardentes. Seria até graciosa, se não tivesse uma expressão parada e a postura curvada.

A tarde inteira, conversei com os educadores; observei que ela "mirava" o tempo inteiro um deles. Ela nos olhava, para mim e para ele, alternadamente. Depois, veio sentar-se perto de mim.

Chegou o momento da separação. Os educadores que não moram na mesma casa que as crianças se despediam. Sempre beijam as crianças. Quando aquele que ela havia "bisolhado" o tempo inteiro veio se despedir da menina, vi o que aconteceu: ele a beijou na bochecha e depois foi embora com a mulher; a criança havia, visivelmente, esperado aquele momento. Fora ele que ela investira. Nesse instante preciso, ela foi tomada por uma espécie de tremor nos quadris, uma pequena vibração. Ela, que andara a tarde inteira, não podia dar mais nenhum passo; permanecia pregada no lugar.

Disseram-me: "Sim; há momentos assim, em que ela fica paralisada." Mas eu vira perfeitamente o que acontecera. E então ela permanecia na soleira da porta, arqueada a ponto de perder o equilíbrio, sem poder avançar.

Saí, por minha vez; ela me agarrou; já que aquele que agarrara com o olhar fora embora, era para mim que ela se voltava. Perguntou-me: "Você vem na charrete? Você vem?" Respondi: "Não, não vou para a mesma casa que você." Ela perguntou: "Você vem amanhã?" Eu não respondia, mas, diante de sua insistência, acabei dizendo que sim. Ela sentia perfeitamente que aquele sim não era verdadeiro. Então, acrescentei: "Amanhã depois dessa noite, não. Virei, talvez, em um amanhã daqui a bastante tempo." Ela parou imediatamente de repetir de modo compulsivo aqueles "você vem amanhã?"; entendera que eu não voltaria.

Mas, enquanto as pessoas saíam, ela permanecia imobilizada no limiar, incapaz de ir para o carro que estava a dez metros dali. Eu esperava aqueles que ainda estavam na casa. Perguntei-lhe: "Mas você não vai para a charrete? Estão te esperando." Ela se inclinava cada vez mais para a frente, sem poder dar um passo. Então, eu lhe disse: "No momento em que J. M. (o educador) beijou você, você perdeu a parte de baixo de seu corpo, como se você quisesse lhe dar toda a sua parte de baixo. Mas suas pernas pertencem a você." Ela correu para a charrete, sem nem dar tchau. Acabara.

Vocês percebem? Ela perdera as pernas no exato momento da emoção sexual que sentira quando ele a beijara. Era mesmo uma emoção sexual, pois ela ficara completamente paralisada.

Depois, as pessoas que me acompanharam até o trem me falaram dessa criança. Eu disse que ela se paralisava assim provavelmente quando sentia emoções sexuais. Então, um educador, voltando-se para a sua mulher, observou: "É bastante curioso! Ela é filha de uma prostituta, sabe. O órgão de proteção à infância enviou-a para nós porque ela dormia no quarto da mãe e estava sempre presente quando esta recebia clientes."

Essa história é interessante do ponto de vista da imagem do corpo, porque bastou, para que aquela menininha recuperasse a possibilidade de andar, lembrar-lhe o incidente que a fizera perder o uso dos quadris e das pernas; na primeira imagem do corpo, com efeito, quadris e pernas estão confundidos: é a mesma massa de baixo, com seus prolongamentos. Ora, durante a tarde, ela correra, desajeitadamente, com as pernas duras, como as crianças cujos distúrbios da imagem do corpo repercutem no esquema corporal. Apesar disso, ela brincava; e em nenhum momento se petrificara daquela forma.

Normalmente, quando ela permanecia assim pregada no chão, alguém vinha pegá-la pela mão. É o que teria acontecido também dessa vez, se eu não tivesse falado com ela. Ela teria seguido a pessoa que a teria levado, como ligada a ela por uma espécie de cordão umbilical. E quanto tempo ela teria levado para recuperar a sensibilidade de seus membros? Eu lhe disse: "Suas pernas pertencem a você." Era preciso uma palavra para devolvê-las a ela e para permitir-lhe, ao mesmo tempo, ter sentido uma emoção sexual.

Vi, há algum tempo, uma menina, uma belíssima criança, que era vesga. A mãe me disse que ela nascera assim e que, em vez de isso resolver-se – como normalmente previsto –, o problema se agravara.

Pensei, então, na interligação dos nervos pares cranianos, ópticos e auditivos, que se estabelece a partir do terceiro mês de gravidez. Por isso perguntei à mulher: "O que aconteceu no terceiro ou quarto mês de sua gravidez? – Por quê? – Porque é o momento em que os olhos e os ouvidos estão interligados. Sua filha parece escutar, mas seus olhos estão voltados para dentro. Há, então, uma dissociação, nela, da interligação que é feita nessa idade do feto."

A única coisa que lhe veio à mente foi que ela se casara naquela época. Mas, quando tornei a vê-la, contou-me que não era isso: "Eu não queria ter filhos. Já sofrera três abortos quando, antes mesmo que voltassem a me pôr o DIU, vi-me novamente grávida. O que criava um problema. Após dois abortos seguidos, temia por minha saúde. Não sabia o que fazer, ainda mais por meu namorado não querer filhos; ainda não estava casada. Pensava que, na minha idade, podia ter um filho com síndrome de Down ou anormal." Para tranquilizá-la – ela só tinha pouco mais de trinta anos –, a ginecologista propôs-lhe fazer uma amniocentese. Mas alguém lhe disse que isso podia ser perigoso, que, em certos casos, o bebê podia morrer após tal exame. Então, ela pensou: se a amniocentese matar a criança, não serei responsável pelo aborto; ou, então, o exame revelará que o bebê sofre de alguma doença; nesse caso, também não serei culpada pelo aborto. Ou irão me dizer que tudo está bem e ficarei com ele. Mas, durante todo esse tempo, o que ela incessantemente desejou era ter que abortar.

Seu namorado lhe disse, vendo-a tão angustiada: "vamos nos casar". Desde então, aceitou muito bem a gravidez e, de resto, é muito boa mãe.

Depois que me contou tudo isso, suas amigas lhe disseram: "Mas o que aconteceu? Sua filha deixou de ser estrábica." E ela respondia: "Mas não estou vendo diferença nenhuma!" O fato era que a criança já não vesgueava absolutamente, enquanto a mãe continuava a vê-la estrábica. Nesse momento, contou à menina toda a sua história e observou que a criança a olhava com grande intensidade. Disse-lhe: "O fato de você ter observado pessoalmente que ela olhava para você com tanta intensidade é uma boa prova de que ela deixou de ser estrábica. – Ah, é! É verdade."

Eis uma pequena história de prevenção: sem o que a menina teria permanecido como se mostrara no início. Ouvira a ameaça dessa morte e agarrara-se a si mesma. Não queria escutar o perigo que estava fora.

P.: Ela poderia ter se tornado psicótica?

F. D.: Uma outra criança poderia ter desenvolvido uma psicose. Não houve análise nesse caso, mas é certo que a mãe recalcara algo, talvez a morte de um irmãozinho menor, quando ela própria era criança. Não lhe teriam contado, então, de que ele teria morrido. Ou, então, ela pode ter ouvido dizer que uma mãe maltratava o filho, em uma idade em que era sensível demais para poder suportar isso. É o que pode redundar, posteriormente, em um sintoma como esse: sou incapaz de ter um filho, não me vejo com uma criança, é impensável.
    Essa é uma mulher que jamais teve, quando menina, a fantasia de que seria mamãe. É muito raro. E, contudo, seu corpo queria: ter três abortos seguidos significa que o "Isso" queria; mas o Eu não podia.

P.: Mas, em sua pergunta a essa mãe, há um saber médico; isso supõe um saber do analista.

F. D.: Sim, aqui supõe-se um saber sobre o desenvolvimento do embrião. Mas esse saber encontra-se também na linguagem e na relação do feto com os pais. A eugenia, a patogenia vêm do fato de o feto não poder se desenvolver em segurança. Já na vida fetal, o ser humano defende a própria pele. Não quer escutar algo que o machucaria.

P.: O curioso é o feto já ter uma espécie de permeabilidade com relação ao mundo exterior – o que não é muito fácil de conceber.

F. D.: Sim, e ele sente a angústia da mãe e luta contra essa angústia para preservar sua saúde.
    O que me espantou não foi o desaparecimento do sintoma – pois ele desaparece quando se "fala" o acontecimento que o produziu –, foi o fato de a mãe não ver que ele tinha desaparecido, exatamente como algumas mães de crianças psicóticas.

Ocorre-me também a lembrança de um caso extraordinário de criança calada. Tratava-se de uma menina de três anos; estava envolvida com um jogo qualquer quando perguntei à mãe se não realizara um aborto. Respondeu-me: "Sim, mas isso foi antes do nascimento da menina." Fizera, então, um aborto, aconselhada por um médico. Não era, então, isso. Disse à mãe: "Então, deve ser alguma outra coisa." Ela começou a rir: "Seria engraçado demais." Disse-lhe: "Não, não se trata de um aborto que você teria feito antes do nascimento dela, mas de algo que aconteceu durante a vida da criança. – Sim, claro, quando ela tinha dez meses, fiquei grávida de novo. Fiz uma interrupção voluntária de gravidez. E agora faz seis meses que queremos ter outro bebê, e não consigo. Isso me angustia muito, mas me pergunto se seria razoável, com uma menina muda, uma menina que será um problema a vida inteira."

Eu a tranquilizei: "Não creio que ela será muda a vida inteira; sua filha está dizendo com seu mutismo: 'Vocês não me explicaram, nem o papai, nem você, por que você tinha um bebê em sua barriga e por que ele foi embora.'"

Nesse momento, a menina me olhou e puxou o pai: "Venha papai, essa mulher é uma chata"; quando nunca havia falado. Parara de dizer "papai", "mamãe", por volta dos doze ou quatorze meses, na época em que a mãe, grávida, abortara. No início, ninguém percebera seu mutismo. Ela continuara fazendo mímicas, brincando, mas tornara-se triste e impassível desde que a mãe tentava ficar grávida de novo sem conseguir. A mulher devia ter falado com as amigas e ter-lhes dito que ia ver um ginecologista. Ela não falava com ninguém do primeiro aborto que estava justificado, para ela, pelo médico. Não se sentia nem um pouco culpada. Em contrapartida, sentia-se muito culpada pela segunda interrupção voluntária de gravidez.

Ora, essa menina, que se bloqueara, que cessara de pronunciar as poucas palavras que conhecia, era, de fato, muito edipiana.

O comportamento das crianças nos questiona, e a única coisa que podemos fazer, em contrapartida, é formular perguntas. É daí que vem a verdade; pois eu não sabia nada. Disse à mãe que isso não podia vir da primeira interrupção voluntária de gravidez, mas da segunda: "É como se você tivesse tido, quando sua filha já estava viva, um bebê que você perdeu. Para ela, tratava-se de um bebê morto." E a mãe, que, alguns instantes antes, estava a ponto de rir, procurando um elo entre o sintoma da filha e sua primeira interrupção voluntária da gravidez, naquela hora estava prestes a debulhar-se em lágrimas.

Disse-lhe apenas para consolá-la, já que o pai saíra com a criança, para me mandar notícias, e acrescentei: "É preciso absolutamente dizer a verdade às crianças, elas são espertas demais para não estar em condições de recebê-la."

14

Os sinais do fim de uma análise de criança

> *Que a criança possa, ao menos, fantasiar a morte – O Édipo de uma criança se faz com os pais, não com o analista – Um desenho de criança é em si mesmo uma realidade e não um sonho – Representação de palavra, representação de coisa.*

P.: Eu gostaria de perguntar o que devemos tomar como sinais do fim de uma psicoterapia infantil?

F. D.: Você já deve ter provavelmente alguma ideia sobre isso; talvez a propósito de um caso? Então, você pode falar a respeito? Trata-se de um tratamento que você acredita estar terminando? Qual é a idade da criança?

P.: Dez anos. É um menino que, muito cedo, sofreu a ablação de um rim. Dos três aos seis anos, ficou separado dos pais; estava hospitalizado. Depois, voltou para a família. Ora, o singular é que, um ano depois de sua volta, a mãe também sofreu uma operação e, depois, a ablação de um rim.

F. D.: Do mesmo lado que o menino?

P.: Já não me lembro.

F. D.: Pela mesma razão nos dois casos?

P.: Acho que se tratava de uma infecção. Não recebi muitas vezes os pais durante essa psicoterapia, ao contrário do que faço normalmente. Atendo esse menino há quase dois anos e meio. Agora, tenho a impressão de que já fez o luto desse rim. Representou, durante meses e meses, coisas que eu não entendia absolutamente. E acabou ficando claro que se tratava de canos de água suja. Tudo isso foi interpretado e analisado depois. Na verdade, a ablação desse rim castrara-o completamente.

F. D.: Mas por que razão ele veio para o tratamento?

P.: Estava como que retraído; não falava de modo algum com as outras crianças, na escola; estava sempre doente; vivia com o nariz escorrendo. Estava totalmente voltado para dentro, tão pobre de expressão que foi considerado, inicialmente, deficiente.

F. D.: Mas veio a pedido dos pais ou do médico?

P.: A pedido dos pais.

F. D.: E você acha que chegou o momento, para ele, de se desligar da relação que tem com você. Mas, e ele, ele ainda gostaria de manter essa relação?

P.: Sim, ele quer continuar. Atualmente, por exemplo, ele diz: "Sabe, eu tenho uma namorada na escola. Como não vou muito bem nas aulas, ela me ajuda a fazer as lições. Faço compras para a mãe dela, que me dá um pouco de dinheiro." Fez, mesmo, algumas economias, e, desse pouco de dinheiro, reserva uma parte para pagar sua sessão. De sua pequena "noiva", ele diz: "Talvez eu me case com ela quando crescer." E tenho a impressão de que seus laços com ela são, no real, algo bem construído.

F. D.: Em outras palavras: ele tem projetos, aceitou seu passado e vive seu presente, tudo ao mesmo tempo. É, efetivamente, o momento em que se pode dizer que uma psicoterapia deve terminar, para uma criança que superou, tranquilamente, seu Édipo.

Não sei como cada um de vocês faz em sua prática, mas parece-me que se deve terminar o tratamento de uma criança quando ela está próxima da puberdade, época em que problemas diferentes vão se colocar.

Suas próprias dificuldades, a criança as assume. O problema é que os pais possam também aceitá-las e admitir que a criança se responsabilize por si mesma. Ficam frequentemente angustiados quando o tratamento do filho termina. É por esse motivo que devemos fazê-los tomar consciência de que descansaram no psicanalista e que negligenciaram em certa medida seu papel de apoio, por assim dizer, na educação do filho. No presente caso, você tem razão.

Penso, realmente, que o Édipo da criança deve se fazer em cima dos pais; nós, psicanalistas, só podemos ajudar a criança a atravessar o Édipo; mas é algo tão importante em sua vida que não devemos tomar o lugar do pai que proíbe que a vida imaginária ou fantasística da criança, ou até mesmo seus pesadelos, invadam a vida da casa e aporrinhem toda a família.

Cabe ao pai chamar a si a autoridade, não ao psicanalista. Quando uma criança esteve fisicamente doente, ficando frágil ou até mesmo com um atraso, os pais sentem muito medo. Ora, é precisamente o Édipo que faz mudar a situação para a criança e para os próprios pais. Pois a criança superará o atraso se ajudarmos os pais a aceitar o desmame. Desmame de quê? Do hábito de levar o filho a um terapeuta. O que trazem, de fato? Trazem uma criança em estado de transferência. Expliquem-lhes essa transferência: "Sejam para seu filho bem mais importantes que eu (o médico ou o psicanalista)", é isso que devemos fazê-los entender. Que o pai e a mãe reassumam seu papel.

Em um adulto, a transferência é feita sobre o analista, mas, em uma criança, o Édipo é feito com os pais; ele não é transferível sobre o analista. Se a criança não atravessou o Édipo, é preciso esperar que o faça, para atendê-lo eventualmente depois.

P.: Então, o que fazemos antes do Édipo?

F. D.: Fazemos psicoterapia do oral e do anal. Se a criança está no Édipo, é preciso fazer um trabalho com o pai, a fim de que ele sustente seu papel de castrador – desse modo, não é necessário analisar a criança –, e com a mãe, para que ela não atravesse a relação direta entre a criança e o pai. Pois é quando ela impede que o pai imponha sua lei à casa, como se o preterisse em favor da criança nos momentos de tensão entre eles, que a criança fica presa no Édipo e em seus sintomas. Cabe ao analista se dar conta disso, em vez de se lançar em uma análise infantil que durará dois anos. Pois, se a criança estiver em uma crise edipiana, o tratamento a levará a regredir; quando teria liquidado seu Édipo se o pai simplesmente tivesse ocupado o lugar que é o dele, se a mãe tivesse tomado consciência de seu próprio papel destruidor na relação direta da criança com o pai, que não lhe diz respeito.

Os pais ajudam o filho a suportar a lei, mas não impedem que essa relação com a lei seja vivida por ele.

P.: Uma coisa me pareceu importante no menino que perdeu um rim, pois falou, pela primeira vez, do pai do pai. Disse, bruscamente: "Sabe, eu gostaria de ter ido ao enterro de meu avô, mas meu pai me proibiu." Perguntei-lhe se o pai lhe havia explicado por quê. Ele respondeu: "Não posso perguntar-lhe, porque ele começa a chorar." Achei que ele se tornara, de certa forma, por sua vez, um pai, com relação a seu próprio pai.

F. D.: De fato, ele tem, como você diz, um pai simbólico que parece esboçado. Mas o que eu ia justamente acrescentar é que, para uma criança, assim como para um adulto que superou o Édipo, é preciso abordar o problema da vida sexual projetada no futuro, e da morte. Esse menino abordou a questão de sua morte? Claramente? E, no momento da ablação do rim da mãe, enfrentou a morte eventual dela? Pois vai ser obrigado a falar da sua [do analista]. Começou com o enterro do avô; mas, nesse momento, você não perguntou a ele: "O que você pensa da morte?"

Não creio que possamos terminar um tratamento sem falar à criança da morte, sem que ela a represente em fantasias – a dela mesma, mas a sua [do psicanalista] em primeiro lugar, depois a do pai e da mãe.

Ora, o menino de que você fala não diz que quer ir embora; é você que está pensando no fim do tratamento. O fato de ele querer permanecer com você significa justamente que não aceita a morte dessa relação; pois a morte de alguém é, para os outros, a morte da relação que tinham com essa pessoa.

Além de sua psicoterapia e de sua pequena namorada, o que mais o interessa?

P.: Quer ser cozinheiro. Gosta de fazer bolos.

F. D.: Ele fala disso? Conta como procede? Poderíamos seguir suas receitas?

P.: Sim, perfeitamente.

F. D.: Se a receita dele resulta em algo comível (*risos*), acho que você deve anunciar o fim do tratamento.
Se os bolos, em seu imaginário, correspondem a uma realidade, isso quer dizer – não é? – que ele não omite nenhuma operação quando os faz. Pois há também o assar. Não se trata apenas de remexer, de colocar a massa, um cocô bom de comer: é preciso conhecer também o efeito do fogo. Você deve falar muito seriamente com ele a esse respeito.

Há critérios que revelam o equilíbrio da criança. Enfim, é uma bobagem, são coisas; mas isso não tem importância, vocês são psicanalistas, vocês não vão olhar coisas como coisas.

Peça ao menino para desenhar uma bicicleta, ou para modelar uma. O dia em que a representação dessa bicicleta estiver realmente dominada e corresponder às proporções requeridas para que alguém possa subir nela, isso significará que o menino tem tudo o que precisa para avançar. Então, pode ir embora, pois tem entre as pernas algo que funciona bem.

No caso de uma menina, é um pouco diferente. Mas encontramos algo semelhante quando ela descreve um vestido. É preciso perguntar-lhe, simultaneamente, quais são o tecido e a cor; como ele seria costurado: em fio reto ou em fio em viés? (Estou falando de meninas de dez a doze anos.) Que ela saiba exatamente o que é necessário para fazer uma roupa – já que a mulher é um ser de investimento. Isso leva três ou quatro sessões, ao fim das quais ela traz algo que se sustenta realmente tanto quanto uma bicicleta ou uma receita.

O menino de que você está falando faz algo neutro: uma receita, que vale tanto para um menino quanto para uma menina. Mas tem que poder fazê-la do começo ao fim. Se ele disser: "Ah! O forno? Bem, não, não sei acendê-lo", então, dizemos: "Bem, então, vai se catar! Acenda o forno primeiro. Você quer fazer bolos, e tem medo de acender o gás? Por que o gás?" Isso conduz aos gases intestinais, à respiração, a todas as coisas que ainda não foram analisadas.

Existem, assim, coisas de que a criança fala o tempo inteiro, e que ela não pode levar a cabo. Não podemos deixar partir uma criança de seis ou sete anos que faz bonequinhos cujos pés apontam para direções opostas, um para a direita, outro para a esquerda. É impossível. Se a deixarmos partir, ela vai quebrar a cara. "Para que lado vai essa personagem? – Para lá. – Ah! Então seus pés não vão na mesma direção que ela." Ora, os pés são o sexo.

Há, na representação, características que nos fazem ver se, realmente, o trabalho foi suficiente para concluir a terapia. A criança encontrará obstáculos, claro; não podemos saber se, no momento da puberdade, não voltará a encontrar dificuldades. Por isso é preciso que ela disponha de símbolos sexuais, símbolos que são, nas meninas, os penteados, as bolsas, enfim, tudo o que está associado às roupas. É preciso observar, também, a maneira como representam a casa: veremos, por exemplo, uma cama pequena demais e, inversamente, uma mesa de sala de jantar enorme. Quais são as proporções? É isso que é importante nas crianças pré-púberes ou em período de latência.

Era assim, aliás, que eu trabalhava quando comecei a clinicar, no hospital Trousseau. Naquela época, não sei se vocês sabem, quando já não se observavam sintomas nas crianças, deixavam-nas ir embora. Um ano depois, voltavam. Ou, então, eram outras crianças que, tendo ido para uma consulta de emergência por um resfriado, eram encaminhadas para uma consulta psiquiátrica. Ora, nos desenhos de algumas delas, de que podíamos acompanhar a evolução fazendo comparações, podíamos distinguir três níveis, três planos distintos, nos quais havia círculos bem centrados. Eu tinha observado que, em um desenho com três planos bem equilibrados, por exemplo, uma estrada, um rio, um trem, se houvesse três rodas com raios, corretamente centradas, e três personagens bastante solidamente construídos, era porque a criança tinha ultrapassado seus sete, oito anos, e seu Édipo. Era uma coisa simplesinha que eu encontrei ali, e que se verificou.

Ao contrário, quando as crianças desenham dois planos e acrescentam em seguida um terceiro que interfere nos dois outros, é porque elas não estão bem fincadas na realidade. Têm um imaginário rico, mas ainda não levam em conta a realidade que é necessária para comunicá-lo. O desenho em si mesmo é uma realidade e não um sonho.

Vocês recebem uma criança que escreve em seu desenho: "batalha", e que comenta, bem alto: "uma grande batalha". As personagens estão muito longe umas das outras. "Evidentemente, eles não podem se tocar", diz ela. Podemos ter certeza de que essa criança voltará para uma terapia. Parou de fazer xixi na cama; mas vai começar a fazer de novo. Vai ter problemas de delinquência ou de roubo. Sua agressividade não é assumida, já que fala dela sem poder representá-la.

Uma outra desenha, na sessão, uma luta de boxe: uma das duas personagens não cabe no ringue, de tão grande; está cortada na altura do meio das pernas. Trata-se, evidentemente, de uma problemática edipiana que ainda não pôde ser abordada. Em um caso como esse, é preciso continuar a análise, sem interpretar nada, para a criança, a respeito dos detalhes do desenho, sabendo que essa personagem é uma representação imaginária do pai, que ainda não está no nível da criança. Ou talvez essa criança queira brigar com alguém que escapa às leis da realidade.

Acho que os desenhos dizem muito, mesmo quando a criança não diz nada. Trata-se de entender, através desses desenhos, se, na vida simbólica, ela se vê, de maneira adulta, como indo-tornando-se de seu sexo, com projetos, mesmo longínquos; saber se ela se representa assim em sua família, na escola, ou seja, em um sistema articulado à sua família que lhe permita viver bem em sua faixa de idade, mesmo que, em casa, seja sempre o mesmo pandemônio, por assim dizer.

Quando se chega perto do final de um tratamento, é preciso, na minha opinião, ceder, se a criança pedir ainda uma ou duas sessões. Quando se trata de uma criança pequena, porém, eu não fico com ela até o Édipo; de modo algum. Para que não vá fazer um Édipo lateral sobre mim. Assim que penso que sua comunicação com sua faixa etária se restabeleceu, que ela tem conflitos de tipo edipiano e não conflitos enrijecidos, que está em devir, aviso os pais do que vou dizer a ela: é definitivo, ela não me verá nunca mais; se eu morrer, ficarei muito feliz que ela esteja vivendo bem. Falo à criança de minha morte, e não da morte dela. Ela já não tem nenhuma necessidade de mim; melhor assim. Seu papai e sua mamãe são mais importantes que eu. Neste momento, ela gostaria de ficar comigo, mas perceberá que era uma chatice vir na doutora Dolto, e que é mais divertido ir a outros lugares.

Na hora, ela não concorda nem um pouco. E os pais ficam quase sempre angustiados, principalmente com uma criança que voltou de tão longe. A mãe gostaria de poder garantir-lhe que poderá voltar a me ver. Digo a ela: "De jeito nenhum. Você poderá vir me ver, se seu filho estiver ansioso. Quanto a ele, não quero revê-lo." A mãe vai embora, com essa ideia; talvez eu a reveja, ou ao pai, mas não à criança. Mas é preciso que o analista expresse isso claramente à criança, não sem, evidentemente, tê-la preparado para essa ruptura e não sem ter consagrado a esse adeus o número necessário de sessões. É geralmente a própria criança que decide o número de sessões antes do fim. E, então, muitas vezes, como no caso dos adultos, na última sessão a criança traz um material arcaico fundamental à sua neurose.

15

Sobre a anorexia*

> *Anorexia dos bebês – O bebê que a mãe deixara cair de cabeça – "A menina do cemitério" – "A filha do padeiro" e o objeto perdido do pai – As pulsões de morte operantes na anorexia.*

Todos nós temos, como psicanalistas, a experiência de crianças, de idades diferentes, atingidas por esse sintoma.

Falemos primeiro dos bebês. Coube-me cuidar de bebês anoréxicos, alguns que tinham, até, apenas alguns dias. As anorexias dos bebês sempre cedem com as entrevistas psicanalíticas com a mãe, nas quais nos dirigimos com alegria à pessoa da criança. Os bebês que atendi me eram enviados por pediatras que pensavam que os psicanalistas podiam talvez fazer algo diante desse sintoma grave que, na maioria das vezes, obriga o médico a separar o bebê da mãe, sem poder ajudar a criança a suportar essa separação.

A primeira vez que me encaminharam um bebê anoréxico, não sabia de modo algum como agir. Fiz, então, falar a mãe daquele bebê de duas semanas que recusava o seio e permanecia aninhado no colo da mãe. Ele perdera muito peso, já que estava bem abaixo de seu peso de nascimento.

A mãe, uma mulher aparentemente bastante equilibrada, já tinha três filhos; aquele bebê era o quarto. A gravidez e o parto tinham transcorrido bem; mas me contou como tinha sido no momento de procurar alguém com quem deixar os três filhos durante o tempo que passaria na maternidade; foi quando se dera conta da morte da própria mãe.

Esta permanecera ativa até a morte. Era viúva e, como morava no interior, quase não via a filha; contudo, vinha ajudá-la, muito eficazmente, no momento de todos os seus partos; instalava-se então na casa da filha, para cuidar das crianças e zelar pelo bom andamento da casa.

Quanto ao marido, em razão de seu trabalho, saía cedo pela manhã e voltava tarde, e não podia tirar uma licença para cuidar das crianças.

Normalmente, então, a mãe se virava muito bem com sua pequena família. Ora, dessa vez, sentira-se angustiada pelo terceiro, que regredia em uma família amiga; pelo "do meio", que, alojado em uma outra família, perdia o apetite; pela "grande", que ficara em casa com o papai, mas que almoçava todos os dias na casa de outras pessoas. O marido, bravamente, ia ver cada um deles nas famílias amigas e exortava a mulher a não se preocupar: as coisas se arranjariam.

---

* Versão baseada em um artigo publicado sob forma de entrevista na revista *Le Coq-Héron*, n° 91, 1984, sob o título: "Anorexie mentale" [Anorexia mental]. Esse artigo retomava a exposição de casos clínicos relatados no seminário.

E eis o que essa mulher me contou. Quando sua mãe estava ali, essas pequenas dificuldades se resolviam facilmente. Na maternidade, disseram-lhe: "É normal, o nascimento de um filho desestabiliza os precedentes. É funcional, típico. Quando você voltar para casa, tudo voltará ao normal." E, intelectualmente, ela não queria se preocupar. Mas continuava muito angustiada, como era possível perceber, mesmo que contasse esses eventos mais no tom de um testemunho que como o reconhecimento de uma depressão. E ela me contou que foi no dia em que soube que o penúltimo não ia bem que a caçula, de quinze dias, não quis mais mamar, quando ela própria, a mãe, tinha uma excelente descida de leite e nenhum problema nos seios. "Desde que não quer mais mamar, ela dorme o tempo inteiro. Eu retiro meu leite, mas temo que ele seque."

Ao escutar isso, expliquei ao bebê, chamando-o pelo nome: "Você ouviu o que sua mamãe disse: tudo ia bem para você enquanto estava na barriga dela; você nasceu, respirou, chorou, conheceu o mundo ao seu redor. Sua mamãe teve leite; foi você que chamou o leite, para que ele viesse, e ele veio. E ele ainda está aqui, no peito. E eis que um dia você ficou sabendo, ao mesmo tempo que sua mamãe, através de seu papai, que as coisas não iam muito bem em casa, com sua irmã e seus irmãos mais velhos. Talvez, então, você tenha dito a si mesmo: 'Coitadinha da minha mamãe! Preciso voltar para dentro novamente, como antes, já que tudo corria bem quando eu estava na barriga dela. É preciso que eu volte atrás!'" Foi o que lhe expliquei, não ao modo de uma certeza – nunca dou uma interpretação como uma certeza – mas com um "talvez". Depois, perguntei à mulher: "Como sua mãe se chamava?", pois eu achava que talvez existisse uma relação entre o nome de sua filha e o de sua mãe. Adivinhando meu pensamento, ela me respondeu imediatamente: "Não, não lhe dei o nome de minha mãe, como uma de minhas irmãs desejava, pois não sei se minha mãe quereria." Era na casa dessa irmã, justamente, que seu penúltimo filho estava. Então, eu disse à meninininha: "Estamos falando de sua avó, que morreu bem antes de você entrar na barriga de sua mamãe; e, no momento em que você ia nascer, sua mamãe pensava muito em sua avó, mãe dela, que é também mãe de sua tia, a que está cuidando de seu irmãozinho. Mas é preciso que você viva uma vida inteira, antes de ir ver sua avó, lá onde ela está." Pois eu pensava que, para aquele bebê, viver era acompanhado por um estado depressivo que estava em ressonância com o luto que a mãe atravessava e com as preocupações atuais dela, que ele intuía. Para uma criança ainda tão próxima da antevida, morrer significava talvez buscar a pessoa que ocupava os pensamentos da mãe e que, segundo essa, sabia cuidar de crianças. Será que ela devia, então, "desviver" para encontrar a avó que já não estava na vida? Eram minhas associações de ideias, talvez malucas, mas eu as enunciei, tais como saíam de meu imaginário, como representando talvez, para além da necessidade, os desejos que esse bebê exprimia; primeiro aninhando-se no colo da mãe sem chorar; depois, deixando de se alimentar pela boca.

A mãe, muito emocionada, perguntou: "Você acha que ela pode entender? Ela não entende, é muito pequenininha..." Digo à criança, chamando-a pelo nome: "Se você estiver entendendo o que estamos falando por você, vire a cabeça para mim, para que sua mamãe compreenda que você é inteligente e que você a ama." Era comovente ver aquele ratinho fazer o esforço de voltar o rosto para mim, como que para me olhar. Dos olhos da mãe corriam lágrimas enormes: "É extraordinário que uma criança já seja um ser humano. Você acha que é tudo isso que a impede de mamar? – É ela que dirá a você. Agora, volte para casa, e, se ela quiser mamar, já não fique obcecada por essa ideia. Coloque-a em seu seio e repita-lhe as coisas que eu disse." (Parecia-me que aquela criança traduzia o desejo de uma regressão de sua imagem do corpo aquém de seu nascimento, para a época em que mamar era inútil, já que o feto é alimentado passivamente pelo cordão umbilical.)

Disse à mãe: "Volte amanhã ou depois de amanhã com sua filha, e voltaremos a conversar."

Na noite de minha primeira entrevista com esse bebê anoréxico e sua mãe, o médico que os encaminhara telefonou-me.

– Sim – disse-lhe eu –, vi a mãe e a criança sem o pai, que não pôde vir, e falei com a menininha.

– Você falou com quem?

– Com o bebê. Ela é muito esperta e acho que entendeu.

Ele ficou estupefato.

– Telefonarei para você amanhã. Estou muito preocupado, pois será preciso internar a mãe com o bebê, mas ela está angustiada pelos outros filhos. Foi para que a ajudasse a tomar essa decisão que eu a encaminhei para você.

– O problema está justamente aí; é a angústia da mãe diante das pequenas preocupações que os outros filhos lhe causam.

– Que fazer?

– Nós conversamos; voltaremos a conversar se for necessário. Não há nada urgente. Por que se precipitar e separar a mãe de seus outros filhos? Esperemos.

Ele parecia entender.

No dia seguinte, o médico me ligou:

– Sabe, o bebê vai muito bem! Recomeçou a mamar, e o irmãzinho não tem mais as dores de ouvido que achávamos que era otite.

– Bom. Continuo à disposição se eles quiserem voltar a me ver.

Tudo entrou novamente nos eixos; não os vi mais.

Era um primeiro caso, e não podemos explicar tudo a partir de um caso particular. Mas nosso trabalho de psicanalistas, ainda nos primórdios dessa ciência do inconsciente que intervém nos comportamentos humanos, é feito dessas observações particulares em que tentamos entender, depois aplicar a outros casos, a teoria que dali extraímos.

Estou convicta de que os distúrbios funcionais dos bebês se devem a suspensões de funções locais tendo valor de linguagem, significando um apelo positivo à mãe, e até mesmo uma tentativa de ajudá-la. Parece-me que os bebês são os primeiros psicoterapeutas dos pais, que eles bebem a angústia da mãe e que, assim, seu próprio funcionamento acaba se modificando, sem que eles sejam afetados em seu humor. Se tal anorexia persistisse, teria colocado, evidentemente, a vida da criança em perigo e aumentado a angústia da mãe com relação aos outros filhos.

Encontramos outros casos em que, por exemplo, a mãe está aborrecida com o companheiro; a criança procura, então, distraí-la, conversar com ela. Mas o recém-nascido é impotente para realizar esse desejo; é por isso que vomita o leite que ela acaba de lhe dar, o que não deixa de angustiar o adulto, quando esse gesto é, na verdade, sinal de comunicação; é muito claro. Nas consultas no hospital Trousseau, vemos bebês, até os quatro anos de idade, entrarem no círculo vicioso chamado de "mericismo", círculo de vômitos contínuos; as mães lhes dão mingaus durante o dia inteiro, que eles vomitam imediatamente; contudo, não definham, para grande desamparo de psicólogos e psiquiatras. Uma ou duas sessões psicanalíticas com a criança e sua mãe são necessárias para buscar o sentido dos primeiros vômitos que instalaram esse círculo vicioso entre eles. Isso acaso não significa substituir a corrente de sonoridades que chamamos de "conversação" por essa corrente de leite vomitado assim que tomado? Oferecer um pelo outro para fazer durar a conversa, seja para o prazer do bebê, já ávido de comunicação interpsíquica, seja para ajudar a mamãe que se aborrece, ocupando-a? Será que é isso que a criança quer dizer ou fazer?

Um bebê não pode falar, só pode chorar ou vomitar. O recém-nascido confunde facilmente a laringe e a faringe, lugares de troca muito próximos: um, para a troca substancial de alimento, que deveria seguir apenas o sentido da boca para o estômago, o outro, para a troca sutil de ar nos dois sentidos (inspirar e expirar), que, graças à laringe e à impulsão pulmonar, pode produzir o choro e o som das palavras.

Acho que esse pequeno curso de anatomia que dou a esses bebês e às suas mães pode ser útil; que o entendam ou não, ele se mostra operante, para grande surpresa dos psicólogos e dos médicos, que, às vezes, se matam tentando ajudar a mãe, vendo regularmente a criança, sem pensar em falar do sentido *positivo* que o sintoma tomou no início, mesmo que tenha feito todo o mundo entrar em uma espécie de comédia crônica da angústia; quando, na verdade, era um meio de comunicação e um elo de intimidade entre a mãe e a criança. Tratava-se, pois, de um mal-entendido.

Quanto a mim, minha hipótese é que o cruzamento da imagem do corpo e do esquema corporal pode levar à regressão da imagem funcional, seja erógena-oral, seja aero-olfativa. Por uma espécie de encavalamento da imagem do corpo, o órgão acaba antecipando uma função simbólica que não é sua. Mas a experiência clínica não pode, sozinha, garantir a pertinência dessa teoria, apesar de ela ser, com toda a evidência, operante. Ela vale na ordem da comunicação intertransferencial, entre aquele que cuida e aquele que é cuidado, entre aquele que cuida e a criança e a mãe, como todo entendimento entre seres humanos, aliás: através de palavras.

Eis outro caso de anorexia de um bebê, causado por um trauma. Uma pessoa telefonou, um dia, à escola de massagem de que meu marido era diretor, para pedir que uma fisioterapeuta fosse cuidar de uma menininha de três meses que, em razão de uma queda, tivera uma fratura "de galho verde"[1] da coluna cervical: ela já não podia se alimentar e ia morrer em breve. Era preciso fazer alguma coisa, pelo menos pelos pais. Talvez, além disso, alongamentos da coluna vertebral, corrigindo a fratura, poderiam ajudar a criança a sobreviver.

Bóris, meu marido, pensou em uma de suas alunas da escola de massagem, que era parteira. Eu a conhecia bem. Ela veio me ver, perplexa, depois de ter falado com os médicos e visto rapidamente a criança. Ela anotara as palavras da mãe quando esta lhe relatara o acidente: o bebê lhe escapara dos braços e caíra de cabeça no chão. Quanto aos médicos, depois de terem consultado dois professores pediatras, haviam declarado: "O bebê vai morrer, mas não podemos deixar os pais sem tentar alguma coisa." O bebê não sabia mais mamar, não dormia mais. Era impossível contar os batimentos cardíacos, de tão rápidos. Tinha perdido cerca de um quilo e meio com relação a seu peso de nascimento, apesar das perfusões de soro fisiológico e uma transfusão gota a gota retal de soro glicosado.

Não sabíamos o que fazer. Refletimos, Denise (a fisioterapeuta) e eu. Aconselhei-a a ir ver a criança e proceder assim: chamá-la pelo nome; não tocá-la na primeira visita, a menos que a criança permitisse; e, principalmente, contar-lhe o que lhe tinha acontecido: que escorregara dos braços da mãe, que caíra de cabeça e que, desde então, a mãe já não ousava tocá-la, de tanto que se sentia culpada de sua inabilidade. "Se você conseguir reunir a mãe e a criança no mesmo cômodo" (a mãe estava tão ansiosa que já não ousava nem olhar para o bebê), "tente desculpabilizar a mãe, dizendo à criança, na frente dela: 'Sua mãe a ama, mas, desde que você está sofrendo, já não ousa te ver, pois acha que é responsável por seu sofrimento.'"

A menina, que pertencia a uma família abastada, era tratada em domicílio por uma enfermeira de dia e outra à noite, pois a mãe não tinha nenhuma condição de fazê-lo, em razão de sua depressão aguda. Esse primeiro trabalho me parecia dever ser feito com a mãe e a criança, a fim de que esta última aceitasse a fisioterapeuta, que era uma pessoa a mais para ela. A massagista veio me dizer que tinha conseguido convencer a mãe, a qual, soluçando, contara ela própria à criança o que acontecera e lhe explicara a presença de uma pessoa estranha, que viera para ajudá-la. "Eu mesma", disse-me Denise, "não ousava tocar o bebê, pois era impressionante demais. Ela não dirigiu um único olhar nem para a mãe nem para a enfermeira; enquanto eu falava com ela, só olhava para mim, com os olhos de uma criança de dezoito meses, e não de três meses. Seus olhos angustiados fixavam os meus, mantendo-me a distância; assim que eu me aproximava dela, ela chorava, não um choro de bebê, mas de maneira estranha; como uma porta que range. Que fazer? – Pois bem", disse-lhe eu, "você vai voltar a vê-la duas vezes por dia; chame-a pelo nome, aproxime-se

---

[1] É assim que se designa, em cirurgia, uma fratura do osso sem deslocamento, nos bebês e nas crianças pequenas – por analogia com o flectir da haste de um galho verde.

lentamente dela, olhando-a se ela a olhar, e dizendo-lhe tudo o que você fará para ajudá-la a viver e a curar-se. Uma vez que você tiver conquistado sua confiança, deve conseguir fazê-la entrar na postura fetal." Pois fazer alongamentos em uma maca, nesse caso, não teria nenhum sentido; a postura fetal, ao contrário, era o melhor alongamento da coluna e permitiria dar ao bebê a imagem regressiva de si mesmo antes do acidente, antes de seu nascimento. Essa ideia me viera a partir de minha hipótese sobre a imagem do corpo, a qual evolui de zero a três anos, cruzando-se com o esquema corporal; a imagem inconsciente está a serviço do desejo de comunicação psíquica, enquanto o esquema corporal, anatômico, é destinado, sobretudo no início da vida, à satisfação das necessidades da criança; muito rapidamente, esquema corporal e imagem do corpo tecem-se um com o outro, chegando, às vezes, a se confundir, os desejos enraizando-se nas necessidades.

Em duas sessões, Denise conseguiu fazer com que sua presença fosse aceita pela criança. Ela a via duas vezes por dia, falando-lhe sem cessar e olhando-a. A menina, que também fitava-a o tempo todo, já não receava sua aproximação. Denise inicialmente tocou-a, depois massageou-lhe a barriga, os membros, o tórax, nomeando-lhe as partes de seu corpo e fazendo-a tomar consciência delas. Ao final de cinco dias, pôde fazê-la tomar e manter a postura fetal. Em sete dias, a angulação vertebral desaparecera completamente. O médico da família estava espantadíssimo.

Apesar de ainda muito rápidas, já se podiam contar as batidas do coração do bebê. Já não havia fratura; retomada do sono, urinas normais, respiração calma. Mas já fazia mais de quinze dias que o bebê não engolia nada; língua e lábios não reagiam à chupeta. Acariciando-lhe a boca, falando-lhe da chupeta, conseguiram fazê-la sugar a chupeta com a ponta dos lábios, mas nada mais; não sabia mantê-la na boca e não deglutia o líquido da mamadeira. Já se iam completar vinte e um dias de tratamento, quatro meses de vida, e seu peso permanecia estacionário, aquém do peso de nascimento. Seria preciso instalar uma sonda estomacal para alimentar essa criança, e durante quanto tempo? Discutimos a respeito, e eu disse a Denise: "Não é possível! *In utero*, as criança sabem deglutir: ela deveria, então, recuperar a deglutição e a preensão bucolabial simultaneamente. É preciso falar com ela, fazê-la recuperar as sensações que conheceu *in utero*. Talvez ela possa associá-las ao sugar da chupeta e recuperar assim a deglutição? Peça a ajuda da enfermeira, que manterá a criança na postura fetal, enquanto você aflorará sua região umbilical, falando-lhe dessa postura em que ela ficava antes de nascer, quando ainda era alimentada pelo cordão umbilical; depois, você tentará lhe dar a mamadeira; uma mamadeira de água salgada morna com um pouco de açúcar, para que se pareça com o líquido amniótico." Já se sabia, naquela época, que as perfusões de açúcar ativam a deglutição dos fetos *in utero*.

Denise me disse que as últimas vezes que tentara fazer com que o bebê tomasse essa postura, ele resistira com deflexões de cabeça. "Ele está tentando fazer o movimento que conheceu no momento do nascimento. Você lhe dirá:

'Sim, você quer nascer, e eu gostaria muito que você nascesse, mas não antes de você recuperar o que sabia fazer antes de nascer, ou seja, engolir. Pois, na barriga de sua mamãe, você bebia e sabia engolir, antes mesmo de saber respirar. Você tem que recuperar esse engolir.'"

Enquanto a enfermeira mantinha o bebê na postura fetal, Denise lhe deu dez gramas dessa mamadeira; que foi gulosamente engolida. A enfermeira relaxou a posição fetal, e Denise parabenizou a criança: "Muito bem, você recuperou o mamar." A mãe gostaria que ela tivesse bebido mais. Denise, então, me telefonou. "Não faça nada mais. Dez gramas já é muito, é a medida da primeira mamada de um recém-nascido. Volte em duas horas para lhe dar uma outra mamadeira à qual você acrescentará um pouco de leite." O que foi feito; e, na terceira mamadeira, já não era necessário adotar a posição fetal; o bebê recuperara a capacidade de mamar e estava salvo.

Há um final dessa história, que é bem interessante. Três anos mais tarde, Denise recebeu um convite para o batismo do irmãozinho dessa criança. Ela foi e encontrou uma meninazinha de três anos, oferecendo balas a todo o mundo, muito esperta. A mãe, orgulhosíssima, disse a Denise: "Olhe como ela ficou!", e à filha: "Você reconhece Denise, senhorita E., que cuidou de você quando era bebê?" A criança ficou repentinamente séria. Cravando seus olhos nos de Denise, deixou cair o que tinha nas mãos e começou a fazer xixi nas calças – quando já tinha o controle esfincteriano desde os dezoito meses; depois foi embora, deixando Denise e a mãe plantadas no lugar. Impossível fazê-la voltar. Denise disse à mãe que achava que aquilo era pouco educado: "O principal é não insistir com ela." Sentira que algo muito importante acabara de acontecer. A menina não dirigiu mais o menor olhar para ela, limitando-se a evitá-la. Essa observação é interessante por causa do olhar no fundo dos olhos dessa mulher, que a criança conhecera em meio ao perigo fóbico extremo, por causa da comoção indizível que a fazia temer o retorno a uma imagem do corpo que ela devia ter perdido há muito tempo; a perda do controle da urina era a prova disso. Passado o incidente, a menininha, extremamente alerta e ágil, retomou seu jogo com os convidados, ignorando totalmente a intrusa saída dos limbos, como se esta fosse, em meio àquelas pessoas, invisível a seus olhos.

No hospital, nas consultas ambulatoriais, vemos muitas falsas anorexias de crianças, de quinze a dezoito meses até cinco, seis anos, que não querem comer direito, "que não têm apetite", como dizem as mães, mas que não vomitam. Caprichosas, resmungonas, essas crianças se desenvolvem mesmo assim. Trata-se de falsas anorexias de crianças que não têm boca para se alimentar com as próprias mãos, e que estagnam em uma relação oral na qual a mãe é responsável por sua alimentação. Quando estão sozinhas, tomam pequenas refeições lácteas, mas não conseguem comer, à mesa, verdadeiras refeições. Os adultos se veem obrigados a pegar a criança no colo e assumir seu sustento, dando-lhe o direito de se alimentar retirando-lhe a responsabilidade por isso. Esse estilo de pequenas anorexias nas crianças enjoadas para comer me dera a ideia, quando eu atendia no hospital Trousseau, de estabelecer uma receita fixa – que eu reescrevia, claro, para cada um. Depois de escutar a mãe e o pai – se ele estava presente – falar, na frente da criança, da cena que ela fazia em cada refeição, eu dizia à criança: "Quando você estava na barriga de sua mãe, ela não se preocupava com aquilo que você comia, e você comia com seu cordão umbilical." Explicava-lhe, então, o que era o cordão umbilical, o que a mãe jamais havia feito. Depois, acrescentava: "Quando você nasceu, foi pela boca que você teve que mamar em sua mamãe. Você cresceu, às vezes vomitava, mas desenvolveu-se muito bem. Assim, bem pequenininho, você sabia o que deveria comer, você era muito esperto." À mãe eu dizia algo análogo: "Você não se preocupava até aquele momento, seu bebê sempre soube pegar aquilo de que precisava, tanto quando estava em seu ventre quanto depois de seu nascimento, já que as dificuldades só surgiram aproximadamente aos quinze meses. Por que você iria querer que seu filho fosse mais bobo agora do que na época em que era um feto ou um bebê?" Eu começava por recolocar cada um em sua própria identidade, em vez de deixar os dois dependentes um do outro através de um cordão umbilical imaginário. Escrevia então minha receita: "A criança comerá tudo, um pouco ou nada da parte prevista para ele (ou para ela) na refeição tomada com os outros, e, isso, na ordem dos pratos. Se houver vários pratos e ela não comer do primeiro, poderá comer do segundo; se não comer do segundo, poderá ganhar a sobremesa; se não tiver comido absolutamente nada, felicite-a! Isso provará que ela não estava com fome – e nada é pior que dar de comer a um corpo que não tem fome. Se sua boca não tem fome suficiente para comer, isso significa que seu estômago não diz à sua boca que ele quer que ela coma para ele." E eu terminava com uma tirada bem-humorada, por exemplo: é bom se preparar para ser econômico na vida, e comer pouco é muito econômico. Depois, dava à mãe um papel preparado com as rubricas MANHÃ, TARDE e NOITE, para uma semana. "Você escreverá, senhora, o que seu filho comer em cada refeição, mas sem incitá-lo, de modo algum, a comer." E dizia à criança: "Você está ouvindo o que estou pedindo à sua mãe? Que ela não force você a comer, mas que escreva no papel destinado ao médico o que você comer, para que possamos entender do que você precisa." E à mãe: "Volte a semana que vem; pesaremos a criança e veremos como tratá-la, após esses oito dias de observação." Oito dias mais tarde, eles voltavam; a auxiliar pesava a criança, enquanto a mãe me mostrava o papel indicando que ela não tinha comido nada; tinha ido à escola, não desmaiara; o papel que a auxiliar nos trazia mostrava que a criança tinha ganhado pelo menos oitocentos gramas – uma vez chegara até a ganhar mais de um quilo. Sabíamos então o que ia acontecer: a mãe faria uma cena. E era infalível: "Então eles ficam ainda melhor quando não lhes damos nada para comer? Que bonito!" Eu dizia então à criança: "Sua mãe estava muito preocupada por você não comer. Tinha medo que você emagrecesse, e agora ela está preocupada porque você está engordando sem comer nada. Você é econômico demais! E as mães gostam de cuidar dos filhos. Ora, você já não precisa que ela se ocupe de você como de um bebê, e está muito bem sem que ela ajude-o a comer. É difícil ser mãe!" Enquanto a criança estava em sessão, a mãe falava com a auxiliar e lhe confessava que havia trapaceado, colocando no filho sapatos mais leves naquele dia. Como, sem comer quase nada, o filho podia engordar? Será que ela era uma mãe ruim? Etc. A auxiliar, uma mulher muito humana, reconfortava-a até a semana seguinte. Retomávamos então o trabalho com a criança, a respeito de sua dependência com relação à mãe e seu desejo de mobilizar tanto o pai quanto a mãe sobre sua pessoa, o que bloqueava o desenvolvimento de sua libido em direção ao Édipo. Quando se é uma médica, uma mulher, é mais difícil falar com o pai quando este último quer absolutamente obrigar o filho a comer o que ele quer fazê-lo comer. Com a mãe, era mais fácil, porque ela podia se identificar comigo; eu precisava ajudá-la a dar à luz uma criança real, desmamada; a se desapegar de um filho imaginário que ainda tinha necessidade dela; eram necessárias, às vezes, mais de duas semanas para desmamar a mãe, suportando com paciência e compaixão sua violenta cólera, explicando-lhe que a criança não tinha necessidade de comer tudo o que ela queria que ela ingurgitasse. Com o pai, era mais delicado, porque não é bom dar a um homem conselhos sobre o que deve fazer com relação ao filho. Eu esclarecia, então, ao pé da receita, que nada do que estava ali escrito dizia respeito ao pai; que ele continuasse segundo seus hábitos; que eu ficaria feliz em recebê-lo se ele quisesse vir, ou se me telefonasse em casa, caso seu trabalho o impedisse de vir ao hospital. Ora, segundo os relatos da mãe, o pai às vezes usava o cinto para obrigar o filho a engolir. Pois as crianças gostam, de modo masoquista, de provocar o pai até o momento em que a situação se torna tão violenta que produz dramas entre o pai e a mãe; as crianças adoram impedir os pais de se entender – entendimento que os obrigaria, por seu lado, a entrar no Édipo; algumas não suportam que a mãe se interesse mais pelo pai do que por elas, quando, contudo, já atingiram a idade em que poderiam ser autônomas. As meninas e os meninos provocam frequentemente o pai para que ele se comporte de modo sádico com relação a eles. Era o que eu explicava à criança: já que não podia ser a mulher do pai, ela podia ser o cachorro que o fazia andar, ou aquilo que o fazia rir, pois as crianças sempre procuram controlar o pai, por todos os meios, mesmo que a resposta que obtenham seja a violência, que dá lugar, por sua vez, a uma culpabilidade secundária e a todas as obsessões de represália que se seguem nos pesadelos. Eu pedia à mãe para não intervir entre a criança e o pai e, se não pudesse suportar as cenas, para deixar a mesa para não ser testemunha desses dramas, mas, principalmente, para não declarar guerra ao pai nem obrigá-lo a agir como ela. "Se seu marido ler essa receita", dizia-lhe eu, "provavelmente me achará louca. Quer criar o filho como ele próprio foi sem dúvida criado. Mas, já que você quer ajudar seu filho, diga-lhe que você confiará em mim durante duas ou três semanas. Se seu filho não melhorar, eu prometo que o colocaremos em observação no hospital." Essas palavras tinham como efeito acalmar a mãe e fazer vir o pai, ou levá-lo a me telefonar. Em geral, ele me fazia uma cena; após o que podíamos falar dessa relação de domínio na qual não era ele, o pai, que comandava! Era ele, no final das contas, que se submetia à criança e que tinha necessidade de ser ajudado para pôr fim a essa tragicomédia. Por isso, eu mantinha uma válvula de segurança, por assim dizer, no jogo intersádico do pai e da criança, até que esta tomasse consciência desse jogo maléfico e edipiano graças à psicoterapia.

Lembro-me do caso de uma pequena Véronique, no hospital Trousseau. Eu havia dito à mãe palavras como as que acabo de mencionar, pedindo-lhe para deixar, à noite, o marido agir como bem entendesse. As brigas entre esse homem e essa mulher eram incessantes a cada incidente entre a menina e um deles. A pequena Véronique gozava, pois, de uma cena primitiva sadomasoquista todas as noites. Diante de uma mãe lamurienta e *voyeuse*, regalava-se recebendo aquelas palmadas que o pai lhe dava para fazê-la engolir a sopa.

O perigo, acredito, de ser assim "alimentado" na violência, pelo pai, é maior para uma menina do que para um menino. De fato, a vivência de um pai com os filhos é diferente da vivência da mãe. Ele não alimenta, propriamente falando, o filho, grita contra ele, que se esquiva à obediência; enquanto a mãe é muito ansiosa com a saúde do filho; teme que não tenha forças para ir à escola. Ao contrário, é mais uma espécie de humilhação que atinge o pai em seu narcisismo, o que ele compensa agredindo a criança. Como o pai não está constantemente presente, é mais fácil para uma criança desvencilhar-se da atitude do pai do que da atitude da mãe com relação à comida. Por quê? Porque a angústia da mãe entra em ressonância com a vida vegetativa pré-genital, com a parte simbiótica que existiu entre o feto e, depois, entre o bebê oral e ela. O componente psicossomático da anorexia se vê aumentado com relação ao componente histérico. A parte psicossomática é a que nós, médicos, devemos assumir em grande parte; a parte histérica é de responsabilidade da criança, para que ela entenda que a angústia, que, por jogo, ela alimenta no pai, prejudica a evolução dela em direção à sua própria autonomia no agir social, em sua faixa etária, e nas escolhas que fará de seus amigos, meninos e meninas. No sintoma histérico, o prazer consiste em manipular o outro como outro. Ora, o pai não permanece durante muito tempo um outro a ser manipulado; ele deve ser superado, a criança deve deixá-lo para a mãe e, depois, renunciar tanto ao pai quanto à mãe para ir reunir-se com os jovens de sua idade; esse é o efeito da castração edipiana. Esse trabalho é mais facilmente realizável que o primeiro, que consiste em libertar a criança dos interditos psicossomáticos que a impedem de comer sozinha. Algumas crianças, que permaneceram em uma grande passividade oral, dependentes da mãe, encontram nela uma cúmplice superprotetora; provocar o pai é, pois, para essas crianças, a ocasião de deslocar suas pulsões orais ativas, fazendo-o entrar na dança no lugar da mãe. Essa relação negativa com a autoridade do pai faz com que gozem de algum poder sobre ele; agentes e senhores da cólera do pai, impedem-no de ter uma intimidade com a mãe. Alguns pais entendem bastante rápido – porque suas mulheres, ajudadas pelo terapeuta, já não se revoltam ao vê-los agredir os filhos – que a criança os está manipulando com sua pretensa perda de apetite. Então, cansam-se desse circo cotidiano e deixam para lá: "Bom, afinal, se você estiver doente, nós o internaremos no hospital." Muito rapidamente, tudo entra nos eixos. Pois a identificação com as pessoas de sua idade é muito mais essencial para as crianças que a identificação com os pais. Elas querem crescer como aqueles que veem crescer, e tornar-se ativas para seu próprio prazer, em vez de permanecer, por medo de desagradar aos pais, no não agir. Assim, eles saem da dependência do desejo da mãe, para denegá-lo, ou do desejo do pai, para enfrentá-lo. Evidentemente, as coisas são muito difíceis para um filho único, preso entre os dois pais, e que não vê muita gente. É preciso que frequente outras crianças.

Deixemos de lado essa falsa anorexia, que provém de transtornos de temperamentos pré-edipianos, para falar de anorexias pós-edipianas, das adolescentes ou das mulheres jovens. Pode ocorrer uma inversão do sentido do encaminhamento do objeto parcial oral de necessidade. Esse sentido invertido se torna uma linguagem de desejo por um retorno, para a boca, do objeto parcial engolido no estômago; o sintoma menor desse processo é a bola sentida no esôfago. Quantas pessoas angustiadas falam dessa bola? Ora, é preciso distinguir dois sintomas no nível dessa sensação na "garganta". Nessa intersecção aerodigestiva se produz o investimento do alimento, objeto oral de necessidade que, secundariamente, torna-se objeto de desejo pelo gosto e pela relação com a mãe; mas há também o objeto respiratório olfativo, ligado à necessidade vital de respirar, que abrange a olfação tanto do delicado cheiro da mãe como, alguns dias, do desagradável cheiro de si mesmo: como quando a mãe não gosta de seu bebê que exala, naquele momento, o odor de seus excrementos, por exemplo. É muito importante entender o papel dessa intersecção aerodigestiva, em que necessidade e desejo, de estilo diferente, encontram-se no sintoma da "bola na garganta". Conheci uma mulher que tinha esse sintoma, proveniente de duas origens. Em alguns momentos, era a bola na garganta que a incomodava: "Ah, seu eu pudesse chorar!" Mas ela ignorava o que lhe causava tanto sofrimento. Em outras ocasiões, nas quais estava feliz, não podia mais engolir; lágrimas e choro não serviriam para nada; tratava-se de um bloqueio da palavra que não podia sair. A bola é efeito de um estreitamento funcional histérico do esôfago, que visa o peristaltismo digestivo cuja função é engolir no sentido boca/estômago; é uma espécie de gagueira do consumo oral, transposto, claro, para o figurado; aliás, na linguagem corrente, dizemos: "Não posso engolir isso, é duro demais!", quando se trata de uma ofensa, por exemplo. Assim, essa jovem, quando se encontrava na companhia do homem que amava – formulando, claro, seu desejo por uma expressão de sentimentos, sem ousar ainda dizê-los –, não conseguia comer, pois suas imagens de moça ocidental lhe impunham ignorar o desejo físico que sentia pelo homem. Foi o trabalho analítico que lhe permitiu compreender que se tratava de desejo. A angústia que sentia no esôfago era um deslocamento; ela estava tão aberta na vagina, "Isso" desejava tanto a intromissão do pênis do homem com o qual se encontrava, que deslocava para a faringe o interdito superegoico que a impedia de engolir. Estava aberta, na vagina, mas não tomara consciência disso. O namorado, seu futuro marido, pensava que ela estava se fazendo de difícil. Ele gostaria de festejar seus encontros levando-a ao restaurante, mas a incompreensão da recusa que ela lhe impunha quando ele fazia de tudo para oferecer-lhe iguarias podia provocar uma ruptura. Ela viera se consultar, desesperada com a ideia de ser, talvez, responsável por uma ruptura, por causa dessa bola no esôfago. Seu amado, um dia, teve a ideia de levá-la para a cama antes de convidá-la para jantar. Milagre! Em seguida, ela se mostrou não apenas boa conviva como eloquente e engraçada; e foi assim que conquistou o rapaz. Esôfago e laringe estavam liberados, pois o encontro sexual precedera. Até então, ainda não ocorrera, nela, a ruptura entre a oralidade – a olfatividade – e a genitalidade, diante do objeto total e desejado que representava esse homem, não apenas desejado mas amado. Mas esse desintrincar acaso acontece completamente em cada um de nós, homens e mulheres, os grandes adultos que pretendemos ser? O homem é muitas vezes vivido como uma mãe, e não como um homem; ou então é visto como objeto sexual e não como companheiro de vida; como se o estatuto de companheiro suprimisse a importância do sexo, sendo acompanhado de frigidez na mulher e de impotência sexual no homem com relação à companheira, de inapetência genital nos dois parceiros, unidos na vida sem poder, nem um nem outro, se desejar, apesar de sua compreensão mútua. Encontramos constantemente esse problema nos casais.

Acho que a anorexia no momento da puberdade ocorre tendo como foco distúrbios de investimento das vias genitais, em meninas que deveriam mudar radicalmente sua relação com o pai. Como no caso em que o pai não foi desintrincado como objeto das pulsões sensuais, pelo fato de a proibição do incesto não ter sido claramente significada, e a preferência do pai por sua mulher ou por outras mulheres ter sido insuficientemente marcada com relação à filha. Essa desintrincação se realizará na idade adulta, por ocasião das primeiras relações sexuais da jovem. A não desintrincação das pulsões genitais e das pulsões orais, pelo fato de elas não renunciarem ao desejo edipiano pelo pai, pode também produzir uma bulimia nas jovens pós-púberes, protegendo-as do desejo dos rapazes e da rivalidade genital com as moças de sua idade. Isso acontece – como pude constatar – quando o pai não investe sua função paterna; é como um irmão mais velho aos olhos da filha, ou como uma duplicação da mãe; não está presente, como amante, nos pensamentos da filha; está ausente dos pensamentos da esposa; e é quase inimaginável para a moça que o desejo do pai tenha desempenhado algum papel em sua concepção. Esse pai, em contrapartida, pode ter uma função superegoica extremamente exigente com relação aos estudos da filha, a seus compromissos, a suas idas e vindas e a suas leituras; ele não vê absolutamente nela a moça que está se tornando para os outros; não suporta que ela tente se inserir na sociedade como mulher desejável, criadora e livre da tutela paterna. Poderíamos chamar esses pais de "abusadores", apesar de não serem violadores das filhas; eles culpabilizam com suas proibições e sua vigilância ciumenta toda energia genital delas. As pulsões eróticas genitais recalcadas provocam então na moça a inflação de uma busca de prazer oral, de gulodice. Seu desejo reflui para a pulsão de comer, em vez de atrair para sua vagina o pênis dos rapazes. Não tendo conhecido a renúncia ao pai, essas jovens não são genitalizadas: não conheceram as características do Édipo, nem, principalmente, suas revivescências no momento da puberdade, em particular a angústia da violação, essa fantasia estruturante da adolescência da menina. A única coisa que existe é submissão à palavra morna e desvitalizada de um pai patrão. Essas jovens, que vemos bulímicas ou anoréxicas, transbordam em pulsões orais e anais, ativas. São geralmente esforçadas, mas seu objetivo não é sentir prazer; contudo, essa atividade compulsiva parece trazer-lhes uma satisfação enorme. Passam nos exames, praticam esportes. É impressionante ver como certas anoréxicas dão cabo de inúmeras tarefas que pessoas musculosíssimas não conseguiriam realizar. Esfalfam-se cozinhando para os outros ou para si mesmas pratos que, aliás, não comem.

Conheci uma anoréxica mental que passava o dia inteiro fazendo comidinhas boas para tentar comer, estimulando seu apetite. Nunca tivera nenhum conflito com os pais. Eles viviam longe dela; estudante, morava sozinha na cidade, em um quarto. Tinha colegas, mas não verdadeiros amigos. Sua infância transcorrera sem verdadeira vida social, no campo, nos Flandres. Seus pais eram guardiões de cemitério a alguns quilômetros de uma cidadezinha, o que não facilitava as relações. Não foi em razão de sua anorexia que tratei dessa jovem; já estava curada quando veio me ver. Eis a história que se seguiu a seu coma por inanição. Foi transportada de urgência para o hospital, e reanimada. A clínica geral, responsável pelo setor, aconselhou-a a ir consultar um psicanalista. Este último, depois de tê-la recebido uma ou duas vezes, desaconselhou a análise, recomendando-lhe fazer uma narcoanálise, como se fazia naquele hospital, com um médico que não tinha formação psiquiátrica nem psicanalítica. Este aplicou-lhe, pois, injeções, sob o efeito das quais ela tinha a impressão de adormecer; ele não ficava ao lado dela; ela acordava algumas horas depois e voltava a seu quarto. De qualquer jeito, sua anorexia foi completamente curada, e ela pôde retomar seu trabalho. Mas permanecia obcecada por seus sentimentos de amor com relação ao médico que lhe havia aplicado as injeções. Falou a respeito com seu médico habitual, que, aconselhado por outras pessoas, passou-lhe meu endereço. Ela estava ficando doente, assediando, através do hospital, o médico, e esse pensamento obsessivo a impedia de se concentrar nos estudos.

Essa mulher, de grande inteligência e de grande valor, estudiosa, dedicava-se à pesquisa fundamental em química. Era filha única de um casal muito unido. Seu pai, dizia ela, era inteligente, apesar de não ter instrução. A mãe era carinhosa, simples e feliz. O trio vivera, como eu disse, isolado. Seu carrinho de bebê era colocado entre as tumbas. Quando começou a andar, era entre os túmulos que brincava; não era triste. Os momentos mais alegres de sua existência eram as passagens dos cortejos fúnebres, a visita dos representantes de coroas e de flores artificiais e das pessoas do vilarejo que vinham jardinar em torno do túmulo familiar e que às vezes se sentavam à mesa para tomar algo. Quanto a ela, era muito brilhante na escola, e nem mesmo se dava conta disso. Aos quatorze anos, aproximadamente, quis parar a escola para fazer como as pessoas que vinham ver seus pais e que lhe propunham ir trabalhar em uma fábrica de flores artificiais com pérolas. Esse projeto a encantava. Mas o prefeito, o cura, a professora foram visitar os pais para lhes dizer: "É impossível! Sua filha é a mais inteligente do vilarejo, vocês sabem disso; ela precisa continuar os estudos." Ela não tinha nenhum desejo nesse sentido. Fazer flores era o que a interessava. Ver um enterro era um belo espetáculo; era o aspecto estético de uma vida social de resto tão monótona. O pai, por seu lado, tinha muito orgulho da filha, que amava muito. Ela não queria decepcionar o pai, que as afirmações daqueles notáveis haviam narcisado muito. Estudou, pois, com facilidade, química orgânica, não sabia muito bem por que essa ciência a interessava tanto. E, pouco a pouco, entrara na anorexia, tornara-se exangue, ao mesmo tempo que não parava de preparar para si mesma várias comidinhas, com o pouco dinheiro que tinha.

Ia todos os domingos ver a família; e, lá, a mãe lhe dava uma comida substanciosa. Ela fez associações em cima dessa comida, descreveu-a. A mãe fazia-lhe cozidos, uma espécie de gulache. Essa mulher conservava as receitas da própria mãe – avó que a analisanda não conhecera –, originária daquela região do norte da Bélgica. Ora, esses gulaches representavam, para ela, os resíduos que ficavam colados na pá de seu pai, quando ele cavava as sepulturas.

Após algumas semanas de psicanálise, a moça decidiu, sozinha, proceder do seguinte modo: ir perguntar ao médico com o qual fizera a narcoanálise se ele tinha, ou não, beijado-a na boca enquanto ela dormia. O que ela acreditava ser uma alucinação acabara de voltar-lhe à lembrança: uma imagem visual e tátil, comovendo-a através de todo seu corpo, e que ela revivia às margens do sono, em casa. À sua pergunta, o médico ficou ruborizado e respondeu-lhe que ela sonhara, que era uma espécie de sonho banal durante uma narcose. Mas, alguns dias depois, ele foi encontrá-la no setor em que ela trabalhava e confessou-lhe a verdade: um dia, beijara-a enquanto ela dormia. Essa revelação tranquilizou-a muito: "Então, não sou louca." Aquele homem realmente a seduzira durante o sono, e esse gesto ganhara sentido para ela, que, criança, dormia entre os túmulos. O sono e as pulsões de morte, associadas ao amor por um homem que trabalhava perto dela, como fazia o pai, se tinham reavivado. Essa centelha de amor insólito, imaginário e sem esperança pelo médico tinha uma origem explicável! Ela entendeu por si mesma o sentido edipiano, ainda mais que sabia, desse médico, que era um cristão militante, pai de uma família numerosa (criança, ela, que se entediava, invejava os filhos de famílias numerosas). Sua análise permitiu-lhe desculpabilizar-se e desculpabilizar aquele homem, com o qual teve, mais tarde, a ocasião de trabalhar. Essas narcoanálises podem, como vemos, ser mais perigosas ainda para quem as aplica do que para a pessoa que se submete a elas.

Essa análise, completamente clássica, durou quase quatro anos, ao ritmo de três, depois de duas sessões por semana. Eu me perguntei, no início, se aquela pessoa não estava fabulando, com suas histórias de cemitério. Mas sua mãe, nos Flandres, confirmou-lhe sua infância muito alegre no meio dos túmulos. O que ela contara não eram lembranças encobridoras, mas a verdade sobre sua infância. Essa mulher sonhava pouco, e seus sonhos eram sempre associados a suas atividades do dia. Tinha poucos afetos, tanto com relação à minha pessoa quanto com relação às pessoas com as quais convivia e sobre as quais nunca fazia afirmações desabonadoras; mas manifestava poucas atitudes amigáveis. Durante sua análise, decidiu orientar-se para a química orgânica, a biofísica e o estudo das comunicações elétricas intercelulares. As experiências que fazia com células nervosas de peixes, de mamíferos, permitiam entender o que acontece nas crises de epilepsia, por exemplo. Ela se apaixonava, intelectual e afetivamente, por esse estudo dos isótopos. Essa ciência estava no auge naquela época. Alguns anos depois de sua análise, ela se casou e teve um filho.

Tive, evidentemente, outras jovens anoréxicas em análise. Lembro-me de uma delas, com a qual, aliás, nunca falei de seu sintoma. Tinha um temperamento insuportável, e dois psicanalistas já tinham se cansado de atendê-la. Era extremamente historienta; a família telefonava sem parar. Era uma jovem dos bairros chiques, criada pela madrasta, depois pela avó materna, mas sempre fora confiada a empregadas que não se sentiam verdadeiramente responsáveis por sua pessoa. Gostava de frequentar os malandros que encontrava nas discotecas. Uma vez, contou-me que uma moça de seu meio acabara de avisar o pai dessas amizades. Diante de meu silêncio, acrescentou que, naquele mesmo dia, marcara um encontro, na frente do prédio, com um desses rapazes que lhe davam muito medo, procurando, assim, fazer-me entrar na dança dos adultos que se atravessavam em suas relações e abandonar meu papel de psicanalista. Não respondi, e marquei a data da sessão seguinte.

– Mas você vai me deixar ir embora assim?
– "Assim" como?
– Mas ele vai estar me esperando na frente do prédio!
– Ele pode perfeitamente esperar você.
– Então, vou ficar na sua sala de espera.
– De jeito nenhum. Sua sessão terminou, você vai embora.

E coloquei-a para fora. Às nove horas da noite, a zeladora veio me dizer que o locatário do sexto andar acabara de avisá-la que uma mulher adormecera no corredor. Como, aos olhos dos moradores do prédio, eu passo por ter uma clientela de malucos, pensaram imediatamente que ela vinha de meu consultório. Eu disse à zeladora para ir ver, se quisesse. Quanto a mim, só me deslocaria se a pessoa mandasse me chamar. Mais nenhuma notícia até o dia seguinte de manhã, quando a zeladora me contou que encontrou a jovem enrolada como um feto, espantadíssima que fossem nove horas da noite. Na sessão seguinte, ela não disse uma palavra sobre o incidente; nunca falou disso. Provavelmente não ousara descer e desejava, tomando como álibi a proteção que me pedia, me envolver nas histórias nas quais se achava envolvida.

Tudo isso mostra que é primordial, nos casos de anorexia, ainda mais que nas outras neuroses, jamais intervir na realidade do paciente, quando somos psicanalistas. Não estou falando, evidentemente, dos casos de anorexia de crianças de cinco, seis anos, que requerem que sustentemos as castrações que os pais devem dar naquele momento. Com as receitas padrão eu me envolvia, na realidade, nas relações dos pais com os filhos. Não fazia apenas isso, claro, mas fazia *também* isso. Sejam quais forem as histórias que as crianças ou os adolescentes possam provocar em seu meio ou com os médicos que os atendem – e que nos telefonam escondido deles –, sejam quais forem as intromissões, devemos resistir, dizendo: "Sou o analista, infelizmente não posso dizer nada a você e avisarei o moço (ou a moça) de sua intervenção. Talvez ele vá falar com você. Você pode fazer o que quiser." Se recebermos uma carta, avisar, do mesmo modo, o analisando, de que não a responderemos: "O que você me conta aqui é para mim um segredo profissional absoluto, e nunca poderei dar informações sobre você. Você, em compensação, pode dizer pessoalmente a seus pais o que quiser; não irei desmenti-lo." É importante proceder dessa maneira, sejam quais forem as preocupações que possamos humanamente ter diante desses lamentáveis esqueletos, ávidos de uma atividade enorme e na maioria das vezes desordenada.

Dei supervisão a um ou dois casos em que a anoréxica mental tivera que passar uma temporada em uma casa de saúde, internada pelo médico da família. Aconselhava, nesses casos, os analistas a ir fazer o que restava da sessão, descontado o tempo do transporte, na casa de saúde; a ali estar presente na hora habitual da sessão. Foi o que fez uma analista com uma de suas clientes. Muito curiosamente, naquele dia, a jovem começou a bancar a louca – quando não creio que os anoréxicos sejam loucos, e é muito raro que mimem a loucura, mesmo que aconteça de fazerem cenas histéricas. Talvez tivesse sido por retaliação diante dessas cenas histéricas que a família colocara a moça na casa de saúde; conflitos bastante clássicos entre filha e mãe, em que se quebram objetos etc. Essa jovem anoréxica se pôs nua, em uma cena de sedução selvagem, bem pouco estética, pele e osso, berrando, jogando objetos pelo quarto. Eu havia recomendado à analista que permanecesse silenciosa, como na situação do divã. A analista voltou e me disse que era difícil; as enfermeiras tinham entrado porque a paciente gritava, e ela própria, não sabendo o que fazer, fora embora. Aprovei-a. Ela voltou; dessa vez, a jovem, apesar de ficar mostrando-lhe as costas e falando um monte de besteiras, acalmou-se. Quando saiu da clínica, a análise recomeçou normalmente e as coisas voltaram aos eixos. O que significava aquele episódio de histeria que não era verdadeira? O que havia de verdadeiro nesse estado histérico era que ele exigira a entrada, na casa de saúde, dessa moça que já não se assumia, já não comia e deixava, assim, a mãe doente. *A priori*, as anoréxicas têm mais coisas a resolver com a mãe do que com o pai, já que a mãe é a primeira responsável pela identificação feminina malograda; mesmo que o pai esteja envolvido, a anorexia é uma luta entre a filha, viva, e a mãe, sentida como mortífera. (Inversamente, no caso que invoquei acima, a mãe não era sentida assim; o que era sentido e buscado era a segurança materna entre os túmulos do cemitério.)

Lembro-me de outro caso muito interessante, o de uma menina que dera entrada no hospital em agosto, exangue. Só a encontrei no início de outubro. Sua testa, suas maçãs do rosto, seus punhos eram azuis de magreza, seus cabelos lanosos caíam em mechas. Estava em um estado lamentável. A anorexia declarara-se no mês de março, no momento de sua menstruação, que desapareceu em junho. Seu médico pedira sua internação no hospital Trousseau depois de ela ter desmaiado várias vezes na rua. Seu controle de peso era impressionante. Sob estrita vigilância no Trousseau ela engolia, sem vomitar, as refeições que lhe davam, sem ganhar um único grama. Deitada o tempo inteiro, dormindo razoavelmente bem, estabilizara-se em um estado de que ninguém sabia como tirá-la. Estávamos em 15 de outubro e ela fora internada em 15 de agosto. Boazinha, passiva, ela se aborrecia. As visitas, assim como quaisquer outras atividades, eram-lhe proibidas. Ela gostaria de fazer as lições de casa que eram dadas a seus colegas e ter seus livros de escola, mas o médico a proibira terminantemente de se levantar, de andar, de ler: "Você precisa descansar, o menor esforço representa perigo de vida. Você sairá do hospital quando tiver recuperado seu peso." A voz dessa mocinha era quase inaudível, de tão fraca que estava. Disse-lhe que não iria vê-la no quarto mas, explicando-lhe o que era uma psicoterapia, propus-lhe vir me ver, se assim desejasse. Um enfermeiro do Trousseau a punha todas as terças-feiras em uma maca, pois ela não conseguia andar sozinha. Muito cansada, confirmou-me que não vomitava, mas que tinha muito medo de morrer. Não sabia por que começara a não comer mais, quando "antes" tinha ótimo apetite (ela sempre dizia "antes"). Propus-lhe então uma sessão de psicoterapia a cada oito dias, e o seguinte modo de trabalho: que ela escrevesse meia página todo dia, com a autorização do médico, sobre o assunto que quisesse; e nós estudaríamos aquelas páginas juntas. O pessoal que a acompanhava aceitou fornecer-lhe papel e um lápis. Ela voltou, então, com seis pequenas lições de casa (algumas crianças a quem eu propunha esse tipo de trabalho, no Trousseau, punham como título "Lição de casa recreativa"). Esses deveres, que não eram "recreativos" para ela, vinham, contudo, amenizar a ociosidade imposta pelo médico. Como sua fraqueza a impedindo de falar alto, perguntei-lhe se desejava que eu falasse alto. Diante de sua expressão preocupada, perguntei-lhe se a presença dos ouvintes a incomodava; como não soube me responder, decidi falar com ela em voz baixa. Nos textos da primeira semana, contei quatorze "antes". Era a palavra mais recorrente, assim como "luz" e "belo". "Antes" era o vilarejo em que o pai era padeiro e que ela deixara aos nove anos.

Ela me deu, então, autorização para ver a mãe, que me falou da mudança, quando deixaram a primeira padaria para assumir outra, a dez quilômetros dali. Quando pequena, quem tomara conta dela fora uma moça do vilarejo, que partira, depois, para se casar. "Ela era meio maluquinha", conta-me a mãe, "e talvez tenha exercido alguma influência sobre minha filha; mas era boazinha. Sua irmã veio substituí-la, e essa sim era muito esquisita!", acrescentou, com uma expressão estranha. "O que você quer dizer com 'esquisita'? – Ela era muito alegre, mas se excitava facilmente. Era muito boazinha tanto na loja quanto com as crianças; gostávamos dela." A mãe tinha outra filha, quatro anos mais nova que a anoréxica. "Mas essa moça lhe parecia 'esquisita' na maneira de educar os seus filhos, em oposição às suas ideias? – Não, não quero dizer isso! Depois dela, não peguei mais ninguém; as meninas já estavam suficientemente grandes para almoçar na escola, e eu ficava na loja."

Quando, em seguida, encontrei o pai, perguntei sua opinião sobre as duas moças que haviam cuidado de suas filhas. Ele concordou que a primeira era muito viva e que cuidava bem das crianças. "E a outra?" Naquele momento, ele arregalou uns olhos de trouxa: nenhuma lembrança! "Minha mulher falou à senhora dessa jovem. – Falou. Disse-me que era muito alegre, às vezes um pouco excitada, um pouco esquisita. E o senhor, o que acha? – A senhora entende, o comércio... Era minha mulher que cuidava das crianças; eu não prestava muita atenção. – Tente se lembrar. Fiquei sabendo, em todo caso, que o senhor ainda não veio visitar sua filha no hospital desde sua internação. O senhor poderia vir vê-la? – Mas não tenho tempo! – Disseram-me que o senhor vem todas as segundas-feiras ao *Grands Moulins* de Paris, em função de seu trabalho; não é muito longe do Trousseau. – A senhora acha? Um pai, serve para quê? – Mas o senhor é indiferente à sua filha? – Oh, não! Em todo caso, tenho uma opinião sobre isso. Sei muito bem o que ela tem. O que ela tem é que, quando começou a dar uma de gostosa, devia estar apaixonada por um de meus rapazes, que partiu para fazer o serviço militar. A senhorita fazia-se de rogada para comer, e eu disse a mim mesmo: 'É o rapazinho!'" E o pai, visivelmente apaixonado, ele, pelo rapazinho, pôs-se a descrevê-lo. "Aliás, o rapazinho escrevia todas as semanas cartões-postais com 'Não esquecendo a senhorita'... Oh, ele era respeitoso, mas havia algo entre eles, era óbvio. Tentei fazê-la entender que isso acontece com as meninas, que elas ficam doentes por um namorico assim. Ele é um pouco jovem, mas pode dar um marido mais tarde."

Agradeci-lhe por ter-se deslocado para me apresentar seu ponto de vista; ele foi embora, prometendo-me vir ver a filha. A mãe voltou na terça-feira seguinte. "O que aconteceu com meu marido? – Quase nada. Ele nem mesmo se lembrava do nome da moça que cuidava das filhas e não pôde me dizer nada.– Oh, essa é boa! Mas eu não tinha contado absolutamente nada à senhora! – Contado nada sobre o quê? – Ele me disse que a senhora sabia de tudo, que eu contara tudo; que eu era uma vaca, que ele queria o divórcio. – Mas o que é esse "tudo" que eu supostamente sabia?" Ela me contou, então, a história. Um dia em que saíra para ir à cidade, ela voltou para casa porque esquecera algo, e pegou o marido e a empregada na cama. Como o marido e a mulher se amavam muito, reconciliaram-se na cama, depois de uma cena facilmente imaginável; a moça foi mandada imediatamente embora. Logo depois disso, ficaram sabendo que ela iria se casar, dali a dois meses, com o padeiro rival do vilarejo, do qual era noiva havia seis meses. As meninas não entendiam que mandaram embora a Clémentine, que, todo o vilarejo sabe, vai se casar. Queriam ir ao casamento;

o pai, evidentemente, não queria; e, do dia para a noite, proibição de se dizer uma única palavra a respeito de Clémentine – que partilhava, até então, de suas vidas e até as levava para a casa dela durante as férias. A menina hospitalizada tinha oito anos na época. O pai, não suportando a humilhação, decidiu mudar para um vilarejo próximo, para assumir uma padaria maior e passar uma borracha nessa história.

A partir daquele momento, a menina tornou-se brilhantíssima na sua nova classe. Só a escola a interessava, fato a que o pai e a mãe não ficavam nem um pouco indiferentes. A mãe dizia: "Essa aí gosta da escola!" A menina queria tornar-se professora [*maîtresse*]*. Depois, entrou no ginásio. Foi durante o verão anterior à sua entrada no oitavo ano que foi hospitalizada com urgência.

Voltemos ao mês de março daquele mesmo ano, quando o avô materno, que era viúvo e tinha o hábito de ficar alternadamente na casa dos vários filhos, viera passar alguns meses na casa da filha. À mesa, a mãe estava sempre "atrás" [*après*]** da menina, que se recusava a comer. (Não devemos esquecer que a palavra-fetiche da criança era "antes".) O avô apoiava a menina: "Pare de aporrinhá-la, ela está comendo bem! As mães sempre querem que as filhas sejam rechonchudas para agradar aos rapazes!" E a mãe dizia: "Você vai ficar feia, você está magra demais." A menina só queria a escola, e sustentava que não podia comer. Quando a mãe a obrigava, ela vomitava. A mãe estava furiosa com a escola, o pai furioso por aquilo causar tantos problemas à mesa, e o avô dizia à filha: "Eu já não a estou reconhecendo. Antes a casa de vocês era agradável. Agora, é um inferno." E foi embora antes do previsto. No início de agosto, a menina desmaiou na rua. O médico da família mandou transportá-la de ambulância até o hospital Trousseau. Eis o que me contou a mãe, revelando assim a que época feliz remetiam os "antes" da menina.

"*Antes*, eu imaginava Paris" – de que ela só conhecia o hospital Trousseau – "com suas belas luzes. Em Paris, há lampiões em toda parte. Como estou no Trousseau, não vi os lampiões de Paris." Ela falava de Paris como de uma imensa festa de Quatorze de Julho de vilarejo. "Quem lhe falou de Paris assim?" Albertine ou Clémentine, quando iam juntas à festa. "Você se lembra delas? – Sim. Não pude ir ao casamento." Acrescentando, com uma expressão estranha: "Mas não devemos contar isso, é um segredo. – Por que é um segredo? – Não são coisas que se digam às crianças. – Mas você já não é criança, já está se tornando uma adolescente." (Eu acabei de indicar-lhe isso tratando-a com mais formalidade.) Foi assim que soube que a menina sofrera um grande choque afetivo no momento da partida da jovem criada.

Uma outra vez, disse-lhe: "Sua mãe me contou a triste história de Clémentine, que pregou uma bela peça nos seus pais." Imediatamente, ela lança: "É, porque não contou que era noiva." Calei-me, não lhe dizendo nada mais, pois

---

* Em francês essa palavra pode significar tanto "professora" quanto "amante". [N. da T.]

** Em francês, *après*, cuja tradução para o português, nesse contexto, é "atrás". No entanto, o sentido mais habitual da palavra *après* é "depois". [N. da T.]

ela parecia não saber mais do que isso. "Também de nós, meninas, ela escondeu isso. Não foi legal, éramos como sua família." Sentira-se humilhada por não ter ficado sabendo do noivado de Clémentine, razão pela qual, a seus olhos, os pais, sentindo-se igualmente humilhados, decidiram não ir ao casamento.

Contando-me, de terça-feira em terça-feira, a história da ruptura de sua identificação feminina através do drama de Clémentine, a jovem paciente recuperara o peso normal para a sua altura. Cogitava-se, então, sua saída do hospital. Ela gostaria que isso acontecesse antes do Natal. Mas o médico, temendo uma recaída, ainda não queria liberá-la. Eu conseguira, por intermédio da atendente, que a avó de uma de suas colegas, que morava em Paris, lhe trouxesse seus livros de escola, com o programa do primeiro trimestre, para que ela se pusesse a par e retomasse o ginásio no segundo trimestre. Eu achava importante que aquele menina, que valorizava seus estudos, não os abandonasse em razão de sua hospitalização. Como recuperara o peso e como o cansaço de estudar não a impedia de ganhar ainda mais, o médico deu o seu aval. Era a atendente do setor que se ocupava dessas coisas, pois eu não queria me intrometer na realidade daquela jovem. O médico teria consentido em liberá-la no Natal se eu concordasse em fazer um atestado autorizando-o. A menina me suplicava para fazê-lo. Respondi-lhe que cabia a ela dobrar o médico, e que eu não faria isso em seu lugar; que nós trabalharíamos juntas, ela e eu, para procurar o sentido de seu desejo e para ajudá-la a obter, com seus próprios meios, o que desejava. Ela só deixou, assim, o hospital após as festas, com a obrigação de voltar a cada quinze dias ao serviço para o controle de peso. Voltou três ou quatro vezes. Ia muito bem, passava para ver a atendente, mas eu não a revi, pois meus dias de consulta não coincidiam com o tempo livre que seus compromissos lhe deixavam. Notícias, um ano depois, nos confirmaram sua cura. As menstruações voltaram, seus cabelos tornaram a crescer, suas unhas estavam de novo flexíveis.

Essa é uma história de anorexia grave, quase mortal; e foram as redações cotidianas que permitiram a passagem das mensagens inconscientes; o que me colocou no caminho certo foi a repetição da palavra "antes" e a angústia daquela jovem de sentir a mãe "atrás" [*après*] dela. Os "antes" correspondiam ao período de identificação feliz com as duas empregadas e a mãe; mãe admirada por sua beleza, fecundidade e por ser a esposa do pai. A menina construíra seu Édipo sobre duas pessoas diferentes: pela parte feminina e erótica, era a moça; pela inteligência, era a mãe, que cuidava das contas da padaria. Desse "antes", a menina só conservava uma vaga lembrança; em contrapartida, lembrava-se mais facilmente do período que precedera o nascimento da irmã. A mãe, da primeira vez, só me contara a mudança, dando algumas impressões banais sobre as empregadas. O momento difícil veio após minha entrevista com o marido. "Felizmente nós nos amamos, pois ele estava furioso comigo, até o momento em que entendeu que era verdade que eu não havia dito nada para a senhora." Esse "dito" a ser calado era a corneada do marido e a prova que representara, para todos os três, aquela Clémentine. A mãe voltou a me ver várias vezes, de moto próprio, tendo certeza de que eu nada dizia à filha daquilo que ela me confiava. Tentamos entender, ela e eu, de onde o marido tirara, felizmente, aliás, a suposição de que eu "sabia tudo". Eu ficara espantada, claro, por ele já não se lembrar do nome de uma pessoa que os ajudara tanto tempo e por lançar-se em um discurso sobre os supostos amores da filha com um rapaz que fora cumprir o serviço militar; eu nada fizera além de escutar. Pois esse pai tinha que associar uma história de amor à perturbação afetiva da filha.

Sua filha, efetivamente: a jovem empregada cujo nome ele esquecera tinha ainda idade para ser sua filha, e lhe aplicara um duro golpe, casando-se com seu rival profissional; namorava um *ao mesmo tempo* que era amante do outro. A intensidade de sua emoção à evocação da jovem empregada fê-lo acreditar que a mulher tinha me contado a história toda. Ora, foi graças a esse conflito que, finalmente, aquele homem e aquela mulher se tinham ligado mais um ao outro, após uma ameaça terrível de rompimento e de separação. Não ficara, entre eles, mais nenhuma sequela, mas a filha sofrera os efeitos daquela situação, no desenvolvimento de sua feminilidade. Nada, porém, permitia prever os efeitos dessa ruptura em seu Eu ideal feminino, pouco antes da entrada na fase de latência. Foi preciso esperar a época de sua nubilidade para que essas potencialidades desestruturantes de sua feminilidade se atualizassem. Foi um dos casos mais graves de anorexia de adolescente que tive a oportunidade de ver. Anorexia que se tornou, em alguns meses, devastadora, quase mortal. Havia perturbação do metabolismo já que, sem vomitar nada, desde sua entrada no hospital, a jovem não deixava de perder peso, lenta e inexoravelmente. A comida atravessava seu corpo sem ser assimilada. Desde o início do tratamento, e sem que nada fosse mudado no regime, a curva tornou-se ascendente; e podemos dizer que a cura total foi muito rápida. O metabolismo afetivo do trio pai-mãe-filha também havia mudado. Todas as neuroses são histórias de amor interrompidas antes da hora, em razão de um mal-entendido. Só um viático de palavras de adeus verdadeiras evita as neuroses, após separações brutais entre a criança e as pessoas importantes para ela, que sustentam sua evolução até os oito anos pelo menos.

A pequena anorexia de que falamos no início, a das crianças pequenas, que não apresenta perigo físico real, provém de uma proibição que impede a conquista libidinal da autonomia do corpo próprio. Ao passo que a identificação com a mãe que cuida, a introjeção do que podemos chamar da capacidade de se automaternar, levaria ao Édipo e a relações com o pai, que teriam como efeito a introjeção paterna sob a forma de um autopaternar-se. Mas, quando em seguida sobrevém o conflito edipiano, é para evitar suas agruras que a criança tenta de todos os modos enredar os pais em relações duais, em relações de poder sobre ela própria que ela põe em xeque, o que lhe evita assumir uma situação de rival afetivo e genital.

A anorexia das pós-púberes provém de uma atualização das pulsões de morte ligadas à conquista da identidade feminina. A denegação do desejo feminino genital entra em ressonância com a necessidade oral, que se encontra denegada por recalque do prazer da zona vaginal e por deslocamento para a zona oral; pois essas duas zonas erógenas são, com relação ao objeto parcial de satisfação, o lugar de pulsões centrípetas (desejo da boca pelo alimento, que vale como objeto parcial vindo do exterior, objeto a ser ingerido; desejo da vagina pelo objeto parcial: o pênis do homem desejado). A identificação do Eu com o objeto total, Eu ideal da infância edipiana, por uma razão que resta ainda descobrir, parece proibida.

Na anorexia, tudo acontece, então, como se o sujeito, por não ser coerente com suas pulsões genitais, claramente sexuadas, graças a um Eu representado então pelo corpo, estivesse abarrotado de desejos impossíveis de dizer ou insuficientemente exprimíveis. Assim, ele tenta recorrer aos meios regressivos, pelos quais podia ser entendido pelos outros quando era criança; mas, como esses meios se revelam ineficazes, inadaptados a representar seu desejo ou a fazê-lo suportá-lo, o sujeito resolve, parece, ceder às pulsões de morte, dissociando-as das pulsões de vida. A coalizão Eu-Supereu se vê, assim, ludibriada. Se já não há desejo de vida, já não mais culpa edípica.

Todo o apetite sensorial, sejam quais forem o nível de organização e a zona erógena, entra em ressonância, quando se refere a pulsões ativas, com a genitalidade sexuada masculina e, quando se trata de pulsões passivas, com a genitalidade sexuada feminina. Mas a ausência de apetite sensorial, orquestrada, por assim dizer, pelo sujeito, permite o adormecimento tanto das pulsões ativas quanto das pulsões passivas, que são associadas inconscientemente à significância sexual dos órgãos erógenos. O Eu se reduz então ao narcisismo, na qualidade de resíduo de prazeres vitais, vegetativos, orgânicos. Esse Eu, na inação fatal, é sem angústia, porque sem culpa. Ao que tudo indica, trata-se de uma regressão na qual o gozo estaria ligado à redução dos processos vitais do Eu-corpo e à paz do sujeito, que se dissocia tanto do Eu quanto do Isso. Tal processo pode levar, sem representação da morte no sujeito, à morte do corpo.

Diante dos anoréxicos graves, contrariamente à terapia médica, que visa sustentar o corpo (sede do Eu), cevando-o para mantê-lo em vida, mantendo à força as trocas fisiológicas, a terapia psicanalítica só pode sustentar o sujeito que fala seu não desejo. Propondo ao paciente auxiliá-lo em seu trabalho de elucidação, para entender o processo que o levou a se colocar sob a dependência angustiada de sua família, da sociedade, a ponto de passar pelos meandros da assistência médico-psicológica, o psicanalista pode unicamente confiar nos dizeres do sujeito; fazer uma aliança com o sujeito do dizer sem se ocupar de modo algum com seus "agires" nem com o que ele provoca à sua volta – pois esses "agires" só pertencem ao paciente, posto que ele é *objeto* para os outros ou, até mesmo, objeto para si próprio. Para o psicanalista, ao contrário, trata-se de escutar, em seu dizer, o testemunho de um tempo e de um espaço (seu corpo) passados. Na transferência, as palavras do sujeito voltam a dar vida ao esboço interrompido de um Eu caduco. É ele o artista de seu corpo, de que deixou, em projeto, um esboço. Seus próprios dizeres o fazem ouvir, mesmo quando repete sua provação com seu analista, que o instrumento de viver na carne, de exprimir desejos que não são apenas carne mas encontros interpsíquicos, que esse instrumento de trocas sutis de prazer o traiu: esse corpo, intermediário linguageiro, por uma razão que ainda deve ser decodificada, foi, um dia, sentido como inadequado ao projeto de comunicação que era o do sujeito. O sujeito suportou a prova desse Eu-corpo estacado em seu devir, negligenciado, esquecido; às vezes, cavou-se um hiato grande demais entre seu desejo e esse Eu-corpo, cruzamento de espaço e de tempo em que o organismo se inscreve como objeto.

É por falta de simbolização que os processos vitais para nosso narcisismo ocupam o primeiro plano da cena. O mesmo acontece com os processos de desvitalização. Falo aqui da parte inconsciente do narcisismo, da qual as pessoas que não têm sintomas patológicos gozam no silêncio dos órgãos, tanto quando acordados como durante o sono. Quem dorme come, diz o provérbio. É o gozo desse narcisismo que comanda o adormecimento das zonas erógenas; é esse gozar que os anoréxicos querem, de todo coração, impedir que viva neles. É o que perseguem obstinadamente. Mais que isso, no anoréxico, o desejo está à espreita dessa paz que a morte prematura poderia provocar – morte na qual ele não acredita, assim como não acredita na vida, nem nos prazeres que ela poderia proporcionar ao seu corpo. Nada conta além daquilo que ele quer significar.

Seja qual for a idade do paciente e a gravidade mórbida do sintoma, a anorexia só se manifesta nos seres humanos, na maioria das vezes do sexo feminino, nos quais o prazer da comunicação, da criatividade, do pensamento e dos sentimentos prevalece sobre as satisfações do consumo substancial.

LIVRO III

INCONSCIENTE E DESTINOS

Edição realizada com a colaboração de Jean-François de Sauverzac

Diálogo liminar entre Françoise Dolto e Jean-François de Sauverzac

JEAN-FRANÇOIS DE SAUVERZAC: Por que razão a maioria dos casos apresentados neste livro – como muitas vezes em seu *Seminário* e em *A imagem inconsciente do corpo* – são casos que datam, frequentemente, do início de sua prática de analista, dos anos da guerra ou do imediato pós-guerra?

FRANÇOISE DOLTO: Talvez pelo fato de, iniciante, eu estar à espreita de tudo. E, depois, nunca falo de casos ainda em andamento. Essa é a razão principal. Sempre me proibi de falar de tratamentos que aconteceram menos de dez anos antes. Com notas completas e detalhadas de todas as sessões, eu trabalhava para mim, e compilava algumas dessas notas. Foi mais tarde que selecionei certo número delas.

J.-F. S.: Contudo, você diz muitas vezes, substancialmente, a respeitos dos tratamentos que conduziu nessa época: "É isso, fiz essa análise e, contudo, não sei muito bem o que fiz."

F. D.: Era verdade. Não era porque eu anotava tudo que entendia como se desenrolavam os processos inconscientes. Acho que é muito importante dizer isso, porque é verdade. Porque, muitas vezes, também as pessoas acreditam que os psicanalistas entendem – particularmente alguém como eu, cuja reputação era de que as pessoas se curavam comigo. Achavam que eu entendia. Ora, a partir do momento em que comecei a entender, tornei-me seguramente pior analista. Mas podia ajudar os outros.

Ao longo de minha análise, disse o tempo todo a Laforgue: "Bom, você parece muito contente. Mas eu não entendo nada do que estou fazendo aqui." Ele me dizia, então, com seu sotaque alsaciano: "Você compreende muito bem. Você não combreende com a cabeça, melhor! Você combreende com o coração." Naquela época, não tínhamos o direito de ler psicanálise durante nossa própria análise. Assim, eu não tinha leitura nenhuma; nenhuma "cerebralização" do que fazia. Minha tese (*Psychanalyse et Pédiatrie* [*Psicanálise e pediatria*]*) foi um trabalho para formalizar o que eu entendia de crianças, mas não

---

* *Psicanálise e pediatria: as grandes noções da psicanálise*, trad. Álvaro Cabral, 4ª ed., Rio de Janeiro, Guanabara, 1988. [N. da T.]

o que tinha entendido de mim mesma: e, contudo, eu só as entendia graças à minha análise passada. É muito curioso esse trabalho, essa transmissão da psicanálise: ela não se faz pela "cachola". É por isso que dou exemplos clínicos. Porque os exemplos fazem com que as pessoas elaborem as coisas através de sua própria maneira de compreender, ao mesmo tempo, elas próprias, quando ainda estão em análise, e aqueles que lhes fazem uma demanda, quando são analistas. Acho que a teoria sem exemplo não serve para nada, enquanto um exemplo sem teoria pode servir muito. Evidentemente, é preferível os dois juntos.

J.-F. S.: Eu gostaria de retomar essa questão de maneira diferente. Penso no caso do menino priápico sobre o qual você conta que, no início do tratamento, se mostrava completamente embrutecido. Você ressalta o fato de não estar entendendo absolutamente o que acontecia nesse tratamento; e sua estupefação quando o menino escolheu ir para o divã para ali realizar um cerimonial de luto completamente insólito. Existe, contudo, no encadeamento das sessões, algo que deixa supor que foi sua escuta que tornou possível, para o menino, esse agir de alcance simbólico.

F. D.: Certamente, certamente. Uma disponibilidade para que ele fosse como tinha que ser. Como tinha que ser para se exprimir. Claro. Mas isso é o resultado de uma psicanálise pessoal, didática, da convicção que tenho de que a criança *sabe*. Uma criança tem menos resistências que um adulto; um adulto também sabe – seu inconsciente sabe –, mas ele tem resistências. Se colocamos uma criança no estado de ser, de exprimir-se como pode, citando-lhe todos os meios que temos de falar, dizendo-lhe que pode pegar o que quiser, mas não fazer qualquer coisa, o que ela esboça então por um "fazer" não é qualquer coisa: é um esboço – que não dura muito tempo –, para mimar, para exprimir de outro modo seu desejo. Quando esse processo é engatado, o tratamento deve, em princípio, caminhar; pois o método psicanalítico "caminha".

J.-F. S.: O que você acaba de dizer faz pensar no caso da criança que voltou a encontrar a palavra "puta", que tinha recalcado. Essa criança desenhava rosáceas, e você diz que simplesmente insistiu para que ela encontrasse os nomes recalcados de cada uma das pessoas associadas a essa imagem. E tudo emergiu.

F. D.: Insisti porque me apoiava em Freud. Freud disse que não há lembrança que não possa voltar se a resistência for suspensa. Foi por isso, dada a transferência de confiança que a criança tinha sobre mim, que eu lhe disse: "Você sabe, sim. Você está se impedindo de deixar a lembrança voltar." E ela voltou.

É para isso que serve ter colegas mais velhos que nos dizem coisas da ordem da teoria nas quais podemos nos apoiar.

J.-F. S.: A respeito da interpretação, você responde a alguém que pergunta em que ela se distingue de uma intrusão, de uma intervenção, que ela só tem efeito com a condição de o analista estar então convencido do que diz. Ora, essa convicção, que é utilizada na interpretação e que a funda, não é unicamente da relação com Freud ou com qualquer outro que o psicanalista a tira. Nos *Dialogues québecois* [*Dialogando sobre crianças e adolescentes*]*, você fala da menininha que deu a você, aos nove meses, um pagamento simbólico, quando estava caindo no autismo e se deixando morrer. Você lhe dá uma interpretação, dizendo-lhe que, se ela quiser se deixar morrer, você não poderá impedi-la, mas, se quiser uma sessão, deverá pagá-la. Outro terapeuta formularia talvez a mesma interpretação, mas não ousaria dizê-la. Você, ao contrário, ousa dizê-la.

F. D.: É isso mesmo: eu ouso dizer, efetivamente. Se podemos ter essa convicção que faz a interpretação, é por sabermos que não há negativo no inconsciente. Quando dizemos, como nesse caso, a uma criança algo que parece negativo, e se isso for justo, for verdade e for efetivamente seu desejo inconsciente, isso ecoará imediatamente naquilo que havia de dinâmico em seu inconsciente e que passava por negativo. Alguém que quer morrer, quer "morrer esse corpo", em nome do sujeito que, ao contrário, não é mortal.

Assim, o desejo de morrer, que parece negativo para o consciente, não o é para o inconsciente: é um *desejo*. Que seja desejo de viver ou desejo de morrer não tem sentido para o inconsciente. Só tem sentido para o consciente. Não há desejo negativo para o inconsciente, há apenas desejo. E o desejo é desejo de ser reconhecido como sujeito associado a esse ter-corpo. Assim, na condição de analista, reconheço o sujeito desejante, dizendo-lhe: "Você deseja morrer. Por que não? Você tem o direito de desejar morrer. E eu, que estou falando com você, sei que o fato de ter um corpo é doloroso para você. Se você deseja morrer, se deseja que esse corpo te deixe, eu entendo." Ora, a partir do momento em que o entendo, ou seja, a partir do momento em que reconheço seu desejo, ele deseja menos morrer, já que alguém o entende e o reconhece sujeito de seu ser. O corpo de um bebê é tão necessariamente o objeto de cuidados maternantes que esquecemos que ele é sujeito.

Isso também vem de Freud, que disse: não há negativo para o inconsciente. O inconsciente ou é dinâmico ou não é nada. Quando "Isso" não encontra nada, não há olhar. É de fato extraordinário ver de repente brilharem os olhos de uma criança a quem se fala assim – como no caso dessa pequena autista –, enquanto, antes, seus olhos eram baços. E, se for uma criança cega, há então algo nela que brilha – não sei bem o quê –, mas uma comunicação se instaura. O que mais se nota nesse momento é a mudança de expressão dos olhos; ou, em outras crianças, o opistótono: curvar-se para trás é sinal de que querem fazer o útero se movimentar para nascer. Esse signo supostamente negativo torna-se efetivamente assim para o feto se ele faz isso durante muito tempo, pois se asfixia. Ora, é a asfixia que o faz nascer. É a asfixia que o leva a se colocar

---

* *Dialogando sobre crianças e adolescentes*, trad. Maria Nurymar Brandão Benetti, Campinas, Papirus, 1989. [N. da T.]

em opistótono, a curvar a cabeça para trás. É assim que ele faz com que o útero se movimente para ele sair. É extraordinário, como condição para nascer, o fato de ser asfixiado! *Ser ameaçado de morte faz nascer*. Ser ameaçado de morte por asfixia, já que ele deixa de receber oxigênio suficiente pelo sangue da mãe, é o que faz, então, o feto nascer: o opistótono fazendo com que o útero, cuja dilatação vai deixá-lo partir, se ponha em movimento. Com essa partida, ele deixa o que era a metade dele mesmo, sua placenta; trata-se, pois, de uma primeira castração, marcada pela chegada em um mundo realmente desconhecido por completo, exceto pela audição (se ele puder ouvir) e pelo batimento do coração que ele reconhece: o batimento do coração da mãe – pois, ao nascer, ele perde a percepção do batimento de seu próprio coração. O curioso é que tendemos a reencontrar esse batimento cardíaco fetal nas grandes emoções ou por ocasião de uma febre alta: é o batimento de coração mais próximo daquele que é ouvido *in utero*. A criança perde, pois, o ritmo fetal, a estreiteza do lugar em que estava, a perfusão umbilical; conserva a audição – se não for surda; descobre o cheiro da mãe com o ar, a respiração. Mas o nascimento é realmente uma morte, uma morte daquilo que ela percebia antes.

J.-F. S.: Isso significa que, mais que outros analistas, você considera o inconsciente essencialmente dinâmico?

F. D.: Sim. Ou, melhor, eu diria que o "Isso" é dinâmico, mas que o "Isso" não existe sem um sujeito que desejou tomar corpo neste mamífero da espécie humana que está fadado à palavra. É absolutamente extraordinário estar fadado à palavra.

J.-F. S.: A respeito desse "estar fadado à palavra", podemos evocar o papel desempenhado, *a contrario*, pelos animais na psicanálise, e, isso, desde Freud. Ele próprio tinha *chow-chows* que ocupavam um lugar privilegiado em sua vida. E penso em todas as referências ao cachorro, ao lobo...

F. D.: Ao gato[1].

J.-F. S.: ... em inúmeros casos clínicos de psicose ou de neurose apresentados aqui. Neles, encontramos o animal como um limite para a criança. Mas é também como se ele fosse coextensivo à própria psicanálise.

F. D.: Sim, dado que a psicanálise descobriu que os animais são os mediadores daquilo que um ser humano sente. Meu neto, que ainda não sabe escrever – ele tem dois anos e meio –, quis pela primeira vez escrever uma carta para a avó (para mim). Ditou, então, sua carta a uma menininha de sete anos que escreve bem. Queria me falar do enterro de um passarinho. Não deixa de ser

---

1 Cf., particularmente, *Seminário de psicanálise de crianças*, livro II.

interessante que ele tenha querido descrever à avó o enterro de um passarinho, na idade em que está, no momento em que acaba de nascer uma irmãzinha que não tem "passarinho". O menino levou um passarinho morto que encontrara para o pai de seus amiguinhos, e o homem disse que iam enterrá-lo. O menino quis assinar a carta do próprio punho. E escreveu seu suposto nome, dizendo: "assinei: serpente". Ele assinou, pois, "serpente". Talvez houvesse para ele uma associação "passarinho-serpente". Talvez até mesmo com "plumas"; com a serpente emplumada, da qual talvez tenha ouvido falar. É muito curioso.

Os seres humanos têm necessidade desses signos animados para traduzir seja seu soma, seja seu desejo, manifestado tanto pelo pênis em ereção como pelo tubo digestivo – a serpente que "peristalta" continuamente, por assim dizer. Identificam-se com esses signos animados, porque isso traduz o que é sentido neles. Não têm que fazer nada para obter essas sensações e sentimentos. Esse sentir, eles podem usá-lo como bem entender e explorá-lo, mas o sofrem. É uma matéria-prima psíquica, por assim dizer, uma matéria viva: esse menininho assinou: "vivo", para um passarinho morto. E, ao mesmo tempo, é o que as crianças sentem, narcisicamente, de vida nelas. Os animais são muito importantes para toda a espécie humana, mesmo que consideremos apenas o fato de as crianças terem que lidar com eles ao mesmo tempo que com a vida. Estão associados aos pais.

Os vegetais também são muito importantes: é a primeira alegria de um bebê. Para ver o sorriso de um bebê que ainda não sorriu diante do rosto dos adultos, basta mostrar-lhe uma planta, uma banal seringueira, acima de seu rosto, ou mato, enfim, algo verde, um verde que seja animado; sobrevém então um sorriso de anjo. Estar sob as folhagens, com o céu aparecendo por entre elas, com uma brisa balançando as folhas, faz a alegria de uma criança. Até mesmo em casa, basta mostrar-lhe uma planta verde ligeiramente em movimento. Que haja um pouquinho de vento, um simulacro de vento.

Para um ser humano, quando não há vegetação, não há vida. A água é um polo de atração extraordinário para as crianças. E não se trata apenas, para elas, de enfiar as mãos dentro, mas de jogar água para fora. Tudo isso talvez não seja o inconsciente de Freud, mas um inconsciente de antes do inconsciente propriamente libidinal, relacional; é relacional com o planeta, com a vida, e comum a todos os espécimes da espécie, crianças ou adultos. Isso diz respeito ao prazer de ser, cruzado com esse ter-corpo. Esse instante é sentido como *bem-estar*, graças ao corpo.

J.-F. S.: O que você está dizendo a respeito do movimento e do animado lembra o que você destacou a respeito das crianças que cobiçam um objeto nas mãos de outra porque acreditam, então, que o objeto é vivo, animado. Assim que o pegam, ficam decepcionadas, porque o objeto é como morto nas suas mãos próprias.

F. D.: De fato, é algo de animado e que escapa à vontade delas.

J.-F. S.: Sua experiência clínica a leva a colocar a questão, retomo os seus próprios termos, do "impacto psicanalítico no destino das crianças". Por que a palavra "destino"?

F. D.: A palavra "destino", para um psicanalista, diz respeito ao mesmo tempo à transferência, ao imaginário, à história do sujeito. Mas é também uma palavra que lembra a parcela de desconhecido na vida do sujeito, de desconhecido para o psicanalista. É, no mínimo, a questão do "Como isso vive? Como isso anda?"

Eu mesma, na condição de analista, não sei o que é um destino; como todo o mundo, sei o que é uma história através daquilo que esse ou aquele caso revela; mas essa história de um sujeito está ligada ao desconhecido. A psicanálise pode explicar pela teoria os efeitos do encontro de uma criança (ou de um adulto) com um psicanalista e as ressonâncias que produz no inconsciente de cada um deles. O que não impede que permaneça uma parcela de desconhecido quanto ao futuro do paciente. É característico de uma ciência jovem não poder conhecer claramente os efeitos de sua incidência no tempo. É, de resto, por essa razão, que dou testemunho de minha prática. Porque *o que não entendemos não deve ser calado*. Talvez assim as gerações futuras entenderão melhor que nós.

A palavra "destino" exprime precisamente a ideia de algo que é difícil de discernir. Pois será somente daqui a duas gerações que veremos os efeitos de uma psicanálise, graças àqueles que se lembrarão de ter feito uma análise. É uma humildade, para nós, diante de nosso trabalho.

Quanto à necessidade de testemunhar sobre minha prática, quando muitos declaram: "a análise não é muito científica" – as ciências do Homem nunca o são completamente –, ela sustenta o caráter científico da psicanálise. A psicanálise se torna científica pelo fato de tal testemunho ser retomado por outros – confrontado com observações que o corroboram ou infirmam – e pelo fato da inteligência da transferência – eu preferiria dizer: do entendimento da transferência –, que, desse modo, vai se apurando.

J.-F. S.: Parece-me que o que você afirma está em continuidade com o que você sustenta a respeito do sujeito do desejo: que o sujeito está aí *antes*, ou *sempre está aí*, que ele escolhe ter corpo, ter esses pais.

F. D.: Sim, é isso; pois há uma parte do desejo sobre o qual o psicanalista não pode pretender ter nenhuma espécie de controle.

1

Sintomas obsessivos. Uma explanação sobre o narcisismo

Criança calada que arrancava os próprios cabelos - Erotismo anal - Reconhecer a triangulação para além do sintoma - Narcisismo primário, narcisismo secundário - A criança nunca é apenas o sintoma dos pais - O divã em psicanálise de crianças - O menino priápico - Dois casos de inibição com a matemática.

PARTICIPANTE: Você poderia nos falar dos sintomas obsessivos?

FRANÇOISE DOLTO: Na verdade, o sintoma é a demanda: é graças ao sintoma que as pessoas vêm pedir ao analista auxílio para entender o que está acontecendo; mas por trás da demanda há todo um conjunto complexo, condensado no sintoma.

O que podemos dizer em primeiro lugar, no plano teórico, é que são chamados obsessivos os sintomas e os comportamentos que não têm sentido utilitário e, sobretudo, que são repetitivos: repete-se sempre a mesma coisa.

O certo é que, do ponto de vista clínico, nunca devemos atacar diretamente os sintomas obsessivos, como tampouco todos os outros sintomas, aliás. Já que são repetitivos, é porque se trata, por definição, de pulsões de morte. Isso nos obriga a perguntar como as pulsões de morte agem no sujeito, enleado em sua história, envolvido em um desejo progressivo, ou seja, em um desejo que é o tempo todo novo.

A partir do momento em que alguém tem um sintoma obsessivo, podemos dizer que está sob a tensão de um desejo proibido. Mas toda a problemática sobre sintomas obsessivos acaba sempre voltando para as seguintes questões: Qual é o objeto obsedante? Qual dos sentidos do corpo é implicado pela obsessão? Ou ainda: Qual é seu mediador? Uma ideia? Uma forma do tato? Um comportamento? É sempre um desses termos que se torna o objeto de uma análise. Em todo caso, a obsessão é sempre o signo de uma resistência a um desejo; um desejo que se choca contra uma proibição superegoica. E, contudo, graças a sintomas obsessivos, as pessoas vivem bem em sociedade. Somos todos obcecados em nossas sociedades. Obcecados pela hora, para ficar em um único exemplo! Ser obcecado pelo tempo de todo o mundo, quando cada um tem seu tempo próprio.

Onde começa o sintoma? E trata-se sempre de um sintoma, ou às vezes de um mecanismo de adaptação, ou seja, de um mecanismo de defesa contra os próprios desejos – já que todos somos marginais quando se trata de desejo? Como evitamos uma marginalidade que está em contradição com o nosso ideal do Eu? Graças a sintomas obsessivos que são comuns a todo o mundo; então,

acreditamo-nos em boa saúde. Quando estamos todos alienados da mesma maneira, compreendemo-nos e nos achamos muito normais.
Contudo, não podemos falar abstratamente de sintomas obsessivos.

P.: Eu gostaria de falar do caso de uma menina de oito anos que arrancava os próprios cabelos.

F. D.: Trata-se mais de um tipo compulsivo. Ela tinha uma ideação?

P.: É difícil de dizer; ela era calada.

F. D.: Mas essa menina estava situada em uma história. Não é o fato de arrancar os próprios cabelos que constitui sua história. Arrancar os cabelos talvez fosse algo que ela sabia fazer tão bem que já não sabia como livrar-se disso.

P.: A mãe, um dia, amarrou-lhe as mãos.

F. D.: Bom, é sempre simbólico, claro, no início. Nesse caso, a mãe amarrava-lhe as mãos.
Atendi crianças que arrancavam os próprios cabelos. E, depois, a transferência fazia com que fossem meus cabelos que elas tentassem arrancar. Felizmente, eles resistiam bem. Sorte minha. (*Risos*.) Também estou pensando em uma criança calada que, aliás, falou de maneira extraordinária. Trata-se de uma criança que sempre foi calada. Agora, ela já não puxa meus cabelos. Só me puxou um pouquinho o cabelo, para finalizar, pouco antes de ir embora; um pequeno tufo. Aliás, talvez esse tufo fosse o que sua mãe lhe tirava, quando era bem pequenininha, para fazer-lhe um belo penteado.
Ora, recentemente, essa criança, que sempre foi calada, falou. Como? Ela entrou na sala de consultas quando havia um menino de quatorze anos que vinha normalmente àquela hora, e ela se impôs, sentando-se ao lado dele. O menino parecia incomodado. Perguntei-lhe: "Incomoda a você que Claude fique aqui?" Ele me respondeu: "Incomoda, sim, preferia que ela não ficasse. – Você a conhece? – Não, nunca a vi." Acontece que ele não vinha nos mesmos horários que ela para a consulta. Eu disse: "Você está vendo, Claude, você está incomodando o Pierre. Ele não tem nada contra você. Ele ainda não a conhece, mas preferia que você não ficasse aqui. Então, seja gentil; volte daqui a pouco. Quando for sua vez, ninguém mais virá." Ela levantou-se imediatamente, saiu e disse a dona Arlette, a auxiliar: "Não voltarei mais." Ela nunca havia falado! (*Risos*.)
Durante sua sessão precedente, na presença do pai, essa criança muda fazia modelagens que me sugeriam algo. Lancei uma isca, e foi o pai que começou a falar de um ovo que ele havia deixado cair no chão, que ele não conseguia pegar: em outras palavras, ele falava de uma história de aborto. Em dado momento, falei à criança da época em que ela era pequena com sua mãe delirante – pois essa mulher delirava na frente dela. É uma história terrível entre pais que

não eram feitos para se entender. A mãe delirava, afirmando que a menina fora violada por um homem, quando ela própria estava em uma casa de saúde com essa criança; ela delirava o tempo todo. Ora, ficamos sabendo, em seguida, por que o marido não podia satisfazê-la. Ele estava bastante constrangido em contar.

Eu disse à menina: "Você se lembra do que sua mãe dizia? [Ou seja, que o marido já não fazia amor com ela.] Pois bem, era muito difícil para você acreditar nisso, já que seu papai acaba de contar que, quando você tinha dois meses, houve um bebê que quis nascer; e seu papai e sua mamãe, com a ajuda de alguém, impediram esse bebê de nascer. Depois, houve outro [uma criança que nasceu depois]. E você tinha medo que sua mamãezinha ficasse completamente louca [o que, aliás, a mãe estava de fato ficando]. Você tinha medo de ser separada dela." Nesse momento, a menina me disse: "Não é verdade!" (Assim, desse jeito!)

O pai poderia ter resistido, ou seja, poderia ter recusado dizer em que o fazia pensar a hipótese que eu emitira sobre o que sua filha representava através das modelagens. De resto, durante meses ele não quisera me encontrar. Acompanhava a menina; ela não queria que ele falasse comigo, ele também não queria. É a melhor situação.

Eu apenas sabia, pelo dossiê, que havia acontecimentos graves na história dessa criança, mas ignorava o que ela me mostrava através das modelagens; ora, era exatamente uma história de ovo quebrado. Nesse momento, o pai desatou imediatamente a falar, dizendo o quanto tinha sido culpado, depois me acusando, porque achava que eu era a favor do aborto: "Então, você é a favor? Mas é vergonhoso. Eu sou muito culpado. E tenho que continuar muito culpado. – Pois bem, continue muito culpado, senhor."

Não acredito que possamos realmente fazer com que uma criança psicótica saia dessa situação, sem que leve os pais a fazer o mesmo caminho que ela. E, depois, a partir do momento em que ela se torna edipiana, ela já não tem "necessidade" dos pais. Tem ainda necessidade de tutela.

Felizmente, as crianças vivem em análise muito mais coisas do que entendemos, e é graças a isso que se curam. Não entendemos por que se curam. Reviveram, na transferência, as comoções do passado. É muito bom, aliás, que seja assim. Ficamos tão desprovidos diante de tantos casos que ficamos espantados de vê-las sarar.

Não devemos nunca declarar a uma criança que ela está expressando isso ou aquilo, mas propor-lhe apenas uma interpretação sob forma de pergunta ou hipótese: "Talvez você queira me dizer, através disso, alguma coisa relacionada a tal acontecimento de tal idade de sua vida?" Isso já é muito, porque ela vê que fazemos um esforço para segui-la e que, em qualquer coisa que ela faça, buscaremos um sentido – um sentido remanescente na transferência de uma relação passada.

Acredito ser essencialmente este nosso papel de psicanalistas: conseguir chegar a uma escuta em que todo comportamento da criança nos coloque a questão de seu sentido, mesmo que não o entendamos. É assim que observamos finamente e que podemos reagir a algo que tenhamos observado finamente de modo espontâneo.

Então, o que escondiam, afinal, os sintomas obsessivos dessa criança? Escondiam a impossibilidade de abordar os verdadeiros problemas da genitalidade, que marcaram muito precocemente sua relação com a mãe; pois a relação entre o pai e a mãe era tão clástica (pancadas e ferimentos) que terminou com a internação da mãe.

E, quando a criança chegou ao hospital Trousseau, tudo o que conseguia dizer era: "Neh, Neh, Neh…" O que era tudo isso? Era uma libido que não conseguia encontrar sua saída em um narcisismo indo-tornando-se sujeito em sua genitalidade. Era isso que significavam seus sintomas obsessivos.

É preciso, de algum modo, empregar a energia que vai para os músculos. A energia que vai para os músculos estriados é a energia anal; e ela tinha que utilizá-la! Então, ela a transformou em sintomas de repetição. Como não podemos fazer cocô o dia inteiro, então fazemos cocô com os músculos; fazemos qualquer coisa, coisas que não têm sentido, que são da ordem da necessidade: gastar nossa energia. Nesse caso, tratava-se talvez de um processo sem ideação, já que ela tinha um comportamento – como dizer? – sem diferenciação. Toda a sua atividade era, sem distinção, obsessiva: puxando os cabelos de todo o mundo, gritando, andando de um lado para o outro. Na realidade, essa criança psicótica era uma grande obcecada, como mostravam seus sintomas compulsivos, com bloqueio da inteligência. Pois acredito, quanto a mim, que o bloqueio da inteligência escolar é um sintoma obsessivo passivo.

Quando dizemos "sintoma obsessivo", estamos falando, em geral, daquilo que se vê. Mas há sintomas obsessivos que, justamente, *separam*. Manifestam-se somente pela ausência de criatividade, de sublimação das pulsões orais e das pulsões anais. De modo que a obsessão não é, então, visível como tal, mas se manifesta na repetição, sob a forma de uma imbecilidade, de uma passividade constantes. Há sintomas obsessivos que anulam. Pode tratar-se da anulação de uma tensão, como a da necessidade defecatória, já que um sintoma obsessivo é um sintoma de tipo anal. Pode ser de tipo anal ativo ou de tipo anal passivo.

E esse mecanismo de anulação atua, nos psicóticos, sobre a imagem do corpo, sobre uma parte da imagem do corpo; em outros, ele atua sobre o contato de uma parte do corpo com certos materiais ou certos objetos; em outros ainda, atua sobre a imaginação, sobre a fantasia de um prazer destinado a ser erógeno – como todo prazer a serviço do desejo –, mas que se torna repulsivo: a obsessão pelos maus cheiros; a obsessão de ver delinear-se determinada forma – o que provoca, aliás, com a ajuda da cultura médica, alucinações, mas que, no início, não passam de fantasias. São fantasias repetitivas de impedimento, que são como uma tela que se interpõe perpetuamente.

É dessa perspectiva que vejo a obsessão, e não, absolutamente, da maneira psiquiátrica, que afirma: há sintomas obsessivos. O que eles representam na economia geral do sujeito? E a partir de que época, de qual acontecimento vivido apareceram? São essas as questões que o psicanalista se faz. Estão frequentemente associados com uma morte não aceita, seja a morte da infância, seja a queda dos dentes.

Algumas crianças, por exemplo, mostram sintomas obsessivos na hora de trocar de sapatos, recusando-se a usar sapatos novos. É um sintoma obsessivo bastante clássico. São principalmente os pediatras que o observam.

Contudo, como há desejo e como o desejo deve ser sempre novo, então a obsessão se move um pouco. Não se fala, então, de sintomas obsessivos, mas de criança "inadaptada", com distúrbios. Distúrbios que se tornam obsessivos se se tornarem um drama e forem estigmatizados, dando-se um nome a um comportamento.

No início, é o evitamento de algo novo que iria no sentido do desenvolvimento narcísico da criança segundo seu sexo. A criança quer então negar esse desejo de se desenvolver em seu indo-tornando-se, segundo seu sexo, menino ou menina, na direção do Édipo. É isso, sempre e sempre, que aparece em análise. Talvez seja uma grade obsessiva que eu, por minha vez, esteja lhes dando; gostaria que vocês falassem sobre isso. Em todo caso, até hoje, revela-se bem operante, clinicamente, entender que o sintoma obsessivo sempre se produz ou para evitar o desenvolvimento em direção ao Édipo, ou porque o sujeito ficou bloqueado em um dos componentes do Édipo e o repete, então, sem cessar.

Pois é também um sintoma obsessivo o fato de se colar à mãe, não é? Acho que uma criança não pode se desenvolver colando-se à mãe. Trata-se de um sintoma obsessivo com um dos componentes do Édipo – a homossexualidade ou o narcisismo –, incluindo a necessidade de ser o objeto parcial da mãe em vez de ser castrada dela, tornando-se ela própria um objeto total que tem o pênis ou que não tem o pênis, reconhecendo que a imagem do corpo está em um momento de castração. Se a criança não tem as possibilidades ou os modelos, ou a autorização, em razão das proibições laterais que lhe foram dadas, de se dirigir para uma opção genital – receptora para a menina e emissora para o menino –, ela entra em um sintoma obsessivo: "Aconteça o que acontecer, vou ficar colada na mamãe." Todos vocês conhecem o sintoma obsessivo banal que aparece entre quatro e sete anos na criança que pede à mãe permissão para ir fazer xixi ou cocô, quando é totalmente autônoma.

Não é, justamente, o comportamento da criança que se deve estudar, mas a triangulação, tal como aparece no discurso, e o papel exercido pela pessoa que é o polo de identificação da criança nessa situação triangular; para saber se esse terceiro convida a criança a superar sua atitude pré-genital, de modo que, segundo seu sexo, ela possa investir o objeto parcial do corpo, que é o lugar das pulsões genitais, e os comportamentos transferidos sobre a cultura, que estão em relação com seu tipo de genitalidade.

Vocês veem? Tudo deve ser reajustado a partir da estrutura triangular. Não é possível falar de sintomas obsessivos a partir da simples observação de um comportamento. É na história do sujeito com relação ao seu indo-tornando-se edipiano, com relação à castração edipiana, que é preciso pensá-los. Assim, toda vez que há um impulso genital, o que podemos fazer se somos obrigados a imitar mamãe, casada com papai, e se esta recusa que possamos imitar alguém além dela – quando somos uma menina – ou desejar outra pessoa além dela – quando somos um menino?

O menino, por exemplo, entra, então, de cabeça em pulsões genitais, que, contudo, no momento da fase de latência, vão adotar o estilo obsessivo.

É por isso – como sempre – que a análise precisa pensar o comportamento como um todo, especialmente o momento a partir do qual o sintoma começou. Se é depois da aquisição de uma autonomia, em geral, é na fase de latência. Se é por ocasião de uma ruptura de equilíbrio na família, em razão da desunião dos pais, da morte de um parente, da regressão de um dos pais em função da morte do pai ou da mãe dele ou dela – quando, de repente, a pessoa suporte do eu ideal da criança regride –, ela já não tem o suporte da castração, e não pode senão cair em um sintoma obsessivo.

O que estou falando é grego para vocês, ou vocês estão entendendo?

P.: Você poderia desenvolver um pouco a questão da articulação entre o narcisismo e o acesso à genitalidade?

F. D.: Pode-se dizer, do ponto de vista clínico, que a autonomização de uma criança – o fato de ela assumir, por si própria, tudo o que diz respeito às suas necessidades: vestir-se, alimentar-se, limpar-se, sem ajuda, quando faz cocô, levantar-se na hora para ir à escola, com uma ajuda mínima – corresponde ao fato de ela ter introjetado, com relação a seu corpo, um comportamento maternante e, de algum modo, uma ética cultural conforme à de uma criança de sua idade, enquanto espera, estando como à espreita, para identificar-se com os adultos de sua cultura. Essa criança está narcisada no sentido do narcisismo fundamental, que é sua boa saúde.

P.: Então, o que você chama de "narcisismo" é o *fato* de ela se tornar uma mãe para si mesma?

F. D.: É ela se tornar uma mãe para si mesma e se comportar de um modo que é conforme ao das crianças de sua faixa etária quando está com elas. Ela é às vezes meio chata em família, mas, assim que chega à escola, por exemplo, fica como um peixe na água: não chama a atenção; é como qualquer outra criança. Talvez ainda não esteja no Édipo, mas está adaptada às crianças de sua faixa etária porque tem uma autonomia que a torna segura. Materna-se em qualquer espaço e em qualquer momento. Talvez não à noite, claro: ela teria medo; mas, enfim, nas ocasiões em que há adultos e crianças em torno dela.

Ela tem, pois, um narcisismo que torna a vida com crianças de sua idade sem ameaças tanto para ela própria quanto para as outras crianças. Está madura para entrar em uma situação triangular que já traz em si, e para ir em direção a uma genitalização assumida, ou seja, saber de que sexo é. Seu passado, ela o integrou, já que é autônoma; ela tem, aliás, algumas lembranças de sua infância, que não se apresentam como tais, mas na forma de lembranças encobridoras, às vezes histórias inventadas, mas, enfim, que se referem a lembranças. Assim, ela tem um passado. Está em um presente narcisado, ou seja, em segurança, já que sabe se comportar de modo autônomo.

O que lhe falta? Falta-lhe, em uma situação triangular de apelo genital – ou seja, de provocação, por pessoas do outro sexo, de suas pulsões ativas, se se tratar de um menino, ou de pulsões passivas, se se tratar de uma menina –, encontrar ao mesmo tempo um modelo para saber como se pode responder na cultura a essas pulsões. É o que lhe trazem as professoras da escola, é o que lhe dão as pessoas da vida social.

Em contrapartida, em casa, ela está presa na armadilha do Édipo, na rivalidade com a personagem do mesmo sexo que ela, para identificar-se com esta e carregar frutos carnais, ou seja, ter bebês do outro (pois, mesmo que não haja outra criança, ela própria já foi um bebê). É nesse momento, aliás, que as crianças gostariam de ter um irmãozinho ou uma irmãzinha. Isso quer dizer que já estão trilhando o caminho de um narcisismo indo-tornando-se genital, com um pavor terrível de só encontrar como resposta a personagem incestuosa.

P.: Então, você só está falando, aqui, do narcisismo sadio, ou seja, referido a uma ética progressiva?

F. D.: A uma ética progressiva que sempre existe na criança.

P.: Mas há também o narcisismo da criança objeto parcial da mãe.

F. D.: Pois é! Há, de fato, psicanalistas que só nos falam do desejo dos pais portado pela criança, como se a criança não tivesse desejos próprios. Isso é completamente falso! Segundo os psicanalistas, o desejo do adulto projetado na criança se mostra mais ou menos pregnante. Há casos, efetivamente, nos quais a criança é completamente enredada pelo desejo dos adultos dos quais é objeto parcial. Mas a criança não é um objeto parcial! Ela é afetada, é "aspectada", se é que podemos arriscar essa palavra, pelos pais, e adquire a cor deles; mas ela própria tem sempre um desejo de desenvolvimento que está inscrito em seu esquema corporal, sempre: mesmo que os pais não autorizem que sua imagem do corpo se estruture com relação a eles. Afirmo isso irredutivelmente, e com a cabeça embaixo do cepo. (*Risos*.)

P.: Em cima do cepo! (*Risos*.)

F. D.: Pois é, *embaixo* é mais prudente. (*Risos*.) Com essa história, segundo a qual os filhos seriam somente o reflexo, o suporte, a esponja do desejo dos pais, o "sugestionado" do desejo parental, vive-se em plena magia. Um ser humano nasce, em razão de seu esquema corporal, como espécime da espécie:

tem necessidades, e inevitavelmente necessidades genitais, mas que só conseguem se manifestar como tais se ele já adquiriu a motricidade para traduzi-las; em outras palavras, é preciso que essa motricidade possa se pôr a serviço da expressão do desejo genital. E isso não pode acontecer antes de três anos e meio, quatro anos.

Isso começa – como todos vocês sabem – pelo exibicionismo. Todas as crianças pequenas, com a aquisição da motricidade, exibem o sexo. E certamente o fariam se tivessem sido educadas sem contato com outras pessoas, porque isso faz parte das necessidades que têm desde pequenas; mas se ver e ver os outros se torna um polo de interesse muito importante, já que as pulsões motoras vão servir, assim, para exprimir as pulsões genitais da criança.

Assim, entre as necessidades, sempre existem aquelas que alertam o simbólico, ou seja, o desejo do sujeito. Sempre.

Mas que fazem os pais nesse caso? Adotam um estilo de reações inibidor, empolado, mais ou menos camuflado. Ora, quando uma criança se desenvolve de maneira neurótica, no momento em que ela chega à palavra, ou seja, à castração oral, ela fala de desejos que inibem os seus, mas os seus continuam ali, apesar de tudo. Não estou falando daquelas crianças que são apenas a fita magnética de uma voz aguda que não é a delas: "Papapapapa… Tatatatata…" Não são elas que falam através de sua voz; repetem, aliás, unicamente palavras ouvidas. Contudo, quando repetem essas coisas ditas, isso quer dizer: "Mamãe-comigo." Estão introjetando a mãe. Mas os desejos delas não são absolutamente aqueles que a mãe enuncia. Elas têm outros. Uma criança tem desejos ao longo de toda a sua evolução, e não são apenas os desejos dos pais.

O narcisismo da criança é construído quando seus desejos estão incrustados das sublimações de suas pulsões, incrustados das palavras sensatas para dizê-los ou ocultá-los – porque a mentira é a maior das verdades: a inteligência de esconder seu desejo já prova uma enorme evolução. Uma criança que mente é mais evoluída que uma criança que não mente. Ela tem, então, a palavra para servir seus desejos: seja para camuflá-los, seja para mediá-los com o intuito de realizá-los; e seus comportamentos motores visam, então, a conjugar seus desejos com o comportamento do outro para conservar-se em boas relações com ele.

P.: Como situar, com relação a isso, o narcisismo primário?

F. D.: Por um lado, estamos constantemente naquilo que chamo de narcisismo fundamental, cuja tradução é o equilíbrio, em nós, dos ritmos biológicos. Por outro lado, aquilo que se chama, acredito, de narcisismo primário é o fato de se maternar, de se conduzir de acordo com sua faixa etária. Esse narcisismo primário desemboca no desejo pregnante que faz a criança entrar no Édipo de forma normal, a forma de um desejo conforme a seu sexo. É no momento da entrada no Édipo que o desejo se dialetiza – o elemento feminino do triângulo valorizando mais o menino em seu sexo, já que ele rivaliza com o pai, e valorizando a menina no seu, já que ela rivaliza com a mãe. Essa rivalidade nunca sendo satisfeita. Se essa rivalidade nunca for satisfeita, a criança chegará mais rápido ao Édipo se puder exprimir verbalmente seus desejos, ou mimá-los, sem despertar o gozo no adulto do outro sexo – se este último não vir nada. Pois existem pais que, percebemos, não veem que o filho está se masturbando neles. E isso é perfeito! E, acima de tudo, não se deve dizer nada a eles. É isso mesmo! O pai não vê: está ocupado com outra coisa; o filho fica desenxabido! É exatamente isso que é necessário.

É esse, hoje em dia, o perigo do que se toma por conhecimentos psicanalíticos: diante de situações como essa, há jovens terapeutas que acham que se deve normalizar os pais. Ora, quando vemos uma criança se masturbar desse modo, não devemos de modo algum dizer aos pais que, por seu lado, não veem nada. Podemos falar disso com a criança. Encenar corporalmente seu desejo é algo mudo: ela age, assim, como faria um bicho. Já que ela tem um esboço das relações sexuais de tipo animal, isso significa que ela transforma em animal o cônjuge daquele de seus pais que é seu rival, para evitar justamente a rivalidade, quando, ao contrário, é-lhe necessário entrar, como menino ou como menina, na cultura, no nível das outras crianças.

P.: O narcisismo secundário se constitui, então, quando a criança pode assumir seu sexo no triângulo edipiano? É isso?

F. D.: É mais que isso. O narcisismo secundário resulta do fato de o conflito edipiano ter sido resolvido. É o narcisismo posterior à castração. Esse narcisismo secundário não é o mesmo a vida inteira. Podemos dizer que é um narcisismo, mas é também muito mais, já que deve dar frutos fora da relação com os pais; quando, com esses últimos, já é difícil para muitas crianças assumir sublimações orais e anais. Falar com os próprios pais – é uma sublimação oral – é muito difícil, principalmente no momento da puberdade. Para a criança pequena, falar com os pais significava iniciar a conversa e era ao mesmo tempo uma relação erotizada. Ora, muitas vezes, ela não foi suficientemente deserotizada pelo Édipo. Por quê? Porque os pais querem que as crianças falem com eles. Quando, ao contrário, se eles não a obrigarem a falar com eles, ela falará. Se a criança perceber que os pais gozam quando ela fala com eles e que ficam murchos quando não lhes diz nada, é porque o incesto continua atuando e os pais têm necessidade de que o filho goze com as palavras deles, e vice-versa. Cabe a nós, analistas, entender esses distúrbios, chamados de caracteriais, que se manifestam na família e que desapareçam completamente assim que a criança está em uma coletividade ou em outra família, porque a criança não encontra, ali, ameaças de incesto. "Em casa, ela não diz nenhuma palavra. Nos outros lugares, é alegre, falante", declaram os pais. É porque a criança sente nos pais uma ponta de incesto no desejo deles de vê-la confiar-se a eles; percebe como que um desejo de violação por intermédio da palavra. Isso não significa que seus pais sejam perversos; mas, mesmo assim, é mais interessante para eles que o filho fale. Isso não quer dizer que eles poriam o filho em sua cama – absolutamente –, mas apenas que a criança não foi castrada no plano da palavra: ou seja, que no triângulo edipiano ela não foi confrontada com o fato de a palavra do cônjuge ter mais valor do que a dela para o outro pai, quando esse cônjuge estava presente. É assim que vemos como atua o narcisismo secundário, que provém justamente do Édipo e protege a criança. É por esse narcisismo secundário que ela se protege do incesto: nesse caso, com seu silêncio. Então, o que ela faz? Faz – perdoem-me a expressão – "cara de bunda". É exatamente isso. Faz "cara de traseiro" para os pais. Em vez de ter um rosto expressivo – o que já é linguagem –, ela conserva uma fisionomia sem mímica com os pais. Assim que eles viram as costas, a mímica volta. É porque, no encontro escópico dos pais com seu rosto há, para ela, perigo de incesto, de um incesto vivido desse modo. Admitamos que seja um sintoma obsessivo passivo; é possível. De qualquer jeito, ela se protege assim de uma comunicação que traria frutos não no plano da genitalidade, mas em um outro, em um plano lateral a esta, mas que, para a criança, está nela incluído. É a sedução. O menino seduziria a mãe se estivesse bem penteado, se fizesse boa figura. E a filha seduziria o pai. A criança resiste, não quer seduzir o pai com seu aspecto, sua palavra, com a sua submissão a ele.

P.: Não seria porque o pai não impõe sua lei, como se diz?

F. D.: Quando dizemos que a lei do pai deve instaurar-se, não é de uma lei particular a ele que se trata, e que valeria somente nessa família, não é? É uma lei que conduzirá sua filha a uma genitalidade que terá sentido tanto na cultura quanto na natureza.

Mas agora vemos, em nome da psicanálise, os pais se tornarem Hitlers em casa, quando esta não é absolutamente sua natureza. E os coitados são obrigados a se forçar a sustentar esse papel. Ou, então, é o contrário: é preciso deixar as crianças viverem na porra-louquice, porque não se deve traumatizá-las. Na verdade, esses pais esquecem que a única coisa, por assim dizer, que um psicanalista pode ajudá-los a fazer é principalmente não se preocupar com esses problemas. "Mas, senhor, acaso o senhor e sua mulher têm momentos de solidão suficientes para se encontrarem e não estarem o tempo todo na dependência de seus filhos?" E, se não puder ser com o cônjuge, acaso podem se encontrar com outros adultos? Vocês veem? É assim que podemos ajudar tanto os pais quanto os filhos. E isso já é muito! Vejo a quantidade de crianças que atendemos em psicoterapia e que precisam de três sessões, quatro sessões, na época da pré-latência ou no momento do período de latência. E percebo, quando encontro dossiês antigos – tenho dossiês muito velhos –, que atendia algumas crianças apenas cinco ou seis vezes, e parava. Além disso, não sabia grande coisa; não sabia por que, mas havia um momento em que o conflito se desatava, e era sempre quando a castração anal havia sido aceita até no inconsciente através de sonhos. Ora, o que acontecera fora que eu havia falado com os pais da vida genital deles, e da maneira como se deixavam enredar e invadir pelas atitudes edipianas da criança.

Caso contrário, a criança, em fase edipiana, podia ter que entrar em um tratamento longo, em uma psicoterapia de dois anos, quando, ao contrário, era preciso dar-lhe a castração e apoiar o pai não para bater nela – o que muitas vezes se acredita ser a castração –, mas justamente para não ver os distúrbios do filho. Ora, não vê-los significa às vezes simplesmente colocar a criança em outro lugar; o pai diz apenas: "Não permitirei a ninguém viver assim em minha casa. Já que você quer viver assim, irá para um colégio interno." E, para a criança, tudo fica claro! "É porque a mamãe permite que o papai faça isso por mim. É porque não faço parte do trio. É porque eles não precisam fazer trio comigo." Enfim, o trio... Os pais podem estar em dualidade sem que o terceiro caia. É o que cura essas crianças que, caso contrário, entrariam em neuroses que são fabricadas quando são chamadas de "neuroses", e que são crises edipianas muito lentas.

Garanto a vocês que a crise edipiana chega a ganhar contornos psiquiátricos! Vemos crianças que ficam três dias sem dormir, que deliram, que falam sem parar, que ficam completamente loucas. Todos os médicos dizem, então, da criança: "Temos que interná-la." Ora, tudo isso se dissolve por si só assim que encontramos o pequeno incidente inicial e estudamos de perto como isso começou, e como todos ao redor se angustiaram, em vez de apoiar o menino, por exemplo, no drama de ter de romper de fato com a atitude preferencial do pai homossexual com relação a ele, ou de ter de renunciar a se interpor na relação heterossexual dos pais. Nesse caso, o pai e a mãe se aproximam mais. É o contrário que acontece quando a mãe deixa o trabalho para cuidar do filho, ou quando o pai diz: "Precisamos mudar, porque esse menino não tem espaço suficiente." Ou, também, quando ele decide: "Vamos confiá-lo à minha mãe." De repente, a cena está armada: a avó repete, com o menino, a atitude possessiva que já desenvolvera com relação ao próprio filho. A criança já não sabe se não é o irmão de seu pai, já que o despacham para a mãe do pai. Despachando-o para a avó, fazem-no regredir para a geração anterior.

É muito importante, em uma consulta de criança, saber até quando ela foi adaptada às outras crianças de sua faixa etária, e desde quando vive com um monte de sintomas – algumas vezes aparentemente muito graves; ora, vemos que não são nem um pouco graves, a partir do momento em que discernimos a formidável tensão de pulsões que não conseguem se exprimir, porque todo o mundo fica fazendo escândalo em torno disso, inclusive os psicoterapeutas nos CMPPs.

P.: Na sua opinião, então, é o funcionamento institucional que está em causa?

F. D.: Eu acho desesperador que nos CMPPs – e isso desde a criação do DDASS* – sejam necessárias seis sessões para se começar a saber de que se trata, quando, em todos os casos de fase de latência, bastam três ou quatro

---

* Direction départementale de l'action sanitaire et sociale [Secretaria estadual de ação sanitária e social]. [N. da T.]

sessões, com um mês de intervalo: é a fase de latência que não começa, são as sublimações escolares que não se realizam em uma criança que, contudo, andou na época certa, cujo esquema corporal se desenvolveu, que falou normalmente, que se relacionou com as outras crianças e que, de repente, não quer fazer nada quando entra na escola. Não pode sublimar suas pulsões, pois tem mais vantagens angustiando os pais do que se adaptando às exigências da escola.

Aliás, agora, está na moda: já não se fazem testes de QI. Antigamente, era muito útil: pedíamos que a criança fizesse um teste de QI antes de a atendermos, e interpretávamos o teste. Claro que não devemos usar unicamente esse critério, mas é uma indicação. Mas, de qualquer jeito, quando estamos diante de um QI de 120, por mais que o interpretemos, ele continua sendo de 120: mesmo que a criança seja obsessiva, um quociente como esse representa múltiplas sublimações possíveis na relação dual questões-respostas. Vocês podem então estar certos de que não há necessidade de um tratamento longo, mas de uma psicoterapia do desejo a partir da oralidade, da analidade. E, quando a castração oral é obtida e quando já falamos do sexo da criança, perguntar-lhe sobre seus eventuais sucessos amorosos na sua faixa etária; só o fato de perguntarmos já lança a criança na vida social.

Dizemos aos pais: "Claro que vocês já explicaram à filha de vocês que ela nunca será a mulher do pai, nem de nenhum de seus irmãos e que tudo o que diz respeito ao 'pipi' pode ser feito fora, mas não dentro de casa, não é?" Os pais ouvem, a criança também. Acrescentamos então, dirigindo-nos à criança: "O importante é: você tem namorados? Tem?" Ela olha, em pânico, para a mãe. "Você não é obrigada a contar à sua mãe. O fato de você ter um namorado não é da conta de ninguém."

A partir desse momento, as pulsões anais da criança podem ser vividas. Já não é na analidade que a libido se encontra. Está sendo chamada para a genitalidade; mas a criança não sabia que isso era um direito seu. Não é absolutamente o caso de dar às crianças aulas sobre obstetrícia, sobre o coito, enfim, de dar educação sexual. As coisas devem acontecer de outro modo: na linguagem e na troca afetiva.

Para que uma criança possa sair da triangulação, é preciso que os dois polos do triângulo queiram viver entre si uma vida dual, orientada para um futuro; é preciso que a triangulação tenha como eixo um objeto cultural e não o objeto criança. Quando um casal não tem objeto cultural de triangulação, então, evidentemente, a criança é obrigada a permanecer entre os pais.

Por isso, é muito interessante para uma criança ir a um psicanalista, pois ele se torna momentaneamente o terceiro. Graças a esse terceiro com relação aos dois pais, a criança pode cair fora. E bastam um ou dois meses.

Ao passo que, em um CMPP, começa-se obrigatoriamente com seis sessões; para em seguida iniciar-se uma terapia. Ora, a transferência na qual a criança vai entrar vai obrigá-la a ter uma relação dual, homo ou heterossexual. E por que com essa pessoa? Acaso a criança a escolheu? Quanto ao terapeuta, ele deixa de ver os pais. Em suma, já não sabemos o que estamos fazendo.

A psicanálise de crianças impõe justamente a compreensão desses períodos de crise tanto na idade de sete anos quanto na puberdade, em que tudo é remanejado.

P.: A puberdade não coloca, na sua opinião, um problema diferente?

F. D.: Na puberdade, precisamente, a criança vai poder falar com pessoas que não são nem seu pai nem sua mãe. Falo aqui da puberdade em crianças que, tendo atravessado bem a fase de latência, encontram-se imobilizadas em uma confusão entre a amizade e o amor, ou seja, não podem amar no plano cultural sem que isso coloque em jogo o corpo a corpo. Elas não entenderam que o corpo a corpo não é um consumo obrigatório. Estamos, hoje, em uma época em que as jovens são extremamente manipuladas: a ponto de acreditar que todo amor deve se materializar em "dormir com" – senão elas se acham idiotas. Acho que nosso papel é incitar a jovem a uma reflexão crítica a esse respeito. Pois o rapaz, o rapaz treparia com uma cabra, uma mesa, com qualquer coisa. Então, naturalmente, ele engambela a menina, porque, para ele, "é mais gostoso trepar com uma menina". Mas a menina não está de modo algum na mesma situação com relação a seu próprio sexo: carregando ou não um fruto vivo de um contato sexual, sempre conserva, dele, um fruto narcisante ou desnarcisante; e os rapazes não, de modo algum. Por que essa diferença? É a questão da sexualidade feminina. Acho que isso se deve ao fato de, para uma mulher, a sexualidade se situar no interior do corpo, no interior do esquema corporal. Uma menina não sabe o que é o coito: para ela, é brincar de objeto parcial. Ora, a menina não é um objeto parcial. O homem tem um objeto parcial; ele pode ser uretral em sua genitalidade. A menina, por seu lado, só pode ser frígida. É tudo o que ela tem para se defender de ter relações de objeto parcial. De fato, na menina, o prazer sexual vem de uma educação. Ela pode conseguir dormir com todo o mundo sem ser frígida, mas não no início. No início, ela pode deitar com todos os meninos acreditando gozar, mas não goza de modo algum. É só ralação. Esse comportamento é linguagem. Ela é muito esperta, muito avançada, mas detém seu narcisismo de mulher aquém do gozo e se fixa em uma eterna adolescência.

Essa é a diferença entre meninas e meninos.

*

P.: Você acha que devemos falar a uma criança de sua atitude corporal, mesmo quando ela manifesta um sintoma, como tiques, por exemplo?

F. D.: Não, de modo algum, já que um tique não está mais absolutamente na linguagem.

P.: Mas, no que diz respeito a uma criança muito inibida, que se senta com a beirinha da bunda na ponta da cadeira, que fica roendo as mãos durante toda a sessão...?

F. D.: Acho que é preciso falar a respeito com ela: "O seu bumbum está com medo da cadeira ou é você que não tem o direito de se sentar bem confortavelmente como todo o mundo?" Existem até adultos que fazem a mesma coisa. (*Risos*.) Naturalmente, é disso que é preciso começar a falar. Há adultos que se instalam diante de nós na posição mais desconfortável. (*Risos*.) Acho que é um excelente modo de entrar na questão, já que, em psicanálise, o divã, como sabemos, permite relaxar. Ora, algumas pessoas se colocam imediatamente em uma posição de defesa: precisam verdadeiramente se manter em equilíbrio por um esforço constante de todo o corpo. (*Risos*.) Mas acho que é um excelente modo de entrar na questão, em vez de eles se lançarem imediatamente na grande psicanálise de palavras esdrúxulas. É preciso, antes, ter um corpo, e ter o direito de tê-lo. Talvez, aliás, isso baste a uma pessoa, ao final de algumas sessões, para ela se dar conta de que era isso que vinha buscar. Quando vocês virem alguém tão mal sentado, podem estar certos de que essa pessoa é assim em todo lugar; não especialmente no consultório de vocês, mas em todo lugar.

P.: Você alude, aqui, à psicanálise de divã; mas, justamente, evitamos esse tipo de intervenção no divã.

F. D.: É por isso que não se deve começar uma psicanálise de divã antes de muitas sessões de entrevistas. Mas, a partir do momento em que o paciente está no divã, já não é possível, evidentemente, questioná-lo a respeito de sua postura, visto que já não estamos no face a face. Em contrapartida, nas entrevistas preliminares, há muitas maneiras de abordar essa questão. Isso depende do estilo do analista – ninguém deve pensar que é preciso adotar meu estilo. Mas podemos perguntar, por exemplo: "Você se sente à vontade no seu corpo? – Ah, sim, geralmente sim. – Bom, mas hoje não parece." E não dizemos nada mais. Eles percebem, nesse momento, que estão em uma postura defensiva. Podemos então acrescentar: "Pois bem, diga-me por que você assumiu, sem querer, uma posição desconfortável?" Eles começam a falar de suas inibições diante de alguém, e percebemos, assim, que estilo de transferência já haviam engatado.

P.: Geralmente, o paciente fala espontaneamente de seu mal-estar.

F. D.: De fato; mas, às vezes, ele não o diz com palavras, e é preciso questioná-lo um pouco sobre suas motivações. Alguns nos dizem, às vezes, coisas muitíssimo elevadas – para eles –, e, finalmente, vemos que são uns coitados que não têm nem mesmo o próprio corpo. É preciso falar a respeito; pois não podemos empreender, nessas condições, uma psicanálise que vai durar anos; senão, vai dar tudo errado. O início pode ser uma psicoterapia, antes de se passar a uma psicanálise. Algumas vezes, ao final dessa psicoterapia, eles já não têm vontade nenhuma de falar de coisas muito abstratas, como no início. Contudo, tinham vindo para isso. São, aliás, aqueles que nos falam de psicanálise, de livros, de teoria, que se sentam na pontinha da cadeira. E querem ir imediatamente para o divã, porque sabem que é assim que se faz e porque têm medo de falar. É preciso dizer-lhes imperativamente: "Não! Ninguém se lança assim em uma psicanálise. Primeiro, vamos conversar."

Vocês não concordam? Vocês acham que aquele que está pedindo uma psicanálise deve ir imediatamente para o divã, sem saber por que, sem saber o que isso significa e sem ter dito nada sobre si mesmo na linguagem corrente? Não é possível. Se tivermos diante de nós pessoas com traquejo social, ou seja, que nos tratam como um cidadão igual a eles, técnicos em nossa arte, mas não superior a eles, então, sim! estão em condições de fazer uma psicanálise. Mas aqueles que ficam se retorcendo na cadeira, chamando-nos de "doutor" a torto e a direito, não! É preciso primeiro falar com eles; tenham ou não feito um estudo autoanalítico apoiando-se em livros. É ainda mais necessário, na minha opinião, colocá-los a distância nesse caso: que não fiquem muito próximos do analista, e, até mesmo, de preferência bastante longe; e, eventualmente, dispor um terceiro termo – lápis, papel – diante deles. Talvez não se sirvam deles, e, de qualquer jeito, vocês não olharão o que estão fazendo se eles próprios não falarem a respeito – a palavra é a única que conta –, mas, se vocês lhes derem alguma coisa para manipular – porque aqueles que, precisamente, se sentem tão pouco à vontade em seus corpos têm em geral necessidade de se servir de um objeto –, vocês os verão, um belo dia, se porem a rabiscar e a falar muito mais livremente nesse momento. Depois, dizem: "Ah! Tenho uma coisa para lhe contar." E vão ficando cada vez mais relaxados. "Acho que agora eu poderia ir para o divã."

Mas, quanto a mim, nunca me permito indicar o divã na primeira sessão. É muito frequente que as crianças, em psicoterapia, peçam para ir para o divã. A partir de oito, nove anos. "Posso me deitar ali? – Claro. Mas você só poderá falar; e eu escutarei. Se você ainda tiver necessidade de vir desenhar ou modelar, você poderá voltar para a mesa." É muito interessante, pois elas se colocam assim imediatamente no registro da fantasia. Deixando de obter uma resposta em nosso rosto, entram em um período mais profundo de sua análise. Muitas vezes, aliás, calando-se; algumas vezes, até, adormecendo. É isso mesmo!

Lembro-me, a esse respeito, de uma história trágica, pois acabou com a morte súbita do pai, acontecimento que, acredito, estava relacionado com o tratamento da criança.

Tratava-se de um menino que se apresentava com aquela cara típica chamada de "fácies adenoidiana" – que não dá um aspecto muito inteligente. Ele tinha, entre outros sintomas, uma debilidade mental (60 de QI). Era o quinto de uma família de sete irmãos; um irmãozinho tinha morrido com dois anos, quando ele próprio tinha quatro. Era um pouco retardado, no começo. Tinha chupado muito o dedão. Era, diziam, por causa disso que tinha deformado a esse ponto o palato; tinha uma abóbada palatina completamente ogival e os dentes um pouco para a frente. Vocês podem imaginar o rosto dessa criança. Mas o sintoma que mais incomodava os pais – na época ele tinha oito anos – era que ele tinha um priapismo constante, que só se acalmava quando dormia profundamente. Isso fazia com que vê-lo fosse bastante impressionante. A ponto de ser preciso que fosse vestido pelo alfaiate do pai – a situação econômica dessas pessoas era bastante boa: o pai era executivo de um banco. Era, assim, o próprio alfaiate do pai que o vestia. Aliás, as roupas desse menino formavam um saco na frente, de tanto que esse priapismo constante era, por assim dizer, "perigoso" para todo o mundo, por "ferir" o olhar. O menino, que já se fazia notar pelo rosto, tinha além disso aquele sexo ereto e, ainda por cima, enorme, diziam.

Tinha sido encaminhado para mim por um grande pediatra da época. Seu médico suspeitara de um possível tumor suprarrenal, vendo aquele sexo tão significativo, proeminente em suas calças. Era uma criança da qual parecia que não se podia tirar nada. (*Risos.*). Quero dizer: em termos de palavras! (*Risos.*)

Ele vinha até a mesa, esmagava a massa de modelar, fazia traços. Tinha muito boa vontade, mas era completamente burro. (*Risos.*) E, depois, um belo dia, se colocou no divã.

O pai e a mãe tinham vindo me ver. Todos os filhos eram saudáveis. Ele parecia ser o único que estava um pouco atrasado, mas era bonzinho e fisicamente saudável. Haviam, em vão, tentado tirar-lhe o paninho que chupetava constantemente; tinham, enfim, tentado os meios habituais de estimulação. É verdade que ele perdera, aos seis meses, uma empregada com a qual ria muito. A partir daquele momento, tornara-se triste. A mãe estava muito ocupada com os mais velhos – tratava-se, como eu já disse, de uma família numerosa –, e, aliás, se ela tinha pessoas para ajudá-la, era por ter obrigações de representação social. E, depois, aquele menino era um pouco desanimador para ela: tinha sempre o mesmo desejo de retomar sua mímica de chupar o dedão, segurando o próprio nariz e seu paninho. Eis os sintomas que o menino apresentava.

O pai me dissera, nas primeiras sessões, sobre o priapismo do menino: "É preciso absolutamente que esse sintoma desapareça. O médico me disse que ele não tem nada de orgânico, mas tem evidentemente um sexo muito mais desenvolvido que os irmãos na mesma idade [aos oito anos]. Mas, enfim, parece que é de ordem psicológica e que uma psicoterapia pode ajudá-lo. Ah, doutora! Esse filho é realmente o único que amo. Meus filhos mais velhos [o mais velho tinha dezessete anos] me dão muitas satisfações. Fazem tudo certo, mas nenhum é afetuoso comigo como esse." E acrescentou: "É esquisito dizer isso, mas, para mim, é um *teckel*. Você sabe como os *teckels* são afetuosos." Então, perguntei-lhe: "Diga-me, ele tem com você, em razão desse priapismo, atitudes inconvenientes? – Oh, não! Nunca. Ele é assim fisicamente, mas nunca se toca, nunca."

Comecei então a atender o menino em psicoterapia, ao ritmo de duas sessões por semana e, repito, não havia grande coisa em matéria de comunicação de sua parte, mas uma grande, enorme boa vontade. Ora, um belo dia, ele deixou a mesa e foi instalar-se no divã. Abriu a braguilha, pegou seu membro, agarrou-se a ele como a um mastro de navio e começou a balançar, da esquerda para a direita, sem parar, cantando perfeitamente em latim as duas primeiras frases do *De Profundis*, da missa dos mortos. (*Risos.*) Durante a sessão inteira eu não disse uma única palavra: eu escutava a missa dos mortos. (*Risos.*) Finalmente, eu disse: "A sessão acabou. Vista-se." (*Risos.*) Foi o que ele fez.

E a mãe o trouxe à sessão seguinte declarando: "Seu sintoma desapareceu." Ele já não tinha priapismo. Ele voltou para o divã. Eu lhe disse: "Não, hoje é melhor não. (*Risos.*) Vamos falar do que aconteceu a última vez." Vi, então, que ele não queria chegar muito perto de mim; disse-lhe para sentar-se mais longe e perguntei-lhe: "O que aconteceu da última vez?" Ele me olhou, espantado. Lembrei a ele: "Você estava no divã." Então, contei-lhe tudo o que fez e perguntei-lhe: "Era a morte de quem? – A morte de mim quando eu era o irmãzinho." É formidável!

E ele foi embora, dessa vez depois de ter realmente falado. Depois, durante a semana, a mãe me telefonou, em vez de trazê-lo à sessão, e me disse: "Aconteceu uma grande desgraça. Meu marido morreu de um ataque cardíaco no banco. Eu, eu não sei, eu não sei de nada." Digo-lhe: "Mas eu tenho que rever o menino. – Mas, sabe, ele está muito bem. Fala com todo mundo, está completamente transformado."

Só fiquei sabendo depois, pelo médico que o encaminhara, e que por sua vez o conhecia através do Hospital *Enfants Malades*, que, exceto por um pequeno atraso escolar, o menino tinha se tornado como os outros.

Que raios é uma história como essa? Sei lá eu; mas às vezes nos defrontamos com coisas assim. Ora, eu não provoquei nada, por assim dizer, e contudo esse menino liquidou seu problema de ciúme, de morte, de perda de sua própria identidade com a morte do irmão. Ele lembrara da missa dos mortos, e assistira à missa dos mortos. Tratava-se de uma intuição sobre a morte do pai? Não sei. Não soube nada mais além disso. O sintoma desaparecera depois dessa sessão sem dúvida memorável.

P.: Mas por que esse sintoma?

F. D.: Mas eu não sei. Eu pergunto para vocês, se vocês têm alguma ideia.

Talvez as pulsões genitais tenham agido no esquema corporal de modo histérico, sem nenhuma fantasia viril, já que não havia nenhum comportamento masturbatório, segundo o que me disseram. Ele estava embrutecido com esse membro que falava. Talvez fosse apenas por ali, por esse membro, que ele procurava humanizar-se. Mas humanizar-se como? Por um dizer da morte. O pai o amava – como consolo, talvez, pela perda daquele menino que morrera, um menino muito inteligente, dois anos mais novo e que, porém, não conhecera esse atraso e esses incidentes de início de maternagem, aos seis meses, como o irmão mais velho. O pai dizia: "Esse menino é meu consolo. Quando volto para casa à noite, é o único que é afetuoso comigo."

P.: A criança assistira, então, à missa de corpo presente?

F. D.: A essa ou a uma outra.

P: Mas, se assistiu a essa missa, talvez, naquele momento, tenha havido uma comoção nele?

F. D.: É possível. Mas não temos mais do que alguns "talvez". Infelizmente, não posso dizer mais a vocês. Existem situações em que ficamos bem aborrecidos de ter ido tão rápido. Contudo, é curioso, eu nada fiz para isso.

P.: O curioso é a morte do pai não ter modificado nada.

F. D.: Nada, justamente. Haviam-no colocado na escola, tentavam fazê-lo balbuciar letras e fazê-lo entender coisas que passavam completamente batido para ele. Ele não era ele mesmo. Tornou-se ele mesmo cantando essa morte, deitado e agarrado a seu sexo. É assim que vemos que as pulsões de morte e as pulsões sexuais atuaram juntas.
Depois dele, viera ainda outro irmãozinho, que aparentemente tolerara muito bem a situação; ele se desenvolvia muito bem.
Esse menino priápico tinha uma sensibilidade muito particular; reagira dessa forma a acontecimentos vividos, sobre os quais nada mais sei além daquilo que já contei a vocês.
Aqui, vemos realmente o bloqueio obsessivo. Ele aparentava ser um deficiente mental psicótico. Se não houvesse esse sintoma fisiológico socialmente constrangedor, nunca nenhum médico teria pensado em encaminhá-lo para uma psicoterapia; a motivação era apenas a esperança de ver o sintoma modificar-se. Ele fora examinado pelos mais eminentes médicos de Paris; até então, buscara-se uma base orgânica para sua anomalia. O priapismo é uma coisa bastante rara. De resto, foi o único caso que vi, a única criança que veio por este sintoma: priapismo.

P.: Em todo caso, nos deficientes mentais, mesmo histéricos, sempre há um forte componente obsessivo.

F. D.: Sempre. Os deficientes mentais psicóticos são obsessivos e fóbicos.

P.: Não; quero dizer que, em psiquiatria, mesmo aqueles que parecem ser histéricos...

F. D.: Os que parecem ser histéricos são – acredito – ao mesmo tempo obsessivos e fóbicos. A histeria é então um processo de sintomas reacionais a um estado fóbico. É para evitar o perigo que fazem todos esses fogos de artifício; para colocar a distância, para brincar de manipular o mundo segundo suas fantasias, que os colocam em perigo de ser violados ou talvez devorados. Há uma angústia de violação, talvez não uma violação genital, mas uma violação óptica, uma violação auditiva, ou a fantasia de uma entidade devoradora. Se perguntamos a eles: "O que você está dizendo?", eles se põem a tartamudear qualquer coisa, com uma expressão débil, porque não querem falar claramente sobre o que têm a esconder sobre seus desejos arcaicos, remontando a imagens do corpo da idade de bebê, em todo caso, de outra época.

No que diz respeito a esse menino, abordei a questão do ciúme com relação ao irmãozinho morto, na sessão que se seguiu à do canto fúnebre.

Pelo menos, pude perceber que ele tinha a voz muito afinada e que conhecia todos os fonemas e os ritmos daquelas frases em latim. As palavras eram aquelas mesmas? Não conheço todo o *De Profundis* de cor. Mas sua litania começara com as primeiras palavras do salmo *Clamavi ad te Domine*. Em seguida, ele salmodiou, pronunciando sílabas. Em suma, naquele divã, ele cantava a missa dos mortos afinadamente.

Infelizmente, isso aconteceu há muito tempo; não tive mais notícias dele além das que me foram dadas pelo médico de família que os conhecia – médico que me dizia, em confiança, que ninguém entendera nada daquele caso e que, apesar disso, não estabeleceu nenhuma relação entre a mudança da criança e a morte do pai. Fui eu que acabei fazendo essa relação, pensando que esse pai vira o filho mudar tão bruscamente que não pôde suportar.

Há vínculos cuja percepção nos escapa. Naquele momento, talvez eu devesse ter pedido ao pai que estivesse presente nas sessões do filho. Não fazia isso sistematicamente naquela época. O menino era discretamente acompanhado por alguém, às vezes pela mãe. Devo tê-lo visto uma dúzia de vezes, não mais. E, toda vez, tudo era estereotipado: ele esmagava um pouco de massa de modelar e fazia pequenos traços, para me agradar. O que estava vivendo? Eu não podia dizer nada sobre isso. Ele não respondia nada, era como uma coisa. Mas pouco a pouco realizava-se sem dúvida um trabalho silencioso de compreensão profunda que, um dia, quis exprimir-se no divã. E, no dia em que tudo isso emergiu, ele estava como em um sonho. Naquele dia, ele não conseguia dizer mais nada. Não estava consciente. Revivia algo de que não poderia falar naquele momento.

Falei desse caso para mostrar a vocês que existem crianças que vão para o divã. É sempre revelador, nelas, de uma vontade de descer muito mais profundamente.

*

P.: Você poderia nos dizer algumas palavras sobre a ligação entre a pulsão escópica e as pulsões orais?

F. D.: Bom, não precisamos ir muito longe para encontrá-la. A linguagem comum tem esse saber, já que dizemos: "Ele devora livros." São os olhos que comem as linhas seguindo curvas. Aliás, vemos muitas crianças que não conseguem ler porque seus olhos não têm mobilidade. Não podem percorrer, correr com os olhos. Elas gaguejam com os pés que têm nos olhos. Ficam paradas.

Os olhos são realmente o lugar de todas as pulsões passivas e ativas. Devorar com os olhos é correr; mas podemos estagnar diante de uma palavra; podemos gaguejar com o olhar a ponto de não podermos avançar. É porque não podem ler que as crianças soletram o texto. Talvez seja também por não terem apetite pelo sentido que o texto escrito guarda em si.

Publiquei um caso de uma criança pequena que se tornou deficiente psicomotora por histeria[2]. Tocava tudo o que queria ao piano, mas era incapaz de decifrar uma nota, de ler uma só palavra ou de escrever. Tinha uma agilidade extraordinária nos dedos, contanto que alguém lhe sustentasse os braços, porque também não conseguia sustentar os braços sozinha.

Vocês certamente sabem que muitas crianças extremamente musicais são incapazes de desenhar. Aliás, a maioria dos adultos músicos desenham mal. Querem representar o plano de sua casa e fica parecendo a torre Eiffel. Quando as pulsões auditivas prevalecem, não há representação no espaço por linhas geométricas, mas por ritmos. Essas crianças musicais produzem uma expressão gráfica dos ritmos; seu desenho não é a transferência de uma representação visual.

P.: E as crianças que são boas em matemática?

F. D.: Inversamente, as crianças boas em matemática estão tão preocupadas com as diferenças que são muito precisas em seus desenhos. Fazem desenhos de caráter um pouco obsessivo, com inúmeras precisões, inúmeros detalhes. Tudo o que é da ordem de uma pequena diferença reveste-se de importância para elas. A matemática é – como dizer? – explorar as diferenças, jogar com a lógica das diferenças. Acho que a matemática é uma sublimação do tipo anal-uretral.

Isso me faz pensar em dois casos de jovens mulheres (de estrutura histérica). A primeira era mãe de uma menininha que atendi no hospital Trousseau – criança que era uma grande obsessiva, completamente inibida. A mãe fora muito boa em matemática: entrara na Escola Normal e ali conhecera o futuro marido. Era apaixonada por esse homem, sem saber. Ele também era bom em matemática. Ninguém os superava nas disciplinas científicas. O dia em que ela foi obrigada a perceber que tinha um desejo, porque esse era partilhado, começou a ter um monte de dificuldades diante de problemas de matemática e até mesmo de aritmética – porque grande parte da formação era dedicada à aritmética. E depois, um dia, ele lhe deu o primeiro beijo; no dia seguinte, ela não entendia mais nada de cálculo, mas nada, nada, nada; a tal ponto que não terminou a Escola Normal e teve que desistir. E essa mulher, que passara em uma

---

2 "Léon", *L'image inconsciente du corps*, Paris, Éd. du Seuil, 1984, pp. 288 ss.

excelente classificação na Escola Normal, perdeu completamente todo o seu saber em cálculo; não era nem mesmo capaz de resolver um problema simples, a não ser para o curso elementar; pois, para além do quinto ano, já não era capaz de absolutamente nada. Tinha se bloqueado completamente. O marido achara aquilo muito engraçado (*risos*) e declarara que isso não tinha a menor importância. Desde então, tornara-se uma dona de casa obcecada. Antes, sempre vivera em internatos. Era uma história que remontava à geração de seus avós. Não posso contá-la para vocês, porque demoraria muito.

Quanto à sua filha, que ela levara ao hospital Trousseau, ela estava completamente bloqueada em tudo, desde que atingira o nível escolar em que a mãe deixara de poder ajudá-la. A menina começou a se bloquear em cálculo. A mãe não se impressionou; deixava o barco correr. Era muito edipiano tanto para uma como para a outra. A criança não podia pegar as potências anais de dona de casa da mãe, sem as quais uma menina não pode fazer nada: não pode "manipular" nada em seu cérebro, nem na casa; a criança tornara-se, assim, no limite, catatônica; a expressão de seu rosto era completamente fechada.

O tratamento, que aconteceu pouco depois da guerra, foi muito interessante pelo papel que nele desempenhou a fantasia. A menina era incapaz de desenhar mais do que pequenas bolas – para me agradar, pode-se dizer –, porque sofria muito com esse estado que poderíamos chamar de abulia cultural. Conseguimos chegar a fantasiar sobre essas bolinhas: de que matéria seriam essas bolinhas se fosse um desenho de algo que existisse de verdade? Ela conseguiu me dizer que era uma pedrinha; mas precisou de bastante tempo: não foi nem na primeira nem na segunda sessão. Depois, perguntamo-nos se essa pedrinha podia ser quebrada etc. Convenci-a a ter um sonho, adormecendo. Nesse sonho, a pedrinha quebrou. Na sessão, ela desenhou a pedrinha quebrada. Era bem densa, mas restava, no interior, um lugar bem pequenininho no qual havia uma formiga. Isso ela não encontrou no sonho, mas na fantasia que desenvolveu contando seu sonho na sessão comigo. E, então, a formiguinha estava desesperada por não ser mais protegida pela pedra. Disse-lhe: "Fale com a formiga. Diga-lhe que ela pode procurar a pedrinha. Você está aqui. Você vai deixar que ela volte para a pedrinha." Em suma, era realmente a imagem de "voltar para um útero protetor". A formiguinha foi passear um pouco por todos os lugares – enfim, na fantasia – e, naquela semana, a menina começou a relaxar e a se desinibir. Tudo aconteceu bastante rápido. Mas a mãe, por seu lado, nem por isso recuperou seu saber em aritmética.

Mas, afinal, vou contar a vocês a história da mãe, porque é esclarecedora em um caso como esse, em que vemos que a criança estava realmente caindo na esquizofrenia.

A mãe tinha uma irmã dois anos mais velha do que ela. Essas duas irmãs eram filhas de um homem que tinha um irmão dois anos mais velho do que ele. Esse irmão era estéril, não era casado e, principalmente, não queria ouvir falar de mulheres; além disso, tinha uma boa situação financeira. Quanto ao pai das duas meninas, ele as havia entregado à Assistência Pública. A mais velha tinha então seis anos; e, quando ela completou treze anos, ele teve uma crise de remorsos e as tirou da Assistência. Elas conheceram então um pouco esse homem que estava bem de vida e que vivia largamente, ricamente mesmo. Ele as levou para uma mansão no sul da França, explicando-lhes: "Sou o pai de vocês. Eu as coloquei em um internato. Agora, tenho uma situação estável, vamos viver juntos, eu, vocês e a mãe de vocês." (Enfim, aquela que fazia as vezes de mãe.) Essa mulher me declarou, aliás, que sua "mãe" era insignificante, que se comportava como uma criança com o marido.

O pai, então, ficou com as filhas alguns meses. Elas iam ao colégio da cidade onde ele morava. Ora, de repente, em um dia de verão, ele disse: "Não é possível! Não é possível!" e as entregou novamente à Assistência Pública, que quis recolocá-las na casa de sua antiga mãe substituta. Esta declarou: "Mas agora eu tenho outras duas. Não posso voltar a cuidar delas." A Assistência Pública deixou-as então na instituição e matriculou-as no colégio. Elas nunca mais reviram os pais.

Os dois irmãos (o pai e o tio) eram, por seu lado, filhos de uma jovem que fora casada aos quatorze anos com um rapaz de quinze, com a autorização compulsória, pode-se dizer, do presidente da República da época – que talvez fosse Jules Grévy, não sei –, porque ela estava grávida. É, assim, uma história que começou pela mulher. O namorado responsável pela gravidez era um rapaz do mesmo vilarejo que ela. A menina era de uma família com boa situação financeira; não era o caso do menino. Contudo, os pais, diante dessa situação, decidiram que era preciso casar as duas crianças. Daí o pedido de permissão dirigido ao presidente da República. Uma vez casados, esses jovens tiveram, um atrás do outro, os dois filhos de que falei, que abandonaram à Assistência Pública quando eles tinham, respectivamente, dois e três anos; ou seja, quando a mãe tinha dezessete anos e o pai dezoito.

A mãe da pequena "catatônica" tinha o mesmo ideal que a irmã mais velha: tornar-se professora primária. Entrara, pois, na Escola Normal, em que conhecera o rapaz pelo qual se apaixonara. Quanto à sua irmã, ela era como o tio paterno: solteira e sem filhos. Foi esse tio que procurou as sobrinhas quando o irmão morreu. Foi graças a isso, aliás, que ficamos sabendo da história toda – uma história extraordinária – e que tudo pôde ser esclarecido. Foi, assim, ele que as dotou, já que o pai morrera. Ele mandou procurá-las para poder legar-lhes a herança delas. E, se conseguiu encontrá-las, apesar de terem sido abandonadas, é porque tinham um nome.

Esse tio, depois de tê-las dotado, morreu muito rapidamente; ele próprio tomou a iniciativa de se instalar, bem antes da idade em que geralmente se faz isso – tinha aproximadamente cinquenta anos –, em uma casa de repouso para velhos. Foi assim que faleceu: depois de ter dotado as duas sobrinhas. É uma história muito curiosa. E foi ele que lhes contou a história da família.

A irmã mais velha, por seu lado, continuara os estudos e tornara-se intérprete; sabia várias línguas e circulava pelo mundo inteiro, mas fracassara completamente na vida sentimental. Dizia: "Não é possível. Com a vida que tivemos, com os pais que tivemos, não é possível." Ela não conseguia chegar a estabelecer relações amorosas um pouco estáveis, mas permanecera inteligente; era mesmo uma mulher particularmente inteligente; tinha excelente situação financeira.

Vemos, nesse caso, a culpa ligada às chamadas pulsões genitais, associadas à fecundidade.

Até que a mais velha completasse seis anos, as duas irmãs nunca tinham sido de fato criadas pelo pai ou pela mãe, mas por empregadas, em casa; foi então que foram colocadas na Assistência Pública, mais precisamente na casa de uma mãe substituta no interior. Evidentemente, haviam amado profundamente essa mãe substituta; tanto que, no trem que as levava para os verdadeiros pais, que supostamente ficariam definitivamente com elas – quando, na verdade, isso mal duraria o tempo das férias –, a normalista me dizia que, a cada martelada das rodas nos trilhos – sabem, aquele barulho ritmado: "Tum-tum! Tum-tum! Tum-tum!" –, ela fazia o seguinte voto: "Que eles não estejam na estação! Que eles não estejam na estação! Que eles não estejam na estação!" E isso durante a viagem inteira. Ora, os pais estavam na estação.

Ela conservara uma lembrança insípida dessas férias na casa dos pais, sentindo o tempo todo falta da mãe substituta, a qual, no final das contas, nenhuma delas pôde voltar a encontrar, depois. Ela esperava voltar para a região onde ambas haviam vivido até a adolescência. Além disso, como já disse, essas duas irmãs tinham idades muito próximas; tinham exatamente a mesma diferença de idade que o pai e o tio. Na época em que atendi essa mulher, a normalista, ela devia ter uns trinta anos. Nascera, então, durante a guerra de 1914. O pai e o tio eram do fim do século XIX. A avó dessa mulher tinha, então, nascido na época da guerra de 1870.

Na filha dessa normalista, tudo voltou completamente. A menina sofria muito. Ela vinha de longe com a mãe para o tratamento. Já fora examinada por vários psiquiatras, e foi no hospital Saint-Anne que a encaminharam para o Trousseau. Essa atitude catatônica era um distúrbio grave para uma criança entre oito e dez anos.

Acho que o que pegou para essa menina foi, no momento edipiano, a proibição das pulsões anais; porque, para ela, era precisamente pelas pulsões anais, o trabalho doméstico exemplar, que a mãe era a mulher do pai. A criança não podia continuar a ser bem-sucedida nos estudos, já que era isso que tornava as mulheres infelizes – particularmente a tia. Quando esta vinha visitá-las, trazia um monte de presentes, mas a mãe dizia a seu respeito: "Coitada! Afinal, que vida é essa, já que ela não ama ninguém!" Os pais da menina eram muito felizes e se entendiam muito bem. A mãe não era nem um pouco frígida; quanto à sua irmã, não era nem lésbica nem heterossexual: não era nada, era apenas seu trabalho (intérprete poliglota). Não era, pois, um modelo de feminilidade, mas, antes, de mascarada social, de sucesso profissional.

O que restava à criança? Sem dúvida fora castrada ao modo do: "Não será você que terá os bebês de papai", mas sem possibilidades de trabalho, nem de manipulação mental, intelectual, que é uma transferência da manipulação oriunda das pulsões fálicas orais e anais com as mãos, o cérebro, os olhos, as orelhas. Estava, assim, como que paralisada, privada de toda a sua motricidade. É certo que, em um caso como esse, uma reeducação psicomotora não poderia ter surtido efeito algum.

O outro caso em que penso é o de uma moça que já estava em seu segundo ou terceiro certificado de licença de matemática e queria prestar, em seguida, o exame da *agrégation**. Era uma jovem que conhecíamos através de amigos. Viera a Paris para fazer os estudos superiores. Vinha nos ver de tempos em tempos para almoçar. Era excelente em matemática.

Ora, um dia fui chamada na pensão em que ela morava, pela pessoa responsável, que me disse: "Você precisa vir; achamos que ela não está nada bem. Não sabemos exatamente o que ela tem, mas já não é absolutamente a mesma de antes. – Mas o que está acontecendo? Ela está doente? – Ah! Não sei se ela está doente, mas ela já não é a mesma de antes." Fui até lá com meu marido, e a diretora nos declarou: "Ela já não se veste, já não se penteia, já não tem horário nem para dormir nem para trabalhar; trabalha o tempo inteiro, traz os livros para a mesa. Esquece tudo; já não tira o prato da mesa." Em suma, tudo começou por pequenos sinais motores; ela já não conseguia fazer certos gestos como todo o mundo; sua motricidade estava de algum modo defasada. Mas continuava muito gentil: nenhum distúrbio de temperamento, nenhuma agressividade.

Avisaram-na que estávamos lá. Ela exclamou, então: "Por que vocês vieram? Ah! Estou preocupada com o papai, estou preocupada com o papai." Seu pai estava efetivamente adoentado naquele momento, mas não havia com o que se preocupar – ou, melhor, não sabíamos, na época, que na verdade havia: de fato, ele morreu dois anos depois, de uma uremia. Mas, naquele momento, estava simplesmente estafado. Ela repetiu: "Estou preocupada com o papai." Meu marido lhe disse: "Vou pedir notícias dele. Mas isso basta para te abalar assim? – Sim, tenho pesadelos o tempo todo."

É interessante mencionar, porque esses pesadelos eram fantasias de falismo desvairado. Poderíamos acreditar que era o pai a causa desses distúrbios; na verdade, era todo o falismo dela que estava abalado: era naquele momento – tardiamente, pois – que ela sofria a castração fálica.

Fiquei com ela, disse-lhe: "Certamente aconteceu alguma coisa." Então, ela caiu no choro: "Eu não deveria ter feito isso. Eu deveria, eu deveria ter esperado o fim de meus estudos. Eu não deveria ter feito isso! – Mas você não deveria ter feito o quê?" Pois bem, ela estava simplesmente apaixonada, sem ter tido, aliás, relações conjugais; ela não sentia culpa por ter uma vida sexual – de resto, sua família tinha uma mentalidade muito aberta –, mas estava loucamente apaixonada por um estudante de matemática e, por estar apaixonada, já não conseguia resolver problemas matemáticos, nem sozinha nem com ele. Como já não conseguia se dedicar à matemática, ela não podia fazer mais nada.

---

* Concurso de admissão de professores para colégios e faculdades. [N. da T.]

E que fez ela, então? Bom, ela aceitou a situação. Primeiro veio me ver. Propus-lhe que fosse falar com um psicanalista. "Meus pais não têm dinheiro", respondeu-me – o que era verdade, principalmente por haver muitos irmãos e irmãs na família. "Vou ver, vou ver", ela acrescentou. "Vou falar com o Fulano [o rapaz que ela amava]." E ela teve que fazê-lo aceitar que ela deixaria de estudar matemática.

Ela se reciclou muitíssimo bem, por assim dizer, já que se tornou *agregée** de letras. (*Risos*.) Foi o namorado que lhe explicou como deveria proceder. Acho que ela conseguiu obter algumas equivalências para continuar seus estudos de letras. Mas tornou-se um verdadeiro zero à esquerda em matemática, quando, antes, era muito dotada para a matemática. Nesse caso, foram os pais que não entenderam nada. Mas, também nesse caso, os dois jovens formaram um casal feliz.

P.: Isso só acontece com as mulheres?

F. D.: Não sei. Não tenho experiência semelhante com homens.

P.: No primeiro caso, era também o primeiro beijo para o marido.

F. D.: Sim, mas, a ele, isso não abalou nem um pouco.

Quanto à normalista, no início de seus estudos, primeiro começaram a encorajá-la, depois lhe deram quinze dias de descanso, porque estava sobrecarregada; tentaram tudo o que se podia nesses casos. Mas, finalmente, as articulações mentais, por assim dizer, que permitiam o trabalho matemático estavam completamente reduzidas a zero: suas possibilidades em aritmética não eram superiores às de uma criança; ela perdera todas as suas aquisições posteriores à idade de oito anos. Regredira unicamente nessa área.

Mas, apesar de ela não ter absolutamente índole – como dizer? – doméstica (vivera sempre em regime de pensão desde que deixara sua mãe substituta), ela recuperou o lavar roupas. O marido me contou como ela lavava roupas. Ele tivera bastante dificuldades para ensinar-lhe a lavar roupas de modo mais civilizado: ela queria lavá-las como fazia sua mãe substituta. Estava totalmente identificada com a mãe substituta, que era uma mulher sem instrução. Talvez tenha sido, também, por eles viverem em um povoado, que o marido finalmente decidiu: sua mulher era como uma dona de casa sem instrução. Restava-lhe apenas a instrução primária básica. E só. É extraordinário!

Trata-se realmente, aqui, de uma castração que age sobre pulsões que pareciam ter sido sublimadas, mas que, de fato, tinham permanecido erotizadas.

Quando a erotização se deslocou, fixando-se em um rapaz, tudo o que havia nela de fálico viu-se representado por esse rapaz; nada mais restava de fálico para ela.

---

* Pessoa aprovada no concurso de *agrégation*. [N. da T.]

Isso repercutiu no segundo nível, o da filha, na qual não subsistia nada de fálico anal – e, isso, quando a menina alcançou a idade à qual a mãe regredira na sua vida com o marido: oito anos.

Eis dois exemplos relacionados com o cálculo, a matemática e as diferenças, sobre um pano de fundo de histeria.

2

Traumas

A respeito do ritmo das sessões - Menina perversa, psicótica, sadicada por um adulto - Trauma: encontro do imaginário e da realidade - Psicoses de origem traumática: a volta do pai morto - O desenho da rosácea e a palavra "puta" - Um menino-lobo.

P.: No que diz respeito à frequência das sessões, em psicoterapia não sabemos muito claramente segundo quais critérios ela é fixada por uma instituição.

F. D.: É verdade, não é muito claro. Mas, mesmo supondo que possamos ter o tempo que desejarmos, acho que o ritmo das sessões sempre demanda, da parte do terapeuta, uma apreciação, uma decisão. Em psicoterapia, o trabalho se faz principalmente nos intervalos das sessões. O que importa, pois, é que a relação com o terapeuta esteja constantemente presente de um modo pré-consciente no sujeito; que ele não a tenha esquecido de uma sessão a outra. Aliás, isso pode ser visto claramente: o sujeito começa uma sessão onde terminou a precedente. Às vezes ficamos tremendamente espantados de ver que, após dois meses de férias, tanto os adultos quanto as crianças retomam exatamente de onde tinham parado. É porque não perderam absolutamente tempo; não regrediram durante a ausência do terapeuta. Isso nos faz refletir sobre a necessidade da frequência e da regularidade das sessões.

No início, eu fazia como todo o mundo. Pensava que era preciso ver a criança duas vezes, ou pelo menos uma vez por semana, se os pais pudessem.

Desse ponto de vista, há também uma conta a ser feita. Pois é preciso agir de modo que a psicoterapia não se torne, na vida da família, a principal preocupação dos pais e não traga um aperto de dinheiro muito grande para eles. É verdade que hoje a sessão é praticamente gratuita nos CMPPs. Contudo, isso toma tempo e custa à família, com relação às outras crianças. Pois essas últimas veem o filho que tem sintomas, o que é regressivo, interessar muito mais aos pais do que elas próprias. É absolutamente clássico. O que provoca outros distúrbios na fratria.

Foi isso que me fez adotar uma vez um princípio diferente, para uma menina perturbadíssima, perversa, psicótica. O resultado foi fantástico.

Os pais haviam notado, aliás, que, ao final do período de quinze dias, por exemplo, que se seguia a uma série de sessões, a menina manifestava necessidade de me ver, perguntando "se ia ver a doutora". Como a mãe tinha quatro filhos, pensei que era perigoso para a família inteira – que isso poderia criar um desequilíbrio – que a mãe viesse sempre. De fato, ela acompanhava a filha.

Vinham de longe, do leste da França, e ficavam vários dias em Paris para uma série de sessões consecutivas.

A menina era perversa em seu comportamento, no sentido de ir pôr cocô nas latas de biscoito, cuspir de propósito no prato, na sopa – enfim, tudo o que podemos imaginar no mesmo gênero; ela não podia nem mesmo andar, pois trançava os pés; o pé direito ia para a esquerda, o pé esquerdo para a direita; no terceiro passo, ela caía. Realmente, a perversão estava até em seu corpo.

Nas primeiras sessões, ela me contou todo o mal que sua mamãe lhe fazia. Inventava as piores sevícias e as desenhava, garantindo que era sua mãe que as infligia a ela. Quanto a mim, quando essa mãe acompanhava a filha, eu via apenas uma brava mulher, completamente transtornada com a situação, incapaz de ter sido uma única vez malvada com a filha.

Eu escutava. Primeiro escutei o pai e a mãe. O pai perdera a mãe aos três anos. Isso era importante, porque fora então criado por uma espécie de velha empregada carola – ou mais ou menos isso –, pois o pai dele nunca se casara novamente, sob pretexto de que isso poderia prejudicar o filho. O pobre homem, então, se sacrificara. Morrera na época em que atendi os pais da menina. Ele tivera uma vida sexual, mas sacrificara a vida conjugal e deixara o menino aos cuidados de uma senhora retrógrada. Todas as noites, jantava-se com papai. Quando aquele pobre homem poderia ter colocado o filho em um internato e ter casado de novo, correndo o risco de "traumatizar" o filho. Seja como for, era assim.

De modo que, como por acaso, o pai da menina depositou, por seu lado, toda sua afeição em um senhor meio cego que se tornou o centro da família: era o jardineiro. Esse velhinho, que já não podia cortar a própria carne, era o grande amor da menina. Representava para ela o avô que não conhecera. O pai, por sua vez, era muito gentil com o velho. Por quê? Porque esse senhor também perdera a mulher quando o filho tinha quatro anos. Tinha criado o filho sozinho, ganhando a vida; e seu filho tornara-se um homem de valor. O pai da menina tinha, pois, acolhido em casa esse velho senhor, que, naturalmente, era como um pobre cão sarnento que se ajuda. Para a menina, ele era, além disso, a única pessoa com a qual tinha relações humanas. Com todos os outros, ela se mostrava detestável; consequentemente, era expulsa de todos os lugares. Além disso, era feia. Foi se tornando muito bonita ao longo do tratamento. Tinha, de fato, uma feiura de criança perturbada.

O que acontecera? Entendemos durante o tratamento que ela não fora sadicada pela mãe, mas, sem que esta última percebesse, pela jovem empregada, uma órfã que fora retirada das religiosas aos quinze anos. Na frente da mãe, a jovem fazia um monte de agrados à menina. Ora, o acaso fez com que um dia o padrinho da criança, tendo esquecido seu cachecol na casa deles, voltasse para buscá-lo. Ouviu os urros da afilhada, literalmente acuada. Por que a mãe não a levava com ela? Porque, na época, estava preparando uma mudança; e tinha que cuidar do irmãozinho que tinha treze ou quatorze meses. Acontece que a mais velha era muito friorenta. Como a casa na qual a mãe ia supervisionar as obras não era aquecida – era inverno –, ela deixava, pois, a filha de dois anos e meio com essa empregada que parecia tão boazinha com a criança. Foi apenas graças à volta repentina do padrinho que a mãe soube que a empregada era perversa. Ouvindo sua pequena afilhada berrar, o homem perguntou à empregada o que estava acontecendo. Ora, ela levou um tempão para abrir a porta. "Mas o que está acontecendo? – Oh! Ela está de castigo. Ela não está autorizada a vir vê-lo. Foi muito malcriada." E acabou. Ele não soube nada mais. Disse, depois, à mãe: "Sabe, acho que sua empregada é falsa. Em público, ela parece ser muito, muito boazinha; mas tenho a impressão de que, quando está sozinha com a criança, é muito sádica com ela."

A mãe voltou, então, um dia sem avisar e deu de cara com uma cena medonha: a empregada perseguia a menina com um atiçador, ameaçando queimá-la. Quer fosse de verdade, quer fosse de brincadeira, de qualquer jeito a menina fugia berrando, correndo pela casa a toda a velocidade, enquanto a outra ria sardonicamente, correndo atrás dela.

Naturalmente, a mãe pôs a moça no olho da rua, mas com grande pena, porque ela era órfã. Aliás, procurou para ela outra casa; a empregada foi, pois, fazer estragos em outro lugar. (*Risos.*) Provavelmente na casa de alguém que não lhe confiou totalmente o filho.

De qualquer jeito, a mãe já devia ter desconfiado um pouco da empregada, porque esta detestava o irmãozinho da menina. Essa empregada declarava: "De menininhos eu não gosto. Só gosto de sua filha. Ela é tão bonitinha." E, depois, assim que a mãe virava as costas, ela atacava a menina. Ela certamente gostava dela, de fato, mas gostava dela sadicamente. Era seu objeto de prazer a ser aterrorizado.

Ora, a criança permaneceu fixada, em sua imaginação, a essa mulher que lhe dava gozos sadomasoquistas. Foi isso que a perverteu. Ela não se consolava com a partida daquela empregada, porque já não encontrava as sensações fortes que ela lhe proporcionava. Tentava obtê-las provocando, aporrinhando todo o mundo. Com seu comportamento perverso, continuava a se identificar com aquela empregada que tinha sido seu objeto de identificação desde seu nascimento até os três anos de idade.

Foi no momento de sua entrada na escola que tudo começou: ela se pôs a derrubar as outras crianças. Depois, pouco a pouco, começou a regredir – ela, que era tão ágil quando pequena –, a ponto de já não conseguir nem mesmo obedecer a seu esquema corporal, como testemunhava o fato de ela cruzar os pés ao andar; a isso somavam-se ainda o duplo estrabismo interno e uma voz hiperaguda.

O tratamento consistiu em deixá-la dizer tudo o que tinha a revelar, eu a ouvindo como se fosse sua mãe, mas somente fazendo eco ao que ela dizia, e sem nada contar à mãe. Aliás, um belo dia, tudo veio à tona. Ela nomeou a pessoa que desenhava, acrescentando que era a empregada. Eu, na transferência, era a criança, ou seja, ela mesma. Evidentemente, ela gostaria de exercer suas fantasias em mim. Disse-lhe: "Não, não fazemos as coisas de verdade; desenhamos."

Na psicanálise com crianças não podemos nos deixar enredar e entrar em um jogo psicodramático. Isso pode acontecer, mas não mais de uma vez; depois, é preciso lembrar à criança que se trata apenas de representar. É preciso um terceiro termo. Não devemos servir ao mesmo tempo de terceiro e de modelo como analistas. Em palavras apenas. Mas, para uma criança que ainda não fala bem, ou que fala mal, é necessário a mediação do representado. Essa menina falava bem. De qualquer jeito, é preciso que seja por um terceiro termo que a criança se exprima, para que o analista permaneça aquele que é a testemunha daquilo que é dito, e, do mesmo modo, para que o analista que está no interior da criança seja a testemunha do que ela faz. É sempre a mesma coisa: o analista está na criança. Para que alguém possa ser seu próprio analista, é preciso haver uma distância com relação àquilo que se exprime. Ora, não há distância se existe uma satisfação corpo a corpo com o psicanalista. Tudo se torna um jogo. Já não se trata de análise.

Esse tratamento transcorreu, aliás, muito rapidamente. A menina ficou curada. Mas foi, realmente, um dos casos mais graves que já vi. Ora, a mãe não era culpada de praticamente nada. Se a pobre mulher tivesse compreendido antes!

Os pais formavam um casal que se entendia extremamente bem; amavam-se. Com exceção da menina, que era a mais velha, os outros não tinham sido absolutamente afetados.

P.: Por que a criança não se identificou com a mãe, para se defender dessa empregada?

F. D.: Ela não podia, já que a empregada dizia da menina, na frente da mãe: "Ela é tão boazinha!" A mãe nunca a vira ser malvada com a criança, nunca. Ela só era malvada com a menina quando estava em situação de gozo dual. A criança era o objeto erótico dessa jovem, mas nunca na presença da mãe. Quando a mãe estava em casa, a empregada se identificava com ela; colocava-se em sintonia com a mãe. Era uma jovem não estruturada, como são os perversos: ela vivia seu erotismo.

Nem sempre podemos saber de quem a criança foi objeto de satisfação perversa. Às vezes, isso aconteceu à revelia da mãe. Nesse caso, a mãe, felizmente, ficou sabendo. Sem isso, a situação teria durado. E o que teria acontecido se a criança tivesse continuado em contato com essa jovem?

O traumatizante, para ela, foi o fato de ter sido separada da empregada em uma idade em que estava absolutamente sob aquele charme perverso; tinha então orgasmos que devia a seu terror, orgasmos que quis, em seguida, voltar a sentir. Ela procurava, pois, uma situação de transferência em que, finalmente, punha-se a agir, com os outros, como aquela jovem agira com ela; é por isso que todos a rejeitavam. De repente, ela se pôs a regredir, não voltando a sentir o gozo que experimentara; pois o sadismo perverte, proporcionando satisfações eróticas, masoquistas, intensas.

P.: A mãe poderia ter suspeitado de um sintoma qualquer.

F. D.: Não havia razão para isso; pois ela não podia ver a criança sentir orgasmos tão fortes quanto os que tinha, berrando como berrava. Quando a mãe voltava, todo mundo estava calmo: a que gozara por ter agredido e a que gozara por ter sido agredida. A menina estava na idade da relação homossexual arcaica.

Seja qual for o modo como uma mãe ou uma mulher trate eroticamente uma criança, o que proporciona satisfações eróticas à criança é aquilo que a perverte.

P.: Essa menina não pudera, então, inscrever-se simbolicamente no triângulo parental?

F. D.: Não, efetivamente.

P.: Você retraçou toda a história do lado do pai; e do lado da mãe, como era?

F. D.: A mãe tivera um Édipo totalmente equilibrado, mas não tivera irmão. De modo que não podia viver o comportamento do marido relativamente ao que teria sido o de um irmão da mesma faixa etária, por assim dizer. É um problema em pais que não tiveram amizades mistas. Ela fora educada em uma escola para meninas, conhecera rapazes quando já era moça. Até então, tivera um pai que educava bem as filhas; não tinha problemas com o pai. Quanto a seu marido, era um homem de valor, mas guardara, por assim dizer, a idealização da mãe que morrera (ela não podia deixar de ser idealizada por ele, na idade que tinha quando ela morrera); de modo que, em toda mulher, ele via uma mulher ideal. Sua mulher lhe convinha muito bem.

Por outro lado, ele, que era órfão, gostaria que a jovem órfã encontrasse um lar na casa deles; haviam supostamente criado um lar para a moça, o que se revelara perfeitamente ilusório. O pai tampouco podia se dar conta da vida que levava aquela jovem que se identificava com a menina – a qual tinha um pai e uma mãe –, mas querendo possuí-la. Além disso, ela vivia suas pulsões parciais eróticas sobre a criança.

P.: O sofrimento da criança não fora, pois, entendido pelos pais?

F. D.: Em momento algum, de fato. Era esse o problema. Ou, mais exatamente, o problema era que não se tratava apenas de um sofrimento, mas de um gozo no sofrimento.

Falei apenas uma vez com a mãe, se não me engano; e só; para impedir principalmente que ela achasse que, segundo a tradição da psicanálise, ela teria que vir todas as semanas em função dessa criança. Além disso, essas pessoas eram "apertadas" no plano financeiro. Estabelecemos então uma situação compatível com seu orçamento familiar, de modo que a criança perversa também não servisse de modelo para os irmãos e irmãs, que teriam pensado: "Ah! Quando se é perverso, tem-se mamãe inteirinha, em viagem, duas vezes por semana." Foi por isso que procedi de forma diferente: cinco dias seguidos a cada cinco semanas. Depois, combinamos quatro vezes seguidas a cada cinco semanas; depois, quatro vezes seguidas por mês; depois, três dias seguidos no mesmo ritmo; finalmente, dois dias seguidos, depois somente uma vez por mês. E foi fantástico. Em menos de oito meses, ela já estava totalmente curada.

Não creio que teria tido o mesmo resultado se a tivesse visto a retalho, regularmente, uma vez por semana, se ela morasse em Paris. O incômodo e a tensão para essa série de sessões davam um imenso valor à sua vinda. Além disso, fazia-se um luto formidável no último dia de uma série de sessões, com uma reação de uma enorme agressividade de sua parte contra o abandono: eu era malvada porque ela não voltaria a me ver no dia seguinte. Eu exprimia-lhe, então, que ela estava sofrendo porque não me veria no dia seguinte, porque ela morava longe; mas eu ia revê-la daqui a um mês.

Aliás, ela fez quase todo o seu tratamento pensando em negativo. Nos pontos em que teria se tornado positiva, ela já não precisava de mim: tinha a mãe.

Eu só ouvi injúrias, só: "Você é uma idiota, você é uma imbecil." Ela entrava no consultório a toda a velocidade, estressada, lançando-me injúrias e asneiras, e dessa maneira ia se curando.

Recuperou todo seu atraso escolar e tornou-se a mais humana das crianças com seus irmãos e irmãs, com todo o mundo. Realmente, foi extraordinário!

Em um caso como esse, é preciso tratar unicamente a criança. O pai, eu ouvi uma vez; a mãe, uma vez. Tudo o que pude fazer por essa mulher foi apiedar-me dela; e só isso. A criança estando em tratamento, não havia nenhum conselho a dar à mãe.

Essa menina, como já disse, tinha os olhos em duplo estrabismo interno, o mesmo acontecendo com suas pernas, por assim dizer; quanto às suas mãos, assim que ela as aproximava de alguma coisa, tudo degringolava; ela não podia tocar em nada. Parecia, diríamos, o apragmatismo de um palhaço, se não fosse tão trágico. Além disso, ela não tinha nada de vivo, seu cabelo era opaco. Enfim, somaticamente, do ponto de vista circulatório, ela era muito afetada; distúrbio que datava da idade de vinte e um meses. Aliás, ela não parava de falar do frio. Isso apareceu muito rápido na terapia: o frio; nada havia além do frio, do gelo. À noite, ela dormia extremamente mal. A mãe já se dera conta disso. Então, deixara-a dormir com uma luzinha acesa. Sabia que a filha era friorenta; e só. A criança ficava muitas vezes com os dedos adormecidos; era um problema de circulação. A mãe não percebera que, à noite, a menina ficava com frio e que era por isso que não dormia. Aliás, nas suas fantasias, à noite, havia diabos que colocavam gelo em seus pés. Pedi à mãe para agasalhá-la muito mais do que normalmente, para colocar-lhe meias de lã e até mesmo luvas de lã durante a noite. Ela podia retirá-las, claro, se quisesse; mas, pelo menos, que tivesse lã sobre o corpo. A partir de então, ela passou a dormir à noite.

Não sei absolutamente como as pulsões de morte podem chegar a provocar aversão ao calor, já que, em geral, nas pulsões de morte do sono, nós esquentamos – contanto que estejamos cobertos normalmente. Ora, a mãe dizia: "Contudo, ela está bem coberta; mas, efetivamente, cada vez que vou olhar, está com os pés gelados." Não tinha pensado em calçar-lhe meias. Entretanto, quando ela acordava à noite, quando tinha pesadelos, a mãe ia vê-la.

Se essa criança não fizesse parte de uma família realmente muito humana, muito atenta a ela, já estaria havia quatro ou cinco anos em um hospital psiquiátrico.

Não soube o que poderia ter sobredeterminado, além disso, o estado psicótico de morta viva, de desvio, nessa criança.

O que ela contava, efetivamente, de suplícios sádicos, imputando-os à mãe, era realmente medonho. A mãe era muito atenciosa com a filha, desejosa de tirá-la daquela situação; mas a menina era indiferente a ela. Só beijou a mãe na metade do tratamento e parecia até ter medo de fazê-lo. Beijava-a e, depois, fugia. A mãe me disse: "Parece que ela tem medo de me beijar."

O ciúme com relação aos irmãos menores, nascidos depois dela, não atuava absolutamente nesse caso. Ela realmente se envolvera em uma história erótica, completamente fantasística, e já não estava, de modo algum, na realidade. E ela tinha um comportamento gravemente perverso, pois, afinal, quase chegou a envenenar o jardineiro.

Ela investira aquele velho, um ano antes de eu começar a atendê-la; pegara-o para cristo. Como ele era cego, nunca podia desconfiar de nada. A mãe tornara-se muito vigilante, desde que a menina pusera mata-ratos na sopa do velho. Ela ia colocar bichos na cama dele – enfim, era extremamente agressiva. Era por isso, aliás, que eu via que ela era inteligente. Era de uma feiura característica, que exprimia perfeitamente seu mal-estar físico. Ao que se somava, então, seu estrabismo. Ora, tudo voltou à ordem do eixo do corpo. Ela fora, de fato, literalmente tirada do eixo por aquela situação erótica de prazer, de erotização no sofrimento, no terror.

A partir do momento em que o nome da empregada voltou à criança, a mãe voltou ao seu devido lugar. Até então, as duas imagens estavam totalmente confundidas para ela.

Somente interpretei que, se ela queria fazer o velho sofrer, era porque queria fazê-lo morrer como um rato, porque era dessa forma que ela própria tinha sido tratada. Tornou-se extremamente meiga. Foi, de resto, por sua meiguice com o velho que a mãe pôde constatar a mudança. Ela tinha, assim, se tornado meiga também consigo mesma.

*

P.: Gostaríamos de fazer uma pergunta que ainda não está muito bem elaborada por nós, mas que emergiu em nosso grupo, a respeito do trabalho terapêutico com crianças do DDASS, ou seja, retiradas da família ou abandonadas.

Não se trata, evidentemente, de transformar essas crianças em uma categoria à parte, já que nelas encontramos todas as estruturas. O ponto com o qual muito depressa nos defrontamos nas primeiras sessões de trabalho do grupo foi a própria noção de trauma: como as crianças podiam conservar a lembrança de seu abandono pelos genitores? Considerando a maneira como tudo isso é veiculado pelas pessoas com quem convivem – em particular pelas famílias de acolhimento, as assistentes sociais –, será que podíamos falar de um momento traumático, de algo que teria acontecido na realidade?

F. D.: Claro, aconteceu na realidade, mas é possível que essa realidade só seja acessível, durante um tratamento, graças a lembranças encobridoras.

P.: Para mim, em todo caso, isso reavivou algumas questões; especialmente a de saber o que leva você a tentar frequentemente encontrar, por trás do material que a criança traz, alguma coisa da realidade.

F. D.: Sempre, efetivamente. E isso lhe parece original?

P.: Não. (*Risos.*) Mas como você foi sendo levada a esse procedimento?

F. D.: Se a psicanálise é a psicanálise, é por buscar o que se repete, e ela busca em todo comportamento da criança a repetição de algo já vivido. Nossa óptica nunca é fazer a terapia do atual. Isso são as chamadas terapias de apoio. Não digo que elas não existam, mas não são terapias psicanalíticas. Uma psicoterapia de apoio é uma psicoterapia do atual, na qual o terapeuta usa a transferência sem analisar a relação da criança com a sua pessoa como repetição de uma relação que já existiu. Em psicanálise, ao contrário, procuramos remontar à origem desse estilo de relação que o sujeito tem com o outro. Estamos, por enquanto, com ele; às vezes, ele está em uma relação simbiótica de outro tempo; esta leva forçosamente à primeira relação simbiótica da criança com a mãe. Em última instância, há sempre algo dessa ordem na análise, em dado momento, para que o analista possa falar uma linguagem simbólica que seja entendida pelo analisando e para que o analisando fale uma linguagem que nós, analistas, entendemos. Pois não basta falar francês. É por isso que nos apegamos ao significante: justamente por ele estar para além da língua gramaticalmente falada.

Acho que não podemos proceder de outro modo se fazemos terapia psicanalítica.

P.: Acho que a questão com a qual esbarramos era a seguinte: será que considerar o que efetivamente aconteceu na realidade não é retomar um pouco o caminho freudiano em direção à realidade do trauma, quando a intensidade de um trauma talvez dependa da idade da criança? Nesse caso, a própria repetição do trauma em terapia seria mais ou menos intensa.

Penso, por exemplo, em algumas mães substitutas que imputam muita coisa ao trauma inicial. O trabalho de elaboração que podemos fazer com elas com relação àquilo que, em sua atitude, é forçosamente atual pode permitir à criança repetir o trauma ou, então, justamente, ir além dele. Ora, tudo é imputado ao trauma vivido na realidade em dado momento, quando, acredito, sua incidência é muito diferente segundo a idade da criança, segundo o momento da relação que ela tinha com os pais genitores.

F. D.: Certamente. O que é geralmente chamado de trauma é o encontro do imaginário e da realidade, encontro que já não permite diferenciar o campo do imaginário do campo da realidade. Creio que é isso que se chama de trauma em psicanálise.

Um trauma depende também do momento em que é vivido pela criança. Há traumas que são sofridos pelo corpo e que não são simbólicos de uma ruptura da relação com a mãe real; trata-se então de uma ruptura da relação com a mãe imaginária da criança.

Exemplo de um trauma que não é uma ruptura com a mãe no real, na realidade física: uma operação de amígdalas. A criança não foi separada da mãe na realidade, mas pode ter rompido com sua mãe oral. Pode ser também que seja para ela o momento do desmame com relação à mãe oral ou, ao contrário, um acontecimento que a tornará mutilada, visto que não poderá nunca mais estabelecer o vínculo entre a mãe atual e a de antes.

Do mesmo modo, o trauma que torna uma criança autista pode ser uma separação de sua mãe no espaço e no tempo. Quando é simultaneamente no espaço e no tempo que ela está separada da mãe, quando ainda não sabe que existe sem a presença dela, trata-se de um trauma. É por isso que a criança cai, como dizemos, no autismo. Se digo que ela "cai", é porque se trata de uma queda em uma imagem do corpo do passado, o sujeito não podendo continuar seu caminho com as pulsões que investem seu corpo atual. Ele volta, então, a seu corpo do passado e espera. Espera a volta da mãe de antigamente. Um trauma é algo em que a criança esbarra e que a faz permanecer fixada em um passado que já não é nem mesmo um passado: seu corpo de necessidades fica então sem desejos associados, sem referências.

Posso lhes dar um excelente exemplo de caso provocado por um trauma: o de uma criança que foi encaminhada, aos treze anos, ao hospital Trousseau para ser internada, porque tudo o que fazia era rasgar papeizinhos na janela o dia inteiro, desde já não se sabia mais quanto tempo. Foi um acaso, por assim dizer, que fez com que a descobrissem: seu pai, operário, sofrera um acidente de trabalho na fábrica, uma fratura de braço; e, assim que voltara para casa, uma enfermeira vinha fazer-lhe o curativo e cuidar dele em domicílio. Foi essa enfermeira que reparou naquela criança rasgando papéis constantemente. Perguntou, para saber o que ela tinha. "É nosso filho", respondeu a mãe. "Não é aceito na escola. Só faz isso. Nunca pôde ir à escola. – Mas vocês não podem ficar com ele assim, sempre sozinho em casa!" Então, ele veio ao Trousseau.

Se estou contando isso, é porque esse caso mostra justamente de modo típico como um trauma pode habitar uma criança.

Esse menino veio ao Trousseau, trazido pela mãe, que declarou: "A enfermeira falou que tínhamos que interná-lo, que ele não podia mais ficar em nossa casa." A mãe estava com muita pena de separar-se dele. "Mas ele já está muito grande agora", declarou.

O primeiro desenho que esse menino fez foi uma igreja; era uma perfeita paisagenzinha de psicótico, ou seja, com um traçado bem rígido, com cruzes por todo lado, sem nenhuma base para as casas (havia linhas verticais, mas não linhas horizontais para marcar a separação com a terra). E cruzes em toda a fachada da igreja. Perguntei-lhe então: "O que é?" Ele me respondeu: "São homens com esquis. – Conte. – Foi no dia em que papai morreu." Havia, efetivamente, cruzes. Contou-me, então, um acidente, disse que o pai morreu caindo, de esqui, em uma fenda. Consultei o dossiê do menino; vejo que fora "intestável", que não respondera a nada do que lhe haviam perguntado quando haviam-no submetido a testes.

Saí da sala de consulta e perguntei à mãe sobre esse acidente do pai. Ela me respondeu: "Ah, ele contou isso a você! Sim, é verdade, aconteceu quando meu filho tinha quatro anos, mas meu marido conseguiu se safar." Eles tinham saído de férias em setembro. Fizeram um passeio pela geleira de Bossons. O pai escorregou e caiu em uma fenda. Uma equipe veio de Chamonix, com tochas para realizar as buscas. É interessante, porque as luzes, as tochas apareceram no desenho seguinte do menino. Finalmente, não encontraram o pai; abandonaram as buscas, e ele foi considerado desaparecido.

A mãe, que era de origem italiana – como o pai –, mandou rezar um ofício na igreja. Os amigos, os operários, todos vieram. Com mamãe, iam fazer preces e acender, de tempos em tempos, um círio para o pobre papai, que morrera.

E, depois, a mãe recebeu uma carta por volta de 1º de janeiro – enfim, alguns meses depois –, informando-a de que o marido fora encontrado por um pastor solitário que morava em uma cabana na montanha; como o marido estava com uma fratura de fêmur, o pastor arrastara-o para a sua cabana e o mantivera ali. Mais tarde, esse homem desceu à cidade, por ocasião dos primeiros dias bonitos. Pôde, então, escrever pessoalmente à mulher que estava são e salvo.

Mas o menino, aparentemente, não ficou sabendo de nada. Em todo caso, não teve conhecimento da carta que informava à mãe que o pai estava vivo. Como fora necessário quebrar novamente a perna desse homem porque ela se recalcificara torto, ele permanecera no hospital. De modo que só voltou para casa na Páscoa. Então, desde setembro até a Páscoa do ano seguinte, para a criança, o pai estava morto.

Quando o pai voltou, o menino, que tinha quatro anos, escondeu-se no guarda-roupas e não quis dizer bom-dia ao pai. Foi a mãe que me contou tudo isso; até então ela não dissera uma só palavra a ninguém sobre essa história; ela já nem se lembrava disso. "Se você não tivesse me lembrado, eu nem me recordaria."

E o tempo passou, desse jeito; a criança tinha então treze anos. No início do semestre escolar que se seguiu ao retorno do pai, a escola não o aceitara; ainda era pequeno. Naquela época, a mãe ainda não trabalhava. Contou-me tudo isso diante do menino, que parecia ausente.

Voltaram dez dias depois. Dessa vez, ele fez outro desenho, que representava uma equipe de esquiadores com gorros com pompons, cachecóis; voavam, portando "luzes". Disse que os bastões que seguravam eram luzes, e até mesmo que eram círios (muito provavelmente os círios que acendia com a mãe para o pai). Perguntei-lhe o que era. Ele me respondeu: "É o dia em que eu morri e mamãe também. E eu até estava machucado. Olhe." Mostrou-me a mão. Tinha, efetivamente, a cicatriz de um talho bastante profundo na mão. Pedi-lhe para me contar o que acontecera. Ele me disse, então: "Sim, fui eu que matei eu mesmo e matei mamãe. Mamãe botava sangue pela boca." Disse-lhe, mostrando-me muito espantada: "Sua mamãe? Sua mamãe que está aqui e que está esperando você ao lado?" Ele não sabia. "E você, você é aquele que está morto? – Sim, sim, eu até me feri." E me mostrou o talho de novo. Perguntei-lhe de novo o que acontecera. Ele começou a contar: "Foi na bicicleta dupla." E, falando, o menino não parecia alguém que fala com outra pessoa; tinha os olhos no vazio. Se falava, era apenas por ter encontrado alguém que escutava algo que estava em total contradição com seu desenho. O primeiro desenho, lembro a vocês, eram "os homens"; ora, ele associara sobre a morte do pai. O segundo, o dos "homens com esquis", era outra coisa. Foi nesse momento que me explicou: "Foi na bicicleta dupla." Com seu dedinho levantado, continuou: "Papai atropelou um caminhão que matou mamãe e me matou. Foi por eu ter me mexido. Fui eu que fiz a bicicleta de dois lugares mexer."

Ele interpretara assim o acidente: fora o pai que, com seu dedinho, tinha batido no caminhão na neblina. O dedinho é como o passarinho do pai[3]. O pai estava com o dedinho estendido – em ereção –, ultrapassando o guidão da bicicleta. (Ele próprio me contava a história com o dedinho levantado.) Era então a interpretação fantasística do menino, para se desculpabilizar, para afirmar que o acidente não fora culpa dele. Pois, na bicicleta dupla, os pais devem ter-lhe dito, de fato: "Se você se mexer, nos fará cair."

Ele dizia que ele próprio morrera, mas entendeu, em sessão, que não era o *ele* de agora que morrera, mas o *ele* do acidente.

Saí com a criança e perguntei à mãe: "Houve outro acidente, não o que você já me contou, mas um acidente em uma bicicleta dupla? – Ah! Como? Ele lhe falou disso! Ah! Mas eu nem me lembrava mais! Aconteceu quinze dias antes." Quinze dias antes da queda do pai na geleira de Bossons, os três estavam em uma bicicleta dupla em uma estrada de montanha; em um lugar em que havia uma neblina muito forte, bateram em um caminhão. Todo o mundo caiu. A mãe mordeu a língua; sangrou; ficou grogue. O pai, a mãe e o menino subiram em um caminhão, a bicicleta foi içada para o teto e eles foram deixados de

---

3 Cf. "Diálogo liminar".

volta no vale. Foi, aliás, por essa razão que a família se pôs a fazer caminhadas, enquanto esperava que a bicicleta fosse consertada. Portanto, o menino também conservara a lembrança desse primeiro acidente.

Na terceira sessão, disse-lhe: "Vamos retomar os dois desenhos." E, depois, falei-lhe dessa realidade. Ele escutava como se não escutasse; sem me olhar; olhava para o vazio; era como se seu olhar tivesse se voltado para o *quiasma*, em seu interior, para as imagens interiores. Ele me disse, então: "Mas meu papai não é meu papai; é um senhor que usava boné. Meu papai nunca usava boné." O pai voltara com um boné, quando nunca o usara antes. Eu lhe disse: "Mas sua mamãe explicou-me que não foi você que fez a bicicleta virar." Como ele se sentia culpado, eu lhe expliquei que, na neblina, o pai não vira um caminhão e que esse acidente se produzira antes da queda de seu pai na montanha. Enfim, recoloquei-o no tempo.

Coisa curiosa, oito dias após essa sessão, ele não pôde voltar. A mãe telefonou para explicar que ele não podia vir porque tinha tido, de repente, um problema nos joelhos. De fato, o menino teve uma fluxão inflamatória nos dois joelhos. Seus joelhos ficaram tão inchados e doloridos que foi preciso hospitalizá-lo. Sentia muita dor, não conseguia dormir. Telefonamos, algum tempo depois, ao hospital, para ter notícias suas. Ele estava melhor. Eu disse à mãe: "Assim que ele sarar, traga-o, mesmo de táxi se você puder, mas venha."

Ora – e isso é muito interessante –, o menino acabou completamente com seu comportamento autista por ocasião desse sintoma; já não era, de modo algum, autista.

Quando voltou para me ver, seus joelhos estavam enfaixados, recobertos, ainda tinha uma sensibilidade nos dois joelhos. Soube, à luz do diagnóstico no plano orgânico, o que isso podia ser, e falei-lhe do significante "*genoux*" [joelhos]*: *eu, nós*. "*Ge*" queria dizer *je* [eu]; "*noux*", *nous* [nós], papai, mamãe e eu.

Foi um tratamento que fiz durante a guerra. Ora, ele me disse: "Eu gostaria de ler, eu gostaria de escrever." Naturalmente, nenhuma escola podia aceitar uma criança de treze anos que não sabia nem ler nem escrever. Vocês sabem que as crianças da região parisiense tinham sido evacuadas para a periferia. Ele, aliás, escapou por pouco, porque, não indo à escola, não foi separado dos pais. Houve muitos traumas em Paris e na região parisiense para todas as crianças de classes primárias, que, até o sétimo ano, foram fechadas do dia para a noite. Todas as crianças eram enviadas, com sua classe e suas professoras – que, coitadas, não sabiam absolutamente administrar um orçamento – para locais requisitados, que quase sempre se situavam nas prefeituras de cidades distantes, às vezes, quase cem quilômetros de Paris, ou seja, bastante longe. A distância variava de trinta a cem quilômetros. Em todos os lugares, acolhiam-se pessoas expatriadas, completamente aterrorizadas. Foi uma situação que conheci bem, porque as mulheres médicas que trabalhavam em Paris foram reunidas e pedi-

---

* A palavra *genoux* [joelhos] será decomposta, por Françoise Dolto, em *ge*, homófona a *je* [eu], e *noux*, homófona a *nous* [nós], como se vê em seguida. [N. da T.]

ram-lhes para organizar equipes para ir supervisionar a saúde das crianças dessas escolas. Foi assim que vi essas crianças, com histórias terríveis de traumas realmente agudos que aconteciam nesses lugares.

Ainda recentemente vi pais virem por causa dos filhos, enquanto eles próprios haviam sido traumatizados, naquela época, sendo crianças. E apenas quando conversavam comigo é que voltavam a entrar em contato com o trauma de então. E foi apenas em razão de o trauma dos pais ter sido revivido comigo que os filhos, realmente "arrebentados" – não tenho outra palavra para dizer isso –, recuperavam completamente a saúde sem eu nunca ter conversado com essas crianças. Pois era na idade em que esses pais tinham sido traumatizados por essas histórias escolares durante a guerra que nada mais dava certo para os filhos. Era comigo que esses pais redescobriam sua história de antes e de depois, história que fora interrompida pelo trauma da evacuação brusca de Paris, do dia para a noite... Era preciso ver aqueles trens, aqueles caminhões que levavam crianças berrando, e as mães desesperadas nas estações ferroviárias e rodoviárias. Levavam todas essas crianças. Havia mulheres grávidas que dissimulavam a gravidez. Enfim, foi horrível o que aconteceu naquele momento.

Nessa época, então, procuramos o que poderíamos fazer por esse menino. Foi pela assistente social do hospital Trousseau que achamos uma assistente social rural que aceitou encontrar uma família substituta e um professor para aquele menino que queria aprender a ler e a escrever. Havia, contudo, escolas para a sua idade funcionando em Paris, mas nenhuma queria aceitá-lo aos treze anos, naquelas condições. Os pais não tinham um centavo, a Seguridade Social estava completamente falida. Pudemos, contudo, arranjar dinheiro para enviar o menino para uma família, a cinquenta quilômetros de Paris. O professor a quem escrevi me respondeu um mês depois, dizendo que o menino era maravilhosamente inteligente, que ia aprender a ler e a escrever muito rápido, porque estava realmente muito motivado.

Depois, a mãe, com a qual marquei uma conversa para saber como as coisas estavam indo, veio, um mês depois, trazendo uma carta do professor, que dava notícias, e já alguns pequenos ensaios de comunicação por escrito do filho. Muito depressa, após isso – talvez três meses, quatro meses depois –, ela voltou a me ver, dizendo-me que o filho arranjara um trabalho para o pai, para que ele não estivesse mais em "perigo" na fábrica. O pai e a mãe foram efetivamente acolhidos em uma fazenda não longe da do filho. Ele encontrara uma família disposta a receber os pais.

Eis uma criança que conseguiu livrar-se de seu problema contando lembranças encobridoras relacionadas com seus traumas, sem saber que eram traumas; suas duas lembranças encobridoras eram interpretações deles. O primeiro trauma, que veio em segundo lugar em seu discurso, era a culpa por ter matado "ele próprio e a mãe", porque teria desequilibrado o pai na bicicleta. E o segundo trauma na ordem cronológica apareceu primeiro: era a morte do pai.

Tratava-se realmente, repito a vocês, de uma criança louca.

Voltou a me ver ainda uma vez tempos depois, com os pais, que haviam decidido que ele precisava de orientação para escolher uma profissão; voltei a falar-lhe de seu trauma. E ele próprio falava dele como de velhas lembranças de infância. "Deus sabe o quanto fui bobo quando era pequeno!" Sabia escrever, tornara-se muito hábil na fazenda, muito hábil em geral e, acima de tudo, estava completamente socializado.

No dizer da mãe, aos quatro anos, antes do acidente, o menino era o grande "animador" dos pequenos colegas de sua idade no maternal; era extremamente inteligente e se virara muito bem antes daquele evento. O trauma o tornara completamente autista. O fato de ter estado ausente da escola o deixara um autista no estado puro, por assim dizer; não fora manipulado por IMPs, por nenhuma instituição ou pessoa; tinha vivido exatamente assim, naquele estado.

Talvez o segundo trauma físico do pai, a fratura exposta do braço – o acidente de trabalho que acontecera na fábrica – tenha permitido a reevocação, no menino, do acidente de montanha de seus quatro anos, que o tornara, em seguida, tão sensível à lembrança dos acidentes. Em todo caso, foi justamente graças ao acidente de trabalho do pai e a seu braço engessado que o menino foi diagnosticado como uma criança a ser tratada, a ser colocada em um hospital psiquiátrico. Primeiro haviam-no enviado ao hospital Sainte-Anne. Dali foi encaminhado para o hospital Trousseau, graças a uma assistente social.

Quando, então, revi os pais que vinham pedir conselho para a orientação profissional do filho, o pai falou da própria história. Foi nessa ocasião que disse algo que nunca contara à mulher. Quando tinha vinte e um anos – vivia então no sul da França –, pensava em fazer o serviço militar na Itália, já que era de nacionalidade italiana. Pouco tempo antes de sua partida, recebeu uma carta dizendo-lhe que o pai queria vê-lo. Ora, ele não sabia quem era o pai; sabia que o pai não era aquele que conhecia. Este lhe dissera: "Você não é meu filho"; os outros chamavam-no de "bastardo". E o pai contentava-se em dizer: "Deixe-os para lá. Deixe-os falar." Ele não sabia nada. Seu genitor era um francês que tinha uma propriedade no sul da França. O pai escreveu-lhe então: "Você é meu filho. Nunca lhe disse nada, mas, agora que você vai fazer vinte e um anos, você tem direito a uma herança. Minha família sabe de sua existência. Você tem irmãos e irmãs mais novos, mas você é meu filho mais velho, apesar de não ter meu sobrenome."

O rapaz não se apressou e, no momento em que chegou, disseram-lhe que o pai morrera. Foi pouco depois que se casou com a mulher, à qual nunca disse nada.

Eis a história desse homem, que era muito apegado ao filho e tão infeliz com a própria genealogia que nunca falara dela. Por essa razão, o pai era traumatizado. O filho, com seus próprios traumas, reviveu alguma coisa disso.

Estou contando a vocês exatamente como aconteceu. Eu não era muito fanática por psicanálise. Isso aconteceu nos primeiros anos da guerra. Mas essa história é uma das primeiras que me fizeram entender que, quando uma criança diz algo que não tem nenhuma relação com o que está desenhando, é preciso sempre escutar, sabendo que ela está representando, através do desenho, uma lembrança encobridora e, através da palavra, uma outra, a verdade situando-se, ainda, em algum outro lugar. Quando uma criança faz uma glosa totalmente sem relação com o que representa em um desenho, isso já é, por si só, um sinal de que se trata de um trauma. São lembranças encobridoras em cadeia, testemunhos encobridores que se superpõem.

Era uma criança que foi traumatizada em seu pai, traumatizada na morte. "Estou morto e, contudo, estou aqui." Ele não sabia como, mas, para ele, a palavra "morto" queria dizer que tinha, nele, a imagem de "estar morto". Contudo, sentia-se bem vivo. Mas a consciência que tinha de ser ele mesmo não pôde dizê-la melhor do que quando fez aos quinze anos, declarando-me: "Sabe, sei perfeitamente que é meu papai, mas, para mim, não é o pai que conheci quando era pequeno; não é o mesmo papai."

Há diferentes espécies de trauma. Existem traumas "de pequena escala", por assim dizer. Por exemplo, uma mudança pode ser um trauma para uma criança que ainda não investiu totalmente o espaço; quando, para ela, depor seus excrementos (em um penico) em algum cômodo ou até mesmo no banheiro – se ela já faz isso – ainda não está separado do lugar, de modo que existe entre a ação e o lugar um vínculo, que é do tipo mágico anal. Isso acontece se ela ainda não transferiu suas pulsões anais sobre objetos e principalmente sobre um espaço diferente daquele que conhece.

Ouvi assim, há alguns dias – coisa espantosa –, um menininho de quatro anos que acabara de mudar me perguntar: "Por acaso o papai, no novo apartamento, será um novo papai? – O que você quer dizer? – Bom, que não será o mesmo papai se o apartamento não for o mesmo. – Claro que será. Quando nós mudamos, mudamos todos juntos. – Certo, mas o papai já não será igual." Mesmo vendo o pai, ele continuava fabulando sobre um papai que não seria o mesmo, porque a casa era diferente. Ele tinha certamente razão, no sentido de que não falava de seu pai real, que estava vendo ali, mas de uma simbólica paterna nele, que já não seria a mesma. Ele quis que a mãe lhe explicasse essa mudança. Ela não soube explicar-lhe. Ele não mudara de atitude com o pai, mas é possível que a mudança tenha demolido referências simbólicas e que, nele, o indo-tornando-se pai tenha se modificado, ou seja, que a direção tenha mudado; para ele, a orientação mudou porque a direção de seus movimentos na casa mudou. Seu próprio comportamento talvez tenha se modificado. Quando muitos detalhes da vida cotidiana mudam, nós nos comportamos de outra forma. E, como o pai é uma simbólica do comportamento, se nos comportamos de maneira diferente, é porque o pai é diferente.

O trauma na relação com a mãe – e essa é uma das razões do desmame difícil – é que algumas crianças já não têm mãe quando são desmamadas; já não é a mesma mãe. Algumas mediações são necessárias para evitar essa ruptura.

É certamente do problema do espaço interior que se trata então. A pessoa que alimenta, a mamãe ou a babá, não é a mesma, conforme ela entre em nós, nos dando o seio, ou conforme nos traga um alimento do exterior. Do mesmo modo, quando nós mesmos nos damos comida: a criança já não tem a mesma mamãe quando é sua própria mão que lhe dá a comida e não mais a de sua mamãe.

Um trauma pode ter sua origem na realidade, como no caso desse menino. Mas vocês veem todo o trabalho imaginário que se fez em torno desse trauma. Um trauma é sempre um problema de ressonância, mas também de ressonância com relação a algo que certamente existiu nos pais. É por isso que a análise é obrigada a ir mais longe: para além do acontecimento real que esteve na origem do trauma para a criança. Evidentemente, um trauma que se deve a uma mudança de espaço pode não deixar marcas; mas também pode deixar. Não serão marcas tão graves quanto nessa criança que caiu no autismo em razão da rejeição da sociedade, porque ele mesmo estava morto, já que seu pai não estava mais ali.

Esqueci de dizer-lhes o seguinte: os pais ficaram muito chocados – eles eram italianos – com o fato de, após a volta do pai, o menino, que até então ia quase todos os dias colocar um círio na igreja, nunca mais ter querido ir ao ofício dos domingos com os pais. Ele ainda não acertara as contas com Deus, que lhe havia devolvido o pai. (*Risos.*) Esse pai que voltava para a realidade.

Falei a respeito com ele. Disse-lhe: "Você gostaria de ter sido o marido de sua mamãe para substituir seu papai." Foi então que ele me declarou: "Meu pai não é o mesmo." Efetivamente, o pai que voltara era, por isso mesmo, muito mais castrador do que fora antes.

P.: Por falar nisso, durante sua ausência prolongada em razão do acidente, deve ter acontecido alguma coisa para o próprio pai.

F. D.: Certamente, já que durante um período ele não podia comunicar à mulher que estava vivo. Do mesmo modo que seu próprio pai – que não o reconhecera – não podia comunicar-lhe que estaria morto no dia em que ele devia encontrá-lo para receber uma parte da herança.

P.: Talvez fosse necessário para esse homem, depois de sua queda na montanha, fazer-se de morto para o filho durante algum tempo?

F. D.: É possível. É assim que vemos que há coisas do destino na vida de sujeitos de gerações diferentes que repetem histórias familiares.

Isso nos leva, talvez, longe, mas é um exemplo.

*

Ainda a respeito do trauma, lembro-me de outra criança, traumatizada, se é que posso expressar-me assim, em sua relação com a mãe. Eu a conheci no hospital Trousseau.

Havia duas ou três crianças na família. Acontece que a mãe, não judia, era mulher de um judeu que ela amava e que a amava. Esse homem fazia parte de uma família numerosa na qual jamais houvera nenhum casamento misto, mas, para sua surpresa, todos se haviam alegrado com o casamento. Não fazia nem oito dias que estavam casados, quando ela abriu uma carta do palácio da justiça: o marido estava sendo intimado. Ela ficou sabendo que ele estava em liberdade provisória, em razão de uma grande história de roubo à mão armada. Toda a família dele estava a par; e ficaram bem contentes de se livrar dele. "Você está casado. Você não é mais problema nosso." Eis, então, essa mulher com um homem que é delinquente, intimado pela justiça e que não apenas devia cumprir sua pena na prisão, mas que estará, durante anos, proibido de permanecer em território francês.

Ela foi vê-lo na prisão – já estava grávida. Começou a trabalhar. Escondida dos irmãos e irmãs e de toda a família, que vexavam a jovem, a sogra estava muito tocada com o amor da nora pelo filho e principalmente muito feliz de ter seu primeiro neto desse rapaz que havia, supostamente, "dado errado". Pois todos contavam que era o grande otário, que fora enrolado por bandidos de um pequeno bando, em quem confiava por serem da idade dos irmãos mais velhos: fora o bobinho dos irmãos mais velhos e tornara-se o bobinho de um bando. A mulher dizia: "É um rapaz tão doce e tem um coração tão grande! Não pode fazer mal a ninguém, mas não sabe dizer não." Foi, aliás, por isso, que fora preso – em uma delinquência de tipo passivo –, por ter ficado de vigia, ajudando os grandes, os durões, justamente ele que não era assim. Ele contava ter sua pequena parte do butim, e, depois, fora encurralado, mas os responsáveis não tinham sido presos.

De qualquer jeito, ele saiu e, apesar de estar proibido de permanecer no território francês durante dez anos, fez outro filho na mulher. Mas foi pego novamente, porque o único lugar para o qual pensava em ir era para a casa da mulher. Ela se instalara em um apartamento pago por um tio ou uma tia, ou, mais provavelmente, pelo bando; eles os ajudavam um pouco.

O homem adorava a mulher e os filhos. Queria absolutamente vê-los, apesar de proibido de permanecer em território francês. Ela, por seu lado, não conseguia sair dessa situação. Todos os cunhados davam em cima dela. O marido, sendo um reincidente, era sempre pego, e por besteiras.

Infelizmente, nunca pude ver esse homem, mas a assistente social, que o encontrou um dia que viera ver clandestinamente a família, afirmava que ele não podia ficar sem ver os filhos, que foram postos na casa de uma família substituta pela justiça, para impedir o pai de saber onde estavam. Enfim, era o drama de uma sociedade imbecil diante de um bobalhão comum, cuja única educação recebida fora a de obedecer aos grandes.

Sua mulher teve – pelo menos era assim que ela explicava a história – que se prostituir. Foi fichada. Ganhava a vida e pagava as famílias substitutas com o que tirava da prostituição. Não tinha profissão. No início fizera faxinas, mas isso não bastava para alimentar as crianças. Além disso, era sozinha, tinha sido abandonada pela família.

Não era o fato de ter um pai delinquente que estava na origem do trauma do menino. Ele, aliás, ficava sempre muito contente em ver o pai. A lembrança do trauma voltou-lhe durante o tratamento. Esse menino era incapaz de fazer as atividades na sala de aula, e chegou a estacionar em seu crescimento. Enquanto os dois outros filhos nascidos após ele eram muito bonitos, ele parara de crescer perto dos oito, nove anos. E, quando comecei a atendê-lo, era pequeno demais para sua idade. Nas sessões, fazia desenhos não representativos: eram sempre formas em rosácea, como o interior de uma cenoura partida. Era tudo o que fazia. E falava – bastante bem, aliás. Dizia que não conseguia fazer as atividades na escola e afirmava não ter nenhuma lembrança, exceto algumas de seu pai, que ele adorava.

Ficou dois anos em tratamento. Fora o OSE[4] que o encaminhara para mim, porque não sabiam como orientar esse menino, que, quase aos quatorze anos, parecia ter dez e não sabia fazer nada, mas sem ser malvado. Vivera com uma família substituta.

A lembrança do trauma voltou no dia em que ele pôde realmente falar. Agarrei-me a esses desenhos não figurativos com ele e disse-lhe: "Isso quer dizer alguma coisa. Você sempre desenha uma cenoura partida. Isso quer dizer alguma coisa. Pense. Você me dirá a próxima vez." Eu já instituíra o pagamento simbólico havia muito tempo; ele me pagava a cada sessão; estava muito motivado para vir. Ora, uma vez, ele declarou a respeito da rosácea: "Acho que é uma mesa. Havia uma mesa ali. É uma mesa em que havia muitas pessoas, mas não sei o nome delas; é uma mesa, na casa de minha mãe substituta." E, pouco a pouco, chegamos ao almoço de família na casa da mãe substituta, em que diziam que a mãe dele era uma puta; e ele não sabia o que queria dizer "puta".

Expliquei a ele. Então, ele me disse: "Eu queria me esconder quando ela vinha, porque todos os meninos riam porque ela tinha a cara toda maquiada." E tinha vestidos que não eram usados no interior. (Ela ia ver o filho com sua "roupa de trabalho".) O menino ficava muito constrangido, tanto mais por gostar muito da mãe substituta.

Um dos irmãos estava com outra mãe substituta, ele o via às vezes. Sofria muito por não ver o outro irmão, o menor, que estava mais longe, na casa de uma terceira mãe substituta.

Foi quando encontrou a palavra "puta" que o nome de cada uma das pessoas que estavam à mesa na casa da mãe substituta lhe voltou, assim como todas as relações de parentesco entre elas. "Ah! era o marido da filha! – Como

---

4 OSE: *Oeuvre de secours aux enfants* [Organização de socorro às crianças]. Organização judaica que se ocupou, após a guerra, de crianças judias com distúrbios e, ulteriormente, de crianças psicóticas mesmo não judias e de casos sociais; ficavam com elas pelo menos até os quatorze anos, tentando dar-lhes um estatuto qualquer para evitar que fossem internadas em hospitais psiquiátricos.

a filha se chamava? – Não sei. – Sabe, sim." A partir daí, insisti: "Sabe, sim. – Como é que você sabe? – Eu sei que você sabe. – Sei mesmo." E, depois, ele dizia o nome de tal pessoa, depois, de tal outra. Tudo voltou assim, em uma quase certeza. A partir das rosáceas, uma vez que começara, ele recuperava outras lembranças. Naturalmente, ele assistira à comunhão, no vilarejo. "Nós não íamos à comunhão porque não éramos batizados. – Por que você não é batizado? – Não sei." A mãe substituta os levava à igreja; ele também acendia velas para o "pobre papai"; mas nunca para a "pobre mamãe".

Recuperou completamente essa história e, principalmente, reconciliou-se com a mãe, que pude ver. Era uma mulher inteligente, que conseguira mudar de profissão, o que era muito difícil. Trabalhava, na época, em uma confecção. O pai ainda estava proibido de permanecer em território francês e, infelizmente, voltava para ver os filhos – digo "infelizmente" porque, a cada vez, arriscava-se. Faltavam só dois anos, na época, para que a proibição terminasse. Uma assistente social interveio junto ao juiz, para tentar que tal medida fosse suspensa. "Ele é bobo demais! Ele é bobo demais!", foi tudo o que lhe respondeu o juiz. "Azar dele! Ele é bobo demais!" Era tudo o que se dizia desse pobre homem que nunca vi.

Esse pai, como o filho, fora simplesmente uma criança que havia sido traumatizada. Essa história aconteceu depois da guerra, e ele era bem jovem no momento em que tivera que ficar no abrigo, sob a tutela dos irmãos. Depois, passara da tutela dos irmãos à dos pequenos delinquentes. Sua mulher dizia: "Ele é tão direito, ele é tão doce, ele é tão honesto." Com os filhos, em todo caso, ele era apenas maternante.

Depois de ter conseguido desembuchar tudo, o próprio menino me disse: "Acabou. Estou curado." Ele sentia isso. Toda a sua memória voltara. Eis uma criança traumatizada que já não tinha memória: por mais que tentasse, não podia reter nada na escola. Pequeno, ouvira dizer da mãe que ela era uma puta – ou seja, uma palavra "muito ruim" – e via que todos os meninos zombavam dela quando estava "pintada" demais. Tinha vergonha dela.

Para uma criança na idade social, ter vergonha dos pais é um verdadeiro trauma; principalmente quando desconhece a razão e por ninguém ter lhe explicado em que armadilha o pai caiu. O pai era ou um "carrasco" ou o "pobre papai"; e a mãe era alguém de quem falavam dizendo que era uma puta. Ele sentia perfeitamente que isso era dito com uma expressão de rejeição por todas aquelas pessoas reunidas, logo, pelo social.

Acredito que, na idade social, o trauma pode vir para uma criança das projeções que a sociedade faz sobre seus pais, pois, no momento do Édipo justamente, a criança tem necessidade de que os pais honrem o próprio nome, que é também o dela; do mesmo modo que, em vez de amá-los, ela tem que honrar o próprio nome.

*

Vi durante a guerra uma criança traumatizada, de uma família de sete filhos. Nesse caso, era unicamente o tratamento da criança que devia ser feito. A mãe não tinha absolutamente nada a ver com a origem de seus distúrbios. O menino passara fome durante quatro dias, quando tinha dois meses, e quase morrera de desidratação. Tinham-no salvo, mas, depois, ele não se desenvolvera. Era um grande bobalhão. Na verdade, ficara traumatizado pela "morte de sua mãe nele". Correra o risco da morte e, depois, não se recuperou, visto que a mãe estava então loucamente preocupada com o marido, que era prisioneiro, e do qual não tinha nenhuma notícia. Ele voltou mais tarde. O menino de que falo era o sexto da família. Uma outra criança ainda nasceu, após o retorno do pai do cativeiro. Foi no momento desse nascimento que esse menino bobalhão tornou-se completamente psicótico.

Pois bem, esse menino que fora traumatizado, tal como se descobriu na sua história – é muito interessante –, tinha se identificado com um cachorro. Falou de todos os seus conflitos identificando-se com um cachorro. O homem que ele representava em seus desenhos nunca era ele próprio, exceto no dia em que pôde falar de si mesmo como ser humano. Pois era como um cachorro em pé que ele representava a si mesmo em seu desenho. A respeito do homem, ele disse: "Quando ele caiu, então, uma pedrinha entrou aqui", exatamente no lugar do estômago, do plexo solar. Contou essa história mostrando o lugar em seu corpo.

Mas quem, afinal de contas, morrera, quando o menino tinha entre dois e três anos? O jardineiro, que tolerava o menino-lobo que ele era naquela época. Pois ele era realmente como um menino-lobo: não falava, uivava.

Essa família vivera uma história bastante difícil durante a guerra. A mãe fazia tudo o que podia para dar de comer aos filhos. O menino tinha de oito a quinze dias no momento da evacuação. A mãe ficou sem leite quando ele ainda mamava no peito. Ora, nas estradas, ela nada encontrou para lhe dar, nem sequer água. Precisou separar-se de quatro dos seis filhos; confiou o de cinco anos a outra família. Depois, os três mais velhos partiram sozinhos com a Cruz Vermelha. A mãe se viu em um hospital com o último, que estava quase morrendo. Apenas mais tarde toda a família voltou a se reunir. Enfim, tratava-se realmente de uma história dramática; todos eles haviam vivido aquela grande angústia.

O que foi traumático para o menino? O ser com o qual ele se identificou foi o cachorro do jardineiro, o mesmo jardineiro que o tolerava; era o único que se ocupava daquele menino que crescia anormal. Aliás, ele não comia com as mãos; comia no chão. Era realmente uma criança muito, muito perturbada. Foi por isso que eu disse: "menino-lobo".

Mas, apesar disso, durante seu tratamento comigo, conseguiu desenhar, representar as coisas, falar, muito mal, mas falar. O ser com o qual ele se identificou foi, inicialmente, o dono do cachorro. Depois, como o dono do cachorro morreu subitamente de um ataque, o menino permanecera ao lado do velho – aliás, como o cachorro – não se sabia quanto tempo. O homem já estava frio quando a mãe voltou à noite, depois de ter ido cuidar de seus outros filhos na cidade vizinha. O menino ficara ali. A noite caíra e ele ficara ali, dando voltas em torno do velho morto, no jardim.

Para ele – e o mais curioso foi a maneira como ele traduziu isso –, ele *era* "Robert que caíra pela janela" (Robert era o nome do jardineiro). E, então, ele tinha uma pedrinha ali, no plexo. Foi assim que ele traduziu seu trauma, momento a partir do qual ele realmente se curou; falei-lhe do que de fato tinha acontecido, graças àquilo que a mãe pôde me dizer. Pois eu nada sabia do que acontecera ao velho senhor. Mas, graças ao que o menino me contou, fiz perguntas à mãe, que já nem se lembrava desses detalhes; quando o atendi, ele tinha nove anos.

Nunca vi o pai; a família morava em uma cidade bastante distante de Paris, e o pai não podia deixar o trabalho. E, depois, a criança era psicótica. Ora, como os pais haviam tido seis outros filhos saudáveis, pareciam ter feito o luto deste. Mas, na verdade, ele não era absolutamente psicótico. Era simplesmente uma criança que teve um pouco de dificuldade escolar para começar. Tornou-se humanizado. Falou.

Nele havia duas identificações: a identificação animal e a identificação com um morto. Ora, acho que a identificação com um morto foi muito salutar, porque, graças a esse morto, ele pôde viver o trauma de ter morrido ao cair pela janela, ou seja, de ter sido separado, com quinze dias, por desmame forçado, da mãe que o fizera nascer e, depois, com aproximadamente dois meses, de quase ter morrido de desidratação. Pôde viver esse primeiro trauma acoplado ao trauma da morte.

Era uma criança moribunda que a mãe segurara no colo – e que assim permanecera oito ou quinze dias –, no hospital. Disseram-lhe: "Não temos certeza de poder salvá-lo." E depois, finalmente, ele foi salvo. Mas não pôde simbolizar tudo o que vivera: sua própria morte, da qual todos falavam ao seu redor, e o fato de sua mãe estar pronta para fazer o luto dele, se fosse preciso, pois haviam-na preparado para isso.

Além disso, essa mulher sentia-se culpada por ter ficado sem leite. Alimentara todos os outros filhos, mas durante o êxodo seu leite secara. Ela não comia. E, se acaso conseguisse encontrar algum alimento, era para os outros cinco.

Eis realmente um caso em que era a criança que precisava de uma psicanálise para si.

P.: Contudo, você precisou ver a mãe, falar com ela.

F. D.: Mas naturalmente! Senão, em tudo o que o menino contava, não poderia ter entendido o que ele simbolizava desse modo aberrante, em uma identificação alienada. Mas foi possível entendê-lo, apesar de tudo, graças a ele próprio, já que ele disse o nome, as sílabas do nome do velho jardineiro que era muito gentil com ele. Nessa época, seu outro, seu gêmeo, era o cachorro; e sua mãe era esse jardineiro. Foi sobre esse homem que ele transferiu o pouco de relação maternal que podia projetar, sobre esse jardineiro extremamente gentil que rastelava as folhas mortas com aquele pobre menino, que andava, mas não vivia como uma criança de sua idade.

Há casos de crianças realmente traumatizadas. São as crianças traumatizadas que necessitam de uma análise totalmente individual. Para as outras, é uma análise da situação anal-oral, anal-anal, anal-genital que é preciso fazer. É para as crianças traumatizadas que uma psicanálise é realmente indispensável.

3

Levar um tratamento até o fim

> *Criança que se tornou delinquente em razão da interrupção de sua psicoterapia - O filho da mãe deficiente mental: a responsabilidade por si mesmo, na lei.*

F. D.: Quando aceitamos uma criança que tem um atraso escolar, temos que levar o tratamento para além do sintoma, até o fim. Lembro-me de uma das primeiras aflições que foi, para mim, o fato de não haver terminado o tratamento de uma criança com atraso escolar, que mudara e se tornara capaz de acompanhar a escola. Era inteligente, mas a mãe nunca falava com ela, exceto para dizer-lhe para calar-se ou para comer. Ora, seu tratamento foi interrompido na puberdade; não voltou a me ver porque os pais não quiseram. Assim que conseguiu superar o atraso escolar e que o pai parou de administrar-lhe a surra habitual por uma nota ruim, os pais fizeram-na interromper a terapia. O pai viu-se narcisado, por assim dizer, pelo filho; a mãe, por seu lado, continuava tão bocó quanto antes.

Pois bem, esse menino tornou-se um delinquente – saiu até mesmo nos jornais. Quando o atendi no hospital – ele tinha oito, nove anos –, seu nível mental era de 110. Ora, mais tarde, o psicólogo da prisão afirmou que ele tinha um QI de 145 desde os doze anos de idade. Pouco a pouco, por abandono familiar e por não ter conseguido sublimar suas pulsões em seu meio e liquidar seu Édipo, ele entrou, muito jovem, em bandos de delinquentes.

Temos, aqui, um menino que teve a vida estragada porque lhe devolveram a inteligência, quando talvez tivesse sido preferível que permanecesse um pouco apagado, à altura daquilo que seu meio lhe permitia. Ele não pedira nada. Não pedira uma terapia. Foram as professoras, e também o pai em certa medida, que insistiram.

O caso desse menino foi um dos que mais me fizeram pensar. "Por que raios tínhamos que nos meter a fazer com que o sistema das pulsões se organizasse de um modo diferente naquele menino?" Em vez de aceitar o fato de que ele recebera uma "paulada na cabeça" – enfim, que estava meio abobado – e procurar apenas devolver-lhe a possibilidade de sublimar suas pulsões orais e anais, visando a troca com as crianças de sua faixa etária. Uma pessoa de sua família, capaz de servir-lhe de modelo, poderia ter lhe dado uma castração simbolígena; ele poderia, assim, ter se tornado um menino trabalhador, como o pai, que era, de resto, um bom homem. A mãe, para ser burra daquele jeito, era certamente uma traumatizada. Era de uma burrice neurótica. Aliás, não existem seres humanos burros por natureza. A burrice é sempre neurótica. Não estou falando de instrução: a instrução nada tem a ver com a inteligência que uma mãe tem para falar com o filho, para dizer-lhe o que ela pensa. Em poucas palavras, tratava-se de um grande mamífero bovino, uma mulher inteiramente voltada para as pulsões de morte. Era um corpo. Era até espantoso que aquele menino estivesse, apesar de tudo, tão bem, com uma mãe como aquela.

Certamente, atuou sobre ele o fato de ter dirigido sobre mim, mulher, pulsões sexuais masculinas e ter sido, em seguida, separado daquilo que eu representava em sua transferência. Ora, ninguém assumiu esse papel em sua educação. Tenho certeza de que foi o tratamento que o tornou delinquente e, ao mesmo tempo, tão inteligente; porque se meteu em coisas muito complicadas, tornou-se chefe de gangue em casos de roubos à mão armada. Eu era responsável.

P.: Em virtude de que normas você se sentia responsável?

F. D.: Eu era responsável em virtude da norma de sublimação, que deveria ter sido respeitada em uma criança ainda em período de latência; sublimação que teria permitido que suas pulsões permanecessem, até a puberdade, no nível que lhe permitiam os pais. Foi despertado cedo demais para a vida social, sem ter o apoio de uma imagem paternante; acho que é isso.

P.: E não lhe parecia possível permitir à mãe sair de sua burrice?

F. D.: Ah, não! Aliás, ela nem queria vir. Essa mulher não procurava absolutamente saber nem sequer como o filho podia melhorar. Era-lhe completamente indiferente. Foi a escola que se preocupou com o menino, não foi nem o pai nem a mãe.

P.: Você acha que, algumas vezes, a psicanálise pode ser confrontada de modo perturbador, como aqui, com função social do crime?

F. D.: Ela sempre pode ser confrontada com isso, efetivamente. Mas a psicanálise é algo muito vago. Nesse caso, tratava-se de uma pessoa que tinha consciência, apesar de ter feito seu trabalho, de ter sido uma filha da puta: e essa pessoa era eu!

P.: Eu falava de "função social do crime" no sentido em que Marx, por exemplo, dizia que o criminoso fabrica crimes como o industrial fabrica produtos manufaturados.

F. D.: Sim, é muito bonito; dizemos isso porque estamos livres. Mas, quando acreditamos que somos responsáveis por um sujeito ter ido apodrecer em uma prisão durante quinze anos, em pleno transcorrer dos mais belos anos de sua juventude, é outro problema. Acho que teria sido melhor que ele tivesse permanecido no balcão, como o pai, e se tornado geneticamente um ser capaz de produzir filhos ricos em potencialidades, mesmo não desenvolvidas. Podemos fazer um trabalho cedo demais, e que vai longe demais, com uma criança que, depois, não terá apoio? É essa a questão que se coloca para o psicanalista.

Se, depois, tivesse sido possível acompanhar esse menino, e se ele tivesse encontrado, lateralmente aos pais, pessoas para ampará-lo em seu desenvolvimento, em vez de ser obrigado a buscar um bando de rapazes inteligentes como ele, mas necessariamente associais, por não terem sido amparados na castração e na simbolização de suas pulsões, ele poderia ter encontrado uma saída melhor. Pois, por mais inteligentes que sejamos, quando não temos uma profissão e elementos de cultura, não podemos suportar que sejam os babacas que fiquem com as moças, porque nós mesmos não temos um tostão furado! Não é verdade? Não é possível. Um rapaz inteligente deve poder conquistar as meninas. Para isso, precisa de dinheiro e, portanto, de um trabalho. Isso coloca de modo agudo a seguinte questão: como ajudar crianças cujos pais, sentimos, não podem assumir nada no que se refere ao trauma dos filhos e às quais, além disso, as pessoas próximas não oferecem nenhum apoio?

P.: Mas, se esse menino, mesmo enviado pela escola, fez sua psicanálise, é porque tinha o desejo de fazê-la.

F. D.: Não sei. E, em primeiro lugar, naquelas condições, não se tratava de uma psicanálise, mas de uma psicoterapia. Uma psicanálise vai muito mais longe – foi justamente isso que ele não pôde fazer. Não foi mais longe. Foi trazido por uma assistente social. E a assistência social quer que tudo seja rentável. "Por que você quer continuar atendendo esse menino que é o expoente de sua classe, que está indo muito bem, que é amado pelas professoras?" As professoras, por seu lado, tinham feito uma transferência sobre mim através dele; então, todos estavam satisfeitos.

Um caso como esse faz realmente pensar. Temos, evidentemente, em casos análogos, resultados completamente diferentes, que, felizmente, nos tranquilizam: "Você fez tanto besteiras quanto coisas interessantes, como todo o mundo." Contudo, porém, isso nos coloca o problema de uma psicanálise para crianças que não sabem por que se quer que estejam em tratamento, que não estão pedindo nada e que são, no final das contas, o objeto de transferência dos outros sobre a psicanálise. Ora, são eles que pagam.

Isso nos remete um pouco para o que você dizia sobre a função social dos crimes ou dos delinquentes graves. Evidentemente, eles são um sinal de que nossa civilização está doente, mas mesmo assim ficamos chateados por termos sido, pessoalmente, a causa, em dado momento, daquilo que impulsionou determinado indivíduo nesse sentido, em razão do que aconteceu com ele devido a nossa influência. Foi graças a nós que ele foi para o lado daqueles que acabaram caindo na rede dessa sociedade, porque não houve apoio para o seu desenvolvimento.

*

Lembro-me do caso de um menino de oito anos que acompanhara sem problemas o curso primário e que, depois, bloqueara-se. Tinha corrido todos os médicos, porque estava tão pálido e tão cansado que haviam pensado em leucemia. Mas não havia nenhuma causa orgânica em seu estado. Ora, o que havia de particular em seus desenhos era que tudo estava enfurnado: as casas eram rodeadas de colinas; a terra sempre estava acima da casa: ele se escondia sob a terra – a casa representando o próprio sujeito.

Esse menino era filho de uma deficiente mental, de boa família, que o tivera com um rapaz oriundo de uma família operária muito sadia, mas que não era do mesmo nível social que a da jovem deficiente. A avó da moça – que era órfã – teve o cuidado de não dizer nada quando viu o jovem pretendente; este procurava ascender socialmente esposando aquela moça que ele acreditava apaixonada por ele – o que não deixava de ser verdadeiro; mas ela não tinha senso crítico. O pai da moça morrera em consequência da guerra de 1914. Ela era boazinha, bem-educada. Na realidade, aquela que ela chamava de mãe era sua avó. A mãe morrera ao dá-la à luz. Fora educada pela avó, que era, então, bisavó do menino. Essa mulher devia ter setenta e cinco anos quando veio me ver com o bisneto, de sete, oito anos.

Essa avó, que era inteligente, dissera a si mesma, diante da possibilidade desse casamento: "Mas, no final das contas, por que não?" Porém as coisas desandaram entre os jovens casados quando a criança nasceu, porque a jovem mãe não sabia assumir suas responsabilidades. Além disso, por seu lado, a mãe do rapaz não quis cuidar do neto, porque, sabendo que havia dinheiro do lado da nora, não admitia que coubesse a ela responsabilizar-se pela criança.

Foi então que se colocou a questão de saber o que se deveria fazer por aquele menininho, de que a mãe era incapaz de cuidar. Até então, as pequenas desordens de saúde que tivera se deviam à carência de cuidados maternos, unicamente em razão da deficiência da mãe.

Então, a avó dessa deficiente disse a si mesma: "Preciso cuidar dessa moça." Primeiro, ela pensou: "A solução é uma empregada"; o que fez o marido ir embora, porque não queria que o filho fosse educado como um burguês. Era de origem operária e não admitia uma empregada. A mãe do marido vinha de tempos em tempos ajudá-los com a casa, mas também não queria se impor; tanto mais que ganhava a própria vida – muito bem, aliás –, mas sua profissão a obrigava a viajar.

No final, o homem foi embora e a moça voltou a morar na casa da avó. Foi assim que esse menino se encontrou, a partir dos quatorze meses, na casa de sua bisavó, com uma mãe deficiente e a empregada, uma boa senhora que cuidava da casa; essa pessoa bastava para uma criança daquela idade; pois, por seu lado, a mãe do bebê era, para essa governanta, como uma neta. Essa senhora lhe dizia o que era preciso fazer para o filho, de modo que o menino foi criado, e não tão mal, durante seus primeiros anos.

Ora, quando o menino chegou aos cinco, seis anos, aconteceu algo com a mãe: aquela deficiente simples sentiu necessidade de outro homem. A criança já não lhe bastava. Antes, ela o levava para passear e, quando voltava, dizia: "Oh! Encontrei um senhor no jardim. Ele me disse que eu era bem bonita." Enfim, ela era exatamente como uma menininha.

Então, a governanta e a avó lhe diziam: "Bom, então convide-o a vir aqui." E, quando o homem encontrava a família, não era absolutamente nada daquilo: ele apenas paquerara uma moça, e só. Ela só tivera pequenas histórias desse gênero. Até o dia em que sentiu realmente necessidade de um homem; foi a bisavó que me explicou. Naquele momento, a jovem deficiente saiu de casa. A avó se virou para arranjar-lhe um pequeno local em que pudesse viver, para não ter que se deitar com os homens em casa. E, depois, perderam-na um pouco de vista. Felizmente, havia uma madrinha que se ocupava um pouco dela. A moça, assim, amadureceu um pouco, ao mesmo tempo que o filho.

Ele passou a ver a mãe apenas de vez em quando. Ela passava para vê-lo como uma maluquinha; muito simples, nem um pouco excitada; não fazia de modo algum o gênero drogada. Não! Era uma perdidona. Nada a ver com uma marginal: era uma deficiente simples, que vivia tranquilamente. Quando mais velha, aliás, passou a viver tranquilamente com um velho senhor que conhecera através da mulher dele, em seu bairro.

O problema do menino resolveu-se em quatro sessões, a partir do momento em que percebi, por um de seus sonhos, que estava preocupado com a possível morte da bisavó. Sonhara que acordara e que a bisavó estava morta. Já estava preocupado antes; mas a morte dessa mulher, em seu sonho, era algo *que lhe acontecera*, dizia ele: efetivamente, com a morte da velha empregada – ele tinha então cinco anos. Essa mulher tinha a idade da bisavó. Foi nessa época que ele começou a ir à escola. O que, no início, funcionou muito bem. Ele fazia, claro, muitos amigos, tanto mais que a bisavó tivera a boa ideia de colocá-lo nos passeios organizados na municipalidade. Ela pensava: "É melhor que ele participe dos passeios organizados pelo padre. Eu sou leiga, mas esse menino não tem ninguém, e só os padres cuidam das crianças seriamente." Além disso, ele podia, assim, participar dos acampamentos de férias.

Ela tentara permanecer em contato com o pai da criança; mas era absolutamente impossível encontrá-lo. Ora – só mais tarde ficamos sabendo disso –, o pai queria voltar a encontrar o filho desde que este tinha dois anos.

No momento em que atendi esse menino que estava definhando fisiologicamente e adormecendo intelectualmente, o trabalho com ele foi entender sua angústia com a morte da bisavó, pois ela era seu único recurso. Eu disse a essa senhora: "Você vai comprar-lhe uma agenda de endereços. Você vai levá-lo ao tabelião." Explicamos-lhe o que era um tabelião – ele era perfeitamente capaz de entender tudo isso. "O tabelião lhe explicará o que é herança. A senhora, por seu lado, irá me dar os últimos endereços que teve do pai dele, o endereço de sua mãe na casa do homem com quem ela vive." O menino não tinha nem sentimentos negativos nem sentimentos positivos com relação à mãe; gostava dela, mas não sentia sua falta. Tentei várias vezes ver a mãe. Era impossível. Ela não entendia de modo algum por que deveria me ver e apenas dizia à avó: "Mas você cuida muito bem dele!"

Finalmente, a bisavó foi ver o padre que cuidava dos passeios, para expor-lhe a situação. Eles falaram com o menino, explicaram-lhe que, caso acontecesse alguma desgraça com a bisavó, bastaria ele procurar o padre, que cuidaria dele e encontraria uma família na paróquia que pudesse acolhê-lo. Por outro lado, já que ele tinha amiguinhos, não tinha com o que se preocupar.

Durante as sessões, conversamos sobre a possibilidade da morte real da bisavó. Imediatamente, o menino recuperou suas notas na escola. E a bisavó ainda viveu quatro anos. Ele passou para a sexta série, era brilhante. Nessa época, o pai escreveu à bisavó: "Não dei nenhum sinal de vida à senhora porque não foram poucas as dificuldades que tive para conseguir restabelecer minha situação financeira, depois de meu divórcio com sua neta. Casei-me novamente, moro em L., exerço tal profissão. [Tinha se tornado executivo, logo, havia vencido na vida.] Agora, a senhora já deve estar bem idosa. Acaso sua neta se casou de novo? Se a senhora quiser que eu cuide de meu filho, estou inteiramente disposto a ir pegá-lo, ou a deixá-lo com a senhora, ocupando-me dele materialmente. Não posso dar-lhe muito, mas o farei de muito boa vontade." Enviou-lhe até foto sua e da família.

A bisavó voltou a me ver com essa foto, perguntando-me: "Que devo fazer?", sem ter ainda falado com o neto. Disse-lhe: "Ele mereceu encontrar o pai. Talvez tenha sido ele próprio que fez esse trabalho." Pois, nas poucas vezes que eu o vira, havíamos falado de seu pai, que era um homem de valor, segundo o que me dissera a avó; mas esse homem caíra em uma situação impossível para ele; vira-se acuado no plano social.

E foi assim que a história terminou: o menino escreveu ao pai e foi passar as férias na casa dele. Voltei a vê-lo algum tempo depois disso. O pai queria que ele continuasse os estudos secundários. Quando a bisavó morreu, ficou decidido que ele iria morar com o pai.

Acho que, nessa história, o ponto crucial, para a criança, foi a questão da responsabilidade por si mesma na lei. "O que fazer, se eu ficar sozinho no mundo?" Pois ele estava, realmente, a ponto de ficar.

O que podemos reter como ensinamento a partir desse caso – e isso já é bastante importante – é que, quando temos uma criança em fase de latência – mesmo que ela já não o seja por sua idade real –, é necessário, antes de empreender uma psicoterapia que vai colocar na mesa unicamente fantasias, permitir-lhe estar segura em sua realidade. Pois a realidade é a possibilidade de viver sem os outros se acontecer uma desgraça que faça com que estejamos sozinhos no mundo. A realidade para um ser humano é isto: sua autorresponsabilidade. Como não ser o objeto dos outros? De quem depender em uma tutela, para poder continuar a dirigir a própria vida? Para isso, é preciso que esse ser humano esteja nas condições em que as potencialidades de vida que estão nele possam se desenvolver. Penso que isso não deve ser esquecido diante de uma demanda de tratamento para uma criança de sete, oito anos. Não se trata apenas de ver as fantasias da criança e de pensar naquilo que pode mudar, é preciso perguntar-se: "O que está acontecendo no plano da realidade? O que acontecerá com a realidade se amanhã se produzir tal evento para ela? Quem é o responsável por essa criança?" Ela tem que poder sabê-lo: que isso lhe seja dito, e na nossa presença. Algumas vezes, isso basta para restituir-lhe completamente o direito a sublimar suas pulsões.

Naturalmente, se estamos em cima de um vulcão, não podemos recorrer a sublimações. Não podemos nos pôr tranquilamente a fazer nosso trabalho quando sabemos que tudo está prestes a explodir. Todavia, o que não é dito pela criança ela manifesta por seu estado. Na fase de latência, ela está em uma história de final da infância e ainda não vê como começar a dar os primeiros passos em outra vida.

4

Regressão

"Estou apaixonado por sua mãe" - Paródia incestuosa - Balanço e ritmo fetal - Irmão homossexual de seu irmão - Criança deficiente física: o Outro que supostamente não sabe.

F. D.: Agora, uma história que me foi narrada, um pedacinho de antologia psicanalítica bem interessante de discutir do ponto de vista teórico.

Trata-se de um menino de cinco anos que tem um primo de dez anos. O primo mais velho foi convidado à casa do mais novo. Uma noite – eles dormiam no mesmo quarto – o menor foi tomado por um pesadelo de modo tão dramático que se poderia pensar que sofria, na realidade, de um distúrbio neurológico. Não conseguiam tirá-lo de seu pesadelo. Todos se perguntavam o que tinha acontecido entre os dois primos. O menor, que ainda não falava direito, não conseguia dizer o que tinha acontecido. Teve esse pesadelo medonho, foi para a cama dos pais. O pai o acalmou, e ele, finalmente, adormeceu.

Foi quinze dias mais tarde que ele deu a chave do que acontecera à mãe, que lhe perguntava: "Você tinha feito alguma coisa? – Não. – Ele [o primo] disse alguma coisa? – Disse." O menino de dez anos disse ao menor, que estava na idade edipiana: "Estou apaixonado por sua mãe." Fora isso que provocara esse pesadelo no menino menor. Por quê? Porque um menino de dez anos é para um de cinco anos um eu ideal; e um menino de cinco anos já tem a noção da castração edipiana, ele sabe que a mãe lhe é, particularmente, proibida. Assim, quando aquele menino maior, que era seu modelo, lhe disse: "Estou apaixonado por sua mãe", isso despertou-lhe as fantasias: "Quero ser como ele. Logo, estou apaixonado pela mesma pessoa que ele, logo estou apaixonado por minha mamãe", o que produziu, em um curto-circuito interior, aquele pesadelo terrível.

Mas o interessante, por outro lado, é perceber que o pai teve realmente uma disposição paternal, pegando, então, o filho e ficando com ele; porque esse só se acalmou indo deitar-se contra o pai que realmente o consolou. E, se o menino precisou de quinze dias para poder falar disso, foi por ser necessário que houvesse, para ele, como que uma separação em relação àquilo que o outro lhe dissera, assim como em relação às fantasias que ele próprio então vivenciara.

Nessa história, o pai assumiu, pois, um lugar ao mesmo tempo paternante e maternante com relação ao menino, como quando ele era pequeno. Recolocando-o entre a mãe e ele (os dois pais), e aconchegando-o perto dele, o pai permitiu-lhe voltar a identificar-se com ele, seu pai, que detinha a castração dada ao filho.

Quanto ao menino de dez anos, para ele, dizer ao priminho que estava apaixonado pela mãe dele – ou seja, por uma pessoa com relação à qual estava em uma relação heterossexual e que não lhe era tão proibida quanto sua própria mãe – era realmente sair de uma situação que coloca uma criança dessa idade em dificuldade emocional inconsciente.

Mas vocês veem qual foi o impacto traumatizante dessa declaração sobre uma criança como esse menino. Por quê? Porque esse eu ideal – o mais velho – devolvia-lhe, em palavras, a fantasia que ele próprio, o menor, já havia recalcado. Eis que um eu ideal na realidade, muito bom em todos os jogos, iniciando-o em muitas coisas da realidade do corpo e da adaptação à realidade, volta a lhe dar uma fantasia em palavras. Um menino que gosta de um maior quer fazer como ele. Essa fantasia era, portanto, quase um "fazer". O fato de um agir incestuoso lhe ser assim lembrado deflagrava um trauma; pois era um comportamento que ele provavelmente tinha aos três anos, mas que já não podia ter aos cinco anos. Foi isso que fez com que ele tivesse uma regressão.

Vemos, aqui, como pode agir a inter-relação entre duas crianças. É certo que, para o mais velho, era muito bom poder estar apaixonado por uma mamãe que não fosse a sua, desejo que mantinha a resolução de seu próprio Édipo.

Quando eu era jovem, vi um menino traumatizado por uma paródia de casamento com a mãe. Do dia para a noite, tornou-se uma criança insuportável, por assim dizer; e recusou-se definitivamente a figurar nas fotos de grupo; não queria se mostrar. Eu, porém, percebi perfeitamente o que ele tinha. Eu era mais velha; tinha, naquela época, uns doze anos.

O menino tinha cinco anos, e a mãe encenara um casamento com ele. Era o aniversário desse menininho, e, para festejar, nós todos, seus amigos, devíamos representar o papel dos casais do cortejo. Muitos se fantasiaram. A mãe colocou um véu branco. A cena acontecia no jardim. A partir desse dia, esse menino que, até então, era como todos os outros, tornou-se insuportável com todo o mundo; ninguém mais sabia o que fazer com ele.

Evidentemente, o fato de uma mãe poder encenar uma fantasia desse gênero com o filho mostra que ela já devia ser patogênica. Todos haviam ficado marcados por aquele casamento forçado entre a mãe e o filho, apesar de ter sido de brincadeira.

Mas não! Um adulto pode brincar de tudo com uma criança, mas certamente não – e principalmente quando se trata do pai ou da mãe – de casamento. O menino poderia ter brincado de se casar com uma de suas amiguinhas convidadas naquele dia; por que não?

Quando me tornei psicanalista, entendi por que aquele menino tinha sido brutalmente perturbado. Evidentemente, tratava-se de uma brincadeira, mas com um caráter social, já que todos os amiguinhos participavam dela; havia um almoço, um pajem, enfim, todo o psicodrama. Ora, um psicodrama não pode ser feito com um menino que vai tomar seu papel por uma realidade.

Lembro-me, quando passaram, há alguns anos, aquele filme – que não fui ver – de um incesto entre um filho e sua mãe... Como se chamava mesmo?

P.: *O sopro no coração.*

F. D.: Isso. Lembro-me que todo o mundo falava disso durante os jantares; muitos diziam: "Mas não entendemos muito bem, na verdade, por que o incesto é proibido." O filme dava muito o que falar, mas o incesto não parecia chocante. Então, eu lhes dizia: "Mas vocês acham que essa cena poderia ter sido representada se os atores fossem mãe e filho na realidade?" Todas as pessoas respondiam: "Bem, claro que não! – Bom, e então?" (*Risos.*) Nesse momento, elas entendiam que era uma fantasia; mas muitos queriam acreditar na possibilidade de essa fantasia se realizar. Por que não se reformulava a lei, perguntavam, já que no filme funcionava tão bem?

Esse filme dava uma dimensão nova à percepção dessa fantasia no social – já que todos viam o mesmo filme juntos. Ora, essa fantasia incestuosa, todos a haviam tido. Já que essa fantasia se realiza em um filme e tudo acaba bem, por que, efetivamente, perguntavam-se todos, tudo não acabaria igualmente bem na realidade?

Os adultos têm dificuldade em diferenciar, no cinema, a fantasia da realidade. Aliás, eu mesma sou assim: choro como um bezerro desmamado no cinema quando o filme é triste. (*Risos.*) É meu lado extremo. O cinema nos coloca em uma situação que incita as fantasias; sempre a respeito de nós mesmos. Mas, por outro lado, há sempre, contudo, a realidade da emoção, quando choramos. O difícil, para um diretor, é provocar uma emoção, produzir efeitos de aflição ou de riso. E, contudo, trata-se sempre, no cinema, pura e simplesmente de fantasias; mas que se encontram realizadas de tal modo que alimentam uma espécie de confusão para o telespectador. Naquele momento, sofremos muito, junto com aquelas pobres pessoas que desfilam na tela, como feixes de luz. Esses feixes de luz atingem apenas as pulsões escópicas e, contudo, tocam profundamente.

Acho que as crianças estão muito mais bem armadas que nós contra a confusão entre fantasia e possível, justamente pelo fato de terem tido a ocasião de ter muitos pesadelos depois de ter visto filmes. Dizem que é preciso proibir as crianças de ver certos filmes que podem causar-lhes pesadelos. Pergunto-me por quê. O pesadelo é bom sinal, sinal de defesa.

*

P.: Que uma criança de seis meses não pare de se balançar não é sinal de um distúrbio já grave?

F. D.: É um sinal de desemparo. São crianças carentes. Todas as crianças carentes fazem isso. Aos seis meses, é normal que façam isso. Isso não quer dizer que serão assim a vida inteira.

Atendo atualmente em psicoterapia uma menina de seis anos – é uma criança abandonada – que, aos quatro anos e meio, ainda passava horas se balançando no abrigo em que a acolheram. Agora, ela já não faz absolutamente isso. É uma menina encantadora, inteligente, mas a última mãe substituta com quem ficou preferia seu irmão. A menina sentiu-se, então, completamente abandonada. Pelo fato de ter sido completamente rejeitada por essa mãe substituta, permaneceu nesse balanço desde sua chegada na casa dela. Não foi encaminhada para psicoterapia naquele momento. Veio apenas agora, graças aos educadores e educadoras do abrigo que cuidaram dela e que se arranjaram para que ela nunca ficasse sozinha, mesmo quando se balançava. Falavam com ela; e pouco a pouco voltou ao estado de uma criança de seis anos, estado que nunca atingira de fato na casa da mãe substituta. É, pois, agora que a encaminham para mim, porque no abrigo de passagem ninguém consegue imaginar como colocá-la em outro lugar, sem que ela regrida; pois se trata de uma criança que fez uma regressão na casa de uma primeira mãe substituta, uma regressão na casa de uma segunda mãe substituta. Aos três anos e meio, aproximadamente, colocaram-na na casa de uma terceira mãe substituta. A cada mudança, ela regredira de modo intenso, mas sem ter sido rejeitada pelas duas primeiras. Passara, pois, de uma mãe substituta a outra, e as coisas tinham se resolvido, sempre graças à mãe substituta. E, depois, na casa da terceira, ela desestruturou-se. Não sabendo o que fazer, colocaram-na em um abrigo, antes de colocá-la, talvez, em um hospital psiquiátrico.

O abrigo tirou-a desse balanço permanente. Ela começou a falar. Levaram-na, pois, muito recentemente a um centro psicopedagógico, pensando em uma psicoterapia, para permitir-lhe desgrudar, se possível, das pessoas que cuidam dela. Pois desde que abandonou aquele balanço não consegue desgrudar de alguém do abrigo, qualquer que seja essa pessoa. Precisa estar colada a alguma delas, segurando-a pela saia, agarrando-se a ela, ao passo que é capaz de pôr a mesa, de lavar a louça; precisa estar o tempo todo com alguém.

Não conseguem ver nem sequer como poderiam colocá-la na escola, exterior ao abrigo, que fica no vilarejo. Não é possível, tampouco, colocá-la na casa de outra mãe substituta, porque sentem que, se ela já não tiver ninguém desse espaço, do abrigo, ela é tão frágil que voltaria a se desestruturar. Ela está na placenta. Deixou de se balançar, mas ainda precisa de uma pessoa placentária – placentária de palavras, por assim dizer, e não apenas placentária no plano regressivo. Ela possui uma dicção perfeita, fala perfeitamente bem. É bem espantoso. Está, além disso, extremamente desejosa de fazer uma psicoterapia.

Esse balanço, acho que é o ritmo fetal pendular. É acompanhado, algumas vezes, pela emissão de sons ritmados: "hun-hun/hun-hun/hun-hun", em dois tempos. Creio que se trata da simbolização mínima do ritmo pendular *in utero*; mas é, contudo, uma simbolização, já que há a emissão de uma sonoridade, que provavelmente não existe *in utero*, e o movimento da bacia, que não existe *in utero*. O ritmo do coração fetal e o da criança, mais rápido, estão o tempo todo em ação conjunta. Essa menina faz aquele barulho ritmado ("hun-hun") para reencontrar a vida fetal, acompanhando alguém. *In utero*, ainda não sabíamos que estávamos sozinhos. A companhia mais regressiva deve ser este barulho: "hun-hun/hun-hun", que a circulação sanguínea da mãe faz ouvir. Não sei.

Isso parece grave, mas é possível que não seja. Quando vemos um comportamento como esse, dizemos a nós mesmos: "É uma criança muito atrasada." Talvez; mas, também, talvez seja uma criança muito inteligente, em uma horrível solidão, em estado de derrelição narcísica, pronta a recuperar rapidamente um nível de esquema corporal correspondente à sua idade, mesmo que a imagem do corpo ainda não possa ser separada de alguém.

*

Atendi, no hospital Trousseau, um menino que não podia dormir sem fazer, balançando a cabeça para a direita e para a esquerda no travesseiro, "gnan, gnan, gnan, gnan". Como pertencia a uma família numerosa em que dormiam duas crianças por quarto, não colocavam sempre a mesma criança com ele, pois os outros irmãos e irmãs já estavam cheios de ouvi-lo assim à noite. Assim que o sacudiam e que estava um pouco acordado, ele parava. Assim que voltava a adormecer, recomeçava.

Eu já tratara, antes, de seu irmão mais velho, que tinha, na época, nove anos, quando ele próprio acabara de nascer. O irmão mais velho teve que sair de casa; foi então que o mais novo começou a gemer daquele jeito. O mais velho era muito cuidadoso com o irmãzinho, e, à noite, era ele que o ninava. Isso aconteceu durante a guerra. Ora, foi preciso afastar esse irmão maior, porque ele estava muito cansado, porque não havia comida suficiente. Uma família amiga acolheu-o no interior: ali, havia manteiga, pão.

Posteriormente, os pais vieram me ver, porque já me conheciam. Dessa vez, era para o mais novo, e por razões completamente diferentes.

Esse menino, que tinha então quatorze anos, não tivera problemas do ponto de vista escolar; agora, porém, já não conseguia fazer nada: era tímido, já não queria ir à escola porque tinha um professor homossexual, conhecido como tal. Esse homem, aliás excelente professor, era paraplégico e se maquiava. O diretor da escola me escreveu, dizendo que era certamente necessário ajudar esse menino, esclarecendo que todos os alunos que tinham esse professor encontravam dificuldades no início do ano. O diretor lhes explicava: "Trata-se de um deficiente. Ele precisa compensar de algum modo." Era, de fato, um homem que deixava o pó de arroz em cima da mesa e que o passava durante o curso. Tinha um ou dois queridinhos na sua classe. O diretor acrescentava: "Ele não faz absolutamente nada com seus queridinhos, a não ser dar-lhes boas notas que eles não merecem. Mas é um excelente professor. Todas as escolas o rejeitam. Ninguém o quer. Mas eu o conhecia quando era jovem; já era um pedagogo muito bom. Teve um acidente nas duas pernas; hoje, tem próteses nas duas pernas." Desde o acidente, provavelmente, as disposições homossexuais desse professor tinham aflorado ainda mais; mas acaso temos o direito de rejeitar um professor por ele ser marginal?

Atendi esse adolescente. Falamos abertamente dessa história do professor homossexual que se maquiava e passava batom. Ele era um dos queridinhos? Não, não era, mas os queridinhos tiravam boas notas e não era justo etc.

Na verdade, o que havia por trás desse problema era sua própria história com o irmão: quando ele era pequeno, o irmão o beijava quando voltava para casa – pois ele voltava para casa, de tempos em tempos, do interior; assim, quando ele era bebê, tinha sido o queridinho do irmão nove anos mais velho que ele.

Mais tarde, fizera um luto patológico no momento do casamento desse irmão mais velho, pouco tempo antes de acontecer essa história na escola – um ano ou dois anos antes. Eram suas tendências – não podemos nem sequer dizer "tendências homossexuais aflorando", não é isso –, era a extirpação, que sofrera, de um eu auxiliar, substituto da mãe. Pois a mãe, que tinha outros filhos, me dissera: "Era muito agradável para mim que esse irmão mais velho fosse atencioso com o menor. Era cômodo para mim." Pois bem, a criança permanecera fixada, desde a idade de seis meses, nesse irmão maior; foi a partir disso que se armou o problema para ele.

Analisamos o conflito no qual ele se encontrava diante desse professor homossexual, seu despeito amoroso quando o irmão se casou – pois ele não era nem um pouco apaixonado pela cunhada, ele a detestava. Tentara até persuadir o irmão de que vira a moça com outro homem e de que ela certamente tinha outros namorados além dele. Isso provocou uma briga entre o irmão e a namorada e esfriou sua relação com o irmão. E, depois, esse irmão mais velho casara-se com a moça. Perguntei ao menino: "Mas era verdade? – Não, não era verdade; era para ele não se casar com ela." Sentia-se culpado.

Era, sem saber, homossexual com relação ao irmão. Quando isso foi descoberto, desapareceu o que existia, nele, desde os seis meses: aquele sono com "gnan, gnan, gnan, gnan", através dos quais ele exprimia: "não, não, não, não" à partida daquele irmão de nove anos. Dessa maneira, ele dizia "não, não, não, não" ao abandono daquele eu auxiliar que, desde sua primeira infância, superpusera-se à mãe. O irmão mais velho substituiu a mãe para ele, depois desapareceu. Como o irmão já não estava lá para niná-lo à noite, ele se "autoninou" naquele momento; mas a partida do irmão deixou-lhe uma fragilidade homossexual. Felizmente, aliás, aconteceu o episódio do professor, cujo comportamento tinha algo de tão gritante que o menino já não conseguia continuar na sua aula.

O tratamento não foi muito longo; tratava-se de fato, até o fundo, de uma fixação homossexual em seu irmão mais velho, com uma ausência de investimento heterossexual de outras pessoas de seu entorno. No plano escolar, ele só tinha investimento de uma única disciplina: gostava de matemática; ora, esse professor ensinava matemática. Então, a matemática estava-lhe proibida desde que havia esse professor: ele já não entendia nada de matemática. O professor estava consternado. Era um homossexual manifesto, já que escolhia queridinhos; mas seu amante não era um deles. Era um homossexual que tinha uma vida conjugal com um homem viril. Ele, por seu lado, era o feminino. Passava pó de arroz e batom nos lábios; não conseguia deixar de fazê-lo, ao que parece. (*Risos.*) Tinha, além disso, uma peruca loira oxigenada. O quadro devia ser, efetivamente, bastante curioso. (*Risos.*) Os alunos se divertiam, dizendo: "É mesmo engraçado que ele seja tão bom professor." Isso não os incomodava, uma vez que puderam falar com o diretor. E os pais também estavam a par; todos sabiam que esse professor "era esquisito", mas excelente professor.

*

P.: Como um professor deve se comportar em uma classe com um aluno que tem uma deficiência?

F. D.: Podemos muito bem educar, na escola, uma criança que tem apenas um olho. Ninguém fala disso perto dela, mas os pais, evidentemente, colocaram-nos a par. Evidentemente, não se deve nunca lhe dizer que ela só tem um olho e que, assim, não pode enxergar tudo o que há de tal lado, por exemplo. Dizemos-lhe simplesmente: "Vire um pouco mais a cabeça, você verá melhor." Não vamos lhe dizer: "Você tem apenas um olho, não consegue enxergar desse lado."

P.: Mas ela própria sabe algo da própria deficiência.

F. D.: Sabe alguma coisa, mas, muitas vezes, por exemplo, não lhe contaram o que aconteceu com ela.

Você me faz lembrar, por associação de ideias, da história de uma menininha que nasceu com um braço só; no lugar do outro braço, havia dois pequenos dedos, colados no coto do ombro. Isso aconteceu no hospital Trousseau. Ela só começara a frequentar a escola no primário, porque a mãe não queria que vissem a deficiência da filha. No maternal, ajudam as crianças a tirar a roupa etc. Ora, na escola primária, ela era realmente insuportável. Sempre ganhava zero de comportamento. Mas, principalmente, tornara-se ainda mais insuportável em casa. Ora, ao mesmo tempo que se tornava uma criança detestável, aprendia perfeitamente na escola. Sempre tirava dez nos trabalhos. Aconselharam então a mãe a levá-la ao hospital Trousseau, por problemas de temperamento.

Atendi a menina sozinha, falei com ela; e percebi que tinha uma manga vazia. Então, perguntei-lhe: "O que aconteceu com o seu braço esquerdo? – Psiu! Não podemos falar disso. A mamãe não sabe", ela me respondeu, cochichando. (*Risos.*) Eu disse: "Ah, é? A mamãe não sabe? Mas o que é? – Ah! Mas é muito, muito chato! Tenho que ficar mostrando meus dedinhos para todas as meninas." Naquela época – era durante a guerra –, as classes das meninas e

dos meninos ainda eram separadas. Disse-lhe então: "Bom, está certo, eu sou uma menina, mas não vou pedir isso [porque ela estava me perguntando se eu também queria vê-los]. Desenhe seus dedinhos." Então, ela desenhou sua deficiência. Desenhou um corpo com os dois dedinhos no ombro. Eu disse:
– Mas é muito complicado, se sua mamãe não sabe.
– Ah! É isso mesmo; é por isso que sou malvada.
– Você acha?
– Ah, sim, acho.
– Mas o que você faz para ser malvada?
– Bom, eu conto para todo o mundo; e, para a mamãe, eu digo: "mentirosa, mentirosa, mentirosa".

Ela não parava de chamar a mãe de "mentirosa". Evidentemente, a mãe não era mentirosa, apenas não lhe dissera nada a respeito de sua deficiência; não lhe dissera a verdade.

"Mas você quer, então, que eu ajude você a dizer à sua mãe que é isso que irrita você, porque suas amiguinhas tiram sua roupa o tempo inteiro e você é sempre repreendida pela professora? – As coleguinhas, é mais cômodo para me vestir de novo. Eu, sozinha, não consigo me vestir. E há outras que vêm mexer com meus dedinhos." Enfim, a pobre menina era uma atração de circo na escola, e sem saber se defender.

O pai fora mobilizado, era prisioneiro. Ela não se lembrava muito bem dele. Partira havia três anos. "E ele, ele falou de seus dedinhos com você? Seu pai sabia?" Ela refletiu, com uma expressão pensativa: "Acho que ele sabia, mas não contou para a mamãe." (*Risos*.)

De fato, para ela, a mãe não sabia. É estranho, não é? Pois isso significa que o efeito do não dito da mãe sobre ela era tal, que antes que fosse à escola tudo isso era, para ela, muito nebuloso. Foi na escola que a menina teve um saber a respeito de sua deficiência.

Chamei a mãe. Em um dossiê, feito por uma psicóloga, não havia nada; nada que dissesse respeito à deficiência da criança e suas consequências em seus estudos. Haviam feito os testes de Binet-Simon, mas ninguém havia falado de nada. Disse à mãe: "Você por acaso sabe o que acontece na escola?" Ela respondeu: "Não, exceto que ela é insuportável; não entra na sala de aula na hora. Entretanto, eu a levo à escola." Claro! A menina era pega pelas outras que a levavam para o banheiro, para que mostrasse o braço – enfim, seu coto. (*Risos*.) Disse à mãe, na frente da criança: "Mas ela não contou a você o que acontece com as coleguinhas? – Não! Você não me disse nada. Então, você é mentirosa." (*Risos*.) Exatamente a mesma palavra que a menina lançava à mãe, e que agora a mãe lhe devolvia. Disse à criança: "Você quer contar à sua mãe? – Não, conte você. – Senhora, a sua filha acha que a senhora não sabe que ela só tem um braço." Então, a mulher me fez sinal para eu me calar. Era algo sobre o que não se devia falar. Eu disse: "Minha senhora, o que está acontecendo? Por que a senhora não quer contar a essa criança o que aconteceu? Pois o que acontece na escola é que todo o mundo quer ver seu braço atrofiado e os dedinhos que ela tem nos ombros." De repente, a mãe caiu em prantos: "Ah! Se eu soubesse, eu jamais a teria posto na escola e ela nunca teria vindo aqui." Ela soluçava. E a filha consolava a mãe: "Mas, mamãe, não é grave. Sabe, eu não tenho a menor necessidade de um outro braço." (*Risos.*) O que era verdade, enfim, não totalmente; ela bem que precisaria dele, pelo menos para se vestir sozinha.

É isso o que posso dizer a vocês.

5

Gagueira. Dislexia

> *O filho gago e o pai humilhado – Meninos que se deixam deslizar de pé para salvar o falismo paterno – Um caso de dislexia: trocar de lugar com o irmão "não tão perfeito".*

F. D.: Vi uma única vez alguém que, após o tratamento do filho, me disse, vindo me ver por si mesmo: "Não vou pagá-la." Foi a única vez.

O rapaz tinha dezessete anos; estava no último ano do ensino médio e era gago. Tornara-se gago aos dois anos. Pude determinar a época graças ao que lhe contou a mãe, a quem ele questionou a fim de saber como se tornara gago: "Bom, você dirá à sua médica que ficou gago em um salão de chá. Eu estava com a sua tia. [Ela tomava chá com a irmã, o menininho de dois anos estava sentado entre elas.] E, em dado momento, você desapareceu debaixo da mesa. Então, não sei o que aconteceu com você. Eu peguei você de volta, quis sentá-lo. Então, dei uma bronca, disse: 'Sente-se!'; e forcei você a se sentar. A partir de então, você começou a gaguejar. Devo ter provocado um pequeno traumatismo em seu cóccix." (*Risos*.)

Ele me contou essa história gaguejando. Foi a partir daquele momento que ficou gago.

Ele pôde reconstruir o evento perguntando, por outro lado, à tia: "Mas sobre o que você acha que vocês estavam conversando?" Ela respondeu: "Bom, sua mãe sempre se queixava de seu pai. Íamos tomar chá uma vez por semana. Ela sempre se queixava de seu pai." A tia contou-lhe isso delicadamente, rindo.

Ora, o pai do rapaz não acreditava no valor da psicoterapia para a gagueira. Efetivamente, esse homem tivera vocação de soldado – queria entrar para a infantaria – mas, quando precisava comandar, dar ordens aos brados, como se requer nos cursos de caserna, gaguejava. Disseram-lhe: "Não é possível que você sirva na infantaria." Então, ele mudou de orientação e entrou na intendência. Mas não gaguejava habitualmente. Em todo caso, não era o que podemos chamar de gago. Gaguejava apenas no momento de dar ordens. E, depois, sua voz não era muito possante.

O filho, por seu lado, uma vez curado da gagueira, disse-me: "Escute, agora não quero mais nada. Não quero mais continuar o tratamento. Vou passar por um drama terrível." O rapaz estava no último ano do ensino médio – que tinha, na época, outro nome. Ora, o pai sempre queria verificar todas as suas lições de casa: rasgava as lições de filosofia, por exemplo, dizendo-lhe que o que fizera era idiota. E ditava-lhe a lição de casa. (*Risos*.)

Nas provas, o filho sempre tirava 6 ou 7 e, em todas as lições feitas em casa, tirava 3 ou 4 (*risos*) – eram as lições do pai. Então, ele voltava dizendo: "Pa... pai..., você... você... tirou 3." Gaguejando. E, quando ele tinha uma prova: "O que você fez?", perguntava o pai. Então, ele tinha que mostrar o rascunho para o pai. "Você é um imbecil. O que você escreveu é idiota." E, contudo, ele tirava 6 ou 7 nas provas.

Ora, quando esse rapaz, que era filho único, respondia ao pai – pois eles brigavam –, este último tirava o cinto e batia nele, sob o pretexto de que lhe dissera uma coisa qualquer. Batia nele assim ainda aos dezessete anos. O filho deixava, refugiando-se em um pequeno jardim; mas deixava. Disse-lhe: "Sabe, seu pai machuca a si mesmo quando você aceita que ele lhe bata." Ele me respondeu: "Mas é meu pai!" Eu disse: "É seu pai, mas não é uma razão para tratar o filho como um cachorro."

Então, falamos do que significa honrar o pai: significa tornar-se alguém honrado. E alguém honrado não deixa o pai bater nele. Disse-lhe: "Parece-me – sem conhecer seu pai – que você deve ser tão forte quanto ele. – Sim, sim. – Então, sem bater nele, você pode imobilizar-lhe as mãos e depois dizer-lhe: 'Não, você não deve bater em seu filho. É vergonhoso para você e para mim.'" Algum tempo depois, ele me disse: "Não consigo, não consigo. – Pois bem, só vou atendê-lo de novo quando conseguir. Não vale a pena continuar sua análise, pois você desonra seu pai deixando-se bater. Se você não está decidido a mudar conscientemente de situação, nem toda a psicanálise do mundo servirá para alguma coisa."

Então, tivemos uma supressão de sessões durante três semanas – ele costumava fazer duas sessões por semana, no divã, após algum tempo de psicoterapia. Nesse momento, ainda gaguejava em casa, mas não mais no colégio.

Finalmente, um dia, ele me telefonou, gaguejando como um louco. "Eu... eu... eu estou... estou... telefonando para... para a senhora. Eu... eu... posso... ter uma sessão?" Perguntei-lhe: "O contrato? – Cumprido. Preciso contar para a senhora." E naquele momento me disse, de uma só vez: "Foi horrível o que aconteceu. – Bom, venha." Ele veio à sessão e começou a desfazer-se em lágrimas, dizendo: "Foi horrível o que aconteceu. – Conte-me. – Bom, fiz como a senhora disse, e meu pai se ajoelhou diante de mim, e beijou meus pés, soluçando. É horrível ver o próprio pai a seus pés. Meu pai como um cachorro a meus pés. Eu não sabia como erguê-lo. Era uma cena horrível." Então, eu lhe disse: "E agora? – Bom, agora, sou eu quem o ajuda e digo-lhe: 'Mas, papai, acabou. Eu amo você. Você sabe que eu amo você.' E meu pai está muito deprimido desde essa história." Isso aconteceu de manhã.

Voltou a me ver dois ou três dias depois de ter dito ao pai: "Olhe, o senhor está vendo, estou curado." Então, propus que ele voltasse com o pai: "Diga a seu pai que eu teria prazer em recebê-lo." Ele transmitiu meu recado. E o pai fez com que o filho telefonasse dizendo que viria tal dia. Veio – era um grande obsessivo –, sentou-se e me disse: "Não é pouca coisa ter um filho que está crescendo. Agora acabou. Sou eu o pequeno. É ele o grande." Disse-lhe: "Mas por que você é o pequeno? – Porque ele é um homem. Ah, doutora, meu pai era uma nulidade."

E foi ele que me contou, naquele momento, suas dificuldades passadas, sua gagueira, depois a impossibilidade de atingir seu ideal – pertencer à infantaria, ou seja, comandar uma tropa. Formara-se em uma grande escolar militar. Disse-lhe: "Mas o senhor está contente que seu filho esteja curado? – Doutora, não sei. Sou um homem acabado. – A esse ponto?" E, para terminar, ele disse:
– Bom, e se eu não pagar a senhora?
– O que o senhor pensa a respeito?
– Bom, não sei. Não estou com vontade de pagá-la.
– Está bem.
– Bom, enfim, eu lhe trouxe uma garrafa de Banyuls. (*Risos*.)
Ele sacou a garrafa de Banyuls, e chorou, dizendo-me adeus.

Não tive mais notícias durante seis, sete anos. E depois, um dia, encontrei o rapaz na rua. Foi, aliás, bastante curioso. Na calçada, topamos um com o outro. "Ah! doutora, estou contente em vê-la! – Eu também." Nesse momento, ele desceu da calçada para a sarjeta, para falar comigo. De repente, eu estava mais alta do que ele. (*Risos*.) Perguntei-lhe: "Mas por que você se colocou assim na sarjeta?" Ele respondeu: "Ah, peço-lhe que me desculpe. (*Risos*.) Bom, então, estou muito contente de encontrá-la, porque queria dizer-lhe: tenho um amigo que tem realmente muitas dificuldades, e eu lhe dei seu endereço porque acho que..." Digo: "Tudo bem. Seu amigo, tudo bem, mas e você?" Nesse momento, ele faz menção de descer da calçada para falar comigo. Digo-lhe: "De novo?" (*Risos*.) Então, ele volta para a calçada, rindo, e me diz:

– Bom, atualmente estou preparando a *agrégation* de letras; é o que eu queria fazer. O terrível é que, se eu tivesse continuado gago, não poderia ter me tornado professor. Já fiz algumas substituições e tudo está correndo muito bem. Sou muito reconhecido à senhora.
– E seu pai?
– Oh! Ele vai muito bem. Agora, meu pai e minha mãe parecem um velho casal que sempre se entendeu muito bem.

Ora, ele nunca me dissera que os pais não se entendiam. Perguntei:
– Mas seus pais não se entendiam?
– Não. Era terrível.
– Mas você nunca me disse.
– Não; eu ficava com vergonha de falar disso.

Ele simplesmente aludira àquele fato mínimo que a tia lhe contara: "Bom, quando sua mãe e eu conversávamos, ela sempre se queixava de seu pai", com uma cara que queria dizer: "Você sabe bem como ela é."

É realmente interessante aproximar os diversos elementos dessa história: a recusa da criança em se sentar; a mãe acreditando ter-lhe provocado um traumatismo no cóccix e pensando que era isso que a tornara gaga. (*Risos*.) Ela encontrou uma razão, a pobre mulher. Ele tornara-se gago! Ela pensou que aquilo passaria, mas só se agravou cada vez mais. Era, na verdade, a relação com o pai que era determinante.

Evidentemente, o modo como reagi quando esse rapaz me contou que o pai batia nele pode parecer surpreendente, mas pensei que, se, de fato, o rapaz não tomasse em mãos a honra da família, como macho, ele jamais conseguiria sair daquela situação. Quando o encontrei na rua, sua vida na casa dos pais estava terminando. Ele ia fazer o serviço militar. Disse-me: "Sabe, sou filho único. Mas, enfim, agora tenho muita liberdade. Eu e meu pai nos tornamos grandes, grandes amigos, e tudo acabou." A verdade era que, antes, ele era de fato o capacho do pai. O pai não podia permitir que esse filho grande alcançasse um nível de igualdade como pessoa e sujeito com relação a ele.

E houvera, na criança, aquela primeira corrosão da imagem do corpo, aos dois anos: não ter bacia, não dobrar a bacia.

Vi duas vezes casos análogos em pessoas que conhecia. Lembro-me de um homem que me dissera: "Estou muito aborrecido, doutora; tenho um filho que, quando está em seu cadeirão de bebê, de vez em quando, de repente, escorrega para baixo da cadeira."

O segundo caso era de um menininho que, do mesmo modo, às vezes perdia o assento e escorregava da cadeira, caindo como um bobo. Ninguém sabia por quê.

Nesse último caso, não fiquei sabendo de todos os detalhes, porque o contexto não me permitia falar com os pais. No primeiro caso, em compensação, entendi o que estava acontecendo porque conhecia bem a situação: o menino caía da cadeira sempre que havia uma tensão entre os pais. Disse ao pai: "Acho que seu filho é ainda muito pequeno [ele ainda estava em um cadeirão de bebê] e não suporta que você fique levando broncas de sua mulher. Então, diga à sua mulher, já que vocês dois amam essa criança, que, quando ela tiver algo para lhe dizer, que isso não aconteça na frente do menino. Você tem um filho muito sensível ao seu valor." Ainda mais que, pelo fato de aquele homem ser extremamente ocupado – ele comia muito rapidamente –, a criança só via o pai à mesa, no momento em que havia discussões: era a hora em que a mãe reclamava. O menino respondia a isso perdendo a sensação de seu assento, naquele momento. A criança quer voltar à verticalidade; já não quer ficar sentada, dobrada. Não quer que o pai se dobre. Por isso ela se deixa escorregar.

P.: Isso faz pensar em uma ereção.

F. D.: De fato, ele se põe em ereção, justamente; para defender o pai, provavelmente. A verticalidade é um eixo da imagem do corpo no inconsciente. Evidentemente, se a criança não consegue se manter sentada, ela escorrega para baixo; é só isso. Acontece que, como ela está em uma cadeira, ela retorna ao nada, mas, de fato, o que ela quer é se colocar em pé. É somaticamente que quer se pôr em falismo, manifestar-se em uma imagem fálica para indicar à mãe: "Nós, homens, não queremos ficar levando bronca." Acho que é algo assim.

P.: Isso quer dizer que sempre se trata de meninos?

F. D.: Todas as vezes são meninos.

P.: No caso do rapaz gago, havia, por outro lado, um corpo a corpo com o pai.

F. D.: De fato, havia um corpo a corpo com o pai, pois era preciso que um dos dois fosse imbecil.

P.: E ele se colocou na sarjeta...

F. D.: ... quando me encontrou na rua. Conservara uma transferência comigo, de maneira que eu devia ser superior a ele. Conservara essa atitude, não é? Nós dois rimos: "Tenho, realmente, que ser o adulto e, você, o menininho." Isso foi uma interpretação da rua. (*Risos.*) Havia sete anos que eu não o via.

P.: O curioso, porém, é que ele tenha uma profissão...

F. D.: ... uma profissão em que, sem a palavra, não se pode fazer nada, efetivamente.
E é interessante, porque, entre minha clientela, tive, acho, ao todo, seis ou sete gagos; ora, todos esses gagos se valeram da palavra em suas profissões. Um tornou-se advogado; esse aí professor. Um outro tornou-se oficial. E os outros entraram para o comércio. Enfim, todos têm necessidade da voz em sua atividade. Parece mesmo que o que foi muito investido foi o fato de se ter triunfado sobre uma dificuldade.

*

P.: Tenho em terapia uma criança que, há duas ou três sessões, desenha, por exemplo, um navio e um outro navio e me diz: "Este é perfeito. Este outro não é perfeito. Qual você prefere?"
Não quis responder, porque não sabia se devia responder.

F. D.: Em primeiro lugar, porque você não tinha preferências. (*Risos.*)

P.: Não me vinha nada, e eu não via por que me forçar.

F. D.: Claro, mas você podia pelo menos dizer-lhe o seguinte: "Não fui eu que fiz o desenho. Então, não tenho preferências. Se fosse eu que tivesse feito o desenho, talvez eu tivesse uma preferência." Depois, perguntar-lhe: "Por acaso você já viu alguém preferir um lugar em que não está tão bem?" (*Risos.*) Dizendo-lhe isso, essa criança repete alguma coisa. Ela viu, pois, alguém que preferiria um lugar "não tão perfeito". Certamente teve uma experiência dessa ordem: deve existir para ela um lugar "não tão perfeito" em que seria, apesar de tudo, agradável ir. Você podia lhe dizer: "Tenho certeza de que você está falando de algo que aconteceu com você, senão você não teria feito esse desenho."

É, penso eu, porque na transferência ela quer acreditar que você é ela, ou que você é um conselheiro, provavelmente porque alguém quis ocupar, com relação a ela, um lugar de pseudopai ou de pseudoeu ideal.

É bastante raro, de fato, que uma criança faça uma pergunta como essa. Mas acontece com frequência de uma criança perguntar: "Do que você gosta em meu desenho?" É preciso responder imediatamente: "Tudo. Mas eu gostaria principalmente de saber o que você quer me dizer."

P.: Às vezes, também, ele muda de voz. E me faz a mesma pergunta: "Qual você prefere?"

F. D.: A voz é importante; a voz que muda, isso quer dizer alguma coisa. É preciso perguntar-lhe: "Quem mudou de voz?" É alguém que sua mãe ou você mesmo não reconheceu?" Essa criança certamente está falando de um menino que mudou de voz. É no momento da puberdade que um menino muda de voz. Ele está, nesse momento, tentando resolver o Édipo e, portanto, tentando se identificar com alguém que não seja o pai, talvez projetando-se em um rapaz que teria tentado fazê-lo fazer besteiras, talvez até com um irmão mais velho, um primo. A voz que mudou só pode ser a de um púbere. Seria surpreendente que ele representasse assim uma pessoa afônica.

Se nos referimos ao *L'ombilic et la voix* [*O umbigo e a voz*][1], de Denis Vasse, a voz é como o umbigo. Mudar de voz é querer mudar de mãe, deixar de ter vontade dessa mãe e caminhar em direção a outra mulher que seria equivalente. É o que acontece com os adolescentes: a mãe só serve para ser lançada aos cães, porque se descobriu uma namorada ou outra mulher.

Em todo caso, na transferência, você nunca deve dar sua opinião.

Esse menino tem um irmão mais velho?

P.: Não, um irmão menor, que é surdo.

F. D.: Surdo! Então, a mudança de voz em questão talvez seja a desse irmão menor, a quem se estaria ensinando a falar; pois essa criança surda deve dar gritos, emitir sons que fazem com que o mais velho já não consiga se identificar com esse irmão, como na época em que este último era pequeno. Sim! É muito interessante essa história de voz, já que ele tem um irmão surdo! Pois a voz dos surdos é muito surpreendente. Quando estão em uma atividade prazerosa ou difícil, quando estão alegres ou tristes, têm tanta voz como as crianças comuns. É a partir do momento em que querem se comunicar que não têm voz; então,

---

[1] Paris, Seuil, 1974. [*O umbigo e a voz*, trad. Luiz João Gaio, São Paulo, Loyola, 1977.]

ou eles gritam ou tentam emitir sons, mas só lançam sons guturais, que não ouvem. Mas, quando choram ou quando brincam, podemos ouvi-los. Minhas janelas dão para o Instituto de Surdos-Mudos. Pois bem, não consigo estabelecer nenhuma diferença entre eles e outras crianças quando brincam, quando levam bronca da professora e, depois, choram. Não existe nenhuma diferença. Quando se divertem, correm uns atrás dos outros, riem, gritam no recreio ou berram porque foram punidos, fazem exatamente o mesmo barulho que as crianças que ouvem.

Que idade tem esse irmão menor?

P.: Três, quatro anos.

F. D.: Um bebê surdo chora e grita exatamente do mesmo modo que outro bebê. Ao crescer, a criança já não grita do mesmo modo, exceto quando se encontra em um grande estado de prazer, por exemplo. Acho que foi a mãe que reconheceu a diferença, ao criar as duas crianças, foi ela que percebeu que o irmão menor não tinha a mesma voz do irmão mais velho. Daí, a questão deste último: "Pode-se preferir o barco que não é perfeito? Acaso ele é melhor?" Por acaso o barco que não era perfeito era menor que o outro barco, no desenho?

P.: Era.

F. D.: É isso! "Será que é bom eu me identificar com o meu irmão que é menos perfeito?" Sua pergunta gira em torno de algo dessa ordem, sem dúvida. Pensei que se tratava da mudança de voz. Mas, nesse caso particular, é a mudança de voz de uma criança surda. Para o mais velho, trata-se, então, principalmente de escolher o surdo que é menos perfeito que ele: seu irmão mais novo. Quando pequeno, deve ter sentido ciúme e, agora, já não pode, já que o irmão mais novo é supostamente menos perfeito; contudo, ele continua com ciúme vendo provavelmente o outro superprotegido.

Há uma história de lógica infantil em que acabo de pensar, aliás não sei por que, pois se trata de um caso completamente diferente. Mas talvez vocês descubram, analisando por que estou pensando nisso.

Tratava-se de uma criança que havia pouco se tornara disléxica: colocava constantemente a segunda letra no lugar da primeira. Essa criança fazia desenhos na terapia. Não é um de meus casos, mas o de outro analista, que me falara a respeito e que pôde dar a interpretação que mudou tudo para a criança. Não estava muito afetada, porque não havia muito tempo que era disléxica. Pois bem, essa criança tinha um irmão dois anos mais novo que tinha síndrome de Down e que, por essa razão, não era aceito na escola, apesar de ter sido acolhido no maternal, mais ou menos.

O mais velho queria ser o segundo. Por quê? Porque, se fosse o segundo, então o outro seria ele e iria à escola como ele.

Ele invertia os lugares, para tomar o lugar do segundo, a fim de que, na família, o mais novo fosse tão perfeito quanto o mais velho. Pois bem, era esse raciocínio que operava na dislexia. Do mesmo modo, comentando esses desenhos, ele dizia o tempo todo: "Aquele carro ali deveria estar aqui." Os números que estavam em cima dos carros deviam ser permutados. E, por sobre os carros, havia um cisne que voava – é raro, nos desenhos de crianças, ver um cisne voando. Estávamos, os dois, o psicanalista do menino e eu, quebrando a cabeça: "Esse cisne deve ser o signo, para ele, daquilo que está acontecendo: o fato de não estar indo bem na escola e de estar colocando sempre a segunda letra no lugar da primeira." Foi o que seu psicanalista lhe comunicou naquele momento; e a criança disse: "Sim, porque, se eu fosse o segundo, então eu poderia ir à escola e meu irmão também, e eu seria meu irmão."

Essa criança deve ter sentido ciúme, quando pequena; agora, se sentia como aquela que era perfeita com relação ao pai, e sofria, pelos pais, por esse irmãozinho começar a ferir narcisicamente a família, já que não podia ser educado como todas as crianças; enquanto ele, quando era pequeno, não percebera que o irmão era diferente.

Foi então que lhe explicaram o que era ter síndrome de Down: não era uma questão de ser perfeito ou não. Explicaram-lhe que não podia tomar o lugar do irmão para ajudar os pais, que isso não mudaria nada, e que mesmo que isso acontecesse o irmão não tomaria o lugar dele. É engraçada uma lógica infantil como essa. Acontece que isso bastou como explicação, e a dislexia desapareceu na semana seguinte, quando já persistia havia três meses. No ano anterior, ele não era nem um pouco disléxico. Isso só surgiu no segundo ano de seus estudos, ou seja, o ano em que o irmão não foi admitido na escola. Antes, estavam juntos no maternal. E, depois, ele foi ferido narcisicamente no irmão.

É preciso analisar um desenho e entender o que ele quer dizer, tudo o que a criança diz. Aprendemos todos os dias sobre essa lógica das crianças, que nos surpreende muito, lógica que pode levá-las, como aqui, a se pôr em desaceleração do ponto de vista escolar, para consertar tudo. Era o cisne que consertava. A criança era um cisne e queria consertar tudo. Então, mostraram-lhe que não podia consertar; não tinha os meios para mudar essa situação dramática, e não era neurotizando-se daquela forma que poderia ajudar a família, já que era inexorável: o irmão não poderia fazer progressos, e, por mais que ele próprio quisesse se colocar em segundo lugar, o irmão não poderia tornar-se o primogênito.

Não sei o que acontece no caso do qual você está falando. Pensei nisso porque, para essa criança, talvez se coloque este mesmo problema: de não ser aquele que é perfeito, de ser ele próprio o irmãozinho surdo. Foi isso que me fez associá-lo com o menino disléxico. Ele gostaria de ser o "não perfeito" porque talvez, então, seu irmão se tornasse aquele que seria perfeito. Talvez seja isso.

As crianças, quando amam os pais, sempre gostariam de consertar os danos que eles sofrem. São seus primeiros psicoterapeutas; os primeiros a tentar consolá-los, renarcisá-los. E, por vezes, perdem muitas penas nesse processo.

6

Objeto transicional e fetiche

> *O fetiche confere um poder por magia, sem que o corpo real entre em jogo – O ursinho de pelúcia: o sujeito atingido em seu objeto transicional – Erótica anal e impossibilidade de não dar – Perversão de crianças após doenças graves; a menininha que caiu pela janela.*

P.: Você poderia nos falar do objeto transicional, mas não apenas para nos dizer se ele é bom ou ruim?

F. D.: Tudo o que é necessário é ao mesmo tempo bom e ruim. O objeto transicional é uma representação substancial de um laço emocional necessário ao sujeito para ele se centrar em sua imagem do corpo, mediação de seu desejo com relação a uma pessoa eleita. O objeto transicional é isso.

Talvez eu tenha formulado isso de maneira complicada. Alguém, aqui, poderia falar de outro modo?

P.: Poderíamos falar também da ausência de objeto; no sentido de o objeto ser como um indutor magnético, no início, de uma carga emocional.

F. D.: Sim. Mas, no limite, as palavras de uma língua são objetos transicionais sutis. A palavra não é um objeto substancial, materializado em volume, mas um objeto auditivo, e um objeto visual quando se acrescenta a representação escrita. É nisso, aliás, que consiste todo o drama da dislexia, já que a criança disléxica tem uma representação visual diferente da representação codificada dos fonemas que querem fazê-la escrever. Os sons já estão fatalmente escritos nela, tatilmente, visualmente, e isso em relação com o auditivo; podem igualmente ser interiorizados de modo visceral nela. Ora, de repente vão lhe dar uma representação escrita, ou seja, óptica, que não corresponde à representação que ela tinha feito espontaneamente.

P.: O objeto só é um objeto porque é visto através de um prisma; só se torna realmente objeto quando é desinvestido.

F. D.: Ou quando é investido de maneira elástica. Se for desinvestido, transforma-se no que chamamos de... merda.

P.: Não é um objeto transicional.

F. D.: É sim. A morte, o objeto morto, desinvestido, também existe.

P.: E a palavra?

F. D.: A palavra não é somente um objeto morto; é um objeto que só está pedindo para despertar. Os livros estão cheios de palavras que podem ser magicamente despertadas por um leitor que dá sentido a elas. O leitor não sabe, claro, se está dando às palavras o mesmo sentido que o autor lhes deu, mas, enfim, existe uma comunicação. A comunicação é sempre capenga, mas sempre existe uma comunicação através de um objeto transicional, através de um objeto.

O que chamamos de objeto transicional propriamente dito remete à ideia de uma comunicação narcísica. Acho que é essa a diferença entre objeto e objeto transicional: com este último, o narcisismo se reconstrói, mesmo na ausência de relação atual com alguém.

P.: Há também uma ideia de identificação na relação com o objeto transicional.

F. D.: Há certamente uma identificação de acordo com a imagem do corpo no objeto transicional.

P.: Como situar o fetiche com relação ao objeto transicional, desse ponto de vista?

F. D.: O fetiche é em si mesmo; perdeu a noção de relação com o outro.

P.: Seria o caso do alcoólatra? Ele fetichizaria a garrafa?

F. D.: Não, ele não fetichiza a garrafa; ela não o interessa se não há nada dentro. Ele tem que consumi-la. Quem fetichiza é Arpagão com sua caixinha, pois não é dito, em Molière, que ele fica o tempo todo pondo dinheiro nela. Na caixinha, há ouro. O fetichismo depende do objeto anal. O objeto oral nunca é totalmente fetichizado, não acho. Acho que, para haver fetiche, é preciso haver um investimento anal. Ora, a bebida é um investimento oral. Se a garrafa estiver vazia, o beberrão não vai ficar fazendo suas viagens de viciado, não é? Se ele viaja na embriaguez, é porque precisa beber um pouco; mas não pode satisfazer seu desejo apenas imaginando que bebe; enquanto Arpagão, com sua caixinha, não faz nada: não se serve daquilo que lhe dá poder para fazer alguma espécie de troca; tem o poder unicamente por magia e sem que haja consumo, sem que o corpo real entre em jogo.

Quando o objeto transicional é atingido em sua integridade, a criança é, por sua vez, atingida, de modo mágico. Não sei se vocês já tiveram observações de casos com ursinhos com os quais aconteceu alguma desgraça; a criança pode ficar marcada pelo resto da vida.

Lembro-me – tenho essa observação muito nítida na memória – do que aconteceu com uma moça, de sensibilidade muito aguçada, que trabalhava em casa, antes do nascimento de meu filho mais velho, e antes até de meu casamento. Ela ficou para cuidar do bebê. Quando ele nasceu, ela estava lá, toda contente de ver meu bebê; eu lhe disse: "Pode pegá-lo no colo." Ela pegou-o no colo e, então, começou a chorar, apertando-o contra si e dizendo: "Oh! Meu ursinho! Meu ursinho!" E caiu completamente no pranto! Então, perguntei-lhe: "Mas o que está acontecendo? O que está acontecendo? – Ah! Eu tinha esquecido completamente! Meu ursinho, meu ursinho!" E era uma história de ursinho, da época de seus quatro anos, que lhe voltou assim bruscamente. Seus pais, para a casa dos quais voltava todo sábado, confirmaram-lhe que era mesmo verdade: ela ficara inconsolável de perder seu ursinho, que caíra nos trilhos do metrô, quando tinha quatro anos. Ficara todo destruído. Um funcionário da estação tinha ido pegá-lo. Mas ela ficara inconsolável. Ora, ela tinha esquecido completamente esse acontecimento. Essa primeira vez em que ela apertou nos braços aquele bebê que investira como sendo aquele que eu, particularmente, esperava – ela se identificara comigo, que me casara, que esperava aquele filho – foi para ela uma libertação. Posteriormente, observei: "Como ela mudou!" Mudou porque tinha revivido essa história que permanecera encravada nela.

Acho que é isso: o objeto transicional tem algo do duplo, do outro eu mesmo, e, quando ele é atingido, a criança também é. O objeto transicional é algo mágico.

P.: E também fantasístico.

F. D.: Fantasístico, mas mágico.

O que atinge a substância do objeto transicional atinge o indivíduo em algo em seu inconsciente. Temos, certamente, muito mais observações do que pensamos sobre esses objetos transicionais perdidos em uma mudança; perda em razão da qual a criança nunca mais recuperou, em seguida, a segurança que tinha quando ainda não estava separada desse objeto transicional, que representa sua relação arcaica com a mãe.

Então, qual a diferença entre fetiche e objeto transicional? É uma questão a ser examinada, apesar de, por definição, a diferença não ser enorme; exceto pelo fato de o fetiche ser, talvez, um representante de um *objeto parcial*, enquanto o objeto transicional é o representante de uma *relação* na qual a criança se sente um objeto parcial da mãe. O fetiche não é a mesma coisa que um objeto parcial que representa um objeto erótico, oral, anal, olfativo ou genital, como aquela pequena coisa de cheiro, aquele pequeno cobertor, cujo cheiro a criança tem sempre que encontrar.

O objeto transicional só diz respeito às crianças, enquanto o fetiche dura a vida inteira. O objeto transicional é uma relação com uma pessoa, com uma pessoa verdadeira, enquanto o fetiche pode ser imputado a qualquer um: é um objeto parcial de qualquer corpo. Não está envolvido em uma relação com uma pessoa particular. Ao contrário, o objeto transicional significa a relação com tal mamãe; e não com outra qualquer. O fetiche – falo, evidentemente, do fetichismo no sentido da perversão e não como ele se apresenta no animismo – é um objeto totalmente narcísico do sujeito consigo mesmo.

P: Você quer dizer que o fetiche completa o narcisismo no indivíduo?

F. D.: Exato. Enquanto o objeto transicional deixa a criança aberta para a sua relação com o mundo. Assim, a "madalena" de Proust não é um fetiche, é um objeto transicional (que o ligava a um mundo de lembranças, de pessoas, de sensações de seu passado). Além do mais, ele não tinha necessidade de passear com uma madalena... na boca. Ao passo que a caixinha, para Arpagão, não o coloca em relação nem com outro corpo nem com outra pessoa. O valor daquilo que a caixinha contém não conta na relação que ele mantém com ela: é um valor absoluto, não é relativo àquilo que um outro lhe teria dado. Além disso, ela solapa todas as suas valências emocionais.

P.: O objeto transicional também não tem, contudo, durante muito tempo, um valor absoluto? Para a criança pequena que só pode dormir com seu paninho, com seu ursinho, e unicamente com esse objeto? Pois ela não aceita substitutos.

F. D.: De fato, mas isso se deve à enorme cumplicidade dos pais. Se a mãe não se mostrasse cúmplice, dando, todos os dias, o mesmo objeto à criança como objeto transicional, isso não aconteceria. Uma criança dispõe de inúmeros outros objetos para representar a mesma relação. E, como já disse, os melhores objetos transicionais, na minha opinião, são as palavras – as palavras das canções, particularmente das cantigas, que cantamos às crianças.

Acho que o objeto transicional está relacionado com o mamar. É o objeto mais próximo do mamar, o mais estreitamente ligado à necessidade. Aparece, em minha opinião, em razão da ausência da mãe e da presença de todos os objetos sensoriais que a criança tem à sua disposição. Entre esses objetos sensoriais, um sempre volta com o mamar – que é repetitivo –, e é assim que vai se tornar objeto transicional. O objeto transicional é um objeto de desejo, associado diretamente à necessidade; está colado à necessidade. Não é o caso do fetiche: a caixinha de Arpagão não está associada à necessidade. O objeto transicional está ligado ao mesmo tempo à necessidade e à pessoa que a criança deseja – a qual está articulada, na origem, à satisfação de suas necessidades e, portanto, à sua segurança.

P.: É, portanto, de certa maneira, um objeto limite, entre necessidade e desejo?

F. D.: Exato; ao passo que o fetiche é apenas um objeto parcial de desejo – no qual, aliás, o tátil e o olfativo não predominam, como no objeto transicional. O fetiche pode ser algo diverso do tátil e do olfativo.

O objeto transicional não é absolutamente visual. A criança está pouco se importando com o lado visual desse objeto que ela pode rasgar, arrebentar. Esse objeto pode estar desbotado, roto. É o toque e a olfação que contam mais. Aliás, quando o objeto transicional de um bebê é lavado, ele já não é seu objeto transicional. Contudo, visualmente, é o mesmo. Era isso que era terrível nos hospitais (agora, parecem ter entendido). Diziam, no momento da internação de uma criança: "Ela pode ficar com o seu ursinho, contanto que ele passe pela autoclave." Depois disso, deixava de ser seu ursinho. Naturalmente, era por razões de higiene que exigiam isso. Tudo devia ser esterilizado, inclusive o seio materno. (*Risos*.)

*

Não sei se já lhes falei de um filme que vi e que foi rodado em um maternal, no qual se observa a psicologia de um grupo de crianças.

Assisti ao seguinte fenômeno: as crianças não conseguem resistir a estender, a dar o objeto que lhes é pedido, mesmo quando seu primeiro gesto é recusar, se lhes estendemos as mãos em atitude de pedido, inclinando a cabeça de lado sobre o ombro. Quando uma criança não quer dar algo que está segurando e de que gosta muito, não consegue deixar, contudo, de fazê-lo, à pessoa que caminha em sua direção nessa atitude, com a cabeça inclinada.

Esse comportamento foi não apenas observado nas crianças entre si, mas também as educadoras repetiram o mesmo movimento, o que produzia as mesmas reações das crianças. Aliás, era bastante terrível assistir a isso. É o que se chama de "trabalho psicológico". Pega-se uma criança de cobaia, a educadora vai até ela, com as mãos estendidas; a criança está se divertindo muito com um brinquedo, e a educadora lhe diz, então: "Você me empresta? – Não." E continua a brincar. Então, a educadora inclina a cabeça sobre o ombro e a criança não consegue deixar de estender-lhe o brinquedo.

Após essa experiência, na sequência do filme, vemos, em dado momento, uma educadora limpar um menino, de pé – aliás, é muito bom que ela o limpe quando ele está de pé, inclinado para a frente – e trocar-lhe a cueca. Outro menino chega e, vendo a fenda do bumbum daquele que está de costas para ele, lhe estende seu caminhão! Oferece seu brinquedo à fenda do bumbum do outro! Com os braços totalmente esticados, como para não ser, ele próprio, tragado.

Nesse momento, refleti. Disse a mim mesma: "É uma associação anal, certamente, que produz isso: não conseguir resistir a dar um presente." Imaginem uma mãe trocando seu bebê. Faz isso, em geral, em cima de uma mesa ou em seu colo. Pois bem, quando está apoiada na mesa, e o bebê está deitado, é obrigada a inclinar a cabeça para limpar-lhe o bumbum. E a associação da cabeça inclinada sobre o bumbum significa, para ele: "cocô dado".

Quando se capta algo de verdadeiro nas imagens do corpo, é fantástico como a criança entende. Falamos a ela de um significante que não está nas palavras, mas no gestual humano. Acho que, entre os bebês negros – cujas mães nunca tocam em seus bumbuns para fazê-los fazer cocô –, deve ser completamente diferente. Agora, elas vão proceder à europeia, sem dúvida; mas ainda vemos – e não apenas nas tribos, mas um pouco na África inteira – que elas procedem de modo totalmente diverso: os bebês são colocados entre os tornozelos das mães. Ficam sentados e fazem cocô entre os pés da mamãe, que os pega de novo depois. Ela mal o limpa com a mão ou com um paninho que tem nas mãos. Ela deve afastar as duas nádegas do bebê com os pés. E ele não fica sujo. É extraordinário! Pois as crianças daqui sempre ficam com o bumbum todo lambuzado quando fazem cocô. Mas lá, não. Parece que não. (*Risos.*) Damos risada, mas é importante, pois são as relações primordiais. Ora, nesse caso, a criança não dá à mãe, dá à terra – o que é completamente diferente. Entre os africanos, a criança não dá seus excrementos à mãe. Ela os dá diretamente à terra, como o adulto, por causa do estilo dado à defecação da criança. Assim que a mãe sente que o bebê está com vontade de defecar, ela o desliza por entre as pernas. É muito bonito como gesto, aliás. Ela o mantém, com os tornozelos em ângulo reto e, em seguida, pega-o novamente. Carregando-os nas costas, têm tal ritmo simbiótico com os filhos que nunca, ao que dizem, ficam com a canga molhada. Há pessoas que dizem: "Não... não é possível." Ora, é excepcional que a criança fique molhada, porque a mãe sente e a desce imediatamente. Ela faz xixi do mesmo modo que faz cocô, mantida entre os pés da mãe.

Assim, entre as crianças africanas não deve se estabelecer esse mesmo gesto reflexo de não poder fazer nada além de dar o que se tem, diante de uma cabeça inclinada. Enquanto, entre as crianças que víamos no filme, os observadores acharam que era um padrão de comportamento; estavam visivelmente presas em uma impossibilidade de resistir a esse gesto que alguém lhes fazia: mãos estendidas, cabeça inclinada. Quando uma criança chata vinha, cinco ou seis vezes, pedir a outra algo que esta não queria largar, a criança segurava tanto mais forte quanto mais a outra puxava. Mas um espertinho descobriu que bastava estender as mãos e inclinar a cabeça para que, imediatamente, os outros lhe dessem o que queria.

Foi, justamente, a partir dessa observação, que os psicólogos haviam feito, de uma criança que obtinha tudo sem ter que fazer nada, que eles tiveram a ideia de organizar uma observação experimental. Vocês tinham que ver! Era muito interessante ver o menino que, inicialmente, procurara obter certo brinquedo indo pegá-lo e, depois, acabava pedindo-o: "Você me dá? Eu quero", e que, finalmente – víamos aquelas duas crianças de três, quatro anos brigar –, refletia sobre o modo como poderia obtê-lo e pensava, então, no truque de inclinar a cabeça; e a outra cedia, quando o que pedira não havia nem sequer dito nada.

O que era divertido, por outro lado, era ver a outra criança de que eu falava há pouco passar com o seu caminhão, ver o bumbum do outro e estender seu caminhão a esse bumbum. Fui eu, particularmente, que observei isso vendo o filme, o que não foi notado pelos psicólogos. Contudo, era algo impressionante e foi o que me fez fazer essa aproximação, na erótica anal, entre a impossibilidade de recusar um presente associado ao anal e a inclinação da cabeça daquele que o pede, meio irresistível de se obter o que se quer.

*

A respeito dessa questão do dom, eu queria explicar o seguinte: é porque nós, terapeutas, somos às vezes cúmplices de perversões com as crianças. E isso pode acontecer principalmente quando nos trazem crianças que estão em crise edipiana, se iniciamos uma psicoterapia sem saber por que nem por quanto tempo: ao passo que, estudando bem o que acontece em casa, quando o pai chega e a criança faz birra, ou quando o pai – o que é tão frequente no momento da crise edipiana – vai para um outro cômodo quando a criança está com a mãe, cedendo seu lugar, ou quando, como acontece muitas vezes, ele coloca a criança na cama, com a mãe, quando ela chora à noite.

É impossível iniciar um tratamento nessas condições. O que vamos fazer sendo cúmplices disso? Em vez de apoiar o pai, dizendo: "Como as coisas chegaram a esse ponto?" Talvez tenha sido sua mulher que gemeu, pedindo para ter a criança na cama na ausência do marido. Talvez ela lhe tenha suplicado e ele tenha caído no logro. Todos são apanhados pela formidável libido que a criança desenvolve na idade edipiana se o pai não estiver à altura de dizer: "Sou eu que mando aqui. Não é você. Sua mãe é minha mulher. Se você não estiver contente, sairá de casa." E acabou: em dois dias, tudo terá terminado! Em vez de fazer uma psicoterapia de seis meses.

Em todo caso, quando as crianças, meninas ou meninos, foram muito marcados por alguma experiência, quando uma criança teve uma doença grave que, às vezes, deixou-lhe sequelas físicas, ela é muito mais sólida que qualquer outra, já que a morte não a quis. Trata-se de não estragar a educação de uma criança que esteve prestes a morrer e que retoma a vida. Ora, vemos constantemente que os pais que estiveram prestes a perder o filho permitem-lhe tudo. Assim, no caso de uma criança que teve problemas cardíacos, todos farão tudo para que ela não chore, porque, se ela chorar, poderá ter espasmos, soluços etc.

Lembro-me de uma menininha que não tinha nenhuma espécie de distúrbio, exceto ser desobediente como ela só; era de uma família numerosa. Um dia – estavam então em uma casa alugada –, a mãe proibira às crianças de abrir as venezianas, porque não havia grades de proteção nas janelas. Seus filhos se viravam normalmente bem. Ora, a menina, que só queria fazer o que lhe desse na cabeça, quis abrir as janelas, mesmo sabendo que era proibido. Com isso, caiu do primeiro andar sobre o cascalho; ficou como morta – enfim, em estado de choque. Naturalmente, desespero dos pais. Levam-na ao hospital. Estava marcada por cascalhos que se tinham incrustado em sua bochecha, mas nada sofrera.

Deixaram-na dois dias em observação, temendo uma lesão profunda, uma fratura craniana. Mas ela não tinha nada. Os pais, imensamente felizes, iam com brinquedos ao hospital para o qual a haviam transportado. Ninguém pensou em repreendê-la. Estavam tremendamente felizes, depois de terem ficado tremendamente preocupados. Ela escapou, então, ilesa, sem nenhum ferimento, com apenas algumas marcas superficiais.

Alguns meses após esse acidente que acontecera durante as férias, a mãe me contou que a menina tornara-se insuportável: "Já não sei o que fazer com ela. A casa está verdadeiramente de ponta-cabeça. Ela manda, ela dirige tudo. E eu queria contar a você: ontem, ela disse à irmãzinha – a quem recusáramos alguma coisa [apesar de se tratar de uma família bastante permissiva]: 'Olha, se você quer conseguir isso, basta se jogar pela janela. (*Risos.*) Quando a gente se joga pela janela, conseguimos tudo o que queremos, e papai e mamãe nunca lhe dão bronca!'"

Pois bem, a menina tivera um enorme sentimento de culpa por ter desobedecido. E foi sua angústia de culpa que os pais só fizeram aumentar, mimando-a após o acidente. Ela não estava acostumada a ser assim adulada, nessa família numerosa, em que todos seguiam a corrente, como uma tropa. Apesar de inteligente, ela já não fazia nada na escola. Em suma, destruía-se em seu autocontrole.

Refletimos, a mãe e eu, e eu disse a essa pessoa que, agora que eles tinham certeza de que o acidente não lhe traria nenhuma sequela, chegara a hora de falar à menina de seu gesto: "Falem do acidente na frente de todo o mundo, na mesa. E, quando vocês chegarem ao fato de ela ter caído porque desobedeceu, abrindo as venezianas, mandem todos os outros embora e falem com ela, pessoalmente. Não na frente dos outros. E vocês poderão lhe dizer: 'Bom, é agora que iremos dar-lhe uma punição, porque, antes, estávamos com muito medo. Estamos muito contentes de você estar viva, mas você já não faz nada, vive ao revés. Achamos que é porque você se sente muito culpada por ter desobedecido. Pois bem, você será punida.'"

Ora, foi muito curiosa a invenção sádica que a mãe tinha encontrado para puni-la. (*Risos.*) Pois o que lhe veio à mente foi o seguinte: "Ela tem uma boneca preferida. Pois bem, vou tirar-lhe essa boneca durante oito dias." Disse-lhe: "Você vai infligir-lhe, assim, o que você própria sofreu. Você ficou sem sua filha durante oito dias [a menina ficara oito dias no hospital]. Você viu o que sofreu por não ter sua filha durante esses oito dias. E você iria lhe impor, em troca, o que ela lhe fez? Isso é o talião, não uma punição educativa."

Isso, aliás, me fez refletir. (*Risos.*) Nunca se deve punir uma menina privando-a de sua boneca, que é justamente o que a apoia em sua identificação com a mãe. É absurdo! Bom, então, a punição foi outra – já não me lembro o quê; ela deve ter ficado sem sobremesa durante oito dias. Nada de excepcional. Era necessário apenas marcar essa conduta, mostrando que se tratava de uma punição. Só isso. E os dois menores – pois havia dois irmãos mais novos – viram que a irmã fora punida. E acabou. Acabou a história de: "Se você quer conseguir algo, basta pular pela janela."

A mãe se deu conta, de fato, de que os filhos fabulavam. Brincavam de: "Eu, eu vou me jogar debaixo de um carro!" Era o que dizia o menino, para se tornar mais interessante e desarmar os pais.

É preciso pensar nessas situações em que induzimos uma perversão em uma criança; nesse caso, foi depois de um acidente com uma criança, que se restabeleceu completamente, que os pais haviam mudado de atitude; mas, quando uma criança nasce frágil, aí então tudo lhe é concedido! Ela não encontra limites para os seus desejos. É assim que ninguém lhe dá educação. Frequentemente os pais incitam o mais velho a deixar de ter defesas ou a renunciar a toda forma de agressividade com relação ao mais novo – isso é muito ruim –, a pretexto de que esse último é pequeno e frágil. Que a mãe esteja ali para propor derivativos à agressividade do mais velho é seu papel educativo, mas que ela não o critique por ser agressivo com relação ao mais novo, quando este último o provoca, a pretexto de ser mais fraco. Pois ela o enfraquece ainda mais diante das dificuldades da vida.

É preciso, justamente, falar desse ciúme com ele. A educação, aqui, significa falar, não impedir. Se dissermos ao mais velho: "Não, ele é pequeno. Devemos sempre ceder às suas vontades", o resultado é que o menor será educado como um perverso. Ele fica cutucando o mais velho, que nunca pode reagir, ele grita assim que vê o mais velho aproximar-se. A mãe chega: "O que ele está fazendo com você, queridinho?" E nunca se sai disso. Essa criança nunca se tornará forte.

7

A falta de um nome no Outro

Criança insone, que recebeu o nome destinado ao irmão morto – Confusão entre irmão e pai – "Mamãe não teve mãe."

P.: O corpo e a memória são a mesma coisa?

F. D.: O corpo e a memória? Pois é, não, não são absolutamente a mesma coisa, apesar de as cicatrizes serem a memória escrita no corpo. Mas você está me perguntando uma coisa bem complicada! (*Risos.*) Nosso corpo, nós o temos constantemente de modo atual, já a memória é virtual, "despertável"; o corpo é real; a memória é uma virtualidade que pode se atualizar. Não é exatamente igual. O corpo é uma espécie de palavra fixada, certamente; mas é fruto de palavras trocadas que pode, também, ser seco ou vivo e começar, então, por sua vez, a comunicar.

Talvez eu possa ilustrar isso com um exemplo recente. Trata-se de um menino de quinze meses que nunca dormiu bem à noite. Durante o dia, é uma criança maravilhosa, que tem muito bom contato com todo o mundo. Os pais começaram a brigar gravemente pelo fato de a mãe estar muito cansada, à força de se levantar várias vezes todas as noites. Ora, de noite, o menino parece não reconhecer a mãe, e ainda menos o pai. Se o pai, de quem ele gosta muito de dia, se aproxima dele à noite, põe-se em opistótono, urrando de terror; quando é a mãe, ela não pode se aproximar; mas sua voz o tranquiliza um pouco. Ele adormece e acorda assim desde que nasceu; é esgotante para os pais.

Ora, o que é afinal esse corpo que, durante o dia, está inteiramente na relação de troca – é uma criança dotada, visivelmente em contato com todos os objetos – e que se torna, à noite, palco de conflitos e angústias? É assim que se põe o problema corpo/memória.

O que aconteceu nesse caso poderia talvez esclarecer a questão. Tentei entender a situação com os pais e, antes de tudo, com a criança, que tinha uma extraordinária linguagem de gestos, em uma brincadeira. Eu a vi uma vez com os pais, depois três vezes na presença apenas da mãe, ao ritmo de uma sessão por quinzena. Ora, na segunda sessão com a mãe, expliquei ao menino algo que eu entendera, sem saber absolutamente se isso faria ou não sentido. Isso deve ter tido um efeito na relação mãe-filho, mas, para ele, aquilo fez imediatamente sentido, enquanto a mãe, na hora, não entendeu nada. Foi depois que ela se perguntou: "Mas por que será que a doutora Dolto me disse aquilo? E por que será que ele a olhou daquele jeito quando ela falou com ele?" O menino estava entretendo-se com brincadeiras extremamente significativas, com bonecas e dois cestos de papéis. Eu sabia que havia, atualmente, naquela família, uma menininha de quatro anos, que estava muito bem; e que houvera um filho, que morrera logo depois de nascer. Ora, se ele tivesse sido nomeado, teria recebido o nome que haviam dado, em seguida, a esse menininho de quinze meses, por razões de tradição familiar: o filho mais velho recebe tal nome – tradição aceita pelos pais.

Antes de ver o menino, na primeira sessão, eu ouvira os pais me falarem desta difícil situação: da criança que não conseguia dormir, de tão angustiada que ficava a noite inteira, e acabava acordando. Eu pedira à mãe para me falar da história dolorosa daquele filho que morrera ao nascer. Ela me falou, certamente com mais afeto do que o pai. Os pais haviam sofrido muito com a morte daquele filho e haviam decidido que nunca mais teriam outro, tanto aquele drama lhes fora doloroso. Contudo, eles se restabeleceram e, depois, tiveram uma filha. E, quando o segundo nasceu, esse menininho atualmente com quinze meses, deram-lhe o nome destinado à criança morta. E será que fora assim que ele reagira: não encontrando segurança à noite?

Na segunda sessão, eu pensei, considerando que na primeira ele brincara o tempo todo com dois bonecos, tirando-os do cesto, colocando-os novamente no cesto, que estava ligado a esse primeiro filho morto, de que não lhe haviam falado. Brincava na mais inteira calma, sem angústia, na minha frente, entre os pais.

(Estou tentando responder à sua pergunta sobre a memória.) (*Risos.*)

Foi na terceira sessão – era a segunda vez que ele vinha somente com a mãe –, enquanto ainda estava entretendo-se com objetos em brincadeiras significativas (que anotei a toda a velocidade), que pensei que era o momento de lhe dizer que ele tivera um irmão mais velho que morrera ao nascer. Disse-lhe que esse irmão receberia o mesmo nome que ele e que sua mamãe havia tido a dor de não poder pensar nesse irmão a partir de um nome; e, talvez, ele mesmo estivesse pensando que, quando dormia, representava um menino morto, já que sua mamãe não tinha outro nome além do seu para esse irmão. A partir do momento em que comecei a falar do irmão mais velho que morrera, o menino deixou seus brinquedos e aproximou-se de mim, olhando-me. E, assim que lhe disse que o irmão não estava bravo com ele, e que ele lhe dera seu nome, como o pai decidira, como o avô decidira, e que sua mamãe sabia que, mesmo quando ele dormia, ele não era um menino morto, ele disse imediatamente à mãe (pois já articulava alguns fonemas): "*mené, menê*"*; ele queria ir embora. Eu disse à mãe: "Então, vá embora imediatamente!" E eles se foram; e, na sessão seguinte, alguns dias mais tarde, ela me disse: "O extraordinário é que ele voltou para casa à noite, adormeceu e dormiu dez horas." Desde então, dormiu normalmente, exceto por cinco noites seguidas. A pessoa que habitualmente cuida deles, dele e da irmã, quando os pais vão jantar na cidade, veio uma noite; assim que ela chegou, ele chorou e continuou chorando até a volta dos

---

* Provavelmente de *emmener, emmener*, que significa "levar embora, levar embora". [N. da T.]

pais. Essa pessoa lhes disse: "Mas ele agiu como de hábito." De fato, já que ela estava habituada a que ele não dormisse. Então os pais se disseram: "Pronto! Tudo foi por água abaixo." De fato, no dia seguinte, ele voltou a chorar; os pais não sabiam o que lhe dizer. Isso durou quatro dias, e, no quinto, ele recuperou completamente o sono.

O espantoso é que, em quinze dias, esse menino de quinze meses, que até então dava apenas alguns passinhos, como uma criança que brinca no chão, quis se sentar, desenhou, fez modelagens, cortou massa de modelar. Disse à mãe os progressos que ele havia feito: pronunciou três ou quatro palavras, algumas de três sílabas. Em todo caso, ele dizia o número de fonemas que correspondiam ao número de sílabas das palavras.

O que significa essa memória de ter sido carregado pela mãe com a angústia de ser um menino morto? Pois ele repetiu, ao nascer, o que acontecera com o irmão mais velho: teve uma ligeira asfixia; e todos ficaram angustiados por ele. O obstetra percebeu imediatamente e lhe deu oxigênio. Os pais só ficaram sabendo depois. Em todo caso, ele correu risco de morrer ao nascer, como o irmão.

O que significa essa repetição? Sempre poderemos atribuir ao desejo dos pais tudo o que quisermos. Mas estamos, aqui, no nível da criança, para a qual uma palavra deve ter sido a chave que lhe devolveu seu corpo de sono, sem aliená-lo de si mesmo à noite. Isso é a força do significante. O que é o significante? O significante "irmão mais velho que morreu" certamente é algo diferente do objeto transicional, algo diferente do fetiche. "Você não é o irmão mais velho que morreu; o irmão mais velho que morreu deu-lhe o nome dele e você pode ficar com ele."

Acho que, durante o sono, o menino não tinha comunicação com a mãe, absolutamente nenhuma comunicação. Geralmente, as crianças que não dormem recobram a paz assim que se veem aninhadas nos braços da mãe.

Ora, esse menino era extraordinário, não se mostrava nem um pouco cansado; cansava os pais, mas ele próprio não demonstrava nenhum sinal de angústia quando estava desperto. Ao passo que, durante a noite, nem o pai nem a mãe podiam consolá-lo.

P.: Mas ele dormia durante o dia?

F. D.: Bom, como vocês sabem, uma criança sonha, dorme, fantasia a todo momento.

P.: Os pais nunca lhe tinham falado desse irmão morto?

F. D.: Nunca.

P.: E a mãe deixou você falar a respeito com a criança?

F. D.: Mas claro, já que vinham para entender. Tudo aconteceu na frente dele; tudo. É claro! Tudo deve ser dito na frente da criança quando se trata dela. E tudo o que esse menino fazia deve ser entendido como sua participação na troca afetiva e falada entre os pais. Ele ilustrava o que os pais diziam com seu comportamento, com o que fazia com os cestos e os brinquedos; no início, com os dois cestos (tenho dois cestos, com brinquedos dentro). Ele tirou tudo o que havia nos cestos e deixou dois bonequinhos vestidos de soldados – são bonecos meninos em oposição às bonecas meninas –, e juntou os dois cestos, um servindo de tampa para o outro, enquanto o pai me contava o que haviam vivido de doloroso. Pensei que ele ilustrava o que o pai dizia – estávamos na primeira sessão – e, assim, que algo dele próprio permanecia trancado com esse outro irmão. Disse então ao pai que eu achava que tinha um sentido para o menino o fato de o primogênito não poder ter sido nomeado e de ele, por sua vez, ter o nome que deveria ter sido do primeiro. Quando não damos um nome a um ser humano, não lhe damos o direito de morrer, por assim dizer, já que não lhe demos o direito de viver. Um ser humano só vive quando recebe um nome.

P.: Mas uma criança está, ao menos, enterrada legalmente. Legalmente, deve ter um nome. Toda criança que nasce, mesmo quando prematura, deveria ter um nome.

F. D.: Mesmo quando for natimorta?

P.: Mesmo quando for natimorta.

F. D.: Todos nós somos, de certa forma, natimortos. (*Risos.*)

P.: Vi um caso desse tipo. Estava de plantão em um hospital. Uma mãe deu à luz, no banheiro, uma criança que morreu logo depois; estava perfeitamente constituída.

F. D.: E foram obrigados a nomeá-la?

P.: Foram obrigados a dar o nome no dia do nascimento.

F. D.: Mas ele não foi inscrito na caderneta de certidões da família?

P.: Não.

F. D.: Quando há um nome, ele figura na caderneta de certidões da família. Caso contrário, deram-lhe um nome porque os adultos que estavam ali quiseram nomeá-la; mas ela não foi inscrita no registro civil.

P.: Não sei. Mas deram-lhe um nome. Pediram que o interno de plantão convocasse testemunhas.

F. D.: Foram, então, os adultos do hospital que a nomearam, mas não a família. Essas crianças não têm sepultura. O irmão mais velho do menino de que estou lhes falando morreu vinte minutos depois do parto. E o próprio menino, também, quase morreu vinte minutos após o nascimento.

P.: O que é estranho, no caso que você está comentando, é o fato de os pais não terem nomeado o filho mais velho enquanto o esperavam, durante a gravidez da mãe.

F. D.: Eles o nomeavam sim, eles o esperavam com o mesmo nome que, há oito gerações, pertence ao primogênito na família paterna. O menino de quem falo tem esse nome, seu pai também, já que é o filho mais velho; o avô também, e assim por diante, remontando as gerações. O nome do mais velho é, pois, aqui, um significante bastante marcante.

Acho que, na sessão em que vi a criança sozinha com a mãe, foi o laço da mãe com o filho morto que foi recuperado por ela, mas foi o menino que mostrou isso. Ela, a mãe, escutava sem entender; era ele que estava como que fascinado pelas palavras que eu dizia, enquanto estava brincando; depois, ele disse: "*mené, menê*". Era preciso ir embora imediatamente. Algo muito forte havia sido dito. Em suma, era preciso dar o fora.

Bom, estou contando isso a vocês, porque isso resultou em alguma coisa. Senão, teríamos que ter ido buscar em outro lugar.

Vocês podem imaginar a transformação que aconteceu nessa família: todo o mundo pôde finalmente dormir. Pela primeira vez desde o nascimento do irmãozinho, a irmã, que dorme em outro quarto, disse: "Oh! Como dormimos bem esta noite! Não ouvi meu irmãozinho." E, de fato, ele não chorara.

Acho que é uma história extraordinária, relacionada, justamente, com aquela memória do corpo a respeito da qual você me perguntara.

P.: Em que momento você pôde colocar o que disse à criança?

F. D.: Na terceira sessão, ou seja, na segunda vez que ele vinha sozinho com a mãe. Na primeira sessão, os três, pai, mãe e filho, estavam presentes; na segunda, a mãe, que acompanhava o menino, falou comigo, sozinha, do drama do casal que estava se digladiando, cada qual lançando ao outro, a respeito do menino: "É culpa sua. É você que o angustia." Enfim, estavam, como todos os pais que se sentem responsáveis, em um esgotamento nervoso no qual se sentiam encurralados. O pai achando que a mãe mimava demais os filhos, a mãe achando que o pai não entendia o problema. Eram formações secundárias para interpretar a angústia, para tentar controlá-la, enquanto o menino, por seu lado, vivia o drama de não ter um sono dele, mas um sono que o entregava a uma vida dupla, ansiógena, a de dois seres, um vivo e um morto, que se colava a ele pela memória.

Em análise, não basta que um sintoma desapareça; mas, quando seu desaparecimento é acompanhado por uma liberação das pulsões de morte, como nesse caso, vemos o sujeito investir de um modo extraordinário o mundo exterior e adquirir sublimações de suas pulsões de vida. Nessa criança, foram as sublimações orais e o controle do mundo exterior por meio dos objetos.

Era realmente espantoso ver aquela criança de quinze meses vir se sentar, desenhar e modelar, quando eu não lhe havia pedido nada.

P.: A memória fetal, à qual você também se refere, não é, igualmente, a memória da mãe transmitindo-se ao filho?

F. D.: Justamente, justamente; é bem possível.

P.: Não entendo muito bem como você consegue diferenciar uma da outra.

F. D.: Mas eu não as diferencio. Acredito que, para uma criança pequena, tudo é mediado pela mãe e pelo pai. E por isso nunca atendo crianças pequenas sem que os pais estejam presentes, pelo menos um dos dois, na realidade, e o outro através da palavra. Quando se trata de crianças da Assistência Pública, por exemplo, que já não têm os pais, eu presentifico, para elas, o pai e a mãe; ou seja, "a mamãe que a carregou na barriga e o papai que deu a semente à mamãe para que você nascesse". Os pais devem sempre estar presentes na palavra. Nunca falo com uma criança sem referi-la a um polo do triângulo edipiano. Por quê? Porque tenho a convicção profunda de que um ser humano é o representante de um casal. Se falo a uma criança, sou obrigada a me dirigir a ela como representante do casal que a constituiu como ser vivo, em seu corpo.

Isso é algo que deve, acredito, ser retido. Não é um truque. É uma verdade.

Com esse menino de quinze meses, acho que foi minha transferência que agiu. Na minha opinião, a transferência do analista é muito importante para chamar à existência a imagem do corpo de uma criança. É a transferência do analista que a chama a existir.

Quando me dirigi a ele, foi por ter sentido que houvera, para a mãe, um luto impossível de ser feito, precisamente porque ela não pudera nomear o primogênito. Quando ela pensa no primeiro filho, indaguei-me, como pode pensar nele, já que ele não recebeu nenhum nome e que, grávida dele, ela queria lhe dar o mesmo nome que, hoje, pertence a seu segundo filho? Então, se eu estudar o que foi minha transferência, devo ter me identificado – provavelmente como mulher – com essa mãe e ter me perguntado: como ela pode pensar no filho morto? Só pode pensar nele através daquele que está vivo e que traz o nome que ela escolhera para aquele que morreu.

Assim, em seu sono, o menino não podia deixar de se confundir com o irmão morto. Também no sono da mãe eles se confundiam, e, desde o nascimento do menino, ela nunca tivera um sono completo: era o tempo todo, o tempo todo, incomodada; essa mulher estava, aliás, à beira de um esgotamento nervoso.

P.: Será que o que você disse ao menino pode ser considerado uma interpretação propriamente dita? E que diferença você estabeleceria entre interpretação e intrusão?

F. D.: Era uma interpretação declarativa, sim, certamente. Eu não pensava estar interpretando o sintoma no momento em que a fiz. Coloquei em palavras, para o menino, o que fora dito pelos pais sobre o que afetara a eles, pais, pois eu pensava que esse irmão mais velho, que não lhe fora dado, a ele, era algo que ele não havia partilhado com os pais. Pode-se dizer que se trata de uma interpretação. Seria, então, uma intrusão, como você dizia? Não sei se é uma intrusão. Penso, antes, que era o que faltava para que houvesse cesura umbilical. Era como se tivesse restado algo, que não fora dado a essa criança, ao mesmo tempo que a libertavam. Não sei.

São fatos analíticos verdadeiros, que cabe a nós, analistas, entender.

Creio que, agora, o menino pode ter a memória dessa morte, quando, antes, era apenas seu corpo que tinha memorizado. Isso não fora significado à sua pessoa.

Houve, para mim, um momento muito intenso, aquele em que ele me olhou quando lhe falei do irmão morto. A mãe também ficou muito comovida ao ver aquela criança que brincava se pôr a me olhar nos olhos quando me dirigi a ela. Ainda mais que, imediatamente depois, ele disse: "*mené, mené*". Isso é raro, para uma criança de quinze meses. Talvez, justamente, ele tenha tido medo de que eu o separasse depressa demais da mãe.

Ele não dormia mais de uma hora sem acordar; algumas vezes, pela voz, a mãe conseguia acalmá-lo. Mas ele acordava sete, oito vezes à noite. Nunca dormira uma noite inteira. Ora, a mudança foi permanente depois dessa sessão: ele dorme noites inteiras. Os pais tiveram a sabedoria de nunca lhe dar medicamentos; talvez tenham tentado uma ou duas vezes, mas, como não servira para nada, desistiram. Naturalmente, haviam feito exames encefalográficos, que não revelaram nada de anormal. Esse menino era extraordinário; não tinha nenhum distúrbio na vida diurna; nada.

O que eu lhe disse era, então, uma interpretação, já que o efeito foi libertador, já que tornou possível imediatamente um investimento do mundo exterior, particularmente pela manipulação criadora – até então, ele manipulava objetos, deslocava-os ao brincar, mas nunca tinha construído nada. Ao passo que, a partir daquele momento, ele veio *fazer* coisas em modelagem – aos quinze meses! –, quer dizer que ele criou pequenas representações anais em modelagem; desenhou garatujas, muito bonitas, aliás.

P.: O que aconteceu com a mãe, durante essa mesma sessão?

F. D.: Certamente aconteceu algo muito importante para a mãe, já que, com outra mulher – eu, no caso –, ela pôde reviver em pensamento a provação por que passara, que aceitara sem entender seu sentido de frustração. Evidentemente, a interpretação que dei ao seu filhinho deve tê-la comovido também. Mas ela própria não percebera muito bem o que tinha acontecido. Quando veio me contar que, finalmente, ele dormia normalmente, eu lhe disse: "Acho que foi o que eu lhe disse durante aquela sessão; você mesma notou como ele me olhou; e, imediatamente depois, ele lhe disse: '*mené, mené*', para ir embora." Então, ela disse: "Sim, creio que foi isso, mas, enfim..." Em todo caso, aquela mulher estava bem descansada, bem diferente.

P.: Volto à interpretação que você deu à criança. É uma fala, ou seja, signos que instilam e produzem algo.

F. D.: Sim, mas são signos que instilam e produzem contanto que a pessoa que fala o faça, por assim dizer, em sua alma e consciência, fale com verdade. Enfim, não sei. (*Risos*.)

*

Soube, recentemente, de uma história que é interessante para todo o mundo. Trata-se de um menininho que ainda não tem três anos. Vai entrar, em breve, no maternal. Esse menino é filho de um homem que, de um primeiro casamento, teve um filho, que tem, por sua vez, um filho da mesma idade que seu meio-irmão de três anos e um outro filho mais novo. As crianças brincam frequentemente juntas. Soube disso pela meia-irmã mais velha do menino, que tem, por seu lado, vinte e cinco anos e não é casada. Aos domingos, todos se veem, o pai acolhendo os dois filhos do primeiro casamento e os netos que tem do filho.

Tudo transcorria bem até três meses atrás. De resto, não aconteceu nada de mais. O menino tinha verdadeira paixão pela irmã mais velha – sua meia-irmã, na realidade. Ele já fala bem. Mas não entendia de modo algum – por não ter, ainda, verbalizado essas relações – que ela chamasse seu pai (que é também, pois, o pai dela) de "papai" e que não chamasse de "mamãe" a segunda mulher do pai (mãe dele). No domingo, ele ouvia seu irmão mais velho, seu meio-irmão, chamar o pai de "papai", e ele próprio muitas vezes chamava de "papai" esse meio-irmão adulto. Seu pai tem idade para ser avô, mas, ao que dizem, parece bem jovem.

Vocês já podem ver que é bem complicado. Ora, quando ele falava a alguém desse homem que ele chamava de "papai" – seu meio-irmão –, ele sempre dizia "o papai de Pierre"; Pierre é o menininho que tem a mesma idade dele, seu sobrinho. E, quando ele falava de seu meio-irmão à sua meia-irmã que ele ama tanto, ele dizia "seu Jean-Paul", nome desse homem.

Além disso, ele conhecia bem a mãe de seus pequenos sobrinhos, que a chamavam de "mamãe". Mas ele a chamava de "a irmã de Jean-Paul". Em outras palavras, ele chamava a mulher de irmã.

Vocês veem em que confusão esse menino estava metido.

Um dia, a jovem, a meia-irmã do menininho, que me contou essa história, me perguntou: "Como vamos explicar a ele?" Ela já havia aconselhado o pai a explicar à criança que ele se casara uma primeira vez. O pai estava completamente inibido; além disso, não gostava nem um pouco que seu filho menor o chamasse de "papai"; gostava que ele o chamasse pelo nome. O que só fazia aumentar a complexidade da situação.

Um domingo, a jovem foi à casa do pai, no campo. "Você não está com seu Jean-Paul?", perguntou o menino à meia-irmã. Ela respondeu-lhe: "Não." Então, ele lhe disse:

– Mas ele é seu papai?
– Não, ele não é meu pai.
– Não, não é seu pai, mas é seu papai.
– Não, não é meu papai.
– Então, quem é?

Ela começou a lhe explicar. O menino a interrompeu: "Ah! Eu não preciso saber. É complicado demais." Só isso. E foi embora. E, depois, quando ela já estava na escada, correu atrás dela e disse: "Você me contará da próxima vez quem é ele."

Ela não teve oportunidade de revê-lo naquele dia. Ela veio falar comigo para me perguntar como poderiam explicar-lhe a situação. Algum tempo depois, ela telefonou a seu pai para conversar a respeito dessa questão: "Ele me pediu essa explicação. Será que você não poderia explicar-lhe quem é Jean-Paul e quem sou eu?" Seu pai respondeu-lhe: "Pois bem, justamente, eu queria falar com você: estamos muito preocupados, porque, desde que você veio outro dia, ele já não come, quer dormir durante o dia, diz o tempo todo que está com dor de ouvido. Nós o levamos duas vezes ao otorrino, que não viu nada de anormal. Ele acha que seria preciso fazer exames mais aprofundados, talvez um encefalograma. O menino está completamente apático. Já não está animado como você o viu há dez dias."

Ela voltou lá, no domingo seguinte, e me disse, depois: "Sabe, foi extremamente interessante: assim que eu cheguei, o pequeno veio, fechou a porta e me disse: 'Olha, você será sempre a minha querida; mas quem é você?'" (*Risos*.) Ele fez uma transferência heterossexual sobre a meia-irmã.

Ela explicou-lhe, então, que seu papai casara-se uma primeira vez e que ela era filha dele, e Jean-Paul também; era por isso que os dois também o chamavam de "papai". A criança, parece, escutava com a maior atenção. Ora, em dado momento, ele apertou uma orelha, depois a outra, exclamando: "Ai, ai, ai! Ai, ai, ai! É complicado." Ela perguntou: "Você quer que eu pare? – Não, continue."

Ela tentou, então, explicar-lhe toda a situação, indicando o lugar de cada um na família. "Entendi. Agora, entendi", disse ele. E avançou na comida. Não comia bem havia três semanas. Comeu por quatro. O pai declarou: "Não o reconheço." A filha lhe disse: "Você está vendo, era preciso explicar-lhe." E os pais já iam partir para eletroencefalogramas.

A criança somatizara nas saídas da compreensão – as orelhas. Começara uma regressão, de modo um pouco larvário, um pouco fetal, deixando de comer, já não querendo ouvir e "dormitando" o dia inteiro.

É interessante ver situações desse gênero, que podem levar até os médicos a entrar em um processo de reações em cadeia, nessas ocasiões, por não saber que se trata de uma somatização.

A jovem me disse que seu pequeno meio-irmão estava completamente restabelecido. E que ele foi explicar a cartilha ao pai, dizendo-lhe: "Mas você, você é meu papai. Você não é o Adam." Seu pai se chama Adam e, o que complicava tudo, como eu disse, queria, para não parecer velho, que seu filhinho o chamasse de "Adam". A criança disse, pois, ao pai: "E você, você não é o Adam. Você é o Adam para a mamãe, mas, para mim, você é papai." Dois anos e meio! É um menino muito inteligente. Pois a meia-irmã explicara-lhe simplesmente que aquele que ele chamava de Adam era também seu pai. Ela falou-lhe também da pequena semente e da diferença entre irmão e meio-irmão. Pois o menino tem, por outro lado, um verdadeiro irmão da mesma mãe, mais novo que ele.

Nessa criança, a inibição total da vitalidade deixava lugar às pulsões de morte: só se mantinha a conservação do corpo *a minima*, com a recusa da relação linguageira simbólica que confundia tudo para ele. Ele não entendia nada. Certamente deveriam ter-lhe explicado um pouco antes. Enfim, antes tarde do que nunca. E isso bastou para restabelecer a situação. Mesmo assim, essa criança vivia em uma espécie de magma, havia dois anos e meio.

*

Estou pensando em um exemplo de confusão comparável em um adolescente, confusão que me interessou e, principalmente, deixou o pai estupefato.

Era uma criança, classificada entre os chamados "débeis escolares", de doze anos, um menino muito bonito, eumorfo, que fala perfeitamente, sem erros de francês, mas que é incapaz de escrever e de fazer cálculos; ele é, então, absolutamente inadaptado aos estudos. Fica muito angustiado toda vez que tem que deixar os pais, em casa dos quais vivia de modo regressivo até o dia em que encontraram um pequeno internato que o aceitou.

O menino, que só vi uma vez, apresenta-se como alguém que parece zombar de você o tempo todo. É o último de uma família numerosa que aparece, do modo como ele a representa, como um tremendo magma. Os cunhados são, para ele, irmãos. Acha que a irmã mais velha é uma prima. Ora, quando lhe perguntei: "E a mamãe? Qual é o nome de sua mamãe?", ele me disse esta coisa extraordinária: "Minha mãe não teve mamãe." Estava convencido de que a mãe não tivera mãe. Eu lhe disse, então: "Não é possível. Todo o mundo tem uma mãe. – Não. Você está zombando de mim. A mamãe, a minha mamãe, não teve mãe. Garanto a você, garanto, minha mãe não teve mãe. Você pode perguntar a ela."

Como seu pai estava na sala de espera, eu lhe disse: "Você quer que perguntemos a seu pai, para tentarmos entender alguma coisa?" Ora, precisamente, a avó materna desse menino – ele conhecera essa avó materna – morrera havia dois anos. Era, então, a mãe de sua mãe. Pois é, não; para ele, era a mãe de seu pai *e* de sua mãe. Seu pai e sua mãe eram casados, mas, em sua cabeça, eram irmão e irmã.

Ora, no momento em que estavam indo embora – e veio assim, no último minuto –, o pai me disse: "Mas é que minha mulher tinha o mesmo patrônimo que eu." De modo que a mãe de sua mulher tinha o mesmo sobrenome que a mãe dele; a avó materna da criança tinha o mesmo sobrenome da avó paterna.

Eis uma criança que, evidentemente, desde os seis anos, foi atormentada por todos os reeducadores de leitura e de outras disciplinas. Estava persuadido de que era eu quem zombava dele. Sua mãe não tinha mãe; ele não tinha nenhuma dúvida de que uma pessoa pudesse não ter mãe. Pois ele poderia ter respondido: "Não sei." Mas não, ele sustentava aquilo, dizendo-me: "Você está zombando de mim dizendo que minha mãe teve uma mãe. Nem todo o mundo tem, obrigatoriamente, uma mãe. Em todo caso, se os outros têm, minha mãe, particularmente, não teve." Não conhecera o avô materno, mas, enfim, a avó materna vivera em sua casa e a mãe desse menino a chamava de "mamãe". Observei-lhe isso, e o pai lembrou-lhe: "Você se lembra perfeitamente disso." Ele riu bobamente, como um bebê.

Era, por assim dizer, um débil simples. Ora, ele começou a ter dificuldades de angústia tais, no momento da pré-puberdade – já não querendo ir à escola, da qual gostava muito antes –, que perceberam que havia outra coisa, depois de tê-lo feito abandonar os estudos. Na sua família, as pessoas diziam: "Ele gosta muito de animais, corre atrás das doninhas, procura os coelhos. Fará algo de rural."

Aliás, é verdade que, em uma família numerosa, em que os primeiros filhos já narcisaram bem os pais, acontece de dizerem: "O caçulinha é realmente uma surpresa." Os pais não esperavam ter esse filho, nascido dez anos após o penúltimo, enquanto os outros eram de idades mais próximas entre si. Tinham ficado encantados de ter esse filho, mas, enfim, a mãe já era avó.

E, como nunca lhe haviam explicado essas coisas básicas, como não lhe haviam dito nada sobre as relações de parentesco, esse menino, de que estou falando, estava involuindo.

P.: Que relação esse tipo de elucidação teria, no plano teórico, com uma interpretação?

F. D.: Isso interpreta a burrice (*risos*); a burrice da família. Oxalá escapemos disso! Isso interpreta a coisificação dos seres vivos. O que faz de um ser uma coisa é o fato de ele não ser olhado como a representação genética do encontro de dois sujeitos que não são irmão e irmã – pois isso é o incesto.

Esse menino preferia que a mãe não tivesse tido mãe. Sua mãe era a seus olhos a irmã de seu pai, de modo que ele vivia com um eu ideal incestuoso, o que bloqueava seu desenvolvimento psicossocial.

P.: Em uma primeira entrevista, muitas vezes nos defrontamos com esse tipo de história enrolada. Não seria positivo, justamente, intervir, então, no nível da compreensão da criança?

F. D.: Sim, mas, nesse caso, a situação já teria sido, talvez, esclarecida; pois o próprio pai caiu das nuvens ao descobrir que o filho não havia absolutamente entendido as relações de parentesco. O pai ser, para o filho, na qualidade de eu ideal, um representante incestuoso explicava o que estava acontecendo havia seis meses, desde que o menino deixou de ir à escola.

Vou resumir o caso: ele frequentou, durante três anos, uma escola especial. Ele tinha uma fixação "homossexual" de dependência com o diretor dessa escola, mas, havia alguns meses, esse diretor já não conseguia fazê-lo voltar domingo ao internato, após o final de semana passado em família. Pois o menino queria absolutamente ir deitar-se na cama da mãe, o que já não fazia desde os sete ou oito anos de idade. Isso voltou com a pré-puberdade. As pulsões genitais são incestuosas, era isso o que esse menino vivia como sendo normal; mas não incestuosas no plano sexual, pois ele parecia bastante atrasado quanto à abertura à sexualidade genital. O pai me disse que vira os filhos mais velhos se masturbarem – o que achara normal –, mas o filho menor, nunca. É uma criança que gostava de balas, que gostava de comida, que assaltava a geladeira. Sempre foi assim. Eram as gratificações orais que ele ia buscar, comendo, ao mesmo tempo, fartamente à mesa. É, aliás, gorduchinho; tem o tecido subcutâneo infiltrado, como uma criança mais nova. Os pais mandaram fazer todos os exames possíveis diante dessa debilidade, como vocês podem imaginar; ele foi totalmente esquadrinhado com relação a tudo o que poderia ter de orgânico.

Atualmente, declara que não pode ir às aulas, que sente dor nas pernas, dor de cabeça, que precisa deitar-se e que só se sente bem na cama da mãe, mesmo quando ela não está ali. E deita-se no lugar da mãe no leito conjugal, quando os pais saem, por exemplo. Dorme, tem um "sobressono", por regressão nas pulsões de morte.

É impossível, com efeito, que realize uma puberdade em tais condições. Não pode nem mesmo chegar à castração edipiana. É preciso reconhecer que ele tem pais mais velhos – já são avós. Ele não pode chegar à castração edipiana, já que o pai vive com a mulher como um irmão com a irmã e é avô de outras crianças pouco mais novas, apenas, que o filho. O menino, especialmente, não tem seu lugar; não tem lugar. Precisa voltar à cama dos pais para se reencontrar tal como era quando pequeno, para que, a partir daí, digam-lhe quem ele é, quem é sua mãe e como sua mãe foi castrada. Senão, não será uma mãe castrada; ela nem sequer foi parida: não teve mãe. Mas, na verdade, eu nunca ouvi uma criança, mesmo deficiente – ele tem um QI de 80, aproximadamente –, declarar algo do gênero.

Fora de suas atividades escolares, ele não é burro. O pai me disse que, em muitas pequenas coisas, em atividades mecânicas como remontar uma bicicleta, ele se sai bem. Faz acrobacias. Uma criança de três, quatro anos já é perfeitamente desenvolvida para fazê-las. Ele sempre foi muito acrobata: sobe nas árvores, acha ovos, quando não é muito cansativo, porque ele é bastante passivo – de resto, está cada vez mais assim. Mas, enfim, é capaz de fazer tais coisas.

Sua característica é achar tudo engraçado. Todos o acham encantador. É sempre gentil, nunca responde.

Os outros filhos dessa família são todos sadios. O caçulinha é um caso particular; vive como filho único, visto que os outros já estavam no ensino secundário quando ele nasceu; enfim, eram grandes demais para ele; em suma, eram adultos para ele.

O fato importante é que, para ele, nunca ficou claro que, quando um homem se casava, por exemplo, não era uma irmã que ele esposava. Para ele, os maridos das irmãs são irmãos delas, já que elas têm o mesmo sobrenome dos maridos. O cachorro tem um nome que é um sobrenome, o gato também. Ora, ele fez uma inversão de sexo, tomando o gato por uma gata. O nome pelo qual ele chamava o gato me fez pensar que se tratava na realidade de uma gata. Essa gata, ele também chamava de "gato", o que era bom sinal, já que, para as crianças, o gato é um representante das pulsões fêmea – mesmo que seja macho –, ao contrário do cachorro, que representa pulsões macho, mesmo quando se trata de uma fêmea. Que ele me tenha dito que a gata era um macho significa provavelmente que ele sabe que as pulsões passivas são, afinal, masculinas para ele.

Ele integrou seu sexo como menino, ele se sabe menino. Não há, nele, transexualidade imaginária. Não, ele é menino, mas tem uma mãe que não tem mãe.

Contudo, é provável que, quando sua sogra morava com eles, o pai a chamasse de "mãe" e que sua mulher a chamasse de "mamãe". O pai me disse: "Isso me espanta muito, porque ele gostava muito da avó." Ora, quando ele se dirigiu ao filho, dizendo-lhe: "Você se lembra da vovó? Era a mãe da mamãe", o menino não entendeu nada; visivelmente, ele não estabelecia a relação entre "avó" e mãe da mamãe. A avó era, sem dúvida, sua avó, a avó dele, mas não era ao mesmo tempo a mãe de sua mãe.

Eu lhe disse: "Mas, então, seu pai tinha duas mães? – Ah! É mesmo, talvez. Bom, é isso mesmo, isso mesmo."

Acho que não podemos tratar uma criança com dificuldades escolares sem ir, em primeiro lugar, justamente, às suas relações genéticas. Há cachorros nessa família que mora no interior. Tenho certeza de que esse menino deficiente sabe que todos os cachorros têm mãe. Talvez não saiba que tenham um pai.

É uma carência do simbólico que se encravou nele. Mas foi a primeira vez – e vocês veem como foi tarde em minha experiência – que ouvi uma criança me declarar de forma irredutível que sua mãe não teve mãe. Não sei se acontece com muita frequência de uma criança dizer isso. Que possamos projetar, sobre um ser humano, que ele não teve mãe é tão impensável!

E, se testemunho isso diante de vocês, é para compartilhar minha experiência com vocês, que estão começando na profissão.

Aquele adolescente entrava em um período regressivo muito sério, dessocializando-se. Ora, aos seis, sete anos, quando constataram sua incapacidade de ler e escrever (que ainda persiste, e que foi então considerada uma ligeira deficiência escolar com dislexia resistente a toda reeducação), poderiam ter identificado, nele, essa lacuna simbólica de sua filiação. A perfeita sintaxe de sua linguagem falada e sua destreza corporal acrobática induziram em erro, assim como sua habilidade manual natural, e não adquirida pela educação. Seus irmãos e irmãs mais velhos também tinham os mesmos avós maternos e paternos que possuíam o mesmo patrônimo, e pai e mãe que tinham o mesmo patrônimo de nascimento. Apenas o caçulinha não chegou ao Édipo, imaginando os pais como irmão e irmã. Por que apenas ele cresceu nessa confusão total com relação ao parentesco?

8

A respeito do inaudível

> *Aceitar não ouvir o que o paciente está dizendo – Sonho com a luta de Jacó com o Anjo; sonhos com cocô – A respeito das crianças geminadas – Com o nascimento de um irmão menor, a criança não se identifica com o outro, mas consigo mesma, tal como era quando pequena.*

P.: Gostaria de falar de uma mulher de cerca de trinta anos que está internada há dois anos no hospital-dia psiquiátrico em que trabalho. Há alguns meses, pediu para falar comigo. De fato, sou responsável por um grupo de massa de modelar e propus-lhe participar. Ela me disse: "Eu gostaria, mas não sou capaz de nada, não consigo fazer nada com as mãos." Respondi-lhe, então, que o grupo acontecia em tal lugar, tal dia e tal hora, que ela podia vir.

Na semana seguinte, pediu para encontrar comigo e falou-me, primeiro, de seu sentimento de anormalidade, da impressão de não ser como os outros. Veio, assim, várias vezes me falar de sua sensação de ter o cérebro vazio, de não ter ideias.

Ela fala de maneira muito particular, bem devagarzinho, sem olhar para nada, retorcendo as mãos, repetindo várias vezes a primeira parte de uma frase antes de terminá-la. É muito difícil entender o que ela diz.

Essa pessoa se chama Anne. Vem de uma família de oito filhos; tem um irmão gêmeo do qual nunca fala. Nunca faz alusão à família; ou, se a evoca, é usando apenas o termo "os outros". Não quer nomear "esses outros", que são seus irmãos e irmãs. Nunca nomeou, tampouco, esse homem, seu irmão gêmeo, que é casado e pai de família. Todas as mulheres da família, diz ela, se chamam Marie. Seu próprio nome é Anne, Marie-Josée. Chamam-na de Anne, enquanto todas as suas irmãs têm um nome composto com Marie.

Ela evoca a morte, seu desejo de morrer e a morte da mãe, falecida há um ano. No fim do dia, no hospital-dia, ela me puxou um pouco de lado para me dizer: "Sabe, eu lhe falei de morte, disse-lhe que eu tinha vontade de morrer, mas não é verdade." Então, propus-lhe falarmos novamente a respeito.

Nas conversas, ela tem bastante dificuldade em falar e me obriga insensivelmente, toda vez, a aplicar o ouvido, a me inclinar para ouvir o que ela diz; sou, então, obrigada a dizer-lhe várias vezes: "Não ouvi o que você disse. Você pode repetir?" A cada vez, ela necessita de muito tempo, como eu dizia, pois repete várias vezes o início das frases. E sempre termina a conversa dizendo: "Me faz muito bem vir falar aqui." E, isso, após ter evocado, dois minutos antes, tanto a morte da mãe quanto seu próprio desejo de morrer.

Repetindo que os medicamentos não lhe faziam nenhum bem, ela me disse, com muita dificuldade: "Não quero mais vir ver você."

F. D.: Faz quanto tempo que essa moça está assim mofando? Ela acha que, porque é gêmea de corpo, não tem sujeito e que deve ter a cabeça vazia, já que seu irmão tem um sexo que é o equivalente, em sua cabeça de baixo, a uma cabeça de cima. Ela teve que ceder o lugar ao irmão, para que ele fosse um sujeito; ela, ao contrário, é a-sujeito, "a" privativo de sujeito. Ela não quer morrer, mas ela não é sujeito. E, de fato, ela é como um objeto.

Se ela receber uma mesada, é suficiente para que ela lhe pague, na expectativa de, mais tarde, trabalhando, poder pagar-lhe, ao sair do hospital-dia. É isso que pode levá-la a continuar uma relação terapêutica com você. Pois aquela que se sente bem ao falar não é, ao que parece, a mesma que fala com você fora do atendimento. Fora, ela se sente uma pessoa, enquanto, com você, ela se sente uma menininha. Ela lhe diz: "Sabe, o que a menininha lhe disse não é verdade. Eu não quero morrer, mas a menininha lhe disse que ela queria morrer." Ela não paga para a menininha, quer dizer, ela não paga para a parte dela mesma que está reduzida ao estatuto de menor, atualmente. É preciso, pois, que pague para ela mesma. Que chegue, ao menos, no nível de uma adolescente que não trabalha e que ainda vive na casa dos pais. Uma adolescente deve pagar para si mesma, na medida de seus recursos.

Por outro lado, penso que, quando alguém, no divã ou em psicoterapia, começa a falar para não ser ouvido, não se deve forçar-lhe o tom. Você tem que aceitar a frustração de não ouvir nada. Aliás, ela não lhe diz: "Me faz bem falar com você", mas: "Me faz bem falar aqui." Não é, então, com você. A prova é que, quando ela já não fala com você, ela fala consigo mesma: visto que, então, ela fala e você não a ouve. Mas ela, ela falou. Para ela, é ela sua própria analista. Como sempre!

Como não lhe paga, ela é a única analista da própria. O fato de ela ir falar a uma analista que não a ouve é muito importante. Não é indiferente que você esteja presente, mas ela lhe dá a morte. Ela fala para si mesma. É como se você fosse um substituto de mãe que está na morte; ela a coloca na morte. Acho que você precisa aceitar estar na morte, pois ela fala consigo mesma, automaternando-se nesse momento. Acho que é assim que você pode ajudá-la, e não, absolutamente, obrigando-a a estar na realidade com relação a você. Você percebe? Durante as sessões, ela fala sozinha, para si mesma, e você está presente. E, depois, é fora da sessão que ela vem falar com você, e, aí, você ouve o que ela diz.

Parece-me que a pessoa sobre a qual ela transfere, na sessão, é a mamãe de sua primeira infância, que não a criou como "os outros", os irmãos e irmãs, apesar de ter-lhe dado, felizmente, o mesmo nome das outras filhas (Marie), que não eram gêmeas; ela deu-lhe até mesmo um nome de menina inteira e não de menina pela metade, por assim dizer, mas é provável que não a tenha criado como os outros, pois, nas famílias numerosas, em geral, os gêmeos se bastam a si mesmos; os pais não os individualizam quando falam com eles. Sempre dizem: "os gêmeos". Os gêmeos para cá, os gêmeos para lá.

As irmãs tinham, todas, um nome composto com Marie (então, ouvia-se "Marie" em seu nome quando eram chamadas), enquanto ela, que tinha três nomes, só era chamada pelo primeiro: Anne. A respeito disso, é também muito curioso que a tenham chamado de Anne [Ana] – nome da mãe de Maria no Evangelho. Ela trazia, assim, o nome da mãe da mãe. É bem possível que sua mãe tenha visto, diante desse casal de gêmeos que nascia, o casal formado por seus próprios pais.

É como se essa menina não tivesse tido nenhum objeto de identificação feminina quando era criança. Não lhe é possível encontrar um objeto identificatório e tampouco permanecer em simbiose com o irmão. Na realidade, ela nunca esteve de fato em simbiose, nem mesmo *in utero*: em sua placenta, ela não estava absolutamente em simbiose com o outro. Eles foram postos em simbiose pela linguagem...

P.: Até os cinco anos, só eram chamados de "os gêmeos".

F. D.: Acho que é preciso fazê-la pagar as sessões; é preciso abordar essa questão com ela, contanto que você deseje, de sua parte, que ela venha, e não que você possa ouvi-la. Você percebe?

Quanto a seu gesto de ficar contorcendo as mãos, é como se ela quisesse ao mesmo tempo representar e desfazer com as mãos sua identificação, ou melhor, sua fusão com o irmão: retirar suas mãos das mãos do irmão, que a perturbam – como se suas mãos estivessem sob as do irmão e ela tivesse que retirá-las. É, por outro lado, como se ela nunca tivesse tido mãos de menina, único sujeito de seu corpo, em razão de ela ter nascido ao mesmo tempo que outro, tendo a mesma idade que esse outro. Ora, ela teve outra placenta, ela é, pois, *una* desde o início – já que esses gêmeos são menino e menina. Contudo, ela foi totalmente simbiotizada nos estágios precoces da vida com esse irmão, em uma sexualidade complementada com ele e, sobretudo, na linguagem em que não os individualizaram um com relação ao outro.

É entre os dois, três ou quatro anos que as pulsões anais são castradas e podem ser sublimadas no agir, no "fazer", pelas mãos que formam um esfíncter, manipulando um material cujo interesse que desperta provém do interesse primeiro pelos excrementos. A boca também é investida de pulsões anais, aliás. A fala é produzida graças aos músculos da boca, que são músculos estriados. Falar é um "fazer" pela laringe, cavum e boca; é uma manipulação da coluna de ar. Nesse sentido, a palavra já é de ordem anal; desse modo, se essa doente não lhe diz nenhuma palavra inteligível, é a mesma coisa que não poder "fazer". Mas ela fala com a mãe em seu próprio íntimo, fala com a mãe que se tornou para si mesma; fala consigo mesma como se falasse com a mãe: "Aqui, em nossa casa." Acho que isso é muito positivo. O mais importante é não procurar saber o que ela diz.

Lembro-me do caso de uma pessoa que atendi no divã, após dois outros psicanalistas; o segundo havia, finalmente, preferido encaminhá-la a uma mulher, eu, no caso. Eram psicanalistas homens. O primeiro não conseguiu ficar com ela muito tempo e passou-a a outro, que a passou para mim porque não ouvia nada do que ela dizia, de tão baixo que ela falava; contudo, era muito importante.

E ela fez todo o tratamento comigo, sem que eu ouvisse nada. Ouvi, posso dizer, três sonhos; e esses três sonhos bastaram para levá-la à cura.

Em um de seus sonhos ela descia a escada de uma casa que tinha um vitral em um corredor. (Nas casas de sua região natal, era comum, parece, haver vitrais.) Em seu sonho, o vitral representava a luta de Jacó com o Anjo. Ouvi o que ela dizia naquele momento: era uma luta entre dois homens, um deles com asas. Quando ela era pequena, não sabia o que estava representado ali, no vitral. Sua mãe lhe dissera: "Sabe, é a história de Jacó." Mas minha paciente não sabia qual dos dois era Jacó.

Nesse sonho, fascinada pelo vitral, ela já não sabia se ela própria estava no térreo, no primeiro, no segundo ou no terceiro andar; se estava em baixo ou em cima. Ora, por associação, eu disse: "Em que andar da casa, na realidade, estava esse vitral?" Ela me disse que estava no primeiro. Estava como que fascinada por essa imagem, não sabendo se ela própria não era, de fato, aquele que tinha asas – ou seja, um ser que não tomava posse do ar para se destacar.

Os dois outros sonhos eram sonhos exclusivamente com excrementos. Em um, ela vinha até meu consultório, excrementava, e meu consultório ficava absolutamente cheio dos seus excrementos; ela mal podia se esgueirar por um cantinho para conseguir passar e sair depois da sessão.

O terceiro sonho era, ainda, um sonho em que ela só fazia cocô e mais cocô; e era extraordinária a quantidade que podia fazer! Feliz e orgulhosa de si mesma.

Essa jovem estava, em geral, penteada como uma caricatura: como uma menininha que tivesse cabelos crespos. Ora, depois de ter feito o relato do sonho do Anjo, ela voltou com os cabelos perfeitamente penteados, quer dizer, com os cabelos cortados; com isso, ela ficou muito bonita. Antes, com os cabelos crespos, era como uma criança que nunca tivesse sido penteada.

Após o primeiro sonho com excrementos, ela se vestiu de fato, quando, antes, vestia-se sem nenhuma faceirice, sem nenhum narcisismo.

E, após o terceiro sonho, curiosamente, anunciou-me que ficaria noiva.

No início do tratamento, ela não trabalhava, mas, pouco depois, enquanto eu não entendia nada do que ela dizia, foi preciso mudar os dias das sessões. De pé, ela me falava de forma audível. Era quando estava no divã que eu não ouvia nada. No divã, ela acabou me dizendo que precisava mudar de dias porque encontrara um trabalho. Pensando que, caso contrário, ela poderia não trabalhar, disse-lhe: "Você só tem que me dizer a que horas pode vir." Ela esperava que eu trocasse os horários das sessões a seu bel-prazer. Então, eu lhe perguntei: "Em suas primeiras análises, você por acaso trocou os horários das sessões?" (Eu pensava: ela quer me manipular.) Ela me respondeu: "Pois é, não, justamente; e eu não podia trabalhar, porque as sessões ocorriam nos horários de trabalho." Ela tinha marcado suas sessões, nas duas análises precedentes, justamente em horas convenientes apenas para pessoas que não trabalham. Assim sendo, eu lhe disse: "Bom, nós marcamos esses horários, mas podemos mudar." O que fizemos. E, depois disso, ela nunca mais pediu para mudar o horário das sessões que escolheu, dessa vez compatível com o de seu trabalho.

E, depois, soube que ia ficar noiva. Eu não entendia nada, já que não ouvia nada. Na realidade, aquela quantidade de merda que depositara em meu consultório era uma merda que pertencia à sua mãe, que nunca a instruíra de nada.

O interessante é que ela tinha uma irmã mais nova que conseguira tudo na vida. A irmã já estava casada quando ela própria começou o tratamento. Parecia tão bloqueada que o psiquiatra consultado na época dera o diagnóstico de esquizofrenia. Ora, ela não era absolutamente o que podemos chamar de esquizofrênica.

Fora a gêmea zero para a segunda, que fora a gêmea número um. Tinham-nas geminado. Aliás, ela só foi para a escola quando a irmã menor foi. Ela foi refreada, e, como puseram a irmãzinha na escola aos quatro anos, ela mesma só começou a frequentá-la aos cinco anos e meio; tivera que esperar a irmãzinha para começar a ir para a escola. Tudo era submetido à irmã menor.

Quando tive a oportunidade de falar dela com seu primeiro analista, ele me perguntou: "Ela lhe disse alguma coisa? Nunca ouvi absolutamente nada do que ela me disse." Respondi-lhe: "Eu também não; exceto três sonhos." Falamos daquela luta entre a menininha angélica que, de algum modo, não era absolutamente nada, não tinha nenhuma consistência, e Jacó – a irmã de minha paciente chamava-se Jackie, o que eu só soube pelo outro psicanalista. O Anjo estava ferido na asa [*aile*], e ela, em seu "ela" [*elle*]*, em seu narcisismo através da irmã. Foi certamente isso que saiu sob a forma daquele enorme cocô.

Era uma moça que, depois, fez completamente sua vida. Casou-se. Depois, um dia, me disse: "Vou ser obrigada a parar a análise porque vamos morar em outra cidade, em razão do trabalho de meu marido." Foi embora como tinha vindo. Eu, por meu lado, não entendera grande coisa.

Algum tempo depois, fiquei sabendo, por aqueles que a tinham indicado, que ela tinha três filhos, que tudo ia bem. Sua análise comigo foi um episódio em que ela precisou anular a outra-mulher. Efetivamente, talvez não fosse má ideia enviá-la a uma mulher, mas a uma mulher que deveria fazer seu luto dela. E era conscientemente que ela me anulava, como havia sido anulada. Tendo-me anulado, ela pôde novamente existir e ter um destino, como a irmã, em um meio burguês. Acho que é muito importante suportar que os pacientes nos castrem.

Essa moça era de uma família abastada. Tinha dinheiro, isso não era problema. Ela era maior, tinha uma conta no banco, assinava seus próprios cheques. Ora, ela começou a trabalhar.

---

* As palavras *aile* [asa] e *elle* [ela] são homófonas em francês, daí essa associação. [N. da T.]

Eu era então uma jovem psicanalista, por isso estava tão preocupada com a ideia de me deixar manipular em uma questão de mudança de horário. Mesmo assim aceitei, porque estávamos bem no início do tratamento e porque ela escolhera, de fato, um horário de sessões que a teria impedido de trabalhar. Ora, quando alguém, em idade de trabalhar, escolhe sessões em horários de trabalho, é como se estivesse decidido a nunca trabalhar.

No exame de conclusão do secundário, essa moça passara tanto no de exatas quanto no de humanas, o que lhe valera dois diplomas – "meus dois diplomas", dizia ela –, e tinha também uma graduação, já não me lembro qual. Mas encontrara um trabalho em uma loja. Não sei o que fazia, mas em todo caso foi uma atividade que a colocou na sociedade, permitindo-lhe se renarcisar: sua cabeça já não parecia um espanador, vestia-se como uma moça de seu meio e de sua idade, em vez de usar sacos de batatas feios de um ser assexuado. Tornou-se realmente uma moça muito bonita.

Era surpreendente ver que aquela transformação narcísica se produzira graças ao fato de ela me haver posto na merda e na morte; no cocô. Em meio ao silêncio, em sessão, foi com um risinho de menina realmente muito contente que ela contou esse sonho: ela fizera cocô em meu consultório. Ela fez: "Hi-hi-hi." Eu, por meu lado, não abri a boca. Escutei o sonho.

Como tomo notas, guardei seu dossiê. O que anotei foi isso: "Pequenos brancos. Não ouço nada. É como se eu não devesse ouvir nada."

Em geral, nas sessões, nunca peça para repetirem o que vocês não ouviram. Pois o importante é o fato de o paciente ser seu próprio analista, não nós, mas é graças à nossa presença e ao fato de ele vir nos pagar o tempo de uma pessoa qualificada para ouvir o inconsciente – é isso que faz emergir, no paciente, o analista que há nele; não é porque ouvimos e entendemos, nem porque nos sentimos gratificados com a ideia de sempre sermos bons analistas. É simplesmente o fato de estarmos ali e aceitarmos ser frustrados, ser castrados, que faz com que o outro, então, possa alcançar seu dizer e entender o que diz. E, depois, em alguns sonhos que são justamente sonhos de transferência e que podem ser ditos, vemos em que nível se encontrava a libido, como nessa paciente bloqueada, da qual acabo de falar, que acumulara em si um ódio que só podia se traduzir por: "merda, merda, merda; quero que você vá à merda, à merda". E, graças ao fato de ela ter me esmerdeado tanto, ela pôde emergir e sair de sua indigência, na qual estava completamente apagada como sujeito para a sociedade.

Essa paciente falava de maneira audível quando estava frente a frente comigo; mas de modo muito fragmentado. "Vim. Porque não estou bem. Estava com o senhor Fulano. Fiquei dois anos com ele. Ele me disse que seria melhor se eu me tratasse com uma mulher." Um fluxo de palavras muito fragmentado.

E – voltando ao assunto – acredito que efetivamente esse trabalho, que foi um trabalho de estilo psicoterápico por ocasião de uma análise, era impossível de ser feito com um homem; era-lhe impossível esmerdear um homem, porque um homem é o representante das pulsões fálicas e das pulsões ativas. Ora, se ela o tivesse afogado na merda de suas próprias pulsões ativas, ela não poderia ter feito nada. Mas cobrir a mãe de merda, sim; pois era assim que podia advir-lhe uma potencialidade de menina, de mulher, de mãe.

Quanto aos homens, ela os evitava efetivamente havia dois anos, mostrando-se antissedutora no hospital em que havia passado uma temporada antes de seu tratamento comigo, apresentando-se como um ser neutro, aristocraticamente mendigo. Sua única maneira de anular, em si, o eventual impulso das pulsões genitais era neutralizando o olhar que aqueles psicanalistas poderiam ter posto com prazer sobre ela. Ela não conseguia conviver com os homens senão dizendo-lhes, daquela maneira: "Torno-me um objeto sem sedução para você." Pois estava bloqueada pelo medo do incesto, do qual poderia ter sido objeto por parte do pai. Seu pai não foi absolutamente importante, como tal, em sua vida. Só houvera "papai-mamãe"; além disso, as crianças haviam sido educadas pelas empregadas. Isso, eu não ouvi diretamente de sua boca; mas o primeiro psicanalista a quem ela fora encaminhada por um psiquiatra conversara com os pais, que estavam preocupados com a filha, pois ela vivia exatamente como um animal de estimação em casa; antes do casamento da irmã, ela sempre saía com esta última. Em resumo, estavam geminadas. Depois, como sua irmã se casara, ela ficara esquecida, exatamente como uma gêmea que, sozinha, já não consegue encontrar atividades prazerosas na sociedade. Ela era o duplo da irmã, a mais velha que se sacrificara pela irmã menor. As duas meninas tinham constantemente o mesmo destino. Eram muito próximas uma da outra pela idade: menos de dois anos, quinze meses, uma diferença que facilita a geminação, como acontece nas famílias. É da criança que se afirma que todos se ocupam. Era sua irmã que era portadora das pulsões fálicas na sociedade, enquanto ela era passiva; acompanhava a irmã, parecendo sempre estar de acordo com ela, mas, no final das contas, permanecera no estado de nada, de ser sem sexo.

As geminações, nas quais o sujeito não se assumiu em sua gemelidade, mas se viu confundido, em simbiose, através de seu corpo, com o irmão gêmeo, produzem, nele, uma extinção mental grave; o que pode levar até à esquizofrenia de um dos dois, enquanto o outro vai ter êxito na vida – sejam eles gêmeos falsos ou verdadeiros. O mesmo acontece com as crianças geminadas.

Pois, quando se diz, por exemplo, de uma criança de quinze meses, que ela faz "como a irmãzinha" de alguns meses, pegando a mamadeira "como ela", isso não é verdade. Ela quer a mamadeira como na época em que ainda não fora desmamada; quer fazer como *ela mesma* fazia antes. É uma invaginação simbólica em sua própria história. Não é absolutamente, como dizem os pais: "como a outra". São os pais que acreditam ver isso. Mas, para a criança, isso é morrer aos quinze meses de vida, para ter apenas um mês. Ela apagou seus quinze meses e, ao mesmo tempo, sua identidade, seu sexo. Uma se torna a placenta da outra, placenta que potencialmente deveria ser descartada.

Acho que é muito importante saber como duas meninas geminadas estão alojadas, como, no inconsciente, ou seja, na hipnose, no sono, essas crianças vivem na casa – já que é no sono que as fusões podem ser feitas mais profundamente.

Por isso é perigoso que as crianças durmam no quarto dos pais até os dezoito meses. Após os dezoito meses, quando elas podem ver tudo, até as cenas de amor dos pais, isso já não tem a menor importância. É quando elas sofrem sua influência sem vê-los que é grave. Mas continua sendo grave aos dezoito meses, se as crianças sofrem sua influência sem vê-los; porque, até o Édipo, a criança está submetida a pulsões que ela vive no nível em que está de sua imagem do corpo.

Se os pais fazem amor quando o bebê está no quarto deles, isso não tem nenhuma importância, contanto que o bebê chore para que lhe deem uma mamadeira a mais; está na idade oral, como se estivesse *in utero*: a tensão de desejo associada à do casal vai superativar suas pulsões orais, ainda mais por essas pulsões serem satisfeitas pela mamadeira que satisfaz a necessidade (a fome). Mas é também como se, identificando-se com a mãe que, por seu lado, sente desejo, e talvez amor, os pais se satisfizessem pela necessidade, pelo pênis do pai, objeto parcial, ao qual está associada, para a criança, a mamadeira que lhe é dada para acalmá-la.

Ora, o que acontece, em função da presença simbiótica do outro no sono, é que cada um, já não tendo sua identidade, compartilha as emoções do outro. Acontece até de crianças que vivem muito próximas uma da outra terem os mesmos sonhos, ou sonhos que se completam.

A respeito dessas fantasias complementares, posso citar-lhes o caso das gêmeas que atendi no hospital Trousseau. No início, eu as recebia no mesmo dia, mas elas faziam seu trabalho para a consulta separadamente, como qualquer outra criança, para não serem influenciadas pelas pessoas naquilo que iam dizer. Portanto, elas ficavam sozinhas para dizer o que tinham a dizer em desenhos, modelagem ou escrita à doutora Dolto. Pois bem, elas sempre traziam o complemento uma da outra: se uma fazia uma mesa, a outra fazia cadeiras; se uma fazia um bebê com uma cabeça, um corpo e dois braços, no desenho ou na modelagem da segunda frequentemente não havia o rosto – às vezes era uma touca, um corpo e duas pernas, mas não havia braços. Um corpo, um tronco, era tudo o que havia de comum em seus desenhos, e só. Mas elas se completavam. Uma fazia um copo, a outra a garrafa. Tudo era assim. Elas funcionavam de maneira complementar. As duas eram necessárias para que "nós" pudéssemos funcionar. Uma cadeira sozinha é imbecil para um ser humano. Então, elas formavam, ambas, um único ser humano, mas uma colocava *apenas* a cadeira. Cada uma delas era o complemento funcional da outra.

Por que razão uma criança regride quando nasce um irmão ou uma irmã? A razão é extremamente complexa. *Ela regride a um momento da história dela própria. Não se trata absolutamente de uma identificação com o outro.* Ela resiste, justamente, a ter de se identificar, e é por isso que acaba retornando a uma identidade regressiva. Nega, pois, em si mesma, uma identidade que a colocaria em um nível de esquema corporal superior ao do outro; nega seu desenvolvimento para não ter que exibir um comportamento, com relação a esse outro, que o separaria das pessoas que lhe são indispensáveis, que são seu pai e sua mãe. É um processo muito complexo.

Nunca digam – deixem que as pessoas digam, mas não vocês – que uma criança regredindo assim identificou-se com o outro. Não! Identificou-se consigo mesma, em uma etapa anterior de sua vida. Isso é muito importante. Diz-se, comumente, que o mais velho sente ciúmes do recém-nascido. Na realidade, ele está na experiência insólita de ter pela primeira vez, sob os olhos, em casa, um ser humano menos desenvolvido que ele, às vezes de sexo diferente. Até então, amar, identificar-se com um ser que ele amava não era contraditório com seu desenvolvimento. Ora, nesse caso, amar o recém-nascido (para identificar-se com os adultos, como de hábito) produz um efeito de involução. Os pais veem na geminação uma solução que pouparia o mais velho de distúrbios de temperamento: as causas da angústia diante dessa experiência insólita são anuladas. "Vamos fazer igual para as duas crianças, apesar das idades diferentes. Assim, ninguém ficará com ciúmes!" Os pais que acreditam contribuir, assim, para a paz da relação entre os filhos, na realidade prejudicam o desenvolvimento pessoal de ambos.

Não se deve geminar um irmão e uma irmã, por exemplo, nem deixá-los se complementar como um casal – quero dizer, um falso casal, um casal complementar apenas pelos objetos parciais. Aliás, as relações entre quaisquer seres humanos não são tão simples. Não é porque existe um pênis e uma vagina que existe, ali, um homem para o qual o outro será sua mulher. Não! Não é verdade. São, talvez, dois "iguais", um deles tendo uma fenda e um buraco na frente e outro atrás. Não sabemos o que o corpo de cada um deles representa, reciprocamente, para eles. Não é de modo algum porque isso "funciona" entre eles, como se fossem um homem e uma mulher, que são efetivamente homem e mulher. Os objetos parciais – pênis, vagina – funcionam, talvez, de maneira complementar, mas nada sabemos da relação amorosa em cada um dos dois sujeitos.

Mas voltemos aos gêmeos de nascimento. Quando tratamos, em psicanálise, o gêmeo que não consegue ir para a frente, o outro, por mais brilhante que seja, degringola totalmente e pode até fracassar no momento em que o irmão gêmeo se cura.

As duas moças de que lhes falei estavam geminadas desde a primeira infância. Tinham onze meses de diferença, mas, na época, a diferença de idade entre elas parecia maior. Tinham entrado ao mesmo tempo na escola, tinham acompanhado as séries primárias juntas. Foi o diretor da escola que me telefonou para me dizer que estava retirando uma delas da escola. A mais jovem tornara-se progressivamente a melhor; a mais velha, que se contentava em acompanhá-la, estacou no sexto ano. O diretor me disse: "Ela já não conseguiria nem sequer acompanhar o quarto e o quinto ano. Não pode continuar em meu estabelecimento. É deficiente. Não me dei conta no início. Ela parecia acompanhar, provavelmente porque seguia a irmã. Evidentemente, vou manter a que é excelente aluna no sétimo ano, mas é preciso absolutamente fazer algo pela outra, colocá-la em um estabelecimento especializado."

Assim, a mais velha, que era deficiente escolar, entrou em psicoterapia e foi colocada em uma pequena escola que aceitava crianças aberrantes, tanto superdotadas como subdotadas.

Eu disse, depois, ao diretor da escola: "É uma pena o senhor não mantê-la na sua escola, já que ela está em psicoterapia. As coisas devem provavelmente entrar nos eixos. Mudar tudo ao mesmo tempo não é bom para as duas meninas. – Mas nem pensar! A senhora não está entendendo! Ficar com a que tem bom aproveitamento, naturalmente; mas a outra já não é possível."

Ora – e não foi preciso esperar muito –, uma vez a suposta deficiente em psicoterapia psicanalítica, a que era brilhante não apenas tornou-se um zero à esquerda depois de alguns meses, como recomeçou a fazer xixi na cama, o que, aos onze anos, é bastante problemático. Além disso, ela teve um monte de distúrbios psicossomáticos.

O diretor da escola me telefonou a respeito dessa menina: "Sabe, ela não está bem. Não sei o que está acontecendo com essa psicanálise da irmã. Mas o que é, afinal, essa psicanálise? É a outra que está desabando." Respondi-lhe: "Eu disse ao senhor para mantê-las juntas." Ora, ele queria que as duas irmãs fossem ao mesmo psicanalista, alegando que eu o aconselhara a mantê-las juntas na mesma escola. Disse-lhe:

– Não.

– Mas a senhora me disse que era preferível que ela ficasse na mesma escola que a irmã.

– A escola é a sociedade. O aprendizado se dirige ao consciente, mas não a análise. Elas precisam de dois analistas diferentes. A transferência sobre o mesmo analista as faria se geminarem de novo, inconscientemente. [Eu estava falando grego para ele!]

As coisas finalmente se acertaram; a segunda foi a uma outra analista, e as duas meninas se restabeleceram.

Acho que houve, na origem dessas dificuldades, algo totalmente patogênico da parte dos pais, identificando a mais velha com a mais nova quando ela regredira com o nascimento da irmã. Essa menina não fora posta a par da genitude dos pais – trabalho que é preciso fazer com as crianças bem pequenas, quando uma outra nasce, para ajudá-las a entrar em uma situação triangular em vez de colocá-las de novo em uma situação dual.

Quando temos uma demanda de tratamento para um gêmeo, é preciso prestar atenção no outro, porque não estamos aqui para vestir um santo e despir outro. Não é para arrasar um sujeito, alegando que estamos ajudando outro aparentemente mais afetado, que estamos aqui.

9

Psicoses

Criança fóbica, que late: o significante "cachorro" e o pai idealizado – O nome e o acaso da letra: uma criança incestuosa – A respeito da inseminação artificial – Criança esquizofrênica: "o lulu-da-pomerânia na gaiola de Faraday" – Criança asmática – A gagueira e a máscara.

F. D.: A respeito dos tratamentos de crianças que são interrompidos por instâncias tutelares quando ainda não terminaram, lembro-me do caso de um rapaz para o qual um advogado me telefonou um dia, a fim de obter um atestado. O moço estava na prisão por reincidência: assalto à mão armada (porte de um revólver que, aliás, não estava carregado), mas era, ainda assim, uma progressão na delinquência com relação a simples furtos.

O rapaz fora atendido, muito tempo antes, no hospital Trousseau; tinha, então, apenas dez anos; mas eu o atendi quando tinha doze. Estava sendo acompanhado havia dois anos por psicólogos sucessivos que se tinham cansado, por não conseguirem entrar em contato com ele: era louco, fóbico; berrava, xingava todo o mundo, especialmente dona Arlette, a auxiliar. Enfim, era uma criança completamente acuada. Perguntaram-me se eu não queria tentar tratá-lo; mas, já naquela época, algumas pessoas assistiam às minhas consultas, para se formar em psicanálise infantil. Ora, ele gostaria que eu o atendesse, mas não na frente de um público.

Finalmente, um dia, cedi, considerando o estado gravíssimo no qual se encontrava aquela criança, que não sabia nem ler nem escrever e que, aos dez anos, era enurético e ladrava – era um gago ladrador: ladrava antes de conseguir emitir as palavras. Fui para outra sala, sozinha com ele. Mas ele não conseguia falar comigo. Tinha se refugiado, agachado, em um canto da sala, para falar comigo ladrando e contanto que eu ficasse perto da porta. Ficava realmente aterrorizado de ter que falar com alguém.

Fora confiado a uma casa da OSE*. Quando sua história pôde ser reconstruída, a cura foi espetacular. O que sabíamos pela anamnese era que ele era o filho mais velho de uma família cujo primogênito era uma menina, sobre a qual ele não sabia que não era filha de seu pai. Depois dele, vinham três irmãs; e, finalmente, quando ele tinha oito anos, nascera um irmãozinho. Quando sua última irmãzinha nasceu, ele tinha seis anos. A filha mais velha, que não era do pai desse menino (o que, oficialmente, ninguém sabia), tinha sido criada pela avó materna. Esse pai a reconhecera. O menino, assim como as três irmãs menores, tinha sido criado pela avó paterna. Essa família era originária da África do

---

* Ver nota da p. 388. [N. da T.]

Norte. O pai fora boxeador, mas, como não encontrava contratos suficientes para ganhar assim a vida, tornara-se socorrista de ambulância. Era tudo o que sabíamos a respeito dessa criança, no início do tratamento.

Ora, o interessante era que o menino fizera, no início do tratamento, um desenho que era quase *nada*: um véu quase sem cor e um traço. Contudo, foi a partir disso que toda a história do que lhe acontecera voltou: tratava-se do acidente, em que ele "fora morto", ao tentar encontrar-se com seu papai. Disse-lhe: "Você não estava completamente morto, já que você está me contando a história e está aqui." Ele se mostrou interessado por essa observação. Contou-me, então, que estava em um campo e que seu pai estava do outro lado da estrada. Ele o vira e ficara tão contente em vê-lo que atravessara a estrada; e fora atropelado "como um cachorro", dizia ele. Isso podia ser uma fantasia. Disse-lhe: "Talvez você tenha sonhado? Talvez você tenha inventado?" Ora, naquele momento, ele levantou seu calção e, como não conseguiu – era uma bermuda –, baixou o calção e me mostrou uma enorme cicatriz, horrível aliás, que ia do quadril até o joelho, e da qual não se fazia nenhuma menção em seu prontuário.

Pudemos reconstruir a história ligada a esse acidente que ele me contara: que fora atropelado como um cachorro, que morrera. Soube, depois disso, que, antes desse acidente, ele não gaguejava, não fazia xixi na cama, não fazia cocô nas calças.

Ficara três meses no hospital por causa dessa fratura exposta, depois, seis meses em reabilitação, em vez de voltar para a casa da avó paterna, que o havia criado desde sempre. Nesse meio-tempo, o pai, indo visitar o filho no hospital, travara conhecimento com o pessoal de serviço. Fora assim que se tornara socorrista de ambulância da Assistência Pública. Por essa razão, obtivera, em seguida, uma casa funcional de seis cômodos nos arredores de Paris. O pai e a mãe disseram-se, então: "Vamos ficar com todas as crianças." Quando o menino voltou – tinha oito anos –, o último acabara de nascer. Era o primeiro e único menino que nascera depois dele. O drama começou nesse momento. Quando o menininho voltou para a família, a mãe quis "adestrá-lo" imediatamente, como ela própria disse, aliás. Era uma boa mulher que nunca criara os filhos e que só foi realmente maternal com o último – aquele que acabara de nascer e que o menino de oito anos via, então, ser criado pela mãe.

O que espantara os pais foi que, justamente no dia em que a criança vira o pai chegar do outro lado da estrada e atravessara para encontrá-lo, tinham recebido uma carta informando-lhes que o filho não frequentava a escola. O menino estava matriculado no pré-primário. Os pais ficaram muito surpresos. O pai foi até a casa de sua mãe (ele sempre ia), e ela lhe disse: "Não é verdade! De manhã ele sai para ir à escola. Volta no final da tarde." Ora, ele ficou sabendo que, na escola, nem sequer conheciam seu filho. Ele estava matriculado, mas nunca o tinham visto. Em suma, o menino matava as aulas; tinha inúmeros interesses. Na periferia em que vivia, conhecia todos os operários, todos os pedreiros. Enfim, passava a vida fora de casa e nunca fora à escola.

Nesse dia em que quis ir ao encontro do pai, foi atropelado como um cachorro. Bom. Quando voltou a viver na casa dos pais, em vez de retornar à casa da avó, alguns meses mais tarde, chegou a uma casa desconhecida, em que havia um bebê menino recém-nascido. A mãe queria adestrar o grande. Naturalmente, ele voltou a fazer cocô nas calças, a gaguejar. A mãe não aguentou. Foi aí que começou a angústia da criança. O pai, por seu lado, era pacato; aquele antigo boxeador não tinha nada de violento. Fora educado de modo muito tradicional, como ele próprio contava. Era a mãe que era o "homem" da família.

Assim, a criança nunca foi escolarizada, e, bruscamente, a mãe queria adestrá-lo. Tornou-se psicótico.

Como era impossível tratá-lo, o juiz decidiu confiá-lo – depois de obter o acordo dos pais – a uma dessas casas judaicas surgidas no pós-guerra. Eram excelentes instituições, criadas inicialmente para crianças que haviam perdido os pais; em seguida, começaram a ocupar-se, também, dos casos sociais. Ora, aquele menino realmente fazia tudo para ser detestado e rejeitado por todos. Ninguém entendia por quê. Todos sentiam que era muito inteligente, mas era incapaz de ler e escrever: incapaz de viver, a não ser como cachorro.

Fora no dia em que correra em direção ao pai que tudo começara: se corremos em direção a nosso pai, *boxeador*, e somos atropelados, nos tornamos um boxeador atropelado (um *boxer*, um *boxeado*), um cachorro atropelado. Tanto mais que o pai aproveitara para se tornar socorrista de ambulância, coisa de que a criança não tinha lá muito orgulho. Não era tão chique quanto ter um pai boxeador e um tio chefe de uma brigada policial.

O que eu não sabia absolutamente naquele momento – só fiquei sabendo posteriormente – era que a mãe declarara: "Minha sogra o criou como um cachorro." O menino estava, então, no significante "cachorro" desde pequeno. Corria por todos os lugares e só voltava para receber sua ração. Era assim. Ao passo que as irmãs iam à escola: as duas maiores tinham entrado no maternal, a terceira ainda não.

O menino começou a melhorar, ou seja, a ir à escola, graças ao sensacional achado dos seguintes significantes: "boxeador", "cachorro *boxer* atropelado". Ao mesmo tempo, ele achava que o pai tinha parado de lutar boxe por ter medo dos golpes: ora, ele próprio era um menino fóbico ao toque. Então, expliquei-lhe que não era por isso que o pai tinha parado de lutar boxe, e que era graças a ele que tinha se tornado socorrista de ambulância e podia ganhar dinheiro; acrescentei que, para ser socorrista de ambulância, era preciso ser muito forte, porque era preciso carregar as pessoas. Enfim, reabilitei um pouco o pai, dizendo-lhe ainda que, graças a essa situação, seu pai tinha obtido uma casa e todos puderam, assim, viver juntos, em família.

Quanto ao próprio pai, como indiquei de passagem, ele tinha um irmão na polícia. Só falava de dois de seus irmãos – tinha irmãs, mas nem sequer falava delas. Dos dois irmãos que o interessavam, um era, então, policial, e o outro, que era o último da família, vivia na casa da mãe. O menino o conhecia bem, já que vivera com esse tio na casa da avó. Fora, portanto, criado com esse irmão do pai; é por isso que o pai dizia do filho: "Ele será como meu irmão (vamos chamá-lo de Léon). Ele será como Léon, um verdadeiro bicho. Léon, depois que sofreu um grave acidente durante a guerra da Argélia, tornou-se um verdadeiro bicho: trabalha, come e dorme." O menino era muito afeiçoado a esse tio: tudo tinha sido amarrado em torno do significante "cachorro" e desse tio.

O menino melhorou tanto depois que em um ano recuperou todo seu atraso escolar. Tinha então doze anos. Talvez não tenha recuperado tudo, mas aprendeu a ler e a escrever em três semanas. Recuperara uma identidade humana. E pronto!

Contudo, essa criança roubava. Para mim, o que ele fazia não era roubar, mas "raptar"; porque não tinha a menor intenção de fazer algo com o que pegava. Pegava dinheiro, escondia-o em qualquer lugar e não comprava nada. Ora, eis como tudo pareceu, em dado momento, ajeitar-se. Ele fora, anteriormente, rejeitado por dois psicoterapeutas ao mesmo tempo que por dois ou três educadores, que tinham se queixado, declarando que era impossível cuidar dele: se se aproximavam dele, ele chutava etc. Evidentemente, já que era tão fóbico de contato e que não conseguia suportar ser maternado! Para ele, era um terror. Ora, acontece que, enquanto ele estava em tratamento comigo, que era uma mulher, um novo educador chegou à OSE, a instituição em que ele estava. Estávamos, justamente, num momento de virada do tratamento: no momento em que seu pai estava, a seus olhos, reabilitado. E o menino agarrou-se a esse educador. "Você vai me ensinar a ler. Quero recuperar meu atraso." O educador foi maravilhoso: ocupou-se do menino, que fez progressos muito rápidos. Para ele, havia agora "o senhor Serge" e havia "a senhora Dolto". Esse educador me disse, um dia: "Sabe, ele fica muito chateado, agora, de faltar à escola terça de manhã." (Era o dia de sua sessão comigo.) Observei-lhe: "Ainda há os roubos. – Desde que o estou acompanhando, ele parou de roubar", ele me respondeu. E era verdade.

Além disso, o senhor Serge estava desconsolado, porque toda vez que dizia ao pai que o filho estava indo muito bem e que já não falava durante as aulas, o pai replicava: "Não é verdade. Sei muito bem que ele será como Léon. Não é verdade. Sei muito bem que o senhor está dizendo isso para me agradar. Sei que ele será como Léon." Não havia nada a fazer. Ele identificara o filho ao seu irmão Léon. Então, o senhor Serge disse à criança: "Quando você tiver feito as provas, seu pai acreditará." Eu, por minha vez, disse ao educador: "Pergunte ao pai, justamente, se ele acredita que seu irmão, que sofreu um acidente durante a guerra, também poderia ter sido curado. O irmão era inteligente, o menino também, e também ele sofrera um acidente."

O pessoal da OSE, apesar do apuro com que estabeleciam as anamneses, declarou, por seu lado: "Sabe, nunca acreditamos que o menino tivesse sofrido um acidente, porque o pai nunca falava disso, exceto por associação com o acidente de seu irmão. E era sempre quando falava negativamente do filho que mencionava o acidente. De modo que concluímos que se tratava de um suposto

acidente que o menino teria sofrido e que o teria tornado doente como o tio."
Era isso o que havia no prontuário dessa instituição. Ninguém notara que ele tinha aquela cicatriz tão feia, do quadril até o joelho. Todo o pessoal da OSE ficou consternado quando lhes contei; não era preciso. Contudo, o que teve consequências foi o fato de eles terem interrompido o tratamento. Tudo deu perfeitamente certo até o dia em que o senhor Serge foi embora. Pois um dia, infelizmente, o senhor Serge foi embora.

O menino pediu, então, para vir me ver. Sentia um pesar insuportável com a partida de seu educador. Disse a ele: "Você certamente pode conseguir seu endereço." Tentaram obter o endereço do senhor Serge; depois, eu lhe disse: "Você voltará o ano que vem" – as férias estavam chegando. Ele voltou e disse: "O senhor Serge não respondeu." Não era, provavelmente, o endereço certo.

O menino era um bom aluno, mas recomeçara a roubar. Então, o pai o surrava. E deixaram-no continuar assim. O advogado, que me telefonou anos mais tarde, me disse: "É um rapaz notável, inteligente."

Foi o problema daqueles raptos que ele cometia que não fora analisado. Ele só recuperara a identidade humana. Ainda não havíamos podido analisar que era preciso que ele recuperasse o que o irmão menor tomava da mãe, na época em que ele voltou para a família. Pois, privado da avó, ele ficara completamente frustrado ao ver a mãe, que não fora maternante com ele, sê-lo com o irmãozinho.

O que fora o quadro de uma criança psicótica se tornara, aos olhos da instituição, o quadro de uma criança temperamental.

Era isso. Foi esse o ponto sobre o qual, provavelmente, não insisti o suficiente com os responsáveis: era preciso que o menino retomasse o tratamento, mesmo que fosse só por seus roubos, que, nessa instituição, passavam por atos a serem punidos. Esse sintoma não foi analisado. O que a instituição concluíra era que ele era um peso para a sociedade.

Quando se consegue sair de algo tão grave e um sintoma como esse ainda permanece, é preciso continuar a análise.

De seus roubos, ele era conscientemente culpado. Talvez se sentisse constrangido de me falar sobre isso. E, como ninguém o apoiava para falar disso, bom, então ele preferia roubar, e roubar, também, conhecidos na escola. Parece que conseguiu ir muito bem na escola. Mas não conseguiu passar no exame de admissão para a universidade, e foi a partir de então que começou a roubar como um delinquente. Era de uma família muito honesta. Para ele, era certamente um drama. Tratava-se de uma neurose, e não, absolutamente, de uma perversão aceita. O roubo, em uma criança que foi tão profundamente atingida, é sempre algo neurótico. Não era de modo algum conscientemente que ele queria roubar. Teria sido perfeitamente capaz de ganhar muito bem a vida.

A delinquência se declara em crianças com saúde perfeita, mas que não têm narcisismo. Devemos reconhecer que uma história como essa nos abala. Isso mostra que nunca fazemos bastante bem nosso trabalho. Não sei, aliás, o que poderia ter sido feito, naquele momento, já que seu tratamento foi interrompido por iniciativa da instituição.

P.: O que se pode pensar do fato de o pai ter continuado a não aceitar o filho? É isso que me impressiona.

F. D.: Pois é! Esse menino não foi aceito. Contudo, seu pai o amava muito. Dizia que era seu filho preferido. Esse homem amara enormemente o próprio irmão, Léon. Gostava muito do filho, mas não conseguia falar dele senão de modo negativo, dizendo que se tornaria como o irmão Léon, que sofrera um acidente.

Até ele começar seu tratamento comigo, ninguém nunca entendera que um acidente estava na origem da ruptura total entre sua vida de antes e sua vida de depois. Todos se concentraram unicamente na ideia de que tudo vinha da inabilidade da mãe quando pegara o filho de volta, inabilidade que ela própria, aliás, reconhecera. Mas tarde demais.

Para ampliar essa observação, que pode interessar a todos, eu gostaria de retomar alguns fatos da família: em primeiro lugar, o pai e a mãe, instalando-se em sua casa funcional, tinham trazido a filha mais velha de que falei no início, filha da mãe, reconhecida pelo pai. Durante o tratamento do menino, soube que foi ao voltar a viver na casa dos pais que ele conhecera essa irmã mais velha e, ao mesmo tempo, também, o irmãozinho que acabara de nascer. Ora, tudo o que o prontuário dizia dessa irmã mais velha era: "A irmã mais velha é dura." Nada mais. E, pouco antes da interrupção do tratamento, a OSE nos comunicou que os pais achavam que já "bastava", porque, por outro lado, a irmã mais velha começava a inventar moda: também ela queria ver um doutor, como o irmão. Estava, pois, com ciúme desse filho do pai – de seu pai legal –, e estava começando a dar umas fugidas de casa. A mãe era continuamente agressiva com essa filha. Recusava que ela fosse tratada: era preciso "adestrá-la" – sempre a mesma coisa –, e procurava um internato onde a filha pudesse ser adestrada. Em resumo, essa menina começava a tentar fugir de casa, quando o irmão interrompeu o tratamento comigo. Ela ia fazer quinze anos.

Além disso, a mãe criticava constantemente o marido por ele gostar da própria mãe; afirmava que a sogra não soubera educar seu filho. Ela, que era muito severa, criticava a sogra por não sê-lo o bastante com as crianças. Quando perguntei ao pai: "Mas sua mulher é assim severa também com o caçula?", ele me respondeu: "Ela não deixa transparecer nada, mas é carinhosa com ele."

Enfim, o pai era muito infeliz. Acho que sua atitude com relação ao seu primeiro filho era muito complexa. Era essencialmente uma atitude de desconfiança, como se não lhe fosse possível ter um filho que fosse uma pessoa legal. Quando lhe diziam que seu filho era inteligente, ele repetia imediatamente: "Ele será como Léon." Sem dúvida alguma, o problema do pai era enorme. Ainda mais por sentir-se muito humilhado de ter sido obrigado a deixar o boxe. O boxe era sua vocação.

Assim, havia, por um lado, um pai diminuído em seu narcisismo com relação à sociedade e, por outro, uma mãe que não admitia a avó, que fora como uma mãe substituta para o filho que o pai amava. E não é que, na instituição, puniam-no por seus roubos privando-o de ir ver a avó? Ele tinha o direito, segundo o regulamento, de sair a cada oito dias para ir à casa dos pais. E ia, em geral, à casa da avó uma vez a cada quinze dias. Quando ele roubava, não o deixavam ir à casa dela, a pedido da mãe, já que, dizia ela, era por causa da avó que o criara que ele roubava.

É uma história dramática, mas, para nós, repleta de ensinamentos. Quando se interrompe um tratamento cedo demais, isso sempre provoca estragos mais tarde. O que não foi analisado se repete continuamente. Podemos supor que, se aquele senhor Serge, que era realmente um excelente educador, tivesse permanecido, ao menos por alguns anos mais, na OSE, talvez pudesse, no momento do período homossexual desse menino, tê-lo tirado dessa compulsão oral raptora (pois ele tinha sempre a mão como uma boca de cachorro, pronta a raptar alguma coisa). Aliás, ele escondia o que roubava, como um cachorro que esconde um osso em sua casinha.

Mais uma coisa: acho que esse menino sofrera uma ferida narcísica tal que não podia aceitar, assim, que alguém cuidasse dele. Ora, a mãe também fora muito humilhada – isso foi anotado no prontuário da OSE: quando os pais contaram sua história a uma psicóloga da instituição, a mãe declarara que o menino era seu primogênito, e, então, a psicóloga se espantou: "É? Eu achei que a senhora tinha uma filha mais velha." A mãe não respondeu nada. Foi o pai que falou: "Mas foi um acidente. Posso garantir. É uma mulher honesta." (*Risos*.) Pode-se entender o que deve ter sido a desnarcisação da mãe, em virtude dessa filha mais velha, reconhecida pelo pai e criada pela avó materna. Havia, pois, tanto do lado da mãe como do lado do pai, feridas narcísicas: na mãe, com relação à filha mais velha, no pai com relação a seu irmão mais novo e, também, com relação à sua queda social – pois esse homem que queria tornar-se um Cerdan tornara-se socorrista.

P.: Você poderia detalhar um pouco o que era o desenho do qual nos falou?

F. D.: O desenho que esse menino fez era uma espécie de grande arco azul esverdeado pálido, com um vazio embaixo e um traço abaixo do vazio. Perguntei-lhe o que era. Era a estrada e a grama em que se encontrava o pai, ou a grama na qual ele próprio estava; a estrada de quando fora "morto". Enfim, ele contou isso assim: "Quando fui morto" – atropelado como um cachorro. De fato, o humano nele fora morto naquele dia.

Vemos, aí, a desestruturação das pulsões anais: encoprese, enurese; o trauma sofrido com esse ferimento. Ele quase não recebera visitas no hospital. E, depois, havia a gagueira. Aliás, antes de vir ao hospital Trousseau, ele correra todos os encefalógrafos. Administravam-lhe muitos medicamentos para suas crises de cólera, porque, quando estava em um estado fóbico, ele quebrava tudo; tornava-se perigoso e ninguém se aproximava dele; dava pontapés em todos os sentidos. Enfim, era exatamente: "Cuidado, cachorro bravo." Era exatamente isso.

P.: Mas, enfim, em dois anos, com os dois psicoterapeutas anteriores, ele nunca fizera um desenho como esse?

F. D.: Nunca. Ele nunca queria dar nada a ninguém. Ele dizia: "Não. Não. Não." No início, traziam-no ao hospital Trousseau exatamente como se trazem os loucos. Ele recusava o tratamento. Era um caso muito angustiante tanto para a casa da OSE como para o hospital Trousseau, ainda mais por vermos que se tratava de uma criança inteligente. Estava completamente acuado e não sabíamos como nos aproximar dele.

Mais tarde, aceitou vir às consultas públicas. No início eu fora obrigada – como disse – a atendê-lo em outra sala. E, depois, uma vez que começou a ir bem na escola, aceitou vir às consultas, diante de todo o mundo. Evidentemente, ele não estava completamente à vontade, mas tinha aceitado, por mim, para fazer como todo o mundo. Eu lhe dissera: "Agora você pode. Você está vendo, você está se tornando um aluno brilhante. Você pode perfeitamente. Todo o mundo sabe que você teve dificuldades." Mas acho que, ainda assim, essas consultas públicas o angustiavam um pouco. Talvez fosse também essa situação que o impedia de falar dos roubos de que era o autor. Era o único sintoma que lhe restava, desde que se contivera por sua fixação estruturante em seu educador.

*

P.: Como psiquiatra em uma instituição, atendi um menino que é o filho incestuoso de um irmão e de uma irmã. A criança recebeu, inicialmente, o sobrenome da mãe – ou seja, o mesmo de seu genitor, já que se trata de um irmão e de uma irmã. A mãe casou-se em seguida com outro homem, com o qual teve outro filho. A criança incestuosa foi criada, quando pequena, pelo avô materno (que tinha, pois, o mesmo sobrenome). Foi reconhecida, mas tardiamente, por volta dos seis ou sete anos, pelo marido da mãe. A pergunta que eu queria fazer é: o que podemos fazer pela criança em uma situação como essa?

F. D.: Bom, não podemos fazer nada se não existe uma demanda; se não existe, pelo menos da parte dos pais, em tal caso, uma demanda para que a criança se cure.

O menino de que você fala, filho do incesto entre um irmão e uma irmã, sabe que não traz o nome de seu pai legal, já que você contou que ele foi reconhecido, com seis ou sete anos, pelo marido de sua mãe. Mesmo que o tenham feito acreditar que esse senhor que se casou com sua mãe é seu genitor, ele sabe perfeitamente que ele não é seu pai simbólico. É disso que é preciso falar com ele e com os pais. O pai, para uma criança, foi aquele que a criou e que ela amou e admirou quando pequena. É preciso explicar isso às pessoas, é preciso que elas entendam o enraizamento e o desenvolvimento da libido. Senão, não é possível fazer um tratamento com a criança. Para fazer com que entendam, podemos lhes dar a imagem do que seria uma árvore cortada de suas raízes. As raízes de um ser humano estão na linguagem e nas pessoas que ele reconhece como as que se apresentaram como responsáveis por ele quando pequeno; ele exprime isso por seus sentimentos, suas falas e seu comportamento diante da mãe e da sociedade.

Esse menino, nascido de um irmão e de uma irmã, foi criado por seu avô e recebeu, na origem, o nome desse avô (pai de sua mãe e de seu genitor), que conheceu bem quando era pequeno; esse avô era, então, seu pai simbólico quando ele era pequeno; ao passo que seu genitor era legalmente seu tio. Será impossível curá-lo se não lhe falarmos de sua infância antes de seu pai legal lhe ter dado seu nome. Por outro lado, mesmo admitindo que o pai legal o tivesse concebido, se o menino não o tivesse conhecido antes dos seis ou cinco anos, ele não teria sido o pai simbólico.

P.: O problema, nesse caso preciso, é, também, que existem duas crianças.

F. D.: Sim, uma delas é o filho legal reconhecido aos seis anos e a outra é o filho legítimo. O segundo não é uma criança incestuosa. Os dois meninos são irmãos por parte de mãe. O segundo não é dessa mulher com o irmão, mas dessa mulher com o marido.

P.: Isso mesmo.

F. D.: Bom, essa situação não afeta absolutamente o último. Em compensação, é preciso que o maior tenha o direito de se lembrar de sua vida antes do casamento de sua mãe.

P.: Espere! Não estou entendendo muito bem esse ponto.

F. D.: O segundo filho desse senhor é seu filho de verdade. Assim, é por causa desse segundo filho que o pai, provavelmente, não quer que seja dito ao mais velho que ele, o primeiro, é apenas seu meio-irmão. O segundo filho, por seu lado, nunca conheceu o avô materno do mais velho como pai simbólico.

P.: É isso! Enfim, essa mulher deitou-se com o irmão para não se deitar com o pai. É a mesma coisa.

F. D.: O irmão e o pai, é a mesma coisa... enfim, para uma moça edipiana.

P.: Em todo caso, o avô comportou-se durante alguns anos, com o neto, como se ele fosse seu filho.

F. D.: Isso que é importante para o menino. São suas raízes afetivas. E, se com o despertar de sua inteligência esse menino lhe disser, a respeito do pai legal: "Mas, então, mamãe não o conhecia", responda: "Sua mãe não precisava dizer quem ela conhecia ou não conhecia. Ela trabalhava fora. Você era criado por seu avô. Então, foi ele que foi seu primeiro pai." Prova disso será, para o menino, o fato de ele trazer o nome desse avô.
Acho que, de qualquer jeito, o que ele sabe – e isso, ele saberá –, você não precisa dizer-lhe, se seu pai legal não quer dizer-lhe. Você não pode dizer-lhe algo que esse homem não quer lhe dizer; mas você pode obter desse pai legal que ele permita que devolvam ao menino suas raízes afetivas e simbólicas, ou seja, a memória da época em que ele não conhecia o pai legal. O menino pensará que sua mãe talvez já conhecesse esse homem, mas que ele, menino, ainda não o conhecia. Aqui, trata-se de fazer um trabalho com o pai legal.

P.: Você falou há pouco da imagem de uma árvore desenraizada que poderia ser dada como imagem aos pais para fazê-los entender o que é a libido. Gostaria de citar muito rapidamente o caso de um menino que estava em uma família de acolhimento e que, assim que se começou a falar, nessa mesma família, de uma possível adoção, ficou malcriado: a primeira coisa que fez foi cortar todas as plantas da casa, separá-las de suas raízes e recolocá-las nos vasos ao lado das raízes.

F. D.: Era o que queriam lhe impor, fazendo com que fosse adotado.

*

Em uma supervisão comigo, uma psicanalista me falou de suas dificuldades no tratamento de uma criança, cuja história familiar era muito complicada e que, durante o tratamento, revelou-se ser filho de um incesto. Foi por ter uma demanda que a criança pôde resolver essa situação, escrevendo ela própria, com a ajuda do terapeuta, uma carta a um cartório de registro civil, para obter sua certidão de nascimento. Foi assim que soube a verdade sobre seu sobrenome e sobre sua origem. Devo dizer que foi minha observação como supervisora do caso o que permitiu o desencadeamento desse processo.
Sempre quero ver o prontuário da instituição que confia a criança a um psicoterapeuta. Ora, o patrônimo dessa criança estava escrito, em seu prontuário, com uma ortografia diferente da de seu suposto pai, pelo qual tinha sido criada: havia uma pequena carta assinada por esse homem no prontuário. Digamos que o filho se chamasse Alain e o pai senhor Allain. Na realidade, o genitor desse menino o havia concebido com uma das próprias filhas, que se tornara, aos oito anos, catatônica. Não se sabe muito bem o que aconteceu

naquela época. Trauma psicológico, sem dúvida. Viviam no interior; a menina era boa aluna na escola; ora, aos oito anos, após cair de cima de uma carroça de feno, tornara-se imóvel e muda, recusando-se a andar. O médico dizia que ela não tinha nada. E ela permaneceu desde então na família como uma coisa, sempre sentada sem fazer nada. Tinha uma irmã mais velha, que se casara com um tal de senhor Allain. Ora, o menino, nascido dessa mãe débil psicótica, só fora registrado três meses após seu nascimento, e com o patrônimo Alain – grafado com um único "l"; o avô genitor, tendo resolvido não abandonar a criança, tinha decidido empurrá-la, em Paris, para a filha mais velha e o genro, para que eles o criassem. Para isso, registrara-o no cartório de registro civil de sua cidadezinha com dois primeiros nomes, o segundo sendo o do genro. (Na realidade, a criança deveria ter recebido o patrônimo da mãe, e, portanto, daquele que teria sido seu avô materno, se ele tivesse sido oficialmente reconhecido.)

Quando o menino chegou na família Allain, devia ter aproximadamente dezoito meses. Fora até então criado por uma senhora da vizinhança, no campo, a quem haviam dito: "É o filho da pobre Marie. A coitadinha não fala. Não entende nada. Sabe, deve ser filho do carteiro. Nós não estávamos em casa. Ele entra para deixar as cartas. Deve ter se aproveitado da pobre menina!"

Inicialmente, o avô não o registrara, pensando em dá-lo para adoção. E, depois, a família não conseguira com que ele fosse adotado; fora então declarado no registro civil em uma folha solta, três meses após seu nascimento, antedatado de três meses.

Tinha sido, pois, declarado de mãe e pai desconhecidos, "presumidamente nascido em tal data", com, como nome de família, Alain, ou seja, com uma grafia diferente do nome dos pais com os quais vivia e que o apresentaram à escola e, depois, em seguida, ao CMPP, como filho deles.

Quando essa criança chegou à terapia, com nove anos, estava completamente embrutecida; parecia "psicótico", como se diz, no sentido de que não conseguia acompanhar absolutamente nada na escola; era totalmente débil, enviado para tratamento por ser completamente bloqueado, até mesmo nas classes de recuperação.

Disse ao analista que fazia supervisão comigo: "A história dessa criança deve ser esclarecida." Ele pediu então ao tio, marido da irmã da genitora, que fosse vê-lo. O tio lhe disse: "Ele é filho natural de minha cunhada, que é retardada. Meu sogro não quis que fosse colocado na Assistência Pública. Disse à filha mais velha que ela devia educá-lo." O senhor Allain já tinha uma filha, sete anos mais velha que o bebê. "E eu", continuou, "eu disse à minha mulher: 'Escute, é seu dever. É filho de sua irmã.'" Foi assim que eles pegaram o menino.

Contudo, coisa bastante curiosa, essa tia, que iria, então, criar o menino a partir dos dezoito meses – ele a chamava de mamãe –, brigara definitivamente, naquele dia, com o pai. Nunca mais quis ver sua família. O menino, como eu disse, fora criado, durante os dezoito primeiros meses, no interior, na casa de uma senhora amiga dos avós. Em seguida, tinham-no levado para Paris, a pretexto de que, no campo, a escola era longe demais. Mais tarde, disseram-lhe que na fazenda não havia crianças de sua idade e que era bem melhor que ele fosse ajudado por aquela que ele considerava sua mãe e que era, na realidade, sua tia.

Esta última mandava, nas férias, o menino para a casa de sua família, pois não queria passar as férias com ele. Seu marido e ela ficavam com ele durante o ano, mas não nas férias. Ele voltava para a casa do "avô", da avó e da demente. O avô era, realmente, um avô para ele; fazia-o partilhar sua vida, levava-o para trabalhar no campo. E esse homem, que era o genitor da criança, sofria muito por já não ver a filha mais velha, mas ao mesmo tempo aceitava-o. O genro, por seu lado, dizia ter aceitado a atitude de sua mulher, já que ela ao menos consentira em criar o pequeno bastardo de sua "pobre irmã", mas com a condição de nunca mais vê-la, nem a ela nem aos pais.

P.: Como você conseguiu saber de tudo isso? Já que, como você disse, o menino estava "embrutecido" e, aparentemente, não sabia de nada.

F. D.: Em seu prontuário, vimos que o menino falava do "vovô", da "vovó" e da "Marie" – que ele não sabia ser sua genitora.

Depois, a tia veio ver o psicanalista, a pedido deste último, e não quis dizer nada. Foi o tio, que voltou sozinho, depois, que explicou a situação. O analista perguntou-lhe: "De quem você acha que ele é filho?" Naquele momento, o tio respondeu: "Ah! Não me espantaria que fosse de meu sogro, porque, quando nos casamos, meu sogro me disse: 'O doutor [talvez fosse o curandeiro] me disse que a Marie poderia curar-se quando alguém transasse com ela e quando tivesse um filho.'" Já que ela adoecera em função de um trauma, de uma queda de uma carroça de feno, aos oito anos, talvez o fato de ter um filho pudesse curá-la. (*Risos.*)

O pai da Marie era um bronco, mas não havia nada de erótico em sua relação com a filha. Ainda mais por ela ser, realmente, uma chata; sempre sentada, não falava; era um peso naquela família.

Então, eu disse ao analista da criança: "O menino se pergunta por que seu sobrenome não é escrito como o dos pais." A criança não quisera, até então, aprender a ler e a escrever. Fiz essa observação ao analista: "No prontuário, vemos escrito: senhor e senhora Allain; ora, o nome do menino está escrito diferente: Alain. – É mesmo! Eu não tinha prestado atenção!" Ora, essa diferença de uma letra corria em todo o prontuário assim. O analista me disse: "Vamos pedir a certidão de nascimento. Talvez seja um erro da certidão de nascimento." Foi assim que o pote de ouro foi descoberto.

Foi ao final desse processo que o menino ficou sabendo, pelo tio, que ele era filho "da Marie". O menino disse: "Mas, então, eu sei quem é meu papai. Não é você. É o vovô." "Talvez você esteja certo. Não sei", respondeu-lhe o tio.

E, no verão seguinte, depois das férias que ele passara na casa do avô – já que a tia o enfiava, todos os verões, na casa da família da qual se tinha originado –, ele voltou para a casa do tio, radiante, totalmente adaptado, declarando-

-lhe: "Eu disse ao meu vovô: 'Eu sei que você é meu papai, mas não vou contar para ninguém, porque não é legal um vovô fazer um filho com a própria filha.'" O avô lhe respondera: "Psiu! A vovó não pode saber!" (*Risos.*) E eles se beijaram.

Era um segredo entre três homens, um segredo que a tia nunca soube.

Mas o estranho é que esse menino iniciou verdadeiramente, depois das férias, seu aprendizado da leitura e da escrita na classe de recuperação. Contentíssimo de saber sua origem, ele dizia: "Ah, então é a Marie! Ah, então é a Marie! É ela que é minha mãe! Foi, então, na sua barriga!" Enfim, ele ficava ali dizendo essas coisas toscas.

O fato de o psicanalista ter sido um homem, com o qual o tio se sentiu à vontade para falar, ajudou a conhecer a verdade. O fato de, por outro lado, o avô ter ficado feliz com que o menino o reconhecesse como pai permitiu a seu filho, que se tornara seu cúmplice, suspender totalmente o bloqueio de sua inteligência.

Um problema veio acrescentar-se a isso: a filha do tio e da tia, até então boa aluna no primeiro ano do ensino médio, começou a sentir terríveis dores de cabeça, a ponto de já não conseguir estudar. Ela disse: "Preciso ir ver o médico de meu irmão" – porque ela chamava o menino de seu "irmão".

Sem ter sido avisado de que se tratava dela, pois, nesse caso, talvez ele não a tivesse recebido, o terapeuta viu chegar aquela moça que pedira uma consulta à secretária do CMPP. Ela lhe disse: "Então, desde que ele voltou para casa, já não consigo estudar. Tenho dores de cabeça, não estou bem. Devo ter alguma coisa na cabeça." Ele a escutou e, depois: "Você se lembra do momento em que aquele que você chama de seu 'irmão' chegou? – Lembro, claro. Mamãe não ficou com uma barrigona, ou, pelo menos, eu não vi. Eu tinha oito anos. Mamãe não quer que eu fale sobre isso, mas não sei como meu irmão nasceu." O analista lhe disse:

– Você pode falar disso com seu pai. Acho que existe um segredo de família: simplesmente, aquele que você chama de "irmão" deve ser seu primo. Mas seu pai poderá lhe contar isso. Aliás, o sobrenome de seu irmão não é igual ao seu.

– Como assim, não é igual?

– Não é igual. Não está escrito do mesmo modo.

– Ah! Eu nunca reparei!

De repente, ela ficou toda feliz:

– Sabe, eu gosto muito dele.

– Então, justamente, se você gosta muito dele, por que, quando ele fica inteligente, você teria que ficar, por seu lado, burra?

– É mesmo! É verdade.

Dito isso, ela foi embora. E tudo terminou.

Os pais tinham ficado preocupados. Haviam consultado médicos, neurologistas, feito exames, para essas recentes dores de cabeça intoleráveis. Isso aconteceu no momento em que o menino curou-se "da cabeça", que todos pensavam doente.

Eis o que podemos chamar de história clínica; pois os distúrbios desse menino enraizavam-se no silêncio quanto à sua genealogia; e sua psicanálise foi muito longe em sua história. A tia nunca quis dizer a verdade, nem sequer, talvez, sabê-la. Tudo aconteceu graças à inteligência de seu marido, generoso com relação ao sogro e à cunhada débil; entendera algo inconscientemente. Era um homem simples, que possuía, porém, a inteligência do coração.

E não era possível recuar. Era preciso dizer a verdade a essa criança, a partir do momento em que ela recebera a certidão de nascimento que ela própria pedira: "Supostamente nascido de Fulana e de pai desconhecido." Efetivamente, o pai desconhecido (o avô) não queria saber dele (não lhe dera seu sobrenome); e ele próprio não queria saber de uma mãe e de um pai que fossem desconhecidos.

Temos aí uma situação que foi totalmente resolvida, quando o menino, psiquicamente, estava caminhando para tornar-se um dejeto da sociedade. Houve, contudo, algumas consequências. A tia teve uma pequena somatização: uma crise de fígado; depois, achou que estava com câncer de mama. Teve, efetivamente, uma crise de fígado. Quanto ao câncer de mama, ela foi examinada. Não tinha nada. Era uma preocupação hipocondríaca, disseram ao marido.

Como disse a vocês, essa mulher não ficou sabendo claramente que o menino conhecera a verdade a respeito de sua origem. O menino declarou ao tio que não contaria à tia, porque ela fora legal por tê-lo aceitado. Ele acrescentou que era "terrível". O quê? Que a vovó fosse tão velha e tivesse pelos no queixo. Quanto à "Marie", ele a achava horrível; estava, então, bem contente de viver com a tia que ele chamava de "mamãe" e com a prima que ele chamava de "irmã".

Eis uma história que realmente, e espantosamente, se resolveu; enquanto o menino tinha 60 de QI no início do tratamento com seu psicanalista, algumas semanas após a descoberta da verdade oculta, passou a ter um QI de 110.

Seu analista viera para a supervisão porque não chegava a nada. Disse-me, naquela ocasião: "Eu o arrasto há um ano e ele não avança. Parece ser deficiente. Pergunto-me se devo continuar... Ele nem está tão motivado a vir. Sempre faz os mesmos desenhos." (Vi alguns deles, entre os quais uma casa estereotipada, sem caminho, sem fumaça, sem nenhum sinal de vida em torno, nem céu, nem terra.)

Foi a comparação dos sobrenomes, a diferença de uma única letra que, tendo-me alertado, desencadeou tudo. Isso permitiu que o menino buscasse, ele próprio, a verdade, e que a conhecesse. É espantoso o esclarecimento que sobrevém quando a verdade é dita e quando as provas, tais como são, são ditas e assumidas. Pois o menino sabia. E, finalmente, foi ele que disse baixinho ao avô, beijando-o: "Vovô, eu sei que você é meu papai", quando ninguém lhe havia dito. O avô o beijou forte, respondendo: "Não podemos contar." O genro, por seu lado, supusera isso, porque, quando ia com a mulher para o campo, o sogro dizia, desolado, falando da Marie, a jovem débil catatônica: "Mas quem vai querer cobri-la? Já que isso poderia curá-la." Da parte desse pai, engravidar a filha tinha sido, então, uma tentativa terapêutica.

P.: Mas por que o menino escrevia seu patrônimo com um único *l*, enquanto seu pai (seu suposto pai) o escrevia de modo diferente?

F. D.: Era no prontuário que seu nome estava escrito dessa forma. Ele próprio não escrevia nem sequer o nome. A escola enviara ao CMPP o aluno Alain, cujo primeiro nome era B. Não, ele não conseguia escrever, era disléxico demais para isso. Justamente, ele ocupou quatro sessões de psicoterapia – depois de ter decidido, com seu terapeuta, que o ajudou – escrevendo aquela carta ao registro civil de sua cidade natal; foi esse trabalho, na transferência, que o fez deslanchar na escrita. Essa carta era acompanhada de uma carta oficial do CMPP, pedindo que a resposta fosse enviada ao menino no endereço do médico do CMPP. A justificativa do pedido foi que era praxe que a certidão de nascimento do menino constasse no prontuário. A resposta chegou ao CMPP após duas semanas.

P.: O erro na ortografia do nome vinha da declaração que fizera o "avô"?

F. D.: Não sei. Talvez do funcionário do registro civil, que, em todo caso, o escreveu como é normalmente grafado: Alain. Enquanto o nome do tio e da tia que iam cuidar dele tinha um *l* a mais: Allain. O avô talvez não soubesse a ortografia do nome do genro.

Houve, claro, uma tentativa de mentir por parte desse avô, que, inconscientemente, desejava provavelmente o incesto com a filha mais velha e não com a filha caçula.

Por outro lado, os pais haviam difundido o boato, no vilarejo, que o menino era filho natural do carteiro. (O carteiro é o responsável pelas cartas*. Do ponto de vista simbólico, havia, aí, uma associação.) Esse funcionário, a acreditar neles, tinha abusado da pobre inocente muda. Ninguém desconfiara da gravidez até poucas semanas antes do parto.

P.: No caso dessa criança, não havia demanda nem da parte da família nem da parte do menino.

F. D.: Foi um caso de demanda feita pela escola... Haviam-no encaminhado a um terapeuta porque ele estava totalmente bloqueado na classe de recuperação. Era uma criança embrutecida, lenta. Pelo efeito dos bloqueios obsessivos, essas crianças permanecem na repetição. Têm o rosto vultuoso, uma cara estranha, cara de débil mental, como se diz. Na realidade, estão ocupados em impedir que a luz se faça.

E o que os cura é recuperar o pai simbólico de sua primeira infância e poder trocá-lo pelo pai simbólico atual. O pai de sangue nem sempre é o pai simbólico. Nesse caso, era assim, mas ele não podia ser o pai legal.

---

* Na língua francesa, as palavras usadas para designar "carta" e "letra" são homógrafas [*lettre*], daí essa associação. [N. da T.]

O tio materno tornara-se realmente o pai simbólico do menino a partir do momento em que o aceitara, em que o adotara moralmente, por solidariedade familiar: "Pois não temos o direito, em uma família, de abandonar uma criança porque ela teve um nascimento ilegítimo." E as coisas foram sendo pouco a pouco esclarecidas para o tio, não é? Ele fez esse trabalho em uma transferência sobre o psicanalista do menino. Não sei se a teria feito se o analista fosse uma mulher. Teria sido muito mais difícil para ele, em uma transferência sobre uma mulher, continuar a esconder de sua própria mulher, oficialmente, a paternidade incestuosa do pai dela.

Devo reconhecer que o jovem psicanalista ficou muito preocupado quando eu lhe disse: "É absolutamente necessário esclarecer isso. Asseguro-lhe que é o pai simbólico que devemos devolver-lhe. Tenho certeza de que esse tio será seu parceiro nisso. Basta ver o modo como acolheu essa criança, ignorando quem era o pai. Existe algo por trás dessa declaração ao registro civil, três meses após o nascimento."

Quando as férias de verão chegaram, foi o tio, sozinho, que foi acompanhar o menino à casa do sogro, ao qual explicou em uma conversa particular: "Bom, é o seguinte: ele está em tratamento. Como o menino tem que poder saber a verdade, também eu tenho que conhecê-la. De quem é esse menino?" Foi então que o "avô" contou-lhe a verdade, dizendo: "Eu esperava curá-la dessa maneira."

O avô do menino era realmente um pai simbólico. Sofrera muito ao ver a filha tornar-se psicótica. Concebera aquela criança para curar a filha e se enrolara em uma história rocambolesca. Mas, enfim, não podemos dizer que ele era o que chamamos de "perverso". Havia, nele, o desejo de curar a filha, pois o curandeiro lhe dissera que, se ela tivesse um filho, ela se curaria. Podemos perfeitamente entender que um homem bronco pense assim e diga a si mesmo: "Então, meu amigo, o que você está esperando? Já que ninguém quer cobrir sua filha, faça-o você mesmo, ora bolas, já que isso pode curá-la."

Mas era também na relação da tia do menino com a irmã que devia haver uma perturbação muito grave. Ela não aguentou que a irmã débil tivesse tido um filho e, já antes, que após sua queda o pai não a tivesse colocado em um hospital psiquiátrico. O que significava que ela tinha ciúme da irmã. E esse ciúme tinha se exacerbado ainda mais por esta última poder ter tido um filho, e, ainda por cima, um menino. Foi por causa desse ódio que dedicava ao pai, por ele ter amado a irmã caçula, que ela pegara o menino, recusando-se, desde então, a ver os próprios pais.

Uma vez casada, a irmã menor, a "pobre irmã", havia sido, evidentemente, riscada de sua vida; mas ela ainda a tolerava, quando ainda ia, na companhia do marido e da filha, ver os pais.

Diante da situação dessa criança que se perguntava sobre o próprio nome, seu psicanalista me disse: "Olhe, eu preferiria que o tio do menino viesse falar com você, e não comigo." Eu lhe respondi: "De modo algum. Foi você que escreveu para o CMPP; é você que deve receber o pai [enfim, segundo o prontuário; pois se tratava do tio]. Acho que você pode trabalhar com esse menino, explicando ao pai, já que ele se mostrou tão ansioso com relação ao filho, que é aquele que desempenhou o papel de modelo masculino para o menino quando ele era pequeno que é importante; ou seja, nesse caso, o pai da mãe; e que não é possível ajudar o menino a sair dessa situação dando-lhe a imagem de uma árvore cortada de suas raízes... Se realmente o pai [o tio] quer criar esse filho, para que ele tenha oportunidades na vida, é preciso que você, analista, possa falar com o menino sobre a época em que ele ainda não o conhecia, ele que é seu papai agora. É preciso que o menino saiba que, inicialmente, ele via o avô como pai. Acho que isso bastará, e que talvez não seja necessário chegar a falar do incesto que a mãe genitora não pode dizer, e que o pai genitor não quer que lhe seja dito. Você próprio supõe isso, mas não tem nenhuma prova."

Pois não é o pai de sangue que é importante: é o pai simbólico. E, se este último vier a desaparecer cedo demais da vida de uma criança, o pai simbólico será, então, aquele que, para a criança, tomar o seu lugar.

*

P.: Quando a esterilidade, em certos casais, deve-se ao homem, e a mãe recorre à inseminação artificial, por intermédio de um banco de esperma, o esperma sendo, então, de um desconhecido, isso não teria consequências no nível do significante "pai"?

F. D.: Certamente. Quanto a mim, vi somente pessoas que se colocavam a questão e que vinham a uma psicanalista para discutir o caso. Mas, para dizer a verdade, eu não entendia nada, eu não podia entender nada, pois essas pessoas não queriam entrar em análise. Estavam "em cima do muro", como diante de uma decisão racional a ser tomada. Quanto a mim, eu ficava "em cima do muro", junto com eles! (*Risos.*) É um problema muito complicado. Não se deve tocar nisso porque, como se trata, aparentemente, de casais muito unidos, não sabemos absolutamente o que aconteceria se tocássemos nisso. Tanto mais que não existe, neles, nenhuma demanda de análise. "Será que seria bom? Meu marido não quer, mas para mim isso soa estranho. Tenho a impressão de que, se o médico me fizesse isso, não seria o filho de meu marido. Ao mesmo tempo, tenho tanta vontade de ter um filho meu!" Elas nos dizem isso assim! Algumas me perguntaram sem angústia. À pergunta de um casal muito angustiado, como também já vi, no qual o homem era, na realidade, um menino, e a mulher, uma adolescente, acho que realmente não podemos responder. Eles encontrarão a resposta fazendo uma análise. Não podemos recusar ouvi-los, mas o que responder?

Por outro lado, essa questão me parece muito esquisita. Pois acho que, quando uma mulher realmente ama um homem, ela aceita o destino de esterilidade fisiológica desse homem... Eles podem encontrar outro meio de dar um sentido a seu casal ou, então, adotar uma criança.

Ora, para o casal de que falo, não se cogitava adotar uma criança. Não era possível porque, para o pai, o filho não seria um filho de sua mulher. Então, ele não poderia amá-lo, não podendo ser o pai de uma criança que não fosse filho de sua mulher. O que isso significa?

P.: Que ele reconhecia que um filho vem de uma mulher.

F. D.: Ou, mais ainda, que era um homem em identificação feminina, que gostaria que o útero de sua mulher fosse o dele; e queria que ela fizesse um filho com qualquer homem, porque ele era certamente homossexual sem saber. Não estava absolutamente em condições de se tornar um pai simbólico.

Um estudo analítico da questão seria interessante, se dispuséssemos não apenas de observações, mas sobretudo de uma psicanálise para um tal caso. Esses dois cônjuges não estavam absolutamente motivados. Queriam uma resposta à pergunta e esperavam que alguém assumisse a responsabilidade daquilo que iam fazer.

Muitos, evidentemente, vão de médico em médico. Muitos ginecologistas estão prontos a vender-lhes sua sardinha, quero dizer, a proceder a uma inseminação artificial – se encontrarem esperma naquele dia! (*Risos.*)

P.: E isso é normalmente praticado?

F. D.: Não sei. Seria preciso perguntar a ginecologistas. Vi, com meus próprios olhos, pequenos cartões, participações de nascimento: "Senhorita Fulana anuncia o nascimento de seu filho (ou de sua filha)", trazendo, entre parênteses, a menção: "fecundação artificial"! (*Risos.*) E elas esperavam receber parabéns!

P.: Mas, a rigor, o doador de esperma poderia ser nomeado.

F. D.: Existem homens que doaram seu esperma, sem querer, contudo, cuidar da criança; existem, também, aqueles que deram legalmente seu nome a uma criança porque haviam engravidado uma mulher e, depois, desinteressaram-se tanto da mulher quanto da criança. Quando o(a) filho(a) consegue uma boa situação na vida e começa a ganhar bem, esses homens que permaneceram os pais que eram, ou seja, irresponsáveis ou em situação precária, reaparecem então para que o filho, ou a filha, os sustentem!

O fato de eles darem seu nome, nesse caso, só serviria para isso, já que o dever de um filho que tem o nome do pai é assisti-lo, assistir os pais quando esses estiverem desprovidos de dinheiro. É como alguém que vende seu esperma ou o aplica, e fica esperando os lucros!

P.: Acho que é proibido vender agora. Acho que é obrigatoriamente gratuito e congelado.

F. D.: Mais uma razão para que renda! Aconteceu-me atender pessoas que haviam sido crianças abandonadas, mas que haviam conhecido a mãe quando pequenos. Tinham verdadeiro desespero de pensar que a mãe teria setenta anos. "Talvez ela precise de mim. E não sei onde ela está. Não posso fazer nada por ela." É dramático para as pessoas que estão envelhecendo identificar-se com os pais, que, por seu lado, também estão envelhecendo sem ninguém para ajudá-los. Ajudar os pais é, para eles, como uma lei.

O que é muito positivo, por outro lado, na lei do reconhecimento dos filhos adulterinos é que ela permite, justamente, que se crie, mais tarde, um elo entre o filho e os pais. Por ser reconhecido, um filho adulterino tem família. Até então, muitos filhos adulterinos não tinham família, não tinham velhos. Ora, ter velhos na família permite que nós mesmos ainda não nos sintamos velhos demais. (*Risos*.) Ser órfão de pais que talvez existam é uma provação, quando não temos nada contra eles. Se não temos nada a censurar-lhes é porque, no pai nutridor, o pai simbólico desempenhou seu papel. Na vida daqueles que foram assim criados por pais nutridores que lhes deram amor, subsistência e vida simbólica, há sempre um momento em que eles gostariam de poder conhecer seus verdadeiros genitores, fazer algo por eles. Isso não acontece quando eles são jovens, mas quando são velhos, quando começam a pensar que os pais talvez estejam na miséria, na solidão, e que não podem fazer nada por eles. Na psicanálise, pensa-se principalmente nas pessoas jovens; não se pensa nas pessoas da segunda idade. Contudo, o reconhecimento pela vida que nos foi dada existe. Acho que é uma preocupação egoísta, que aparece no momento em que, tendo criado os filhos, pensamos que nos tornaremos velhos.

Por isso seria interessante estudar os efeitos da fecundação artificial nos casais, e não nas crianças, já que, infelizmente, não vivemos tempo suficiente para fazer tais observações ao longo de várias gerações. Poderíamos, em todo caso, estudar o futuro do casal ao mesmo tempo no plano social e simbólico, e ver se, depois de ter tido um filho por inseminação artificial, os pais se tornaram ou não pais simbólicos, se assim permaneceram ou não.

P.: O caso de que você falou levanta a questão de saber se é preciso dizer ao marido que a mãe recebeu a inseminação artificial, se é preciso dizer a uma criança que ela foi concebida assim.

F. D.: O pai simbólico é aquele que dá seu nome e seu amor. E, consequentemente, aquele que concorda com a inseminação artificial. Mas isso exige uma sublimação da homossexualidade muito maior que em uma paternidade normal. É o mesmo problema que se coloca, na realidade, para um homem que se torna padrasto muito precocemente, já na vida uterina da criança, quando se casa com uma mulher grávida, em razão de um estupro por exemplo. Esse pai não se coloca tantas questões. Adota a mãe, reconhece a criança.

De todo modo, acredito que, quando uma mulher é obrigada a recorrer à instrumentação esterilizada da fecundação artificial e a passar por um médico, isso mostra que ela está, apesar de tudo, bastante perdida com relação à sociedade.

P.: Poder-se-ia prever, para os homens que se submetem à vasectomia, a possibilidade de deixarem, antes, esperma no banco de esperma, que poderia servir depois, dez anos depois.

F. D.: Não sei por que, mas, para mim, existe uma pontinha de perversidade em todas essas práticas. Ainda mais por fazerem surgir falsos problemas.
É bastante curioso que tenhamos sido levados a falar disso a propósito do Nome do Pai! (*Risos.*)

P.: Eu gostaria de colocar a questão do narcisismo, nos casos em que as crianças nascem assim, por inseminação artificial.

F. D.: Você está falando do narcisismo dos pais; já que, para a criança, os pais são aqueles que asseguraram sua sobrevivência. Todas as crianças do mundo, legitimadas e educadas pelos pais, foram obrigatoriamente adotadas por eles.
Por que uma mulher que deseja um filho e que ama seu homem, sabendo que esse homem passa pela provação de ser estéril, não faz com que outro homem que ela conhece lhe dê um filho? Por que ela acha mais sadio recorrer a uma seringa do que a um ato natural que prestaria um serviço a ela e ao marido, se for realizado, com toda a lucidez, por um homem que renunciará ao filho? Porque as pessoas não confiam umas nas outras. A mulher tem medo que, depois, o genitor queira ter direitos sobre o filho. Acho que isso vem da desconfiança de uns com relação aos outros; é um defeito que se deve à homossexualidade latente, recalcada, não sublimada.

P.: Mas também de um defeito da função simbólica na mãe, porque existe a mãe real, mas também a mãe simbólica.

F. D.: Conheci o caso de uma criança psicótica, que foi internada no Sainte-Anne durante dois meses por sintomas que eu, pessoalmente, não observei nela no tratamento que fez, em seguida, comigo. Então, coisa curiosa, ela tinha como sintoma, no Sainte-Anne, quebrar todos os vidros, à noite, chutando uma bola de futebol. A bola saía pelas janelas.
Eu não sabia nada dessa criança, mas foi um médico do Sainte-Anne que me disse: "Em vez de interná-la para o resto da vida, disse aos pais para pegá-la de volta e levá-la para você." E até mesmo acrescentou: "Não faça freudismo. Não acredito nem um pouco na psicanálise. Mas você vai ver como esse caso vai lhe interessar! Nunca vi um delírio demonomaníaco como esse!" Na verdade, tratava-se de um delírio provocado pelo médico. Era um médico conhecido por ter aprofundado o "desconhecido": uma espécie de Charcot.

P.: Ele provocava, de fato, belas histerias com o soro fisiológico que batizava com um nome erudito.

F. D.: É isso mesmo. Seja como for, ele me enviou, pois, esse menino de quatorze anos que começou a ter uma doença de tiques, quando era um excelente aluno do primeiro ano do ensino médio. O que chamavam de doença de tiques era apenas, de fato, compulsões obsessivas. Para se vestir, levava uma hora, porque precisava assoprar após cada gesto que fazia ou depois de ter tocado um objeto. Assim, por exemplo, ele pegava um objeto, largava-o e assoprava; depois, tornava a pegar o objeto, e assoprava de novo. Isso podia demorar muito tempo. (*Risos.*)

A primeira vez que veio a meu consultório, ele levou vinte minutos só para transpor a soleira da porta! (*Risos.*) Eu já esperava que lhe fossem necessários mais vinte para ir embora. Para tirar sozinho o casaco e o capuz – estávamos no inverno –, assoprou um número de vezes impressionante. Não lhe perguntei o que aquilo queria dizer. Como ele fizera, durante um mês, um suposto delírio demonomaníaco com o médico do Sainte-Anne, eu não disse nada. Já que ele não falava, eu também não falava, mas esperava. E, depois, ele foi embora. Então, eu disse: "Até a próxima vez!"

Foi assim que o tratamento começou, mas, realmente, era terrível de ver. Eu nada sabia desse menino; naturalmente, os pais não haviam dito nada sobre ele. Só me disseram que ele era brilhante, até então, no plano escolar.

O sentido dos primeiríssimos desenhos que fez só se esclareceu depois. O primeiro representava um lulu-da-pomerânia, todo frisado, que estava em um oval cercado de espinhos: era uma espécie de auréola, de radiação elétrica ou solar. O cachorro estava, então, em uma espécie de gaiola de Faraday – por assim dizer –, com um laço que partia de seu pescoço e saía para fora da folha. Esse era o primeiro desenho desse menino.

O segundo representava um barco que não tinha nem frente nem trás, porque não cabia na página. Havia o meio de um barco, com o mastro. O mastro era segurado por um senhor de blusa branca, que era, para ele, um confeiteiro, e por um senhor de blusa cinza, que era um empregado de escritório. (Seu pai era empregado de escritório.) Quem podia ser o confeiteiro de blusa branca? Só soube mais tarde: não era um confeiteiro, mas um cabeleireiro. E por que um lulu-da-pomerânia? Para explicar, preciso contar-lhes a história de seu nascimento e de sua família. Seus pais, que eram casados, amavam-se; transavam. A mãe tinha um bom cargo de secretária, o pai, como eu disse, era um empregado de escritório; ambos bem pagos. Depois de quatro ou cinco anos de casamento, desejaram um filho. O marido, que vinha da Assistência Pública, era estéril, sem o saber. Tinha sido bem criado em uma família substituta, depois estudara graças à Assistência Pública e tornara-se um homem feliz. Mas, como única família no mundo, só tinha a mulher. O casal desejara, pois, ter um filho.

Ora, o ginecologista teve a inteligência de não dizer ao homem que ele era estéril: só disse à mulher. Declarou-lhe: "Senhora, a senhora é totalmente sadia, mas seu marido é estéril. Se a senhora quiser lhe dar um filho, será preciso recorrer à fecundação artificial ou fazer com que outro homem a fecunde."

Ela escolheu a segunda solução, ou seja, falou com seu cabeleireiro! (*Risos.*) O cabeleireiro tinha três filhas com sua esposa, a cabeleireira! Os três se conheciam muito bem: eram velhos amigos. E pronto! "Por que não? Vou prestar-lhe esse serviço." (*Risos.*)

Ela ficou grávida logo da primeira vez. Mas... O cabeleireiro, como eu disse, só tinha filhas, e a criança que nasceu era um menino. Ora, a mãe continuou a ir a cada oito dias a seu cabeleireiro, mas, agora, levando o menino com ela. E o cabeleireiro deu os casaquinhos de inverno de suas filhas para o menino. Como eles eram? Casaquinhos de pele falsa, frisada. Pois então, era o lulu-da-pomerânia! É interessante. Bem frisado, com um pequeno laço. Bem cabeleireiro! (*Risos.*)

Quando o menino fez três anos, as pessoas começaram a falar, dizendo que ele se parecia com o cabeleireiro, que gostava muito dele. O menino era, particularmente, muito engraçado, muito inteligente.

Um dia, o cabeleireiro disse à mãe do menino: "Acabou. Não quero problemas. Minha filha mais velha vai se casar. As pessoas estão começando a fofocar. Minha mulher manda que se calem" – quando tudo era muito claro entre eles; não havia nada mal contado, por assim dizer.

P.: Exceto pelo pai não saber.

F. D.: Sim, o pai não sabia. E vocês verão a neurose obsessiva que o fato de ter um filho desenvolveu no pai. Tenho que esclarecer que a mãe, a partir do dia em que ficou grávida dessa criança – concebida, aliás, com menos prazer do que ela sentia no ato sexual com o marido –, para ter certeza de que a gravidez iria até o fim, recusou-se ao marido. Ele aceitou sem pestanejar. Ela estava grávida, e ele queria tanto um bebê! Então, nenhuma relação sexual enquanto ela estava grávida. E, desde então – o menino tinha agora quatorze anos –, ela nunca mais conseguiu dormir com seu homem, porque era "fiel ao filho", dizia ela.

Então, qual foi o efeito secundário dessa privação sexual imposta ao pai, em nome desse intruso, o filho, que, aliás, ele adorava? Não sei. O fato é que o pai desenvolveu uma neurose obsessiva; tinha o que se costuma chamar de manias: em casa, tudo devia estar arrumado, não havia nada fora do lugar. Ele não queria ver coisas de criança espalhadas pela casa. Os brinquedos deviam estar guardados na varanda, em uma caixa coberta com um papelão (na época, não havia plástico), quando o pai voltava. Não devia haver mais nada, tudo devia ter desaparecido, o menino devia estar em seu quarto, no seu canto e, principalmente, não se devia ouvir um pio dele, ele não devia se mexer.

O menino desenvolveu-se nessas condições até a puberdade. E foi nesse momento que tudo irrompeu nele sob a forma dessa doença dos tiques, que envenenava completamente sua vida e a dos outros.

Assim, para ir ao colégio, ele tinha que se levantar às seis horas da manhã; pois lutava contra a impossibilidade de realizar um ato até o final.

Enfim, eu, pessoalmente, nunca o ouvi falar do demônio. Enquanto a observação do Sainte-Anne era, parece, de uma riqueza jamais vista nos delírios de-monomaníacos.

De qualquer forma, a mãe do menino nunca mais reviu o cabeleireiro. Aceitou que a separação fosse total. Mudou de cabeleireiro, simplesmente para não prejudicar os projetos de casamento da filha mais velha, alimentando as fofocas do bairro. O menino tinha, naquele momento, três anos.

A análise desse rapaz – que tinha, então, quatorze anos – desenrolou-se de modo extremamente interessante, após esses dois desenhos que só fizeram sentido uma vez que eu soube, pela mãe, da história dos dois homens da vida dela: pois eram dois homens que seguravam o falo, o mastro do barco no desenho do menino. Foi o que ela me contou que me fez entender o que representava aquele lulu-da-pomerânia e aquele senhor de blusa branca que o menino dizia ser um confeiteiro. Efetivamente, o menino fora como que um presente oral que a mulher recebera: ela falava muito com seu cabeleireiro.

A mãe veio, então, me dizer a verdade. E, talvez, no final de dois meses de tratamento, o menino já tivesse voltado a ir bem na escola. Vi então o pai algumas vezes; ele me disse o quanto amara esse menino, mas também que revolução aquilo representara em sua vida, porque não sabia que uma criança fazia tanta desordem. Ele fora criado em uma fazenda, e, em uma fazenda, nunca vemos que há desordem. Enfim, ele não se dava absolutamente conta de que, quando ele próprio era pequeno, era muito vivo, tinha necessidade de brinquedos. Em todo caso, não se lembrava absolutamente disso.

Esse pai me explicou que, quando saía aos domingos com o filho – desde que ele era pequeno até agora, aos quatorze anos –, parava a cada dez passos para arrumar-lhe as roupas. O menino devia estar impecável, usar uma gravata-borboleta. Enfim, com três anos, estava fantasiado de adulto. E mal o menino se movimentava um pouco, o pai parava para ajustar-lhe o cinto, o nó da gravata. O menino devia passear ao seu lado como um manequim. O pai tinha uma imagem do filho que era uma imagem de catálogo. A ponto de a criança ter chegado a deixar de falar, porque, se falasse, fazia barulho e impedia que se ouvisse o rádio, por exemplo.

Vocês veem a vida esquisita que levavam essas pessoas. E, se o menino se tornara tão brilhante na escola, era por ser o único lugar em que se podia falar e se exprimir. Contudo, os pais eram inteligentes.

A mãe nunca contara sua história a ninguém. Com exceção, evidentemente, do cabeleireiro e de sua mulher, que estavam a par. O marido nada sabia.

Quando perguntei à mulher se o filho recebera alguma informação sexual, ela me respondeu: "Sabe, não sei como eu poderia dizer-lhe algo sobre isso. O pai foi educado no interior, onde ninguém fala sobre essas coisas."

Assim, no momento em que o menino deveria ter tido uma informação sexual, haviam-no deixado totalmente no vazio. Ele só investira na escolaridade.

O que, para esse menino, representava o perigo viera-lhe da amizade que a mãe dedicava a uma vizinha. Vivia literalmente "colada" a uma mulher que morava no mesmo prédio que ela; esta última também tinha um filho, um moleque insuportável que a chutava e a roubava; tornou-se, depois, aliás, um famoso delinquente: os jornais falaram dele. Ora, meu jovem paciente tinha como modelo o filho dessa mulher, com quem a mãe conversava o tempo todo; ambas entoavam seus discursos de: "Ah! Eles são assim na puberdade!"

Foi a partir de então que o delírio desse rapaz começou. Ele ouvia essas duas mulheres que falavam sem parar, quando ele chegava em casa. Sua mãe preparava o jantar, depois ia falar, sem parar, no corredor, com a amiga. O pai só queria escutar seu rádio e fazer suas palavras cruzadas, tranquilo. O menino, então, fazia suas lições de casa, mas ficava ouvindo o que diziam as duas mulheres. E elas diziam que na puberdade os meninos ficavam "assim" – ou seja, pré-delinquentes, grosseiros e agressivos com as mães.

Ora, ele, como não fazia o estilo bandido, não podia exprimir agressividade e tornar-se demoníaco de outro modo! Era isso que estava na origem de seu delírio qualificado de demoníaco. Então, todos os seus gestos deviam ser, em todas as circunstâncias, purificados pelo sopro. Tudo isso, eu só fiquei sabendo muito depois. (Eu ignorava até mesmo o nome dessa vizinha e de seu filho.)

Apesar de tudo, seu tratamento avançava; e, como todo tratamento, acabou desembocando na questão: "Por que as meninas não são feitas como os meninos?" e, depois, "Como os bebês são feitos?" Ele não sabia nada.

Um belo dia, a mãe me telefonou e disse: "Sabe, não tenho coragem de lhe dizer a verdade. Contudo, não sei o que está acontecendo, mas, desde que ele está melhor, apaixonei-me perdidamente por meu patrão." Seu patrão, que era solteiro, era filho de um grande nome da indústria. Completamente esmagado pelo pai, trabalhava sob as ordens deste. Ela era, pois, secretária particular – muito competente – desse homem. O fato de poder contar os distúrbios do filho e dizer que estava sendo tratado, fez com que, de repente, tudo transbordasse: conseguiu conversar com o patrão, aquele rapaz solteirão, completamente sob a dependência de um pai terrível, e que, finalmente, apaixonou-se por ela. Ela tinha a mesma idade que ele. Era uma espécie de rapaz fora da idade e completamente aterrorizado. Eles, então, conversaram e apaixonaram-se, assim, um pelo outro; ela, por seu lado, continuando a permanecer fiel ao filho.

P.: Mas não ao marido!

F. D.: Ela estava pouco se lixando para o marido! Ou melhor, ela gostava dele, como de um irmão. Mas, por outro lado, ela não queria ceder ao patrão, que se tornara, para ela, um amante de coração indispensável.

Ela me telefonou mais uma vez e me disse: "Não vou conseguir nunca." Disse-lhe: "Venha me ver." Eu a recebi, e ela me contou que estava perdidamente apaixonada pelo patrão, que não era do mesmo meio social que ela. Falou-me dele, de sua vida, e me explicou que, assim como sentira dó do marido que não tinha família, sentira dó desse rapaz rico que não tinha vida pessoal.

Lembrei-lhe, então: "A questão da origem de seu filho ainda não foi levantada por ele. E você não quer lhe falar a respeito, o pai também não." Mas o pai me dera toda a permissão para dar a informação sexual ao filho, que continuava sem saber nada.

O psiquiatra do Sainte-Anne já dissera ao pai: "Sabe, acho que ele está na puberdade; parece atormentado pelas questões sexuais. Você deveria colocar essa questão na mesa." Ora, o menino ficara completamente desesperado, entrara em um mutismo de túmulo. (Foi então, diante desse agravamento, que o colega psiquiatra aconselhara aos pais levar o filho a meu consultório.)

Um dia, o menino me falou das manias do pai e me declarou que não era de espantar que ele próprio tivesse ainda mais manias, já que ele era – não é mesmo? – filho de seu pai. Então, por causa desse "não é mesmo?", eu lhe disse, apenas: "Você acha mesmo?" Ele me perguntou: "Mas isso não é certo? – Pergunte à sua mãe." Ele voltou à sessão seguinte, dizendo-me: "Não consigo perguntar a ela." Ele não conseguia perguntar à mãe tanto quanto ela não conseguia falar com ele a respeito.

Então, retomei seu primeiro desenho, depois o segundo, e contei-lhe sua história. Escutou-me sem dizer nada. No final, permaneceu em silêncio um momento, depois disse: "Bom, então não preciso ter manias, se não sou filho dele!" (*Risos.*) Foi essa a resposta que ele me deu. Depois, perguntou:

– Então, papai não sabe?

– Não. Sua mãe achava que ele sofreria muito, já que não tinha família e que queria tanto ter um filho.

– Oh! Sabe, agora eu amo ainda mais meu pai. Mas já não preciso ter manias.

E foi embora totalmente curado. Nunca mais teve manias. Voltou para me ver, alguns anos depois, uma ou duas vezes.

Esqueci-me de dizer que, no mesmo dia em que lhe fiz a revelação de sua origem, a mãe me telefonou:

– Sabe, é preciso absolutamente contar a ele, porque estou decidida a sair de casa a semana que vem.

– Nossa, você não brinca em serviço! (*Risos.*)

– Não posso mais ficar assim. Não posso ficar com meu patrão se não deixar meu marido. Não posso ao mesmo tempo ser a amante desse homem e ficar com meu marido.

– De repente? Assim?

– Não, primeiro faremos uma viagem. Como sou sua secretária, devo acompanhá-lo. Assim, veremos se podemos viver juntos. E, se der certo, não voltarei para casa.

– Então, o que vai acontecer com o menino? [Ele estava, naquele momento, em segundo plano; ele era, aliás, extremamente brilhante; um matemático nato, realmente muito talentoso.]

Esclareço-lhe, então:

– Então está tudo certo, pois foi hoje que a verdade sobre a origem de seu filho foi dita a ele.
– Ah! Isso me tranquiliza muito.
Quando o menino voltou para casa, a mãe lhe perguntou: "A dra. Dolto lhe contou? – Contou, mas nunca direi nada ao papai. – Mas eu preciso dizer-lhe uma coisa..." E, assim, ela lhe anunciou que ia embora com o namorado.
Ele voltou na sessão seguinte e me disse:
– Bom, sabe... Bom, minha mãe, ela se decidiu! (*Risos.*) Ela já não era mulher de meu pai, ao que parece. E, de repente, ela encontrou um cara. Mas minhas orelhas estão até cansadas de tanto ouvir falar desse senhor, desde que eu era pequeno. Era só dele que eu ouvia falar. Quando meu pai e minha mãe conversavam, só falavam do patrão de minha mãe.
– Então, não é um desconhecido para você?
– Não. Eu até já fui no escritório dele, e xeretei nas gavetas. (*Risos.*)
– O que você viu nas gavetas?
– Bom, ele tem todas as marcas de canetas! Mas ainda não tinha a caneta certa; foi minha mãe que deu para ele. (*Risos.*)
E o filho achava isso absolutamente folclórico. Isso não o havia chocado de modo algum, de modo algum mesmo.
A mãe, então, foi viajar. Depois, escreveu que ia prolongar um pouco a viagem; e, depois, mais uma vez. Finalmente, ela voltou e disse a verdade ao marido. Esse exclamou, então: "Você não sabe como isso me alivia! (*Risos.*) Há quinze anos (o filho tinha, então, exatamente quinze anos), eu me apaixonei." Ele se apaixonara por uma moça de dezessete anos, sem jamais ter dormido com ela. "Você entende, ela era muito jovem." Ela era menor, e ele não queria fazer isso. Essa moça, também ela criada na Assistência Pública, trabalhava no escritório dele: ele era tão apaixonado por ela – e ele contou isso exatamente assim à sua mulher – "que ela ficou tuberculosa por eu não querer me deitar com ela, porque eu era fiel a você". Ora, ele já não se deitava com a mulher! (*Risos.*) "Então, o médico disse que o que ela tinha era mal de amor. Ela foi para o sanatório. Nós nos escrevemos." A mulher lhe perguntou: "Mas para onde vocês se escreviam? – Bom, para a posta-restante." Em seguida, a moça tentara ter dois ou três namoros que não deram certo. E, agora, ela escrevia-lhe de novo que só amava a ele. De repente, ele estava totalmente decidido a ir embora com ela. (*Risos.*)
Foi assim que as coisas aconteceram. É extraordinário! E é verdade de cabo a rabo!
O menino decidiu continuar com o pai e continuar os estudos no mesmo colégio. Ele não se importava nem um pouco que o pai tivesse outra mulher, já que a mãe, por seu lado, também estava feliz. Sentia-se adulto. Foi rondar o salão do cabeleireiro para ver a cara de seu genitor (*risos*), que achou bem feio. "Felizmente pareço-me com meu pai legal", disse ele, "e não com o cabeleireiro, que é um balofo." Foi o que ele disse. E eu não o revi mais.

Mais tarde, como eu queria saber o que tinha acontecido com ele – porque esses eventos tinham abreviado seu tratamento –, pedi à assistência social do Sainte-Anne, que o encaminhara, que descobrisse onde ele estava. Isso foi sete anos depois. Não recebi resposta durante muito tempo. Depois, uma carta da Argélia. O menino me escrevia que a carta que recebera o deixara perplexo, pois não se lembrava absolutamente de ter sido tratado por mim. Não se lembrava daquela "doença estranha", dizia ele, que tivera aos treze anos (não se lembrava nem mesmo que fora aos quatorze anos). Dessa doença, ele pensava ter se curado sozinho, fazendo, pela primeira vez, uma grande trilha de bicicleta, durante as férias, na época em que os pais estavam se divorciando. "E, depois, de repente, voltou-me a lembrança da estranha senhora que eu fora ver na rua Saint-Jacques. E, a senhora vai rir", escrevia-me ele, "estou fazendo Lyon [ou seja, a escola de medicina militar]. Sou médico militar na Argélia. Optei pela psiquiatria e decidi tornar-me psicanalista." Ele terminava sua carta assim: "É absolutamente extraordinário eu ter esquecido que tinha sido atendido por uma psicanalista. Mas, assim que eu terminar meu serviço militar, irei visitar a senhora. Isso me interessa muito." Eis a história. Nunca mais o revi.

Achei muito interessante saber que ele não guardara nenhuma lembrança da psicanálise e que acreditava ter se curado sozinho de uma "doença estranha". Ele dizia, efetivamente, em sua carta: "Eu achava que tinha ficado doente por amar demais minha mãe, e que eu me curara fazendo uma trilha de bicicleta, sozinho, durante as férias, no final do segundo ano do ensino médio. Ora, recebendo a carta que me falava da senhora, voltou-me a lembrança do tratamento com uma estranha senhora."

Ele fizera, então, medicina militar, enquanto aparentemente nada o predispunha a se tornar médico – naquele momento, era impensável, a não ser pelo fato de ele ser bom em matemática. Sua mãe se casara de novo com o patrão, que era, contudo, engenheiro. Seu pai, empregado de escritório, fizera uma boa carreira em um órgão público. E, depois de ter cursado essa escola, encaminhava-se à psicanálise.

Eis, portanto, a história desse menino, que também poderia ter sido uma criança nascida de fecundação artificial. "Peça a um de seus amigos que se disponha a ...", dissera o médico à mãe. E ela escolheu a fecundação natural, porque ela, essa mulher, não era perversa, mas "natural".

Mas, enfim, é curioso como esses seres se amavam humanamente e no plano simbólico deixaram de se desejar após o nascimento da criança! E é, também, bastante estranha esta frase da mãe: "Quis permanecer fiel a meu filho." Permanecer fiel à armadilha da maternidade.

Contudo, o pai legal começara a viver de seu amor pela jovem naquele momento, ou seja, no ano em que sua mulher recusava-se a ele. Foi provavelmente por isso que eles aceitaram não ter relações sexuais. Foi naquele momento que ele se pôs, por seu lado, a arder por uma moça de dezessete anos – sua igual do sexo feminino –, abandonada ao nascer, criada pela Assistência Pública; uma irmãzinha, em suma.

P.: Essa jovem, ele poderia tê-la fecundado.

F. D.: Ela era menor. Ele não a tocou. Vivia desse amor secreto, enquanto amava o filho e sua mulher "intocável". E, depois, essa jovem tinha tido uma tuberculose grave; passara seis anos no sanatório. Em seguida, tivera algumas experiências amorosas e sexuais. Escrevera novamente ao pai, quinze anos depois.

P.: Porque, em um casal infecundo, o homem pode muito bem tornar-se fecundo com uma outra mulher. (Isso é calculado pelo número de espermatozoides por milímetro cúbico e por sua agilidade.) Por isso é muito perigoso pressionar um casal cujo homem é estéril, seja para uma adoção, seja para uma inseminação artificial.

F. D.: Eu, particularmente, acho que não é perigoso dizer à mulher que seu marido é estéril, mas é muito perigoso dizer isso ao homem.

P.: Mas como o pai soube que ele não era o genitor do filho?

F. D.: Ele nunca soube. O filho nunca lhe disse, e sua mulher declarara que ela nunca diria.

P.: Você acha que era uma boa coisa?

F. D.: Eu não acho absolutamente nada. Respondo simplesmente que ele nunca soube. Aliás, o curioso é que, tipologicamente, esse menino passara a parecer-se com o pai. Já não se parecia absolutamente com o genitor.

P.: Como se ele quisesse proteger o pai. Ao modo de uma denegação mais ou menos assim: "Não vá pensar que eu não sou de você. Prova disso é que me pareço fisicamente com você."

F. D.: De qualquer jeito, o pai o havia desejado. E a mãe desejara esse homem como esposo.
Ora, depois do nascimento da criança, eles deixaram de se desejar. Mas continuaram a se amar, de modo casto, recalcando suas pulsões genitais; cada um fez com isso o que deveria fazer: ele, uma neurose obsessiva e um amor epistolar; ela, secretária valorosa, tornando-se cada vez mais dedicada, masoquizada pelo patrão masoquista, o qual, aos trinta anos, continuava a ser esmagado por um pai abusivo. O marido e a mulher nunca conversavam sobre suas vidas privadas. Ela nunca falara disso com ninguém, até o momento em que o filho entrou em tratamento. Até então, ela se contentava em fofocar com sua vizinha, que tinha um filho com problemas.

Acho que é perigoso dizer ao homem, em um casal, que ele é estéril, quando ele deseja um filho da mulher. Justamente pela razão que você evocou: ele pode deixar de sê-lo um dia. Por outro lado, se a mulher ama seu homem, como era o caso, ela pode muito bem se virar para assumir sozinha a tentativa de uma fecundação normal ou artificial, a fim de dar o presente de um filho dela ao marido. Conselho que lhe fora dado por seu próprio ginecologista.

No caso de que estou falando, o pai queria um filho, imaginariamente. Na realidade, ele não queria "essa" criança. Ele próprio não estava maduro com relação à sua virilidade. Evoluiu lentamente, graças às cartas de uma mulher que estava longe. Ele próprio não conhecera nem a mãe nem o pai. Era, como eu disse a vocês, uma criança da Assistência Pública, sem vínculos, criada em instituições, e não em uma família substituta. Sob pretexto de respeitar o bom andamento dessa gravidez tão desejada, aceitou que a mulher se recusasse a ele. Foi então que amou uma mocinha, também ela sem vínculos. Ele a respeitara porque ela era menor: e foi provavelmente por causa da castidade desse amor que ela se tornou doente psicossomaticamente; ele assim disse e tinha razão. Ele devia ter, então, cerca de trinta anos, e ela tinha dezessete. Então, quando seu filho tinha quinze anos, ele já tinha quarenta e cinco. A moça, que permanecera sua amiga distante, tornara-se uma mulher de trinta e dois anos. Tinha, então, a idade em que a mulher desse homem tornara-se mãe.

Mas é uma história bem particular. Acho que é o que podemos dizer. Na verdade, tudo começou com o "dizem", com o "o que vão dizer". Esse homem e essa mulher estavam enredados em sua regressão e não queriam se magoar mutuamente. Contudo, não queriam, tampouco, romper seu entendimento afetivo, o que lhes custou muito caro: pelo recalque na mulher e pela emergência de doença obsessiva no pai – obsessões que ele não tinha antes da chegada da criança.

P.: Você tinha a autorização da mãe para contar a história para o menino?

F. D.: Mais do que a autorização: o pedido para que eu o fizesse.

P.: Foi ela que pediu a você ou foi você que solicitou essa autorização?

F. D.: Não. Eu pedira que ela própria contasse ao filho quando ele lhe perguntasse. Ora, ela não conseguia dar-lhe informação sexual. O pai também não conseguia. O médico psiquiatra já lhe pedira isso, mas ele respondera: "Não, não consigo falar com ele. Faça-o você mesmo, doutor."

P.: Você nunca recebeu o pai?

F. D.: Sim, eu o recebi, mas ele não sabia de nada. Quanto a mim, só soube da verdade da boca da mãe após, talvez, um mês de tratamento do menino. No início, eu não sabia de nada.

P.: Por acaso o pai se questionava sobre suas obsessões, que só apareceram, justamente, após o nascimento do filho?

F. D.: Sobre suas obsessões? Suas manias? De modo algum! Mas devia se questionar muito sobre a ausência de relações sexuais e sobre as cartas que escrevia àquela moça, sobre essa longa ligação platônica que durava desde a concepção de seu filho.

P.: Mas ele não falou nada para você?

F. D.: Não. Ainda mais porque, naquela época, ele deixara de escrever para ela. Escreveu a essa jovem durante cinco ou seis anos – foi pela mãe que eu soube disso. Ele organizara todo um esquema no escritório, que enviava um pacote todos os meses para essa moça, no sanatório. Era ele quem preparava esse pacote. Havia paterno-maternado, por assim dizer, a jovem funcionária de escritório pela qual se apaixonara, ao mesmo tempo que se sentia muito culpado (porque ela era menor); nele, o amor, o desejo sexual se misturavam a uma lei que o impedia de declarar seu desejo. Ele só assumiu sua afeição pela "pobre moça sem família" com a ajuda do escritório inteiro. Através dessas cartas, eles finalmente puderam declarar seu amor mútuo. Contudo, sendo casado, ele jamais enganaria a mulher. Então, pararam de se escrever. A moça lhe disse que estava começando a amar um rapaz, e tudo acabou. Ele voltou a escrever para ela durante o tratamento do filho. Quase ao mesmo tempo que sua mulher lhe declarava seu amor pelo patrão, ele estava decidido a casar-se com a jovem que amava. Então, era maravilhoso! Tudo estava acontecendo, realmente, no momento certo.

E o ponto de partida de toda essa história era a esterilidade do casal e a sugestão feita à esposa pelo ginecologista. Mas tenho que destacar que se tratava de um caso particular: o de um pai que não tinha nenhuma família e que tinha muita vontade de ter um filho, para constituir uma família.

Estou, aliás, convencida de que o menino nunca disse ao pai que era filho de outro. O menino estava totalmente decidido, de modo maduro, a não contar ao pai. Aliás, seu "verdadeiro" pai era ele mesmo, o pai simbólico.

Acho que muitos tratamentos com crianças dão certo, mesmo que não vão até o fim. Um dos sinais do efeito de um tratamento psicanalítico é que ele é completamente esquecido depois, quando a criança passa para a fase seguinte de sua vida.

Esse caso me espantou, porque houve um impacto social. O menino fora, não podemos esquecer, internado um mês no Sainte-Anne, depois de ter sido expulso do colégio, porque já não era possível aceitar tal caricatura.

E, se eu não tivesse feito a assistência social buscar seu paradeiro, nunca saberia que ele queria se tornar psicanalista. Nesse caso, onde atuou, sem que ele soubesse, a identificação, para ele, com o ofício que eu exerça, e que ele ignorava ser "psicanalista"? Eu tinha sido a "estranha senhora".

P.: Mas ele não tinha ainda começado sua psicanálise de adulto. Ele desejava fazer uma análise. Assim, talvez desejasse saber o que havia desejado.

F. D.: Certamente ele teria encontrado essa lembrança durante sua análise. Mas isso fora esquecido com as transformações da puberdade, enterrado com as lembranças da infância.

P.: Mas o desejo de ser analista podia ser um desejo de voltar a encontrar uma lembrança.

F. D.: Na época em que ele me escreveu aquela carta, mostrei sua letra a uma grafologista que eu conhecia, para saber o que ela achava. Ela disse que se tratava de uma pessoa culta, que se destacava, inteligente, que poderia ser médico, engenheiro... (*Risos.*) Ao passo que, aos quinze anos, ainda tinha uma letra completamente neutra e infantil.

É espantosa, aliás, a mudança de escrita das crianças ao longo de sua evolução. Atendi um menino de treze anos no hospital Trousseau, que viveu, na transferência que fez, durante todo um ano letivo. Escrevia a cada quinze dias, no lugar da sessão que deveria ter tido comigo. Escrevia uma vez para dona Arlette, de quem ele gostava, e uma vez para mim. Assim, todos os meses, eu tinha uma carta. Comparando-as, era espantoso ver a evolução da letra desse menino em um ano. Era extraordinário!

Lamento não ser grafologista, porque tenho certeza de que há muito a compreender a respeito daquilo que acontece no inconsciente das crianças no momento em que mudam assim de letra, e tão rapidamente. É um pouco como as deformações de redes, essas deformações matemáticas, ao modo de Vasarely. Vemos que a estrutura permanece a mesma, mas há uma evolução da letra. A mudança do grafismo é como que paralela àquilo que acontece nas fantasias da criança que está no processo de evoluir e curar-se.

Esse menino curou-se totalmente de uma asma infantil que tinha desde os dois anos de idade. Curou-se separando-se de um pai dramaticamente asmático – um homem que parecia um moribundo. O menino, ao contrário, era fisiologicamente fantástico – "puxara" o lado da mãe; tinham-no tratado em vão no hospital Trousseau, desde a infância, de suas alergias.

Começou, então, uma psicoterapia comigo. Muito rapidamente, abordou o problema dos pais, problema sobre o qual eles nunca haviam falado. Depois, pediu para ir embora para casa.

Se estou falando desse menino para abordar a questão da letra, é também porque isso estava ligado à sua demanda de ir embora. Ele me disse: "Eu gostaria de escrever para você a cada quinze dias, já que não poderei mais vir. – Está bem!" E ele foi embora. Tudo correu muito bem no início. Quando ele chegou a um centro de acolhimento montanhês, era bom aluno. Mas, quando a Seguridade Social soube que fora transferido para um centro de acolhimento comum, que estava fazendo sua escolaridade em um colégio comum, o desespero foi completo. A assistente social do centro em que ele havia sido tratado apressou-se em telefonar para sua colega regional, para lhe dizer: "Esse menino é um asmático grave, é preciso absolutamente [já que tivera apenas um tratamento psicoterápico curto] colocá-lo em tal centro de acolhimento em que há três ou quatro psicoterapeutas. É absolutamente preciso que ele continue seu tratamento psicoterápico."

Ora, no Trousseau, já recebêramos as três primeiras cartas, que mostravam as dificuldades de adaptação do início; todo o lado masoquista do menino tinha emergido. Os coleguinhas zombavam dele. Na segunda carta, ele escrevia: "Não vou conseguir. Ajude-me, porque eu gostaria de ficar, mas eles são, todos, muito malvados. Não sei mais o que fazer, e estou engordando, engordando." De fato, ele começou a engordar, por sentir-se infeliz. Era o mais velho de uma família de cinco e vira a mãe engordar quatro vezes após seu nascimento, enquanto o pai emagrecia cada vez mais. Disse-lhe que, para não se parecer com o pai, ele não precisava parecer-se com a mãe quando ela ia ter bebês. Ele me escreveu: "Sua carta chegou. Os colegas pararam de zombar de mim. Pensei que não valia a pena engordar assim. Perguntei ao doutor, que me disse para deixar de comer pão. Estou fazendo direitinho meu regime agora."

Naturalmente, era uma revolução para a assistente social. Pedi-lhe para dar um jeito de não falar nada para a Assistência Social da cidade em que ele estava nos Alpes, a fim de que não fosse mudado de centro, agora que fizera sua adaptação; pedi-lhe também para explicar que ele continuava sua transferência com sua psicanalista. Mais tarde veríamos se aquela criança suportaria uma mudança.

Ela ficou totalmente chocada com o fato de não colocarmos o menino nas mãos dos psi do centro em que ele estava, já que se tratava de um doente psi. Contudo, nunca ninguém tinha se dado conta disso. Acreditavam que tinha alergia a pó. (*Risos*.)

E, depois, tudo transcorreu muito bem. Caso contrário, podemos imaginar o que teria acontecido. Pois o menino fizera todo o trabalho de se adaptar. Fizera o sacrifício de interromper a análise (uma análise que durara todo o ano letivo) para partir, no ano seguinte, e fizera o trabalho de deixar a mãe e os irmãozinhos aos quais era apegado, como toda criança que se identificou ao mesmo tempo ao pai e à mãe.

Ali, a asma passou. A assistente social entrou em contato com a diretora do centro de acolhimento, que explicou que ele tivera duas ou três pequenas crises, mas tão mínimas que passaram durante o sono; no dia seguinte, tinha acabado. Ficaram um pouco preocupados à noite, mas as crises tinham parado. O médico achava que ele estava evoluindo muito bem. Já não tinha crises havia semanas.

P.: Mas depois de ter abandonado essa identificação...?

F. D.: Ele me escreveu: "Eu queria, principalmente, ver você, no Trousseau." Infelizmente, ele decidira que permaneceria dois anos nesse centro. Em sua última carta, dizia querer voltar a seu antigo colégio. Via-se curado, achava que não era o caso de voltar para os Alpes. Eu, por meu lado, pensava que tudo ainda era muito frágil, dado o que eu conhecia de seu pai.

Esse pai era, ele próprio, o primogênito de uma família na qual seu próprio pai era o único dos cinco filhos que pudera casar-se. Os outros tinham se tornado freiras ou doentes psicossomáticos. (*Risos.*) Por outro lado, o menino era fruto de uma *mésalliance*, a mãe sendo muito inteligente, mas sem instrução. Era operária na fábrica que o pai de seu marido, avô paterno do menino, dirigia. O pai da moça era o operário de confiança do patrão – tratava-se de uma empresa familiar. Em uma festa organizada pela fábrica, o filho do patrão conhecera, então, essa moça. Seus pais tinham uma enorme confiança no pai dela; instalado, com sua família, nas dependências da fábrica, era seu vigia. O filho do patrão, com os pais, também vivia nas dependências da fábrica. Sempre vira, então, essa jovem inteligente e sensível, que era a saúde em pessoa.

Foi essa mulher que veio me contar a história. Eu só vira o pai, até o dia em que ela, a mãe, pediu para vir falar comigo. Explicou-me que a dificuldade, para seus filhos, era que, para sua sogra, ela não era uma nora: não passava da mãe das crianças. A sogra recebia os netos, mas não a nora, exceto no primeiro de janeiro. Era o problema dessa família burguesa, mergulhada até o pescoço nos padrecos...

A moça, por seu lado, não tinha nada de incendiária; fora criada como uma moça inteligente, católica, mas não "carola"; tivera que insistir muito tempo com os pais para esposar o filho do diretor. Seus pais lhe diziam: "Mas você não percebe! Essa família jamais aceitará você."

Ela me declarou: "Percebi que ele morreria se eu não aceitasse. Estava tão apaixonado por mim."

Ora, nunca, nunca mesmo, esse homem falava de sua asma na frente das crianças. Trancafiava-se durante três dias, quando tinha suas crises. Quando sua mulher entrava no quarto para levar-lhe comida, ele se escondia. Sucedera ao pai nos negócios. Era um homem que se sustentava com uma coragem incrível, sua saúde estando completamente degradada; ele não podia dizer nada na frente do filho, um menino extraordinário, de uma psicologia exatamente do mesmo tipo da de sua mãe; ele, ao contrário, era um homem "fim de linha", completamente esmagado.

O trabalho pôde, pois, começar com o filho, a respeito da avó: "Como é sua avó...? – Oh! Ela não fala mal da mamãe, mas não quer que falemos dela." Foi aí que o trabalho começou: do lado da avó paterna. Depois: "E sua avó materna? – Oh! Ela é muito legal. Sempre me diz: 'Seu pai tem tanta coragem, doente como é!' Só pela minha avó materna foi que ouvi falar da doença de meu pai."

P.: E essa asma, ele começou a tê-la após o casamento?

F. D.: Você fala da asma do pai? Não, não; ele, pai, a tinha desde os quatro anos de idade. E o filho, a partir dos dois anos. Ele fez melhor ainda que o pai! Mas com uma tipologia que não se parece em nada com a do pai! Era de se perguntar o que aquela asma vinha fazer em uma criança de compleição perfeita. Era realmente, para ele, fazer como o pai, identificar-se com o pai, para que fosse dito, à atenção de sua avó paterna e de sua família, que ele era de fato filho do pai – mesmo tendo "puxado" completamente o lado da mãe.

P.: Podemos dizer que se trata de uma identificação ideal?

X.: É um orgasmo.

F. D.: Um orgasmo?... Não sei. Você acha?

X.: Porque é um significante...

F. D.: Não, acho que é mais: nascer ou não nascer, encurralado – não é? – do lado respiratório. Nascer ou não nascer, já que ele era o primeiro a endossar, com isso, que o casal dos pais já não podia ser rompido pelos avós "carolas" que não quiseram aquele casamento. Ainda mais por ele pertencer à única descendência dessa família paterna.

O interessante é que a mãe desse menino não tinha nenhum sentimento de inferioridade masoquista. Falou-me com grande lucidez quando a recebi sozinha: "Agora, a senhora precisa conhecer a situação. Eu os entendo", dizia ela, falando da família do marido. "Em uma cidade pequena, a senhora sabe, as classes são separadas. Eles são burgueses, e meus pais são operários. – Como vocês dois se entendem? – Nós nos entendemos muito bem."

Seu marido não tinha nenhuma cultura. Não falava sobre nada. Tinha seu trabalho, e era tudo. Quanto a ela, exercia seu ofício de dona de casa. O pai dela vivera durante muito tempo em sua casa de vigia. Seu marido ia trabalhar na fábrica. Se aquela pequena fábrica continuasse a existir, então seu marido e ela morariam, um dia, na casa do dono da fábrica. Mas, até o momento, não moravam ali. Os pais poderiam muito bem ter dado uma ajuda ao filho; mas estava fora de questão a filha do vigia, do zelador, poder morar, com o filho deles, na casa deles. Era uma história muito complicada do ponto de vista social. E o menino estava enredado nisso.

P.: Então, esse menino era asmático porque não podia ser melhor que o pai?

F. D.: Você pode imaginar que não era a poeira que estava na origem de sua pretensa alergia.

P.: Mas, no hospital em que foi tratado, há uma tal alergia à psicoterapia...

F. D.: É verdade, mas o que é muito curioso é que a atitude negativa do pessoal teve um efeito positivo. O importante era que a transferência continuasse. Como é a transferência – e não realmente a relação real com o médico, como bem sabemos – que cura a relação imaginária e inconsciente, não valia a pena ele mudar de centro de acolhimento e ver um psicólogo que não saberia nada de seus problemas. De que isso adiantaria? E tampouco ficar apenas em contato com crianças-problema, quando estava ali com crianças simplesmente cansadas, sob a supervisão de um médico.

Finalmente, a administração aceitou. A assistente social informou os médicos responsáveis no hospital de Paris. Previram, se ele descompensasse, colocá-lo em outro internato, evidentemente; mas admitiram que, no momento, estava em relação epistolar com sua psicanalista, e que podia continuar assim.

Acho que, uma vez descoberto o pote de ouro na fala, a criança podia alçar voo e continuar seu tratamento em palavras escritas. A partir de então, uma psicoterapia teria sido um luxo – por assim dizer –, e correria o risco, talvez, de desarranjar muitas coisas. O menino não tinha essa demanda. Ora, quando decidiu ir para um centro de acolhimento, estava começando a decair nos estudos. Com a pré-puberdade, estava degringolando, na identidade com a família materna. Estava preso entre ser do lado do pai, mas tornar-se doente e estéril como os outros – os tios, as tias –, ou ser do lado da mãe, com a condição, pois, de não continuar estudando. Foi, aliás, essa questão que trabalhamos: "Você tem que ser 'você' e não 'como a família de seu papai' ou 'como a família de sua mamãe', mas você mesmo." Foi a partir disso que ele disse:

– Acho que precisarei ir para um internato.
– Por que não? Para onde você gostaria de ir?
– Para longe, bem longe.
– E você falou com a sua mãe?
– Não, eu queria perguntar a você primeiro.
– Fale com a sua mãe. Eu concordo.
– Sim, mas e meu tratamento?
– Bom, você me escreverá.
– Ah, é? Então, eu lhe escreverei e tudo continuará assim.

Vocês veem, é interessante. E, se estou contando isso para vocês, é porque não ousaríamos, às vezes, usar esse modo de proceder. Diríamos: "Não, ele deve continuar seu tratamento."

Não há grafologistas na plateia? Acontece de as pessoas fazerem uma psicanálise após terem consultado um grafologista. Seria interessante estudar a evolução da letra de um paciente. A desse menino tornou-se arejada, enquanto, no começo, era completamente endurecida, à imagem do pai. Ora, o grafismo tornou-se relaxado, espalhado, ocupando um espaço amplo. Seu modo de assinar mudou. No início, ele barrava o sobrenome com um risco. Depois, passou a assinar apenas com o primeiro nome; depois, finalmente, com sua inicial e seu sobrenome, bem amplamente. E tudo isso foi sendo feito no decorrer de um ano letivo.

P.: Talvez fosse interessante se debruçar sobre a letra das pessoas que gaguejam?

F. D.: Sobre todas as letras, certamente; esses microgestos que falam; principalmente a grafia do primeiro nome e do sobrenome, que, justamente, representam a identificação consigo mesmo. A gagueira é oral, enquanto a letra é muito mais fálica ou uretroanal. No caso desse menino, a letra se arejou, como sua caixa torácica, que pode, agora, respirar.

Deixar vestígios de palavras através da escrita é, contudo, uma metáfora do punhal fálico. Não sei – seria interessante observar – se a gagueira pode ser vista também na escrita. Mas, então, seria em alguém que não gaguejaria apenas com a voz, mas também com a metáfora fálica. Acho, mais provavelmente, que, se alguém gagueja com a voz, é justamente para não ser gago do sexo. Parece-me que é uma compensação: é receber a castração de um lado para não ter que recebê-la de outro.

P.: Deve ser muito penoso como sintoma...

F. D.: De fato, principalmente porque a gagueira está ligada à fala espontânea. A gagueira não se manifesta quando o sujeito diz o texto de um outro.

P.: Nas canções?

F. D.: Nas canções também. E, quando um gago conta uma história de pescador, ele não gagueja. Quando acredita imitar o modo de falar de um outro, não gagueja, mesmo que abandone esse modo três palavras depois.

P.: Estou um pouquinho perturbada com o que você está dizendo, porque vi uma criança, essa tarde, que não gagueja quando conta uma história para si mesma, mas gagueja quando fala com um adulto.

F. D.: Isso não me surpreende.

P.: Mas é o contrário do que você acabou de dizer!

F. D.: Nesse caso, trata-se de outra coisa. Quando ela conta algo para si mesma, não está diante do perigo do outro, não é? Como um gago não gagueja atrás de uma máscara – aliás, foi um dos primeiros gagos que atendi que me revelou isso: ele afirmava não gaguejar quando falava atrás de uma máscara. Atrás de uma máscara, um gago pode dizer o que pensa, sem gaguejar, porque, explicava-me ele, não é ele que está dizendo aquilo, é a máscara! Mostrava-me, aliás, escondendo o rosto com as duas mãos, contanto que visse por entre os dedos, que falava bem, enfim, muito melhor. A gagueira tem alguma ligação com o risco de ficar malvisto. Ter vergonha de si mesmo diante de um outro que exerce o papel de juiz – na verdade, de supereu.

P.: O cara que trabalhava na peça de Hélène Cixous é gago na vida real. Ora, nessa peça, ele representava a personagem do analista, e falava de modo perfeitamente correto em cena.

F. D.: Todos vocês conhecem o ator Roger Blin, que gaguejava absurdamente na vida privada, mas nunca em cena.

É algo relacionado com a face e o suposto canibalismo do outro. A zona erógena oral eficaz é atribuída ao outro, do qual se deve temer tudo (a mutilação sexual). Desse ponto de vista, até apenas imitar o modo de falar protege. A gagueira está relacionada com a identidade sexuada, sempre. Pode envolver tanto pulsões fálicas orais como pulsões fálicas anais ou genitais, mas está sempre relacionada, para o sujeito, com o problema de assumir o desejo no nível libidinal em que ele se encontra suscitado.

Quando uma criança pequena gagueja, é porque está correndo o perigo de incorrer em uma transgressão: seja voltando a algo que é tabu, como o desejo de mamar quando já está desmamada, seja, ao contrário, sendo chamada a tomar o lugar de um parceiro de seu sexo em uma relação proibida.

A gagueira diz respeito às pulsões fálicas canibais – anais ou genitais – de seu próprio sexo. A criança as camufla. Estou pensando em um menino gago que, quando imitava uma "voz de menina", como ele dizia, parava de gaguejar. Do mesmo modo, se dissermos a uma menina que gagueja: "Disfarce sua voz com uma voz de menino", bastará que ela imagine isso para parar de gaguejar.

Vocês veem, é muito estranho: é na identidade entre a imagem dada a ver (a face) e o sexo, entre a aparência e o modo de sentir as pulsões, que alguma coisa pega. Para um gago, é preciso que sua aparência seja contraditória a seu sexo, que ela disfarce o indivíduo que ele é, ali. O que ele oferece para ser ouvido ou visto esconde sua identidade. Acho que é um processo que remonta às primeiras pulsões canibais, às primeiras angústias de castração, antes até da relação triangular edipiana.

Lembro-me do caso de um gago de quinze, dezesseis anos, cujo pai morrera. Todo o tratamento foi feito em cima de brincadeiras sádicas para com um pai imaginário. Seu pai morrera quando ele tinha nove, dez anos, mas ele já era gago naquela época. Todo o tratamento transcorreu através de seus desenhos, que eram, todos, ocasiões de me lançar armadilhas: "Você nunca vai adivinhar qual história estou contando." Ora, na história, sempre alguém era visado. Eu o era, por meu lado, na medida em que era completamente idiota e não entendia nada de sua história. Suas histórias eram do tipo: o homem que víamos atrás da árvore era um espião que se fazia passar por outra pessoa... Era muito, muito complicado. Mas sempre se tratava de alguém que corria o risco de morrer se o reconhecessem.

Na vida normal, o menino se virava fazendo brincadeiras extremamente agressivas contra seus professores e, depois, contra os chefes que tinha. Era aprendiz de mecânico; muito inteligente. A gagueira o havia infelizmente prejudicado para fazer estudos universitários, e ele tivera que escolher uma formação técnica. Pegava todos os seus patrões, seus professores para cristo. E ria, ria. Eu não entendia nem mesmo do que ria, até que pudesse me explicar que eram jogos de palavras, sempre à base de zombarias dirigidas aos professores que lhe davam medo.

Foi então que pudemos abordar a questão de suas zombarias e de sua necessidade de mascarar, por trás de sua gagueira, sua revolta infantil. É difícil quando o pai morre.

Porque, no final das contas, era do pai, debilitado quando ele era criança, que ele queria zombar. E eram essas pulsões agressivas – pulsões agressivas do final do período edipiano, aos oito, nove anos – que, em seu imaginário, haviam ferido de morte o pai. A mãe dizia que ele sempre fora uma criança fácil, dócil e obediente, um pouco fechado com relação aos pais. O pai gostaria de vê-lo mais confiante e falante. Morrera de um câncer, diagnosticado quando o menino tinha cinco ou seis anos. Haviam escondido o fato da criança. Na transferência, eu tinha, então, me tornado "incapaz de entender" as astúcias pseudopoliciais que ele me propunha na forma de trocadilhos. "Peguei você!" Era sua hilaridade triunfante no final de cada sessão. Depois veio, junto com sonhos em que seu pai e eu nos intercambiávamos, o esclarecimento de seus problemas de criança, criança que gostaria de ter sido alegre e barulhenta, de brincar, em uma casa em que o pai sentia-se, por momentos, muito doente. Ele não soubera de nada claramente antes da morte, misteriosa para ele, de seu pai no hospital, quando ele próprio tinha nove anos. A gagueira, então, desapareceu; mas foi preciso essa psicoterapia aos quinze anos para que o filho e a mãe pudessem conversar sobre aquela provação secreta para ela, da qual não podia falar com o marido nem, depois, com o filho, mesmo após sua viuvez.

Lista geral dos casos e exemplos clínicos

Os casos apresentados nesta edição, extraídos do ensino oral de Françoise Dolto, constituem, por essa razão, a parte mais propriamente clínica de seu seminário. Por isso pareceu natural darmos, aqui, uma lista geral dos casos, assim como um índice remissivo remetendo aos três livros, respectivamente abreviados em I, II e II.

ADOTADO. II: Criança adotada; o "golpe do vestido de grávida", pp. 237-8.

ANOREXIA. II: Em um bebê de quinze dias, pp. 313-6. – Em um bebê com fratura das vértebras, pp. 316-9. – A menina criada em um cemitério, pp. 325-7. – A "filha do padeiro" e o objeto perdido de seu pai, pp. 329-33

ASMA. III: Tratamento epistolar de uma criança asmática, pp. 480-4.

AUTISMO. I: Gérard; gestos convulsivos; criança identificada com a máquina de costura da mãe, pp. 110-1.

BALANÇO COMPULSIVO (e regressão ao ritmo fetal em uma menina abandonada). III: pp. 402-4.

CALADO. II: Criança calada até a idade do Édipo, em consequência de um aborto da mãe, que permanecera secreto, pp. 305-6.

COMA (e memória inconsciente). I: Mulher em estado convulsivo após o parto, pp. 85-6. – Menino francês, comatoso em razão de um acidente e que, ao despertar, falava italiano, língua do país em que estava hospitalizado, pp. 86-7.

DEFICIENTE (DÉBILE). III: Filho de uma jovem mãe deficiente, criado pela bisavó; assumir a morte possível desta última e reconhecer a lei, pp. 396-9.

DEFICIENTE (INFIRME). I: Katia, menina deficiente motora, com próteses nas duas pernas, rotulada de psicótica; regressão à imagem arcaica da bola; problemática da castração e da identificação, pp. 39-45. – II: Tratamento de uma jovem surda e cega, hospitalizada, pp. 219-24. – III: A menina que só tinha um braço, pp. 406-8.

DELINQUÊNCIA. III: Menino que se tornou delinquente após a interrupção de sua psicoterapia, graças à qual se recuperara muito precocemente, sem apoio simbólico na sociedade. pp. 393-5.

DELÍRIO. III: Sonho com Jacó e o Anjo e sonhos com excrementos em uma moça geminada com a irmã; fala inaudível na sessão, pp. 443-6.

DEPRESSÃO. I: Psicoterapia de uma senhora idosa, pp. 69-71.

DISLEXIA. III: Criança que invertia as primeiras letras das palavras, indicando, assim, o desejo de trocar de lugar com o irmãozinho deficiente, pp. 415-6.

ÉDIPO. I: Sobre uma menina trilíngue, Isabelle, que falava hebreu (língua do pai), francês (língua social) e inglês, pp. 72-6.
– (e enurese). I: De um menino que aprendia inglês, língua que o pai não sabia, pp. 74-5.
– (e regressão ao desejo incestuoso). III: De um menino ao qual um primo mais velho declarara: "Estou apaixonado por sua mãe", pp. 400-1.

ESQUIZOFRÊNICO (autista). I: "Tenho dor de meu pai": um adolescente dissociado e a questão do pai, pp. 149-50.

ESTRABISMO. II: Consecutivo, em uma menina, a um desejo de aborto da mãe, pp. 304-5.

FALTA DE UM NOME NO OUTRO. III: Menino insone que tinha o nome destinado a um irmão, que morrera sem ter sido nomeado, pp. 426-33. – Menino que confundia o pai e o irmão, pp. 433-5. – Deficiente: "Minha mãe não teve mãe" (menino cujos pais tinham o mesmo patrônimo de nascimento), pp. 435-9.

FOBIA. II: Fobia de penas (menina inibida), pp. 186-7. – Fobia de música (menino esquizofrênico), pp. 187-8. – Fobia de gatos (machos) em uma mulher de cinquenta e dois anos que sofria de vaginismo; traumas infantis em cadeia, pp. 188-207.

FORCLUSÃO. II: De uma frase em híndi, ouvida por uma paciente, antes dos nove meses de idade, pp. 290-3. – Esquizofrênico: adolescente; fobia de alfinetes; forclusão do diálogo que marcou seu nascimento, pp. 285-9.

GAGUEIRA. III: O filho gago que apanhava do pai, pp. 409-13. – Gagueira, máscara e canibalismo: jovem que zombava de seus professores, pp. 486-7.

HISTERIA. I: Criança que fala uma linguagem normal na escola e uma linguagem inventada em casa (a música como linguagem de mediação), pp. 54-5. – II: O menino cujo pai era maneta; ataques de raiva e crises convulsivas de aparência epilética, pp. 299-301.
– (e fracasso da sublimação das pulsões anais). III: Regressão em uma mulher talentosa em matemática, mãe de uma criança catatônica, pp. 364-8 e 369-70.
– (e fracasso do falismo). III: Regressão em uma mulher talentosa em matemática no momento em que se apaixonou, pp. 368-9.

HOMOSSEXUALIDADE LATENTE. III: Fixação homossexual de uma criança em seu irmão mais velho; inibição escolar em razão de um professor homossexual, pp. 404-6.

LEMBRANÇA ENCOBRIDORA. II: Do homem, entorpecido de medicamentos, que tentava estrangular a si próprio, ao despertar, pp. 301-2.

NEUROSE OBSESSIVA. II: Pseudodeficiente, verdadeira obsessiva; filha e neta de supostos homossexuais; criada pela mãe e pelas avós, pp. 240-4. – III: Sintomas obsessivos: o menino priápico[1], pp. 359-63. – Menina muda que arrancava os cabelos, pp. 346-8.

NOME DO PAI. II: O caso do filho Sècheboeuf [Secaboi]: criança masoquista, sofrendo de um distúrbio identificatório com relação ao pai genitor, por intermédio de seu patrônimo; desconhecimento da função fálica genital do pai, pp. 263-9.

OBJETO TRANSICIONAL. III: O sujeito atingido em seu objeto transicional; o ursinho perdido, pp. 418-9.

PERVERSÃO. II: Exemplo da menina que "faz xixi no papai"; recusa a renunciar à sedução incestuosa, pp. 296-8.
– (e psicose). III: Em uma menina sadicada por uma adulta, pp. 371-7. – A menina que caiu da janela: cumplicidade pervertedora de pais com relação a filhos acidentados ou deficientes, pp. 423-5.

PSICOSE. II: Alucinações: o jovem arquiteto e suas vozes, p. 272. – Paranoia (delírio a dois, com a filha) de uma velha senhora internada durante quinze anos, pp. 251-3. – Distúrbios da imagem do corpo: menina com o quadril alienado no corpo da mãe, pp. 302-4. – III: "Eu, quando fui morto": menino identificado a um cachorro (*boxer*) atropelado quando ia ao encontro do pai (antigo boxeador decaído), pp. 450-7. – "O lulu-da-pomerânia na gaiola de Faraday": o filho do cabeleireiro, criança esquizofrênica; compulsão de soprar a cada um de seus gestos, pp. 469-80. – O nome e o acaso da letra: uma criança incestuosa, pp. 459-66.
– (de origem traumática). III: Menino-lobo, que uivava; identificado com um cachorro, depois, com um jardineiro morto; carência no aleitamento durante a guerra, pp. 390-2. – Menino que enlouqueceu vendo voltar o pai que ele acreditava morto, pp. 379-86. – A recuperação da palavra "puta": filho de uma prostituta e de um delinquente, pp. 386-9.
– (maniaco-depressivo). I: Homem que perdera uma parte de si mesmo em sua cama (o sintoma maníaco-depressivo e a cena primitiva), pp. 166-7.

VAGINISMO. I: Mulher vagínica temporariamente, anoréxica, que sarou sonhando que dava bifes para sua vagina comer, pp. 76-7.

---

1 . Outra versão desse caso foi publicada na revista Études freudiennes, n.º 24: "Au-delà du temps des séances", n.º 2, Paris, Ével, outubro de 1984.

Índice remissivo

Este índice não remete a todas as ocorrências de uma mesma noção, mas apenas a seus usos mais importantes ou mais específicos. Alguns conceitos, como o de recalque, que atravessa todo o Seminário, não figuram neste índice, já que não constituem objeto de uma elaboração específica.

ABANDONADAS: (crianças): II/238-40.
ADORMECIMENTO (do analista): II/276-8.
ADOTADAS (crianças): II/237-8, 281-3, 285-7.
AGRESSIVIDADE: III/425;
dívida de ~: II/281-2.
ALUCINAÇÕES: II/cf. VOZ – III/348.
ANAMNESE: II/209-210, 234-5 – III/450.
ANGÚSTIA: II/246, 305 – III/424, 426-7, 428, 430, 435, 436, 457, 466.
ANOREXIA: I/76 ss. – II/cap. 15.
ASMA: III/480-5.
AUTISMO: I/87, 148, 150 – II/217-9, 239-40 – III/379, 382, 384, 386;
cura do ~: I/102-4;
e engodo: I/109-10;
entrada no ~: I/112-3;
experimental: I/101.
AUTONOMIA MOTORA: II/ cf. CASTRAÇÃO DAS PULSÕES ORAIS.
ABORTO: I/78-88 – III/346-7.

BALANÇO: III/404 – cf. RITMO.
BENEFÍCIO SECUNDÁRIO: II/186.

CALADAS (crianças): II/cap. 5, 305-6 – III/346, 460, 474.
CARTA: II/256.
CASTRAÇÃO: I/42, 65, 74, 93 – II/260, 297-8 – III/350, 369, 395, 400, 485, 486;
das pulsões anais: I/37, 49-50, 51 – II/179-80 – III/354;
das pulsões orais: I/36-7, 38-9, 51 – II/179; III/352;
do psicanalista: II/177 – III/445;
dos pais: II/177-8;
edipiana: I/37, 137;
estruturante: I/16;
fálica: III/368;
primária: I/65 – II/265, 269;
primária bis: II/264, 269;
simbólica: II/265, 269, 271;
simbolígena: I/37-8 – II/294 – III/393;
umbilical: I/46, 47 – III/432.
CATARSE: I/27.
CATATONIA: I/115-6 – III/365, 367, 459-60, 463.
CENA PRIMITIVA: I/17, 82, 90, 161 – II/238.
e psicose: II/187-8, 303;
no mito freudiano: II/266.
CÓDIGO (e comunicação sensorial): II/219;
simbólico das crianças psicóticas: II/271, 272.
COMA: I/85-7.
COMPULSÃO: I/102-3, 109-11.
CONTRATO: II/cf. PAGAMENTO SIMBÓLICO.
CONTRATRANSFERÊNCIA: II/277, 279-280.
CONVULSÕES: I/81-3.
CULPA: I/118, 122-3, 137 – II/185, 188, 206-7, 284 – III/347, 367, 381, 382, 424, 479.

DEFICIENTE: III/359, 362-3, 390, 391, 396-7, 435, 438, 448-9, 460, 463.
DEFICIENTE FÍSICO: III/406-8.
DELINQUENTE: III/387, 393-4, 395, 450, 454;
passivo: I/138.
DELÍRIO: III/346-7;
demonomaníaco: III/469-70, 472, 473.
DEMANDA: II/208-11, 225 – III/345.
DESEJO: I/136-7, 168 – III/351-2, 353, 479;

de violação: III/353;
do analista: I/64;
e fantasia: II/248;
e linguagem: II/247-8, 267;
e necessidade: II/271-2;
≠ necessidade: I/112-3.
DESENHO: I/22-3, 162-4 – III/380-1, 384-5, 388, 390, 396, 415-6, 447, 451, 470, 472, 486;
e modelagem: II/192, 197, 203-4, 242, 299, 310-2.
DESMAME: I/48;
das cuidadoras: II/239;
e psicose: II/273-5.
DISLEXIA: III/415-6, 417, 439.
DÍVIDA: II/cf. AGRESSIVIDADE;
função positiva da: II/256-7.
DUPLO: I/58-9, 152-4, 159, 160-2, 164-9 – III/419, 446.

ÉDIPO: I/92-3, 128-9, 131-3, 135-7, 145 – III/349, 352, 353, 354, 355, 367, 375, 389, 400, 401, 414, 423, 486, 487;
aberrante: I/110;
da menina, do menino: II/203, 208, 269, 308-9, 312;
das crianças bilingues: I/72-3;
dos pais: II/209-10, 215, 231, 287-8;
e linguagem: I/53;
entrada no ~: I/157-9;
enviezado: I/94;
resolução do ~: I/31.
ENCOPRESE: I/27 – III/452, 456.
ENGODO: I/109-10 – cf. AUTISMO.
ENQUADRAMENTO (de uma psicoterapia): II/cap. 3.
ENTREVISTAS PRELIMINARES: II/cap. 1 – III/358.
ENURESE: III/450.
ÉTICA: I/145 – III/350, 351.
EU: II/209, 278, 334;
dicotomizado: I/69, 75-6, 148-9, 150, 159.
"EU" (do inconsciente ≠ "eu" da gramática): I/116;
≠ ego: I/148, 150.
EU AUXILIAR: I/58, 72, 132 – III/405;
homossexual: I/75.
EU CORPO: II/334-5.

EU IDEAL: I/93, 130, 133, 161 – II/211, 261, 281, 333-4 – III/350, 400, 414;
incestuoso: III/437.
ESQUEMA CORPORAL: I/59, 101, 143 – II/291-2, 317 – III/351, 356, 404;
e sexualidade feminina: III/357.
ESQUIZOFRENIA (entrada na): I/149-50;
experimental: II/289.
ESQUIZOFRÊNICO: I/87, 141 – III/365, 444, 446;
adolescente: II/285-9;
criança: II/187-8.
ESTERILIDADE: III/477-8.
ESTRESSE: I/23.
EXIBICIONISMO (e motricidade): III/352.

FALASSER: II/263.
FALISMO URETRAL: II/265-6.
FALO: II/300-1 – III/472;
e letra: III/484-5;
e umbigo: I/105;
função fálica: II/258-9;
ideal fálico: I/73, 165 – III/368, 412;
representação do ~ e buraco: I/100.
FANTASIA: I/15-6, 19, 25 – III/348, 365, 368, 398-9, 400-1, 402, 447, 451;
da morte do outro: II/281-2, 309-10;
de violação: III/362-3;
≠ desejo: II/cf. DESEJO.
FASE DE LATÊNCIA: III/350, 354, 398.
FETAL (história): I/88.
FETICHE: III/418, 419-20, 428.
FIMOSE: I/65.
FOBIA: I/46-7, 145-8 – II/cap. 2, e 285, 287 – III/362, 450, 452, 453, 456-7;
identificação fóbica: II/185;
objeto fóbico: II/186, 205;
transferência fóbica: II/228.
FORCLUSÃO: II/cap. 11.
FRUSTRAÇÃO: III/454.
FUNCIONAL (distúrbio): I/27.
FUSIONAL: I/17.

GAGUEIRA: III/409-13, 450, 452, 485-7.
GÊMEOS: I/69, 161;
crianças geminadas: III/440-2, 444, 446-9.
GENEALOGIA (e segredo): II/229, 234.
GENITALIDADE: III/350, 351, 354, 356.

GENITORES (≠ pais simbólicos): III/457-8, 459-60, 461, 466, 469.
GERAÇÃO: I/81.
GOZO: III/373, 374, 375.

HETEROSSEXUALIDADE: III/355, 401.
HISTERIA: I/120 – III/362, 364;
crises de ~: II/299-301;
≠ perversão: II/297.
HOMOSSEXUALIDADE: III/404-6;
latente: III/468-9;
relação homossexual: III/355, 375, 437, 467.
HONRAR O PRÓPRIO NOME: III/389, 410.

IDEAL DO EU: I/159 – II/180, 261 – III/345;
genital da mulher: I/159-60;
incestuoso: I/158.
IDENTIFICAÇÃO: I/49, 73, 92-3, 117 – II/206, 238, 269, 333 – III/361, 373, 374, 390, 391, 418, 419, 426-32, 167-8, 446-8, 479, 480-1, 482-3, 484-5;
com animais: I/145;
narcísica homossexual: I/133, 136.
IMAGEM DO CORPO: II/259, 291-3, 303, 316, 318, 319 – III/363, 404, 412, 418, 431, 447;
arcaica: I/44;
deturpação da ~: I/162-4;
e significantes: II/206.
IMAGEM ESPECULAR: I/165, 166.
IMAGINÁRIO: III/378, 386, 487.
INCESTO: I/122 – III/353-4;
realizado: II/262 – III/402, 457-66.
INCESTUOSO (desejo): II/266;
criança imaginária: II/259;
fantasia: II/262.
INCONSCIENTE (estruturado como linguagem): II/211.
INIBIÇÃO: I/25, 120 – II/233 – III/352, 357-9, 364, 435, 445-6;
vocal: II/228-30.
INSCRIÇÃO (linguageira no corpo): II/219, 273-4;
≠ simbolização: II/285, 288, 291-3.
INSEMINAÇÃO ARTIFICIAL (e esterilidade): III/466-9, 471.
INTERPRETAÇÃO: II/177-8, 214 – III/381, 383, 413, 431-3.

INTROJEÇÃO: III/350, 352.
ISSO (ID): I/148, 150.

LEI: II/258, 294-6, 309; cf. PROIBIÇÃO DO INCESTO – III/354, 398, 479.
LEMBRANÇA ENCOBRIDORA: II/301 – III/351, 378, 383, 385.
LETRA: II/234 – III/459-60, 461, 463-4.
LIBIDO: III/348, 356, 445, 458.
LINGUAGEM (como filho incestuoso): I/72-6;
interior, alucinatória: I/104;
inventada: I/52-7;
"no sentido amplo": I/113;
somática: II/226, 231, 289.
LUTO: I/129 – III/376, 405, 431, 444.

MÃE: I/139;
de psicótico: I/117, 122;
depressiva: I/126-7;
fálica oral: II/259, 261;
imaginária: II/246.
MASOQUISTA (criança): II/263;
gozo: II/297-8, 321 – III/373, 374, 483.
MASTURBAÇÃO: III/353.
MATURAÇÃO: I/49, 52.
MEMÓRIA (e corpo): III/426-32.
MÍMICA: I/20.

NARCISISMO: I/117, 121 – II/291-2, 295-6 – III/348, 349, 351, 418, 420, 445, 454, 469;
e esquema corporal: I/59;
e genitalidade: III/350;
ferida narcísica: II/200, 205, 209 – III/416, 444, 456;
fundamental: III/352;
núcleo narcísico: II/274;
primário: I/17, 123 – III/350-2;
secundário: III/353-4.
NEUROSE OBSESSIVA: I/162 – II/186, 241, 243 – III/364, 471, 477, 478-9.
NOME DO PAI: II/cap. 8 – III/466-9;
função estruturante do ~: II/261-3;
significantes do ~: II/258, 260-1, 267-9.
NOMINAÇÃO: III/426-7, 428-30, 435-9, 441.
NÃO DITO: I/30, 87, 94 – II/227, 287-8, 289, 300 – III/407;
e psicose: I/63.
NÚCLEO PSICÓTICO: II/279-80.

OBJETO PARCIAL: I/31, 63, 123, 126, 146 –
   III/349, 351, 357, 419, 447, 448;
   fálico: II/267-8;
   identificação das crianças psicóticas com
      o ~: II/274;
   o pai, objeto parcial da mãe: II/261-2;
   oral: I/48;
   representando o desejo: II/249, 280-1.
OBJETO TOTAL: II/259, 334.
OBJETO TRANSICIONAL: I/167-8 – II/255
   – III/417-21, 428.
OLHAR (como significante do desejo):
   II/241, 302.

PAGAMENTO SIMBÓLICO: I/22, 133 – II/
   cap. 7 – III/388;
   como contrato: II/249, 253;
   diferente do objeto parcial: II/248-9;
   e desejo da criança: II/250;
   e tratamento dos psicóticos: II/270-1;
   efeito terapêutico do ~: II/248-9, 251.
PAI (antes do Édipo): I/92;
   diminuído: III/456;
   humilhado: III/409-13;
   imaginário: III/486;
   legal: III/458-9, 464;
   morto: III/486-7.
PAI REAL (genitor): II/244, 261-2.
PAI SIMBÓLICO: II/cf. NOME DO PAI, e
   243-4, 309 – III/457-9, 464-6, 468, 479.
PALAVRA: II/cf. NOME DO PAI, e 267-8.
PERVERSÃO: II/cap. 12 – III/353, 372, 374,
   377, 469;
   cumplicidade de ~: III/423-5;
   e neurose: III/454.
PLACENTA (relação com a): II/249, 282 –
   III/403, 442, 446.
PRÉ-EU: II/277-8;
   anal: I/155;
   genital: I/155-6;
   oral: I/155.
PRÉ-SUPEREGO: I/153-5, 163, 167-8.
PREMATURO (potencialidades psicóticas
   no): I/101.
PRESENTE (e analidade): III/420-3;
   oral: III/472.
PRIAPISMO: III/360-2.

PRIMEIRO NOME (incidência simbólica do):
   I/94 – cf. NOMINAÇÃO.
PRINCÍPIO DO PRAZER: I/115.
PROIBIÇÃO (do incesto): I/157 – II/204,
   264, 266 – III/345, 446.
PROJEÇÃO: II/210, 237, 239 – III/391-2.
PSICANÁLISE: I/33-4, 84;
   de gêmeos: III/449;
   finalidade da: II/251;
   = psicoterapia: III/378, 392, 395.
PSICOSE: I/59-60, 63, 121, 148 – II/cap. 9
   – cf. ESQUIZOFRÊNICO – III/371, 377,
   380, 390, cap. 9;
   e puberdade: I/67;
   entrada na ~: I/121-2;
   origem traumática: III/cap. 2.
PSICOSSOMÁTICO: II/297 – III/449;
   e anorexia: II/322;
   e lesões: II/273;
   somatização: III/463, 478, 482.
PSICOTERAPIA (antes do Édipo): II/309;
   de uma pessoa idosa: I/69-71;
   ≠ da psicanálise: III/378, 392, 395.
PUBERDADE: III/357, 437, 480;
   e letra: III/480.
PULSÕES (ativas, passivas): I/135 – III/351,
   355, 362, 364, 375, 379, 438, 445, 487;
   agressivas: I/83, 117-8, 119-23;
   anais: I/118-9, 155 – II/248, 267 – III/348,
      356, 367, 385, 393, 432, 442, 443, 444,
      445, 456;
   de vida: II/279;
   destrutivas e autodestrutivas: I/47;
   e Édipo: I/157;
   escópicas: III/354, 363, 402;
   fálicas: III/368, 369, 445;
   fálicas canibais: III/485;
   genitais: II/324 – III/349, 350, 352, 361,
      367, 437, 446, 477;
   homossexuais: I/129, 132-3;
   homossexuais passivas: II/265;
   orais: I/155 – II/ 267 – III/348, 363, 368,
      393s, 437, 447;
   pré-genitais: I/118 – II/267;
   uretrais: I/117-8 – II/266.
PULSÕES DE MORTE: I/83, 115-7, 119-
   121, 123 – II/276-7 – III/345, 362, 435,
   437;

e insônia: III/426-32;
e sono: III/377.

REGRESSÃO: I/98-9, 102 – III/350, cap. 4, 435, 437, 439, 447-8.
REPETIÇÃO: III/386, 428, 464.
REPRESENTAÇÃO (não verbal): I/18.
REPRESENTAÇÃO DE PALAVRA, REPRESENTAÇÃO DE COISA: II/310-2.
RESISTÊNCIAS (do analista): II/247, 272, 292 ss.
RITMO (e balanço): III/403, 403;
e significante: I/106-8.
"ROOTING": I/105.
ROUBO: III/450, 453, 454, 456.

SADISMO (desejos sádicos parciais): II/277-8 – III/372, 373, 374, 424, 486;
e fobia: II/186.
SEDUÇÃO: III/446.
SEIO (função fálica do): II/258-9, 267-8.
SEPARAÇÃO: I/102.
SESSÕES (ritmo das): III/371-2, 376, 426.
SEXUAÇÃO: I/156-7 – II/261-2;
diferença dos sexos: II/207;
identidade sexuada: II/205.
SIGNIFICANTE: III/378, 428, 430, 452, 453;
carnalizado: I/106 – cf. RITMO;
lógica do ~: III/415.
SIMBIÓTICO: II/277, 280-1, 291 – III/378, 442, 446-7.
SIMBÓLICO (função): II/272 – III/352, 374, 385, 435, 439, 476;
e alucinação: I/109, 139, 141;
laço: II/275;
primado do ~ na estrutura do sujeito: I/52.
SIMBOLIZAÇÃO: I/145 – II/273-4 – III/391, 395, 403;
e castração: II/292-3.
SÍNDROME DE TURNER: II/296.
SINTOMA: I/151 – III/345, 355, 360-1, 382, 431, 454, 457, 469;
a criança como ~: I/27;
e decisão do analista: II/226;
e sofrimento: II/246;
positivo: II/316.
SINTOMAS OBSESSIVOS: III/cap. 1, 464, 470, 473, 474-5.

SOFRIMENTO: III/375, 377.
SONHOS: III/365, 397, 443, 444;
com a frase em híndi: II/290-1;
com animais falantes: II/263;
com touros: II/264.
SUBLIMAÇÃO: I/27 – II/178, 186, 296-7 – III/352, 356, 364, 369, 374, 393, 394, 399, 468;
e pulsões anais: I/50-1, 137 – III/353, 364;
e pulsões orais: III/353, 431.
SUJEITO: II/238, 246, 277-8, 334-5 – III/345, 441, 449;
distinto do eu: I/115-6;
dividido: I/87;
do desejo: I/98, 117, 146.
SUPEREU: I/25, 93, 145, 157-9, 168 – II/334 – III/345;
anal: I/156;
genital: I/157.

TIQUES: III/470, 471;
doença dos ~: III/470, 471.
TRANSFERÊNCIA: II/177-8, 182-3, 205-6, 221, 232, 252, 255, 280, 308 – III/347, 356, 373, 378, 395, 413, 414, 431, 434, 445, 464, 465, 481, 483;
de sedução: I/30;
negativa: II/247;
negativa dos pais: I/28, 30;
positiva: II/248.
TRAUMA: I/98 – II/191-5, 198 – III/cap. 2, 395, 401, 460, 461.
TRIANGULAÇÃO: III/349, 351, 353, 356.

UMBILICAL (cordão ~ e desenho): I/105-6;
vínculo: II/257, 318, 320.

VAGINISMO: II/190;
e oralidade: I/76-7.
VERBALIZAÇÃO: I/33, 63, 64.
VOZES: I/111-2 – III/413-5;
alucinações: II/272, 274;
e significantes do Nome do Pai: II/268;
e umbigo: III/414.

ZONA ERÓGENA: I/157-8 – II/205, 247.

GRÁFICA PAYM
Tel. [11] 4392-3344
paym@graficapaym.com.br